신방수세무사의

양도소득세
세무리스크 관리노하우

신방수(세무사) 저

SAMIL | 삼일인포마인

양도소득세에 대한 세무리스크가 점점 증가하고 있습니다.

최근 정부에서 부동산대책의 일환으로 파격적인 세제정책을 다수 선보이면서 세법이 수시로 개정된 탓이 큽니다.

실제 20여 년간 수많은 책을 집필해온 저자가 보더라도 요즘 양도소득세를 포함한 부동산 세금이 만만치 않음을 느낍니다. 취득부터 양도까지 쳐놓은 그물망이 생각보다 정교하게 설계되어 있기 때문입니다. 이러다 보니 세금을 납부하는 일반인은 물론이고 중개를 담당하는 분들 그리고 최종적인 세무업무를 대행하는 세무대리인들의 부담도 상당히 커지고 있습니다. 어디에서 어떤 문제가 터질지 예측이 되지 않는 경우가 많습니다.

그래서 일부 전문가들 사이에서는 차라리 양도소득세 업무를 하지 않겠다고 선언하는 풍조마저 생기고 있습니다. 하지만 부동산 거래는 필연적이므로 언제까지 이를 외면할 수는 없습니다. 외면하면 할수록 일반인들의 피해는 눈덩이처럼 커질 테니까요.

이 책은 이러한 배경 아래 양도소득세와 관련된 세무리스크를 체계적으로 관리할 수 있는 방법을 제공하기 위해 태어났습니다.

그럼 이 책의 특징들을 알아보겠습니다.

첫째, 국내 최초로 양도소득세에 관한 세무리스크 관리법을 다루었습니다.

최근의 양도소득세는 2017년 8 · 2대책과 2018년 9 · 13대책 그리고 2020년 7 · 10대책 등을 거치면서 그 내용들이 점차 강화되었습니다. 그런데 문제는 종전의 세법이 살아 있는 상태에서 세법이 개정되다 보니 공부할 양들이 크게 늘어났다는 것입니다. 또한 정부의 세법해석이 오락가락하는 경우도 많아 실무자들이 곤혹을 치르는 경우가 상당히 많았습니다. 이에 저자는 양도소득세 세무리스크를 최소화하는 관점에서 이의 발생원인 진단과 해법을 제시하고자 심혈을 기울였습니다. 복잡하게 변한 세법을 단순 나열하는 것이 아닌 실제 현장에서 어떤 식으로 법이 작동되는지를 세밀히 살폈습니다. 이 점이 다른 책들과 차별화되는 요소이기도 합니다.

둘째, 양도소득세 실무에서 맞닥뜨릴 수 있는 모든 내용을 다루고 있습니다.

지금 시중에 나온 책들은 법조문을 그대로 실은 아주 두꺼운 것들이 주를 이루고 있습니다. 방대한 법조문에다 과거부터 이어져 내려온 수많은 예규와 판례들이 한꺼번에 수록된 탓입니다. 하지만 이러한 예규 등은 한 사안에 대한 해법이지 결코 세법 전체를 조망할 수 있는 힘을 제공하지 않습니다. 또한 최근에 변화된 세제에 맞는 문제해결에 도움이 되지 않는 경우도 많습니다. 이에 저자는 양도소득세를 어떤 식으로 접근하는 것이 좋을지 최근의 변화된 세제를 바탕으로 각 조항을 하나씩 분석하고 실무에의 접근성을 향상시키기 위해 많은 노력을 기울였습니다.

아래 책 내용을 통해 이 부분을 확인해 보시기 바랍니다.

- 제1편 : 양도소득세 세무리스크의 발생과 이에 대한 관리법
- 제2편 : 주택 양도소득세 세무리스크 관리법
- 제3편 : 주택임대사업과 양도소득세 세무리스크 관리법
- 제4편 : 조합원입주권, 분양권 양도소득세 세무리스크 관리법
- 제5편 : 다가구주택 · 겸용주택 · 상가 · 빌딩 · 오피스텔 · 토지 양도소득세 세무리스크 관리법
- 제6편 : 양도소득세 신고 · 납부 세무리스크 관리법

셋째, 업무활용도 제고를 위해 많은 사례를 들었습니다.

요즘같이 세상이 빨리 움직일 때에는 실무에서의 활용도가 높은 책이 필요합니다. 특히 법을 다룬 책들은 더더욱 그렇습니다. 방대한 법조문을 그대로 옮겨 놓고 독자들이 알아서 하라는 식의 책은 결코 독자들에게 도움이 되지 않습니다. 이 책은 이러한 점을 감안해 실무에 꼭 필요한 내용들만을 선별해 세무상 쟁점과 이에 대한 해결책을 찾는 것에 방점을 두었습니다. 그 결과 실무에서 부닥치는 사례들과 이 책에서 제시된 사례들을 비교분석하다 보면 세무리스크가 무엇인지를 미리 알게 되고 더 나아가 이에 대한 해법을 스스로 찾을 수 있을 것으로 확신합니다.

이 책은 일반인부터 세무전문가 등에 이르기까지 실무에서 당면하는 세무리스크를 발견하고 이에 대한 관리법을 스스로 만들어 세무리스크를 줄이는 것을 목표로 하고 있습니다. 특히 실무현장에서 양도소득세 때문에 힘들어하는 공인중개사나 세무사 등에게 더 이상의 고통을 주지 않겠다는 나름대로의 소명감을 가지고 집필을 한 책이기도 합니다. 다만, 일부 독자들의 입장에서 보면 부족한 부분이 있을 것입니다. 이 부분은 추후 지속적인 개정증보판을 통해 보완할 것을 약속드립니다. 책을 읽다가 미흡한 부분이 있다면 언제든지 저자가 운영하고 있는 카페(네이버 : 신방수세무아카데미) 등을 활용해 궁금증을 해소하기 바랍니다. 이 카페에서는 실시간 세무상담은 물론이고 양도소득세 등 부동산 세금을 계산할 수 있는 엑셀 툴들을 제공하고 있습니다.

이 책이 세상에 나올 수 있도록 출간을 허락해준 삼일인포마인의 이희태 대표이사님과 조원오 전무님께 감사의 말씀을 드립니다. 또한 이 책을 깔끔하게 편집해주신 임연혁 차장님께도 감사의 말씀을 드립니다. 그리고 이 책의 오류 발견 등 감수를 해주신 김재원 회계사님, 임정원 공인중개사님께 감사의 말씀을 드립니다. 이분들의 뛰어난 세법 실력을 가미해 더 좋은 책이 되지 않았나 싶습니다.

끝으로 항상 가족의 안녕을 기원하는 아내 배순자와 대학생으로 삶을 살아가는 하영이와 주영이에게 감사의 말씀을 드립니다. 특히 작은딸 주영이는 남들보다 1년 먼저 대학생활을 시작해서 부담은 있겠지만 그래도 자신의 삶을 잘 개척했으면 하는 마음입니다.

아무쪼록 이 책이 양도소득세 세무리스크를 조금이라도 줄이고 싶어 하는 분들에게 조금이라도 도움이 되었으면 합니다.

감사합니다.

2022년 1월
역삼동 사무실에서
저자 신방수

차 례

차 례

CONTENTS

차 례

제**1**편

양도소득세 세무리스크의
발생과 이에 대한 관리법

제1편에서는 주로 양도소득세의 관점에서 이에 대한 세무리스크의 발생원인과 최근 정부의 주택관련 세제정책을 시간대별로 분석한다. 이편은 향후 다양한 세무리스크를 관리하기 위한 기초적인 내용들을 담고 있다.

제1장

양도소득세 세무리스크의 원천

제1장에서는 양도소득세 세무리스크의 원천과 관련된 내용들을 위주로 살펴본다. 양도소득세제도는 크게 비과세와 과세로 구분되고 과세는 일반과세와 중과세로 나뉘고 감면이 별도로 적용된다. 그런데 이러한 비과세와 과세 등에 대한 판단이 생각보다 쉽지 않다는 문제가 있다. 최근 세법이 자주 변경되었기 때문이다. 독자들은 제1장을 통해 기본기를 쌓아 실무 대처능력을 키워두기 바란다.

이장의 핵심 내용들은 다음과 같다.
- 세목별 부동산 세무리스크의 발생
- 부동산 종류별 세무리스크의 발생
- 비과세 판단관련 세무리스크의 발생
- 중과세 판단관련 세무리스크의 발생
- 감면 판단관련 세무리스크의 발생
- 양도소득세는 어떤 세금인가?
- '서면질의'와 '세법해석 사전답변' 비교(국세청)

개인이나 법인 등 모든 주체들은 부동산을 거래하기 전에 반드시 관련 세금문제를 파악해야 한다. 계약 후에 세금문제를 검토하면 치명타를 안겨다줄 가능성이 높기 때문이다. 특히 최근 세법이 생각보다 복잡하게 변해 이곳저곳에서 다양한 리스크가 연출되고 있다. 따라서 이럴 때일수록 기본기를 쌓아 대처능력을 키워두는 자세가 필요할 것으로 보인다.

① 기본 사례

K씨는 부동산을 취득한 후 적절한 시기에 이를 양도할 계획을 세웠다. 물론 이를 보유 중에는 가급적 임대하려고 한다. 다음 그림을 보고 상황에 맞게 답하면?

- 상황1 : K씨가 부동산을 취득할 때 내는 세금에는 어떤 것들이 있는가?
- 상황2 : 부동산을 보유 및 임대할 때 내는 세금에는 어떤 것들이 있는가?
- 상황3 : 향후 부동산을 양도하면 어떤 세금을 내야 하는가?

위의 상황에 대해 순차적으로 답을 찾아보면 다음과 같다.

(상황1) K씨가 부동산을 취득할 때 내는 세금에는 어떤 것들이 있는가?

부동산을 취득하면 공통적으로 취득세가 발생한다. 다만, 부동산 종류에 따라 취득세율이 달리 적용된다. 예를 들어 위의 부동산이 주택이 아니라면 4%가 적용된다. 하지만 주택이라면 1~3% 또는 중과세율 8~12%가 적용된다. 한편 주거용 부동산이 아닌 수익형 부동산의 경우에는 취득세 외에 부가가치세가 발생하는 것이 일반적이다.

☞ 이러한 판단을 제대로 하지 못하는 것 자체가 세무리스크에 해당한다. 이하도 동일하다.

(상황2) 부동산을 보유 및 임대할 때 내는 세금에는 어떤 것들이 있는가?

부동산 보유 시에는 모든 부동산에 대해 적용되는 보유세(재산세와 종합부동산세)가 발생하며, 임대 시에는 임대소득세가 부과되는 것이 원칙이다. 한편 수익형 부동산을 임대하는 경우에는 부가가치세가 발생한다.

(상황3) 향후 부동산을 양도하면 어떤 세금을 내야 하는가?

부동산을 양도하는 경우에는 공통적으로 양도소득세가 부과된다. 양도소득세는 비과세와 일반과세 또는 중과세, 감면 등의 형태로 과세방식이 결정된다. 실무에서는 이러한 순서대로 양도소득세를 검토하는 것이 좋다. 이외에 수익형 부동산을 양도하면 부가가치세가 발생한다. 양도 시 부가가치세 처리는 거래에 막대한 영향을 끼치므로 이에 대한 처리법을 미리 이해해둘 필요가 있다.

② 핵심 포인트

부동산과 관련된 세무상 쟁점들은 다양한 각도에서 살펴볼 수 있다.

부동산 거래별	• 취득세 : 주택에 대해서 취득세 중과세제도가 도입되었다. • 보유세 : 주택에 대해서도 종합부동산세 중과세가 적용된다. • 양도소득세 : 주택과 토지에 대해 양도소득세 중과세가 시행되고 있다.

부동산 종류별	• 주택 : 최근 취득세부터 양도소득세까지 중과세제도가 도입되었다. • 토지 : 농지는 양도소득세 감면이 적용되나, 비사업용 토지는 중과세가 적용된다. • 기타 : 수익형 부동산에 대해서는 부가가치세 등이 추가로 발생한다.

부동산 거래주체별	• 일반 개인 : 취득세, 보유세, 양도소득세 등이 부과된다. • 개인사업자 : 취득세, 보유세, 사업소득세 등이 부과된다. • 법인사업자 : 취득세, 보유세, 법인세 등이 부과된다.

☞ 이 책의 독자들이 부동산 세금에 능통하기 위해서는 부동산 거래별, 종류별, 거래주체별 등 모든 각도에서 발생하는 제 세무상 쟁점들을 해결할 수 있어야 한다. 이 책은 주로 부동산 종류별로 다양한 세무상 쟁점들을 해결하는 것을 목표로 한다.

③ 실전 사례

K씨는 다음과 같은 자산을 보유하고 있다. 상황에 맞게 답하면?

> **자료**
>
> • A주택 : 2016년에 상속받음.
> • B소형 상가 : 2018년에 모친으로부터 증여를 받음.
> • C오피스텔 : 2018년에 분양받음(부가가치세 환급받음).

> • 상황1 : A주택을 2022년 이후에 양도하면 비과세를 받을 수 있는가?
> • 상황2 : B상가를 증여받은 후 5년 내에 양도하는 경우 세법상 문제점은?
> • 상황3 : C오피스텔을 2022년에 주거용으로 임대하는 경우 세법상 문제점은?

위의 상황에 대해 순차적으로 답을 찾아보면 다음과 같다.

(상황1) A주택을 2022년 이후에 양도하면 비과세를 받을 수 있는가?

A주택이 1세대 1주택에 해당하는 경우 2년 보유기간만 충족하면 비과세를 받을 수 있다. 일반적으로 보유기간은 잔금청산일을 기준으로 하지만, 상속의 경우에는 '상속개시일(피상속인 사망일)'이 취득시기가 된다. 따라서 사례의 경우 상속개시일은 2016년이므로 해당 주택은 비과세대상이 된다.[1)]

☞ 취득원인에 따라 취득시기가 변동됨을 알려준다. 이는 비과세 판단, 장기보유특별공제나 세율 적용 측면 등에서 차이를 가져온다. 참고로 주택에 대한 모든 세금이 강화되었다. 취득세는 최고 12%, 종부세는 6.0%, 양도소득세는 6~45%+30%p까지 적용되고 있다. 이렇게 세율이 인상되면 그만큼 리스크가 증가하므로 독자들은 최근의 변화된 세제를 놓쳐서는 안될 것이다.

(상황2) B상가를 증여받은 후 5년 내에 양도하는 경우 세법상 문제점은?

K씨와 모친과는 세법상 특수관계인에 해당한다. 세법은 이 둘의 거래를 통해 세금을 축소하는 것을 방지하기 위해 증여받은 후 5년 내에 해당 부동산을 양도하는 경우에는 다음과 같이 규제한다.

---

1) 다만, 2021년 이후의 양도분부터는 보유기간 및 거주기간의 계산법이 달라질 수 있음에 유의해야 한다.

구분	이월과세제도	부당행위계산부인제도
개념	배우자, 직계존비속으로부터 증여받은 후 5년 내 토지와 건물 등을 양도 시 취득가액을 당초 증여자의 것으로 하는 제도	① 특수관계인간의 고가취득이나 저가양도로 인해 5%, 3억 원 이상 차액 발생하거나, ② 특수관계인으로부터 증여받은 후 5년 내 양도 시 증여받은 자의 증여세와 양도소득세를 합한 세액이 증여자가 직접 양도한 경우로 보아 계산한 양도소득세보다 적은 경우 소득금액을 재계산하여 과세하는 제도
적용사유	증여 후 5년 내 처분 시 적용(이월과세 적용으로 세부담 증가 시에 적용)	세부담의 감소가 발생한 경우에만 적용(조세회피방지규정에 해당함)
적용순위	이월과세제도 〉 부당행위계산부인제도(이월과세제도가 적용되지 않으면 부당행위계산부인제도를 검토해야 함)	
보유기간 계산	증여한 배우자 등이 취득한 날로부터 기산(1세대 1주택 비과세 보유기간, 장기보유특별공제, 세율 등에 영향)	증여자가 취득한 날로부터 기산

☞ 특수관계인과의 거래를 통한 부동산의 취득이나 양도 시에는 사전에 세무상 쟁점들을 정교하게 검토해야 한다. 예를 들어 부모가 자녀에게 증여를 하게 되면 위와 같은 이월과세제도 등이 적용되며, 저가로 양도하면 양도자에게는 「소득세법」상 부당행위계산부인제도를, 양수자에게는 「상속세 및 증여세법」상 증여의제제도를 적용한다.

(상황3) C오피스텔을 2022년에 주거용으로 임대하는 경우 세법상 문제점은?

당초 환급받은 부가가치세의 일부를 추징당하게 된다. 주거용으로 임대하면 월세소득에 대해서는 부가가치세가 발생하지 않기 때문이다. 따라서 이처럼 부가가치세 과세용역을 면세용역으로 돌리면 10년 중 미경과한 잔여 과세기간(6개월)에 해당하는 부가가치세를 반환해야 한다. 통상 10년간 업무용으로 임대해야 이러한 부담에서 벗어나게 된다.

☞ 수익형 부동산의 경우 부가가치세 업무처리는 매우 중요하다. 이외 주거용 오피스텔을 업무용 오피스텔로 전환하거나 주택을 상가 등으로 용도변경한 경우 다른 주택의 비과세 판단에 영향을 주게 된다는 사실에 주의해야 한다. 2021년부터 다주택자가 주택 수를 분산해 양도소득세 비과세를 쉽게 받는 것을 억제하기 위해 비과세 대상이 되는 주택만 보유한 날로부터 2년 이상 보유(거주)한 후에 양도하는 경우에만 비과세를 적용하고 있기 때문이다. 특히 2021년 1월 1일 이후에 취득한 분양권도 주택 수에 포함되어 비과세 판단에 적잖은 영향을 미치고 있다. 이러한 내용을 놓치게 되면 리스크가 가중된다.

```
┌─ Tip ●─────────────────────────────────────────────────────┐
│                                                             │
│  ☐ 부동산 세무리스크 발생                                      │
│                                                             │
│  부동산과 관련된 세무리스크는 다양한 형태로 발생한다.              │
│                                                             │
│  • 비과세관련 : 비과세요건을 잘못 판단하는 경우가 많다.           │
│                                                             │
│  • 중과세관련 : 중과세 적용요건을 잘못 판단하는 경우가 많다.       │
│                                                             │
│  • 감면관련 : 감면요건을 잘못 판단해 감면을 신청하는 경우도 많다.   │
│                                                             │
│  • 기타관련 : 위 외에 양도소득세 등 계산과 관련된 다양한 리스크가 발생한다. │
│                                                             │
└─────────────────────────────────────────────────────────────┘
```

저자 주

작금의 부동산 세무리스크는 세목별, 부동산 종류별, 거래주체별 등과 관련해 다양한 방식으로 발생한다. 예를 들어 2022년 1월 현재 분양권을 다른 주택의 취득세나 양도소득세 과세방식을 결정할 때 주택수에 포함하는데 이러한 사실을 모르면 실무처리를 할 수 없다. 이외에도 주택을 임대등록을 했는데 자동말소가 되면 어떤 식으로 세제변화가 일어나는지 등도 이해를 해야 세법을 다룰 수 있다. 독자들은 이러한 점에 유의해 이 책의 처음부터 끝까지 한 치의 소홀함 없이 공부를 했으면 한다.

부동산 처분수익을 극대화하기 위해서는 모든 세목에 대해 비과세와 감면을 받는 것이 제일 좋다. 물론 과세가 되는 경우라도 중과세를 받아서는 안된다. 이러한 원리는 앞으로 이 책의 내용을 전개하는데 있어서 상당히 중요한 역할을 하게 될 것이다.

① 기본 사례

서울 성동구에 거주하고 있는 김용철씨는 보유한 부동산을 처분하고자 한다. 이 부동산의 취득가액은 1억 원이고 양도가액은 3억 원이다. 그리고 양도소득세 계산을 위한 과세표준이 1억 5천만 원이라면 비과세와 감면, 그리고 과세에 따른 가처분 소득은 얼마인가? 단, 감면의 경우 100% 감면이 되나 산출세액의 20% 상당액은 농어촌특별세(농특세)로 부과된다고 하자.

위의 자료에 맞춰 비과세와 감면 그리고 과세되는 경우의 가처분 소득을 살펴보면 다음과 같다. 가처분 소득은 양도가액에서 취득가액과 세액을 차감하여 계산한다.

구 분	비과세	감 면	과 세
양도가액	3억 원	3억 원	3억 원
− 취득가액	1억 원	1억 원	1억 원
= 이익	2억 원	2억 원	2억 원
〈계산〉			
과세표준	1억 5천만 원	1억 5천만 원	1억 5천만 원
× 세율(6~45%)	−	35%	35%
− 누진공제		1,490만 원	1,490만 원
= 산출세액	0원	3,760만 원	3,760만 원
− 감면세액	0원	3,760만 원	0원
= 감면후세액	0원	0원	3,760만 원
농특세	0원	752만 원	0원
가처분 소득	2억 원	1억 9,248만 원	1억 6,240만 원

위 표를 보면 비과세가 적용되는 경우 가처분 소득은 2억 원이 되나, 감면이 적용되는 경우에는 1억 9천여만 원, 과세되는 경우에는 1억 6천여만 원이 된다.

만일 위에서 과세가 일반과세가 아니라 중과세가 적용되면 가처분 소득은 얼마나 될까? 이때 세율은 기본세율에 20%p가 더해진다고 하자.

- 양도소득세 : 1억 5천만 원×55%−1,490만 원(누진공제)=6,760만 원
- 가처분 소득 : 2억 원−6,760만 원=1억 3,240만 원

② 핵심 포인트

비과세는 세금이 아예 없는 것을 말하고 감면은 세금은 발생하나 세금의 일부나 전부를 경감하는 것을 말한다. 그리고 중과세는 세금을 무겁게 과세하는 것을 말한다. 부동산 중 주택과 토지만을 정리해 보면 다음과 같다. 기타 부동산들은 해당 부분에서 살펴보기로 하자.

(1) 주택

주택은 국민들의 생활과 직결되므로 비과세를 기본적으로 적용하고 과다하게 보유하면 양도소득세를 중과세하는 등 다양한 방식으로 세금제도가 적용되고 있다. 이를 요약하면 다음과 같다.

구분	비과세	감 면	중과세
내용	• 1세대 1주택 • 1세대 2주택 특례(상속, 동거봉양, 장기임대주택 등)	• 2000년대 초반의 장기임대주택 • 신축주택 · 미분양주택에 대한 과세특례 • 장기임대주택에 대한 특례(「소득세법」)	• 1세대 2주택 • 1세대 3주택 이상 (2018년 4월 1일 시행)
근거	「소득세법」	「조세특례제한법(조특법)」	「소득세법」

주택은 기본적으로 1세대 1주택(일시적 2주택 등 포함)에 대해서는 원칙적으로 양도소득세를 비과세한다. 그리고 특정한 감면기간에 감면요건을 갖춘 주택에 대해서는 양도소득세를 감면한다.

☞ 주택과 관련된 세무리스크는 주로 다주택자를 중심으로 발생한다. 주택 수가 많으면 비과세를 적용받기가 힘들고 중과세가 적용될 가능성이 높기 때문이다.

(2) 토지

토지 또한 국민생활과 직결된다. 그래서 주택과 과세방식이 비슷하나 토지는 공익적인 요소가 있으므로 중과세제도를 적용하고 있다. 이를 요약하면 다음과 같다.

구분	비과세	감 면	중과세
내용	농지의 교환 또는 분합	• 8년 이상 자경한 농지 • 4년 이상 자경한 농지의 대토 • 수용당한 토지 등	비사업용 토지
근거	「소득세법」	「조특법」	「소득세법」

농지를 8년 이상 자경하면 양도소득세가 100% 감면(한도 있음)되나, 비사업용 토지에 대해서는 16~55%(투기지역은 26~65%)의 중과세율이 적용되고 있다.

☞ 토지의 경우에는 주택처럼 비과세제도는 거의 작동되지 않고 대신 감면제도가 발달되어 있다. 한편 비사업용 토지에 대해서는 중과세가 적용되고 있다.

③ 실전 사례

자료

• 주택 : 3주택 중과세 적용
• 토지 : 비사업용 토지 중과세 적용

위의 주택과 토지에 대한 과세방식은(단, 2021년 6월 1일 이후 가정)?

주택의 경우 기본세율[2]에 30%(2주택은 20%)p가 가산되며 장기보유특별공제는 적용되지 않는다. 한편 토지의 경우 기본세율에 10%(투기지역은 20%)p가 가산되나, 장기보유특별공제는 적용된다.

---

2) 소득세 기본세율은 6~45%이다.

☞ 위와 같이 중과세가 적용되는 주택 등을 보유하고 있으면 양도소득세가 상당히 많이 발생한다. 따라서 이러한 제도하에서는 선뜻 양도하는 것을 주저하게 될 것이다. 그런데 문제는 보유를 계속하면 보유세가 상당히 많아질 수 있다는 것이다. 이에 일부는 증여 등을 생각하지만 시세로 부과되는 증여세와 12%까지 부과되는 취득세가 부담이 되어 이러지도 저러지도 못한 상황에 봉착할 수 있다. 이럴 때 임대등록을 고려할 수 있지만 2020년 8월 18일 이후부터 등록환경이 확 바뀌었다. 그래서 등록을 하고 싶어도 못하는 일들이 벌어지고 있다. 이처럼 최근 세제환경이 급격히 변하였으므로 독자들은 주어진 환경 속에서 자신에 맞는 절세방법을 찾는 것이 중요할 것으로 보인다.

Tip

□ 부동산 세무리스크 종합적인 관리법

앞으로 부동산과 관련된 세무리스크를 종합적으로 관리하기 위해서는 아래와 같은 순서를 기억할 필요가 있다.

STEP1 비과세 · 중과세 · 감면 판단

비과세나 감면을 받을 수 있는지 그리고 중과세가 적용되는지 이에 대한 정확한 판단을 내려야 한다. 이때 판단은 법조문 등을 통해 하도록 한다. 법조문은 법제처 등을 통해 손쉽게 확인할 수 있다.

STEP2 정확한 세금계산

비과세가 적용되지 않으면 과세가 되는데 이때에는 정확한 세금을 계산할 수 있어야 한다.

STEP3 대안마련

세금의 크기는 의사결정의 변수가 되므로 이에 대한 대안이 없는지 늘 연구해야 한다.

비과세는 국가가 과세권을 포기한 것으로 세금이 완전히 면제되므로 매도인의 입장에서 가장 선호한 방식이 된다. 그래서 비과세가 되는 물건은 쉽게 거래가 되는 것이 일반적이다. 이러한 관점에서 비과세의 중요성이 있다. 하지만 실전에서는 비과세요건을 판단하기가 만만치 않는 것이 현실이다. 이하에서 비과세 판단관련 세무리스크에 대해 알아보자.

① 기본 사례

아래 상황은 독립적이며 세법상 1세대를 기준으로 주택을 보유하고 있다고 하자. 그리고 개인용 주택들은 모두 2년 이상 보유 및 거주했다고 하자. 상황별로 비과세 판단을 하면?

구분	개인용 주택	사업용 주택
① 상황1	아파트 1채	–
② 상황2	아파트 1채, 입주권 1개	–
③ 상황3	아파트 1채, 분양권 1개	–
④ 상황4	아파트 1채	등록한 임대주택 5채(관할 시·군·구청에만 등록함)
⑤ 상황5	다가구주택 1채	신축판매입용 주택 10채

위의 상황에 대해 상황별로 답을 찾아보면 다음과 같다.

- ① 상황1 → 비과세가 가능하다.
- ② 상황2 → 이에 대한 비과세 판단을 확실히 하기 위해서는 선행적으로 알아야 할 지식이 있다. 그것은 다름이 아닌 '입주권'의 속성에 관한 것이다. 이를 이해하지 못하면 비과세로 결론내릴 가능성이 높다. 눈에 보이는 아파트 1채만을 대상으로 판단할 가능성이 높기 때문이다. 그런데 세법은 「도시 및 주거정비환경법」상의 조합원들이 가지고 있는 입주권은 주택으로 취급하고 있다. 따라서 이 경우 1세대 2주택이 되므로 일시적 2주택 비과세 특례제도 등을 검토하여 비과세 등에 대한 판단을 내려야 한다.
- ③ 상황3 → '분양권'은 잔금을 청산할 때까지는 부동산이 아닌 권리로 보므로 이 경우의 아파트는 1세대 1주택에 해당하게 된다. 따라서 비과세를 받을 수 있다. 하지만

2021년 1월 1일 이후에 취득한 분양권도 양도소득세 비과세와 중과세를 판단할 때 주택 수에 포함되므로 이 부분을 놓치면 엉뚱한 결과가 나올 수 있음에 유의해야 한다.[3]

- ④ 상황4 → 개인용 주택 외에 사업용 주택이 있는 경우에 해당한다. 사례에서 개인용 주택에 대해 비과세를 받기 위해서는 임대주택을 관할 시·군·구청과 관할 세무서에 동시에 등록해야 한다. 하지만 사례의 경우에는 관할 세무서에 등록을 하지 않았으므로 이러한 조건을 충족하지 않아 과세가 될 가능성이 높다.[4]
- ⑤ 상황5 → 앞의 ④ 상황과 유사하나 개인이 신축판매업용으로 보유한 주택은 사업용 주택이므로 이는 개인용 주택과 무관한 것이 원칙이다. 하지만 당초 신축목적이 임대용이라면 이는 개인용 주택에 포함될 수 있다. 이렇게 되면 비과세를 받지 못한다.

② 핵심 포인트

부동산거래단계별로 비과세와 관련된 세무상 쟁점들을 살펴보면 다음과 같다.

취득 시	• 취득세에 대한 비과세는 제한적으로 적용된다. 예) 국가의 부동산취득 등

보유 시	• 보유세인 재산세와 종합부동산세의 비과세도 제한적으로 적용된다. • 부동산임대소득의 경우 주택에 대해서만 일부 비과세가 적용된다.

양도 시	• 주택의 경우 1세대 1주택 등에 대해 다양하게 비과세가 적용된다. • 토지의 경우 농지의 교환이나 분합정도에 대해 비과세가 적용된다. • 이외의 부동산에 대해서는 비과세가 적용되는 경우는 거의 없다.

☞ 비과세는 여러 세목에 걸쳐 규정되어 있지만 이중 양도소득세 비과세 판단이 가장 중요하다. 특히 일시적 2주택과 주택임대사업자의 거주주택에 대한 비과세 판단이 매우 중요하다.

---

3) 취득세의 경우 2020년 8월 12일 이후 취득한 분양권부터 주택 수에 포함된다. 양도소득세와는 차이가 있다.
4) 작금의 양도소득세 세제가 복잡해진 이유 중 하나는 바로 주택임대업에 대한 세제혜택의 변화와 관련이 높다.

③ 실전 사례

L씨는 부동산매매업을 하는 사업자로서 현재 보유한 주택 4채가 있다. 이 주택들은 재무제표에 재고자산으로 잡혀 있다. 이러한 상황에서 자신이 거주한 주택을 양도하고 한다. 상황에 맞게 답하면?

- 상황1 : 이 경우 1세대 1주택에 대한 비과세 혜택을 받을 수 있을까?
- 상황2 : 이러한 비과세 혜택을 받으려면 어떤 요건을 충족해야 할까?
- 상황3 : 만일 비과세가 취소되면 어떤 일들이 발생할까?

위의 상황에 대해 순차적으로 답을 찾아보면 다음과 같다.

(상황1) 이 경우 1세대 1주택에 대한 비과세 혜택을 받을 수 있을까?

1세대 1주택 비과세를 판정함에 있어 부동산매매업자의 판매용 재고주택은 주택 수에 포함하지 않는다. 따라서 이 경우 비과세를 받을 수 있다.

(상황2) 이러한 비과세 혜택을 받으려면 어떤 요건을 충족해야 할까?

일단 양도하는 주택과 판매용 주택이 구분되어야 한다. 이를 위해서는 판매용 주택에 대해서는 사업성이 있음을 입증하여 개인용 주택으로 둔갑하는 일들이 없어야 한다. 판매용 재고주택임을 입증할 때에는 사업자등록증사본, 장부, 판매활동 등을 입증할 수 있는 서류 등을 준비하도록 한다.

(상황3) 만일 비과세가 취소되면 어떤 일들이 발생할까?

양도소득세가 과세됨에도 불구하고 비과세로 처리한 경우에는 본세추징은 물론이고 신고불성실가산세와 납부지연가산세가 부과될 수 있다.

- 신고불성실가산세 : 일반무신고는 20%, 일반과소신고는 10%, 부당무·과소신고는 40%의 가산세율이 적용된다.
- 납부지연가산세 : 미납부세액에 대해 하루 2.2/10,000을 곱해 계산한다. 이 율은 2022년 영 시행일 이후 가산세를 부과하는 분부터 적용한다. 영 시행 전의 기간에 대한 부과분은 종전규정(2.5/10,000)을 적용한다.

❑ 비과세관련 판단오류들

- 1세대 1주택에 대한 비과세요건을 제대로 판단하지 못하는 경우가 많이 발생한다. 특히 1세대나 주택의 개념 등에서 혼동을 일으키는 경우가 많다.
- 최근에 변경된 비과세요건 중 보유기간 및 거주기간 계산법을 알지 못하는 경우가 많다.
- 일시적 2주택에 대한 정확한 요건을 이해하지 못하는 경우가 많다.
- 상속이나 동거봉양 등에 의해 2주택 이상을 보유한 경우 비과세가 적용되는지 이에 대한 판단을 하지 못하는 경우가 많다.
- 감면주택 등을 포함해 일시적 3주택 등이 된 경우 이에 대한 비과세 판단을 제대로 하지 못하는 경우가 많다.
- 장기임대주택을 보유한 경우 거주주택에 대한 비과세 조건을 잘못 판단하는 경우들도 많다.

저자 주

최근에 양도소득세제가 복잡해진 이유 중 하나가 바로 비과세요건이 부동산 대책 등에 의해 자주 바뀌었기 때문이다. 대표적인 것 몇 가지만 나열하면 아래와 같다.
- 거주요건의 도입 : 2017년 8월 3일
- 보유 및 거주요건 기산일 재계산 : 최종 1주택(비과세 대상 주택을 말함)을 보유한 날부터 계산
- 일시적 2주택 비과세 처분기한 : 1~3년(2019년 12월 17일 이후 조정대상지역 내 취득분은 1년 내 종전주택 처분 및 신규주택으로의 전입의무가 있음)
- 주택임대사업자의 거주주택 비과세 : 생애 1회 비과세제한 및 자동말소와 자진말소제도의 도입에 따른 비과세요건의 변화

중과세는 부동산거래를 규제하고자 세금을 무겁게 과세하는 제도를 말한다. 매수인이나 매도인의 관점에서 중과세가 적용되면 거래를 기피할 가능성이 높다. 따라서 실무에서는 이에 대한 정확한 정보를 가지고 거래에 임해야 하며, 이에 대한 판단을 잘못 내리면 치명상을 일으킬 소지가 높다.

① 기본 사례

K씨는 아래와 같은 주택을 거래하고자 한다. 상황에 맞게 답하면?

자료

- 조정대상지역(조정지역)[5]에서 일시적 2주택 보유 중
- 2021년 이후에 분양권 취득(조정지역 내)

- 상황1 : 이 상태에서 일시적 2주택을 양도하면 비과세를 받을 수 없다. 그 이유는 무엇인가?
- 상황2 : 만일 분양권을 포함해 주택 수가 3채가 된 경우 분양권을 양도한 후에 일시적 2주택을 양도하면 비과세를 받을 수 있는가?
- 상황3 : 3주택 상태에서 주택을 양도해서 중과세가 걸리면 어떤 불이익을 받는가?
- 상황4 : 주택을 임대등록하면 중과세를 받지 않는가?

위의 상황에 대해 답을 찾아보면 다음과 같다.

(상황1) 이 상태에서 일시적 2주택을 양도하면 비과세를 받을 수 없다. 그 이유는 무엇인가?

2021년 1월 1일 이후에 취득한 분양권도 주택 수에 포함되기 때문이다. 그 결과 사례의 경우 1세대 3주택자가 된다.

---

5) 서울 등 전국적으로 지정되었다. 자세한 내용은 "대한민국 전자관보"에서 검색할 수 있다.

(상황2) 만일 분양권을 포함해 주택 수가 3채가 된 경우 분양권을 양도한 후에 일시적 2주택을 양도하면 비과세를 받을 수 있는가?

분양권을 제외하면 일시적 2주택이 돼 비과세를 받을 수 있다. 다만, 아래와 같은 요건을 충족해야 한다.

- 신규주택의 취득시기가 종전주택의 취득일로부터 1년 이후 일 것
- 종전주택을 신규주택 취득일로부터 비과세 처분기한[6] 내에 처분할 것
- 종전주택은 양도일 현재 2년 보유 및 2년 거주(조정지역)할 것(단, 이때 보유기간 등은 "최종 1주택"만 보유한 날로부터 계산)
- 신규주택으로 1년 내에 대한 자세한 내용은 전입할 것(조정지역에 한함) 등

그런데 사례의 경우 3주택 상태에서 분양권을 처분해서 일시적 2주택이 되었다면 분양권을 양도한 날을 기준으로 2년 이상 보유 및 거주해야 할 것으로 보인다. 2021년 1월 1일부터 최종 1주택에 대한 보유기간 계산법이 변경되었기 때문이다.[7] 다만, 3주택자가 분양권을 처분해 일시적 2주택이 된 경우에는 2021년 11월 2일 전까지는 이 규정이 적용되지 않고, 이날 이후부터 이 규정이 적용되는 것으로 해석이 발표되었다. 따라서 2022년 1월 현재 위와 같은 식으로 일시적 2주택이 되었다면 보유기간 등을 다시 채워야 비과세요건을 충족하게 된다. 이에 대한 자세한 내용은 제3장에서 살펴보자.

(상황3) 3주택 상태에서 주택을 양도해서 중과세가 걸리면 어떤 불이익을 받는가?

중과세율이 적용되며 장기보유특별공제를 받을 수 없다. 여기서 중과세율은 3주택자의 경우 2021년 6월 1일부터는 기본세율(6~45%)에 30%p가 가산된다. 참고로 양도소득세 외에 지방소득세가 「지방세법」에 따라 별도의 과세표준과 세율로 부과된다. 실무적으로 양도소득세의 10% 선에서 지방소득세가 부과되고 있다(이 책에서는 지방소득세를 별도로 다루지 않고 있다).

(상황4) 주택을 임대등록하면 중과세를 받지 않는가?

그럴 수 있다. 다만, 2020년 8월 18일 이후부터 아파트는 등록이 불가하다. 기타 다세대주택 등은 등록이 가능하다.

---

6) 양도소득세에서 비과세 처분기한은 원칙적으로 3년이나, 조정지역 내에서는 신규주택 취득시기에 따라 2년, 1년 등으로 단축된다. 이하의 내용에서 "비과세 처분기한"이라고 하면 이를 말하는 것임을 밝혀 둔다. 상당히 중요한 내용에 해당한다.
7) 이는 다주택자를 보유한 기간을 제외하고 비과세 보유기간과 거주기간을 계산한다는 것을 의미한다. 상당히 중요한 제도가 시행되고 있다.

핵심 포인트

부동산의 중과세 판단과 관련된 세무상 쟁점을 살펴보면 다음과 같다.

취득 시	• 개인이나 법인이 주택을 취득하면 12%의 세율로 중과세가 적용될 수 있다 (2020년 7·10대책) • 과밀억제권역 내 소재 법인이 주택 외 부동산(상가 등)을 취득하면 별도의 규정에 의해 취득세 중과세(4% 등 가산)가 적용된다. • 취득 후 5년 내에 상가를 고급오락장으로 사용하면 취득세 중과세가 적용된다.

보유 시	• 재산세는 주로 사치성 재산에 대해 높은 재산세율이 적용될 수 있어 사실상 중과세효과가 발생한다. • 임대소득세는 중과세제도가 적용되지 않는다.

양도 시	• 개인이 주택을 양도하면 양도소득세 중과세제도가 적용될 수 있다. • 개인이 토지를 양도하면 양도소득세 중과세제도가 적용될 수 있다. • 법인이 주택이나 토지를 양도하면 기본 법인세 외에 추가 법인세(10~20%)가 부과될 수 있다.

☞ 중과세제도는 거래당사자에게 치명상을 안겨다 주기 때문에 모든 중과세문제를 정확히 검토해야 한다. 이 중 취득세 중과세와 양도소득세 중과세가 특히 중요성이 있다.

 실전 사례

아래와 같은 물건을 거래하고자 한다. 상황에 맞게 답하면?

> **자료**
>
> • A주택 : 예상거래가액 10억 원
> • B나대지 : 매도인이 10년 이상 보유하고 있음.
> • C농지 : 10년 전에 상속받은 것으로 상속 이후 재촌·자경한 적이 없음.

- 상황1 : A주택을 개인과 법인이 취득한 경우 취득세율에서의 차이점은?
- 상황2 : B나대지 위에 상가를 지어 바로 분양하면 토지에 대한 양도소득세 중과세를 피할 수 있는가?
- 상황3 : C농지를 양도하면 비사업용 토지에 해당되는가?
- 상황4 : 위 A주택을 개인과 법인이 양도하면 중과세를 적용받는가?

위의 상황에 대해 답을 찾아보면 다음과 같다.

(상황1) A주택을 개인과 법인이 취득한 경우 취득세율에서의 차이점은?

개인이 주택을 취득하면 주택 수에 따라 1~3%부터 12%까지, 법인이 취득하면 주택 수에 관계없이 12%가 적용될 수 있다.

(상황2) B나대지 위에 상가를 지어 바로 분양하면 토지에 대한 양도소득세 중과세를 피할 수 있는가?

그렇지 않다. 비사업용 토지인 나대지 위에 상가건물을 신축한 경우에 토지는 사업용 토지로 사용한 기간이 세법에서 정하고 있는 기간요건(60%, 5년 중 3년, 3년 중 2년)을 충족하는지가 중요하다. 상가를 신축하여 분양하는 업은 부동산매매업에 해당하고 이때 토지에 대해서는 비교과세(종합소득세와 양도소득세 중 많은 세액을 납부하는 제도)가 적용되기 때문이다. 따라서 이러한 내용을 이해해야 올바른 판단을 내릴 수 있다.

(상황3) C농지를 양도하면 비사업용 토지에 해당되는가?

일반적으로 농지는 재촌·자경을 세법에서 정한 기간만큼 해야 사업용 토지에 해당한다. 하지만 상속이나 증여의 경우에는 이에 대한 요건을 완화하는데 구체적으로 상속이나 증여를 받기 전에 피상속인(사망자) 또는 증여자가 8년 이상 재촌·자경을 했다면 이미 충분히 재촌·자경을 하였으므로 그 이후의 취득자가 재촌·자경을 하지 않더라도 비사업용 토지로 보지 않는다. 따라서 사례의 경우 이러한 문제를 점검하여 최종 판단을 내려야 한다.

(상황4) 위 A주택을 개인과 법인이 양도하면 중과세를 적용받는가?

개인은 다주택 상태에서 조정지역의 주택을 양도하면 양도소득세 중과세가, 법인은 일반법인세 외의 추가과세제도가 적용된다. 둘 모두 중과세제도의 범주에 해당한다.

❑ **중과세관련 판단오류들**

• 주택의 경우 중과세 판단이 제대로 되지 않는 경우가 많다.
  - 중과세 대상 주택 수에 대한 판단오류
  - 「건축법」을 위반한 다가구주택의 양도
  - 5년 경과한 상속주택의 양도(상속주택과 관련해서는 다양한 리스크가 발생함)
  - 중과배제요건 판단오류에 의한 임대주택의 양도
  - 임대의무요건을 위반한 임대주택의 양도 등
• 토지의 경우 농지와 임야, 나대지에 대한 비사업용 토지 판단이 잘 안되는 경우가 많다.
  - 재촌·자경을 충분하지 못한 농지의 양도
  - 임야를 농지로 사용한 상태에서 양도
  - 대지가 넓은 단독주택의 양도
  - 주유소 등을 일괄양도하는 경우
  - 멸실된 나대지의 경우 등

저자 주

현행 주택과 토지에 대해 적용되는 중과세제도는 납세자의 재산권을 심각하게 침해하므로 이에 대한 요건을 상세히 정하고 있다. 따라서 독자들은 중과세를 적용받지 않기 위해서는 관련 조문을 놓고 정교하게 분석할 필요가 있다. 주택의 경우에는 「소득세법 시행령」 제167조의 3(3주택), 제167조의 10(2주택) 등을, 토지의 경우에는 「소득세법」 제104조의 3, 「소득세법 시행령」 제168조의 6~14 등이 이에 해당한다.

부동산에서 감면제도도 비과세제도 못지않게 중요성이 있다. 투자수익률에 절대적인 영향을 미치기 때문이다. 감면제도는 취득세와 보유세, 양도소득세 등 전반에 걸쳐서 적용되고 있는데 이 중 양도소득세관련 감면제도가 중요하다. 이하에서 이에 대해 살펴보자.

① 기본 사례

아래와 같은 물건을 거래하고자 한다. 상황에 맞게 답하면?

> **자료**
>
> • A주택 : 최근에 취득한 양도소득세가 감면되는 주택에 해당함(다른 주택 양도 시 주택 수에서 제외됨).
> • B주택 : 10년 전에 유상으로 취득한 주택에 해당함(고가주택에 해당함).

> • 상황1 : 만일 A주택을 양도하면 비과세나 감면을 받을 수 있는가?
> • 상황2 : 만일 B주택을 양도하면 비과세를 받을 수 있는가?
> • 상황3 : A주택과 B주택을 같은 해에 양도한 경우 과세방식은?

위의 상황에 대해 답을 찾아보면 다음과 같다.

(상황1) 만일 A주택을 양도하면 비과세나 감면을 받을 수 있는가?

A주택은 나중에 취득한 주택이므로 비과세 혜택을 받을 수 없다. 그 대신 양도소득세 감면은 받을 수 있다. 다만, 이때 감면을 받으면 감면받은 세액의 20%는 농특세로 납부해야 한다. 비과세가 세액이 완전히 면제되는 것과 차이가 난다.

(상황2) 만일 B주택을 양도하면 비과세를 받을 수 있는가?

이 경우 1세대 2주택자이지만 비과세를 따질 때 감면주택은 주택 수에서 제외되므로 궁극적으로 1세대 1주택자가 된다. 따라서 B주택은 보유기간이 2년 이상이 되었으므로 1세대

1주택으로 비과세를 받을 수 있다. 단, 고가주택에 해당하면 양도차익 중 일부에 대해서만 비과세가 성립한다.

(상황3) A주택과 B주택을 같은 해에 양도한 경우 과세방식은?

A주택의 양도차익과 B주택의 과세차익을 합산한 소득금액에 대해 감면과 과세를 적용하므로 세금이 증가할 수 있다.

② 핵심 포인트

부동산 감면관련 세무상 쟁점 등을 살펴보면 다음과 같다.

취득 시	• 취득세 감면은 제한적으로 적용된다. 주로 신규로 분양되는 공동주택과 주거용 오피스텔 중 전용면적 60㎡ 이하인 경우에 적용된다. 단, 임대주택등록은 필수이다.

보유 시	• 보유세 감면도 제한적으로 적용된다. 재산세의 경우 원칙적으로 2호 이상 임대주택등록을 하면 면적에 따라 감면받을 수 있다. • 임대소득세 감면도 제한적으로 적용된다. 임대주택사업자의 경우 30%(장기임대사업자는 75%, 2주택 이상자는 20%, 50%)가 감면된다.

양도 시	• 주택의 경우 주로 미분양주택과 임대주택에 대해 양도소득세 감면이 적용된다. • 토지의 경우 8년 이상 재촌·자경한 농지 등에 대해 감면이 적용된다.

☞ 감면은 주로 「조특법」에서 정한 감면요건에 따라 이루어지므로 해당 요건을 정확히 지켜야 한다. 그런데 부동산에 대한 양도소득세 감면은 주로 주택과 토지에 대해 그 당시의 경제상황에 따라 다양한 방법으로 시행되고 있다. 예를 들어 주택의 경우 IMF기간에 건설경기를 살리기 위한 방안으로 미분양주택을 취득하면 이에 대한 감면이, 최근에는 서민들의 주거안정을 위해 임대주택에 대한 감면이 실시되었다. 따라서 이 책의 독자들은 취득시기 등에 따라 어떤 감면을 받을 수 있는지 관련 규정을 정확히 파악하는 것이 중요하다. 한편 비과세는 관할 과세관청에 신고할 필요가 없지만 감면은 신고해야 함에 유의하자.

③ 실전 사례

K씨는 아래와 같은 농지를 매도하려고 한다. 상황에 맞게 답하면?

> **자료**
>
> • 농지용도 : 경작용(주말마다 실제 경작을 함)
> • 취득연월 : 2005년 4월
> • K씨는 농지 취득 후부터 퇴직 1년 전까지 연간 3,700만 원 이상의 연봉을 받고 있었음.
> • 양도차익은 1억 원 정도 예상됨.

> • 상황1 : 이 농지는 사업용 토지인가 비사업용 토지인가?
> • 상황2 : 이 농지를 감면받을 수 있다고 거래했는데 만일 감면이 안되는 경우에 내야 할 세금의 규모는?

위의 상황에 대해 순차적으로 답을 찾아보자.

(상황1) 이 농지는 사업용 토지인가 비사업용 토지인가?

비사업용 토지에 해당한다. 2016년 2월 5일 이후 양도하는 분부터는 자경기간 산정 시 근로소득(총급여)과 사업소득금액(농업・축산업・임업 및 비과세 농가부업소득, 부동산임대소득 제외)의 합계액이 3,700만 원 이상(또는 복식부기의무자 수입금액* 기준 이상의 수입금액. 이하 동일)인 경우 해당 연도는 자경하지 않은 것으로 간주하기 때문이다.

* 도・소매업, 부동산매매업 : 3억 원, 제조업 등 : 1.5억 원, 서비스업 : 7,500만 원 등을 말한다.

(상황2) 이 농지를 감면받을 수 있다고 거래했는데 만일 감면이 안되는 경우에 내야 할 세금의 규모는?

토지에 대해 일반과세와 중과세가 적용되는 경우로 나눠 양도소득세 산출세액을 계산해보자. 사례의 경우에는 중과세가 적용된다. 참고로 비사업용 토지에 대한 중과세는 주택에 비해 다소 완화되어 적용된다. 즉 주택은 장기보유특별공제가 적용되지 않고 세율은 기본세율에 20~30%p가 가산되나, 토지는 장기보유특별공제가 적용되는 한편 세율은 기본세율에 10%(투기지역은 20%)p가 가산된다.

구분	일반과세	중과세
양도차익	1억 원	1억 원
− 장기보유특별공제	3천만 원	3천만 원
= 과세표준	7천만 원	7천만 원
× 세율	24%	34%(24%+10%)
− 누진공제	522만 원	522만 원
= 산출세액	1,158만 원	1,858만 원

이외에 신고불성실가산세(20%)와 납부지연가산세 등이 부과된다.

Tip

□ **감면관련 판단오류들**

• 주택의 경우 다양한 감면규정을 이해하지 못한 경우가 많다. 특히 고가주택에 대한 감면배제, 임대등록요건 등을 이해하지 못하는 경우가 많다. 또한 감면세액을 제대로 계산하지 못하거나 합산과세로 인해 세금이 증가하는 경우도 많다.

• 농지의 경우 감면요건을 제대로 확인하지 못해 감면을 신청한 경우가 있다. 특히 도시지역 내에 소재한 경우, 소득이 있는 경우 등에서 판단오류가 자주 발생한다.

저자 주

감면과 관련해서는 「조특법」에 규정된 감면요건을 제대로 파악하는 것이 좋다. 특히 농지에 대한 감면, 수용에 대한 감면 등은 그 요건을 정확히 파악하는 것이 좋다. 한편 주택의 경우 수시로 감면이 시행되었는데 다른 주택의 비과세 판단 시 주택 수에 포함되는 경우와 안되는 경우가 있으므로 이를 구별할 수 있어야 한다. 이외에도 최근 임대주택에 대한 세제가 상당히 많이 변동하였으므로 이 점에 착안해 이에 대한 실무처리를 할 수 있어야 한다.

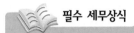 **필수 세무상식**

양도소득세는 어떤 세금인가?

양도소득세는 개인이 일시적으로 부동산 등을 처분하여 발생한 소득에 대해 부과되는 세금이다. 한편 사업자나 법인이 부동산을 처분하여 발생한 소득에 대해서는 종합소득세나 법인세로 과세한다. 이하에서는 주로 양도소득세에 초점을 맞춰 이에 대해 알아보자.

1. 기본 사례

K씨는 다음과 같이 부동산에 대한 투자를 계획하고 있다. 상황에 맞게 답하면?

자료

• 투자대상 물건 : 주택, 상가 등

• 상황1 : 양도소득세는 어떤 세금을 말하는가?
• 상황2 : 양도소득세 세율은 어떻게 되는가?
• 상황3 : 매매회수와 양도소득세의 관계는?

위의 상황에 대해 순차적으로 답을 찾아보면 다음과 같다.

(상황1) 양도소득세는 어떤 세금을 말하는가?

양도소득세는 부동산 등 양도소득세 과세대상자산의 양도로 인해 발생한 양도차익에 부과되는 세금을 말한다. 일종의 자본이득에 대해 과세가 되는 셈이 된다.

(상황2) 양도소득세 세율은 어떻게 되는가?

양도소득세율을 한꺼번에 정리하면 다음과 같다(2021년 6월 1일 기준). 참고로 양도소득세율의 기본세율은 6~45%로 8단계로 구성되었다. 하지만 단기매매를 하거나 국민의 기초생활과 밀접한 관련을 맺는 주택과 토지 그리고 분양권 등에 대해서는 중과세 등을 적용하는 방식으로 세율을 운영하고 있다. 자세한 세율은 제13장 제8절을 참조하기 바란다.

구분	국내자산 양도소득	국외자산 양도소득
주택, 건물, 토지	① 주택 －1년 미만 보유 : 70% －1~2년 미만 보유 : 60% －2년 이상 보유 : 6~45% －2주택 중과 : 6~45%+20%p －3주택 중과 : 6~45%+30%p ② 주택 외(비사업용 토지 제외)* －1년 미만 보유 : 50% －1~2년 미만 보유 : 40% －2년 이상 보유 : 6~45% ③ 비사업용 토지 －투기지역 내 토지 : 기본세율+20%p －비투기지역 내 토지 : 기본세율+10%p	6~45%(보유기간 관계없음) ※ 국내 거주자가 해외 부동산을 양도하는 경우 국내에서도 과세되는 것이 원칙임(이중과세 조정).

* 토지에 대한 세율이 1년 미만 70% 등으로 강화하는 안은 추진되지 않았다. 참고로 2021년 3월 29일에 발표된 정부의 투기근절 대책 중 세제분야는 제12장 "필수 세무상식"을 참조하기 바란다.

(상황3) 매매회수와 양도소득세의 관계는?

매매회수가 많으면 사업소득에 해당될 수 있다. 따라서 실무상 양도소득인지 사업소득인지 이를 구분하는 것이 중요하다. 이 둘의 세금체계가 다르기 때문이다. 이 둘의 세목을 비교해보자.

구분	양도소득	사업소득(매매소득)
개념	일시적으로 양도	사업적으로 양도(사업자등록 또는 부가가치세 1 과세기간 내 1회 이상 취득+2회 이상 양도)
과세표준	양도차익－장기보유특별공제 등	수입금액－필요경비－종합소득공제
세율	70%(50%), 60%(40%), 6~45%, 중과세율	6~45%
기타	－	중과주택과 분양권, 비사업용 토지, 미등기 자산은 비교과세*가 적용됨.

* 양도소득세와 종합소득세 중 많은 세금으로 과세하는 제도

부동산을 사업적으로 거래하면 양도소득이 아닌 사업소득으로 구분하여 종합소득세를 과세한다. 다만, 이 과정에서 중과주택이나 분양권, 비사업용 토지, 미등기 자산은 양도소득세와 종합소득세 중 많은 세액으로 납부하도록 하는 비교과세가 적용되고 있다.

구분	1차 과세	2차 과세	비 고
투자목적	기본 법인세(10~25%)	추가법인세(10~20%)*	배당 등을 받으면 배당소득세(14%)가 발생함.
사업목적	기본 법인세(10~25%)	–	

* 투자목적용 주택(주택신축판매업용 재고주택은 제외)은 20%, 비사업용 토지는 10%가 추가된다.

2. 핵심 포인트

부동산을 양도할 때 발생하는 양도소득세와 관련하여 점검해야 할 내용들을 과세형태별로 정리하면 다음과 같다.

	내용	비고
비과세	국가가 과세권을 포기한 것을 말한다. 납세의무자는 신고의무가 없다.	• 주택* : 1세대 1주택, 일시적 2주택, 상속 · 농어촌주택 소유 등 • 토지 : 농지의 교환과 분합 * 주거용 오피스텔 포함
⇩		
중과세	세금을 기본보다 무겁게 과세하는 것을 말한다.	• 주택 : 1세대 2주택 이상 • 토지 : 비사업용 토지
⇩		
감면	세금의 일부나 전부를 경감하는 것을 말한다.	• 주택 : 「조특법」상 감면 → 50~100% 감면 • 토지 : 8년 자경, 대토감면 농지 → 100% 감면 • 공통 : 수용된 부동산 → 10~40% 감면

☞ 양도소득세는 비과세, 중과세, 감면 등 모든 제도들이 중요하다. 따라서 정확하게 실무처리를 하기 위해서는 기본적으로 「소득세법」 중 양도소득세와 관련된 모든 내용부터 섭렵해야 한다. 또한 감면 규정은 「조특법」에 규정되어 있으므로 이 부분도 열심히 탐독해야 한다. 그런 다음에는 「지방세법」 등 다른 세법을 추가하는 식으로 공부하는 것이 좋을 것으로 보인다.

3. 실전 사례

K씨는 아래와 같은 부동산을 보유 중에 있다. 상황에 맞게 답하면?

> **자료**
>
> • 주택(예상양도가액 5억 원), 1세대 2주택자에 해당함.
> • 상가(예상양도가액 10억 원, 취득가액 5억 원)
> • 토지(예상양도가액 2억 원)

> • 상황1 : 주택의 보유기간은 10년이다. 이 경우 비과세를 받을 수 있는가?
> • 상황2 : 상가에 대한 임대소득세 계산 시 감가상각비가 1억 원이 포함되었다. 양도차익은 얼마인가?
> • 상황3 : 토지를 양도하여 양도차익 1억 원이 났다. 보유기간이 10년이며 비사업용 토지에 해당한다. 양도소득세율은 어떻게 적용되는가?

위의 상황에 대해 답을 찾아보면 다음과 같다.

(상황1) 주택의 보유기간은 10년이다. 이 경우 비과세를 받을 수 있는가?

1세대 2주택 상태에서 비과세를 받을 수 있는 경우의 수를 찾아내야 한다.

• 일시적 2주택에 해당하는 경우
• 상속주택, 농어촌주택, 동거봉양주택 등이 포함되어 있는 경우
• 주택 수에서 제외되는 감면주택, 임대주택 등이 포함되어 있는 경우

따라서 1세대 2주택 이상이 되더라도 비과세를 받을 수 있는 길이 많음을 알 수 있다.

(상황2) 상가에 대한 임대소득세 계산 시 감가상각비가 1억 원이 포함되었다. 양도차익은 얼마인가?

상가에 대한 양도차익 계산 시 감가상각비는 취득가액에서 차감하여 계산한다. 임대소득세와 양도소득세에 대한 이중 공제혜택을 주지 않기 위해서이다. 따라서 양도차익은 다음과 같이 계산한다.

구 분	금 액	비 고
양도가액	10억 원	
− 취득가액	4억 원	5억 원−1억 원=4억 원
= 양도차익	6억 원	

(상황3) 토지를 양도하여 양도차익 1억 원이 났다. 보유기간이 10년이며 비사업용 토지에 해당한다. 양도소득세율은 어떻게 적용되는가?

비사업용 토지의 양도소득세율은 보유기간에 따라 다음과 같이 적용된다.

구 분	1년 미만 보유	1~2년 미만 보유	2년 이상 보유
비사업용 토지	Max[50%, 기본세율+10~20%p]*	Max[40%, 기본세율+10~20%p]	기본세율+10~20%p

* 투기지역은 20%p가 가산된다. 참고로 단기양도에 따른 세율과 중과세율이 동시에 적용되는 경우에는 둘 중 많은 세액을 산출세액으로 한다.

따라서 사례의 경우 보유기간이 2년 이상에 해당하므로 세율은 16~55% 등이 적용된다.

Tip

□ **양도소득세의 특징**

- 양도소득세는 기간과세로 매년 1월 1일~12월 31일 내의 소득을 합산하여 과세하는 것을 원칙으로 한다.
- 양도시기는 잔금청산일과 등기접수일 중 빠른 날을 말한다. 이를 기준으로 여러 가지 제도를 적용하고 있다.
- 양도소득세는 위 양도시기에 납세의무가 성립한다.
- 양도소득세 신고 및 납부는 양도일(잔금청산일과 등기접수일 중 빠른 날)이 속하는 달의 말일로부터 2개월 내에 주소지 관할 세무서에 신고한다. 비과세의 경우에는 신고의무가 없다.
- 양도소득세는 납세자의 신고 및 납부에 의해 납세의무가 종결된다.
- 과세관청에서는 납세자가 제출한 신고서를 사후 검증 등을 한다.

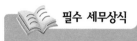 **필수 세무상식**

'서면질의'와 '세법해석 사전답변' 비교(국세청)

양도소득세 등의 실무에서 쟁점이 생긴 경우 미리 이에 대한 해결책을 점검해야 한다. 이때 아래와 같이 국세청에서 운영하고 있는 서면질의제도와 세법해석 사전답변제도가 도움이 될 수 있다.

구분	서면질의	세법해석 사전답변
목적	• 민원인의 세법해석과 관련한 일반적 질의에 대한 답변으로 세무상 궁금증 해소	• 민원인이 자신의 개별적 구체적 세법해석질의에 대해 명확한 답변을 받아 세무신고의 적정성 확보
정의	• 민원인이 세법해석과 관련된 일반 사항에 대하여 국세청장에게 서면으로 질의하는 것 *「법령사무처리규정」 제2조 제9호	• 민원인 실명으로 자신의 특정한 거래와 관련된 세법해석을 국세청장에게 요구하여 명확한 답변을 받는 것 • 법정신고기한 전에 구체적인 사실관계를 기재한 신청서 제출 *「법령사무처리규정」 제2조 제10호
성격	• 민원사무(법령질의사항)로서 국세청의 유권해석에 해당	• 민원사무(법령질의사항)로서 국세청의 유권해석에 해당
신청자	• 본인 또는 위임받은 자	• 본인 및 위임받은 세무대리인
신청기한	• 제한 없음(법정신고기한, 불복여부 등과 상관없이 언제나 가능).	• '사전'(법정신고기한 前)
신청대상	• 세법해석에 대한 사항이면 제한 없이 신청 가능	• 이미 사실관계가 확정되었거나 조만간 확정될 것이 확실한 민원인 본인의 특정 거래에 대한 세법해석사항(가정의 사실관계에 기초한 질의, 사실판단사항 등 제외) * 사실관계 확인을 위한 증빙 제출 要
효력	• 과세관청을 구속하지는 않으나 종사직원의 세법적용 판단기준이 되므로 사실상 외부효력 가짐 • '일반론적 견해표명'에 해당 통상 신의성실원칙 적용 안됨.	• 과세관청을 구속함을 훈령에 명시(답변 내용을 신뢰하고 사실대로 거래를 이행한 경우 답변에 반하는 처분 못함) *「법령사무처리규정」 제25조 • '공적 견해표명'에 해당하여 신의성실원칙 적용

제2장

정부의 주택관련 세제정책 분석

　제2장에서는 정부의 주택관련 세제정책을 발표 순서대로 분석한다. 이를 제대로 이해하지 못하면 주택관련 세제를 다루기가 매우 힘들기 때문이다. 특히 2020년 7월 10일에 발표된 7·10대책은 무엇보다도 중요하다. 이장을 잘 마무리해야 제3장 이후를 순조롭게 공부할 수 있다.

　이장의 핵심 내용들은 다음과 같다.
- 정부의 주택관련 세제정책 개관
- 2017년 8·2부동산 대책
- 2018년 9·13부동산 대책
- 2019년 2월 정부의 「소득세법 시행령」 개정
- 2019년 12·16부동산 대책
- 2020년 7·10부동산 대책
- 조정대상지역(조정지역)에 대한 세제의 적용

부동산 특히 주택에 대한 양도소득세 등을 이해하기 위해서는 정부의 정책들을 선행적으로 이해하는 것이 좋다. 정부가 부동산 대책을 발표할 때마다 빠짐없이 세제정책이 등장하고 있기 때문이다. 이하에서 대책 발표순으로 핵심적인 내용들만 살펴보자.

① 정부의 부동산 대책의 흐름

부동산 대책은 크게 대출과 세제 그리고 공급 등으로 구분된다. 이 중 세제의 분야를 중심으로 어떤 제도들이 도입되어 작동되고 있는지 살펴보자.

2017.8.2.	2018.9.13.	2019.2.12.	2019.12.16.	2020.8.12./ 8.18.	2021.1.1.	2021.6.1.
8·2대책	9·13대책	(정부의 법령 개정) 9·13 후속 대책	12·16대책	7·10대책	7·10대책 등	7·10대책
• 거주요건 도입 • 중과세 도입 (2018.4.1.)	• 일시적 2주택 3년→2년으로 단축 • 임대사업자 세제혜택 축소	• 최종 1주택 보유기간 재계산 • 임대사업자 거주주택 비과세 1회 적용 등	• 일시적 2주택 2년 → 1년으로 단축 및 전입의무 신설	• 취득세 중과세 • 개정 임대등록 제도 시행	• 보유기간 기산일 변경 • 법인세 추가 세율 인상	• 종합부동산세 및 양도소득세 인상

위 내용을 보면 2017년 8·2대책에 따라 양도소득세 비과세요건 중 거주요건이 도입되었고, 2018년 4월 1일부터 중과세제도가 시행되었다. 한편 2018년 9·13대책에 따라 일시적 2주택 비과세 처분기한이 3년에서 2년, 그리고 2019년 12·16대책에 따라 이 기한이 2년에서 1년으로 단축되었다(이외 전입의무도 추가되었다). 이 규정은 종전주택이 조정지역에 있는 상태에서 조정지역에 있는 신규주택을 취득(조정지역 공고가 있는 날 이전에 신규주택을 취득하거나 신규주택을 취득하기 위해 매매계약을 체결하고 계약금을 지급한 사실이 증명서류에 의해 확인되는 경우는 제외)한 경우에 적용된다. 한편 2020년 7·10대책에 따라 2021년 6월 1일부터 양도소득세 단기세율 및 중과세율 등이 인상되었다. 한편 이외에도 틈틈이 국회와 정부에서 세법과 시행령을 개정한 경우도 많아 세제가 더욱 복잡하게 변하였다.

② 대책 발표에 따른 경과규정

정부의 정책과 관련해 특히 유의해야 할 것이 있다. 바로 경과규정에 대한 이해이다. 예를 들어 대책이 발표될 때마다 아래와 같은 흐름에 따라 법이 적용된다.

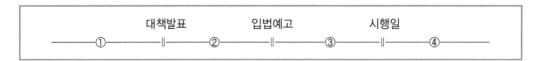

①은 대책이 발표되기 전으로 개정된 규정이 적용될 이유가 없다. 그리고 ④는 시행일 이후가 되기 때문에 개정된 법이 적용될 수밖에 없다. 그렇다면 ②와 ③은 종전 법이 적용될까? 개정된 법이 적용될까?

이에 대해서는 종전의 법이 적용되는 것이 원칙이지만, 부칙을 두어 개정된 법을 적용할 수도 있다. 따라서 자세한 내용은 해당 법률의 부칙을 통해 반드시 확인해야 한다.

한편 비조정지역이 조정지역으로 바뀐 경우에도 원칙적으로 종전 규정을 적용한다. 사례를 통해 이를 확인해보자.

사례

K씨는 비조정지역에서 1주택을 계약했다. 그런데 잔금을 청산하기 전에 해당 지역이 조정지역으로 지정되었다. 이 경우 종전주택은 몇 년 내에 처분해야 비과세를 받을 수 있을까?

일시적 2주택 비과세 처분기한은 원칙적으로 3년이다. 다만, 조정지역에서 1주택을 보유 중에 조정지역에서 신규주택을 취득한 경우에는 처분기한이 단축되어 2019년 12월 17일부터는 1년이 적용된다. 하지만 사례처럼 조정지역이 아닌 상태에서 계약이 된 경우에는 종전 규정을 적용하도록 되어 있으므로 이 경우에는 신규주택의 취득일로부터 "3년" 내에 처분하면 비과세를 받을 수 있다.

☞ 부동산 대책의 발표 또는 비조정지역의 조정지역 고시는 비과세나 중과세의 판단에 많은 영향을 준다. 이 부분을 이해하지 못하면 이에 대한 판단들을 제대로 할 수 없음에 각별히 유의하자. 특히 일시적 2주택 양도소득세 비과세 판단 시 이 부분이 상당히 중요하다. 이 요건에서는 종전주택을 신규주택 취득일로부터 몇 년 내에 처분할 것인지, 거주요건이 있는지를 결정해야 하는데 이때 부동산 대책에 따라 처분기한이 1~3년 내로 달라지고, 신규주택의 취득 또는 계약 당시 조정지역 해당 여부에 따라 거주요건이 적용되는지 등이 결정된다. 이에 대한 사례는 67페이지 등을 참조하기 바란다.

2017년 8월 2일은 현 정부의 1차 부동산 대책이 발표된 날이다. 새 정부가 들어서면서 그동안 억눌렸던 부동산 가격이 올라가자 이에 놀란 정부는 부랴부랴 부동산 대책을 발표 하였는데, 주요 내용은 실수요자들에 대한 거주요건 강화와 다주택자에 대한 중과세제도의 도입이었다. 그런데 이 중 중과세제도의 도입은 매물감소 등으로 이어져 현재에 이르기까 지 많은 논란을 불러일으키고 있다. 주요 내용을 살펴보자.

① 거주요건의 도입

거주요건은 해당 주택에서 전 세대원들이 거주해야 비과세 등을 적용하는 것을 말한다. 8 · 2대책에서는 2017년 8월 3일 이후 서울 등 조정지역에서 취득한 주택에 대해 적용한다. 그런데 최근 "최종 1주택"에 대한 보유기간 계산법이 달라지면서 거주를 다시 해야 하는 상황이 발생하고 있다. 이러한 점에 유의해 이하의 내용들을 살펴보자.

(1) 조정지역 내에서 주택을 취득한 경우

1세대 1주택 비과세를 적용받기 위해서는 원칙적으로 2년 이상 보유해야 된다. 다만, 서 울 등 조정지역에 소재하는 주택은 2년 보유 및 2년 거주를 해야 한다(2017년 8월 3일 이후 취득분에 한함).

구 분	2017년 8월 2일 이전 취득분	2017년 8월 3일 이후 취득분
조정지역 내	2년 보유	2년 보유 및 2년 거주
조정지역 외		2년 보유

이러한 거주요건은 2017년 8월 3일 이후 취득(잔금 원칙)당시 조정지역 내의 주택에 대 해 적용된다. 이처럼 거주요건은 취득당시를 기준으로 적용함에 유의해야 한다. 따라서 잔 금을 지급할 때 조정지역에서 해제되면 이 요건이 적용되지 않는다.[8]

---

8) 2017년 8월 2일 이전 또는 조정지역 고시되기 전에 계약한 경우에는 계약당시에 무주택자에 한해 거주요건 이 적용되지 않는다. 주택이 있는 상태에서 계약한 경우라면 거주요건이 적용됨에 유의해야 한다.

한편 다음의 경우에는 보유 및 거주기간을 적용하지 않는다.

- 공공사업용으로 수용
- 세대 전원의 해외이주 등으로 부득이하게 양도한 경우(단, 출국일로부터 2년 내 양도)
- 「민간임대주택법」에 의한 임대주택에서 5년 이상 거주한 후 분양받아 양도한 주택
- 취학, 1년 이상의 질병의 치료·요양, 근무상 형편으로 1년 이상 살던 주택을 팔고 세대원 모두가 다른 시·군 지역으로 이사를 할 때(단, 당해 주택에서 1년 이상 거주)
- 재건축이나 재개발사업 중에 대체주택을 구입하여 1년 이상 거주한 후 양도하는 경우

(2) 거주요건을 다시 충족해야 하는 경우

2021년 1월 1일부터 1세대 1주택의 비과세요건 중 2년 이상 보유요건 및 2년 이상 거주요건이 "최종 1주택"을 보유한 날로부터 계산된다. 따라서 2017년 8월 3일 이후에 조정지역에서 취득했다면 거주를 다시 해야 하는 상황이 벌어질 수 있음에 유의해야 한다. 2021년 1월 14일에 아래와 같은 예규가 발표되었기 때문이다.

⬤ 양도, 기획재정부 재산세제과 - 35, 2021.1.14.

[제목]

조정지역 1세대 1주택 비과세 특례 적용 시 거주기간 기산일

[요지]

2주택 이상을 보유한 1세대가 다른 주택을 양도하고 조정지역에 있는 주택만 남은 경우, 그 최종주택의 1세대 1주택 비과세 특례를 적용받기 위하여 거주기간도 최종 1주택을 보유하게 된 날부터 새로 기산

[질의]

[질의내용]

2주택 이상 보유한 1세대가 1주택 외의 주택을 모두 양도하고 취득 당시 조정지역에 있는 남은 최종 1주택을 최종 1주택이 된 날부터 2년 이상 보유하다 양도하는 경우로서

- 1세대 1주택 비과세 특례를 적용받기 위하여 최종 1주택이 된 날부터 2년 이상 새로 거주해야 하는지 여부

(제1안) 보유 및 거주기간 모두 새로 기산함.

(제2안) 보유기간만 새로 기산함.

[회신]

귀 질의의 경우 제1안이 타당함.

[사실관계]

○ A주택(조정지역 소재) : 2018년 4월 3일에 취득 후 바로 세대전원이 입주하여 2020년 4월 30일까지 2년 이상 거주
  - 2020년 5월 1일부터 타인 소유 주택으로 이사하여 현재까지 거주 중임.

○ B주택 : 2018년 5월 3일 취득 후 2021년 5월 9일 양도함.
  - A주택을 B주택 양도일로부터 2년 이상 경과 후 양도*할 예정

*「소득령」§155, §155의 2, §156의 2에 따라 일시적으로 2주택이 된 경우에 해당하지 않음을 전제함.

② 중과세제도의 시행

다주택자를 대상으로 2018년 4월 1일 이후에 조정지역 내의 주택을 양도할 때 기본세율에 20~30%p(2021년 6월 1일 전은 10~20%p)를 가산한다. 그리고 장기보유특별공제를 적용하지 않는다. 참고로 중과세는 양도일 현재를 기준으로 적용함을 기억해두기 바란다.

(1) 중과세가 적용되는 경우

중과세는 실수요자가 아닌 다주택자를 대상으로 하는 제도에 해당한다. 따라서 기본적으로 비과세가 적용되지 않는 상태에서 2주택 이상을 보유한 세대에 대해 이 제도가 적용된다. 다만, 주택 수가 많다고 무차별적으로 이 제도가 적용되는 것이 아니라, 선별적으로 중과세가 적용된다. 중과세제도에 대해서는 제4장에서 자세히 살펴보고 여기에서는 대략적인 흐름 정도만 살펴보자.

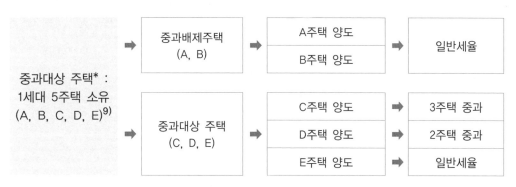

* 비규제지역의 기준시가 3억 원 이하의 주택은 제외된다.

---

9) 주택에 대한 양도소득세 중과세는 중과대상 주택 수를 계산하는 것부터 출발한다. 자세한 것은 제4장에서 살펴본다.

위 그림을 보면 1세대가 소유하는 모든 주택[10](양도주택 포함) 중 중과대상 주택 수가 5채이고 여기에서 중과배제되는 주택 수를 뺀 주택의 수가 3채가 된다. 이 상태에서 순차적으로 C주택을 양도하면 3주택 중과세가, D주택을 양도하면 2주택 중과세가 적용된다. 그리고 최종 1주택인 E주택은 중과세를 적용하지 않는다. 이처럼 주택 수가 많더라도 모든 주택이 중과세를 적용받는 것이 아니라, 중과대상 주택에 해당되고 중과배제주택에 해당되지 않아야 최종적으로 중과세가 적용된다는 점을 기억하기 바란다.

(2) 최근 중과세제도관련 동향

중과세는 2018년 4월 1일부터 시행되고 있는데, 이로 인해 매물이 감소하는 등 부작용이 속출하고 있다. 이에 정부는 2019년 12월 17일~2020년 6월 30일까지 한시적으로 10년 이상 보유한 주택에 대해서는 중과세를 적용하지 않았다. 하지만 매물증가로 이어지지 못한 채로 2021년을 맞이하게 되었고, 급기야 2020년 7·10대책에 따라 2021년 6월 1일부터 아래와 같이 세율이 인상되는 형태로 진화를 하게 되었다.

구 분	2021.6.1. 전	2021.6.1. 이후
2주택 중과세	기본세율+10%p	기본세율+20%p
3주택 중과세	기본세율+20%p	기본세율+30%p

⁑ 저자 주 ─────────

중과세제도는 부동산 대책의 핵심이 된다. 이에 따라 시장이 활황이면 이 제도가 강화되고 불황이면 완화되는 식으로 세제가 개편된다. 물론 세무리스크는 이 제도가 강화되었을 때 크게 발생한다. 따라서 독자들은 무엇보다도 중과세제도가 어떤 식으로 흘러가는지 늘 촉각을 세우고 있는 것이 좋을 것으로 보인다.

─────────────────────

10) 서울 등 규제지역은 가격불문, 규제지역의 읍·면지역과 기타 도 지역은 기준시가(공급가격, 권리가액)가 3억 원을 초과해야 주택 수에 산입된다(제4장 참조).

정부는 위 8·2부동산 대책을 통해서도 가격상승이 억제되지 않자 2018년 9월 13일 대출 규제와 아울러 고강도의 세제정책을 도입하였다. 이때 선보인 세제정책은 주로 2018년 9월 14일 이후 조정지역 내에서 주택을 취득해 임대등록하면 더 이상 종합부동산세 합산배제 및 중과세 제외를 적용하지 않는다는 것 등이 주요 골자였다. 이러한 흐름은 현재까지도 이어지고 있다.

❶ 9·13대책이 나온 배경

2018년 4월 1일은 중과세제도가 시행되는 날이기도 하지만, 정부가 주택임대사업자에 대한 세제를 강화한 날이기도 하다. 이날 전에 등록한 주택들은 4년 단기임대 또는 8년 장기임대 중 하나를 선택하면 종합부동산세를 면제 받을 수 있었고 중과세에서 제외하는 특례가 있었으나, 이날부터는 8년 장기임대를 해야 이러한 혜택을 받을 수 있게 되었다(이는 2017.12.13. 임대등록 활성화 방안에 따른 것임). 이러한 정책으로 인해 시중 매물은 더 감소가 되면서 더욱 더 가격상승을 부추기 시작했다. 정부는 뒤늦게 이에 대한 심각성을 느끼고 주택임대사업자들에게 주어진 주택담보인정비율(LTV)을 80%에서 40%선으로 축소하는 한편 주택임대사업자에 대한 세제혜택을 중단 및 강화하는 안을 연이어 발표하였다.

❷ 9·13대책의 주요 내용

2018년 9·13대책에서 발표된 내용들을 정리하면 다음과 같다.

적용대상	항 목	개정 내용	시행시기
실수요자	① 고가 1주택자 장기보유특별공제 2년 거주요건 신설	2년 미거주 시 6~30%	2020년 이후 양도분 (전국)
	② 조정지역 일시적 2주택 중복보유 허용기간 단축	3년 → 2년	2018년 9월 14일 이후 취득분(조정지역)
투자수요자 (다주택자)	③ 조정지역 신규취득 임대주택 양도소득세 중과 및 종합부동산세 과세	임대업 세제지원 중단	상동
	④ 등록임대주택 양도소득세 감면가액기준(6억 원·3억 원) 신설	기준시가 요건 추가	상동

위 규정 중 ①과 ②는 실수요자를, ③~④는 주로 투자수요자(다주택자)를 적용대상으로 하고 있다.

(1) 실수요자관련

9·13대책 중 일시적 2주택 중복보유 허용기간이 3년에서 2년으로 단축되었다. 이는 일시적 2주택 수요자들도 가격 상승에 영향을 미치므로 이들에 대한 수요통제를 위한 취지가 있었다. 이후 이 제도는 2019년 12·16대책에 의해 다시 1년으로 축소되었다. 다만, 이러한 중복보유 허용기간 단축은 조정지역에 1주택을 가진 자가 조정지역 내에서 신규주택을 취득한 경우에만 적용된다. 이를 표로 정리하면 다음과 같다.

구분	2018.9.13. 이전	2018.9.14.~2019.12.16.	2019.12.17. 이후
조정지역 내	3년	2년	1년(원칙)
조정지역 외	3년	3년	3년

한편 비과세가 적용되는 고가주택의 경우 장기보유특별공제는 아래와 같이 변천을 거듭해왔다.

구분	2020.1.1.~2020.12.31.	2021.1.1. 이후
2년 미만 거주	6~30%	6~30%
2년 이상 거주	2년 이상 거주+10년 이상 보유 시 80%	• 보유기간별 : 최대 40% • 거주기간별 : 최대 40%

80%의 장기보유특별공제율은 상당히 파격적인 제도에 해당한다. 따라서 이 제도도 부동산 대책에서 단골 메뉴로 등장하고 있다.

(2) 투자수요자(임대사업자)관련

2018년 9월 13일 이전까지는 주택임대사업자들에게는 세금 천국이었다. 취득세와 보유세는 물론이고 양도소득세 등 대부분의 국세를 면제받는 특혜를 누릴 수 있었기 때문이다. 그런데 임대주택등록제도가 서민들의 주거안정에 기여하는 긍정적인 면도 있었지만, 부동산가격을 급등시킨 부정적인 측면이 더 크게 부각되자 정부는 아래와 같은 세제강화책을 도입하였다.

구 분	적용대상	적용제외
① 종합부동산세 과세 및 양도소득세 중과세 적용	1세대가 1주택 이상 보유한 상태에서 2018년 9월 14일 이후 조정지역 내에서 취득한 매입임대주택	건설임대주택, 법인이 취득한 주택[11] 등
② 「조특법」상 장기임대주택에 대한 장기보유특별공제 특례 등 적용 시 가액요건 추가	2018년 9월 14일 기준시가 6억 원 (수도권 밖은 3억 원) 이하 요건 추가[12]	법인은 해당사항 없음.

이 중 ①의 주택들은 의무임대를 다하거나 중도에 등록이 자동말소 또는 자진말소를 하더라도 양도소득세 중과세가 적용되므로 유의해야 한다.

이러한 조치로 인해 서울을 포함한 조정지역에서 주택을 신규로 취득해 임대하고자 하는 수요들이 사실상 자취를 감추게 되었다. 그나마 이 조치가 발표되기 전에 취득한 주택들은 종전 규정을 적용받게 되어 임대사업자로서의 명맥을 유지할 수 있게 되었다.

Tip

□ **임대사업에 대한 세제의 변화**

구분	2018.9.13. 이전	2018.9.14.~2020.7.10.	2020.7.11. 이후
세제혜택	세제혜택 활황기	세제혜택 축소기	세제혜택 소멸기*

* 단, 아파트를 제외한 다세대주택, 다가구주택, 주거용 오피스텔은 10년 장기임대로 등록이 가능하다. 이렇게 등록을 하면 일부 세목에서 혜택을 볼 수 있으나, 정작 중요한 「조특법」상 장기보유특별공제 70% 등은 2020년 12월 31일 이전 등록분(건설임대주택은 2022년 12월 31일)에 한해 적용되므로 등록의 실익이 많이 축소되었다.

---

11) 법인은 2020년 6월 18일부터 등록하더라도 종합부동산세 합산배제 및 추가과세를 적용한다.
12) 원래 「조특법」 제97조의 5 등에 대해 적용되는 장기임대주택에 대한 장기보유특별공제와 양도소득세 100% 감면은 국민주택규모 이하의 주택에 대해 적용되었으나, 2018년 9월 14일 이후부터는 기준시가 요건도 적용하는 것으로 입법이 되었다.

제 4 절 2019년 2월 정부의 「소득세법 시행령」 개정

2019년 2월 12일은 정부의 「소득세법 시행령」이 개정 공포된 날이다. 아시다시피 시행령은 정부가 입법을 하게 되는데 이때 몇 가지 중요한 내용들이 들어왔다. 대표적인 것이 바로 2021년부터 적용되고 있는 "최종 1주택"에 대한 보유(거주)기간의 계산법의 변경과 주택임대사업자들에 대한 거주주택 비과세 회수를 "생애 1회"로 축소하는 것이었다. 실제 이두 가지 내용은 2022년 현재에도 막강한 위력을 떨치고 있다. 이하에서 이들을 중심으로 관련 내용을 살펴보자.

① 2019년 2월 정부의 「소득세법 시행령」 개정 내용

정부는 2018년 9·13조치로 부동산 시장의 안정화가 시작되었음에도 불구하고 후속 조치의 일환으로 아래와 같이 「소득세법 시행령」 등을 개정하였다.

항 목	개정 내용		시행시기
	종 전	개 정	
① 비과세 보유기간 기산일 변경	해당 주택의 취득일부터 기산	최종 1주택만을 보유한 날로부터 기산	2021년 1월 1일 이후 양도분부터 적용
② 임대사업자의 거주주택 비과세 회수제한	제한없음.	생애 1주택에 한해 적용	2019년 2월 12일 이후 취득분부터 적용
③ 임대사업자의 임대료 5% 상한율 적용	장기임대주택 감면에만 적용	소득세 감면, 종합부동산세 비과세, 양도소득세 중과세외 등에도 적용	2019년 2월 12일 이후 임대차계약 갱신 또는 새로 체결하는 분부터 적용
④ 분양권, 입주권 이월과세 적용	분양권과 입주권은 이월과세에서 제외	이들에 대해서도 이월과세 적용	2019년 2월 12일 이후 양도분부터 적용

위의 개정 내용들은 주로 다주택자들에 대한 세제를 강화하는 것이 주요 골자였다. 2021년 1월 1일부터 시행하고 있는 "최종 1주택"에 대한 보유기간 계산법 변경과 임대사업자들의 거주주택 비과세 횟수 제한은 더 이상 다주택 보유가 쉽지 않음을 암시하고 있다.

❷ 최종 1주택에 대한 보유(거주)기간 계산법의 변경

정부는 2019년 초 「소득세법 시행령」 개정을 통해 2021년 1월 1일 이후에 양도하는 주택에 대한 비과세 적용 시 보유(거주)요건을 최종 1주택이 남은 날부터 산정하도록 하였다.

(1) 2020년 12월 31일 이전(개정 전)

다주택자가 주택을 매각하고 최종적으로 1주택만 보유한 후 그 1주택을 매각 시 그 주택의 취득일부터 보유기간 2년을 기산하여 1세대 1주택 비과세를 적용한다. 아래 그림을 보면 다주택자가 A와 B주택을 양도나 증여 등을 통해 제거한 후에 C주택을 양도하면 바로 비과세가 가능해진다. 양도일 현재 1세대 1주택에 해당하고 C주택 취득일로부터 보유기간이 2년 이상이면 족하기 때문이다.

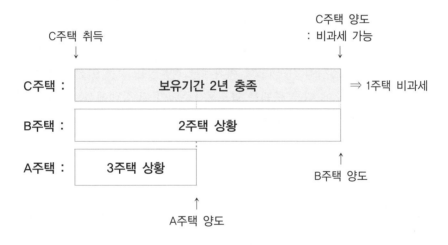

(2) 2021년 1월 1일 이후(개정 후)

2021년 1월 1일부터는 다주택을 보유한 기간은 제외하고 최종적으로 1주택만 보유하게 된 날로부터 보유기간 2년을 기산하여 1세대 1주택 비과세를 판정한다. 아래 그림을 보면 다주택자가 A와 B주택을 양도나 증여 등*을 통해 제거한 후에 C주택을 바로 양도하면 비과세가 불가능해진다. 양도일 현재 1세대 1주택에 해당하나 C주택만 남은 날로부터 2년을 더 보유해야 하기 때문이다. 최근 예규에 의하면 조정지역의 경우 거주도 다시 해야 한다.

* 양도, 증여, 용도변경(「건축법」 제19조 상의 용도변경, 주거용 오피스텔을 업무용 오피스텔로 용도변경하는 것을 말함) 외의 세대분리, 멸실, 임대등록 등에 대해서는 이 규정을 적용하지 않는다.

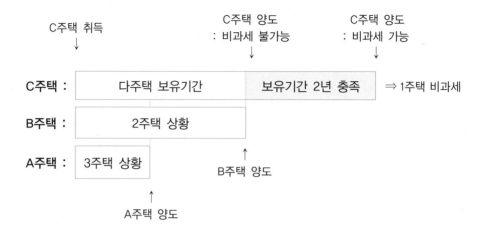

위의 내용을 보면, 다주택자가 양도소득세 비과세를 받기 위해서는 2020년 말 이전까지 A주택과 B주택을 정리했어야 한다. 만일 2021년 이후에 이를 정리하면 C주택에 대한 비과세를 바로 받을 수 없다. C주택만을 보유한 날로부터 2년을 더 보유(거주)해야 하기 때문이다. 참고로 2021년 이후에 C주택만 보유하고 있다면 이는 실수요자로의 복귀를 말하며 따라서 이들에게 주어지는 일시적 2주택으로 비과세를 적용받는 것은 여전히 유효하다. 다만, 다주택자들이 2021년 이후에 다른 주택을 양도해 1주택이 된 상태에서는 비과세를 받기가 매우 힘들어진다. 이에 대해서는 제3장에서 분석한다(매우 중요하다).

❸ 거주주택 생애 1회 비과세 적용

주택임대사업자가 거주한 주택의 비과세에 대한 제한이 가해졌다. 비과세를 무한정 해주는 것이 아니라 "생애 1회"만 해주는 것으로 법이 개정되었기 때문이다.

(1) 2019년 2월 12일 전(개정 전)

관할 시·군·구청과 관할 세무서에 등록한 장기임대주택을 보유한 임대사업자가 2년 이상 본인이 거주한 주택을 양도 시 1세대 1주택으로 보아 회수 제한 없이 비과세를 받아왔다. 아래 그림을 보면 C와 D주택을 임대 중 A주택에서 2년 거주한 후에 이를 양도하여 비과세를 받고, 그 다음에 B주택에서 2년 거주한 후 양도하면 비과세를 적용했다. 물론 C주택처럼 임대주택을 거주주택으로 전환한 경우에는 기존 거주주택인 B주택의 양도 후 발생한 양도차익에 대해서는 비과세가 가능했다.

이처럼 개정 전은 임대사업자가 거주주택에서 2년 이상만 거주하면 1세대 1주택 비과세를 무한정 적용했다. 다주택자들에게 파격적인 세우대조치가 주어졌음을 알 수 있다.

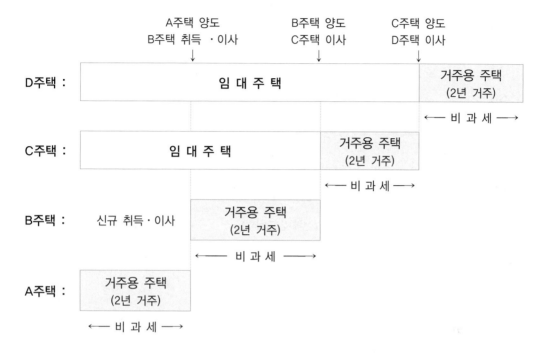

(2) 2019년 2월 12일 이후(개정 후)

위와 같이 거주주택에 대해 회수 제한 없이 비과세가 적용되던 것이 앞으로는 최초 거주주택을 양도하는 경우만 비과세가 허용된다(평생 1회). 다만, 영 시행일(2019년 2월 12일) 이후 신규취득하는 분부터 적용하되, 시행일 당시에 거주하고 있는 주택(시행일 이전에 거주주택을 취득하기 위해 계약금을 지불한 경우도 포함)은 종전 규정을 적용한다.[13] 한편 이러한 개정 내용은 2019년 2월 12일 이후 주택을 취득해 신규로 임대한 주택을 추후 거주주택으로 전환한 경우에도 전체 양도차익에 대해 과세로 전환된다. 다만, 최종적으로 임대주택 1채만 보유하게 된 후 거주주택으로 전환 시에는 직전 거주주택 양도 후 양도차익분에 대해서만 비과세한다. 아래 그림을 보면 시행일 이후에 신규로 취득해 최초 거주주택인 A주택은 비과세를 적용하나, 이후의 주택들은 2년 거주를 해도 비과세를 적용하지 않는다. 다만, 최종적으로 임대주택 1채인 D주택만 보유하고 이를 거주주택으로 전환 시에는 직전 거주주택 양도 후 양도차익분에 대해서 비과세한다.

---

13) 따라서 이 경우에는 추가로 비과세를 받을 수 있다.

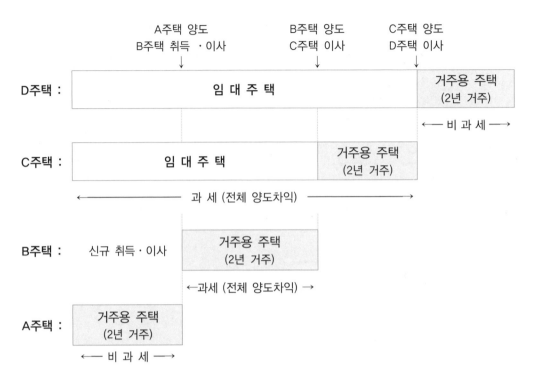

임대사업자의 거주주택 비과세 회수 제한으로 임대사업자들은 거주주택에 대한 비과세를 받기 위해 갈아타기를 반복할 이유가 없어졌다. 다만, 적용대상은 2019년 2월 12일 이후에 취득한 주택에 한하므로 그 이전에 취득한 주택들은 여전히 2년만 거주하면 1세대 1주택으로써의 비과세를 받을 수 있다.

| 주택임대사업자의 거주주택 비과세 요약 |

거주주택의 취득	거주주택 비과세	임대주택의 거주주택 전환	전환 거주주택이 1세대 1주택인 경우
2019년 2월 12일 전 취득	제한 없이 가능	일부 양도차익 비과세 가능	일부 양도차익 비과세 가능
2019년 2월 12일 이후 취득	1회만 가능[14]	전체 양도차익 과세	일부 양도차익 비과세 가능

---

14) 단, 2019년 2월 12일 현재 거주 중인 주택과 2019년 2월 12일 현재 거주주택을 취득하기 위해 계약금을 지급한 사실이 확인된 주택은 예외적으로 비과세 추가로 허용한다(2회 가능).

2019년 12·16대책은 제3차 부동산 종합대책으로 고가주택에 대한 대출이 제한되는 한편 세제에서는 일시적 2주택 비과세 처분기한이 3년 또는 2년에서 1년으로 단축되고 1주택자들의 주택임대등록을 통한 2년 이상 거주요건 적용배제 혜택이 삭제되었다. 이러한 12·16대책은 9·13대책의 연장선상에서 추진되었는데 구체적인 내용들은 아래에서 살펴보자.

❶ 일시적 2주택 비과세 처분기한 단축

일시적 2주택 비과세 처분기한은 원칙적으로 3년이지만, 조정지역 내에서 일시적 2주택이 된 경우에는 이 기한이 2년 또는 1년으로 축소된다.

(1) 2018년 9월 14일~2019년 12월 16일 사이에 신규주택을 취득한 경우

일시적 2주택자는 신규주택 취득 후 3년 이내 종전주택 양도하면 비과세를 적용한다. 하지만 조정지역 1주택 보유자가 2018년 9월 14일부터 2019년 12월 16일까지 조정지역 내의 주택을 취득한 경우에는 2년 이내에 종전주택을 양도해야 비과세를 적용한다. 참고로 대책발표 전에 이미 매매계약(분양권, 입주권) 체결 + 계약금 지불한 경우에는 종전 규정을 적용한다. 따라서 이 경우에는 잔금을 치른 날부터 3년 내에 종전주택을 양도하면 비과세를 받을 수 있다.

☞ 대책발표 전에 계약한 경우에는 개정 규정을 적용받는 것이 아니라 종전 규정을 적용받는다는 점을 기억해두기 바란다.

(2) 2019년 12월 17일 이후에 신규주택을 취득한 경우

이날 이후 조정지역 1주택 보유자가 조정지역 내의 주택을 취득해 일시적 2주택이 된 경우에는 신규주택 취득 후 1년 이내에 종전주택을 양도해야 비과세를 적용한다. 그리고 신규주택으로 1년 내에 전입을 해야 한다. 만일 신규주택에 임차인이 있는 경우에는 그 계약종료일까지 처분 및 전입의무가 연장되지만 최장 2년까지만 인정된다. 이때 계약 종료 후 새로운 계약은 인정되지 않는다. 한편 2019년 12월 16일 대책발표 전에 이미 매매계약(분양권, 입주권) 체결 + 계약금 지불한 경우에는 종전 규정을 적용한다. 따라서 이 경우에는 잔금을 치른 날부터 2년 내에 종전주택을 양도하면 비과세를 받을 수 있다.

☞ 2019년 12월 17일 이후에 조정지역 내에서 주택을 취득한 경우에는 전입의무 요건이 추가됨에 유의해야 한다.

| 일시적 2주택 비과세 특례 요약 |

구분	취득시기	구주택과 신주택 사이의 보유기간	중복보유 기간[15]	양도 시 종전주택의 요건		신규주택으로 전입의무
조정지역 내	2017.8.2. 전 취득	1년	3년 (2년, 1년)	2년 보유[16]	–	–
	2017.8.3. 후 취득	1년	3년 (2년, 1년)	2년 보유	2년 거주	1년
조정지역 밖	취득시기 불문	1년	3년	2년 보유	–	–

② 1주택자들의 임대등록을 통한 2년 이상 거주요건 적용배제 혜택 삭제

1세대 1주택 상태에서 해당 주택을 임대등록한 경우에는 1세대 1주택 비과세요건 중 거주요건을 적용하지 않는다. 그런데 이 규정은 2019년 12・16대책에 따라 2019년 12월 17일 이후에 등록한 것부터 인정되지 않는다. 따라서 앞으로는 더 이상 이 규정을 활용할 수가 없게 되었다.

> 「소득세법 시행령」 제154조 제1항
>
> 4. 거주자가 해당 주택을 임대하기 위하여 법 제168조 제1항에 따른 등록과 「민간임대주택에 관한 특별법」 제5조에 따른 임대사업자등록을 한 경우. 다만, 「민간임대주택에 관한 특별법」 제43조를 위반하여 의무임대기간 중에 해당 주택을 양도하는 경우와 임대보증금 또는 임대료의 연 증가율이 100분의 5를 초과하는 경우는 제외한다. (2019.2.12. 단서개정)

참고로 위의 규정에 따라 임대 중에 자진말소한 경우에는 거주요건을 적용하지 않는다 (양도, 서면 – 2020 – 법령해석재산 – 3974(법령해석과 – 779), 2021.3.8.).

---

15) 2018년 9월 14일 이후 조정지역에서 대체주택을 취득한 경우에는 2년 내에 종전주택을 양도해야 비과세를 적용한다. 한편 2019년 12월 17일 이후 조정지역에서 대체주택을 취득한 경우에는 1년 내에 종전주택의 처분 및 신규주택으로 전입을 해야 한다. 단, 부득이한 경우에는 2년 내로 연장된다.
16) 2021년 1월 1일부터는 1주택을 보유한 날로부터 2년을 보유해야 한다. 2020년 말 이전은 취득일로부터 2년을 보유하면 된다.

③ 중과세 한시적 적용배제

보유기간이 10년 이상인 중과대상 주택을 2019년 12월 17일부터 2020년 6월 30일까지 양도 시 중과세를 한시적으로 적용하지 않는다.

∷ 저자 주

2019년 12월 16일 12·16대책에서 선보인 일시적 2주택 처분기한 단축 및 전입의무 신설은 1세대 1주택자들이 새로운 주택을 취득해 이사를 가면서 자산을 증식하는 것을 억제하기 위한 고육지책으로 등장한 제도이다. 조정지역 내에서 이사를 가는 경우 원칙적으로 종전주택을 신규주택 취득한 날로부터 1년 내에 처분해야 하는 동시에 신규주택으로 1년 내에 전입하는 식으로 하여 투자목적으로 집을 옮기는 행위를 억제하고 있는 것으로 보이기 때문이다. 따라서 앞으로 일시적 2주택 비과세를 받기 위해서는 종전주택과 신규주택의 조정지역 소재여부, 임차인의 퇴거 여부 등을 고려해 비과세요건을 갖추는 것이 중요할 것으로 보인다. 참고로 신규주택에 임차인이 있는 경우에는 임차인이 퇴거할 때까지 처분기한 및 전입의무가 연기되나 이 기한은 2년을 넘지 못한다.

2020년 6 · 17대책과 7 · 10대책에 따라 개인과 법인의 부동산(주택)거래에 대한 세제가 상당히 복잡해지고 있다. 특히 주택에 대한 취득세와 보유세 그리고 양도소득세와 법인세가 중과세로 과세되고 있는 상황에서 주택임대사업에 대한 세제가 더해지면서 세무리스크가 가중되고 있다. 그 결과 도처에서 세법을 잘못 다룰 가능성들이 높아지고 있다. 이에 아래에서는 주택거래에 대한 세제를 개인과 법인측면에서 한꺼번에 정리해보고자 한다.

① 부동산 세금의 전체적인 개정 흐름

2020년 7 · 10대책 등에 따라 확 바뀐 주택에 대한 세제를 요약하면 다음과 같다. 여기서 개정된 취득세 중과세는 2020년 8월 12일, 종합부동산세와 양도소득세 중과세는 2021년 6월 1일, 법인 추가과세는 2021년 1월 1일부터 시행되고 있다. 주택임대업에 대한 자동말소 등은 2020년 8월 18일부터 적용되고 있으나 이에 대한 세제중단 등은 2020년 7월 11일부터 시행되고 있다.

구 분	개 인	법 인
취득세	• 1주택 · 일시 2주택 : 1~3% • 2주택 이상 : 8~12%	12% (주택 외는 과밀지역 중과세)
종합부동산세	• 1주택 : 0.6~3.0% • 조정2 · 전국3주택 : 1.2~6.0%	• 3% • 6%
양도소득세/ 법인세	• 1주택 · 일시 2주택 : 비과세 • 2 · 3주택 : 기본세율+20~30%p	• 일반법인세 : 10~25% • 추가법인세 : 20%
주택임대업 세제	• 신규등록 : 10년(아파트 제외) • 기존등록 : 자동말소/자진말소	좌동

☞ 이 책의 독자들은 이러한 세제의 흐름을 이해해야 주택관련 세무리스크를 관리할 수 있다. 이러한 세법 개정으로 인해 개인과 법인 모두 세제를 모르면 손해를 볼 가능성이 높아졌음에 유의해야 한다. 참고로 이러한 세제는 부동산 시장의 상황에 따라 더 강화되거나 완화될 수 있다. 예를 들어 위의 양도소득세 중과세는 2022년 중에 언제든지 한시적으로 완화될 수 있다. 따라서 독자들은 늘 세제의 변화에 관심을 두는 것이 좋다. 참고로 법인부동산에 대한 세무리스크 관리법은 저자의 「법인부동산 세무리스크 관리노하우」 등을 참조하기 바란다.

취득세를 주택과 주택 외의 부동산으로 나눠 살펴보면 다음과 같다.

(1) 주택

개 인			법 인
1주택 (일시적 2주택 포함)	주택 가액에 따라 1~3%		12% (사원용 주택 등은 제외)
2주택	조정지역 8%	비조정지역 1~3%*	
3주택	조정지역 12%	비조정지역 8%	
4주택 이상		비조정지역 12%	

* 신규주택이 비조정지역 내에 있는 경우에는 종전주택의 처분과 무관하게 1~3%를 적용한다.

개인들은 주택 수 및 조정지역에 따라 세율이 1~12%까지 변동하나, 법인은 이와 무관하게 12%가 적용된다. 다만, 개인과 법인 모두 공시가격 1억 원 이하, 농어촌주택, 사원용 주택 등은 중과세를 적용하지 않고 1~3%의 세율을 적용한다. 참고로 수도권 과밀억제권역 내에서 설립된 지 5년이 미경과한 법인이 이 지역 내의 주택을 취득하더라도 이 규정에 의해 12%(별장은 20%)가 적용된다.

(2) 주택 외 부동산

구 분	개 인	법 인
일반세율	4% 원칙	4% 원칙
중과세율	-(별장 등은 중과세함)	과밀억제권역 내 취득

주택 외 부동산(오피스텔, 상가 등)을 취득하면 기본 취득세율 4%가 부과된다. 그런데 이때 수도권 과밀억제권역 내에서 설립된 지 5년이 안된 법인이 이 지역 내의 상가 등을 구입하면 4%가 가산되어 8% 이상의 취득세율이 부과될 수 있다. 주택의 경우에는 지역불문하고 12%의 중과세율이 적용되나, 상가 등은 과밀억제권역 내의 취득에 대해서만 중과세율이 적용될 수 있다는 점과 구별하기 바란다.

③ 7·10대책에 따른 종합부동산세

개인과 법인의 세제 차이가 가장 많이 나는 세목이 바로 종합부동산세이다. 법인은 기본공제액 6억 원을 적용받을 수 없으며, 세율도 3%나 6%가 적용되기 때문이다. 또한 법인은 세부담 상한율도 적용되지 않는다.

구 분	개 인	법 인
기본공제액	6억 원(1단독 11억 원, 2021년 기준)	공제배제
세율	• 2주택 : 0.6~3.0% • 조정2주택·전국3주택 : 1.2~6.0%	• 3% • 6%
세액공제	80%(공동명의도 적용)	–
세부담 상한율	• 2주택 : 150% • 조정2주택·전국3주택 : 300%	없음.

위의 세율에서 조정지역 내에서 2주택을 보유하면 개인은 1.2~6.0%, 법인은 6%가 부과된다. 참고로 종업원에게 무상이나 저가로 제공하는 국민주택규모 이하의 주택이나 기숙사 등은 종합부동산세 합산배제가 되는 주택에 해당하므로 사전에 이를 확인하는 것이 좋을 것으로 보인다.

④ 7·10대책에 따른 양도소득세 중과세와 법인세 추가과세

개인이 주택을 양도하면 양도소득세, 법인은 추가과세가 적용된다. 개인은 2021년 6월 1일, 법인은 2021년 1월 1일 아래와 같이 세율이 적용된다.

구분	개 인		법 인	
	일반세율	중과세율	일반세율	추가세율
주택	• 1년 미만 : 70% • 1~2년 미만 : 60% • 2년 이상 : 6~45%	• 2주택 : 6~45%+20%p • 3주택 : 6~45%+30%p	10~25%	20% (토지는 10%)
입주권	상동	해당사항 없음.		
분양권	해당사항 없음.	• 1년 미만 : 70% • 1년 이상 : 60%		

주택 등의 양도단계에서는 개인과 법인의 세율체계가 확연히 다르다는 점에 주목해보기 바란다.

⑤ 7 · 10대책에 따른 주택임대사업 세제

주택임대사업의 세제는 주로 개인에 초점을 맞춰 진행되어 왔지만 법인도 개인과 별반 차이가 없었다. 다만, 법인은 2018년 9 · 13대책을 적용받지 않아 일부가 상이하다. 이러한 점에 유의해 아래의 내용을 살펴보자.

(1) 신규등록

1) 신규등록 가능여부

2020년 8월 18일부터는 아파트를 제외한 주택들에 한해 10년 장기로의 임대등록만 할 수 있다. 이는 개인과 법인 모두 동일하다.

주택 구분	신규등록 가능여부	
	매입임대	건설임대
4년 단기임대	폐 지	폐 지
8년 장기임대	허용(10년, 다만, 아파트 불가)	허용(10년)

2) 신규등록에 따른 세제혜택

아파트를 제외한 다세대주택 등을 신규로 등록하면 아래와 같은 혜택을 누릴 수 있다.

구 분	개 인	법 인
취득세, 재산세 감면	가능	좌동
종합부동산세 합산배제 및 양도소득세 중과세/법인세 추가과세 적용배제	가능(단, 2018년 9월 14일 이후 조정지역 취득분은 혜택불가)	좌동(단, 법인은 2020년 6월 18일 이후 조정지역 등록분은 혜택불가)
거주주택 비과세	2020년 7월 11일 이후 APT등록분은 불가*	해당사항 없음.
장기보유특별공제 50% 등	건설임대주택은 가능(매입임대주택은 2020년 12월 31일에 종료됨)	해당사항 없음.

* 아파트를 제외한 다세대주택 등을 10년 장기로 임대등록하면 거주주택 비과세를 허용한다.

개인 임대사업자들은 2018년 9월 14일 이후 조정지역에서 주택을 취득해 임대등록하면 종합부동산세 합산배제 등의 혜택을 받을 수 없으나, 법인은 2020년 6월 18일부터 이러한 혜택을 받을 수 없다. 단, 건설임대주택은 우대하므로 이러한 제한이 없다.

(2) 기존등록

2020년 7월 10일 이전에 등록한 사업자들은 2020년 8월 18일부터 의무임대기간이 경과하면 등록이 자동말소되며, 이 기간이 종료되기 전이라도 과태료없이 자진하여 말소할 수 있다. 다만, 세제혜택을 보려면 의무임대기간의 1/2 이상이 경과하고 임차인의 동의를 얻어 자진말소를 신청해야 한다.

1) 자동말소와 자진말소의 내용

구 분	단기임대	장기임대	비 고
의무임대기간	4년	8년	법인도 동일
자동말소	무조건 말소(예외 없음)	• 원칙 : 유지 • 예외 : 아파트는 무조건 말소	법인도 동일
자진말소	가능	아파트만 가능	

4년 단기임대는 무조건 자동말소가 되며, 8년 장기임대는 아파트에 한해 자동말소가 진행된다. 한편 4년 단기임대와 8년 장기임대 중 아파트에 한해서는 자진말소를 신청할 수 있다. 이렇게 보면 8년 장기임대 중 다세대주택 등은 자동말소도 안되고 자진말소도 할 수 없음을 알 수 있다.

2) 말소에 따른 세제혜택의 변화

구 분	자동말소	자진말소	비 고
취득세 감면	추징없음.	좌동	
재산세 감면			
종합부동산세 합산배제(4년, 8년)			
종합소득세/법인세 감면			
양도소득세 거주주택 비과세	추징없음(단, 5년 내 처분).	좌동(단, 1/2 임대+임차인 동의+5년 내 처분)	개인에 한함.
양도소득세 중과세/법인세 추가과세(4년/8년) 적용제외	추징없음.	좌동(단, 1/2 임대+임차인 동의+1년 내 처분)	

구 분	자동말소	자진말소	비 고
양도소득세 50% 장특공 적용	가능	적용 배제	개인에 한함.
양도소득세 70% 장특공 적용과 감면(100%)	적용 배제		개인에 한함.

자동말소 시 언제든지 처분해도 양도소득세 중과세를 적용하지 않으나, 자진말소한 경우에는 말소일로부터 1년 내에 처분해야 중과세를 적용하지 않는다. 이러한 원리는 법인세 추가과세에도 동일하게 적용된다.

⑥ 7·10대책에 따른 법인전환에 대한 세제감면

주택 등을 임대 중에 법인전환 시 아래와 같이 양도소득세 이월과세와 취득세 75% 감면이 적용 배제된다.

구 분	개정 내용	시행시기 등
양도소득세 이월과세	주택/권리에 대해서는 이월과세 대상에서 제외	2021년 1월 1일 이후 법인전환분
취득세 감면	2020년 8월 12일 이후 취득한 부동산 임대업 및 공급업[17] 고정자산에 대해서는 취득세 감면 적용 배제	2020년 8월 12일 이후 법인전환분

이러한 세법 개정으로 인해 부동산임대업이나 매매업용으로 보유한 각종 부동산에 대해 취득세 감면을 받을 수 없게 되고, 주택에 대해서는 양도소득세 이월과세를 적용받을 수 없게 되었다.

---

17) 제조업 영위 기업 등은 취득세 감면이 적용된다.

조정지역 내에서 주택을 취득하거나 양도하면 세제 등이 대폭 강화된다. 아래는 세제에 대한 것이다.

구 분	조정지역 내의 주택	적용시기
1. 취득세 중과세	8%(단, 일시적 2주택, 비조정지역 주택은 1~3%)	2020년 8월 12일 이후
2. 종합부동산세 중과세	2주택 보유자에 대해 종합부동산세 중과세	2021년 6월 1일 이후
3. 양도소득세 비과세 거주조건 적용	취득당시 기준	2017년 8월 3일 이후
4. 일시적 2주택 중복보유 기간[18]	3년에서 1~2년으로 단축(단, 조정지역에 주택이 있는 상태에서 조정지역의 주택을 취득한 경우에 한함)	2018년 9월 14일 이후 취득분
5. 양도소득세 중과세	양도당시 기준	2018년 4월 1일 이후
6. 주택임대사업자 종합부동산세 과세, 양도소득세 중과세	1주택 이상자가 조정지역 내에서 신규취득 시 종합부동산세 과세, 양도소득세 중과세 적용	2018년 9월 14일 이후 취득분 (법인은 2020년 6월 18일 이후)
7. 주택매매사업자 비교과세	중과대상 주택에 대해 종합소득세와 양도소득세 중 많은 세액으로 납부	기 시행 중

참고로 비조정지역인 상태에서 계약을 하고 잔금을 치를 때에 조정지역으로 전환된 경우에는 비조정지역에 해당되는 세제가 적용되는 것이 원칙이다. 예를 들어 2017년 8월 3일 이후에 조정지역 내의 주택을 취득한 경우에는 2년 이상 거주한 후에 양도해야 1세대 1주택 비과세를 적용한다. 그런데 조정지역으로 지정되기 전에 계약금을 지급한 경우가 있는데 이때 거주요건이 적용되는지가 궁금할 수 있다. 이에 대해 세법은 해당 거주자가 속한 1세대가 계약금의 지급일 현재 주택을 보유하지 아니하는 경우라면 이러한 거주요건을 적용하지 않는다. 아래의 예규도 참고하기 바란다.

---

18) 비조정지역이 조정지역으로 바뀌는 경우 일시적 2주택 처분기한이 1년인지 3년인지 판단이 서지 않는 경우에는 저자가 운영하고 있는 카페(네이버 신방수세무아카데미)에서 제공하고 있는 자동판단기를 이용해보기 바란다.

● 양도, 서면 – 2020 – 법령해석재산 – 4045 [법령해석과 – 567], 2021.2.18.

[제목]

주택 취득일에 조정대상지역 해제 시 1세대 1주택 비과세 거주요건 적용 여부

[요지]

주택을 취득한 날에 해당 주택이 소재하는 지역이 조정대상지역에서 해제되는 공고가 있는 경우로서 해당 공고의 효력이 공고일부터 발생하는 경우 해당 주택은 「소득세법 시행령」 제154조 제1항 적용 시 거주기간의 제한을 받지 않는 것임.

[회신]

주택을 취득한 날에 해당 주택이 소재하는 지역이 「주택법」 제63조의 2 제6항의 규정에 따라 조정대상지역에서 해제되는 공고가 있는 경우로서 해당 공고의 효력이 공고일부터 발생하는 경우 해당 주택은 「소득세법 시행령」 제154조 제1항 적용 시 거주기간의 제한을 받지 않는 것입니다.

Tip

□ **부동산 대책과 조정대상지역의 지정 · 해제에 따른 일시적 2주택 처분기한**

부동산 대책과 조정대상지역의 지정 및 해제에 따른 양도소득세 일시적 2주택 비과세를 위한 처분기한을 그림으로 파악해보자. 자세한 내용은 제3장 등을 참조하기 바란다.

1. 신규주택 잔금지급 시 종전주택이 조정지역에 소재하는가?	NO ⇒	3년

⇓YES

2. 계약당시 신규주택은 조정지역에 소재하는가?	NO ⇒	3년

⇓YES

3. 잔금청산 시 신규주택은 조정지역에 소재하는가?	NO ⇒	3년

⇓YES

4. 신규주택의 계약일이 2019년 12월 17일 이후인가?	YES ⇒	1년

⇓NO

5. 신규주택의 계약일이 2018년 9월 14일 ~2019년 12월 16일 사이에 있는가?	YES ⇒	2년

⇓NO

3년

Tip

❏ 2022년 부동산관련 주요 개정세법

2022년에 적용되는 부동산관련 주요 개정세법은 아래와 같다. 구체적인 내용들은 이 책의 본문과 조문을 통해 확인하기 바란다.

구 분	내 용	적용 시기
취득세	증여 취득세 과세표준 인상 : 시가표준액 → 시가상당액	2023.1.1. 이후 증여분
종합부동산세	1세대 1주택자 공제액 9억 원→11억 원	2021년 귀속분
	상속주택 2~3년간 세율 적용 시 주택 수에서 제외(단, 과세표준에는 포함)	영 시행일 이후 납세의무 성립분
	종부세 합산배제(비과세) 대상 주택에 주택건설 사업자 등의 멸실예정 주택(3년간), 시·도등록 문화재 및 어린이집용 주택 추가	
양도소득세	1세대 1주택 및 1세대 1조합원 입주권 양도소득세 비과세 기준금액 상향(실지거래가액 9억 원 → 12억 원)	2021.12.8. 양도분
	고가의 상가겸용주택 1세대 1주택 비과세 적용 시 상가부분은 무조건 양도세 과세	2022년 양도분
	도시지역 중 주·상·공지역 주택 부수토지 : 5배에서 3배로 인하	2022년 양도분
	상생임대주택에 대한 거주기간 특례 1주택자에 대해 1년 거주요건 인정(임대개시일 당시 1주택을 소유한 1세대가 임대하는 주택으로서 임대개시일 당시 기준시가 9억 원 이하인 주택 등의 요건 충족)	2021.12.20.~2022.12.31. 기간 중 임대차계약을 체결
	1세대 1주택 1조합원입주권 비과세 특례요건(1주택을 소유한 1세대가 조합원입주권 취득 후 3년이 지나 종전주택을 양도하는 경우)에 "종전주택 취득 후 1년 이상이 지난 후에 조합원입주권 취득할 것" 요건 추가(분양권의 경우도 추가)	영 시행일 이후 취득분
	주말농장 사업용 토지에서 제외(재촌·자경요건 등 적용)	2022. 양도분
	사업인정고시일 5년 이전의 취득토지에 대해 사업용 토지 인정	2021.5.4. 이후 고시된 토지분

구 분	내 용	적용 시기
기타	납부지연가산세율 : 2.5/10,000 → 2.2/10,000	영 시행일 이후 가산세 부과분
	• 법인 단기양도 시의 추가법인세 40~50% • 토지 추가법인세 20% • 법인 시가표준액 1억 원 이하 취득세 중과세 • 토지 양도세율 강화 70% 등 • 장특공 보유기간에 따른 공제율 축소 및 최종 1주택 보유기간 도입	불채택

제 **2** 편

주택 양도소득세
세무리스크 관리법

제2편에서는 주택의 양도소득세와 관련된 세무리스크 관리법에 대해 알아본다. 알다
시피 최근 주택에 대한 세제가 상당히 복잡해졌는데 정부에서 부동산 대책의 일환으로
세제를 자주 변경시켰기 때문이다. 특히 주택 비과세와 중과세제도에 유의하기 바란다.

제**3**장

주택 양도소득세 비과세관련
세무리스크 관리법

제3장에서는 주택 양도소득세 비과세와 관련된 세무리스크 관리법을 알아본다. 비과세의 유형은 크게 1세대 1주택, 일시적 2주택 등으로 구분되며, 이중 일시적 2주택과 관련해 다양한 리스크들이 발생하고 있다. 물론 1주택자의 경우에도 마찬가지다. 특히 2021년 1월 1일부터 적용되고 있는 "최종 1주택" 보유기간 및 거주기간 계산법에 유의해야 한다.

이장의 핵심 내용들은 다음과 같다.
• 양도소득세 비과세관련 종합 세무리스크 관리법
• 1세대관련 세무리스크 관리법
• 1주택관련 세무리스크 관리법
• 2년 보유관련 세무리스크 관리법
• 2년 거주관련 세무리스크 관리법
• 고가주택 양도소득세관련 세무리스크 관리법
• 2주택자 비과세관련 세무리스크 관리법
• 일시적 2주택 전입의무관련 세무리스크 관리법
• 상속주택관련 세무리스크 관리법
• 동거봉양, 혼인주택 비과세관련 세무리스크 관리법
• 농어촌주택관련 세무리스크 관리법
• 해외교포 비거주자의 주택 양도소득세 비과세 적용법

주택 양도소득세 비과세제도가 생각보다 만만치 않다. 각 상황별로 비과세요건이 달라지는 경우가 많기 때문이다. 따라서 실무처리를 정확히 하기 위해서는 모든 상황에 대한 비과세 판단을 제대로 할 수 있어야 한다. 지금부터 차근차근 하나씩 알아보자.

1 기본 사례

아래의 부동산을 거래하려고 한다. 상황에 맞게 답하면?

자료

- 거래 대상 부동산 : 주택
- 예상양도가액 : 5억 원
- 취득가액 : 2억 원
- 이 주택은 양도소득세 비과세대상에 해당함.

- 상황1 : 양도차익 3억 원이 발생했는데 왜 비과세를 적용할까?
- 상황2 : 사례의 경우 양도소득세 비과세요건은 어떻게 될까?
- 상황3 : 비과세를 받으면 세무서에 신고해야 할까?

위의 상황에 대해 답을 찾아보면 다음과 같다.

(상황1) 양도차익 3억 원이 발생했는데 왜 비과세를 적용할까?

사례의 경우 국민들의 거주자유를 지원하기 위해 특별히 비과세를 적용하고 있다. 과세를 하면 세금에 의해 이사 가는 것이 쉽지 않을 수 있기 때문이다.

(상황2) 사례의 경우 양도소득세 비과세요건은 어떻게 될까?

주택의 경우 「소득세법」 제89조 등에서 이에 대한 요건을 정하고 있다.

요건	원 칙	예 외
거주자	거주자에 대해 비과세를 적용	거주자가 해외출국의 경우 2년 내 처분 시 비과세를 예외적으로 허용
양도일 현재	양도일 기준으로 비과세 판정함.	보유기간과 거주기간은 최종 1주택을 기준으로 계산함.
1세대	부부와 생계를 같이하는 가족(직계존비속과 그의 배우자, 형제자매를 말함)	거주자가 30세 이상이거나 30세 미만인 경우 다음에 해당되어야 독립된 세대로 인정함. -「소득세법」상 중위소득 40% 이상의 소득이 있는 경우 -배우자의 사망 또는 이혼한 경우
국내에 1주택	사실상 용도에 의해 1주택 여부 판단함.	• 실질용도로 주택임을 판정함. • 2주택이 되더라도 이사, 혼인·동거봉양·재건축 등의 사유가 있으면 일시적 2주택으로 비과세가 가능함.
2년 보유	취득일~양도일 기준(2주택 이상 자는 최종 1주택 보유일 기준)	취학, 1년 이상의 질병치료, 직장변경이나 전근 등 근무상 형편으로 1년 이상 거주한 주택을 양도하고 세대원 모두가 다른 시·군으로 이사의 경우 2년을 보유하지 않아도 됨.
2년 거주	취득 시 조정지역에 한해 전입일~전출일 기준(2주택 이상 자는 최종 1주택 거주일 기준)	(참고 : 임대주택사업자의 거주주택에 대한 비과세는 전국적으로 2년 거주요건이 있음)
고가주택이 아닐 것	12억 원 기준(12억 원 초과분은 과세됨)	

이 중 최근에 개정된 2년 보유 및 거주요건에 주의해야 한다. 2021년부터 "최종 1주택"을 보유한 날로부터 이 기간을 산정하기 때문이다.

(상황3) 비과세를 받으면 세무서에 신고해야 할까?

비과세의 경우 신고를 하지 않아도 가산세 등의 불이익이 없다. 따라서 신고를 하지 않아도 된다. 다만, 1세대 2주택 등에 해당되어 특별한 사유(상속주택, 농어촌주택, 입주권, 임대주택사업자의 거주주택 등)에 해당하는 경우에는 신고하는 것이 나중에 불필요한 세무간섭을 줄일 수가 있는데 이때에는 양도소득세 간편신고서에 "1세대 1주택 비과세"라고 기재하고, 취득·양도 시의 매매계약서 사본 등을 첨부하여 주소지 관할 세무서에 제출한다. 참고로 신고기한은 양도일이 속하는 달의 말일로부터 2개월 이내이다.[19]

---

19) 주택임대사업자의 거주주택에 대한 양도소득세는 예외적으로 신고를 하는 것이 원칙이다.

② 핵심 포인트

주택에 대한 양도소득세 비과세제도를 요약하여 정리하면 다음과 같다.

| 1세대 1주택 | • 1세대 1주택은 2년 보유 등의 요건을 충족하면 비과세가 적용된다. |

| 1세대 2주택
비과세 특례 | • 일시적 2주택의 경우 처분기한 등의 요건을 충족하면 비과세를 적용한다.
• 이외 상속, 동거봉양 등에 의해 2주택이 되더라도 비과세를 적용한다. |

| 주임사의
거주주택
비과세 특례 | • 주택임대사업자의 거주주택에 대해서는 생애 1회 비과세가 적용된다. |

● 1세대 1주택 비과세 적용례

- 주민등록상 현황과 사실상 현황이 다른 경우에는 사실상 현황을 따른다. 따라서 상가를 개조해 주택으로 사용하는 경우에는 주택으로 본다. 오피스텔을 주거용으로 사용하면 역시 주택으로 본다.
- 부부가 각각 세대를 달리 구성하는 경우에도 동일한 세대로 본다. 부부는 세대분리가 허용되지 않는다.
- 이혼을 한 경우에는 각각 다른 세대를 구성한다. 다만 법률상 이혼하였으나 생계를 같이 하는 등 사실상 이혼한 것으로 보기 어려운 경우에는 동일한 세대로 본다.
- 1세대 1주택을 양도하였으나 매수자가 등기를 지연하여 1세대 2주택이 된 경우에는 1세대 1주택자에 대한 비과세를 받을 수 있다.
- 대지와 건물을 동일한 세대원이 각각 소유한 경우에도 1세대 1주택자에 해당한다. 동일한 세대원이 아닌 경우에는 주택건물에 대해서만 1세대 1주택 비과세를 적용한다. 토지에 대해서는 비과세가 적용되지 않음에 유의해야 한다.
- 2필지로 되어 있는 토지 위에 주택이 있는 경우에도 한 울타리 안에 있고 1세대가 거주용으로 사용한 때에는 주택과 이에 대한 부수토지로 본다.
- 무허가주택도 비과세를 받을 수 있다.
- 비거주자는 출국일로부터 2년 내에 주택을 처분하면 비과세를 받을 수 있다.
- 1세대 1주택 비과세 판정은 "양도일 현재"를 기준으로 한다. 다만, 매매계약 후 양도일

이전에 매매특약에 의하여 1세대 1주택에 해당되는 주택을 멸실한 경우에는 매매계약일 현재를 기준으로 한다.
- 2주택 보유 중 1채를 멸실 후 양도하면 바로 1세대 1주택 비과세를 받을 수 있다.
- 다주택자가 1주택으로 비과세를 받는 경우에는 "최종 1주택"에 대한 보유기간 및 거주기간이 계산됨에 유의해야 한다.

③ 실전 사례

K씨는 현재 다음과 같이 주택을 보유하고 있다. 상황에 맞게 답하면?

자료

- 거주주택 : 1채
- 임대주택 : 3채(미등록)

- 상황1 : 현 상태에서 거주하고 있는 주택을 양도하면 비과세가 성립하는가?
- 상황2 : 현 상태에서 임대주택을 처분하면 양도소득세가 감면되는가?
- 상황3 : 만일 임대주택을 관할 시·군·구청과 관할 세무서에 사업자등록을 했다면 거주주택은 양도소득세 비과세가 가능한가?

위의 상황에 대해 답을 찾아보면 다음과 같다.

(상황1) 현 상태에서 거주하고 있는 주택을 양도하면 비과세가 성립하는가?

미등록한 임대주택은 K씨가 보유한 주택 수에 포함하므로 K씨는 현재 1세대 4주택자가 된다. 따라서 이러한 상황에서 거주주택을 양도하면 비과세를 적용할 이유가 없다.

☞ 비과세 판단 시에는 주택 수 판단이 매우 중요하다. 대표적인 것 몇 개만 열거하면 다음과 같다.

주택 수에 포함	주택 수에 제외
• 입주권, 분양권 • 무허가주택 • 주거용 오피스텔 등	• 감면주택 • 사업자등록한 임대주택 • 사업자 및 법인소유 주택

(상황2) 현 상태에서 임대주택을 처분하면 양도소득세가 감면되는가?

임대주택을 양도하여 감면을 받으려면 이에 대한 내용이 「조특법」에 규정되어 있어야 한다. 비과세와 감면의 차이점을 이해해야 한다.

(상황3) 만일 임대주택을 관할 시·군·구청과 관할 세무서에 사업자등록을 했다면 거주 주택은 양도소득세 비과세가 가능한가?

그렇다. 원래 K씨가 비과세를 받기 위해서는 1세대 1주택, 일시적 2주택에 대한 비과세를 적용되는지 점검해야 한다. 그런데 K씨는 이에 관련이 없다. 이러한 상황에서는 K씨가 거주주택 외의 주택을 임대주택으로 등록하면 해당 주택은 K씨의 주택 수에서 제외한다.

그 결과 사례의 경우 K씨의 주택 수가 1세대 1주택에 해당하므로 비과세를 받을 수 있다. 다만, 이는 일반규정의 특례규정에 해당하므로 등록한 임대주택은 등록 후 5년[20] 이상 임대해야 하고 비과세를 받은 거주주택은 소유기간 중 2년 이상 거주해야 하는 등의 요건을 갖추어야 한다.

Tip

□ **일반 비과세 규정과 임대주택사업자 비과세 특례규정 비교**

구 분	일반규정	특례규정
근거	「소득세법 시행령」 제154조, 제155조 제1항 등	「소득세법 시행령」 제155조 제20항 등
적용 대상	보유주택	거주주택
비과세 유형	• 1세대 1주택 • 일시적 2주택 등	좌동
보유요건	2년 이상 보유	좌동
거주요건	2년 이상 거주(2017년 8월 3일 이후 조정지역에 한함)	2년 이상 전세대원들의 거주(전국)
기타요건	-	임대주택은 등록 후 5년 이상 임대(자동말소, 자진말소 시는 5년 의무임대기간 충족한 것으로 봄), 5% 임대료 상한율 준수
적용회수	무한정	생애 동안 1회

---

20) 자진말소나 자진말소 시에는 5년 미만이 되더라도 의무임대기간을 충족한 것으로 본다.

주택에 대한 양도소득세를 이해할 때 "1세대"와 같은 개념도 중요하다. 1세대가 보유한 주택 수가 많으면 비과세를 받기가 상당히 힘들어지고 중과세의 가능성마저 있기 때문이다. 그렇다면 세법에서는 1세대를 어떻게 정의하고 있을까?

① 기본 사례

경기도 성남시에서 거주하고 있는 J씨는 최근에 이혼한 어머니와 함께 거주하고 있다. J씨는 35세로 아파트 한 채를 보유하고 있고, 어머니도 아파트 한 채를 보유하고 있다. 상황에 맞게 답하면?

> • 상황1 : 현 상황에서 어머니 아파트를 양도하면 세금관계는?
> • 상황2 : 만일 세대분리를 한 후 어머니 아파트를 양도하면 세금관계는?
> • 상황3 : 만일 세대분리를 한 후 J씨가 새로운 주택을 사면 세금관계는?

위의 상황은 1세대 1주택 양도소득세 비과세에 관한 것이다. 이 정도의 상황에 대해서는 답변이 술술 나와야 한다.

(상황1) 현 상황에서 어머니 아파트를 양도하면 세금관계는?

현재 J씨와 어머니는 세법상 '1세대'를 이루고 있다. 따라서 1세대 2주택자에 해당하므로 특별한 비과세 사유에 해당하지 않으면 일반적으로 과세된다고 할 수 있다.

(상황2) 만일 세대분리를 한 후 어머니 아파트를 양도하면 세금관계는?

J씨와 그의 어머니가 세대분리를 한 상황에서 어머니 아파트를 양도하면 비과세를 받을 수 있다. 1세대 1주택자에 해당하기 때문이다.[21]

---

21) 2주택 보유한 세대가 세대분리를 한 후에 남은 1주택을 양도 시 2021년부터 적용되는 "최종 1주택" 보유 기간 계산법이 적용되지 않는다. 따라서 세대분리만 확실히 되면 1세대 1주택 비과세를 받을 수 있다.

(상황3) 만일 세대분리를 한 후 J씨가 새로운 주택을 사면 세금관계는?

세대분리를 하면 J씨는 1세대 1주택자에 해당한다. 따라서 새로운 주택을 취득한 날(잔금청산일)로부터 비과세 처분기한 내에 기존주택을 양도하면 비과세를 받을 수 있다.

② 핵심 포인트

세대분리와 관련해 아래와 같은 내용을 정리해두자.

(1) 세대분리의 방법

- 세대분리는 주소를 달리하고 생계를 달리하는 것을 말한다.
- 30세 이상인 경우에는 위의 조건만 충족하면 세대분리를 인정받을 수 있다.
- 30세 미만인 경우에는 결혼이나 중위소득 40% 이상의 소득* 조건을 충족해야 세대분리를 인정받을 수 있다.

  * 소득 : 「소득세법」 제4조에 규정된 8가지 소득(이자, 배당, 사업, 근로, 연금, 기타, 퇴직, 양도)을 말한다.

(2) 세대분리와 관련하여 주의할 점

- 동일세대는 '주소+생계'를 하는 가족을 말한다.
- 가족은 부부의 직계존비속과 형제자매(그 배우자 포함)를 말한다. 처남도 동일세대원이 될 수 있다.
- 자녀는 나이, 소득요건 등을 확인해야 한다.
- 같은 공간에서는 별도세대로 인정되지 않는 것이 원칙이다. 단, 경제적 독립관계를 입증하면 별도세대로 인정받을 수 있다.[22]
- 층을 달리하는 경우에는 별도세대로 인정을 받을 수 있다.
- 세대분리 → 양도 → 세대합가 시는 일시퇴거로 보아 과세될 수 있다.
- 세대분리는 매매계약이전에 진행되는 것이 안전하다. 물론 이때 최종 1주택에 대한 보유기간 계산법은 적용되지 않는다.

  ☞ 동거봉양 또는 혼인에 의한 세대합가에 따른 세무상 쟁점은 이장의 제10절을 참조하기 바란다.

---

22) 이에 대해서는 사실판단을 해야 한다.

③ 실전 사례

자료가 다음과 같다고 할 때 양도소득세 비과세를 받기 위한 조치는?

> **자료**
>
> • 주택 보유현황
>   - 아버지 : 2채(서울 소재)
>   - 아들(40세) : 1채(인천 소재, 금번 양도대상)
> • 양도주택의 거래진행(시세차익 약 1억 원 예상)
>
> | 취득일 | 양도 계약일 | 중도금 | 잔금지급일 |
> |--------|------------|--------|-----------|
> | 20×3. 5. 1. | 20×6. 2. 5. | 20×6. 3. 5. | 20×6. 4. 5. |
>
> • 거주상태
>   아버지와 아들은 같은 주소에서 생계를 같이하고 있음.
> • 최종 1주택 보유기간 계산법은 적용되지 않는다고 가정함.

위의 자료를 바탕으로 해법을 제시하면 다음과 같다.

• 아들의 나이가 30세 이상이므로 아무런 조건 없이 세대분리를 할 수 있다.
• 아버지가 양도일(통상 잔금청산일) 전에 주소를 이전하고 생계를 달리한다.
• 이 상태에서 잔금청산을 한다. 이 결과 매매계약이 완성되는 잔금청산일 이전에 별도의 세대가 구성되었으므로 양도대상이 된 인천주택은 1세대 1주택 비과세를 받을 수 있다.[23]

> **잠깐퀴즈** 🔦 **요양원에 계시는 부모는 독립 세대인가?**
>
> 처분청은 청구인의 부모가 질병으로 인하여 일시적인 퇴거상태라 하더라도 병원비 등 생활비 등을 청구인의 소득으로 충당하고 있는 것으로 추정되어 청구인과 계속하여 생계를 같이해 온 부모를 동일세대원으로 볼 수 있다는 의견이나, 청구인의 부는 2011년 11월 4일부터 2013년 7월 17일까지 622일간, 청구인의 모는 2012년 4월 12일부터 2013년 9월 3일까지 510일간 계속적으로 요양병원에 입원해서 치료를 받고 있는 사실에 비추어 일시적인 퇴거상태라고 보기 어렵고, 부모의 병원비 등을 청구인(막내)의 형제들이 공동으로 부담하는 것으

---

23) 세대분리를 한 후 잔금을 청산하고 얼마 뒤에 다시 합가한 경우에는 일시퇴거로 볼 수 있음에 유의해야 한다.

로 보아 청구인과 청구인의 부모를 생계를 같이 하는 동일세대원으로 보기 어려운 점, 청구인이 병중인 부모를 봉양하기 위하여 2003년 7월 31일 세대합가를 하였으나 2011년과 2012년부터는 요양병원에 장기간 입원·치료 중에 있어 사실상 동거봉양을 위한 세대합가 사유가 해소되었다고 보이는 점 등에 비추어 청구인의 쟁점주택 양도는 1세대 1주택 양도소득세 비과세 적용대상으로 판단된다(조심2014서3507, 2014.10.7.).

Tip

□ 「소득세법」상 세대의 개념

「소득세법」 제88조 제6호에서는 1세대에 대해 아래와 같이 정의하고 있다.

> 6. "1세대"란 거주자 및 그 배우자(법률상 이혼을 하였으나 생계를 같이 하는 등 사실상 이혼한 것으로 보기 어려운 관계에 있는 사람을 포함한다)가 그들과 같은 주소 또는 거소에서 생계를 같이 하는 자[거주자 및 그 배우자의 직계존비속(그 배우자를 포함한다) 및 형제자매를 말하며, 취학, 질병의 요양, 근무상 또는 사업상의 형편으로 본래의 주소 또는 거소에서 일시 퇴거한 사람을 포함한다]와 함께 구성하는 가족단위를 말한다. 다만, 대통령령으로 정하는 경우에는 배우자가 없어도 1세대로 본다.

위의 내용을 좀 더 자세히 보면 다음과 같다.

1. 1세대는 거주자 및 그 배우자를 중심으로 파악

즉 혼인한 경우를 상정하고 있다. 만일 배우자가 없는 경우에는 아래 2의 내용을 봐야 한다. 한편 법률상 이혼을 하였으나 생계를 같이 하는 등 사실상 이혼한 것으로 보기 어려운 경우가 있다. 보통 위장이혼을 한 경우를 말하는데 이 경우에도 동일 세대로 봄에 유의하기 바란다.

2. 생계를 같이하는 가족에 해당되어야 함

첫째, 1세대는 부부와 같은 주소에서 생계를 같이 하는 자와 함께 구성하는 가족단위를 말한다.

여기서 핵심 키워드는 "같은 주소에서 생계를 같이 하는"이다. 이는 사실판단 사항으로 일반적으로 별도 세대로 되어 있고 경제적으로 독립되었음을 입증하면 같은 주소에서 살더라도 독립세대로 인정받을 수 있다.[24]

둘째, 가족에는 거주자 및 그 배우자의 직계존비속(그 배우자를 포함한다) 및 형제자매가 해당한다.

이에는 아래와 같은 가족들이 포함된다.
- 거주자(본인)
- 거주자의 배우자
- 직계존속(배우자 포함)
- 직계비속(배우자 포함. 예 : 며느리)
- 거주자의 형제자매(예 : 본인의 형 등)
- 거주자 배우자의 형제자매(예 : 처형, 처남 등)

위에서 본인이나 배우자의 형제자매는 가족에 포함되나 형제자매의 배우자(형수나 동서 등)는 가족에 포함되지 않는다. 따라서 형과 같이 거주한 경우 본인이 1채, 형수가 1채 보유하고 있는 경우 1세대 1주택이 된다(∵ 형수는 가족의 범위에 미포함).

셋째, 취학, 질병의 요양, 근무상 또는 사업상의 형편으로 본래의 주소 또는 거소에서 일시 퇴거한 사람을 포함한다.
이는 아래와 같은 사유로 인해 주소에서 일시 퇴거한 자도 1세대원으로 본다는 것을 말한다. 실무에서 상당히 중요한 역할을 한다.
- 취학
- 질병의 요양
- 근무상의 형편
- 사업상의 형편

3. 배우자가 없어도 1세대로 인정되는 경우

아래와 같은 사유에 해당하는 경우에는 배우자가 없어도 1세대로 본다. 이는 「소득세법 시행령」 제152조의 3에서 정하고 있는 내용에 해당한다.
- 해당 거주자의 나이가 30세 이상인 경우
- 배우자가 사망하거나 이혼한 경우
- 법 제4조에 따른 소득이 「국민기초생활 보장법」 제2조 제11호에 따른 기준 중위소득의 100분의 40 수준 이상으로서 소유하고 있는 주택 또는 토지를 관리·유지하면서 독립된 생계를 유지할 수 있는 경우. 다만, 미성년자의 경우를 제외하되, 미성년자의 결혼, 가족의 사망 등의 사유로 1세대의 구성이 불가피한 경우에는 그러하지 아니하다.

한편 위의 중위소득은 아래와 같이 고시되어 있다.

구분	1인가구	2인가구	3인가구	4인가구	5인가구	6인가구
2021년	1,827,831	3,088,079	3,983,950	4,876,290	5,757,373	6,628,603
2022년	1,944,812	3,260,085	4,194,701	5,121,080	6,024,515	6,907,004

④ 적용 사례

사례를 통해 위의 내용들을 확인해보자.

자료

- A와 B씨는 부자간이며 각자 소득활동을 하고 있음.
- B씨는 매월 생활비 50만 원을 드리고 있음.

Q. A와 B씨는 「소득세법」상 동일세대원인가?

동일세대원으로 볼 수도 있고 아닐 수도 있다.

Q. 독립세대로 인정되기 위해서는 어떻게 하는 것이 좋을까?

주민등록상 별도의 세대를 구성해둔다. 하지만 이렇게 되어 있다고 해서 무조건 독립세대로 인정받는 것은 아니다.

Q. 확실하게 독립세대로 인정받기 위해서는 어떻게 하는 것이 좋은가?

일반적으로 이러한 상황에서는 동일세대원으로 취급될 가능성이 높다. 따라서 매매 전에 세대정리를 확실히 해두는 것이 좋을 것으로 보인다.

Tip

❑ **세대관련 추가로 주의해야 할 사항들**

Q. 부모 중 한 사람과 같이 거주한 경우 세대판단은 어떻게 해야 할까?

거주자가 단독으로 1세대를 구성하고 그 거주자의 배우자는 그들의 아들과 함께 1세대를 구성하여 생계를 같이하고 있는 경우에 거주자와 그 배우자는 세대 또는 생계를 달리하여도 같은 세대원으로 보는 것이나, 그 아들이 「소득세법」 제88조 제6호에 따른 1세대 구성요건을 갖춘 경우에는 거주자와 그 아들은 같은 세대원으로 보지 아니한다(양도소득세 집행기준 89-154-9).

---

24) 실무적으로 같은 주소에 거주하면 독립세대로 인정받기 상당히 힘들다. 저자의 카페로 문의하기 바란다.

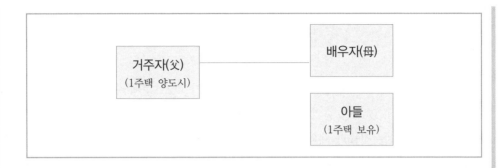

Q. 자녀가 군 복무 중에 있는 경우 독립세대로 인정이 되는가?

1세대 1주택 비과세 적용 시 군 복무 중인 아들은 "별도"의 세대로 볼 수 없다(국심 2004서3790, 2005.10.31).

Q. 대학생이 아르바이트로 돈을 벌었다면 독립된 1세대로 인정받을 수 있는가?

대학생이 군 입대전 수개월 동안 일하면서 소득을 올렸다고 하여 독립된 생계를 유지하였다고 볼 수 없으므로 별도의 1세대를 구성하였다고 볼 수 없다(양도소득세 집행기준 89-154-6).

Q. 유학 중인 자녀는 독립세대원인가?

미국유학 중인 자녀가 양도일 현재 별도의 소득이 있고 그 소득으로 독립된 생계를 유지할 수 있어야 별도세대원이 될 수 있다.

Q. 세대 범위 판단에 있어서 취학은 국내외 모든 학교를 포함하는가?

취학은 초등학교부터 대학원까지를 말하며, 30세 이상으로 생계를 지원받는 대학원 다니는 자녀와 함께 거주하지 못한 경우, 당해 자녀가 거주하는 장소는 '거주(일정한 곳에 자리를 잡고 머물러 사는 것)'지로 볼 수 없다 할 것이므로 일시 퇴거로 부모와 동일세대로 봄이 타당하다.

Q. 소득 없는 30세 이상 자녀는 별도 거주 시 무조건 별도세대로 보는가?

취학 등의 사유로 일시 퇴거가 아니라 완전 퇴거한다면 세대의 개념 중 동일 주소가 아니므로 별도세대로 볼 수도 있으나(부모로부터 일부 지원받아도 별도세대에 해당함), 일정한 소득 없이 전적으로 부모의 도움을 받으면서 고시원 등에서 거주한다면 해당 장소는 주소지로 보기 어려워 일시적인 퇴거로 보아 부모와 동일세대에 해당될 수 있음에 유의해야 한다.

양도소득세 실무에서 가장 중요한 요소 중의 하나가 바로 주택 수에 관한 것이다. 주택 수가 적으면 비과세, 많으면 중과세 등이 적용되기 때문이다. 이하에서는 비과세 판단 시 주택 수에서 포함되는 것들과 제외되는 것들을 알아보고 중과세관련은 뒤의 해당 부분에서 살펴보자.

① 기본 사례

서울에 살고 있는 B씨는 1세대 2주택을 보유하고 있다. 그런데 이 중 한 채는 수년 전에 증여받은 시골집으로 아무도 살고 있지 않으며, 워낙 허름해서 주택이라고 생각하지 못할 정도의 상태에 있다. 이 경우 도시에 있는 주택을 팔고 새로운 집으로 이사를 가고 싶은데 어떻게 해야 비과세를 받을 수 있는가?

위에서 핵심은 바로 시골집이 세법상 주택에 해당하는지의 여부이다.

STEP1 **세법상 주택의 개념은?**

1세대 1주택 비과세 규정에서 '주택'이란 공부상 용도구분에 관계없이 사실상 주거용으로 사용하는 건물을 말한다. 따라서 무허가주택 또는 오피스텔도 가옥대장의 등재여부에도 불구하고 사실상 주거용으로 사용하는 건물은 주택으로 본다.

STEP2 **장기간 방치된 시골집도 세법상 주택인가?**

장기간 공가상태로 방치한 건물이 「건축법」상 건축물로 볼 수 없을 정도로 폐가가 된 경우에는 주택으로(기둥이 무너지고 없는 상태 등) 보지 아니한다. 즉 주택이 공가 상태로 있다고 하더라도 주택으로 사용 가능한 경우에는 주택 수에 포함하여 양도한 주택에 대하여 1세대 1주택 비과세를 적용받을 수 없다.

STEP3 **어떻게 해야 하는가?**

시골집이 거주용으로 사용할 수 없음을 입증할 수 있도록 사진을 찍어 둔다든지 아니면 멸실을 시키도록 한다. 이때 멸실 후 남은 주택을 바로 양도하더라도 비과세 혜택을 누릴 수 있다(멸실주택은 최종 1주택 보유기간 재계산과 무관함).

② 핵심 포인트

1세대 1주택 비과세 판단 시 주택의 개념 등과 관련해 발생할 수 있는 세무상 쟁점들을 다음과 같다.

주택의 개념	• 1세대 1주택 비과세에서 주택은 "상시 주거용으로 사용되는 건물"을 말한다. 즉 해당 건물에서 일상을 같이하면 주택에 해당한다는 것이다. 이로 인해 오피스텔도 주택이 되는 것이다.

비과세 판단을 위한 주택 수	• 원칙적으로 모든 주택과 조합원입주권, 분양권 등을 포함한다. • 다만, 감면주택, 장기임대주택 등은 거주자의 주택에서 제외한다.

중과세 판단을 위한 주택 수	• 원칙적으로 모든 주택과 조합원입주권, 분양권 등을 포함한다. • 다만, 비규제지역의 3억 원 이하의 주택 등은 제외한다.

☞ 주택과 관련된 양도소득세 실무가 어려운 이유는 바로 이 같은 주택 수의 산정과 관련이 높다. 비과세와 중과세를 판단할 때 주택 수에 포함되는 경우와 제외되는 경우가 각기 다르기 때문이다. 참고로 주택 수를 분산하는 방법에는 처분, 증여, 용도변경, 멸실, 임대등록, 세대분리, 매매업 등록, 법인설립 등이 있을 수 있다. 이러한 방법 중 처분, 증여, 용도변경, 임대등록은 주택 수 분산방법으로 유용성이 떨어지고 있다.

③ 실전 사례

아래와 같은 주택들을 보유하고 있다. 상황에 맞게 답하면?

> **자료**
>
> • A주택 : 무허가주택
> • B분양권 : 2020년에 취득한 분양권
> • C입주권 : 2020년에 취득한 입주권

> • 상황1 : 무허가주택도 비과세 판단 시 주택 수에 포함되는가?
> • 상황2 : 무허가주택과 미등기주택과의 차이점은?
> • 상황3 : 위 분양권과 입주권도 비과세 판단 시 주택 수에 포함되는가?

위 상황에 맞게 답을 찾아보면 다음과 같다.

(상황1) 무허가주택도 비과세 판단 시 주택 수에 포함되는가?

그렇다. 참고로 무허가주택이 1세대 1주택에 해당하고 「건축법」에 의한 건축허가를 받지 않아 등기가 불가능한 경우(무허가건물)에는 미등기양도제외 자산에 해당하는 것이므로 1세대 1주택 비과세를 적용받을 수 있을 것이나, 당해 무허가주택이 특정건축물 양성화조치에 따라 등기가 가능한 주택에 해당되는 경우에도 미등기 상태로 양도하는 때에는 「소득세법 시행령」 제154조 제1항의 규정에 의한 1세대 1주택 비과세가 적용되지 아니함에 유의해야 한다.[25]

🌐 양도소득세 집행기준 89 - 154 - 15 [무허가주택의 비과세 가능 여부]

건축허가를 받지 않거나, 불법으로 건축된 주택이라 하더라도 주택으로 사용할 목적으로 건축된 건축물인 경우에는 건축에 관한 신고여부, 건축완성에 대한 사용검사나 사용승인에 불구하고 주택에 해당되며, 1주택만 소유한 경우에는 1세대 1주택 비과세 규정을 적용받을 수 있다.

---

25) 미등기 양도자산에 해당하면 70%의 세율이 적용된다.

(상황2) 무허가주택과 미등기주택과의 차이점은?

무허가주택은 등기를 할 수 없는 상황에서, 미등기주택은 등기를 할 수 있었음에도 등기를 하지 않은 상황에서 보유하고 있는 주택을 말한다. 아래 예규를 참조하기 바란다.

● 양도, 서면 - 2016 - 부동산 - 3899 [부동산납세과 - 1349], 2016.9.1.

[제목]

미등기양도제외 자산에 해당하는지 여부

[요지]

「부동산등기법」 제65조에 따라 건축물대장에 최초 소유자로 등록되지 않았거나 「특정건축물 정리에 관한 특별조치법」에 따른 특정건축물 양성화 대상건물에 해당하지 못하여 부동산등기가 불가능한 경우에는 「소득세법 시행령」 제168조 제1항에 따른 미등기양도제외 자산에 해당하는 것임.

[회신]

1. 「소득세법」 제104조 제3항에 따른 미등기 양도자산이란 같은 법 제94조 제1항 제1호 및 제2호에 규정하는 자산을 취득한 자가 그 자산의 취득에 관한 등기를 하지 아니하고 양도하는 것을 말하는 것이나, 법률의 규정 또는 법원의 결정에 따라 양도 당시 그 자산의 취득에 관한 등기가 불가능한 자산의 경우에는 미등기 양도자산으로 보지 아니하는 것이며,

2. 「부동산등기법」 제65조에 따라 건축물대장에 최초 소유자로 등록되지 않았거나 「특정건축물 정리에 관한 특별조치법」에 따른 특정건축물 양성화 대상건물에 해당하지 못하여 부동산등기가 불가능한 경우에는 「소득세법 시행령」 제168조 제1항에 따른 미등기양도제외 자산에 해당하는 것이나, 귀 질의가 위 규정에 해당하는지 여부는 관련 법령 등에 따라 사실판단할 사항임.

(상황3) 위 분양권과 입주권도 비과세 판단 시 주택 수에 포함되는가?

분양권은 2021년 1월 1일 이후에 취득한 것만, 입주권은 취득시기 불문하고 주택 수에 포함된다.

Tip ●

❏ 비과세 판단 시 주택 수 산정방법

1. 비과세 판단 시 주택 수에 포함되는 주택들

1세대 1주택 비과세 판단 시 주택 수에 포함되는 주택들은 다음과 같다. 이러한 주택수가 많아지면 비과세 받기가 힘들어진다.

(1) 상시 주거용 건물

주택 수에 포함되는 것이 원칙이다. 아파트나 단독주택 등 대부분의 주택이 이에 해당한다.

🌐 양도소득세 집행기준 89 – 154 – 17 [전기와 수도시설이 철거된 재건축아파트의 주택 여부]

1세대 1주택 양도소득세 비과세 제도의 취지 및 「소득세법」 제89조 제2항의 입법취지와 조문체계 등에 비추어, 전기와 수도시설이 철거된 경우에도 주거용으로서의 잠재적 기능을 여전히 보유한 상태인 재건축아파트는 '주택'에 해당된다.

🌐 양도소득세 집행기준 89 – 154 – 18 [주택을 일시적으로 다른 용도로 사용하고 있는 경우]

일시적으로 주거가 아닌 다른 용도로 사용되고 있다 하더라도 그 구조·기능이나 시설 등이 본래 주거용으로서 주거용에 적합한 상태에 있고 주거기능이 그대로 유지·관리되고 있어 언제든지 주택으로 사용할 수 있는 건물은 주택으로 본다.

(2) 지분으로 보유한 주택

한 주택을 여러 사람이 공동으로 보유한 주택도 각자의 주택 수에 포함되는 것이 원칙이다. 다만, 상속의 경우에는 예외적으로 소수지분(단, 소수지분이 여러 개인 경우 '선순위 소수지분'만 해당함)은 주택 수에서 제외해주고 있다.

(3) 조합원입주권과 분양권

조합원입주권은 재건축·재개발사업 등의 과정에서 보유한 입주할 수 있는 권리에 해당한다.[26] 이러한 조합원입주권에 대해 세법은 이를 주택 수에 포함하여 다른 주택에 대한 비과세 판단을 하고 있다. 예를 들어 조합원입주권 외 다른 주택이 있는 경우에는 2주택자에 해당될 수 있고 그 결과 비과세를 받을 수 없게 될 수도 있다. 한편 2021년 1월 1일 이후에 취득한 분양권도 주택 수에 포함되게 되었다.[27]

(4) 상가주택

상가주택은 1세대 1주택 비과세 판단 시에는 주택의 연면적이 상가의 연면적보다 더 크면 전체를 주택으로 본다. 그 외에는 주택과 상가를 구분한다. 참고로 2022년 1월 1일 이후 실거래가 12억 원이 넘는 겸용주택의 양도분부터 상가는 상가, 주택은 주택으로 보아 양도소득세를 과세한다.

🌐 양도소득세 집행기준 89 – 154 – 20 [펜션의 주택 여부]

펜션을 숙박용역 용도로만 제공하는 경우 주택에 해당하지 않으나 세대원이 해당 건물로 거소 등을 이전하여 주택으로 사용하는 경우에는 겸용주택으로 본다.

2. 비과세 판단 시 주택 수에서 제외되는 주택들

비과세 판단 시 1세대가 보유한 주택 수에서 제외되는 주택들에는 아래와 같은 것들이 있다.

(1) 양도소득세 감면주택

양도소득세 감면주택은 주로 미분양주택을 해소하기 위해 「조특법」에서 규정하고 있는 내용으로 요건을 갖춘 주택에 대해서는 거주자의 보유 주택 수에 제외하여 다른 주택의 비과세에 영향을 미치지 않도록 하고 있다. 다만, 모든 감면주택에 대해 이러한 혜택을 부여하는 것이 아니라는 점에 유의해야 한다.[28]

(2) 주택신축판매사업자와 부동산매매사업자의 재고주택

개인사업자의 경우 주택신축판매사업자나 부동산매매사업자가 보유한 재고주택은 사업용 주택에 해당하므로 다른 주택에 대한 양도소득세 비과세 판단 시 주택 수에서 제외된다. 한편 법인사업자가 보유한 주택은 당연히 거주자의 다른 주택에 대한 양도소득세 비과세 판단과 관련이 없다.

(3) 주택임대사업자의 임대주택

관할 지자체와 관할 세무서에 등록한 임대주택들을 보유한 경우에도 다른 일반주택(거주주택)에 대한 양도소득세 비과세 판단 시에 영향을 주지 않도록 하고 있다. 다만, 장기임대주택에 대한 요건(기준시가, 의무임대기간 등)이 까다롭다는 점에 유의해야 한다.

- 감면주택+일반주택이 각각 한 채씩 있는 경우 : 이 경우에는 1주택만 보유한 것으로 본다. 일반적으로 감면주택은 거주자의 주택 수에서 제외되는 특례가 주어지기 때문이다.[29]
- 임대주택+일반주택이 있는 경우 : 일반주택(거주)에 대해 비과세를 적용할 때 요건(기준시가 6억 원 이하 및 5년 이상 임대 등)을 갖춘 임대주택은 주택 수에서 제외해준다. 따라서 이 경우에도 1세대가 보유한 주택 수가 1채가 될 수 있다.

참고로 중과세제도를 적용할 때의 주택 수 판단은 「소득세법 시행령」 제167조의 3 등에서 별개로 정하고 있다. 따라서 비과세 판단을 위한 주택 수 산정과 중과세 판단을 위한 주택 수 판단을 혼동하지 않아야 한다.

---

26) 「도시 및 주거환경정비법」 및 「빈집 및 소규모주택 정비에 관한 특례법」상의 조합원입주권만 해당한다. 개인적으로 진행하는 재건축 등은 주택으로 취급되지 않는다.
27) 분양권의 범위에 대해서는 「소득세법」 제88조를 살펴보면 된다.
28) 「조특법」 규정을 각각 확인하는 것이 좋다.
29) 물론 어떤 경우에는 1세대의 보유주택 수에 포함되는 경우도 있다.

❏ **양도소득세 집행기준 89 - 154 - 14 [1세대 1주택 판정시 주택 수에서 제외되는 주택]**

구　분	1세대 1주택	적용 조문
주택신축판매업자의 재고주택	제외	소법 §19
부동산매매업자의 재고주택	제외	소법 §19
장기임대주택	제외	조특법 §97
신축임대주택	제외	조특법 §97의 2
지방 미분양주택	제외	조특법 §98의 2
미분양주택	제외	조특법 §98의 3
신축감면주택	포함[1]	조특법 §99, §99의 3
농어촌주택	제외	조특법 §99의 4

1) 2007.12.31. 이전에 신축감면주택외 일반주택을 양도하는 경우 신축감면주택을 거주자의 주택으로 보지 아니하는 것임.

🌐 양도소득세 집행기준 89 - 154 - 12 [주택의 판정 기준일]

주택에 해당하는지 여부는 양도일 현재를 기준으로 판단하며, 매매특약에 의하여 매매계약일 이후 주택을 멸실한 경우에는 매매계약일 현재를 기준으로 판단한다.

※ 참고 : 주택의 멸실과 세제의 적용

구　분	내　용	비　고
1주택 보유 중 멸실 후 양도	매매계약일 기준 1세대 1주택 비과세 판정	
2주택 중 1주택 멸실 후 남은 주택 양도	• 양도일 기준 1세대 1주택 비과세 판정 • 비과세 보유기간은 재계산되지 않음.	
주택 멸실 후 토지 양도	• 멸실 후 2년간 사업용 토지로 인정 • 멸실 후 나대지에 대한 장기보유특별공제는 토지의 취득일로부터 기산	무허가건물의 토지는 비사업용 토지에 해당함.

⠿ 저자 주

세법상 별장은 상시 주거용 건물이 아니므로 주택 수에서 제외될 수 있으나, 실무상 이의 입증이 쉽지 않다. 주의하기 바란다.

2021년 이후에 적용되는 주택관련 세제 중 가장 파괴력이 큰 것 중의 하나가 바로 2021년 1월 1일부터 시행되고 있는 "1세대 1주택 비과세요건 중 보유기간의 계산방법"의 변경이 아닐까 싶다. 이 제도의 도입으로 인해 다주택자가 비과세를 받기 위해서는 미리 주택 수를 조절해야 하기 때문이다. 하지만 이 개정 규정에 대한 적용방법을 두고 한동안 혼선이 발생했지만 최근 정부의 새 해석으로 이에 대한 문제가 상당 부분 해결되었다. 이하에서 이에 대한 내용을 분석해보고 실무에서의 적응력을 높여보자.

① 비과세 보유기간에 관한 규정 분석

「소득세법 시행령」 제154조 제1항에서는 1세대 1주택에 대한 비과세를 위한 보유기간은 2년 이상임을 정하고 있고, 같은 조 제5항에서는 보유기간의 계산법에 대해 구체적으로 정하고 있다.

---

① 법 제89조 제1항 제3호 가목에서 "대통령령으로 정하는 요건"이란 1세대가 양도일 현재 국내에 1주택을 보유하고 있는 경우로서 해당 주택의 보유기간이 2년 이상인 것*을 말한다.

* 취득 당시에 「주택법」 제63조의 2 제1항 제1호에 따른 조정지역에 있는 주택의 경우에는 해당 주택의 보유기간이 2년(제8항 제2호에 해당하는 거주자의 주택인 경우에는 3년) 이상이고 그 보유기간 중 거주기간이 2년 이상이어야 한다.

⑤ 제1항에 따른 보유기간의 계산은 법 제95조 제4항에 따른다. 다만, 2주택 이상(제155조, 제155조의 2, 제156조의 2 및 제156조의 3(신설)에 따라 일시적으로 2주택에 해당하는 경우 해당 2주택은 제외하되, 2주택 이상을 보유한 1세대가 1주택 외의 주택을 모두 처분(양도, 증여, 「건축법」 제19조에 따른 용도변경을 포함하며, 주거용으로 사용하던 오피스텔을 업무용 건물로 사실상 용도변경하는 경우를 포함한다)한 후 신규주택을 취득하여 일시적 2주택이 된 경우는 제외하지 않는다)을 보유한 1세대가 1주택 외의 주택을 모두 처분한 경우에는 처분 후 1주택을 보유하게 된 날부터 보유기간을 기산한다. (2021.2.17. 개정)

위의 규정 중 제5항이 상당히 중요하다. 이를 자세히 살펴보자.

(1) 원칙

2년 이상 보유기간의 계산은 원칙적으로 「소득세법」 제95조 제4항을 따른다. 이를 열거하면 다음과 같다.

> ④ 제2항에서 규정하는 자산의 보유기간은 그 자산의 취득일부터 양도일까지로 한다.

이 규정을 보면 보유기간은 그 자산의 취득일부터 양도일까지를 기준으로 한다. 예를 들어 해당 재산을 2020년 1월에 취득하고 2022년 9월에 양도했다면 2020년 1월부터 기산하므로 보유기간은 2년 이상이 된다.

(2) 예외

2주택 이상을 보유한 경우의 보유기간은 1주택을 보유하게 된 날로부터 계산한다. 이 부분이 개정되었다.

첫째, 2주택 이상을 보유한 경우에는 1주택 외의 주택을 모두 처분한 후 1주택을 보유하게 된 날부터 보유기간을 기산한다.

이는 다주택자들이 최종 1주택에 대해 비과세를 받을 때 필요한 보유기간의 기산일을 아래처럼 변경하는 것을 말한다.

현 행		변 경
취득일~양도일	⇒	1주택 보유일~양도일

이렇게 보유기간 기산일을 변경하면 다주택자들이 비과세를 받기가 상당히 힘들어진다. 1주택 외에 모든 주택을 정리한 후에 1주택만 남은 날로부터 2년 이상을 보유해야 하기 때문이다.[30]

---

30) 실무에서 이 부분에서 많은 쟁점이 등장하고 있었다. 예를 들어 2021년에 다주택자가 1채만 놔두고 다른 주택을 처분하면 보유기간을 1채만 있는 날로부터 계산한다. 그렇다면 1채를 처분해서 일시적 2주택을 만들어두었다면 개정 규정을 적용하지 않고 당초 취득일로부터 보유기간을 계산할 것인가? 개정 규정의 취지로 보면 당연히 이 같은 경우에도 최종 1주택을 보유한 날로부터 보유기간을 계산하는 것이 타당하다. 하지만 기재부 등 과세관청은 일시적 2주택자는 개정 규정을 적용하지 않는다고 해석하는 바람에 최근 예규가 발표(2021.11.2.)되기 전까지 논란을 자초하고 있었다. 뒤에서 살펴본다.

참고로 앞의 "처분"에는 양도, 증여, 「건축법」 제19조에 따른 용도변경, 주거용으로 사용하던 오피스텔을 업무용 건물로 사실상 용도변경하는 경우를 포함한다.

둘째, 위 개정 규정을 적용받는 2주택 이상에는 「소득세법 시행령」 제155조, 제155조의 2, 제156조의 2 및 제156조의 3(신설)에 따라 일시적으로 2주택에 해당하는 경우는 제외한다. 이는 일시적 2주택 등으로 비과세가 성립하는 경우에는 2주택을 보유하고 있더라도 위 개정 규정을 적용하지 않음을 의미한다. 아래의 주택들이 해당한다.

> • 「소득세법 시행령」 제155조 [1세대 1주택의 특례]*
>   * 일시적 2주택, 상속·혼인·동거봉양 등에 의한 2주택에 대한 비과세 특례가 적용되는 경우를 말한다.
> • 제155조의 2 [장기저당담보주택에 대한 1세대 1주택의 특례]
> • 제156조의 2 [주택과 조합원입주권을 소유한 경우 1세대 1주택의 특례]
> • 제156조의 3 [주택과 분양권을 소유한 경우 1세대 1주택의 특례]

셋째, 2주택 이상을 보유한 1세대가 1주택 외의 주택을 모두 처분한 후 신규주택을 취득하여 일시적 2주택이 된 경우는 제외하지 않는다.

이는 2주택 이상자가 1주택만 남겨둔 후 새로운 주택을 취득해서 일시적 2주택이 되더라도 개정 규정을 적용하겠다는 것을 의미한다. 그런데 과세관청은 2020년 12월 31일 이전에 신규취득을 한 경우에도 2021년 11월 2일 전까지 개정 규정을 적용하는 것으로 해석하여 논란이 되었다. 이에 대해서도 뒤에서 살펴본다.

② 적용 시기

위 개정 규정은 2019년 2월 12일 공포되어 2021년 1월 1일 이후 양도분부터 적용한다. 따라서 이날 이후에 양도하는 주택에 대해서는 개정 규정이 적용된다.

> 「소득세법 시행령」 부칙 2019.2.12. 대통령령 제29523호
> **제1조 【시행일】** 이 영은 공포한 날부터 시행한다. 다만, 다음 각 호의 개정 규정은 각 호의 구분에 따른 날부터 시행한다.
>   3. 제154조 제5항의 개정 규정 : 2021년 1월 1일

③ 기획재정부 해석에 대한 분석

위의 개정 규정에 대한 해석을 둘러싸고 혼선이 발생하자 기획재정부(기재부)는 2020년 2월에 이와 관련된 예규(기획재정부재산-194, 2020.2.18.)를 발표했다. 이 예규에는 7개의 쟁점 유형에 대한 의견을 제시하고 있다. 이를 분석해보자.

(1) 쟁점1 : 제1안이 타당함(기재부 해석).

> 3주택 보유세대가 1주택을 양도(과세)하여 "남은 주택이 일시적 2주택"이 된 상태에서 종전주택 양도

(제1안) 당해 주택 취득일(2015년 10월)
(제2안) 직전 주택 양도일(2020년 12월)

사례

2015.10.	2019.1.	2019.3.	2020.12.	2021. 이후
A주택 취득	B주택 공동취득	C주택 취득	C주택 양도 (과세)	A주택 양도 일시적 2주택

[해설]
위 사례는 3주택[31] 보유 상태에서 C주택을 2020년 12월에 양도한 경우 A와 B주택은 일시적 2주택이 된다. 이때 A주택을 2021년 1월 1일 이후 양도해서 비과세를 받고자 할 때 2년 보유기간의 기산일은 A주택의 취득일인 2015년 10월이 된다.

☞ 이렇게 비과세 보유기간의 기산일이 2015년 10월인 이유는 2020년 12월 31일 이전에 일시적 2주택 상황이 되었기 때문이다. 기재부의 해석이 타당하다.

저자 주

그런데 2021년에 들어서 이 부분에서 가장 큰 쟁점이 발생하고 있었다. 위의 C주택을 2021년에 양도하고 A주택을 그 후에 양도하면 A주택에 대한 보유기간 기산일이 A주택의 취득일인지 최종 A주택만 보유한 날인지의 여부가 명확하지 않았기 때문이다. 이에 대해 정부는 최근 해석을 발표해 2021년 11월 2일 이후부터는 A주택(최종 1주택)만 보유한 날로부터 보유기간을 계산하도록 하여 이에 대한 논란을 잠재웠다(103페이지 참조).

---

31) 4주택 이상에 대해서도 동일한 논리가 적용된다.

(2) 쟁점2 : 제2안이 타당함(기재부 해석).

> 2주택 보유세대가 1주택을 양도(과세)하여 1주택이 된 후 다시 "신규주택 취득으로 일시적 2주택" 상태에서 1주택(종전주택) 양도

(제1안) 당해 주택 취득일(2016년 9월)
(제2안) 직전 주택 양도일(2019년 8월)

사례

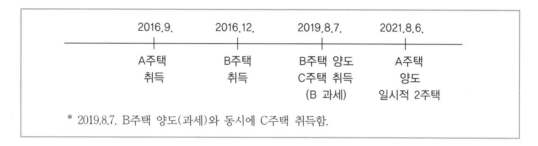

　　* 2019.8.7. B주택 양도(과세)와 동시에 C주택 취득함.

[해설]
2주택 보유세대가 1주택을 2019년 8월 7일에 양도(과세)하여 1주택이 된 후 다시 동일 날짜에 "신규주택 취득으로 일시적 2주택" 상태에서 1주택(종전주택)을 2021년 8월에 양도하는 경우 종전주택의 보유기간 기산일은 1주택을 보유한 날인 2019년 8월이다.

☞ **이는 잘못된 해석으로 판단된다.** 개정 규정은 부칙에 따라 2021년 1월 1일 이후에 종전주택을 처분한 후 새로운 주택을 취득해 일시적 2주택자가 된 경우부터 적용해야 하기 때문이다.

저자 주

2020년 말 이전에 위와 같은 상황이 연출되었다면 개정 규정을 적용할 이유는 없다. 개정 규정 적용대상을 2021년 1월 1일 이후에 일시적 2주택을 제외한 다주택자로 한정하면 당연히 그렇게 판단이 되기 때문이다. 하지만 기재부와 국세청은 2주택자가 과세처분 후 1주택 상태에서 신규주택을 취득해 일시적 2주택이 되었다면 신규주택 취득시기가 2021년 1월 1일 전이든지 후이든지 관계없이 무조건 개정 규정을 적용한다는 방침을 한동안 고수하고 있었다. 따라서 이 해석이 계속 유지되는 상황에서는 2주택 상태에서 추가로 한 채를 취득해 3주택을 보유한 상태에서 1채를 처분해 일시적 2주택을 만드는 식으로 대응할 가능성이 높다. 이렇게 되면 개정 규정이 의미가 없어지게 된다.[32]

---

32) 정부는 2021년 11월 2일에 새로운 유권해석(기재부 재산세제과-953)을 발표해 2020년 12월 31일 이전까지 '처분 → 취득'을 통해 일시적 2주택을 만든 경우에는 개정 규정을 적용하지 않고, 2021년 1월 1일부터 개정 규정을 적용하는 것으로 결론을 내렸다. 따라서 2022년 1월 현재 다주택자가 인위적으로 일시적 2주택을 만들어 양도하면 개정 규정(최종 1주택 2년 보유기간 재계산)이 적용됨에 유의해야 한다(103페이지 참조).

(3) 쟁점3 : 제1안이 타당함(기재부 해석).

> 2주택 이상 보유세대가 1주택 외의 주택을 모두 양도(비과세) 후 다시 "신규주택 취득하여 일시적 2주택"이 된 상태에서 1주택(종전주택) 먼저 양도

(제1안) 당해 주택 취득일(2014년 12월)
(제2안) 직전 주택 양도일(2017년 8월)

사례

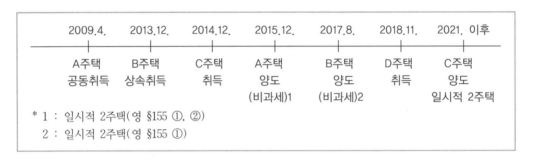

* 1 : 일시적 2주택(영 §155 ①, ②)
  2 : 일시적 2주택(영 §155 ①)

[해설]
C주택과 D주택은 일시적 2주택에 해당하므로 C주택의 취득일인 2014년 12월부터 2년 보유기간을 산정한다.

☞ 기재부 해석이 타당하다.

저자 주

이 사례는 당초부터 일시적 2주택이 성립하면 종전주택에 대한 보유기간 계산은 종전주택의 취득일로부터 기산한다는 것을 보여주고 있다. 즉 애초부터 처분 등이 없이 일시적 2주택 비과세가 바로 성립하면 개정 규정이 적용되지 않는다는 것이다. 위 사례는 3주택자가 1주택을 2021년 이후에 처분해 일시적 2주택을 만든 것과 명백히 차이가 난다. 전자는 애초부터 일시적 2주택 비과세가 성립된 것이고, 후자는 인위적으로 일시적 2주택을 만든 것이다. 따라서 전자는 개정 규정을 적용할 이유가 없다. 후자는 그렇지 않다. 이러함에 불구하고 2021년 11월 2일 전까지만 해도 과세관청은 2021년 이후에 3주택자가 1채를 처분해 일시적 2주택이 된 경우에는 개정 규정을 적용하지 않는다고 하였다. 앞에서 살펴본 쟁점1에 대한 해석을 변경할 이유가 없기 때문이라고 한다. 이와 같은 흐름은 2021년 3월 24일에 발표된 서면부동산 2021-824(2021.3.24.)에서도 확인할 수 있다. 하지만 이러한 해석은 다양한 문제를 파생시켜 더 이상 유지할 수 없게 되어 2021년 11월 2일 새로운 유권해석이 등장하게 되었다. 이로 인해 이날 이후부터 다주택자가 처분 등을 통해 일시적 2주택을 만든 경우에는 "최종 1주택"에 대한 보유기간 및 거주기간이 적용될 수밖에 없을 것으로 보인다.

(4) 쟁점4 : 제1안이 타당함(기재부 해석).

> 일시적 2주택 세대가 주택 양도(비과세) 및 신규주택 취득으로 다시 일시적 2주택이 된 다음 1주택 양도 후 남은 "최종 1주택"(대체주택) 양도

(제1안) 당해 주택 취득일(2018년 5월)
(제2안) 직전 주택 양도일(2021년 3월)

사례

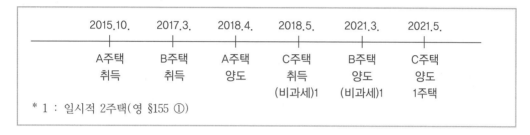

[해설]
B주택과 C주택이 일시적 2주택 상태에서 B주택을 양도해 비과세를 적용받은 후 남은 C주택을 1주택 상태에서 양도 시 이의 비과세 보유기간은 C주택의 취득일인 2018년 5월부터 기산한다.

☞ 이는 전형적인 일시적 2주택에 대한 비과세에 대한 내용이므로 종전주택의 취득일로부터 비과세 보유기간을 기산하는 것이 옳다. 기재부 해석이 타당하다.

(5) 쟁점5 : 제2안이 타당함(기재부 해석).

> 2주택 보유세대가 1주택 양도(과세) 후 남은 "최종 1주택" 양도

(제1안) 당해 주택 취득일(2014년 4월)
(제2안) 직전 주택 양도일(2021년 4월)

2014.4.	2019.4.	2021.4.	2024. 이후
A주택 취득	B주택 취득	B주택 양도 (과세)	A주택 양도 1주택

[해설]

일시적 2주택 상태이나 신규주택인 B주택을 먼저 양도(과세)한 후 A주택을 1주택 상태에서 양도했으므로 이 경우 보유기간은 A주택 1채만 있는 날, 즉 B주택 양도일인 2021년 4월로부터 기산해야 한다.

☞ 이는 2021년 1월 1일 이후에 2주택 이상인 상황에서 종전주택(A주택)이 아닌 신규주택(B주택)을 먼저 처분해 과세된 상황이다. 이 경우 A주택에 대해 비과세 적용을 위한 보유기간 기산일은 개정 규정에 따라 B주택 양도일이 된다. 기재부 해석이 타당하다.

저자 주

위 사례에서 B주택을 2020년 4월에 양도하면 A주택의 보유기간 기산일은 직전 주택 양도일인 2020년 4월이라는 식으로 국세청 답변이 나왔었다. 하지만 저자는 이러한 해석은 개정 규정의 취지를 오해한 것에 불과함을 지속적으로 주장하였다. 개정 규정의 대상을 2021년 1월 1일 일시적 2주택을 제외한 다주택자로 한정하게 되면, 2020년 12월 31일 이전에 1주택자나 일시적 2주택자는 개정 규정과 무관하기 때문이다. 이에 기획재정부에서는 아래와 같이 기존 해석을 변경하는 해석을 발표하였다.

기획재정부재산 - 1132(2020.12.24.)

[제목] 2021년 1월 1일 현재 1세대 1주택인 자가 해당 주택을 양도하는 경우 보유기간 기산일

[요약]

2021년 1월 1일 현재 1주택만 보유하고 있는 1세대가 해당 1세대 1주택 보유 상태를 유지하다가 그 주택 양도 시 비과세 판정을 위한 보유기간은 양도하는 당해 주택의 취득일부터 기산함.

[질의]

(사실관계)

2018.3월	2020.3월	2021.1.1.	2021.1.20.
A·B주택 취득	B주택 양도	개정 규정 시행	A주택 양도 (1세대 1주택)

○ 2018년 3월 경기도 화성시 소재 A주택 및 B주택 취득
○ 2020년 3월 B주택 양도(과세)
○ 2021년 1월 A주택 양도(2021년 1월 20일 잔금지급 예정)

(질의내용)

개정 규정(소득령 §154 ⑤,대통령령 제29523호) 시행일 전에 다른 주택을 모두 양도하고 2021년 1월 1일 현재 1세대 1주택인 자가 해당 주택을 양도하는 경우 보유기간 기산일

(제1안) 최종 1주택이 된 날
(제2안) 해당 주택의 취득일

이 기재부의 새 유권해석은 개정 규정의 취지를 정확히 반영한 것으로 2020년 12월 31일 이전에 다주택자가 모든 주택을 정리해 1주택자가 된 경우 이에 대한 보유기간 기산일은 당초 취득일로부터 기산함을 말해주고 있다. 이러한 내용으로 보건대 2020년 12월 31일 이전에 일시적 2주택을 만들어 둔 경우에도 역시 개정 규정이 적용되지 않는다. 원래 양도소득세 비과세 요건은 1세대 1주택으로 2년 보유 등이 원칙이지만, 이사 등을 위해 일시적 2주택 등도 조건을 붙여 비과세를 해주고 있다. 따라서 일시적 2주택도 1주택 보유에 대한 특례에 해당하므로 1세대 1주택과 일시적 2주택을 별개로 취급할 이유가 없다. 이러한 내용을 확대해보면 2021년 1월 1일 이후에 3주택자가 2주택을 처분해서 1주택을 비과세 받으려면 최종 1주택부터 보유기간을 기산하는 것과 같이 1주택을 처분해 일시적 2주택이 된 경우라도 1주택자처럼 개정 규정을 적용하는 것이 원리에 충실한 해석에 해당한다. 그동안 저자는 이 규정이 발표된 때인 2019년 2월 12일부터 줄기차게 이러한 내용들을 책 등에서 주장한 바가 있다. 하지만 유감스럽게도 과세관청의 해석은 한동안 이와 달랐으나 최근 입장을 선회한 것은 그나마 다행이라고 여겨진다.

(6) 쟁점6 : 제1안이 타당함(기재부 해석).

3주택 보유세대가 먼저 1주택을 양도(과세)하여 일시적 2주택이 된 상태에서 1주택 양도 후 남은 "최종 1주택"(대체주택) 양도

(제1안) 당해 주택 취득일(2019년 1월)
(제2안) 직전 주택 양도일(2021년 이후)

2015.10.	2019.1.	2019.3.	2020.12.	2021. 이후	
A주택 취득	B주택 공동취득	C주택 취득	C주택 양도 (과세)	A주택 양도 (비과세)1	B주택 양도 1주택

* 1 : 일시적 2주택(영 §155 ①)

[해설]

일시적 2주택 상태에서 최종 남은 1주택은 당해 주택의 취득일인 2019년 1월이 보유기간 기산일이 된다.

☞ 2주택 이상 다주택자가 2020년 12월 31일 전에 일시적 2주택 상태가 되고 비과세요건을 갖춘 B주택을 양도하면 비과세가 성립한다. 기재부 해석이 타당하다.

(7) 쟁점7 : 제2안이 타당함(기재부 해석).

1주택과 1조합원입주권(원조합원) 보유세대가 1조합원입주권 양도(과세) 후 남은 "최종 1주택" 양도

(제1안) 당해 주택 취득일(2020년 2월)

(제2안) 조합원입주권 양도일(2022년 2월 또는 2023년 11월)

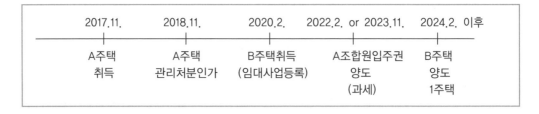

2017.11.	2018.11.	2020.2.	2022.2. or 2023.11.	2024.2. 이후
A주택 취득	A주택 관리처분인가	B주택취득 (임대사업등록)	A조합원입주권 양도 (과세)	B주택 양도 1주택

[해설]

일시적 2주택 상황에서 과세되는 주택을 먼저 양도하여 과세된 경우 최종 1주택은 조합원입주권 양도일에 1주택이 되었으므로 이 날을 기준으로 2년 이상 보유해야 최종 1주택에 대해 비과세가 적용된다.

☞ 기재부 해석이 타당하다. 참고로 보유기간 재계산은 조합원입주권과 분양권이 있는 경우에도 적용됨에 유의해야 한다. 특히 분양권을 사고팔면 주택에 대해 비과세 받기가 힘들어진다는 사

실에 유의해야 한다.

∷ 저자 주 ───

아래의 기재부 예규는 지금까지 발생한 일시적 2주택에 대한 논란을 잠재운 최근의 예규에 해당한다. 이 해석에 따라 2021년 11월 2일 이후에 다주택자가 처분하여 일시적 2주택을 만든 상태에서 종전주택을 양도하면 종전주택만 보유한 날로부터 2년 이상 보유해야 비과세를 적용하게 된다.

───

⬤ 양도, 기획재정부 재산세제과 – 953, 2021.11.2.

[제목] 일시적 2주택자의 비과세 보유기간 기산일

[요지]

(질의1) 3주택을 보유 중인 1세대가 1채를 양도(과세)하여 남은 일시적 2주택 중 종전주택을 양도하는 경우 해당 주택의 비과세 보유기간 기산일 판정방법은 붙임 사례별 해석례를 참고바람.

(질의2) 2021.1.1. 현재 일시적 2주택인 1세대가 종전주택을 양도하는 경우 보유기간 기산일은 해당 종전주택의 취득일로 하는 것임.

[회신]

(질의1) 3주택(A・B・C) 보유 중인 1세대가 1채(A)를 양도(과세) 후 남은 2채(B・C) 중 먼저 취득한 주택(B)을 양도하는 경우로서 「소득세법 시행령」 제155조 제1항에 따른 일시적 2주택에 해당하는 경우 양도하는 B주택의 「소득세법 시행령」 제154 제1항에 따른 보유기간 기산일

※ 【붙임】 사례1・2・3

(회신1) 사례1은 제1안이 타당하고, 사례 2, 3은 각각 제2안이 타당합니다.

다만, 사례2에 대한 해당 회신 내용은 먼저 취득한 주택(3주택을 보유 중인 1세대가 1채를 양도 후 남은 2채 중 먼저 취득한 주택을 말함)을 해당 회신일* 이후로 양도하는 분부터 적용됩니다.

* 일시적 2주택에 대한 개정 규정은 2021.11.2. 이후 양도한 분부터 적용한다.

(질의2) 2021.1.1. 전에 2주택 이상을 보유한 1세대가 1주택 외의 주택을 모두 양도(마지막으로 양도한 주택을 '과세'로 신고)한 후 신규주택을 취득하여, 2021.1.1. 현재 일시적 2주택이 되어 종전주택을 양도하는 경우 보유기간 기산일

(제1안) 직전 주택의 양도일 (제2안) 해당 주택의 취득일

(회신2) 제2안이 타당합니다.

※ 붙임

[사례1]

「C주택 취득일」 및 「A주택 양도일」이 모두 2020.12.31. 이전인 경우 B주택의 보유기간 기산일?
(제1안) B주택 취득일(2015.4.1.)
(제2안) A주택 양도일(2020.12.1.)

2010.4.1.	2015.4.1	2020.10.1.	2020.12.1.	2021.1.1.	2021.4.1.
▲	▲	▲	▲	‖	▲
A취득	B취득	C취득	A양도(과세)		B양도

[사례2]

「C주택 취득일」은 2020.12.31. 이전, 「A주택 양도일」은 2021.1.1. 이후인 경우 B주택의 보유기간 기산일?
(제1안) B주택 취득일(2015.4.1.)
(제2안) A주택 양도일(2021.3.1.)

2010.4.1.	2015.4.1	2020.10.1.	2021.1.1.	2021.3.1.	2021.4.1.
▲	▲	▲	‖	▲	▲
A취득	B취득	C취득		A양도(과세)	B양도

[사례3]

「C주택 취득일」 및 「A주택 양도일」이 모두 2021.1.1. 이후인 경우 B주택의 보유기간 기산일?
(제1안) B주택 취득일(2015.4.1.)
(제2안) A주택 양도일(2021.3.1.)

2010.4.1.	2015.4.1	2021.1.1.	2021.2.1.	2021.3.1.	2021.4.1.
▲	▲	‖	▲	▲	▲
A취득	B취득		C취득	A양도(과세)	B양도

☞ 위 사례1은 제1안, 사례2와 3은 제2안이 타당하다고 한다. 다만, 사례2는 예규상의 단서에 의해 2021년 11월 2일 이후 양도분부터 적용한다.

※ 1세대 1주택 및 일시적 2주택에 대한 비과세 보유기간 기산일

위의 예규를 바탕으로 1세대 1주택과 일시적 2주택에 대한 보유기간 기산일을 어떤 식으로 산정하는지 정리하면 아래와 같다.

구 분		주택 보유과정	당초 취득일	직전주택 처분일
1세대 1주택	1. 2020년 12월 31일 이전	1세대 1주택	○	–
	2. 2021년 1월 1일 이후	① 1세대 1주택*	○	–
		② 2주택 이상→처분→1세대 1주택	–	○
일시적 2주택	1. 2020년 12월 31일 이전	① 일시적 2주택*	○	–
		② 비일시적 2주택→처분→일시적 2주택	○	–
		③ 비일시적 2주택→처분→취득→일시적 2주택	○	
	2. 2021년 11월 2일 전	① 일시적 2주택*	○	–
		② 비일시적 2주택→처분→일시적 2주택	○	–
		③ 비일시적 2주택→처분→취득→일시적 2주택	–	○
		④ 비일시적 2주택→취득→처분→비일시적 2주택	–	○
	3. 2021년 11월 2일 이후	① 일시적 2주택*	○	
		② 비일시적 2주택→처분→일시적 2주택	–	○
		③ 비일시적 2주택→처분→취득→일시적 2주택	–	○
		④ 비일시적 2주택→취득→처분→비일시적 2주택	–	○

* 이는 당초부터 비과세요건을 갖춘 1주택, 일시적 2주택을 말한다(실수요자). 참고로 표 안의 처분은 양도, 증여, 용도변경만을 말한다.

이 표를 보면 2020년 12월 31일 이전까지 일시적 2주택을 유지한 경우 종전주택의 취득일부터 보유기간을 기산하고, 2021년 1월 1일 이후부터는 다주택 기간을 제외하고 보유기간을 기산하므로 최종 1주택을 보유한 날(곧 직전주택 처분일)로부터 보유기간을 계산함을 말하고 있다. 다만, 일시적 2주택의 2. ②란은 2021년 11월 2일 이후의 양도분부터 개정 규정을 적용한다.

④ 2021년 "최종 1주택" 양도소득세 비과세 보유기간 계산법 분석

그동안 최종 1주택에 대한 보유기간 계산과 관련해 다양한 문제점들이 노출되고 있었다. 어떠한 점이 문제가 되었는지 등을 분석해보자.

(1) 개정 보유기간 계산 적용대상 선정문제

앞에서 본 기획재정부의 예규 중 쟁점1은 당초 취득일, 쟁점2는 1주택만을 보유한 날로부터 보유기간을 계산하도록 해석하고 있다. 즉 사실 이들은 동일한 사안임에도 상반된 해석을 하고 있었던 것이다.

이러한 해석 중 쟁점2는 실무상 문제가 있었다. 개정 규정관련 부칙에 따르면 개정 규정은 2021년 1월 1일부터 적용한다고 되어 있다. 그리고 개정 규정 본문을 보면 일시적 2주택을 제외한 2주택 이상자에 한해 개정 규정을 적용한다고 되어 있다. 따라서 이러한 점을 고려해 개정 규정 적용대상을 2021년 1월 1일 이후에 일시적 2주택을 제외한 다주택자로 한정하면 위의 두 쟁점 간의 보유기간 기산일 해석에서 차이가 없어지게 된다. 즉 2020년 12월 31일까지 다주택자가 처분을 했든지 취득을 했든지 간에 일시적 2주택이 되었다면 개정 규정을 적용하지 않아야 한다는 것이다. 이러한 주장을 뒷받침해준 해석이 2020년 12월 24일에 발표(기획재정부재산-1132, 2020.12.24.) 되었다. 이의 주요 골자는 2020년 12월 31일 이전에 1주택이 된 경우에는 개정 규정을 적용하지 않는다는 것이다. 저자는 여기에 일시적 2주택도 포함된다고 생각한다. 1세대 1주택이나 일시적 2주택이나 동일하게 비과세가 적용되기 때문이다. 사실 이에 대해 기재부도 쟁점1에서 같은 입장을 취하고 있다. 물론 2021년 이후에 일시적 2주택자를 제외한 다주택자가 주택을 양도해 1주택이 되거나 신규 취득을 통해 일시적 2주택이 된 경우에는 개정 규정을 적용할 수밖에 없다고 보인다. 더 나아가 일시적 2주택자를 제외한 다주택자가 처분을 통해 일시적 2주택이 된 경우에도 개정 규정을 적용하는 것이 개정 취지에 맞다고 보인다. 개정 규정은 다주택 보유기간을 제외하고 비과세 보유기간을 산정하도록 하고 있기 때문이다.

☞ 결국 2021년 1월 1일 이후에 비과세 성립하지 않는 다주택을 보유하고 있다면 과세관청의 해석에 따라 주택 수를 일시적 2주택으로 조절한 후 양도해야 비과세를 받을 수 있다는 것을 알 수 있다. 따라서 오래된 2주택을 보유하고 있다면 차라리 저렴한 1채를 취득해 3주택자가 된 후에 일시적 2주택을 만들면 비과세를 받을 수 있게 된다(이러한 식의 해석은 오래가지 못할 가능성이 높다. 결국 이러한 이유로 정부는 앞에서 본 예규를 내놓을 수밖에 없었다고 보인다).

일시적 2주택은 통상 1주택자가 신규주택을 취득해 일시적으로 2주택을 보유할 때 사용되는 용어에 해당한다.

이에 세법은 일정한 요건을 두어 그 요건을 충족하면 1주택자로 간주해 세법을 적용하고 있다. 대표적인 것이 바로 일시적 2주택에 대한 양도소득세 비과세제도다.

이러한 비과세를 해주는 이면에서는 비록 신규취득으로 2주택자에 해당하지만, 그 사정이 부득이하므로 일정한 기간까지는 1주택자로 취급해주는 것을 의미한다. 물론 일정한 기간이 지나면 그 이후부터는 2주택자가 된다.

이렇게 본다면 1주택자나 일시적 2주택자나 그 본질적인 차이는 없다. 그런데 일부에서는 이러한 근본적인 차이를 인지하지 못하고 1주택자나 일시적 2주택자가 다른 것인 양 법해석 등을 하고 있는 것으로 보인다. 그 대표적인 것이 바로 장기임대주택외 일시적 2주택 상태에서 고가주택을 양도할 때 9억 원(2021년 12월 8일 이후는 12억 원) 초과분에 대해서는 중과세를 적용한다는 해석이었다. 12억 원 이하분에 대해서는 비과세를 적용받고, 12억 원 초과분은 중과세를 적용한다는 것이다. 비과세 판단할 때에는 장기임대주택은 주택 수에서 제외하지만, 중과세 판단할 때에는 장기임대주택을 주택 수에서 제외하라는 규정이 없어 이를 포함해 중과세를 적용해야 한다는 논리를 적용했다.

이러한 의견에 따라 한동안 비과세특례가 적용되는 고가주택에 대해 중과세가 적용되어 왔다.

실제 장기임대주택 외 1주택 상태에서 1주택에 대해서는 일반주택이 1채라서 중과세를 적용하지 않는 것으로 해석하고, 일시적 2주택은 일반주택이 2채가 되므로 전체적으로 주택 수가 3채 이상이 되면 3주택 중과세를 적용해야 한다고 해석하였던 것이다.

하지만 1주택이나 일시적 2주택이나 같다고 보면, 이를 달리 해석할 이유가 전혀 없다. 즉 둘 모두 고가주택 9억 원 초과분의 양도차익에 대해서는 중과세를 적용하지 않아야 한다는 것이다.

이러한 원리를 이해했는지 정부는 2021년 1월 6일 시행령 개정안을 통해 비과세특례가 적용되는 고가주택에 대해서는 일반주택이 2채이든 1채이든 중과세를 적용하지 않는다고 발표하였다. 뒤늦은 감이 있지만 이는 당연한 조치에 해당했다.

그런데 요즘 다른 곳에서 쟁점이 또 등장하고 있다. 바로 "최종 1주택"에 대한 보유기간 계산과 관련된 곳이다.

정부는 2020년 12월 31일까지 1주택자에 대해서는 당초 취득일로부터 보유기간을 계산한다고 한 바가 있고, 또한 2주택 이상자가 처분을 통해 일시적 2주택이 된 경우라도 마찬가지로 당초 취득일로부터 보유기간을 계산한다고 하였다.

이는 앞에서 본 것처럼 당연한 것에 해당한다. 1주택자나 일시적 2주택자가 모두 1주택자 범주에 해당하기 때문이다.

그런데 문제는 2021년 1월 1일 이후에서 발생하고 있다.

만일 3주택자가 2주택을 처분한 후에 1주택만 남겨둔 상태에서 1주택을 비과세를 받기 위해서는 최종 1주택을 보유한 날로부터 보유기간이 계산되는 것은 명확하다.

그렇다면 1채만 처분해서 일시적 2주택만을 남겨두었다면?

이 경우에 당초 취득일부터 계산할 것인가? 아니면 최종 1주택을 보유한 날로부터 계산할 것인가?

저자는 당연히 이 경우에도 개정 규정이 적용되어 최종 1주택을 보유한 날로부터 2년을 보유해야 비과세를 받을 수 있다고 본다. 하지만 일부에서는 일시적 2주택이 되면 무조건 당초 취득일로부터 2년 보유했으면 비과세를 받을 수 있다고 한다. 그래서 오랫동안 2주택을 보유하고 있는 상태에서는 1채를 추가 취득한 후 1채를 처분해 일시적 2주택을 만들면 당초 취득일로부터 2년 이상 보유했으므로 비과세를 받을 수 있다고 한다(물론 2021년 11월 2일 이후부터는 그렇지 않다).

이처럼 기이한 해석이 등장한 이유는 바로 1주택과 일시적 2주택을 달리 보는 시각때문이 아닌가 싶다.

(2) 2주택 이상자가 양도가 아닌 증여 등을 통해 주택 수를 조절하면 개정 규정이 적용되는지의 여부

개정 전의 보유기간 계산법에 관한 개정 규정을 적용받은 2주택 이상자가 "양도"를 하는 경우로서 비과세를 받고자 할 때에는 1주택을 보유한 날로부터 보유기간을 계산하도록 하고 있다. 그런데 여기서 양도의 개념이 「소득세법」에서 제88조에서 정의하고 있는 "양도"에 해당하면, 증여를 통해 1주택자가 되는 경우에는 개정 규정을 적용할 이유가 없어진다. 그 결과 2주택 이상자가 양도를 선택하면 1주택만 남은 날로부터 보유기간을 계산하게 되고, 증여를 선택하면 해당 주택의 취득일로부터 보유기간을 계산해도 되는 차이가 발생한다. 이에 대해 정부는 2021년 2월 17일 「소득세법 시행령」 개정을 통해 양도 이외에 "증여, 용도변경"도 개정 규정에 포함하였다. 따라서 다주택자가 증여 후 비과세를 받을 때에는 증여 후에 2년을 더 보유한 후 처분해야 비과세를 받을 수 있게 된다. 한편 개정 시행령에서 새롭게 선보인 "용도변경"은 「건축법」 제19조상의 용도변경과 주거용 오피스텔을 업무용 오피스텔로 전환한 경우만 예시하고 있다. 따라서 이외에 멸실, 임대등록, 세대분리, 매매사업자 등록 등은 개정 규정이 적용되지 않는 것으로 보인다.[33]

---

33) 멸실의 경우에는 최종 1주택 보유기간 계산법을 적용하지 않는다(양도, 서면-2020-법령해석재산-2354 [법령해석과-487], 2021.2.8.).

(3) 거주기간도 다시 계산해야 하는지의 여부

비과세요건 중 하나인 거주기간을 어떻게 계산할 것인지도 쟁점이 된다. 「소득세법 시행령」 제154조 제1항 대괄호 안에서 보유기간 중 거주기간이 2년 이상이어야 한다고 하고 있기 때문이다. 그런데 이때 전체 보유기간 중에 거주기간을 통산하면 큰 문제는 없지만, 다주택자의 경우 같은령 제5항에 따라 1주택만 보유한 날로부터 보유기간이 계산되므로 거주기간도 이에 맞춰 계산해야 하는지가 쟁점이 된다. 이에 대해 과세관청은 2021년 1월 14일 예규를 발표해 거주기간도 보유기간의 계산과 동일한 방법으로 계산하도록 하는 해석을 발표했다.[34]

> ● 양도, 기획재정부 재산세제과 – 35, 2021.1.14.
> 2주택 이상을 보유한 1세대가 다른 주택을 양도하고 조정지역에 있는 주택만 남은 경우, 그 최종주택의 1세대 1주택 비과세 특례를 적용받기 위하여 거주기간도 최종 1주택을 보유하게 된 날부터 새로 기산함.

(4) 주택 수 산정방법

이외에 주택 수 산정방법에도 각별한 주의를 요한다. 2021년 1월 1일 이후에 취득(계약기준)한 분양권도 양도소득세 비과세와 중과세판정을 위한 주택 수에 포함되기 때문이다. 따라서 1주택자가 분양권을 취득해 분양권을 먼저 처분한 경우에는 분양권을 양도한 날로부터 2년 이후에 양도해야 비과세를 받을 수 있게 된다[저자 의견, 국세청도 같은 의견임. 양도, 서면 – 2021 – 법령해석재산 – 1365, 2021.6.10.]. 주거용 오피스텔이나 조합원입주권도 마찬가지다. 따라서 비과세를 받고 싶은 주택이 있다면 불필요한 취득행위는 삼가는 것이 좋을 것으로 보인다.

---

34) 거주기간을 재계산하는 경우는 2017년 8월 3일 이후 조정대상지역에서 취득한 경우에 해당되어야 할 것으로 보인다.

❑ **보유기간 계산과 관련해 앞으로 해결해야 할 쟁점들**

① 2020년 12월 31일 이전에 '다주택 → 1주택 외 처분 → 신규취득'으로 일시적 2주택이 된 경우 보유기간을 "최종 1주택"을 보유한 날로 하는 것인지, 최초 취득일로 볼 것인지의 여부(과세관청은 전자, 저자는 후자 ➡ 과세관청도 후자로 확정함)

② 2021년 1월 1일 이후에 3주택 이상 보유자가 1주택을 처분해 일시적 2주택을 만든 경우 보유기간을 "최종 1주택"을 보유한 날로 하는 것인지, 최초 취득일로 볼 것인지의 여부(과세관청은 후자, 저자는 전자 ➡ 2021년 11월 2일 이후부터 과세관청도 전자로 확정함)

☞ 2020년 12월 31일 이전에 처분을 통해 일시적 2주택이 되었다면 최초 취득일로부터 보유기간을 계산하는 것과는 구별해야 한다는 생각임. 개정 규정은 2021년 1월 1일 이후 양도분부터 적용하기 때문임. 이러한 원리에 입각해 2021년 11월 2일에 새 유권해석이 나옴.

③ 2021년 1월 1일 이후에 일시적 2주택을 제외한 다주택자가 양도, 증여, 「건축법」 제19조에 따른 용도변경, 주거용 오피스텔을 업무용 오피스텔로 용도변경 외에 세대분리, 주택임대등록, 매매사업자등록 등을 하는 경우에도 개정 규정을 적용하는지의 여부(법조문을 해석하면 이러한 사유는 개정 규정을 적용하지 않는 것으로 보임. 참고로 멸실의 경우에는 2021년 2월 8일 예규에 의해 개정 규정을 적용하지 않음)

④ 거주기간의 계산은 위 보유기간의 계산에 맞게 갖추도록 2021년 1월 14일에 예규가 발표되었음(이에 대해서는 별도로 살펴봄).

⑤ 보유기간이 리셋되어 비과세를 받을 수 없는 경우 1주택(일시적 2주택)에 대한 장기보유특별공제 80% 특례를 받을 수 있는지의 여부(이 공제는 취득일~양도일까지의 기간에 대해 적용되므로 1주택자의 경우 80%가 가능할 수도 있으나 일시적 2주택은 그러하지 않을 것으로 보이고, 사안별로 유권해석을 받아야 할 것으로 보임. 참고로 이 공제제도에 대해서도 최종 1주택 개념이 들어올 가능성이 있음에 유의할 것)

⑥ 또한 등록한 임대주택의 일부나 전부를 처분한 후에 거주주택을 양도했을 때에도 이 규정이 적용되는지의 여부도 쟁점이 됨(제6장 참조).

⑦ 이외에 분양권과 조합원입주권을 포함해 주택을 보유한 경우에 최종 1주택에 대한 보유기간 계산법이 적용되는지의 여부도 명확히 규명되어야 할 것으로 보임. 최근 국세청은 분양권 등도 최종 1주택에 대한 보유기간 계산법이 적용된다는 예규를 발표했음(양도, 서면-2021-법령해석재산-1365, 2021.6.10.).

⑧ 한편 '1+1' 재건축으로 완공된 주택에 대해서도 개정 규정이 적용되는지 쟁점이 됨.

양도소득세를 다루고 있는 「소득세법」에서는 "거주"요건을 비과세 등을 적용하기 위한 주요 요건으로 삼고 있다. 그런데 최근 양도소득세 비과세를 위한 거주기간 계산법의 변경 및 장기보유특별공제의 거주기간별 공제율 적용 등으로 거주요건의 중요성이 더 커지고 있다. 납세자의 관점에서 보더라도 거주요건은 실제 전세대원이 거주해야 한다는 점에서 다른 요건보다 더 관심을 둘 필요가 있다. 이하에서는 거주요건과 관련된 세제의 내용을 분석해보자.

① 거주란

세법에서는 거주에 대해 직접적인 정의를 내리고 있지 않지만, 1세대나 주택 등의 개념에서 간접적인 정의를 내리고 있다. 아래는 「소득세법」 제88조 제6호에서 정하고 있는 1세대에 대한 정의에 해당한다.

> 6. "1세대"란 거주자 및 그 배우자(법률상 이혼을 하였으나 생계를 같이 하는 등 사실상 이혼한 것으로 보기 어려운 관계에 있는 사람을 포함한다)가 그들과 같은 주소 또는 거소에서 생계를 같이 하는 자[거주자 및 그 배우자의 직계존비속(그 배우자를 포함한다) 및 형제자매를 말하며, 취학, 질병의 요양, 근무상 또는 사업상의 형편으로 본래의 주소 또는 거소에서 일시 퇴거한 사람을 포함한다]와 함께 구성하는 가족단위를 말한다. 다만, 대통령령으로 정하는 경우에는 배우자가 없어도 1세대로 본다. (2018.12.31. 개정)

위의 1세대와 관련해서도 다양한 세무상 쟁점들이 등장하고 있다. 예를 들어 1세대의 경우 일시퇴거자의 동일세대원 여부, 위장전입, 세대분리 인정여부 등이 그렇다.

② 거주요건과 1세대 1주택 비과세

(1) 1세대 1주택 비과세요건

「소득세법 시행령」 제154조에서는 아래와 같이 1세대 1주택 비과세요건 중 거주요건 등에 대해 정하고 있다.

---

① 법 제89조 제1항 제3호 가목에서 "대통령령으로 정하는 요건"이란 1세대가 양도일 현재 국내에 1주택을 보유하고 있는 경우로서 해당 주택의 보유기간이 2년(제8항 제2호에 해당하는 거주자의 주택인 경우는 3년) 이상인 것[취득 당시에 「주택법」 제63조의 2 제1항 제1호에 따른 조정지역에 있는 주택의 경우에는 해당 주택의 보유기간이 2년(제8항 제2호에 해당하는 거주자의 주택인 경우에는 3년) 이상이고 그 보유기간 중 거주기간이 2년 이상인 것]을 말한다. 다만, 1세대가 양도일 현재 국내에 1주택을 보유하고 있는 경우로서 제1호부터 제3호까지의 어느 하나에 해당하는 경우에는 그 보유기간 및 거주기간의 제한을 받지 않으며 제5호에 해당하는 경우에는 거주기간의 제한을 받지 않는다. (2020.2.11. 단서개정) 부칙

⑤ 제1항에 따른 보유기간의 계산은 법 제95조 제4항에 따른다. 다만, 2주택 이상(제155조, 제155조의 2, 제156조의 2 및 제156조의 3(신설)에 따라 일시적으로 2주택에 해당하는 경우 해당 2주택은 제외하되, 2주택 이상을 보유한 1세대가 1주택 외의 주택을 모두 처분(양도, 증여, 「건축법」 제19조에 따른 용도변경 포함하며, 주거용으로 사용하던 오피스텔을 업무용 건물로 사실상 용도변경하는 경우를 포함한다. 이하 동일)한 후 신규주택을 취득하여 일시적 2주택이 된 경우는 제외하지 않는다)을 보유한 1세대가 1주택 외의 주택을 모두 처분한 경우에는 처분 후 1주택을 보유하게 된 날부터 보유기간을 기산한다. (2019.2.12. 개정) 부칙

⑥ 제1항에 따른 거주기간은 주민등록표 등본에 따른 전입일부터 전출일까지의 기간으로 한다. (2019.2.12. 신설)

위는 1세대 1주택 비과세요건 중 보유요건과 거주요건을 나열하고 있다. 이를 요약해보자.

첫째, 제1항 분석

1세대 1주택자가 비과세를 받기 위해서는 양도일 현재 2년 이상 보유해야 한다. 한편 취득당시 해당 주택이 조정지역 내에 소재한 경우에는 해당 주택의 보유기간 중 거주기간이 2년 이상이 되어야 한다. 이 중 거주요건은 2017년 8월 3일 이후에 조정지역 내에서 취득한 경우에 적용된다. 이에 대한 내용은 이미 다른 곳에서 다루었으니 이곳에서는 자세한 설명은 생략한다. 참고로 아래와 같은 사유에 해당하면 보유기간과 거주기간(제5호의 경우) 요건을 적용하지 아니한다.

> 1~2. 생략
> 3. 1년 이상 거주한 주택을 기획재정부령으로 정하는 취학, 근무상의 형편, 질병의 요양, 그 밖에 부득이한 사유로 양도하는 경우 (2014.2.21. 개정)
> 4. 삭제 (2020.2.11.)
> 5. 거주자가 조정지역의 공고가 있은 날 이전에 매매계약을 체결하고 계약금을 지급한 사실이 증빙서류에 의하여 확인되는 경우로서 해당 거주자가 속한 1세대가 계약금 지급일 현재 주택을 보유하지 아니하는 경우 (2018.2.13. 개정) 등

둘째, 제2항 분석

2021년 1월 1일부터 본래 비과세가 적용되는 일시적 2주택을 제외한 2주택 이상 주택을 보유한 1세대가 1주택 외의 모든 주택을 처분*하여 1주택**만이 된 경우에는 1주택**만을 보유한 날로부터 2년 보유기간을 계산한다.

> * 증여, 용도변경 등을 포함한다.
> ** 3주택 이상 보유자가 주택을 처분하여 1주택자가 된 후 새로운 주택을 취득해 일시적 2주택이 된 경우에도 개정 규정을 적용받는다.

이에 대한 자세한 분석은 이미 다른 곳에서 많이 다루었으니 설명을 생략하기로 한다.

셋째, 제3항 분석

> 비과세를 위한 거주요건은 주민등록표 등본에 따른 전입일부터 전출일까지의 기간으로 한다. (2019.2.12. 신설)

비과세를 위한 거주요건은 원칙적으로 해당 주택에의 전입일부터 전출일까지의 기간을 통산해 이의 충족여부를 따지게 된다. 그런데 앞의 제2항에서 보유기간 계산법이 2021년부터 바뀜에 따라 거주기간 계산법도 이에 맞춰 변경될 수밖에 없다. 제1항에서 거주기간은 주택의 보유기간 중에 2년 이상 거주할 것을 요구하고 있기 때문이다. 이에 대해서는 아래에서 별도로 분석해보자.

(2) 2021년 비과세 거주기간 계산법

2021년 1월 1일부터 1세대 1주택에 대한 보유기간의 계산법이 변경되면 거주기간도 변경되는지의 여부가 불투명했다. 2년 거주를 했지만 거주를 다시 해야 하는 것은 당사자에게는 큰 부담으로 작용하기 때문이다. 하지만 최근 기획재정부는 아래와 같은 예규를 발표해 이

에 대한 논란을 잠재웠다. 「소득세법 시행령」 제154조 제1항 대괄호 안의 거주기간은 해당 주택의 보유기간 중 거주기간이 2년 이상이어야 하고, 이에 대한 보유기간이 같은 조 제5항에 따라 최종 1주택으로부터 기산하고 있으므로 이러한 점을 감안해 이에 대한 예규를 발표한 것으로 보인다.

● 양도, 기획재정부 재산세제과 – 35, 2021.1.14.

[제목]
조정지역 1세대 1주택 비과세 특례 적용 시 거주기간 기산일

[요지]
2주택 이상을 보유한 1세대가 다른 주택을 양도하고 조정지역에 있는 주택만 남은 경우, 그 최종 주택의 1세대 1주택 비과세 특례를 적용받기 위하여 거주기간도 최종 1주택을 보유하게 된 날부터 새로 기산

[질의내용]
2주택 이상 보유한 1세대가 1주택 외의 주택을 모두 양도하고 취득 당시 조정지역에 있는 남은 최종 1주택을 최종 1주택이 된 날부터 2년 이상 보유하다 양도하는 경우로서
- 1세대 1주택 비과세 특례를 적용받기 위하여 최종 1주택이 된 날부터 2년 이상 새로 거주해야 하는지 여부

(제1안) 보유 및 거주기간 모두 새로 기산함.
(제2안) 보유기간만 새로 기산함.

[회신]
귀 질의의 경우 제1안이 타당함.

[사실관계]
○ A주택(조정지역 소재) : 2018년 4월 3일 취득 후 바로 세대전원이 입주하여 2020년 4월 30일까지 2년 이상 거주
  - 2020년 5월 1일부터 타인 소유 주택으로 이사하여 현재까지 거주 중임.

○ B주택 : 2018년 5월 3일 취득 후 2021년 5월 9일 양도함.
  - A주택을 B주택 양도일로부터 2년 이상 경과 후 양도*할 예정

  * 소득령 §155, §155의 2, §156의 2에 따라 일시적으로 2주택이 된 경우에 해당하지 않음을 전제함.

이러한 예규발표로 인해 일시적 2주택을 제외한 다주택자들이 양도소득세 비과세를 받는 것이 한층 힘들어질 가능성이 높을 것으로 보인다.

③ 실전 사례

사례를 통해 위의 내용들을 확인해보자.

Q. A씨는 현재 1세대 1주택자에 해당한다. 이 주택의 비과세요건 중 거주요건은 어떤 식으로 적용되는가?

이 주택의 취득시점이 2017년 8월 2일 이전이라면 전국의 어느 지역에서 취득했더라도 거주요건이 적용되지 않는다. 하지만 이날 후에 조정지역 내에서 취득한 주택에 해당하는 경우에는 거주요건이 적용된다. 참고로 거주요건이 적용되더라도 예외적으로 이에서 제외해주는 경우도 있으므로 이에 대해서는 별도로 확인해야 한다.

Q. A씨는 2주택을 보유 중에 2020년에 1주택을 처분해 양도소득세를 냈다. 남아 있는 1주택을 2021년 이후에 양도하면 비과세를 받을 수 있는가? 남아 있는 주택은 2018년 1월에 조정지역에 소재한 것으로서 현재 이 주택에서 거주하고 있다.

양도일 현재 1세대 1주택에 해당하고 취득일로부터 2년 이상 보유하고 2년 이상 거주한 경우라면 비과세요건을 충족한 것에 해당한다. 참고로 이 사례처럼 2020년 12월 31일 이전에 다주택자가 1주택을 만들어둔 경우라면 최종 1주택에 대한 보유기간 등에 대한 개정 규정이 적용되지 않는다.

Q. A씨는 2주택을 보유 중에 2022년 1월에 1주택을 처분해 양도소득세를 냈다. 남아 있는 1주택을 2022년도 중에 양도하면 비과세를 받을 수 있는가? 남아 있는 주택은 2018년 1월에 조정지역에 소재한 것으로서 현재 이 주택에서 거주하고 있다.

이 경우에는 최종 1주택에 대한 보유기간 및 거주기간을 계산해야 한다. 즉 2022년 1월에 최종 1주택이 되었으므로 이 날을 기준으로 2년 이상 보유 및 2년 거주를 별도로 해야 한다.

Q. K씨는 현재 비과세가 적용되는 일시적 2주택자에 해당한다. 이 경우 보유기간 및 거주기간의 계산법이 달라지는가?

당초부터 일시적 2주택 관계가 성립되면 보유기간 및 거주기간은 당초 취득일 및 전입일이 기산일이 된다. 하지만 인위적으로 일시적 2주택을 만든 경우에는 이에 대한 계산법이 달라진다. 이에는 아래와 같은 유형이 해당한다.

① 3주택 이상 보유자가 처분, 증여, 용도변경 등을 통해 일시적 2주택이 된 경우
② 2주택 이상 보유자가 처분, 증여, 용도변경을 통해 주택을 처분한 후 신규주택을 취득해 일시적 2주택이 된 경우

다만, 이 중 ①에 대해 과세관청은 개정 규정을 적용하지 않는다고 해석을 하고 있다 (단, 2021년 11월 2일 이후 양도분부터는 개정 규정을 적용함. 새로운 유권해석이 나옴). 그렇지만 ②에 대해서는 개정 규정을 적용한다고 하고 있다.

따라서 위처럼 인위적으로 일시적 2주택이 된 경우에는 이러한 보유기간 등의 계산법이 달라지므로 비과세가 받기가 힘들어진다는 점에 유의해야 한다.

Q. 현재 1주택자가 2022년 2월에 분양권 매수 후 이를 양도했다. 이후 주택을 양도하고자 하는 경우에도 보유기간 및 거주기간의 계산법이 달라지는가?

2021년 1월 1일 이후 취득한 분양권도 주택 수에 포함되므로 최종 1주택만 보유한 날로부터 보유기간 및 거주기간 계산법이 적용된다. 이에 입주권이나 주거용 오피스텔도 마찬가지의 원리가 적용된다. 주의해야 한다.

Q. 1세대 1주택자가 2019년 5월에 4년 단기로 임대등록하면 거주요건을 면제받을 수 있었다. 만일 이 주택을 자진말소해서 양도하면 비과세를 받을 수 있는가?

그렇다. 1세대 1주택으로 2년 거주한 것으로 봐주기 때문이다.

Tip

❑ 상생임대주택에 대한 거주기간 특례 1주택자에 대해 1년 거주요건 인정

아래 요건을 갖춘 주택에 대해서는 1년 거주요건을 인정한다.

① 직전 임대차계약 대비 임대보증금 또는 임대료의 증가율이 5%를 초과하지 않는 상생임대차계약*을 체결하고, 2년 이상 임대하는 주택

　　* 2021년 12월 20일~2022년 12월 31일 기간 중 임대차계약, 주택 매수 후 신규로 체결한 임대차계약 및 주택 매수 시 매도인으로부터 승계받은 임대차계약은 제외

② 임대개시일 당시 1주택을 소유한 1세대가 임대하는 주택으로서 임대개시일 당시 기준시가 9억 원 이하이고 직전 임대차계약이 존재하고, 직전 임대차계약에 따라 임대한 기간이 1년 6개월 이상인 주택

실제 거래가액이 12억 원(2021년 12월 8일 이후)이 넘는 주택을 고가주택이라고 한다. 이러한 고가주택은 양도소득세 비과세 적용 시 일부 제한이 가해진다. 과도한 혜택을 주지 않기 위해서다. 이하에서 고가주택에 대한 비과세와 관련된 세무리스크 관리법을 알아보자.

① 기본 사례

서울 강남에 거주하고 있는 K씨가 5억 원에 산 주택을 15억 원에 양도하고자 한다. 이 주택을 10년 이상 보유 및 거주했다고 할 때 부담해야 하는 세금은? 단, 이 주택은 1세대 1주택으로 비과세요건을 갖추었다.

양도소득세 계산구조에 따라 세금을 계산하면 다음과 같다. 전체 양도차익 10억 원 중 비과세로 빠져나가는 부분이 6억 원이 된다. 그리고 나머지 4억 원 중 80%는 장기보유특별공제로 빠져나간다. 10억 원의 양도차익이 발생했지만 이러한 두 가지 요소에 의해 세금은 1,400만 원 정도에 머물게 된다.

(단위 : 원)

구 분	금 액	근 거
양도가액	1,500,000,000	
(−) 취득가액	500,000,000	
(＝) 양도차익	1,000,000,000	
(−) 비과세 양도차익	800,000,000	양도차익×(12억 원/양도가액)＝10억 원×(12억 원/15억 원)＝8억 원
(＝) 과세대상 양도차익	200,000,000	
(−) 장기보유특별공제	160,000,000	80% 공제
(＝) 양도소득금액	40,000,000	
(−) 기본공제	2,500,000	
(＝) 과세표준	37,500,000	
(×) 세율	15%	
(−) 누진공제	1,080,000	
(＝) 산출세액	4,545,000	

② 핵심 포인트

비과세되는 고가주택은 아래와 같이 관리를 하는 것이 좋다.

- 양도차익에 '양도가액－12억 원/양도가액'을 곱한 만큼만 과세된다.
- 장기보유특별공제를 최대한 80%(10년 이상 보유 및 거주)까지 늘린다.
- 다주택자들은 양도차익이 가장 큰 것을 최후에 팔도록 하는 것이 절세의 기본 틀이다. 단, 다주택자들은 최종 1주택 보유한 날로부터 2년 보유기간을 계산해야 함에 유의해야 한다. 한편 장기보유특별공제는 당초 취득일로부터 적용한다.
- 다주택자들은 주택임대사업자등록을 하면 2년 이상 거주한 주택에 대해서는 비과세를 받을 수 있다. 단, 등록시기 등에 따라 요건이 달라짐에 유의해야 한다.
- 고가주택을 취득할 때에는 공동등기를 해두면 종합부동산세와 양도소득세 절세에 도움이 된다(단독명의된 고가주택을 공동등기로 전환하면 불이익의 소지가 있다).

🌐 양도소득세 집행기준 89－156－1 [고가주택의 범위]

고가주택은 주택과 그에 딸린 토지의 양도당시 실지거래가액의 합계액이 12억 원을 초과하는 주택을 말하며, 공동 소유하는 주택은 그 소유지분에 관계없이 1주택 전체를 기준으로 고가주택에 해당하는지의 여부를 판단한다.

③ 실전 사례

1. H씨는 20년 전에 취득한 단독주택을 보유하고 있다. 최근 이 주택에 대한 매매문의가 들어와 이 주택을 처분하고 다른 곳으로 이사를 가려고 한다. 이 주택의 예상가격은 15억 원 정도가 되는데 세금이 얼마나 되는지 궁금하다. 20년 전에 취득한 가격은 현시세의 10% 정도가 된다. 단, H씨는 이 주택만을 가지고 있으며 대지면적은 주택정착면적의 법상 한도[35]를 넘지 않는다.

---

35) 2021년 이전은 5배, 2022년은 3배 등으로 축소되었다. 아래 규정을 참조하기 바란다.
　※「소득세법 시행령」제154조
　　⑦ 법 제89조 제1항 제3호 각 목 외의 부분에서 "지역별로 대통령령으로 정하는 배율"이란 다음의 배율을 말한다. (2014.2.21. 개정)
　　1. 「국토의 계획 및 이용에 관한 법률」 제6조 제1호에 따른 도시지역 내의 토지 : 다음 각 목에 따른 배율. (2020.2.11. 개정)
　　　가. 「수도권정비계획법」 제2조 제1호에 따른 수도권 내의 토지 중 주거지역·상업지역 및 공업지역 내의 토지 : 3배 (2020.2.11. 개정)
　　　나. 수도권 내의 토지 중 녹지지역 내의 토지 : 5배 (2020.2.11. 개정)
　　　다. 수도권 밖의 토지 : 5배 (2020.2.11. 개정)

구 분	금 액	근 거
양도가액	1,500,000,000	
(－) 취득가액	150,000,000	양도가액의 10% 가정
(＝) 양도차익	1,350,000,000	
(－) 비과세 양도차익	1,080,000,000	양도차익×(12억 원/양도가액)＝13.5억 원×(12억 원/15억 원)＝10억 8천만 원
(＝) 과세대상 양도차익	270,000,000	
(－) 장기보유특별공제	216,000,000	80% 공제
(＝) 양도소득금액	54,000,000	
(－) 기본공제	2,500,000	
(＝) 과세표준	51,500,000	
(×) 세율	24%	
(－) 누진공제	5,220,000	
(＝) 산출세액	7,140,000	

오래된 단독주택의 경우 낮은 취득가액으로 인해 세금이 생각보다 많은 경우가 많다. 따라서 취득가액을 어떤 식으로 신고해야 하는지 등에 대해 미리 검토하는 것이 좋을 것으로 보인다.

2. K씨는 장기임대주택 외 일시적 2주택을 양도하려고 한다. 이때 12억 원 초과분에 대한 양도소득세는 어떻게 과세될까?

장기임대주택 외 일시적 2주택이 되면 3주택 이상이 된다. 따라서 12억 원 초과분에 대해서 중과세가 적용되는지의 여부가 관심사가 된다. 이에 정부는 2021년 2월 17일 시행령 개정을 통해 이에 대한 중과세를 적용하지 않기로 했다(제4장 참조).

∷ 저자 주 ─────────────────────────

최근 정부와 여당에서는 고가주택의 비과세 기준을 9억 원에서 12억 원으로, 장기보유특별공제율을 최대 80%에서 50~80%로 하는 개편안을 마련하였다. 이 중 전자는 2021년 12월 8일 이후 양도분부터 적용하는 것으로 확정되었으나 후자는 추진이 보류되었다.

─────────────

2. 그 밖의 토지: 10배 (2012.2.2. 개정)

Tip 🔴

❑ 단독주택의 절세법

• 대지가 넓은 단독주택의 부수토지는 바닥정착면적의 3~5배(수도권 도시지역 내 주·상·공지역은 3배) 또는 10배(도시지역 밖)까지만 비과세를 받을 수 있다.

💧 **양도소득세 집행기준 89‒154‒13 [비과세요건을 갖춘 주택의 지분·분할 양도]**

구 분		비과세 여부
지분 양도		비과세
분할양도[1]	1주택을 2 이상의 주택으로 분할하여 양도(주택과 토지)	먼저 양도하는 주택과 토지 : 과세 나중 양도하는 주택과 토지 : 비과세
	주택 전부를 먼저 양도	비과세
	토지 전부를 먼저 양도	과 세

* 1) 공익사업에 수용된 경우에는 잔존주택을 5년 이내 양도시 비과세 가능함.

• 5배 등을 초과하는 부수토지는 나대지(비사업용 토지)로 분류되어 많은 세금이 나오게 된다. 따라서 대지면적이 넓은 경우에는 미리 세금문제를 검토한 후 매매에 나서는 것이 좋다.

• 부수토지가 3~5배(10배)를 초과하는 경우에는 실제 면적과 공부상의 면적이 차이가 나는지 검토하는 것이 좋다. 만약 차이가 난 경우에는 측량 등을 통해 실제 면적을 입증(국토정보공사 등에 의뢰)하면 절세할 수 있다.

• 오래된 단독주택은 취득가액을 환산하여 정할 수 있다.

잠깐퀴즈 💡

주택의 바닥정착면적이 100㎡이고 대지의 면적이 1,000㎡인 경우 과세방식은? 단, 이 토지는 수도권 밖의 도시지역 내에 소재한다. 따라서 5배 한도를 사용한다.

구 분	주택 부수토지	나대지
면적	500㎡(＝100㎡×5배)	500㎡
과세방식	주택으로 보아 비과세 등 적용	비사업용 토지로 보아 과세

☞ 이러한 상황에 있으면 양도시점 2년 전에 바닥정착면적을 늘려두면 향후 주택 부수토지가 늘어나 세금이 줄어든다.

1세대 2주택 중 먼저 양도하는 주택은 양도소득세를 과세하는 것이 원칙이다. 다만, 일정한 사유에 해당하면 비과세를 적용하는데 이하에서 2주택자들에 대한 양도소득세 비과세 내용을 살펴보자.

① 기본 사례

경기도 광명시에 살고 있는 김용민씨는 다음과 같이 주택을 보유하고 있다. 상황에 맞게 답하면?

자료

- A(종전)주택 : 2000년에 취득하여 이곳에서 거주하다가 2006년 재건축 멸실 후 2010년 10월 완공하여 현재까지 거주 중에 있음.
- B(신규)주택 : 2021년 6월 30일에 잔금청산 및 등기를 이전받아 배우자명의로 아파트를 취득함.

- 상황1 : 일시적 2주택에 대한 비과세는 왜 해주는가?
- 상황2 : 일시적 2주택에 대한 비과세요건은?
- 상황3 : 이 경우 A주택은 언제까지 팔아야 비과세를 받을 수 있는가?

위 상황에 맞게 답을 찾아보면 다음과 같다.

(상황1) 일시적 2주택에 대한 비과세는 왜 해주는가?

원래 비과세는 1주택자를 대상으로 하나, 이사 등으로 부득이 2주택을 보유한 경우에는 특례성격으로 비과세를 적용해준다.

(상황2) 일시적 2주택에 대한 비과세요건은?

종전주택과 신규주택 등 2주택에 대한 요건을 정하고 있다. 이를 요약하면 다음과 같다.

구분	취득시기	구주택과 신주택 사이의 보유기간	중복보유기간	양도 시 종전주택의 요건	신규주택의 전입의무
조정지역 내	2017.8.2. 전 취득	1년	1년, 2년, 3년	2년 보유	-	-
	2017.8.3. 후 취득	1년	1년, 2년, 3년	2년 보유	2년 거주	1년 (최대 2년)
조정지역 밖	취득시기 불문	1년	3년	2년 보유	-	-

● **양도소득세 집행기준 89 - 155 - 1 [일시적 2주택 중복보유 허용기간의 변천]**

2002.3.29. 이전	2002.3.30.~ 2008.11.27.	2008.11.28. 이후	2012.6.29. 이후	2018.10.23.	2020.2.11.
2년	1년	2년	3년[1]	3년[1](2년)[2]	3년[1](1년)[3]

*1) 단, 종전주택을 취득하고 1년 이상을 경과한 후에 신규주택을 취득한 경우에만 비과세 적용
 2) 종전주택이 조정대상지역에 있는 상태에서 조정대상지역에 있는 신규주택 취득 시 2년
 3) 종전주택이 조정대상지역에 있는 상태에서 조정대상지역에 있는 신규주택 취득 시 1년

● **양도소득세 집행기준 89 - 155 - 4 [종전주택을 취득한 날부터 1년 이상 지난 후 신규주택을 취득해야 하는 요건에 대한 예외]**

다음의 경우에는 종전주택을 취득한 날부터 1년 이상 지난 후 신규주택을 취득해야 하는 요건을 적용하지 않는다(2013년 2월 15일 이후 최초로 양도하는 분부터 적용).

- 건설임대주택을 분양전환 받은 경우
- 종전주택이 수용된 경우
- 취학 등 부득이한 사유로 양도하는 경우

(상황3) 이 경우 A주택은 언제까지 팔아야 비과세를 받을 수 있는가?

A주택이 재건축을 거쳤으나 이미 보유기간이 2년 이상 되었으므로 일시적 2주택 비과세 처분기한만 맞추면 된다. 따라서 2022년 6월 30일 이전에 A주택을 양도하면 비과세를 적용받을 수 있다. 2021년 4월 현재 광명시는 조정지역으로 지정되어 있어 신규주택의 취득일로부터 1년* 내에 A주택을 양도해야 비과세를 적용한다.

* 종전주택이 조정지역에 있는 상태에서 2019년 12월 17일 이후 조정지역에서 신규주택을 취득하면 종전주택을 1년 이내에 처분해야 하는 것이 원칙이다. 그리고 1년 내에 신규주택으로 전입해야 한다. 참고로 취득세의 경우 2주택은 통상 중과세(8%)가 적용되는데, 종전주택을 1년 내에 처분하면 1~3%을 적용한다. 따라서 일시적 2주택이 되면 종전주택을 1년 내에 처분하는 식으로 전략을 세우는 것이 좋을 것으로 보인다.

핵심 포인트

1세대가 2주택을 보유한 경우에는 다음과 같은 절차에 따라 비과세를 받거나 또는 과세시 대안을 찾도록 한다.

비과세를 받을 수 있는 경우	• 일시적 2주택 : 새로운 주택을 취득한 날로부터 비과세 처분기한 내에 종전주택을 처분한다. • 부득이한 사유 : 상속이나 농어촌 소재, 동거봉양, 혼인, 주택임대사업 등의 사유로 2주택을 보유하는 경우 다양하게 비과세를 적용받을 수 있다.

감면주택이 포함되어 있는 경우	• 1세대 2주택자들은 비과세를 받지 못하는 경우에는 감면주택이 있는지를 확인해야 한다. 이 주택을 먼저 처분하면 감면을 받을 수 있기 때문이다. • 감면주택은 비과세 판단시 거주자의 주택 수에서 제외하는 것이 원칙이다.

과세되는 경우 대응법은?	• 과세되는 경우에는 처분순서 등을 고려하여 절세대안*을 찾도록 한다.

* 절세대안을 얼마나 잘 만들 수 있느냐가 실력과 일의 성패를 결정한다.

● 일시적 2주택 비과세 판단 시 주의할 점과 다주택자들의 비과세 받는 방법 ●

• 일시적 2주택이란 새로운 주택을 취득한 날(통상 잔금청산일)로부터 비과세 처분기한 내에 종전주택을 양도하면 비과세를 적용하는 것을 말한다. 나중에 취득한 주택을 먼저 양도하면 비과세를 적용하지 않음에 유의해야 한다.
• 이때 새로운 주택은 종전주택 취득일로부터 1년 이후에 취득하여야 비과세를 적용한다. 따라서 두 주택을 1년 내에 연달아 취득한 경우에는 일시적 2주택 비과세를 적용받을 수 없다.
• 3주택 이상자는 일시적 2주택 비과세를 받을 수 없으나, 상속주택이나 감면주택 등이 있는 경우에는 일시적 2주택 비과세를 받을 수 있다. 이 주택들은 거주자의 소유주택에서 제외되기 때문이다. 아래와 같은 비과세 사례들이 있을 수 있다.
　- 일시적 2주택 + 상속·동거봉양주택 등이 있는 경우
　- 일시적 2주택 + 감면주택이 있는 경우
　- 일시적 2주택 + 주택사업자(임대사업/매매사업/신축사업)용 주택이 있는 경우

• 이외 3주택 이상자들은 '양도일 현재' 일시적 2주택 상황을 만들면 비과세를 받을 수 있다. 단, 2021년 1월 1일부터 보유기간과 거주기간이 최종 1주택을 보유한 날로부터 기산됨에 유의해야 한다.

Tip ●

□ **1세대 2주택·3주택 비과세 특례제도 요약**

1. 1세대 2주택 비과세 특례 적용대상(양도소득세 집행기준 89−155−2)

유 형	비과세 특례 적용요건	적용조문
종전주택 + 일반주택	종전주택을 취득하고 1년 이상이 지난 후 일반주택을 취득하고 일반주택 취득일부터 비과세 처분기한 이내 종전주택을 양도하는 경우	소령 §155 ①
상속주택 + 일반주택	일반주택을 양도하는 경우	소령 §155 ②
공동상속주택 + 일반주택	일반주택을 양도하는 경우	소령 §155 ③
일반주택 + 일반주택 (동거봉양)	동거봉양 합가일부터 10년 이내 먼저 양도하는 주택	소령 §155 ④
일반주택 + 일반주택 (혼인합가)	혼인합가일부터 5년 이내 먼저 양도하는 주택	소령 §155 ⑤
문화재주택 + 일반주택	일반주택을 양도하는 경우	소령 §155 ⑥
농어촌주택 + 일반주택	일반주택을 양도하는 경우	소령 §155 ⑦
수도권밖에 소재하는 주택 + 일반주택	일반주택을 양도하는 경우 (부득이한 사유가 해소된 날부터 3년 이내에 양도하는 경우)	소령 §155 ⑧
거주주택 + 장기임대주택	거주주택을 양도하는 경우 (2년 이상 보유, 2년 이상 거주)	소령 §155 ⑳

※ 장기임대주택 : 「소득세법 시행령」 §167의 3 ① 2호 각 목에 따른 주택

위의 내용을 좀 더 구체적으로 살펴보면 다음과 같다.
• 일시적 2주택자인 경우에는 새로운 주택 취득일로부터 비과세 처분기한 내에 기존 주택을 처분해야 한다.
• 상속주택과 일반주택이 있는 경우 일반주택을 먼저 양도하면 비과세가 가능하다.
• 농어촌주택과 일반주택이 있는 경우 일반주택을 먼저 양도하면 비과세가 가능하다 (단, 2016년 이후 귀농주택을 취득한 경우에는 귀농주택 취득 후 5년 내 일반주택을 처분해야 비과세가 적용된다(「소득세법 시행령」 제155조 제7항 개정).

- 60세 이상인 부모와 합가하면서 2주택이 된 경우 합가한 날로부터 10년 내에 어떤 주택이라도 처분하면 비과세를 받을 수 있다.
- 혼인으로 2주택이 되는 경우 혼인한 날로부터 5년 내에 어떤 주택이라도 처분하면 비과세를 받을 수 있다.

2. 일시적 3주택자의 비과세(양도소득세 집행기준 89−155−27)

아래처럼 일시적 3주택이 된 경우에도 비과세를 받을 수 있다.

유 형	비과세 특례 적용 요건
일반주택(A) + 상속주택(B) + 다른주택(C)	C주택 취득일부터 3년* 이내 양도하는 A주택
일시적 2주택 + 혼인합가주택(C) 또는 (A, B)　　　　동거봉양합가주택(C)	① B주택 취득일부터 3년* 이내 양도하는 A주택 ② A주택 양도 후 합가일부터 5~10년 이내 양도하는 B주택 또는 C주택
혼인합가 2주택(A, B) ＋ 다른주택 또는　　　　　　　　(C) 동거봉양합가 2주택(A, B)	합가일부터 5~10년 이내 및 C주택 취득일부터 3년* 이내 양도하는 A주택 또는 B주택

* 비과세 처분기한을 말한다. 조정지역 내에서는 신규주택의 취득시기에 따라 1년 또는 2년 등이 적용될 수 있다.

● 대체취득 및 상속 등으로 인하여 1세대 3주택이 된 경우 종전주택 양도에 따른 비과세(양도소득세 집행기준 89−155···2)

① 국내에 1세대 1주택을 소유한 거주자가 종전주택을 취득한 날부터 1년 이상이 지난 후 새로운 주택을 취득하여 일시 2개의 주택을 소유하고 있던 중 상속 또는 영 제155조 제4항 및 제5항에 따른 혼인 또는 직계존속을 봉양하기 위하여 세대를 합침으로써 1세대가 3개의 주택을 소유하게 되는 경우 새로운 주택을 취득한 날부터 영 제155조 제1항에 따른 종전주택 양도기간 이내에 종전주택을 양도하는 경우에는 1세대 1주택의 양도로 보아 영 제154조 제1항의 규정을 적용한다. (2019.12.23. 개정)

② 국내에 1세대 1주택을 소유한 거주자가 영 제155조 제2항에 따른 상속주택을 취득하여 1세대 2주택이 된 상태에서 상속주택이 아닌 종전주택을 취득한 날부터 1년 이상이 지난 후 새로운 1주택을 취득함으로써 1세대가 3개의 주택을 소유하게 되는 경우 새로운 주택을 취득한 날부터 영 제155조 제1항에 따른 종전주택 양도기간 이내에 상속주택이 아닌 종전주택을 양도하는 경우에는 1세대 1주택의 양도로 보아 영 제154조 제1항의 규정을 적용한다. (2019.12.23. 개정)

☞ 일시적 4주택은 비과세를 적용하지 않는다.

　　최근 일시적 2주택에 대한 양도소득세 비과세 규정이 상당히 복잡하게 변했다. 비과세 처분기한이 3년에서 2년 그리고 1년으로 축소되었고, 신규주택으로의 전입의무도 추가되었다. 따라서 실수요자의 관점에서 제대로 비과세를 받기 위해서는 변화된 세제를 정확히 이해할 필요가 있다. 이하에서는 주로 전입의무에 초점을 맞춰 일시적 2주택 비과세제도에 대해 알아보자.

① 기본 사례

아래 자료를 보고 상황에 맞게 답을 하면?

자료

- A씨는 현재 1주택을 보유 중에 있음.
- 이 주택은 서울 소재주택으로 2015년 5월 1일에 취득하였음.

- 상황1 : A씨가 현재 이 주택을 양도하면 비과세를 받을 수 있는가?
- 상황2 : A씨의 주택은 조정지역에 있다고 하자. 이 경우 조정지역에서 대체주택을 취득하면 종전주택은 언제까지 양도해야 하는가?
- 상황3 : A씨의 주택은 조정지역에 있다고 하자. 이 경우 조정지역에서 대체주택을 2019년 12월 17일 이후에 취득하면 종전주택은 원칙적으로 1년 내에 양도하고, 신규주택에 1년 내에 전입해야 한다고 한다. 왜 그런가?
- 상황4 : 위 상황의 연장선상에서 보자. 신규주택으로 전입을 하고자 하는데 신규주택에 임차인이 있다. 이 경우에도 반드시 1년 내에 종전주택 양도 및 신규주택으로 전입을 해야 하는가?

위의 상황에 맞게 답을 찾아보면 다음과 같다.

(상황1) A씨가 현재 이 주택을 양도하면 비과세를 받을 수 있는가?

그렇다. 2년 이상 보유했기 때문이다. 한편 2017년 8월 2일 이전에 취득한 경우에는 거주요건은 적용되지 않는다. 만일 이 주택이 고가주택이라면 일부 양도차익에 대해 비과세가 적용되며, 일부에 대해서는 과세가 된다. 이 경우 세율은 기본세율(6~45%)이 적용되며, 장기보유특별공제율은 최대 80%가 적용 가능하다.

(상황2) A씨의 주택은 조정지역에 있다고 하자. 이 경우 조정지역에서 대체주택을 취득하면 종전주택은 언제까지 양도해야 하는가?

이 경우 아래와 같이 양도기한이 달라진다. 최근 정부에서 세법을 2차례에 걸쳐 개정했기 때문이다. 따라서 A씨가 2021년에 대체주택을 취득한 경우 원칙적으로 1년 내에 종전주택을 양도해야 한다.

구 분	2018.9.13. 전	2018.9.13.~2019.12.16.	2019.12.17.~
양도기한	3년	2년	1년(원칙)
경과규정	-	대책발표 전에 계약한 경우 종전 규정을 적용함.	

(상황3) A씨의 주택은 조정지역에 있다고 하자. 이 경우 조정지역에서 대체주택을 2019년 12월 17일 이후에 취득하면 종전주택은 원칙적으로 1년 내에 양도하고, 신규주택에 1년 내에 전입해야 한다고 한다. 왜 그런가?

이에 대해 세법이 개정되었기 때문이다. 따라서 종전주택은 1년 내에 양도, 신규주택에는 1년 내에 전입해야 비과세가 가능하게 된다.

(상황4) 위 상황의 연장선상에서 보자. 신규주택으로 전입을 하고자 하는데 신규주택에 임차인이 있다. 이 경우에도 반드시 1년 내에 종전주택 양도 및 신규주택으로 전입을 해야 하는가?

아니다. 이 경우 부득이하므로 신규주택의 취득일 현재 기존 임차인이 거주하고 있는 것이 임대차계약서 등 명백한 증명서류에 의해 확인되고 그 임대차기간이 끝나는 날이 신규주택의 취득일부터 1년 후인 경우에는 양도 및 전입기간을 전 소유자와 임차인간의 임대차계약 종료일까지로 하되, 신규주택의 취득일부터 최대 2년을 한도로 하고, 신규주택 취득일 이후 갱신한 임대차계약은 인정하지 않는다. 참고로 신규전입 후 이곳에서 얼마나 거주해야 하는지에 대해 최근 아래와 같은 예규가 등장했으므로 주의하기 바란다.

💠 **기획재정부 조세법령운용과-592, 2021.7.6.**

「소득세법 시행령」 제155조 제1항 제2호 가목의 "「주민등록법」 제16조에 따라 전입신고를 마친 경우"란 「주민등록법」 제6조 및 제16조 등 동법상 관련 규정에 따른 전입신고를 의미하는 것으로, 이에 해당하는지 여부는 전입신고 당시 30일 이상 거주할 목적이 있었는지 여부 등을 종합적으로 고려하여 사실판단할 사항임.

② 핵심 포인트

「소득세법 시행령」 제155조 제1항에서는 일시적 2주택에 대한 비과세요건을 아래와 같이 정하고 있다.

---

① 국내에 1주택을 소유한 1세대가 그 주택(종전주택)을 양도하기 전에 다른 주택(신규주택)을 취득함으로써 일시적으로 2주택이 된 경우 종전의 주택을 취득한 날부터 1년 이상이 지난 후 신규주택을 취득하고 다음 각 호에 따라 종전의 주택을 양도하는 경우에는 이를 1세대 1주택으로 보아 제154조 제1항을 적용한다.

1. 신규주택을 취득한 날부터 3년 이내에 종전의 주택을 양도하는 경우
2. 종전의 주택이 조정지역에 있는 상태에서 조정지역에 있는 신규주택을 취득[조정지역의 공고가 있는 날 이전에 신규주택(신규주택을 취득할 수 있는 권리를 포함)을 취득하거나 신규주택을 취득하기 위해 매매계약을 체결하고 계약금을 지급한 사실이 증명서류에 의해 확인되는 경우는 제외한다]하는 경우에는 다음 각 목의 요건을 모두 충족한 경우. 다만, 신규주택의 취득일 현재 기존 임차인이 거주하고 있는 것이 임대차계약서 등 명백한 증명서류에 의해 확인되고 그 임대차기간이 끝나는 날이 신규주택의 취득일부터 1년 후인 경우에는 다음 각 목의 기간을 전 소유자와 임차인간의 임대차계약 종료일까지로 하되, 신규주택의 취득일부터 최대 2년을 한도로 하고, 신규주택 취득일 이후 갱신한 임대차계약은 인정하지 않는다.
   가. 신규주택의 취득일로부터 1년 이내에 그 주택으로 세대전원이 이사(기획재정부령으로 정하는 취학, 근무상의 형편, 질병의 요양 그 밖의 부득이한 사유로 세대의 구성원 중 일부가 이사하지 못하는 경우를 포함한다)하고 「주민등록법」 제16조에 따라 전입신고를 마친 경우
   나. 신규주택의 취득일부터 1년 이내에 종전의 주택을 양도하는 경우

이에 대한 자세한 내용을 아래 사례 등을 통해 확인해보자.

③ 실전 사례

위의 사례에서 A씨가 조정지역 내에서 신규주택을 구입했는데 이에 대한 정보는 다음과 같다. 상황에 맞게 답을 하면?

> **자료**
>
> • 신규주택에 임차인이 있음.
> • 임차인은 전세계약갱신권을 청구할 예정임.

> • 상황1 : 신규주택에 전입은 언제까지 해야 하는가?
> • 상황2 : 기한 내에 전입을 하지 못하면 비과세는 받지 못하는가?
> • 상황3 : 기한 내에 전입을 하지 못하면 중과세를 적용받는가?
> • 상황4 : 기한 내에 전입을 하지 못하더라도 기한 내에 처분하면 비과세를 받을 수 있는가?
> • 상황5 : 기한 내에 전입을 한 후에는 몇 년을 거주해야 하는가?

위 상황에 맞는 답을 찾아보면 다음과 같다.

(상황1) 신규주택에 전입은 언제까지 해야 하는가?

원칙적으로 신규주택 취득일로부터 1년이다. 다만, 1년 이후에 전 소유자와 임차인간의 임대차계약이 남아 있으면 그 종료일까지로 하되, 신규주택의 취득일부터 최대 2년을 한도로 한다. 이때 주의할 것은 신규주택 취득일 이후 새롭게 갱신한 임대차계약은 인정하지 않는다는 것이다.

(상황2) 기한 내에 전입을 하지 못하면 비과세는 받지 못하는가?

당연하다.

(상황3) 기한 내에 전입을 하지 못하면 중과세를 적용받는가?

일시적 2주택 상태에서 종전주택을 신규주택의 취득일로부터 3년 내에 양도하면 중과세는 적용하지 않고 일반과세를 적용한다(「소득세법 시행령」 제167조의 10 제1항 제8호).

(상황4) 기한 내에 전입을 하지 못하더라도 기한 내에 처분하면 비과세를 받을 수 있는가?

아니다. 전입의무와 처분의무 두 가지 모두를 이행해야 한다.

(상황5) 기한 내에 전입을 한 후에는 몇 년을 거주해야 하는가?

전입의무만 있고 전입 후 얼마를 거주해야 할 것인지에 대해서는 정해진 바가 없다. 다만 최근 발표된 예규(기획재정부 조세법령운용과-592, 2021.7.6.)가 있으므로 이를 참조하자.

Tip

☐ **일시적 2주택자가 주의해야 할 비과세 보유기간과 처분기한**

일시적 2주택자가 양도소득세 비과세를 받기 위해서는 종전주택의 처분기한 내에서 2년 보유기간 및 거주기간을 동시에 갖추어야 한다. 따라서 종전주택에 대한 처분기한이 1년 등으로 고정된 상태에서 종전주택의 2년 보유기간과 거주기간이 "최종 1주택" 계산법으로 변경되면 비과세요건을 갖추지 못하게 된다. 따라서 아래 그림에서 음영 부분에서 잔금을 청산해야 일시적 2주택에 따른 비과세를 받을 수 있음에 유의해야 한다.

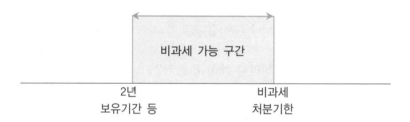

만일 아래와 같은 상황에서는 비과세가 적용될 수 없음에 유의해야 한다.

일반주택을 보유한 상황에서 주택을 상속받으면 처분순서에 따라 양도소득세가 크게 달라진다. 물론 그 반대의 경우에도 마찬가지다. 이하에서 상속주택에 대한 다양한 양도소득세 세무리스크 관리법에 대해 알아보자.

① 기본 사례

경기도 수원시에 거주하고 있는 박용수씨는 배우자와 각각 한 채씩 집을 보유하고 있다. 박씨는 배우자의 집을 처분해 처분한 자금을 가지고 자녀에게 일부를 증여하고 나머지 자금으로 은퇴생활을 영위하고자 한다. 박씨가 보유한 집은 상속으로 받은 주택이다. 이러한 상황에서는 어떻게 하는 것이 세금을 아낄 수 있는 방법인가?

이 상황에서 가장 좋은 절세방법은 비과세를 받는 것이다. 그렇다면 박씨의 경우 비과세를 받을 수 있을까?

STEP1 주택에 대한 비과세제도는?

이를 해결하기 위해서는 먼저 주택에 대한 비과세제도를 정확히 알고 있어야 한다. 박씨가 비과세를 받기 위해서는 다음의 것들 중 하나에 해당되어야 한다.

① 1세대가 1주택을 2년 이상 보유한 경우
② 1세대가 일시적으로 2주택을 보유한 경우(기존주택은 비과세 처분기한 내에 양도해야 함)
③ 1세대가 상속·농어촌주택 등을 포함하여 2주택을 보유한 경우

STEP2 절세방법은?

이상의 내용을 검토해보면 박씨와 그의 배우자가 보유한 주택은 위 ③에 해당될 수 있다. 그렇다면 어떤 주택이라도 먼저 처분하면 비과세를 받을 수 있을까?

아니다. 「소득세법 시행령」 제155조 제2항에서는 상속주택이 아닌 일반주택을 먼저 처분해야 비과세를 적용한다고 되어 있다.

● 관련규정 : 「소득세법 시행령」 제155조 제2항·제3항

상속받은 주택(상속 입주권·분양권으로 완공된 주택 포함)과 그 밖의 주택(상속개시 당시 보유한 주택과 입주권 등에 의해 완공된 주택만 해당한다. 이하 "일반주택"이라 한다)을 국내에 각각 1개씩 소유하고 있는 1세대가 일반주택을 양도하는 경우에는 국내에 1개의 주택을 소유하고 있는 것으로 보아 제154조 제1항(1세대 1주택 비과세규정)을 적용한다(제2항).

이때 피상속인이 2주택 이상을 상속하는 경우 다음 각 호의 선순위에 따른 1주택을 위 특례대상 주택으로 본다. 참고로 이 규정은 상속주택이 아닌 일반주택을 양도하는 경우에 적용한다. 따라서 상속주택을 먼저 양도하면 과세(선순위 상속주택이 5년 경과 시는 중과세)되는 것이 원칙이다. 한편 비과세가 적용되는 일반주택은 2013년 2월 15일 이후부터 상속개시 당시 보유한 주택에 해당되어야 한다. 그 이전에 취득한 주택들은 이러한 제한이 없다.

1. 피상속인이 소유한 기간이 가장 긴 1주택
2. 피상속인이 소유한 기간이 같은 주택이 2 이상일 경우에는 피상속인이 거주한 기간이 가장 긴 1주택
3. 피상속인이 소유한 기간 및 거주한 기간이 모두 같은 주택이 2 이상일 경우에는 피상속인이 상속개시 당시 거주한 1주택
4. 피상속인이 거주한 사실이 없는 주택으로써 소유한 기간이 같은 주택이 2 이상일 경우에는 기준시가가 가장 높은 1주택(기준시가가 같은 경우에는 상속인이 선택하는 1주택)

한편 공동상속주택(상속으로 여러 사람이 공동으로 소유하는 1주택을 말하며, 피상속인이 상속개시 당시 2 이상의 주택을 소유한 경우에는 제2항 각 호의 순위에 따른 1주택을 말한다) 외의 다른 주택을 양도하는 때에는 당해 공동상속주택은 당해 거주자의 주택으로 보지 아니한다. 다만, 상속지분이 가장 큰 상속인의 경우는 그러하지 아니하며 이 경우 상속지분이 가장 큰 상속인이 2인 이상인 때에는 그 2인 이상의 자 중 다음 각 호의 순서에 따라 당해 각 호에 해당하는 자가 당해 공동상속주택을 소유한 것으로 본다(제3항).

1. 당해 주택에 거주하는 자
2. 최연장자

● 양도소득세 집행기준 89-155-8 [상속주택의 판정 순서]

상속개시 당시 피상속인이 2주택 이상 보유한 경우	공동상속주택
소령 §155 ②	소령 §155 ③
① 피상속인이 소유한 기간이 가장 긴 1주택 ② 피상속인이 거주한 기간이 가장 긴 1주택 ③ 피상속인이 상속개시 당시 거주한 1주택 ④ 기준시가가 가장 높은 1주택(기준시가가 같은 경우는 상속인이 선택)	① 상속인 중 상속지분이 가장 큰 상속인 ③ 상속인 중 최연장자

② 핵심 포인트

상속주택에 대한 세무상 쟁점들을 자세히 정리하면 다음과 같다.

(1) 무주택자가 상속을 받은 경우

무주택자가 주택을 상속받은 경우 양도소득세 비과세 기간은 다음과 같이 따진다.

- 동일세대원이 상속받은 경우 : 피상속인의 취득일로부터 양도일까지의 보유기간
- 동일세대원이 아닌 자가 상속받은 경우 : 상속개시일로부터 양도일까지의 보유기간

☞ 동일세대원이 아닌 상태에서 상속을 받으면 비과세 기간은 상속개시일로부터 계산된다.

> ● **양도소득세 집행기준 89 - 155 - 10 [상속주택을 멸실하고 새로운 주택을 신축한 경우]**
>
> 상속받은 주택을 멸실하고 새로운 주택을 신축한 경우 그 신축주택은 상속받은 주택의 연장으로 보아 1세대 1주택 비과세 특례 규정을 적용한다.

(2) 1주택자가 상속을 받은 경우

1세대 1주택자가 별도 세대원 상황에서 상속주택을 취득하여 2주택자가 된 경우에는 처분순서에 따라 세금관계가 달라짐에 유의해야 한다.

- 상속주택을 먼저 양도하는 경우 : 양도소득세가 과세된다.
- 일반주택을 먼저 양도하는 경우 : 비과세요건(2년 보유 등)을 갖춘 경우라면 비과세를 받을 수 있다. 단, 동일세대원이 상속을 받아 2주택이 된 경우에는 원칙적으로 비과세를 적용하지 않는다. 하지만 1주택을 보유 중에 동거봉양하기 위해 합가를 하고 이후 상속이 발생한 경우에는 예외적으로 비과세를 적용해준다.

☞ 동일세대원 상태에서 2주택자가 되는 경우에는 상속주택에 대한 특례가 적용되지 않을 수 있음에 유의해야 한다(단, 동거봉양으로 2주택이 된 경우에는 특례 적용됨. 아래 Tip 참조). 예를 들어 남편으로부터 상속을 받은 후 일반주택을 취득한 경우에는 이러한 특례를 받을 수 없다.

> ● **양도소득세 집행기준 89 - 155 - 15 [상속주택 비과세 특례는 상속 당시 보유 1주택에 한함]**
>
> 상속 받은 주택(또는 조합원입주권)을 소유한 상태에서 일반주택을 수차례 취득·양도하는 경우 매번마다 양도소득세를 비과세를 받을 수 있는 불합리를 개선하여 상속받은 시점에서 상속인의 1세대 1주택[1]에 대해서만 비과세 특례 적용[2]
>
> 다만, 수도권 밖의 읍·면에 소재하는 상속주택(피상속인이 5년 이상 거주한 주택에 한함)의

경우에는 기존과 같이 1세대 1주택 비과세 판정시 주택수 계산에서 제외하여 일반주택을 수차례 취득·양도해도 비과세 계속 적용 가능

*1) 2013년 2월 15일 이후 일반주택을 취득하여 양도하는 분부터 적용
*2) 2014년 2월 21일 이후 양도하는 분부터 상속 당시 보유한 조합원입주권이 주택으로 전환된 경우도 포함

(3) 공동으로 상속을 받은 경우

1) 공동상속주택이 1채인 경우

공동으로 주택을 상속받은 경우에는 상속지분이 가장 큰 상속인(같으면 당해 주택에 거주한 자, 최연장자 순으로 한다)의 것으로 한다. 따라서 상속주택이 1채인 경우 A의 지분율이 가장 크다면 A의 주택으로 간주되며, 소수지분자의 주택으로는 간주되지 않는다. 따라서 A가 일반주택을 한 채 더 보유하고 있는 상태에서 일반주택을 먼저 양도하면 비과세를 받을 수 있다. 또 소수지분자는 다른 주택을 처분하더라도 지분상속주택에 의해 과세의 내용이 달라지지 않는다. 따라서 소수지분자는 상속주택 외 다른 주택을 언제든지 자유롭게 처분할 수 있다.[36]

2) 공동상속주택이 2채 이상인 경우

원래 상속받은 두 개의 주택이 모두 소수지분에 해당한다면 소수지분에 대한 주택은 주택 수에 포함이 안 되므로 다른 주택이 1주택에 해당하면 비과세가 적용되는 것이 원칙이다. 하지만 2017년 2월 3일 이후 양도하는 주택에 대하여는 개정세법이 적용되어 선순위 우선 주택에 해당하는 단 하나의 주택에 대해서만 소수지분자의 주택에서 제외되고, 후순위 공동상속주택은 소수지분자의 주택 수에도 포함하여 1세대 1주택 비과세 판단을 하게 된다. 따라서 만일 후순위 공동상속주택과 일시적 2주택으로 3주택자가 되면 비과세가 적용되지 않을 수 있다. 아래의 Tip과 유권해석 등을 확인하기 바란다.

☞ 상속주택이 여러 채인 경우, 그리고 공동으로 상속받은 경우에는 세금문제가 까다로우니 사전에 이에 대해 정교히 검토하는 것이 좋다. 특히 고가인 상속주택은 더더욱 그렇다.

---

36) 상속받은 지 5년이 지난 상속주택은 이를 양도하면 중과세가 적용된다(단, 후순위 상속주택은 5년 경과와 무관하게 중과세가 적용됨). 다만, 상속소수지분주택은 5년이 경과하더라도 중과세를 적용하지 않는다. 이때 2개 이상의 소수지분주택도 그렇다.

③ 실전 사례

1. 광주광역시에서 살고 있는 K씨는 얼마 전에 돌아가신 아버지 소유의 주택을 처분하고자한다. 이 경우 세금관계는 어떻게 되는가? 그는 이 주택 외에 다른 주택(10년 전에 취득)을 가지고 있다.

일단 K씨는 1세대 2주택자가 되므로 일시적 2주택 비과세나, 상속주택의 비과세특례제도등을 검토해야 한다. 먼저 일시적 2주택에 의해 비과세를 받기 위해서는 상속개시일로부터 비과세 처분기한 내에 일반주택을 양도해야 한다. 다음으로 상속주택의 비과세특례제도를 이용하는 경우에는 언제든지 일반주택을 양도해도 된다. 따라서 사례의 경우 K씨는상속주택을 먼저 양도하는 것인 만큼 이러한 두 가지 안에 의한 비과세 혜택은 누릴 수가없을 것으로 보인다.

☞ 상속받은 주택 등이 과세되는 경우에는 다음과 같이 과세방식이 결정된다.

구분	상속개시일로부터 6개월 내 양도 시	상속개시일로부터 6개월 경과 후에 양도 시
양도가액	실제 양도가액	좌동
− 취득가액	실제 양도가액	「상증법」상 평가액*
= 양도차익	0원	발생할 가능성이 높음.

* 상속개시일로부터 6개월 경과 후에 양도하는 경우로 상속세 신고를 하지 않은 경우에는 대부분 기준시가로 평가되므로 양도차익이 발생할 가능성이 높다. 하지만 6개월 내에 양도하는 경우에는 양도가액이 상속 당시의 「상증법」상 평가액이 되므로 이 경우에는 양도차익이 발생하지 않는다. 양도가액과취득가액이 동일하기 때문이다.

2. 서울에 거주하고 있는 H씨(1주택자)는 최근 2주택을 동시에 상속받았다. 이 경우 과세방법은 어떻게 결정될까?

1주택자가 2주택을 동시에 상속받으면 이 경우 3주택자가 된다. 따라서 이렇게 되면 상속주택 비과세 특례를 받을 수 없다. 따라서 이 경우에는 주택 수를 줄여 아래와 같은방법으로 비과세를 받아야 한다.
① 후순위 상속주택을 양도한 경우 : 이때에는 상속주택 비과세 특례를 적용(단, 후순위 상속주택 처분 후 2년 이상 보유해야 할 것으로 보임)
② 선순위 상속주택을 양도한 경우 : 이때에는 일시적 2주택 비과세 특례를 적용(단, 이 경우에도 1상속주택 처분 후 2년 이상 보유해야 할 것으로 보임. 따라서 이 경우에는 비과세가 적용되지 않을 가능성이 높음)

3. 서울시에 거주하고 있는 K씨는 아래와 같이 주택을 양도했다. 상황에 맞게 답하면?

> **자료**
>
> • A주택(상속소수지분주택, 지분율 20%) - 10년 전에 동일세대원 상태에서 상속받음.
> • B주택(일반주택) - 5년 전에 취득함.

> • 상황1 : B주택을 양도하면 양도소득세가 나오는가?
> • 상황2 : A주택을 양도하면 중과세가 적용되는가?
> • 상황3 : A주택이 소수지분주택이 아니면 중과세가 적용되는가?

위 상황에 맞게 답을 찾아보면 다음과 같다.

(상황1) B주택을 양도하면 양도소득세가 나오는가?

상속소수지분주택은 다른 주택에 대한 비과세를 판단할 때 주택 수에서 제외를 해준다. 그런데 사례처럼 상속개시 당시 동일세대원으로부터 상속받은 공동상속주택은 「소득세법 시행령」 제155조 제3항이 적용되지 않으므로 10년 전에 취득한 주택 양도 시 공동상속주택은 주택 수에 포함되어 비과세가 적용되지 않을 것으로 보인다(부동산거래관리과-1121, 2010.9.2.).

(상황2) A주택을 양도하면 중과세가 적용되는가?

공동상속으로 받은 소수지분주택은 2주택 중과세를 적용하지 않는다. 아래 예규를 참조하기 바란다.

> 🔘 **재산-404, 2009.10.7.**
>
> 공동상속주택을 양도하는 경우 당해 공동상속주택은 공동상속인 개개인이 소유하는 것으로 보아 각각의 지분에 따라 과세하는 것이나, 당해 공동상속주택이 「소득세법 시행령」 제167조의 5 제2항 및 제167조의 3 제2항 제2호의 소수지분에 해당하는 경우에는 1세대 2주택 이상 중과 적용이 배제됨.

(상황3) A주택이 소수지분주택이 아니면 중과세가 적용되는가?

원래 상속지분주택도 각각 1채가 되나, 비과세 판정 시 1소수지분주택(선순위 공동상속주택으로 소수지분에 해당되어야 함)은 주택 수에서 제외를 해준다. 그리고 양도소득세 중과세 판정 시 소수지분주택에 대해서는 개수에 관계없이 이를 적용하지 않는다. 따라서 소수지분이 아닌 다수지분에 해당하는 경우에는 주택 수에 포함해 이에 대한 판단을 해야 할 것으로 보인다. 그 결과 사례는 중과세가 적용될 것으로 보인다. 참고로 과세되는 상속주택을 먼저 처분한 후 일반주택을 양도해 비과세를 받고자 할 때 2년 보유요건의 기산일이 변경된다. 최종 1주택에 대한 보유기간을 재계산해야 하기 때문이다. 따라서 이러한 상황에서는 비과세가 적용되는 일반주택을 먼저 양도하는 것이 안전하다.

Tip ○

❑ 상속소수지분주택과 비과세 등 판단

1. 상속소수지분주택의 주택 수 포함 여부

구 분	소수지분 1채	소수지분 2채 이상
다른 주택에 대한 비과세 적용 시	주택 수에서 제외	선순위 소수지분만 주택 수에서 제외
다른 주택에 대한 중과세 적용 시	주택 수에서 제외	모든 소수지분을 주택 수에서 제외

2. 상속소수지분주택 양도 시 과세방식

구 분	소수지분 1채	소수지분 2채 이상
소수지분주택 양도 시 과세방식	중과세를 적용하지 않음.	좌동(아래 Tip 참조)

● **양도소득세 집행기준 89 - 155 - 13 [공동상속주택의 지분이 변동되는 경우]**

상속개시일 이후 공동상속주택의 상속지분이 변경된다 하더라도 공동상속주택에 대한 소유자의 판정은 상속개시일을 기준으로 한다.

상속인	상속인 보유주택	공동상속주택 상속지분		일반주택을 양도하는 경우
		상속개시일	일반주택 양도시	
A	일반주택	50%	30%	주택 수에 포함
B	일반주택	30%	50%	비과세 가능 (소령 §155 ③)
C	일반주택	20%	20%	비과세 가능 (소령 §155 ③)

④ 취득세

주택을 상속받으면 2가지 정도 쟁점을 정리해야 한다. 하나는 취득세율이고 다른 하나는 주택 수에 포함되어 다른 주택의 취득세율 결정에 관여하는지의 여부이다.

(1) 상속주택 취득세율

상속은 무상취득에 해당하므로 취득세 중과세율을 적용할 이유가 없다. 따라서 이에 대해서는 2.8%의 세율을 적용한다. 참고로 2023년부터 무상취득에 대한 과세표준을 시가표준액에서 시가상당액으로 인상하는데 이때 상속은 제외되고 증여만 해당한다.

(2) 주택 수에 포함여부

「지방세법」 제28조의 4 제5항 제3호에서는 아래의 규정을 두어 상속개시일로부터 5년이 지나지 않는 주택 등은 주택 수에서 제외한다.

> 3. 상속을 원인으로 취득한 주택, 조합원입주권, 주택분양권 또는 오피스텔로서 상속개시일부터 5년이 지나지 않은 주택, 조합원입주권, 주택분양권 또는 오피스텔 (2020.8.12. 신설)

한편 같은 조 제4항에서는 주택 등을 지분으로 보유하고 있는 경우 '지분이 큰 상속인→동일한 경우에는 아래 순위에 따른 자'가 주택을 소유한 것으로 본다.

- 그 주택 또는 오피스텔에 거주하는 사람
- 나이가 가장 많은 사람

⑤ 종합부동산세

상속받은 주택은 종합부동산세 과세방식에 다양한 방법으로 영향을 미치고 있다. 표로 요약하면 아래와 같다. 자세한 내용은 관련 조문을 참조하기 바란다.

구 분	상속주택 포함여부	비 고
1세대 1주택 11억 원 적용 시	포함됨.	• 상속주택 포함해 2주택 이상인 경우 5억 원 추가공제 불가 • 주택 부수토지 소유자는 주택 수에서 제외
1세대 1주택 세액공제(80%) 적용 시	포함됨.	상동
과세표준 계산 시	포함됨.	• 상속주택도 합산해 과세표준을 계산함. • 주택 부수토지 소유자의 과세표준도 합산
중과세율 적용 시	요건* 충족 시 제외됨. * 20% 이하 지분+기준시가 3억 원 이하(아래 2022년 세법 개정안 참조)	요건 불충족 시 주택 수 포함되어 중과세율 적용 가능

※ 2022년 세법 개정안

| 상속주택의 주택 수 제외 요건 합리화(종부령 §4의2) |

현 행	개정 안
□ 종부세 세율 적용시 주택 수 판정	□ 상속주택 주택 수 제외 요건 변경
○(공동 소유) 공동 소유자 각자 소유한 것으로 간주 ○(다가구 주택) 1주택으로 간주 ○(합산배제 임대주택) 주택 수 제외 ○(합산배제 사원용주택 등) 주택 수 제외	○(좌 동)

○(상속주택) 소유지분 20%, 공시가격 3억 원 이하인 경우 주택 수 제외	○상속개시일부터 2년*간 주택 수에서 제외
	  * 수도권·특별시(읍·면지역 제외), 광역시(군지역 제외) 외 지역은 3년
	  ** 지분, 가액 未고려
	
	※ 상속받은 분양권·조합원입주권에 의하여 취득한 주택 포함

〈적용시기〉 영 시행일 이후 납세의무가 성립하는 분부터 적용

※ 경과조치 : 영 시행일 전에 상속이 개시되고 과세기준일 현재 종전 규정에 따른 요건을
　　　　　 충족한 경우 종전 규정 적용

⑥ 양도소득세 비과세

상속주택과 관련 양도소득세 비과세는 거주자의 일반주택 보유주택 수와 피상속인의 보유주택 수, 상속인이 받은 주택 수 등에 따라 그 내용이 달라진다. 내용이 상당히 까다로울 수 있으므로 실무 적용 시에 유의하기 바란다.

(1) 1세대 1주택에 해당하는 경우

상속인이 무주택 상태에서 1주택을 상속받으면 해당 주택은 1세대 1주택이 된다. 따라서 이 경우 비과세요건을 충족하면 비과세를 받을 수 있다.

1) 비과세요건

- 동일세대원이 상속받은 경우 : 피상속인의 보유기간과 거주기간(조정지역) 통산하여 2년 이상일 것
- 별도세대원이 상속받은 경우 : 상속개시일 이후 보유기간과 거주기간(조정지역)이 2년 이상일 것

2) 장기보유특별공제와 세율 적용

상속받은 주택이 고가주택에 해당하는 경우 장기보유특별공제는 상속인이 취득한 날 이후의 보유기간을 기준으로 공제율을 정한다. 한편 세율은 피상속인이 취득한 날을 기준으로 보유기간을 따져 산정한다.

(2) 일시적 2주택에 해당하는 경우

이는 1주택 보유자가 1년 이후에 1주택을 취득하고 종전주택을 요건에 맞춰 일시적 2주택으로 양도하는 것을 말한다. 상속도 하나의 취득에 해당하므로 「소득세법 시행령」 제155조 제2항에 따라 상속주택 비과세가 적용되지 않을 때 사용하면 좋은 제도에 해당한다. 예를 들어 2013년 2월 15일 이후부터는 일반주택 보유 중에 상속을 받아야 일반주택에 대해 상속주택 비과세 특례가 적용되는데 그 반대가 되면 이를 받을 수 없다. 따라서 이러한 상

황에서는 일시적 2주택 비과세를 적용받으면 된다.

예) 종전주택(상속주택) 보유 중 신규주택 취득 : 신규주택 취득일로부터 1~3년 내 종
  전주택을 양도하면 비과세 가능

🌐 양도, 부동산거래관리과 – 293, 2011.4.5.

[제목]

후순위 상속주택을 상속받은 경우 일시적 2주택 비과세 특례 적용 여부

[요지]

국내에 1주택을 소유한 1세대가 그 주택을 양도하기 전에 다른 주택을 별도세대원으로부터
상속받음으로써 일시적으로 2주택이 된 경우 상속이 개시된 날부터 2년(현재는 1~3년) 이내
에 종전의 주택을 양도하는 경우에는 이를 1세대 1주택으로 보아 비과세 여부를 판정함.

☞ 이처럼 상속도 일반취득처럼 취급해 일시적 2주택 비과세를 받을 수 있다. 참고로 상속주택
을 포함해 다주택자가 된 상태에서 주택 수를 줄이는 과정에서는 중과세가 적용될 수 있고
남은 일시적 2주택에 대해서는 최종 1주택에 대한 보유기간 계산법이 적용될 수 있음에 유의
해야 한다(제3장 등에서 검토했던 내용들이다).

(3) 상속주택 비과세 특례에 해당하는 경우

이는 일반주택 1채(또는 일시적 2주택으로 2채) 상태에서 1주택[피상속인의 주택 수가
많은 경우 선순위(공동) 상속주택을 말함]을 상속받은 경우 일반주택에 대해 비과세를 적
용하는 특례제도를 말한다.

1) 관련 규정 분석

「소득세법 시행령」 제155조 제2항과 제3항에서는 일반주택과 상속주택을 보유한 경우로
일반주택을 양도할 때 비과세 특례에 대해 정하고 있다. 우선 이 조항의 내용을 보자.

---

② 상속받은 주택*1)과 그밖의 주택(일반주택)*2)을 <u>국내에 각각 1개씩 소유하고 있는 1세
대가 일반주택을 양도하는 경우</u>에는 국내에 1개의 주택을 소유하고 있는 것으로 보아 제
154조 제1항을 적용한다.*3)

*1) 조합원입주권 또는 분양권을 상속받아 사업시행 완료 후 취득한 신축주택을 포함하며, 피상속인이
   상속개시 당시 2 이상의 주택(상속받은 1주택이 「도시 및 주거환경정비법」에 따른 재개발사업, 재건
   축사업 또는 「빈집 및 소규모주택 정비에 관한 특례법」에 따른 소규모재건축사업 등의 시행으로 2
   이상의 주택이 된 경우를 포함한다)을 소유한 경우에는 다음 각 호의 순위에 따른 1주택을 말한다.
   1. 피상속인이 소유한 기간이 가장 긴 1주택

2. 피상속인이 소유한 기간이 같은 주택이 2 이상일 경우에는 피상속인이 거주한 기간이 가장 긴 1주택

3. 피상속인이 소유한 기간 및 거주한 기간이 모두 같은 주택이 2 이상일 경우에는 피상속인이 상속개시당시 거주한 1주택

4. 피상속인이 거주한 사실이 없는 주택으로서 소유한 기간이 같은 주택이 2 이상일 경우에는 기준시가가 가장 높은 1주택(기준시가가 같은 경우에는 상속인이 선택하는 1주택)

*2) 상속개시 당시 보유한 주택 또는 상속개시 당시 보유한 조합원입주권이나 분양권에 의하여 사업시행 완료 후 취득한 신축주택만 해당하며, 상속개시일부터 소급하여 2년 이내에 피상속인으로부터 증여받은 주택 또는 증여받은 조합원입주권이나 분양권에 의하여 사업시행 완료 후 취득한 신축주택은 제외한다. 이하 이 항에서 "일반주택"이라 한다.

*3) 다만, 상속인과 피상속인이 상속개시 당시 1세대인 경우에는 1주택을 보유하고 1세대를 구성하는 자가 직계존속(배우자의 직계존속을 포함하며, 세대를 합친 날 현재 직계존속 중 어느 한 사람 또는 모두가 60세 이상으로서 1주택을 보유하고 있는 경우만 해당한다)을 동거봉양하기 위하여 세대를 합침에 따라 2주택을 보유하게 되는 경우로서 합치기 이전부터 보유하고 있었던 주택만 상속받은 주택으로 본다(이하 제3항, 제7항 제1호, 제156조의 2 제7항 제1호 및 제156조의 3 제5항 제1호에서 같다). (2021.2.17. 개정)

③ 제154조 제1항을 적용할 때 <u>공동상속주택*</u> 외의 다른 주택을 양도하는 때에는 해당 공동상속주택은 해당 거주자의 주택으로 보지 아니한다. 다만, 상속지분이 가장 큰 상속인의 경우에는 그러하지 아니하며, 상속지분이 가장 큰 상속인이 2명 이상인 경우에는 그 2명 이상의 사람 중 다음 각 호의 순서에 따라 해당 각 호에 해당하는 사람이 그 공동상속주택을 소유한 것으로 본다. (2020.2.11. 개정)

* 상속으로 여러 사람이 공동으로 소유하는 1주택을 말하며, 피상속인이 상속개시 당시 2 이상의 주택(상속받은 1주택이 재개발사업, 재건축사업 또는 소규모재건축사업 등의 시행으로 2 이상의 주택이 된 경우를 포함한다)을 소유한 경우에는 제2항 각 호의 순위에 따른 1주택을 말한다.

1. 당해 주택에 거주하는 자 (1994.12.31. 개정)
2. 삭제 (2008.2.22.)
3. 최연장자 (1994.12.31. 개정)

위 제2항은 주택을 100%로 상속받은 경우의 비과세 적용법을, 제3항은 지분으로 상속받은 경우의 비과세 적용법을 말하고 있다. 먼저 제2항의 주요 내용부터 살펴보자.

첫째, 이는 1주택 보유자가 상속에 의해 2주택자가 된 경우의 비과세 특례제도에 해당한다. 따라서 원칙적으로 상속주택을 포함해 3주택 이상 보유하면 이 제도를 적용받지 못한다. 다만, 일시적 2주택과 상속주택이 결합하여 3주택이 된 경우 예외적으로 비과세를 적용한다(중복 적용).

소득세법 기본통칙 89 - 14 【대체취득 중에 상속등으로 인하여 1세대 3주택이 된 경우 종전 주택양도에 따른 비과세】

국내에 1세대 1주택을 소유한 거주자가 그 주택을 양도하기 전에 새로운 주택을 취득하여 일시 2개의 주택을 소유하고 있던 중 상속 또는 영 제155조 제4항 및 제5항의 규정에 의한 혼인 또는 직계존속을 봉양하기 위하여 세대를 합침으로써 1세대가 3개의 주택을 소유하게 되는 경우 새로운 주택을 취득한 날부터 1년 내에 종전의 주택을 양도하는 경우에는 1세대 1주택의 양도로 보아 양도소득세를 비과세한다.

☞ 일반주택이 2채 상태인 상태에서 상속을 받은 경우

일반주택이 2채 상태에서 상속을 받은 경우에는 일시적 2주택 상태가 아니면 비과세를 받기가 힘들다. 그렇다면 이 경우 일반주택을 먼저 처분하면 되는지 아래 예규를 보자.

부동산납세과 - 874, 2014.11.19.

「소득세법 시행령」 제155조 제2항에서 규정한 상속주택에 대한 1세대의 1주택 특례규정은 양도시점을 기준으로 판정하는 것으로, 귀 질의의 경우 상속개시당시 별도세대인 피상속인으로부터 상속받은 1개의 주택(C)과 그 밖의 주택(이하 "일반주택"이라 함) 2개(A, B)를 소유하여 1세대 3주택이 된 상태에서 1개의 일반주택(A)을 먼저 양도한 후 나머지 1개의 일반주택(B)을 양도하는 경우에는 「소득세법 시행령」 제155조 제2항의 규정을 적용하는 것입니다.*

* 이렇게 다주택자가 처분을 통해 비과세요건을 만들면 2021.11.2. 이후부터는 최종 1주택 보유기간이 재계산됨을 제3장에서 살펴보았다. 주의하기 바란다.

☞ 상속주택을 2채 이상 상속받은 경우

위와는 반대로 상속주택을 한 사람이 2채 이상 받은 경우도 있다. 그렇다면 상속주택 중 한 채를 일반주택으로 보고 상속주택 비과세 특례를 받을 수 있는지가 궁금해진다. 아래 예규로 이를 확인해보자.

서면 - 2015 - 1134, 2015.7.14.

귀 질의의 경우 별도세대원인 피상속인으로부터 받은 상속주택 2개를 소유한 1세대가 상속주택 1개를 양도할 때는 「소득세법 시행령」 제155조 제2항에 따른 1세대 1주택의 특례를 적용할 수 없는 것임.

양도, 서면 - 2017-부동산 - 3172 [부동산납세과 - 749], 2018.7.19.

[제목]
상속주택 2주택 중 1주택을 양도하는 경우 1세대 1주택 비과세 특례 적용 여부

[회신]
귀 질의의 경우 무주택 1세대가 동일세대원인 피상속인으로부터 조합원입주권 2개를 상속으로 취득하여 사업시행 완료 후 취득한 상속주택 2주택 중 1주택을 양도하는 경우, 「소득세법

시행령」 제155조 제2항에 따른 1세대 1주택 비과세 특례규정을 적용할 수 없는 것입니다.*

* 상속주택 비과세 특례를 받기 위해서는 미리 일반주택이 취득되어 있어야 한다.

다만, 아래의 경우에는 예외적으로 특례규정을 적용한다.

● 양도소득세 집행기준 : 89-155-9 [별도세대인 다른 피상속인들로부터 각각 1주택씩 상속받은 경우 비과세 특례]

1세대가 별도세대인 다른 피상속인들로부터 「소득세법 시행령」 제155조 제2항의 상속주택을 각각 1주택씩 상속받아 2주택을 소유하고 있는 경우로서, 그 상속받은 2주택 중 1주택을 양도하는 경우 보유하는 1주택은 상속주택 특례규정이 적용된다.

> 〈사례〉
> • 2016년 1월 : 남편이 별도세대인 아버지로부터 파주 소재 1주택 상속
> • 2017년 1월 : 부인이 별도세대인 아버지로부터 서울 소재 1주택 상속
> • 2018년 1월 : 남편이 상속받은 파주 소재 1주택 양도
> ☞ 이 경우 파주 소재 1주택은 상속주택 비과세 특례(소령 §155 ②) 적용

☞ 중복 적용으로 1세대 4주택 이상이 된 경우

아래와 같이 비과세 특례제도가 중복 적용되어 1세대 4주택 이상인 경우에는 비과세가 적용되지 않는다. 4주택 이상자까지 비과세를 허용하는 것은 과도하다는 판단이 깔려 있는 것으로 보인다.

● 1세대 4주택 이상인 경우 장기임대주택 및 일시적 2주택 특례와 상속주택 특례 중복적용 여부 (사전법령해석재산 2019 – 624, 2019.11.7.)

「소득세법 시행령」 제155조 제20항에 규정된 장기임대주택 2채(A, C)와 거주주택(B)을 보유한 1세대가 B주택을 취득한 날부터 1년 이상이 지난 후 신규주택(D)을 취득하고 같은 영 제155조 제2항에 따른 상속주택(E)을 상속받은 경우로서 D주택을 취득한 날부터 3년 이내에 B주택을 양도하는 경우에는 「소득세법」 제89조 제1항 제3호에 따른 1세대 1주택 비과세 규정이 적용되지 않는 것입니다.

둘째, 일반주택을 보유한 상태에서 상속을 받아야 한다(2013.2.15. 이후 분).

따라서 상속주택을 보유한 상태에서 일반주택을 취득하면 이 규정을 적용하지 않는다. 다만, 개정되기 전인 2013년 2월 15일 이전분은 그렇지 않다. 이에 대해서는 앞의 본문에서 자세히 살펴보았다.

셋째, 피상속인이 2주택 이상 소유한 경우에는 피상속인의 소유기간 등에 따라 선정된

1주택을 특례가 적용되는 상속주택으로 한다(이를 선순위 상속주택이라고 함).

따라서 선순위 상속주택이 아닌 상속주택과 일반주택을 보유하고 있으면 이 규정을 적용하지 않는다.

☞ 이 경우에는 제155조 제2항이 아닌 제1항 즉 일시적 2주택으로 양도하는 방안을 강구해야 할 것으로 보인다.

넷째, 이 규정은 1세대 1주택 상태에서 상속을 받은 경우에 적용된다.

원래 이 규정은 자녀가 별도세대인 상태에서 상속을 받은 경우에 적용된다. 따라서 동일세대인 상태에서는 이 규정이 적용되지 않는다. 다만, 동거봉양으로 1세대 2주택이 되고 이후 상속이 발생하면 예외적으로 위 규정을 적용한다. 아래의 내용으로 정리하기 바란다.

| 동거봉양과 상속주택 비과세 특례 |

구분		동거봉양 전		동거봉양 후		동일세대 내 상속
소유	부모	1채		2채		2채
	자녀	1채				
비과세 사유		1세대 1주택		동거봉양 2주택 특례		상속주택 2주택 특례
비과세 요건		2년 보유 등	⇒합가	• 부모(양) 중 한 사람 또는 모두가 60세 이상일 것 • 둘 60세 미만인 경우 중증환자에 해당할 것 • 합가일로부터 10년 내 양도	⇒상속발생	① 원칙 : 동일세대 상태에서 상속받은 주택은 특례적용 불가 ② 예외 : 아래 요건 충족 시 특례 적용함. • 동거봉양 합가일 기준 －자녀와 부모가 각각 1주택 소유 －합가일 기준 부모(양) 중 한 사람 또는 모두가 60세 이상일 것 ☞ 합치기 이전부터 보유하고 있었던 주택만 상속받은 주택으로 봄.
특이 사항		－		둘 모두 60세 미만인 경우도 인정(중증환자)		－둘 모두 60세 미만인 경우는 불인정 －합가 후 2주택자가 되어 상속받은 경우 특례 적용되지 않음.
근거조항		「소령」 제154조 제1항		「소령」 제155조 제4항		「소령」 제155조 제2항

다음으로 제3항을 살펴보자.

제3항은 주택을 공동으로 상속받은 경우 상속인 중 누구의 소유로 하여 상속주택 비과세 특례를 적용할 것인지를 정하고 있다.

첫째, 공동상속주택은 상속지분이 가장 큰 상속인의 소유로 본다. 따라서 아래와 같은 결과를 얻을 수 있다.

- 다수지분권 소유자 : 일반주택+상속주택 → 「소령」 제155조 제2항 상속주택 비과세 특례 적용(또는 일시적 2주택 비과세 적용도 가능)
- 소수지분권 소유자 : 일반주택만 소유 → 「소령」 제154조 제1항 1세대 1주택 비과세 적용

☞ 소수지분권 소유자는 다른 주택의 양도 시 주택 수에서 제외되는 이점이 있다.

둘째, 공동상속주택의 지분이 같은 경우에는 '해당 주택에 거주한 상속인 → 연장자'의 순으로 소유자를 판정한다. 이에 따른 과세 판단은 위와 같다.

셋째, 공동상속주택이 2개 이상인 경우가 있다. 이때에는 아래의 절차에 따라야 한다.

STEP1 선순위 상속주택 판단

'피상속인의 소유기간 → 같은 경우 피상속인의 거주기간 등'의 순서로 선순위 상속주택을 판단한다.

STEP1 공동상속주택 소유자 판단

상속지분이 큰 자의 소유로 하되, 같은 경우에는 '당해 주택에 거주한 상속인 → 연장자' 순으로 판단한다.

위와 같이 판단한 결과 비과세 여부를 확인해보자. 물론 실무 적용 시에는 좀 더 확인을 요한다.

- 일반주택+선순위 상속주택으로 다수지분권 소유자 : 상속주택 비과세 특례 적용 가능
- 일반주택+선순위 상속주택으로 소수지분권 소유자 : 1세대 1주택 비과세 적용
- 일반주택+후순위 상속으로 다수지분권 소유자 : 상속주택 비과세 특례 적용 불가(따라서 일반규정인 일시적 2주택 해당 여부 검토)

- 일반주택+후순위 상속으로 소수지분권 소유자 : 일시적 2주택 비과세 가능
- 일반주택+공동상속주택 2개 이상 소유자 : 다주택 소유자에 해당되어 비과세 불가*

  * 공동상속주택을 2개 이상 보유하고 있는 경우에는 일반주택에 대한 비과세 받기가 힘들다는 사실에 주의할 것

☞ 일반주택 소유자가 공동상속주택을 소유한 경우 해당 공동상속주택이 선순위 공동상속주택에 해당하고 소수지분권자이면 해당 주택은 비과세 판정 시 주택 수에서 차감된다. 그런데 만약 다수지분권자이면 2주택자에 해당되어 상속주택 비과세 특례와 일시적 2주택 비과세를 적용받을 수 있다. 그런데 후순위 공동상속주택에 해당하면 다수지분이든 소수지분이든 비과세 받기가 힘들어진다. 아래 심판례 등을 참조하기 바란다.

● 조심 2018중0793, 2018.5.2.

소수지분 보유자의 경우 선순위 우선주택(1주택)에 대해서만 일반주택 양도 시 주택 수에서 제외하고, 나머지 공동상속주택(소수지분)에 대해서는 주택 수에 포함하여 1세대 1주택 비과세 특례 적용 여부를 판단하는 것이 타당해 보이는 점 등에 비추어 처분청의 이 건 양도소득세 부과처분은 잘못이 없다.

● 사전-2017-법령해석재산-0247, 2017.6.29

1주택을 보유한 1세대를 구성하는 거주자가 피상속인 소유의 A주택과 B주택 중 A주택을 공동으로 상속받은 후 종전에 보유하던 일반주택을 양도하는 경우 피상속인이 B주택을 취득하기 전에 A주택을 취득하였다면 「소득세법 시행령」 제155조 제2항, 제3항에 따라 1세대 1주택 비과세를 적용하는 것이며, 피상속인이 A주택을 취득하기 전에 B주택을 취득하였다면 1세대 1주택 비과세를 적용할 수 없다.

2) 적용 사례

사례를 들어 앞에서 본 내용들을 이해해보자.

> **자료**
>
> • K씨는 현재 1세대 1주택을 보유 중에 있음.
> • K씨 부친은 2주택을 보유하고 있음.
> • K씨는 그의 부모와 별도세대를 이루고 있음.

Q. 작고한 부친(피상속인)은 2주택을 보유했다. 이 중 한 채는 어머니 한 채는 본인이 상속받은 경우 양도소득세 과세방식은?

- 어머니 : 1세대 1주택자에 해당되므로 2년 보유 등의 요건을 충족하면 비과세가 가능하다. 이때 보유기간은 1세대 2주택 상태에서 상속이 되었으므로 상속개시일 이후부터 산정해야 한다(1세대 1주택 상태에서 상속하는 것과 차이).

- K씨 : 1세대 2주택이 된다. 이 경우 아래와 같이 비과세가 적용될 수 있다.
  - 상속받은 날로부터 1~3년 내에 종전주택을 양도(이는 일시적 2주택으로 비과세받는 것을 의미한다)
  - 일반주택을 기한없이 양도(이는 상속주택 비과세 특례를 적용받는 것을 말한다. 그런데 여기서 주의할 것은 이때의 상속주택은 선순위 상속주택에 해당되어야 한다는 것이다. 이에 해당하지 않으면 이 특례는 받을 수 없다)

Q. 만일 K씨가 2채를 모두 상속받은 경우에는 과세방식은 어떻게 될까?

이 경우 3주택자가 된다. 이 경우 다양한 경우의 수가 발생할 수 있는데 이를 정리해보자.

- 3주택 상태에서 일반주택을 양도하면 일시적 2주택+상속주택특례가 중복 적용되는가?

안될 것으로 보인다. 상속주택 비과세 특례를 받기 위해서는 '일반주택 1채와 선순위 상속주택 1채' 또는 '대체주택(두번째 일반주택)을 상속전이나 후에 취득해 일시적 2주택과 선순위 상속주택 1채'의 상황이 되어야 하기 때문이다.

- 후순위 상속주택을 먼저 양도하면 상속주택 비과세 특례를 받을 수 있을까?

상속주택 비과세 특례는 양도일 현재를 기준으로 하므로 이 경우 비과세가 가능해 보인다. 다만, 일반주택에 대해서는 최종 1주택에 따른 보유기간을 재계산해야 할 것으로 보인다(제3장 참조).

- 선순위 상속주택을 먼저 양도하면 상속주택 비과세 특례를 받을 수 있을까?

아니다. 이 경우에는 일반주택이 2채가 되므로 일시적 2주택 비과세로 받아야 할 것으로 보인다. 이때 처분을 통해 일시적 2주택이 되었으므로 최종 1주택 보유기간 계산법이 적용될 것으로 보인다.

Q. 위 주택들을 상속인들이 1/N로 상속을 받은 경우 상속주택 비과세 특례는 어떻게 적용하는가?

일반주택 외 선순위 공동상속주택을 보유하고 있다면 소수지분권자는 1세대 1주택, 다수지분권자는 상속주택 비과세 특례에 따라 비과세를 받을 수 있다. 그 외 공동상속주택을 2개 이상 가지고 있다면 비과세 받기가 힘들어진다.

Q. 위 경우 어떤 식으로 상속을 받는 것이 좋을까?

이상의 내용으로 보건대 피상속인이 남긴 주택 수가 많으면 상속인이 비과세 받기가 힘들어진다. 따라서 가급적 상속주택은 주택이 없는 쪽에서 받는 것이 좋다. 또한 공동상속을 하는 경우에는 지분관계에 따른 비과세와 중과세 문제에 주의해야 한다.

❼ 양도소득세 중과세

상속주택을 양도하는 경우에는 일반적으로 과세되는데 이 경우 중과세의 가능성이 있다. 이하에서 정리해보자. 상속주택 중과배제는 제4장 제6절에서도 다루고 있다.

(1) 상속주택이 중과세가 적용되는 경우

「소득세법 시행령」 제167조의 3 제1항 제7호에서는 아래와 같은 상속주택에 대해서는 3주택 중과세를 적용하지 않는다(2주택 중과세도 동일).

> ① 법 제104조 제7항 제3호에서 "대통령령으로 정하는 1세대 3주택 이상에 해당하는 주택"이란 국내에 주택을 3개 이상 소유하고 있는 1세대가 소유하는 주택으로서 다음 각 호의 어느 하나에 해당하지 않는 주택을 말한다.
> 7. 제155조 제2항에 해당하는 상속받은 주택(상속받은 날부터 5년이 경과하지 아니한 경우에 한정한다)
> ② 제1항을 적용할 때 주택 수의 계산은 다음 각 호의 방법에 따른다. (2018.2.13. 개정)
> 2. 공동상속주택 : 상속지분이 가장 큰 상속인의 소유로 하여 주택 수를 계산하되, 상속지분이 가장 큰 자가 2인 이상인 경우에는 제155조 제3항 각 호의 순서에 의한 자가 당해 공동상속주택을 소유한 것으로 본다.

위의 내용을 조금 더 살펴보자.

첫째, 법 제155조 제2항에서 언급된 중과배제되는 상속주택은 비과세 특례를 적용받을 수 있는 상속주택을 말하며, 피상속인이 2 이상 주택을 소유한 경우에는 '선순위 공동상속주택'을 말한다. 따라서 이에 해당하지 않은 후순위 공동상속주택은 5년 처분시기와 관계없이 중과세가 적용될 수 있다.

☞ 주의를 요한다.

둘째, 상속받은 날부터 5년 내 처분하면 중과배제한다. 따라서 이를 위해서는 선순위 상속주택을 5년 내에 양도해야 한다. 만일 이 기한이 경과하면 일반주택이 되어 중과대상이 된다.

셋째, 공동상속주택은 상속지분이 가장 큰 자의 소유로 하되, 지분이 같은 경우 '당해 주택에 거주한 상속인 → 연장자' 순으로 판정한다. 따라서 이에 해당하지 않는 소수지분상속 주택은 몇 개가 되더라도 중과세를 적용하지 않는다.

(2) 일반주택이 중과세가 적용되는 경우

상속주택 외 일반주택은 통상 비과세가 적용되지만 비과세가 적용되지 않으면 과세가 되며 이때 중과세의 가능성도 있다.

1) 상속주택이 상속개시일로부터 5년이 경과한 경우

이 경우 상속주택은 일반주택이 되므로 일반주택을 포함해 2주택 이상이면 중과세의 가능성이 있다.

2) 후순위 상속주택을 보유하고 있는 경우

후순위 상속주택은 상속취득 때부터 일반주택이 되므로 이를 포함해 일반주택이 2주택 이상이면 중과세의 가능성이 있다.

(3) 적용 사례

사례를 들어 앞에서 본 내용들을 이해해보자.

> **자료**
>
> • K씨는 현재 1세대 1주택을 보유 중에 있음.
> • K씨 부친은 2주택을 보유하고 있음(모두 조정지역에 소재함).
> • K씨는 그의 부모와 별도세대를 이루고 있음.

Q. 부친으로부터 상속받은 주택을 5년 내에 양도하면 중과배제되는가?

그렇지 않다. 선순위 상속주택만 5년 내에 양도할 때 중과배제된다.

Q. K씨가 모두 상속받으면 3주택자가 된다. 이 상태에서 이들 주택을 5년 내에 양도하면 과세방식은? 이들 주택을 순서에 관계없이 가장 먼저 양도하는 경우에 적용되는 과세방식을 알아보면 아래와 같다.

　－선순위 상속주택 : 중과배제되므로 일반과세된다.
　－후순위 상속주택 : 3주택 중과대상이 된다.

－일반주택 : 3주택 중과세대상이 된다.

Q. K씨가 선순위 상속주택을 상속받았다면 이 경우 과세방식은?

일반주택을 먼저 양도하면 비과세, 선순위 상속주택을 5년 내에 먼저 양도하면 일반과
세가 적용된다.

Q. K씨가 후순위 상속주택을 상속받았다면 이 경우 과세방식은?

일반주택을 먼저 양도하면 일시적 2주택으로 비과세가 가능하다. 이를 놓친 상태에서
일반주택을 양도하면 중과세가 적용될 수 있다. 한편 후순위 상속주택을 먼저 양도하는
경우에는 중과세의 가능성이 있다.

Q. 위 상속주택을 상속인들이 균등하게 상속받았다. 이 상속주택을 양도할 때 과세판단은?

－소수지분권자에 해당하면 : 개수에 관계없이 중과세를 적용하지 않는다.
－다수지분권자에 해당하면 : 선순위 공동상속주택만 5년 내 처분 시 중과배제하며, 그
  외는 처분시기 불문하고 중과세를 적용한다.

Q. 위 경우 어떤 식으로 상속을 받아야 하는가?

역시 비과세와 중과세 회피를 위해서는 주택 수를 적절히 분배해야 할 것으로 보인다.

동거봉양과 혼인은 대표적인 세대합가의 유형에 해당한다. 이렇게 세대를 합가하면 주택수가 늘어날 수 있다. 세법은 이러한 사유에 주택 수가 늘어난 경우에는 특례제도를 통해 비과세 혜택을 주고 있다. 아래에서 이에 대해 알아보자.

❶ 동거봉양에 따른 2주택자에 대한 비과세 특례

「소득세법 시행령」제155조 제4항에서는 동거봉양에 따른 2주택자에 대해 아래와 같이 양도소득세 비과세를 규정하고 있다.

> ④ 1주택을 보유하고 1세대를 구성하는 자가 1주택을 보유하고 있는 60세 이상의 직계존속(다음 각 호의 사람을 포함한다)을 동거봉양하기 위하여 세대를 합침으로써 1세대가 2주택을 보유하게 되는 경우 합친 날부터 10년 이내에 먼저 양도하는 주택은 이를 1세대 1주택으로 보아 제154조 제1항을 적용한다.
> 1. 배우자의 직계존속으로서 60세 이상인 사람
> 2. 직계존속(배우자의 직계존속을 포함한다) 중 어느 한 사람이 60세 미만인 경우
> 3. 「국민건강보험법 시행령」별표2 제3호 가목 3), 같은 호 나목 2) 또는 같은 호 마목에 따른 요양급여를 받는 60세 미만의 직계존속(배우자의 직계존속을 포함한다)으로서 기획재정부령으로 정하는 사람

> 【사례】

아래 자료를 보고 물음에 답하면?

> 1. 2010년 부친 사망으로 부친소유 주택 1채 상속개시(모친 3/7, 자녀A 2/7, 자녀B 2/7)하였으며 상속개시 당시 모두 동일세대임.
> 2. 2018년 자녀B는 C와 혼인하여 별도세대 구성
> 3. C는 2020년 주택 1채 구입
> 4. 2022년 현재 모친의 나이는 61세이며 공동상속주택에 거주 중임.

자녀B(동일세대원으로부터 상속받은 공동상속주택의 소수지분자)와 배우자C(주택 1채 소유)가 모친의 동거봉양을 위해 세대를 합가한 후 10년 내 C소유의 주택을 매도하는 경우 합가 등으로 인한 일시적 1세대 2주택 비과세 특례가 적용 가능할까?

1세대 1주택(상속소수지분은 제외)인 상태에서 동거봉양 합가한 경우에 합가일로부터 10년 이내 양도하는 주택은 1세대 1주택 비과세가 12억 원까지 적용될 것으로 판단된다.

● 양도소득세 집행기준

89-155-19 [동거봉양으로 인한 합가 시 직계존속의 연령 판정]
동거봉양을 위한 세대합가에 따른 1세대 1주택 비과세 특례를 적용할 때 직계존속의 연령은 세대합가일을 기준으로 판정한다.

구 분	2009.2.3. 이전	2009.2.4. 이후	2018.2.13. 이후
연령기준	남자 60세, 여자 55세	남녀 60세[1]	남녀 60세[2]
중복보유기간	2년	5년	10년

1) 세대를 합친 날 현재 직계존속 중 어느 한 사람이 60세 미만인 경우를 포함
2) 2019년 2월 12일 이후 양도분부터 법정 중대한 질병 등이 발생한 60세 미만의 직계존속 포함

89-155-16 [동거봉양합가 후 같은 세대원으로부터 상속받은 주택에 대한 비과세 특례]
1주택을 보유한 1세대가 1주택을 보유하고 있는 60세 이상의 직계존속(배우자의 직계존속을 포함하며, 직계존속 중 어느 한 사람 또는 모두 60세 이상인 경우를 포함)을 동거봉양하기 위하여 세대를 합친 후 직계존속의 사망으로 주택을 상속받은 경우 상속주택 외의 주택을 양도할 때에 해당 상속주택은 「소득세법 시행령」 제155조 제2항의 상속주택으로 본다(2010.2.18. 이후 양도하는 분부터 적용).

89-155-20 [동거봉양 합가 후 주택을 증여받은 경우]
동거봉양을 위하여 세대를 합가한 경우로서 합가일부터 10년 이내에 해당 직계존속 소유 주택을 증여받은 때에는 증여받은 주택은 동거봉양 합가에 따른 특례 규정이 적용되지 않으며, 합가일부터 10년 이내에 양도하는 본인 소유 주택은 동거봉양 합가 특례 규정이 적용된다.

89-155-18 [일반주택과 농어촌주택 등을 보유한 직계존속을 동거봉양하는 직계비속이 보유한 일반주택의 비과세 여부]
「조특법」 제99조의 4 제1항의 과세특례요건을 모두 갖춘 농어촌주택 등과 일반주택을 보유하는 직계존속이 구성하는 세대와 1주택을 보유하는 직계비속이 구성하는 세대가 「소득세법 시행령」 제155조 제4항에 따라 동거봉양합가하는 경우, 직계비속 세대가 합가 전부터 보유하던 1주택을 합가일부터 10년 이내에 양도하는 경우 이를 1세대 1주택으로 보아 「소득세법 시행령」 제155조 제1항을 적용한다.

❷ 혼인에 따른 2주택자에 대한 비과세 특례

「소득세법 시행령」제155조 제5항에서는 혼인에 따른 2주택자에 대해 아래와 같이 비과세를 규정하고 있다.

> ⑤ 1주택을 보유하는 자가 1주택을 보유하는 자와 혼인함으로써 1세대가 2주택을 보유하게 되는 경우 또는 1주택을 보유하고 있는 60세 이상의 직계존속을 동거봉양하는 무주택자가 1주택을 보유하는 자와 혼인함으로써 1세대가 2주택을 보유하게 되는 경우 각각 혼인한 날부터 5년 이내에 먼저 양도하는 주택은 이를 1세대 1주택으로 보아 제154조 제1항을 적용한다.

💮 양도소득세 집행기준

89-155-22 [혼인한 날의 의미]
1세대 1주택 비과세 특례 규정이 적용되는 혼인합가의 혼인한 날은 「가족관계의 등록 등에 관한 법률」에 따라 관할 지방관서에 혼인신고한 날을 말한다.

89-155-21 [혼인 후 같은 세대원에게 양도하는 경우]
국내에 1주택을 보유하는 거주자가 1주택을 보유하는 자와 혼인하여 1세대가 2주택을 보유하게 된 상태에서 1주택을 같은 세대원에게 양도하는 경우에는 혼인합가로 인한 1세대 1주택 비과세 특례 규정이 적용되지 아니한다.

Tip ●

❑ 동거봉양과 혼인에 의한 2주택 등에 대한 과세원리

동거봉양과 혼인에 의해 세대합가를 하면 주택 수가 증가할 수 있다. 이 경우 어떤 식으로 취득세와 종합부동산세 그리고 양도소득세를 적용하는지 정리해보자.

1. 동거봉양에 따른 2주택 이상 보유 시의 과세원리
(1) 취득세
　　「지방세법 시행령」제28조의 3 제2항에서는 취득일 현재 65세 이상의 부모(부모 중 어느 한 사람이 65세 미만인 경우를 포함한다)를 동거봉양(同居奉養)하기 위하여 30세 이상의 자녀, 혼인한 자녀 또는 제1호에 따른 소득요건을 충족하는 성년인 자녀가 합가(合家)한 경우에는 각각 별도의 세대로 본다.

(2) 종합부동산세

「종합부동산세법 시행령」 제1조의 2 제5항에서는 아래와 같이 10년간 각각을 별도 세대로 인정을 해준다.

> ⑤ 동거봉양(同居奉養)하기 위하여 합가(合家)함으로써 과세기준일 현재 60세 이상의 직계존속(직계존속 중 어느 한 사람이 60세 미만인 경우를 포함한다)과 1세대를 구성하는 경우에는 제1항에도 불구하고 합가한 날부터 10년 동안(합가한 날 당시는 60세 미만이었으나, 합가한 후 과세기준일 현재 60세에 도달하는 경우는 합가한 날부터 10년의 기간 중에서 60세 이상인 기간 동안) 주택 또는 토지를 소유하는 자와 그 합가한 자별로 각각 1세대로 본다.

(3) 양도소득세 비과세

1주택자가 동거봉양으로 2주택이 된 경우 아래와 같이 비과세를 적용한다.

① 동거봉양 합가로 2주택이 된 경우

앞에서 본 「소득세법 시행령」 제155조 제4항에서는 동거봉양하기 위하여 세대를 합침으로써 1세대가 2주택을 보유하게 되는 경우 합친 날부터 10년 이내에 먼저 양도하는 주택은 이를 1세대 1주택으로 보아 비과세를 적용한다.

② 일시적 2주택 상태에서 동거봉양으로 합가해 3주택이 되거나, 2주택으로 동거봉양 합가 후 일시적 3주택이 된 경우

이 경우에는 일시적 2주택 비과세특례와 동거봉양 비과세특례를 동시에 적용한다.

③ 동거봉양 상태에서 주택을 상속받은 경우

동일세대원 상태에서 상속을 받아 2주택이 된 경우에는 「소득세법 시행령」 제155조 제2항에 따른 상속주택 비과세특례와 제4항에 따른 동거봉양 주택 비과세특례를 동시에 적용받을 수 있다.

(4) 양도소득세 중과세

「소득세법 시행령」 제167조의 10 제1항 제5호에서는 동거봉양 주택에 대해서는 아래와 같이 중과세를 적용하지 아니한다.

> 1주택을 소유하고 1세대를 구성하는 사람이 1주택을 소유하고 있는 60세 이상의 직계존속(배우자의 직계존속을 포함하며, 직계존속 중 어느 한 사람이 60세 미만인 경우를 포함한다)을 동거봉양하기 위하여 세대를 합침으로써 1세대가 2주택을 소유하게 되는 경우의 해당 주택(세대를 합친 날부터 10년이 경과하지 아니한 경우에 한정한다)

2. 혼인에 의한 2주택 이상 보유 시의 과세원리

(1) 취득세

혼인에 의해 세대를 합가한 경우에는 동일세대로 보아 주택 수를 산정한다. 혼인의

경우에는 별도의 특칙을 두고 있지 않다.

(2) 종합부동산세

「종합부동산세법 시행령」 제1조의 2 제4항에서는 아래와 같이 합가일로부터 5년간 각각을 별도 세대로 인정을 해준다.

> ④ 혼인함으로써 1세대를 구성하는 경우에는 혼인한 날부터 5년 동안은 제1항에도 불구하고 주택 또는 토지를 소유하는 자와 그 혼인한 자별로 각각 1세대로 본다. (2009. 2.4. 개정)

(3) 양도소득세 비과세

1주택자가 혼인으로 2주택이 된 경우 아래와 같이 비과세를 적용한다.

① 각각 1주택 상태에서 혼인한 경우

이 경우에는 합가일로부터 5년 내 1주택 처분 시 비과세특례를 적용한다.

② 한 배우자가 일시적 2주택이고 다른 배우자가 1주택 상태에서 혼인한 경우

이 경우에는 일시적 2주택 비과세특례와 혼인합가에 따른 비과세특례가 적용된다.

③ 혼인으로 2주택이 된 상태에서 1주택 취득으로 일시적 3주택이 된 경우

이 경우에는 일시적 2주택 비과세특례와 혼인합가에 의한 비과세특례가 적용된다.

(4) 양도소득세 중과세

혼인합가에 의해 주택 수가 많으면 중과세가 적용될 수 있다.

① 2주택 중과세 제외

「소득세법 시행령」 제167조의 10 제1항 제6호에서는 혼인합가 주택에 대해 아래와 같이 중과세를 적용하지 아니한다.

> 1주택을 소유하는 사람이 1주택을 소유하는 다른 사람과 혼인함으로써 1세대가 2주택을 소유하게 되는 경우의 해당 주택(혼인한 날부터 5년이 경과하지 아니한 경우에 한정한다)

② 1세대 3주택 중과세 적용법

혼인합가에 의해 3주택 이상이 된 경우에는 비과세가 안되면 중과세가 적용될 수 있다. 다만, 이때 주택 수는 모두 합한 것이 아니라, 혼인한 날부터 5년 이내에 해당 주택을 양도하는 경우에는 양도일 현재 양도자의 배우자가 보유한 주택 수를 차감하여 해당 1세대가 보유한 주택 수를 계산한다. 다만, 혼인한 날부터 5년 이내에 새로운 주택을 취득한 경우 해당 주택의 취득일 이후 양도하는 주택에 대해서는 이를 적용하지 아니한다. (2012.2.2. 신설)

☞ 이 규정은 혼인합가일로부터 5년 내에 양도하면 중과세 적용 시에 배우자의 주택 수를 제외하고 중과세 판단을 한다는 것을 의미한다. 한편 주택을 처분해 각각 1주택이 된 경우에는 혼입합가에 의한 비과세특례를 받을 수 있다. 아래 예규를 참조하기 바란다.

> 🔵 **법규재산2014-34, 2014.2.28.**
>
> 1주택(A) 보유자가 2주택 보유자(취득순서 B, C)와 혼인함으로써 1세대가 3주택을 보유하게 되는 경우로서 A주택과 C주택을 같은 날에 양도하고 양도순서를 C주택, A주택 순으로 납세자가 선택한 경우 먼저 양도한 C주택은 양도소득세가 과세되는 것이며, 나중에 양도한 A주택은 「소득세법 시행령」 제155조 제5항이 적용되는 것임.

●● 저자 주 ────────────

장기임대주택 외 1주택 보유자가 1주택 보유자와 혼인한 경우에도 혼인합가에 의해 비과세특례를 받을 수 있다(양도, 부동산거래관리과-244, 2012.5.1.). 장기임대주택이 포함된 경우의 혼인합가 비과세특례는 사안별로 판단이 힘들 수 있으므로 실무상 쟁점이 생기면 저자의 카페와 상의하기 바란다.

농어촌 등에 1주택과 그밖의 지역에 1주택을 보유한 경우에도 비과세 특례를 적용받을 수 있다. 국토의 균형발전을 도모하기 위해 농어촌 등에 주택을 보유한 상태에서 다른 주택을 양도할 때 비과세를 해주는 목적이 있다. 이하에서 농어촌주택관련 세무리스크 관리법에 대해 알아보자.

① 농어촌주택이 있는 상태에서의 비과세 특례

이에 대해서는 「소득세법 시행령」 제155조 제7항 등에서 정하고 있다. 우선 이 규정을 살펴보면 다음과 같다.

> ⑦ 다음 각 호의 어느 하나에 해당하는 주택으로서 수도권 밖의 지역 중 읍지역(도시지역 안의 지역을 제외한다) 또는 면지역에 소재하는 주택(이하 이 조에서 "농어촌주택"이라 한다)과 그외의 주택(이하 이 항 및 제11항부터 제13항까지에서 "일반주택"이라 한다)을 국내에 각각 1개씩 소유하고 있는 1세대가 일반주택을 양도하는 경우에는 국내에 1개의 주택을 소유하고 있는 것으로 보아 제154조 제1항을 적용한다. 다만, 제3호의 주택에 대해서는 그 주택을 취득한 날부터 5년 이내에 일반주택을 양도하는 경우에 한정하여 적용한다.
> 1. 상속받은 주택(피상속인이 취득 후 5년 이상 거주한 사실이 있는 경우에 한한다)
> 2. 이농인(어업에서 떠난 자를 포함한다)이 취득일 후 5년 이상 거주한 사실이 있는 이농주택
> 3. 영농 또는 영어의 목적으로 취득한 귀농주택
>
> ⑨ 제7항 제2호에서 "이농주택"이라 함은 영농 또는 영어에 종사하던 자가 전업으로 인하여 다른 시(「제주특별자치도 설치 및 국제자유도시 조성을 위한 특별법」 제10조 제2항에 따라 설치된 행정시를 포함한다)·구(특별시 및 광역시의 구를 말한다)·읍·면으로 전출함으로써 거주자 및 그 배우자와 생계를 같이하는 가족 전부 또는 일부가 거주하지 못하게 되는 주택으로서 이농인이 소유하고 있는 주택을 말한다.
>
> ⑩ 제7항 제3호에서 "귀농주택"이란 영농 또는 영어에 종사하고자 하는 자가 취득(귀농 이전에 취득한 것을 포함한다)하여 거주하고 있는 주택으로서 다음 각 호의 요건을 갖춘 것을 말한다.

1. 삭제 (2016.2.17.)
2. 취득 당시에 제156조에 따른 고가주택에 해당하지 아니할 것
3. 대지면적이 660제곱미터 이내일 것
4. 영농 또는 영어의 목적으로 취득하는 것으로서 다음 각 목의 어느 하나에 해당할 것
   가. 1,000제곱미터 이상의 농지를 소유하는 자 또는 그 배우자가 해당 농지소재지(제153조 제3항에 따른 농지소재지를 말한다. 이하 이 조에서 같다)에 있는 주택을 취득하는 것일 것
   나. 1,000제곱미터 이상의 농지를 소유하는 자 또는 그 배우자가 해당 농지를 소유하기 전 1년 이내에 해당 농지소재지에 있는 주택을 취득하는 것일 것
   다. 기획재정부령이 정하는 어업인이 취득하는 것일 것
5. 세대전원이 이사(기획재정부령으로 정하는 취학, 근무상의 형편, 질병의 요양, 그 밖에 부득이한 사유로 세대의 구성원 중 일부가 이사하지 못하는 경우를 포함한다)하여 거주할 것

⑪ 귀농으로 인하여 세대전원이 농어촌주택으로 이사하는 경우에는 귀농 후 최초로 양도하는 1개의 일반주택에 한하여 제7항 본문의 규정을 적용한다.

⑫ 생략

농어촌주택이 있는 경우의 비과세 특례는 몇 개의 조항을 두고 있다. 이중 핵심적인 내용만 선별해서 정리해보자. 기타의 내용들은 관련 규정을 보면 충분히 알 수 있다.

첫째, 특례가 적용되는 농어촌주택은 아래와 같은 주택에 한한다.
• 상속받은 주택(피상속인이 취득 후 5년 이상 거주한 사실이 있는 경우에 한한다)
• 이농인(어업에서 떠난 자를 포함한다)이 취득일 후 5년 이상 거주한 사실이 있는 이농주택
• 영농 또는 영어의 목적으로 취득한 귀농주택

둘째, 위 농어촌주택 외 일반주택이 있는 경우 일반주택은 언제든지 양도해도 비과세를 적용한다. 다만, 위 제3호의 귀농주택은 그 주택을 취득한 날부터 5년 이내에 일반주택을 양도하는 경우에 한정하여 비과세를 적용한다(2016년 2월 17일 이후 취득분에 한함).

셋째, 귀농주택의 경우 취득(귀농 이전에 취득한 것을 포함한다)하여 거주하고 있는 주택으로서 다음 각 호의 요건을 갖춘 것을 말한다.

1. 취득 당시에 제156조에 따른 고가주택에 해당하지 아니할 것
2. 대지면적이 660제곱미터 이내일 것
3. 영농 또는 영어의 목적으로 취득하는 것으로서 다음 각 목의 어느 하나에 해당할 것
   가. 1,000제곱미터 이상의 농지를 소유하는 자 또는 그 배우자가 해당 농지소재지(제153조 제3항에 따른 농지소재지를 말한다)에 있는 주택을 취득하는 것일 것
   나. 1,000제곱미터 이상의 농지를 소유하는 자 또는 그 배우자가 해당 농지를 소유하기 전 1년 이내에 해당 농지소재지에 있는 주택을 취득하는 것일 것
   다. 기획재정부령이 정하는 어업인이 취득하는 것일 것
4. 세대전원이 이사(기획재정부령으로 정하는 취학, 근무상의 형편, 질병의 요양, 그 밖에 부득이한 사유로 세대의 구성원 중 일부가 이사하지 못하는 경우를 포함한다)하여 거주할 것

② 적용 사례

K씨는 아래와 같은 주택을 상속받았다. 상황에 맞게 답하면?

자료

> • 수도권 밖의 읍·면지역에서 피상속인이 5년 이상 거주한 주택을 상속받음.

> • 상황1 : 위 상속주택은 「소득세법 시행령」 제155조 제2항에서 제시하고 있는 상속주택과 다른가?
> • 상황2 : 위 상속주택을 보유한 상태에서는 일반주택을 수차례 취득·양도해도 비과세가 계속 적용되는가?

위 상황에 맞게 답을 찾아보면 다음과 같다.

(상황1) 위 상속주택은 「소득세법 시행령」 제155조 제2항에서 제시하고 있는 상속주택과 다른가?

위 상속주택은 「소득세법 시행령」 제155조 제7항에서 정하고 있는 농어촌주택 즉 수도권 밖의 읍·면지역에 소재한 주택을 말한다. 따라서 「소득세법 시행령」 제155조 제2항에서

정하고 있는 상속주택과는 차이가 있다. 전자는 다른 주택의 비과세 판단에 영향을 주지 않지만, 후자는 비과세 적용 회수 등에 영향을 준다.

(상황2) 위 상속주택을 보유한 상태에서는 일반주택을 수차례 취득·양도해도 비과세가 계속 적용되는가?

그렇다. 아래 집행기준을 다시 한 번 참조하자.

● 양도소득세 집행기준 89 - 155 - 15 [상속주택 비과세 특례는 상속 당시 보유 1주택에 한함]

상속 받은 주택(또는 조합원입주권)을 소유한 상태에서 일반주택을 수차례 취득·양도하는 경우 매번마다 양도소득세를 비과세를 받을 수 있는 불합리를 개선하여 상속받은 시점에서 상속인의 1세대 1주택[1]에 대해서만 비과세 특례 적용[2]

다만, 수도권 밖의 읍·면에 소재하는 상속주택(피상속인이 5년 이상 거주한 주택에 한함)의 경우에는 기존과 같이 1세대 1주택 비과세 판정시 주택수 계산에서 제외하여 일반주택을 수차례 취득·양도해도 비과세 계속 적용 가능

[1] 2013년 2월 15일 이후 일반주택을 취득하여 양도하는 분부터 적용

[2] 2014년 2월 21일 이후 양도하는 분부터 상속 당시 보유한 조합원입주권이 주택으로 전환된 경우도 포함

Tip ●

❏ 「소득세법」상 농어촌주택관련 비과세 특례

구 분	상속주택·이농주택	귀농주택
대상지역	서울·인천·경기도를 제외한 읍(도시지역 밖), 면지역	
규모	제한없음.	• 고가주택 제외 • 대지면적 660㎡ 이내
거주요건	피상속인 및 이농인이 5년 이상 거주	연고지[1] 소재 주택을 1,000㎡ 이상의 농지와 함께 취득
비과세대상	일반주택	세대전원이 이사하여 최초로 양도하는 1주택
사후관리	해당없음.	귀농하여 3년 이상 영농에 종사

1) 연고지는 영농 또는 영어에 종사하고자 하는 자(배우자 및 직계존속 포함)의 본적 또는 원적이 있거나 5년 이상 거주한 사실이 있는 곳을 말함.

* 2016년 2월 17일 이후 귀농주택을 취득하는 분부터 "연고지 소재"요건은 충족하지 않아도 됨.

참고로 「조특법」 제99조의 4에서는 2003년 8월 1일(고향주택은 2009년 1월 1일)부터 2022년 12월 31일까지의 기간 중에 법에서 정한 요건(취득 시 기준시가 2억 원 이하, 한옥은 4억 원 이하 등)을 갖춘 1채의 주택(고향주택 등)을 취득(자기가 건설하여 취득한 경우를 포함한다)하여 3년 이상 보유하고 그 농어촌주택 등 취득 전에 보유하던 다른 일반주택을 양도하는 경우에는 그 농어촌주택 등을 해당 1세대의 소유주택이 아닌 것으로 보아 1세대 2주택에 대한 비과세 규정을 적용한다. 참고로 이 규정은 농어촌주택에 대한 투자의 목적이 있으므로 앞의 「소득세법」과는 달리 농지소유 규정은 없는 것으로 보인다. 아래 내용을 참조하기 바란다.

구 분	농어촌주택(「조특법」 §99의 4 ① 1)	고향주택(「조특법」 §99의 4 ① 2)
대상자	거주자	
특례요건	1세대가 일정규모 이하의 농어촌주택, 고향주택(이하 '농어촌주택 등')을 취득(유상·무상)하여 3년 이상 보유(수용, 협의매수, 상속시 제외)하고, 농어촌주택 등 취득 전부터 보유하던 일반주택 양도	
특례내용	일반주택을 양도하는 경우 1세대 1주택 비과세 판정시 농어촌주택 등을 제외하고 판정	
소재지	○ 농어촌 지역의 범위 : 읍 또는 면으로 하되, 다음 지역은 제외 － 수도권 및 광역시(단, 옹진군, 연천군 및 기타 기획재정부령이 정하는 지역은 제외) － 도시지역, 토지거래허가구역, 투기지역, 관광단지(취득당시 기준)	○ 고향(「조특령」 §99의 4 ⑤)에 소재할 것 ○ 취득당시 인구 등을 고려하여 정한 시지역(「조특령」 별표 12 : 26개시[*])에 소재할 것 ○ 제외지역 : 수도권지역, 투기지역, 관광단지 [*] 고향주택 소재 지역 범위 [26개시 : 2008년 12월 주민등록 인구 기준 20만명 이하의 시] 충청도 ⇒ 제천시, 계룡시, 공주시, 논산시, 보령시, 당진시, 서산시 강원도 ⇒ 동해시, 삼척시, 속초시, 태백시 전라도 ⇒ 김제시, 남원시, 정읍시, 광양시, 나주시 경상도 ⇒ 김천시, 문경시, 상주시, 안동시, 영주시, 영천시, 밀양시, 사천시, 통영시 제주도 ⇒ 서귀포시
규모	－ 취득당시 기준시가 2억 원 이하(농어촌주택의 경우 2008년 취득분까지는 1.5억 원) ※ 2014년 1월 1일 이후 취득하는 한옥의 경우 가액기준을 2억에서 4억으로 상향함.	
취득기간	2003년 8월 1일~2022년 12월 31일	2009년 1월 1일~2022년 12월 31일

구 분	농어촌주택(「조특법」 §99의 4 ① 1)	고향주택(「조특법」 §99의 4 ① 2)
적용시기	2003년 8월 1일 이후 양도분	2009년 1월 1일 이후 양도분
감면배제	○ 농어촌주택 등 3년 보유요건 충족 전에 일반주택을 양도해도 특례적용 ○ 일반주택 과세특례(비과세)를 적용받은 후에 농어촌주택 등을 3년 이상 보유하지 않게 된 경우(수용, 협의매수, 상속시 제외) – 일반주택 양도 시점에서 부담할 세액(세율은 일반주택 양도연도의 세율 적용)을 농어촌주택 등 양도연도의 과세표준신고시 신고·납부해야 함.	
비 고	○ 단독주택, 아파트, 연립주택 모두 포함 ○ 농어촌주택 등 취득기간 중 신축(기존에 취득한 토지에 대한 신축 포함)하는 경우 포함 ○ 기존 농어촌 거주자가 시행일 이후 타 지역의 농어촌 주택을 취득하는 경우 포함	

국내 거주자가 국외 이주 등을 통해 출국을 하는 경우가 있다. 이하에서는 이들의 양도소득세 과세문제를 체계적으로 알아보자. 자세한 것은 세무전문가와 함께 하기 바란다.

1. 출국 전의 양도소득세 과세방식

국내에서 해외로 이주를 하기 전에 개인이 보유하고 있는 부동산은 국내 거주자들이 적용받고 있는 제도를 그대로 적용받는다. 따라서 주택의 경우 1주택을 보유하고 있는 상태에서 비과세요건을 갖추었다면 비과세를 받을 수 있다.

2. 1주택을 보유한 상태에서 출국하는 경우

원래 주택에 대해 양도소득세 비과세를 받기 위해서는 국내 거주자가 2년 이상 보유 등을 해야 한다.

그런데 해외이주 등에 의해 해외로 출국하는 경우에는 부득이한 사유에 해당하므로 세법에서는 다음에 대해서는 보유기간 및 거주기간을 적용하지 않는다. 따라서 1세대 주택을 소유한 상태에서 출국일로부터 2년 내에 주택을 양도하면 비과세를 받을 수 있다.

(1) 「해외이주법」에 따른 해외이주로 세대전원이 출국하는 경우

출국일부터 2년 이내에 양도하는 경우에 위의 규정(2년 보유기간 등 미적용)을 적용한다. 만일 전세대원이 출국일 전에 양도하는 경우에는 이 규정을 적용하지 않는다.

참고로 「해외이주법」 제4조에서는 해외이주의 종류를 다음과 같이 구분하고 있는데 이 중 현지이주에 의한 해외출국에 대해서는 앞의 비과세 특례규정을 적용하지 않는다.

① 연고이주 : 혼인·약혼 또는 친족관계를 기초로 하여 이주하는 것
② 무연고이주 : 외국기업과의 고용계약에 의한 취업이주, 해외이주알선업자가 이주대상국의 정부기관·이주알선기관 또는 사업주와의 계약에 의하거나 이주대상국 정부기관의 허가를 받아 행하는 사업이주 등 제1호 및 제3호 외의 사유로 이주하는 것
③ 현지이주 : 해외이주 외의 목적으로 출국하여 영주권 또는 그에 준하는 장기체류 자격을 취득하고 이에 근거하여 거주여권을 발급받은 자의 이주

● 양도소득세 집행기준 89 - 154 - 43 [「해외이주법」에 따른 이주시 출국일]

구 분	「해외이주법」에 따른 이주시 출국일
연고·무연고이주	전세대원이 출국한 날
현지이주	영주권 또는 그에 준하는 장기체류 자격을 취득한 날 (2009년 4월 14일 이후 양도분부터 적용)

● 양도소득세 집행기준 89 - 154 - 44 [해외이주 외의 목적으로 출국하여 현지이주하는 경우]

해외이주 외의 목적으로 출국하여 혼인한 후 현지이주한 경우 그 혼인한 세대가 출국일(영주권 또는 그에 준하는 장기체류 자격을 취득한 날) 및 양도일 현재 국내에 1주택을 보유하고 있는 때에는 출국일부터 2년 이내에 해당 주택(고가주택 제외)을 양도하면 보유 및 거주기간의 제한없이 비과세를 적용받을 수 있다.

〈사 례〉
• 2002년 1월 : 경기 분당 주택 취득
• 2003년 8월 : 미국으로 출국
• 2009년 7월 : 미국에서 결혼
• 2010년 1월 : 미국 영주권 취득
• 2010년 2월 : 해당 주택 양도

☞ 영주권 취득일(2010년 1월)부터 2년 이내에 양도하는 경우이므로 비과세 가능함.

(2) 1년 이상 계속하여 해외거주를 필요로 하는 취학 또는 근무상의 형편으로 세대전원이 출국하는 경우

출국일부터 2년 이내에 양도하는 경우에 이 규정을 적용한다. 만일 전세대원이 출국일 전에 양도하는 경우에는 이 규정을 적용하지 않는다.

3. 2주택을 보유한 상태에서 출국하는 경우

1세대가 2주택을 보유한 상태에서 출국하는 경우에는 그 중 한 채에 대해서 비과세를 받을 수 있을까?

이에 대한 답은 받을 수 없다는 것이다. 왜냐하면 앞의 보유기간 및 거주기간에 대한 특례는 1세대 1주택자에 한해 적용되기 때문이다. 따라서 비거주자는 거주자처럼 일시적 2주택에 대한 비과세 규정이 적용되지 않는다.

미국영주권자인 K씨는 한국에 있는 주택을 처분하고자 한다. 그런데 문제는 이런 상황에서는 비과세를 받을 수 없다. 상황에 맞게 답하면?

- Q1 : K씨가 해당 주택에 대한 양도소득세 비과세를 받기 위해서는 거주자가 되어야 한다. 미국영주권자는 어떻게 해야 거주자가 될 수 있는가?
- Q2 : 양도소득세 비과세요건 중 보유 및 거주기간은 입국 전의 것도 인정되는가?
- Q3 : K씨가 국내에서 일정기간 거주한 후에 주택을 양도하여 비과세를 받았다고 하자. 이 경우 미국에서도 비과세를 적용받을 수 있을까?
- Q4 : K씨가 국내 거주 후 비과세를 받은 후 다시 미국으로 돌아간 경우 비과세가 계속 유효한가?

상황에 대해 순차적으로 답을 찾아보면 다음과 같다.

Q1. K씨가 해당 주택에 대한 양도소득세 비과세를 받기 위해서는 거주자가 되어야 한다. 미국영주권자는 어떻게 해야 거주자가 될 수 있는가?

일단 국내로 입국하여 일정기간 거주를 해야 한다. 그런데 문제는 국내에서 머무른다고 해서 거주자가 되지 않는다는 것이다. 이를 판단하는 다양한 요건들이 있기 때문이다. 실무에서는 거주자에 해당하는지 여부 및 언제부터 거주자로 전환되었는지 여부는 출입국내역, 직업, 가족관계, 자산상태 등에 근거하여 사실판단할 사항으로 보고 있다.

☞ 해외 출국하여 비거주자가 되기 전 거주자로서 보유한 기간과 다시 입국하여 거주자가 된 후 보유한 기간을 합산하여 거주자로서 2년 이상 보유한 주택을 양도하는 경우이고, 양도 당시에도 거주자에 해당하는 경우에는 1세대 1주택 비과세 적용이 가능하다.

Q2. 양도소득세 비과세요건 중 보유 및 거주기간은 입국 전의 것도 인정되는가?

그렇다. 해외 출국하여 비거주자가 되기 전 거주자로서 보유한 기간과 다시 입국하여 거주자가 된 후 보유한 기간을 합산한다. 구체적인 것은 「소득세법 시행령」 제154조 제8항 제2호를 참조하기 바란다.

Q3. K씨가 국내에서 일정기간 거주한 후에 주택을 양도하여 비과세를 받았다고 하자. 이 경우 미국에서도 비과세를 적용받을 수 있을까?

국내 거주자들에 대한 비과세 혜택은 한국의 세법이 거주자를 위한 배려한 조치에 해당한다. 따라서 이는 다른 나라의 세법과 무관하다. 미국의 경우 자국민에게 귀속되는 전세계 소득에 대해 과세하는 것이 원칙이다.

Q4. K씨가 국내 거주 후 비과세를 받은 후 다시 미국으로 돌아간 경우 비과세가 계속 유효한가?

자칫 조세회피의 가능성도 있다. 하지만 양도일 현재 비과세요건을 갖춘 경우라면 비과세가 확정되었으므로 상황은 이에 영향을 미치지 않을 가능성이 높다.

Tip

☐ **비거주자의 비과세 적용 시 확인해야 할 것들**

이렇게 1주택 상태에서 비과세를 받기 위해서는 다음과 같은 것들을 추가적으로 확인할 필요가 있다.

구 분	내 용
비과세대상 주택임을 입증할 수 있는 서류는?	• 해외이주의 경우 : 외교통상부 장관이 발행하는 해외이주 신고확인서 • 해외근무 등 : 재직증명서, 발령통지서, 출국확인서 등
주택이 고가주택에 해당하면?	12억 원 초과분에 대해서는 양도소득세가 과세된다.
1입주권이 있다면?	국내에 1주택을 소유하고 있던 1세대의 주택이 「도시 및 주거환경정비법」에 의한 해외이주 및 1년 이상 계속하여 해외거주를 필요로 하는 취학 또는 근무상의 형편으로 세대전원이 출국하여 비거주자가 된 상태에서 재건축사업이 완료되기 전에 당해 재건축입주권을 양도하는 경우에 양도소득세가 과세된다.
이 주택은 언제 취득해야 하는가?	거주자 상태에서 취득하여야 한다. 따라서 출국 이후에 비거주자 상태에서 취득하면 비과세를 받을 수 없다.
세대원의 일부가 출국하지 않았다면?	원칙적으로 전 세대원이 출국을 하여야 한다. 다만, 일부 세대원이 남아 있는 경우에는 다음에 따라 과세판단을 한다. ① 세대원 일부만 출국하는 경우에는 원칙적으로 비과세를 받지 못하지만, 근무상 형편 등으로 출국하지 못한 세대원이 비과세요건(2년 보유 등)을 갖추었다면 비과세를 적용한다. ② 출국하지 않는 세대원이 독립세대 구성요건에 해당하는 경우에는 예외적으로 비과세를 적용한다.
출국일로부터 언제 처분해야 하는가?	출국일로부터 2년 내에 양도를 해야 보유 및 거주기간의 제한 없이 양도소득세를 비과세한다.
신규아파트를 분양받아 중도금을 불입하던 중 해외이주를 하는 경우 비과세를 받을 수 있을까?	국내에서 신규아파트를 분양받아 중도금을 불입하던 중 「해외이주법」에 의한 해외이주로 전세대원이 출국한 후 당해 준공된 아파트를 양도하는 경우 비과세가 가능하다(재재산 46014 - 1684, 1999.9.14.).

구 분	내 용
1주택과 1분양권 상태에서 1주택을 출국일로부터 2년 내에 양도하면 비과세가 적용될까?	분양권은 잔금청산이 될까지는 주택에 해당하지 않으므로 비과세규정이 적용된다. 단, 2021년 1월 1일 이후 취득분부터는 주택 수에 포함한다.

Tip

□ 거주자와 비거주자의 양도소득세 과세방식 비교

구 분	거주자	비거주자
1세대 1주택(일시적 2주택 포함) 비과세	적용	적용×
장기보유특별공제	최대 80% 가능	최대 30% 가능
기본공제	250만 원	좌동
조정지역 중과세율	적용	좌동
원천징수의무	없음.	없음. 단, 법인이 비거주자로부터 취득 시 원천징수 의무 있음.

☞ 비거주자가 국내 부동산 양도에 따른 매각자금을 해외로 반출하기 위해서는 관할 세무서에서 발급하는 "부동산매각자금확인서"가 필요하다.

제4장

주택 양도소득세 중과세관련
세무리스크 관리법

제4장에서는 주택에 대해 적용되는 중과세제도를 분석한다. 아시다시피 다주택자가 조정대상지역 내의 주택을 양도하면 중과세제도가 적용된다. 하지만 무조건 중과세를 적용하는 것이 아니라 중과배제주택에 대해서는 이를 적용하지 않는다. 이러한 내용들을 알아야 실무처리를 제대로 할 수 있다.

이장의 핵심 내용들은 다음과 같다.
- 주택 중과세제도관련 세무리스크 관리법
- 중과대상 주택 수 산정관련 세무리스크 관리법
- 3주택 중과세와 2주택 중과세관련 세무리스크 관리법
- 중과배제되는 장기임대주택관련 세무리스크 관리법
- 중과배제되는 감면주택관련 세무리스크 관리법
- 중과배제되는 상속주택관련 세무리스크 관리법
- 중과배제되는 1일반주택(일시적 2주택 포함)관련 세무리스크 관리법
- 일시적 3주택인 고가주택 중과세관련 세무리스크 관리법
- 중과세 판정 사례
- 비과세와 중과세 적용법 비교
- 일시적 2주택관련 세무리스크 관리법
- 부동산 교환전략

양도소득세 중과세는 세금을 무겁게 과세하는 제도에 해당한다. 주로 1세대 2주택 이상자를 대상으로 한다. 따라서 이들이 주택 수를 줄이면 비과세도 가능하게 된다. 결국 주택에 대한 세금관리를 위해서는 비과세와 아울러 중과세제도를 정확히 이해해두는 것이 필요하다. 이하에서 주택에 대한 중과세제도의 세무리스크 관리법 등에 대해 알아보자.

① 기본 사례

1990년대에 1억 원에 구입한 주택이 현재 11억 원 간다고 하자. 이 주택에 대해 일반과세와 2주택 중과세가 적용되는 경우의 산출세액은 얼마나 나올까?

> **자료**
>
> • 일반과세 적용 시 장기보유특별공제 : 30%
> • 중과세율 : 기본세율+20%p

위 자료를 바탕으로 산출세액을 계산하면 다음과 같다.

구 분	일반세율이 적용되는 경우	2주택 중과세율이 적용되는 경우
양도가액	11억 원	11억 원
− 취득가액	1억 원	1억 원
= 양도차익	10억 원	10억 원
− 장기보유특별공제	3억 원	0원
= 과세표준	7억 원	10억 원
× 세율	42%	62%
− 누진공제	3,540만 원	3,540만 원
= 산출세액	2억 5,860만 원	5억 8,460만 원

중과세가 적용되면 장기보유특별공제가 적용배제되고 세율 또한 높다.

② 핵심 포인트

중과세제도는 투기를 방지하고자 세율을 높게 올려 과세하는 제도를 말한다. 현행 세법상 중과세제도는 다음과 같다. 개정 세율은 2021년 6월 1일부터 적용되고 있다.

구 분	세 율	내 용
1세대 2주택	+20%	조정지역 내의 주택에 대해 +20%로 과세함.
1세대 3주택	+30%	조정지역 내의 주택에 대해 +30%로 과세함.
비사업용 토지 (투기지역)	+20%	투기지역 소재 비사업용 토지에 대해 +20%로 과세함.
비사업용 토지 (기타지역)	+10%	비투기지역 소재 비사업용 토지에 대해 +10%로 과세함.
분양권	70%, 60%	1년 미만은 70%, 1년 이상은 60%를 적용함.
입주권	일반세율	입주권은 중과세율을 적용하지 않음.

| 다주택 중과세율 개정 연혁(양도소득세 집행기준 104 – 0 – 6, 최근 부동산 대책안 반영) |

구분	2004.1.1. 이후	2006.1.1. 이후	2009.1.1.~ 2009.3.15.	2009.3.16.~ 2013.12.31.	2017.8.3~ 2018.3.31.	2018.4.1.~ 2021.6.1	2021.6.1. 이후
3주택 이상	60%	60%	45%	• 지정지역 : 누진세율 +10% • 기타지역 : 누진세율	• 지정지역* : 누진세율 +10% • 기타지역 : 누진세율	• 조정지역* : 누진세율 +20% • 기타지역 : 누진세율	• 조정지역* : 누진세율 +30% • 기타지역 : 누진세율
주택 + 입주권 (3개 이상)	–	60%	45%	• 지정지역 : 누진세율 +10% • 기타지역 : 누진세율	• 지정지역 : 누진세율 +10% • 기타지역 : 누진세율	• 조정지역 : 누진세율 +20% • 기타지역 : 누진세율	• 조정지역 : 누진세율 +30% • 기타지역 : 누진세율
2주택	–	50%	누진세율	누진세율	누진세율	• 조정지역 : 누진세율 +10% • 기타지역 : 누진세율	• 조정지역 : 누진세율 +20% • 기타지역 : 누진세율
1주택 + 1입주권	–	50%	누진세율	누진세율	누진세율	• 조정지역 : 누진세율 +10% • 기타지역 : 누진세율	• 조정지역 : 누진세율 +20% • 기타지역 : 누진세율

구분	2004.1.1. 이후	2006.1.1. 이후	2009.1.1.~ 2009.3.15.	2009.3.16.~ 2013.12.31.	2017.8.3~ 2018.3.31.	2018.4.1.~ 2021.6.1	2021.6.1. 이후
1주택 + 1분양권	–	–	–	–	–	–	• 조정지역 : 누진세율 +20% • 기타지역 : 누진세율

* 지정지역은 투기지역, 조정지역은 주택조정지역을 말한다. 참고로 입주권을 먼저 양도하는 경우에는 중과세를 적용하지 않는다.

③ 실전 사례

K씨는 아래와 같이 주택을 보유 중에 A주택을 양도하고자 한다. 상황에 맞게 답을 하면?

> **자료**
>
> • A주택 : 2015년에 취득함(서울 소재).
> • B주택 : 2016년에 취득함(고양시 소재).
> • C분양권 : 2021년에 취득함(성남시 소재).

> • 상황1 : 중과세가 적용되는 주택 수는 몇 채인가?
> • 상황2 : A주택을 양도하면 중과세를 적용받는가?
> • 상황3 : A주택을 중과세 받지 않기 위해서는 어떻게 해야 하는가?

위 상황에 맞는 답을 찾아보면 다음과 같다.

(상황1) 중과세가 적용되는 주택 수는 몇 채인가?

위 주택과 분양권이 소재한 지역은 모두 조정지역에 해당한다. 따라서 이 지역에 주택 등이 소재하면 무조건 중과대상 주택 수에 포함시킨다. 2021년 1월 1일 이후에 취득한 분양권도 주택 수에 포함된다.

아래 표를 가지고 중과대상 주택 수를 판정하면 3채가 된다.

구 분	서울시	경기도·세종시		광역시		이외 지역	계
		시	읍·면	시	군		
STEP1 **중과대상 주택 수 판정**							
소유 주택 수	1	2					3
기준시가 (3억 원) 룰 적용여부	×	×	○	×	○	○	
중과대상 주택 수	1	2					3

(상황2) A주택을 양도하면 중과세를 적용받는가?

위에서 본 것과 같이 총 주택 수가 3채가 되므로 3주택 중과세가 적용된다. 다만, 이렇게 중과대상 주택 수가 많더라도 무조건 중과세를 적용하는 것이 아니라, 아래와 같은 요건을 추가로 충족해야 한다.

- 중과배제주택에 해당하지 않을 것
- 조정지역 내에 소재한 주택일 것

여기서 중과배제되는 주택의 범위가 중요한데 이에는 아래와 같은 것들이 있다.
- 장기임대주택
- 「조특법」상 감면주택
- 5년 미경과된 상속주택
- 소형주택(2주택 중과세제도 적용 시에만 중과 적용 배제됨)
- 일시적 2주택
- 1일반주택 등

서울주택은 이러한 주택들과 무관하다고 가정한다면 3주택 중과세율이 적용될 것으로 보인다.

(상황3) A주택을 중과세 받지 않기 위해서는 어떻게 해야 하는가?

일단 앞에서 본 중과배제주택에 해당하는지를 검토하고, 이에 해당하는 경우에는 처분 등의 방법을 통해 보유의 실익이 없는 주택 등을 정리하는 방식으로 대응을 하도록 한다.

이때 보유세 과세기준일(6월 1일)을 감안해 처분시기 등을 고려한다. 증여의 경우에는 증여세와 취득세 중과세에 유의해야 한다.

❑ 중과세제도의 원리

앞에서 본 중과세제도는 일정한 원리에 의해 작동되고 있다. 아래의 내용을 통해 이를 좀 더 확인해보자.

1. 중과세 판정을 위한 주택 수 판단

중과세를 적용하기 위해서는 기본적으로 중과세 적용을 위한 주택 수가 2주택 이상이 되어야 한다. 이때 아래와 같은 기준을 사용한다.

즉 아래 표 ①지역에 소재한 주택은 가격을 불문하고 모두 중과세 판정을 위한 주택 수에 포함되며, ②지역은 기준시가(입주권은 권리가격, 분양권은 공급가격)가 3억 원을 초과해야 이에 포함된다.[37]

①모든 주택이 주택 수에 포함되는 지역	②기준시가 3억 원 초과하는 주택만 주택 수에 포함되는 지역
• 서울특별시 • 광역시(군지역 제외) • 경기도·세종시(읍·면지역 제외)	• 모든 광역시의 군지역 • 경기도·세종시 읍·면지역 • 기타 모든 도지역

참고로 이러한 주택에는 아래와 같은 것들이 포함된다. 이때 입주권과 분양권도 주택에 포함시켜 중과세제도를 적용한다. 양도소득세 비과세와는 다른 기준을 사용하고 있음에 유의해야 한다(비과세는 가격불문하고 주택 수에 산입한다).

- 양도소득세 감면주택
- 상가겸용주택(주택〉상가인 경우 전체를 주택으로 본다. 반대의 경우 주택부분만 주택에 해당한다. 단, 다주택 중과 규정 적용 시 주택의 면적이 상가 면적보다 큰 경우 상가부분에 대하여는 중과 규정이 적용되지 아니한다)
- 다가구주택(중과세 판단 시는 보통 1주택으로 본다)
- 지분소유 주택(원칙적으로 각각 1주택으로 간주. 동일 세대원이 공동 소유한 주택은 한 채로 간주한다)
- 입주권
- 분양권(2021년 1월 1일 이후 취득분에 한함)
- 주거용 오피스텔
- 부동산매매사업자의 재고주택
- 주택임대사업자의 임대주택 등

---

37) 참고로 이러한 기준으로 중과대상 주택 수를 판정하다보니 기타 도지역에 소재한 경우에 기준시가가 3억 원이 안되면 조정지역으로 고시되었음에 불구하고 중과세제도가 적용되지 않는다.

2. 중과세 적용

(1) 중과세 적용 판단

중과세 적용을 위한 주택 수가 2채 또는 3채 이상인 경우 중과세제도가 적용될 수 있다. 다만, 이때 실제 중과세되는 적용주택은 '조정지역' 내에 소재한 주택에 한한다. 물론 중과배제주택에 해당하지 않아야 한다.

(2) 중과배제주택

아래와 같은 주택들은 중과세를 적용할 이유가 없다. 따라서 이러한 주택들이 조정지역 내에 소재하더라도 중과세를 적용하지 않는다. 중과세 판단 시 핵심적인 내용에 해당한다.

3주택 중과배제되는 주택	2주택 중과배제되는 주택
「소득세법 시행령」 제167조의 3	「소득세법 시행령」 제167조의 10
2. 장기 임대주택(단, 9·13조치 적용대상 주택은 중과를 적용함)	2. 제167조의 3 제1항 제2호부터 제8호까지 및 제8호의 2 중 어느 하나에 해당하는 주택
3. 감면대상 장기 임대주택	3. 1세대의 구성원 중 일부가 취학, 근무상의 형편, 질병의 요양, 그 밖에 부득이한 사유로 인하여 다른 시·군으로 주거를 이전하기 위하여 1주택(학교의 소재지, 직장의 소재지 또는 질병을 치료·요양하는 장소와 같은 시·군에 소재하는 주택으로써 취득 당시 기준시가의 합계액이 3억 원을 초과하지 아니하는 것에 한정한다)을 취득함으로써 1세대 2주택이 된 경우의 해당 주택(취득 후 1년 이상 거주하고 해당 사유가 해소된 날부터 3년이 경과하지 아니한 경우에 한정한다)
4. 종업원에게 10년 이상 무상으로 제공하는 장기사원용주택	
5. 감면대상 신축주택	
6. 문화재주택	
7. 상속주택으로서 상속개시일부터 5년이 경과하지 아니한 주택(제155조 제2항에 해당하는 상속받은 주택으로 모든 상속주택이 아닌 선순위 1주택에 한함)	
8. 저당권의 실행으로 인하여 취득하거나 채권변제를 대신하여 취득한 주택으로서 취득일부터 3년이 경과하지 아니한 주택	4. 제155조 제8항(취학 등)에 따른 수도권 밖에 소재하는 주택
8의 2. 장기가정어린이집으로 5년 이상 사용하고 가정어린이집으로 사용하지 아니한 지 6개월이 경과하지 않은 주택	5. 주택의 소유권에 관한 소송이 진행 중이거나 해당 소송결과로 취득한 주택(소송으로 인한 확정 판결일부터 3년이 경과하지 아니한 경우에 한정한다)
10. 상기 외에 1개의 주택만을 소유하고 있는 경우의 해당 주택을 양도하는 경우	
11. 조정지역 공고가 있는 날 이전에 해당 지역의 주택을 양도하기 위하여 매매계약을 체결하고 계약금을 지급받은 사실이 증빙서류에 의하여 확인되는 주택(경과조치)	6. 1주택을 소유하는 사람이 1주택을 소유하는 다른 사람과 혼인함으로써 1세대가 2주택을 소유하게 되는 경우의 해당 주택(혼인한 날부터 5년이 경
12. 법 제95조 제4항에 따른 보유기간이 10년(재개발사업, 재건축사업 또는 소규모재건축사업을 시행하는 정비사업조합의 조합원이 해당 조합에 기존	

3주택 중과배제되는 주택	2주택 중과배제되는 주택
「소득세법 시행령」 제167조의 3	「소득세법 시행령」 제167조의 10
건물과 그 부수토지를 제공하고 관리처분계획등에 따라 취득한 신축주택 및 그 부수토지를 양도하는 경우의 보유기간은 기존건물과 그 부수토지의 취득일부터 기산한다) 이상인 주택을 2020년 6월 30일까지 양도하는 경우 그 해당 주택 (2020.2.11. 신설) 13. 제155조 또는 「조특법」에 따라 1세대가 국내에 1개의 주택을 소유하고 있는 것으로 보거나 1세대 1주택으로 보아 제154조 제1항이 적용되는 주택으로서 같은 항의 요건을 모두 충족하는 주택 (2021.2.17. 신설)	과하지 아니한 경우에 한정한다) 7. 주택의 소유권에 관한 소송이 진행 중이거나 해당 소송결과로 취득한 주택 (소송으로 인한 확정판결일부터 3년이 경과하지 아니한 경우에 한정한다) 8. 1주택을 소유한 1세대가 그 주택을 양도하기 전에 다른 주택을 취득(자기가 건설하여 취득한 경우를 포함한다)함으로써 일시적으로 2주택을 소유하게 되는 경우의 종전의 주택[다른 주택을 취득한 날부터 3년이 지나지 아니한 경우(3년이 지난 경우로써 제155조 제18항 각 호의 어느 하나에 해당하는 경우를 포함한다)에 한정한다] 9. 주택의 양도 당시 법 제99조에 따른 기준시가가 1억 원 이하인 주택. 다만, 「도시 및 주거환경정비법」에 따른 정비구역으로 지정·고시된 지역 또는 「빈집 및 소규모주택 정비에 관한 특례법」에 따른 사업시행구역에 소재하는 주택(주거환경개선사업의 경우 해당 사업시행자에게 양도하는 주택은 제외한다)은 제외한다. 10. 1세대가 제1호부터 제7호까지의 규정에 해당하는 주택을 제외하고 1개의 주택만을 소유하고 있는 경우 그 해당 주택 11. 조정지역의 공고가 있는 날 이전에 해당 지역의 주택을 양도하기 위하여 매매계약을 체결하고 계약금을 지급받은 사실이 증빙서류에 의하여 확인되는 주택 (2018.10.23. 신설) 12. 법 제95조 제4항에 따른 보유기간이 10년(재개발사업, 재건축사업 또는 소규모재건축사업을 시행하는 정비사업조합의 조합원이 해당 조합에 기존건물과 그 부수토지를 제공하고 관리처

3주택 중과배제되는 주택	2주택 중과배제되는 주택
「소득세법 시행령」 제167조의 3	「소득세법 시행령」 제167조의 10
	분계획등에 따라 취득한 신축주택 및 그 부수토지를 양도하는 경우의 보유기간은 기존건물과 그 부수토지의 취득일부터 기산한다) 이상인 주택을 2020년 6월 30일까지 양도하는 경우 그 해당 주택 (2020.2.11. 신설) 13. 제155조 제2항에 따라 상속받은 주택과 일반주택을 각각 1개씩 소유하고 있는 1세대가 일반주택을 양도하는 경우로서 제154조 제1항이 적용되고 같은 항의 요건을 모두 충족하는 일반주택 (2021.2.17. 신설) 14. 제155조 제20항에 따른 장기임대주택과 그 밖의 1주택(이하 이 호에서 "거주주택"이라 한다)을 소유하고 있는 1세대가 거주주택을 양도하는 경우로서 제154조 제1항이 적용되고 같은 항의 요건을 모두 충족하는 거주주택 (2021.2.17. 신설)

3. 최종 중과세의 적용

주택 중과세를 적용하기 위해서는 일단 중과세 적용을 위한 주택 수가 최소한 2채 이상이어야 하고, 중과배제주택에 해당되지 않아야 하며, 조정지역 내에 소재해야 한다. 참고로 재건축·재개발 조합원입주권이나 분양권은 주택 수에 포함되지만 입주권과 분양권을 양도 시에는 주택에 대한 중과세율을 적용하지 않는다. 대신 입주권은 보유기간에 따른 세율이 적용되며, 분양권은 분양권에 대한 중과세율(70% 등)이 적용된다.

Tip ●

□ 조정지역 지정 전에 매도 시 중과세 제외

2018년 8월 28일 이후에 양도하는 분부터 조정지역의 공고가 있은 날 이전에 해당 지역의 주택을 양도하기 위하여 매매계약을 체결하고 계약금을 지급받은 사실이 증빙서류에 의하여 확인되는 주택에 한하여 중과세율 적용대상에서 제외한다.

주택에 대한 중과세제도를 제대로 이해하기 위해서는 중과대상 주택 수 산정방법에 밝아야 한다. 중과세 규제를 적용받지 않는 지역의 주택들은 100채를 가지고 있더라도 「소득세법 시행령」 제167조의 3 등에 따른 양도소득세 중과세제도를 적용받지 않고 일반과세를 적용받기 때문이다. 그런데 문제는 중과대상 주택과 아닌 주택들이 섞여 있을 때 어떤 식으로 중과세제도가 작동되는지가 헷갈리는 경우가 있다. 이하에서 이러한 문제들을 검토해보자.

① 기본 사례

K씨는 아래와 같이 주택을 보유하고 있다. 상황에 맞게 답을 하면?

> **자료**
>
> • 서울 : 1채(조정지역)
> • 창원 : 1채(기준시가 2억 원, 조정지역)

> • 상황1 : 중과대상 주택 수는 몇 채인가?
> • 상황2 : 이 상황에서 서울주택이나 창원주택을 양도하면 중과세가 적용되는가?

위 상황에 맞게 답을 찾아보면 다음과 같다.

(상황1) 중과대상 주택 수는 몇 채인가?

위의 자료를 아래 표에 대입하면 중과대상 주택 수는 1채가 된다.

구 분	서울시	경기도·세종시		광역시		이외 지역	계
		시	읍·면	시	군		
STEP1 **중과대상 주택 수 판정**							
소유 주택 수	1					1	2
기준시가 (3억 원) 룰 적용 여부	×	×	○ (억 원)	×	○ (억 원)	○ (2억 원)	
중과대상 주택 수	1					×	1

K씨가 보유한 주택은 총 2채이지만 중과대상 주택 수는 1채에 불과하다. 창원시의 일부 구는 조정지역에 포함되나 중과대상 주택 수를 선정할 때 기타지역으로 분류되어 이때 주택 수에 포함되기 위해서는 기준시가가 3억 원이 넘어야 하기 때문이다. 따라서 이러한 상황에서는 「소득세법 시행령」 제167조의 10에 따른 2주택 중과세제도가 적용되지 않는다.

(상황2) 이 상황에서 서울주택이나 창원주택을 양도하면 중과세가 적용되는가?

앞에서 보았지만 이 상황에서 서울주택이나 창원주택 어떤 것을 양도하더라도 중과세제도가 적용되지 않는다. 양도소득세 중과세제도가 적용되기 위해서는 중과대상 주택 수가 적어도 2채 이상이 되어야 하기 때문이다.

② 핵심 포인트

「소득세법」 제167조의 3, 제167조의 10 등에서 정하고 있는 3주택 중과세제도와 2주택 중과세제도에서는 아래와 같은 주택들은 중과대상 주택 수에서 제외한다.

> 1. 수도권 및 광역시·특별자치시(광역시에 소속된 군, 「지방자치법」 제3조 제3항·제4항에 따른 읍·면, 「세종특별자치시 설치 등에 관한 특별법」 제6조 제3항에 따른 읍·면에 해당하는 지역을 제외한다) 외의 지역에 소재하는 주택으로서 해당 주택 및 이에 부수되는 토지의 기준시가의 합계액이 해당 주택 또는 그 밖의 주택의 양도 당시 3억 원을 초과하지 않는 주택 (2021.2.17. 개정)

따라서 총 주택(입주권, 분양권, 주거용 오피스텔 포함) 수에서 위에 해당하는 주택 수를 제외한 잔여 주택 수가 적어도 2채 이상이 되어야 비로소 「소득세법 시행령」 제167조의 3(3주택 중과세) 또는 제167조의 10(2주택 중과세)를 적용받게 된다. 즉 위에서 수도권·광역시권·세종시권(군·읍·면 지역 제외)은 가격 불문하고 중과대상 주택 수에 포함시키고, 그 외 지역은 가격이 3억 원 이상이 되는 경우에 한해 주택 수에 포함시킨다. 따라서 후자에 해당하는 지역이 조정지역에 해당하더라도 가격이 3억 원에 미달하면 중과대상 주택 수에서 아예 제외되고 중과세제도 자체를 적용받지 않는다.

☞ 예를 들어 중과배제 요건을 충족한 장기임대주택 외 일반주택 2채 중 한 채가 중과세 대상 주택 수에서 제외되면 이를 제외한 1개의 주택은 중과배제된다(「소득세법 시행령」 제167조의 3 제1항 제10호, 제167조의 10 제1항 제10호 참조).

③ 실전 사례

아래와 같은 물건들이 있다. 상황에 맞게 답을 하면?

> **자료**
>
> ① 조정지역
>   - 서울 : 주택 1채
>   - 여수 : 주택 1채(기준시가 2억 원)
>   - 성남 : 분양권
> ② 비조정지역
>   - 원주 : 주택 1채(기준시가 4억 원)
>   - 당진 : 조합원입주권 1개(세법상 평가액 2억 원)

> • 상황1 : 중과대상 주택 수는 몇 채인가?
> • 상황2 : 이 경우 어떤 주택이 최종 중과세가 적용될 수 있는가?

위 상황에 맞게 답을 찾아보면 다음과 같다.

(상황1) 중과대상 주택 수는 몇 채인가?

위의 자료를 아래 표에 대입을 하면 다음과 같다.

구 분	서울시	경기도·세종시		광역시		이외 지역	계
		시	읍·면	시	군		
STEP1 **중과대상 주택 수 판정**							
소유 주택 수	1	1				3	5
기준시가 (3억 원) 룰 적용 여부	×	×	○ (억 원)	×	○ (억 원)	○ (2억 원/4억 원/2억 원)	
중과대상 주택 수	1	1				1	3

(상황2) 이 경우 어떤 주택이 최종 중과세가 적용될 수 있는가?

중과대상 주택은 서울과 성남 그리고 원주에 소재한 주택 등 총 3채가 된다. 따라서 이중 조정지역에 소재한 주택을 양도하면 중과세가 적용되며, 비조정지역에 소재한 주택에 대해서는 중과세가 적용되지 않는다. 한편 중과대상 주택이 아닌 나머지 주택들도 중과세제도와 관련이 없다.

- 서울 주택 → 3주택 중과세
- 성남 분양권 → 3주택 중과세 대신 분양권에 대한 높은 세율이 적용됨.
- 원주 주택 → 중과세 적용하지 않음(비조정지역에 해당).

● 양도소득세 집행기준 104 – 167의 5 – 1 [1세대 2주택 중과대상 주택 수 계산방법]

구분	적용시기		
	2007.1.1.~2008.10.6.	2008.10.7. 이후	2018.4.1. 이후
모든 주택이 주택 수에 포함되는 지역	• 서울특별시 • 모든 광역시(군지역 제외) • 경기도(읍·면지역 제외)	• 서울특별시 • 인천광역시(군지역 제외) • 경기도(읍·면지역 제외)	• 수도권(경기도는 읍·면지역 제외) • 광역시(군지역 제외) • 특별자치시(읍·면지역 제외)
기준시가 3억 원 초과하는 주택만 주택 수에 포함되는 지역	• 모든 광역시의 군지역 • 경기도 읍·면지역 • 기타 도지역	• 지방 광역시 • 인천광역시 군지역 • 경기도 읍·면지역 • 기타 도지역	• 모든 광역시의 군지역 • 경기도 읍·면지역 • 기타 모든 도지역

∷ 저자 주

다시 한번 강조하지만 주택 중과세제도는 중과세 대상 주택 수를 정확히 판정해야 하고, 중과배제되는 주택의 범위를 정확히 따질 수 있어야 한다. 구체적인 것은 「소득세법 시행령」 제167조의 3과 제167조의 10을 통해 확인하는 것이 좋을 것으로 보인다.

현행 중과세제도는 1세대가 2주택 이상을 보유한 경우로써 조정지역 내의 주택을 양도할 때 적용된다. 물론 2주택과 3주택 중과세율에서 차이가 나고 있다. 그렇다면 이 둘의 제도는 동일한 잣대로 적용되고 있을까? 이하에서 이에 대해 알아보자.

1 기본 사례

K씨는 아래와 같이 주택을 보유하고 있다. 상황에 맞게 답을 하면?

자료

• 서울에 3주택(그 중 한 채는 공시가격 1억 원 이하에 해당함)
• 3채 모두 2015년에 취득함.

• 상황1 : 중과대상 주택 수는 몇 채인가?
• 상황2 : 이 중 공시가격 1억 원 이하의 주택을 양도하면 중과세가 적용되는가?
• 상황3 : 만일 2주택 상태에서 공시가격 1억 원 이하의 주택을 양도하면 중과세가 적용되는가?

위 상황에 맞는 답을 찾아보면 다음과 같다.

(상황1) 중과대상 주택 수는 몇 채인가?

서울에 3채를 가지고 있으니 3채가 중과대상 주택 수가 된다.

(상황2) 이 중 공시가격 1억 원 이하의 주택을 양도하면 중과세가 적용되는가?

3주택 중과세율이 적용된다. 공시가격 1억 원 이하의 주택을 소형주택이라고 하고, 이를 중과배제주택으로 분류한다. 하지만 3주택 이상 상태에서는 이러한 특례를 부여하지 않는다. 따라서 이러한 주택은 일반주택으로 기능을 하게 된다.

(상황3) 만일 2주택 상태에서 공시가격 1억 원 이하의 주택을 양도하면 중과세가 적용되는가?

2주택 상태에서는 소형주택은 중과배제주택으로 분류하므로 중과세가 적용되지 않는다. 2주택자에 대한 일종의 특례에 해당한다. 단, 정비구역에 소재한 주택은 공시가격이 1억 원 이하가 되더라도 중과세를 적용한다.

☞ 중과세가 적용되는 주택 수가 2채이면 소형주택이나 일시적 2주택처럼 중과배제하는 장치들이 상당히 많다. 하지만 이 주택 수가 3채 이상이면 이러한 혜택을 부여하지 않는다.

② 핵심 포인트

3주택 중과세제도와 2주택 중과세제도를 비교하면 다음과 같다.

구 분		3주택 중과세	2주택 중과세
중과세 주택 판단방법		소재지역별로 판단	좌동
중과배제되는 주택	장기임대주택	5년/8년 이상 임대 시 중과세 제외(단, 2018년 9월 14일 이후 조정지역 취득분은 중과세 적용함)	좌동
	양도소득세 감면주택	감면조건 충족한 임대주택 양도 시 중과세 제외	좌동
	상속주택 등	5년 내 상속주택 양도 시 중과세 제외	좌동
	소형주택	(해당 사항 없음)	기준시가 1억 원 이하인 주택(정비구역은 제외)
	1주택인 일반주택	감면주택 등 외의 일반주택이 1채 있는 경우 중과세 제외	좌동
	기타	–	일시적 2주택* 등

* 1주택을 소유한 1세대가 그 주택을 양도하기 전에 다른 주택을 취득함으로써 일시적으로 2주택[38]을 소유하게 되는 경우의 종전의 주택[다른 주택을 취득한 날부터 3년이 지나지 아니한 경우(3년이 지난 경우로서 제155조 제18항 각 호의 어느 하나에 해당하는 경우를 포함한다)에 한정한다]. 다만, 여기서 주의할 것은 이 규정은 일반주택이 2채만 있는 상황에서 적용된다는 것이다. 예를 들어 서울에서 2채, 군지역에서 기준시가 3억 원 이하의 주택이 있는 상태에서는 서울 2채가 중과배제되는 일시적 2주택이라도 이를 적용받을 수 없다. 총 3주택자가 되기 때문이다. 다소 불합리한 해석으로 향후 법이 개정될 가능성도 있어 보인다(양도, 조심-2021-중-1803, 2021. 6. 9., 현재 소송 진행 중).

---

38) 종전주택 보유 중에 새로운 주택을 취득한 상태에서 종전주택을 일정 기한 내에 처분할 것을 예정하고 있는 상황을 말한다.

③ 실전 사례

K씨는 아래와 같이 주택을 보유 중에 있다. 상황에 맞게 답을 하면?

> **자료**
>
> • A주택 : 2020년 1월에 서울시에서 취득함.
> • B주택 : 2020년 12월에 고양시에서 취득함.
> ☞ 두 지역 모두 조정지역에 해당함.

> • 상황1 : A주택을 먼저 양도하면 과세방식은?
> • 상황2 : B주택을 먼저 양도하면 과세방식은?
> • 상황3 : 만일 B주택이 주택이 아니라 분양권이라면 상황1은 결과가 달라지는가?

위 상황에 맞게 답을 찾아보면 다음과 같다.

(상황1) A주택을 먼저 양도하면 과세방식은?

A주택과 B주택은 비과세 적용되는 일시적 2주택이 아니다(두 주택 사이의 간극이 1년 이상 벌어져야 함). 따라서 A주택을 양도하면 과세가 되는데 이때 「소득세법 시행령」 제167조의 10 제1항 제8호에 해당하는 중과배제되는 주택에 해당하면 중과세를 적용받지 않는다. 이 규정에서는 일시적 2주택으로 신규주택 취득후 3년 내에 종전주택을 양도 시 중과세를 적용하지 않도록 하고 있기 때문이다.

(상황2) B주택을 먼저 양도하면 과세방식은?

이 경우에는 중과대상 주택 수가 2채 이상이고 이 상태에서 조정지역 내의 주택을 양도하는 것이므로 중과세제도가 적용된다.

(상황3) 만일 B주택이 주택이 아니라 분양권이라면 상황1은 결과가 달라지는가?

2021년 1월 1일 전에 취득한 분양권은 주택 수에 포함되지 않는다. 따라서 분양권이 주택으로 완공(잔금)될 때 주택을 취득하는 것이 되므로 이날을 기준으로 종전주택을 처분기한 내에 양도하면 비과세가 가능하게 된다. 분양권에 대한 양도소득세 비과세 실무는 제9장을 참조하기 바란다.

❏ 3주택 중과세제도와 2주택 중과세제도의 비교

2주택자에 대한 중과세 판단법을 요약해서 정리하면 다음과 같다. 참고로 2주택 중과세 판단도 앞에서 본 3주택자에 대한 중과세 판단과 유사하나, 중과배제주택의 범위에서는 큰 차이가 있다. 구체적인 내용은 제1절을 참조하기 바란다.

1. 중과대상 주택 수 판단

중과대상 주택 수는 3주택 중과세와 2주택 중과세와 같은 기준을 사용한다.

2. 3주택 중과배제주택

장기임대주택, 「조특법」상의 감면주택, 장기 사원용 주택, 5년 미경과된 상속주택, 문화재주택, 가정어린이집 등이 이에 해당한다.

3. 2주택 중과배제주택

2주택 중과배제주택에는 위 3주택 중과배제주택의 유형 외에 아래와 같은 것들이 추가된다.

① 1세대원 중 일부가 취학, 근무상의 형편, 질병의 요양, 그 밖에 부득이한 사유로 인하여 주거를 이전하기 위하여 1주택(학교의 소재지, 직장의 소재지 또는 질병을 치료·요양하는 장소와 같은 시·군에 소재하는 주택으로서 취득 당시 법 제99조에 따른 기준시가의 합계액이 3억 원을 초과하지 아니하는 것에 한정한다)을 취득함으로써 1세대 2주택이 된 경우의 해당 주택(취득 후 1년 이상 거주하고 해당 사유가 해소된 날부터 3년이 경과하지 아니한 경우에 한정한다)

② 1세대 1주택자가 혼인하거나 노부모 봉양을 위해 합가하여 2주택이 된 경우로서 혼인일 또는 합가일로부터 5년 또는 10년이 경과하지 않을 것
원래 1세대 1주택자가 혼인 등으로 인해 2주택이 된 경우 혼인일 등의 사유가 발생한 날로부터 5년(10년) 내에 보유한 1주택을 양도하면 비과세를 적용한다. 그런데 5년(10년) 내 양도를 하지 않고 보유를 하면 중과세를 적용하는 것이 원칙이다. 하지만 혼인 등의 불가피한 사유가 있으므로 바로 중과세를 적용하지 않고 중과세적용을 5년(10년)간 유예한다.

③ 주택의 소유권에 관한 소송이 진행 중이거나 해당 소송결과로 취득한 주택(소송으로 인한 확정판결일부터 3년이 경과하지 아니한 경우에 한정한다)

④ 일시적 2주택으로서 새로운 주택을 취득한 날로부터 3년 이내에 양도하는 주택. 단, 양도기한이 3년 경과한 경우 자산관리공사에 매각의뢰, 경매신청한 주택 등에 대해서는 중과세를 적용하지 않는다.
2주택이 일시적 2주택으로 비과세 처분기한 내에 처분하면 어떤 경우에는 전액 비과세를 받을 수 있으나, 어떤 경우에는 비과세를 받지 못한 경우가 있다. 하지만 이

경우에도 3년 내에 처분을 하면 중과세가 아닌 일반과세를 적용한다. 이 사유에 의한 경우 3년 간 중과세를 유예한다. 알아두면 좋을 내용에 해당한다.

⑤ 양도 시 기준시가가 1억 원 이하인 주택. 다만, 「도시 및 주거환경정비법」 등에 의한 정비구역으로 지정고시된 지역에 소재한 주택은 제외한다.

3주택의 경우에는 소형주택에 대해서도 중과세를 적용하지만, 2주택의 경우에는 중과세를 적용하지 않는다.

구분	소형주택 요건		소형주택 적용배제
	주택종류	면적 및 가액	
2주택 중과배제	양도당시 주택의 기준시가 1억 원 이하(주택의 규모·면적에 관계없음)		• 「도정법」상 정비구역으로 지정·고시된 지역에 소재하는 주택 • 「빈집 및 소규모주택 정비에 관한 특례법」에 따른 사업시행구역에 소재하는 주택

참고로 겸용주택 등과 관련된 2주택 중과배제되는 소형주택에 해당하는지의 여부는 아래와 같이 판단한다(104-167의 3-27).

구 분		판단기준
겸용주택		주택부분이 주택외 부분보다 큰 경우에는 전체를 주택으로 보아 소형주택 여부 판단(소칙 §82 ①)
다가구 주택	원칙	공동주택으로 보아 소형주택 여부 판단
	예외	하나의 매매단위로 하여 양도하는 경우에는 단독주택으로 보아 소형주택 여부를 판단
공동소유주택		소유지분에 관계없이 양도하는 1주택 전체를 기준으로 판단

앞에서 본 것처럼 2채 이상을 보유하고 있는 상태에서 조정지역 내의 주택을 먼저 양도하면 중과세가 적용될 수 있다. 하지만 2주택 이상을 보유하고 있더라도 양도할 때 중과세를 적용하지 않는 주택인지의 여부를 확인해야 한다. 이러한 주택들은 중과세를 적용할 이유가 없기 때문이다. 이를 "중과배제주택"이라고 한다. 이러한 유형에는 다양한 것들이 있는데 장기임대주택부터 순차적으로 확인해보자.

① 기본 사례

K씨는 아래와 같이 주택을 보유하고 있다. 상황에 맞게 답을 하면?

> **자료**
>
> • 장기임대주택 2채(「소득세법 시행령」 제167조의 3 등에 의해 적법하게 등록되었음)
> • 일반주택 1채(거주용 주택)

> • 상황1 : 위 상황에서 일반주택을 양도하면 과세방식은?
> • 상황2 : 위 상황에서 일반주택을 추가로 취득해 일시적 2주택이 된 경우에도 중과세에서 제외하는가?
> • 상황3 : 의무를 다한 장기임대주택을 양도하면 중과세를 적용하는가?

위 상황에 맞게 답을 찾아보면 다음과 같다.

(상황1) 위 상황에서 일반주택을 양도하면 과세방식은?

장기임대주택 외 일반주택 1채는 중과세를 적용하지 않는다. 그렇다면 일반과세가 적용될까? 아니다. 일단 「소득세법 시행령」 제155조 제20항에서 규정하고 있는 거주주택에 해당하면 비과세도 가능하다. 이 경우 아래와 같은 요건을 충족해야 한다.

• 장기임대주택 : 「소득세법 시행령」 제155조 제20항에서 정하고 있는 요건을 구비할 것

(관할 구청 및 세무서에 사업자등록, 5년 이상 임대, 임대료 5% 이내 증액 등)
- 거주주택 : 2년 이상 거주, 장기임대주택 임대 중에 양도[39], 생애 1회에 해당할 것

(상황2) 위 상황에서 일반주택을 추가로 취득해 일시적 2주택이 된 경우에도 중과세에서 제외하는가?

원래 장기임대주택 등 중과배제주택 외의 주택이 1채가 있는 경우에는 중과세를 적용하지 않는다. 1채 정도는 실 거주용으로 봐주겠다는 취지에서 그렇다. 그렇다면 1일반주택 보유 중에 다른 주택을 취득해 일시적으로 2주택이 된 경우라면 어떻게 될까?

이 경우에는 일단 일시적 2주택이 비과세를 받을 수 있는 경우라면 비과세를 적용받을 수 있다(중복 적용). 따라서 이 경우에는 중과세가 적용되지 않는다. 해당 주택이 12억 원이 넘는 고가주택이라면 12억 원 초과분의 양도차익에 대해서는 양도소득세가 나오는데 이때 과세형태는 중과세가 아닌 일반과세가 적용하도록 개정되었기 때문이다.

(상황3) 의무를 다한 장기임대주택을 양도하면 중과세를 적용하는가?

등록한 임대주택에 대해 의무임대가 완료된 이후에 이를 양도한 경우에는 중과세에서 제외하는 것이 원칙이다. 참고로 2020년 8월 18일 이후에 4년 단기임대나 8년 장기임대 중 아파트임대에서는 의무임대기간이 종료하면 등록이 자동말소가 된다. 이러한 상태에서 장기임대주택을 언제든지 양도해도 중과세를 적용하지 않는다. 또한 의무임대기간의 1/2 이상이 경과한 상태에서 임차인의 동의를 얻어 자진말소를 신청한 경우에는 말소일로부터 1년 내에 양도하면 역시 중과세를 적용하지 않는다.

② 핵심 포인트

(1) 중과세에서 제외되는 장기임대주택

「소득세법 시행령」 제167조의 3 제1항 제2호에서 정하고 있는 장기임대주택에 대해서는 법에서 정한 요건을 모두 충족한 상태에서 이를 양도하면 중과세를 적용하지 않는다. 그런데 여기서 주의할 것은 중과세에서 제외되는 임대주택의 요건이 시점별로 달라진다는 것이다.

---

39) 원칙적으로 임대주택의 임대 중에 거주주택을 양도해야 비과세가 적용된다.

구분	2018년 3월 31일 이전 등록	2018년 4월 1일 이후 등록	2018년 9월 14일 이후 조정지역에서 취득해 등록
기준시가	6억 원/3억 원 이하	좌동	무조건 중과세
의무임대기간	5년(단기나 장기임대 모두 가능)	8년(장기임대만 가능)	무조건 중과세

2018년 3월 31일 이전에 등록한 경우에는 단기임대든 장기임대든 5년 이상만 임대하면 중과세에서 제외하나, 2018년 4월 1일 이후에는 장기임대로 등록하는 경우에만 중과세에서 제외한다. 그런데 2018년 9월 14일 이후 1세대 1주택 이상 보유한 상태에서 조정지역 내에서 취득한 주택은 단기 또는 장기로 임대등록을 하더라도 장기임대주택으로 보지 않는다. 따라서 이에 해당하는 주택은 모두 양도소득세 중과세가 적용된다.

(2) 자동말소와 자진말소에 따른 중과세 적용제외

2020년 8월 18일부터 4년 단기임대와 8년 장기임대 중 아파트임대에 대해서는 의무임대기간이 경과하면 등록이 자동말소되며, 의무임대기간이 경과하기 전이라도 자진하여 말소할 수 있다. 이에 대한 자세한 내용은 제6장에서 살펴본다.

③ 실전 사례

K씨는 아래와 같이 주택을 보유하고 있다. 상황에 맞게 답을 하면?

> 자료

- 장기임대주택 2채
- 일반주택 1채(거주용 주택)

- 상황1 : 만일 임대주택을 2018년 4월 1일 이후에 4년임대로 등록했다면 중과세가 적용 배제되는가?
- 상황2 : 만일 임대주택을 2018년 4월 1일 이후에 4년임대로 등록했지만 자동말소가 되었다고 하자. 이 경우에도 중과세가 적용배제되는가?
- 상황3 : 만일 임대주택을 2018년 9월 14일 이후 조정지역에서 취득해 8년 장기임대로 등록했다면 중과세에서 제외되는가?

위 상황에 맞는 답을 찾아보면 다음과 같다.

(상황1) 만일 임대주택을 2018년 4월 1일 이후에 4년임대로 등록했다면 중과세가 적용배제되는가?

2018년 4월 1일부터 양도소득세 중과세가 제외되기 위해서는 8년 장기임대로 등록해야한다. 따라서 4년 단기임대로 등록한 경우에는 의무임대를 다한 경우라도 중과세를 적용받게 된다(참고로 종합부동산세도 과세를 당하게 된다). 다만, 단기에서 장기로 임대등록을 변경*한 상태에서 양도한 경우에는 원칙적으로 중과배제를 받을 수 있을 것으로 보인다(종합부동산세는 합산배제 가능).

* 이외 「조특법」 제97조의 3 장기보유특별공제 특례에도 이를 인정한다(단, 2020년 7월 11일 이후부터는 단기에서 장기로의 변경이 사실상 금지되었다).

(상황2) 만일 임대주택을 2018년 4월 1일 이후에 4년임대로 등록했지만 자동말소가 되었다고 하자. 이 경우에도 중과세가 적용배제되는가?

상황1에서 본 것과 같이 2018년 4월 1일 이후에는 8년 장기임대를 해야 한다. 따라서 이에 해당하지 않으면 자동말소나 자진말소 등을 하더라도 중과세 제외를 적용받지 못한다. 착각하기 쉬운 내용에 해당한다.

(상황3) 만일 임대주택을 2018년 9월 14일 이후 조정지역에서 취득해 8년 장기임대로 등록했다면 중과세에서 제외되는가?

2018년 9월 14일 이후 조정지역에서 취득해 임대등록한 주택들은 임대등록을 하더라도 중과세를 적용한다. 이는 2018년 9·13대책과 관계가 있다.

●● 저자 주 ────────────────

적법하게 등록된 주택이 등록말소된 경우 주의할 것은 바로 임대주택 외 거주주택을 양도할 때이다. 말소된 주택을 전부 양도하고 거주주택을 양도하면 비과세가 적용되지 않을 가능성이 높기 때문이다. 원래 주택임대사업자의 거주주택 비과세는 임대주택의 임대 중에 양도해야 적용되는 제도에 해당한다. 제6장을 참조하기 바란다.

「조특법」에 따라 신축주택이나 미분양주택 등에 대해 적용되는 양도소득세 감면주택도 중과세를 적용하지 않는다. 이들은 당초 감면을 약속했기 때문에 중과세를 적용하지 않는 혜택을 부여한다. 이하에서 이에 대해 알아보자.

1 기본 사례

K씨는 아래와 같이 주택을 보유하고 있다. 상황에 맞게 답을 하면?

자료

- A주택 : 2000년대 취득한 양도소득세 감면주택
- B주택 : 2015년에 취득한 일반주택

- 상황1 : 위 상황에서 일반주택을 양도하면 과세방식은?
- 상황2 : 만일 감면주택을 2021년 이후에 양도하면 과세방식은?
- 상황3 : 위 감면주택에 대해서는 중과세를 적용하지 않는 이유는?

위 상황에 맞는 답을 찾아보면 다음과 같다.

(상황1) 위 상황에서 일반주택을 양도하면 과세방식은?

일반주택에 대한 비과세를 적용할 때에는 대부분의 「조특법」상 감면주택에 대해서는 주택 수에서 제외를 해주고 있다. 따라서 감면주택을 제외한 일반주택이 비과세요건을 갖춘 경우에는 비과세를 받을 수 있다.

(상황2) 만일 감면주택을 2021년 이후에 양도하면 과세방식은?

감면주택은 「조특법」에서 규정한 대로 감면이 적용된다. 어떤 경우에는 전체 기간에서 발생한 양도차익에 대해 100%를 감면하는 경우도 있고, 어떤 경우에는 5년간 발생한 소득에 대해서만 감면을 적용하는 경우도 있다. 다만, 감면을 적용할 때에는 일반과세 방식을 통해 감면을 적용한다.

(상황3) 위 감면주택에 대해서는 중과세를 적용하지 않는 이유는?

감면주택은 조세정책적인 목적으로 세금을 경감시켜주는 제도에 해당하기 때문이다.

② 핵심 포인트

감면주택과 관련된 세무상 쟁점들을 정리하면 다음과 같다.

(1) 일반주택을 양도하는 경우

감면주택 외 일반주택이 1채 있는 경우에는 1세대 1주택 비과세를 받을 수 있다. 일시적 2주택인 경우에도 마찬가지다. 다만, 감면주택 외의 주택들이 일시적 2주택이 아닌 경우에는 중과대상 주택 수가 3채 이상이 되어 중과세의 가능성도 있다.

(2) 감면주택을 양도하는 경우

감면주택을 양도하면 중과세를 적용하지 않고 일반과세로 감면을 적용하게 된다.

③ 실전 사례

K씨는 아래와 같이 주택을 보유하고 있다. 상황에 맞게 답을 하면?

> **자료**
>
> • A주택 : 2000년대 취득한 양도소득세 감면주택
> • B주택 : 2015년에 취득한 일반주택

> • 상황1 : 위 상황에서 일반주택을 양도하면 과세방식은?
> • 상황2 : 만일 일반주택을 취득해 일시적 2주택으로 B주택을 양도하면 비과세를 적용받을 수 있는가?
> • 상황3 : 만일 감면주택을 종합부동산세 면제를 받기 위해 4년 단기로 임대등록했지만 자동말소가 되었다고 하자. 이 경우에도 중과세를 적용받지 않는가?

위의 상황에 맞게 답을 찾아보면 다음과 같다.

(상황1) 위 상황에서 일반주택을 양도하면 과세방식은?

앞에서 살펴보았지만 감면주택 외 일반주택에 대해서는 비과세가 적용될 수 있다.

(상황2) 만일 일반주택을 취득해 일시적 2주택으로 B주택을 양도하면 비과세를 적용받을 수 있는가?

비과세 판단 시 감면주택은 주택 수에서 제외되므로 일시적 2주택 비과세요건을 충족하면 이 경우에도 비과세를 받을 수 있다. 이때 양도하는 주택이 고가주택에 해당하는 경우로써 12억 원 초과분에 대해서는 일반과세가 적용된다.

(상황3) 만일 감면주택을 종합부동산세 면제를 받기 위해 4년 단기로 임대등록했지만 자동말소가 되었다고 하자. 이 경우에도 중과세를 적용받지 않는가?

감면주택을 임대등록한 경우가 있다. 이러한 주택은 「조특법」상 감면주택에 해당하는 동시에 「소득세법」에서 정하는 중과세 배제되는 주택에 해당할 수 있다. 참고로 이렇게 두 가지 이상의 규정이 적용되는 경우에는 유리한 것을 선택하면 된다.

중과배제되는 주택 중에 상속주택이 있다. 상속주택은 현장에서 많이 볼 수 있는 사유에 해당하므로 이에 대한 정리를 잘할 필요가 있다. 이하에서 이에 대해 정리를 해보자. 참고로 상속주택에 대한 비과세와 중과세 적용법은 제3장 제9절에서 살펴보았다.

① 기본 사례

K씨는 아래와 같이 주택을 보유하고 있다. 상황에 맞게 답을 하면?

> **자료**
>
> • A주택 : 2015년에 취득한 일반주택
> • B주택 : 2020년에 상속받은 주택
> ※ 피상속인이 남긴 주택은 1채임.

> • 상황1 : 위 상황에서 일반주택을 양도하면 비과세를 받을 수 있는가?
> • 상황2 : 만일 B주택을 먼저 양도하면 비과세를 받을 수 있는가?
> • 상황3 : B주택을 먼저 양도하는 경우 과세방식은?

위 상황에 맞는 답을 찾아보면 다음과 같다.

(상황1) 위 상황에서 일반주택을 양도하면 비과세를 받을 수 있는가?

일반주택을 보유 중에 주택을 상속받은 경우 2주택이 된다. 따라서 이 경우에는 취득의 불가피성이 있으므로 상속받은 당시에 존재한 일반주택에 대해서는 비과세를 적용하는 것이 원칙이다. 물론 이에 대한 혜택을 받기 위해서는 원칙적으로 동일세대원이 아닌 상태에서 요건에 맞는 주택을 상속받아야 한다.

(상황2) 만일 B주택을 먼저 양도하면 비과세를 받을 수 있는가?

일반주택이 있는 상태에서 주택을 상속받은 후 상속주택을 먼저 양도하면 비과세를 받을 수 없다.

(상황3) B주택을 먼저 양도하는 경우 과세방식은?

상속주택을 먼저 양도하는 경우로써 과세가 되는 경우에는 아래와 같이 과세방식이 변경된다.

- 조정지역 내에 소재한 주택인 경우

  상속받은 지 5년 내에 양도하면 일반과세를 적용하고, 5년이 경과한 후에 양도하면 중과세를 적용한다.
- 조정지역 외에 소재한 주택인 경우

  조정지역 외의 주택에 대해서는 언제든지 처분해도 중과세를 적용하지 아니한다.

② 핵심 포인트

상속주택은 양도소득세 비과세 및 중과세와 밀접한 관련성이 있다.

비과세	• 상속 시 보유한 일반주택에 대해서는 비과세가 가능하다. • 비과세를 받기 위해서는 원칙적으로 동일세대원이 아닌 상태에서 상속을 받아야 한다.

중과세	• 상속주택에 대해 양도소득세가 과세되면 중과세가 적용될 수 있다. • 상속개시일로부터 5년 내 양도 시에는 중과세를 적용하지 않는다. 단, 상속주택이 2채 이상인 경우 선순위 상속주택만 이를 적용한다.

소수지분 상속주택	• 1상속소수지분주택은 다른 주택의 비과세 판단 시 주택 수에서 제외된다. • 1상속소수지분주택에 대해서도 양도소득세가 과세되나, 중과세는 적용되지 않는다. 2개 이상의 소수지분주택은 비과세는 제한되나 중과세는 적용되지 않는다.

:: 저자 주 ───────────────────────────────────

양도소득세 비과세와 중과세 판단 시 가장 세무리스크가 큰 유형이 바로 보유한 주택 중에 "상속주택"이 포함된 경우이다. 처분순서 등에 과세방식이 확 달라지기 때문이다. 예를 들어 주택을 상속받은 후에 일반주택을 취득하는 경우 일시적 2주택으로 상속주택을 처분하면 비과세가 가능하나, 일반주택을 먼저 양도하면 비과세가 아닌 중과세가 적용될 수 있다. 상속주택 비과세특례는 "일반주택 보유 중에 상속을 받은 경우"에 적용되기 때문이다. 주의하기 바란다(독자들은 상속주택과 관련된 비과세와 중과세제도를 동시에 파악할 수 있어야 한다. 제3장 제9절 참조).

③ 실전 사례

자료가 아래와 같다고 하자. 상황에 맞게 답하면?

> **자료**
>
> ① 부
> • A주택 : 2015년에 취득한 일반주택
> • B주택 : 2020년에 상속받은 주택(지분율 : 부 2/3, 자 1/3)
>
> ② 자
> • B주택 : 2020년에 상속받은 주택(지분율 : 부 2/3, 자 1/3)

> • 상황1 : 위의 B주택은 누구의 주택에 해당하는가?
> • 상황2 : 만일 A주택을 양도하면 비과세를 받을 수 있는가?
> • 상황3 : 만일 B주택을 양도하면 중과세를 적용받는가?
> • 상황4 : 만일 B주택을 양도하고 난 후 A주택을 양도하면 비과세를 받을 수 있는가?
> • 상황5 : 상속받은 주택이 여러 채라도 5년 이내에 양도하면 중과배제되는가?

상황에 맞게 답을 찾아보면 다음과 같다.

(상황1) 위의 B주택은 누구의 주택에 해당하는가?

지분으로 취득한 상속주택은 원칙적으로 각자의 소유로 한다. 하지만 비과세나 중과세 적용 시에 소수지분에 대해서는 양도소득세 과세에서 불이익을 주지 않기 위해 주택 수 산정방법을 별도로 두고 있다.

• **비과세 적용 시**

소수지분은 본인의 주택 수에서 제외해준다. 사례의 경우 소수지분자는 자녀에 해당한다. 만일 지분이 같은 경우에는 이를 정하는 특칙이 있다. 아래의 집행기준을 참조하자.

🔵 **양도소득세 집행기준 104-167의 3-5 [공동상속주택의 주택 수 계산]**

상속지분이 가장 큰 상속인의 소유로 하여 주택 수를 계산하며, 상속지분이 가장 큰 자가 2인 이상인 경우에는 해당 주택에 거주하는 자, 최연장자의 순서로 해당 공동상속주택을 소유하는 것으로 본다.

〈사 례〉
- 1988년 5월 : 부친 사망으로 부산소재 주택 상속(母 : 3/10, 본인 : 3/10, 2형제 각 2/10씩)
☞ 母와 본인 지분이 같아 상속주택에 거주하는 자가 상속주택의 소유자로 보며, 거주하는 자가 없는 경우 최연장자인 母가 소유한 것으로 봄.

• 중과세 적용 시

상속받은 지 5년이 경과한 주택들은 중과세 대상이 된다(조정지역). 이때 소수지분주택에 대해서는 중과세를 적용하지 않는다. 사례의 경우 자녀가 이에 해당한다. 만일 지분이 같은 경우에는 위와 같은 순으로 판정한다. 따라서 아버지(부)는 중과세, 자녀는 일반과세(또는 비과세)가 적용될 것으로 보인다.

(상황2) 만일 A주택을 양도하면 비과세를 받을 수 있는가?

부는 일반주택인 A주택과 상속주택인 B주택 등 2주택을 보유하고 있다. 따라서 이 경우에는 「소득세법 시행령」 제155조 제2항에 따라 상속주택특례를 적용받아 A주택에 대해 비과세를 받을 수 있다.

(상황3) 만일 B주택을 양도하면 중과세를 적용받는가?

상속받은 주택을 먼저 처분하면 양도소득세가 과세된다. 이때 조정지역 내에서 소재한 상속주택을 상속받은 지 5년이 경과한 상태에서 양도하면 소수지분은 중과세를 적용하지 않지만, 다수지분은 중과세를 적용함에 유의해야 한다. 따라서 아버지(부)는 중과세, 자녀는 일반과세(또는 비과세)가 적용될 것으로 보인다.

(상황4) 만일 B주택을 양도하고 난 후 A주택을 양도하면 비과세를 받을 수 있는가?

가능하다. 다만, 이렇게 상속주택을 먼저 양도한 후에 일반주택을 양도하면 바로 비과세를 받을 수 없다. 2021년 1월 1일부터 최종 1주택을 보유한 날로부터 2년 이상을 보유해야 비과세가 적용되기 때문이다.

(상황5) 상속받은 주택이 여러 채라도 5년 이내에 양도하면 중과배제되는가?

피상속인이 남긴 상속주택이 여러 채인 경우에는 선순위 상속주택 1채만 중과배제를 해준다. 따라서 중과세가 적용되는 후순위 상속주택은 일반주택으로 취급되므로 선순위 상속주택이 아닌 다른 주택을 양도할 때에 중과세가 적용될 수 있는 리스크가 증가한다(「소득세법 시행령」 제167조의 3 제1항 제7호 참조). 아래 Tip에서 다시 살펴보자.

□ **피상속인의 상속주택이 2채 이상인 경우에 주의해야 할 것들**

피상속인의 상속주택이 2채 이상인 경우 일반주택에 대한 비과세와 상속주택 및 일반주택에 대한 중과세를 어떤 식으로 적용하는지 이를 정리하면 아래와 같다.

1. 비과세 적용 시(일반주택 처분 시 비과세 적용여부)

  • 일반주택+선순위 상속주택 보유 시 : 일반주택은 상속주택 특례[1] 또는 일시적 2주택[2]으로 비과세 가능

    [1] 처분기한 없이 비과세를 적용함.

    [2] 처분기한(1~3년) 내에 비과세를 적용함.

  • 일반주택+선순위 상속주택+후순위 상속주택 : 일반주택은 비과세 불가능(3주택자가 됨)

    ☞ 따라서 상속주택은 분산해서 보유하는 것이 좋을 수 있다.

  • 일반주택+후순위 상속주택 보유 시 : 일반주택은 일시적 2주택으로 비과세 가능
  • 일반주택+1선순위 지분주택 보유 시 : 1세대 1주택 비과세 가능
  • 일반주택+2상속소수지분주택 보유 시 : 일반주택은 비과세 불가능(3주택자가 됨)

2. 중과세 적용 시(상속주택 5년 내 처분 시 중과여부)

  • 일반주택+선순위 상속주택* 보유 시 : 중과배제(선순위 상속주택)

    * 선순위 상속주택이 5년이 경과한 경우에는 중과적용(2주택자가 됨. 다음 절의 사례 참조)

  • 일반주택(A)+선순위 상속주택+후순위 상속주택(B) : 선순위 상속주택은 중과배제, 후순위 상속주택은 중과적용(3주택 상태에서 일반주택 양도 시에도 중과적용*)

    * 중과배제주택 1채와 일반주택(A, B)이 2채가 되므로 A나 B를 양도하면 중과세가 적용됨(주의!).

  • 일반주택+후순위 상속주택 보유 시 : 중과적용(2주택자가 됨)

    ☞ 따라서 이 경우에는 일반주택을 먼저 양도해 비과세를 받는 것이 좋다.

  • 일반주택+1상속소수지분주택 보유 시 : 중과배제(소수지분주택은 중과배제)
  • 일반주택+2상속소수지분주택 보유 시 : 중과배제(소수지분주택은 개수와 관계없이 중과배제)

앞에서 본 장기임대주택이나 감면주택, 5년 미경과한 상속주택 등은 모두 중과세가 적용되지 않는 주택들이다. 따라서 이들 주택들은 어떠한 상황에서도 중과세가 적용되지 않는다. 그런데 이러한 주택들 외에도 중과세가 배제되는 유형이 있을 수 있다. 대표적인 것이 바로 1일반주택이다. 이하에서 이에 대해 살펴보자.

① 기본 사례

어떤 이가 아래와 같이 주택을 보유하고 있다. 상황에 맞게 답을 하면?

자료

- 서울시 2채 – 임대등록주택
- 고양시 1채 – 거주용 주택
- 강원도 원주시 1채(기준시가 1억 원) – 단순 보유
※ 고양시 소재 주택은 2015년에 취득, 원주시 소재 주택은 2016년에 취득

- 상황1 : 중과세가 적용되는 주택 수는 몇 채인가?
- 상황2 : 강원도 원주시 소재 주택을 양도하면 과세방식은?
- 상황3 : 고양시 소재 주택을 양도하면 과세방식은?

위 상황에 맞게 답을 찾아보면 다음과 같다.

(상황1) 중과세가 적용되는 주택 수는 몇 채인가?

중과세제도는 중과세가 적용되는 주택 수를 산정하는 것부터 출발한다. 아무리 주택 수가 많다고 하더라도 이와 무관한 주택들은 이의 주택 수에서 제외되기 때문이다. 사례를 통해 이 부분을 조금 더 확인해보자. 사례의 경우 주택 수는 총 4채이나 이 중 3채가 중과세 대상 주택 수에 해당한다.

위의 자료를 아래의 표에 넣어보면 확실히 알 수 있을 것이다.

구 분	서울시	경기도 · 세종시		광역시		이외 지역	계
		시	읍 · 면	시	군		
STEP1 중과대상 주택 수 판정							
소유 주택 수	2	1				1	4
기준시가 (3억 원) 룰 적용 여부	×	×	○ (억 원)	×	○ (억 원)	○ (1억 원)	
중과대상 주택 수	2	1				×	3

(상황2) 강원도 원주시 소재 주택을 양도하면 과세방식은?

강원도 원주시에 소재한 주택은 기준시가가 3억 원에 미달하므로 중과대상 주택 수에서 제외되는 한편 이를 양도 시 중과세율이 적용되지 않는다.

(상황3) 고양시 소재 주택을 양도하면 과세방식은?

고양시 소재 주택은 본인이 거주하고 있는 일반주택에 해당한다. 그렇다면 이 주택을 양도할 때 중과세가 적용될까?

위 자료를 보면 일반주택에는 중과대상 주택 수에서 제외된 원주시 소재 주택과 이에 포함되는 고양시 소재 주택 등 총 2채가 있다. 그렇다면 이때 고양시 소재 주택은 중과세를 적용할까?

아니다. 중과대상 주택 중에서 중과배제되는 주택을 제외한 일반주택이 1채가 되기 때문이다. 그렇다면 고양시 소재 주택은 비과세가 가능할까? 이 역시 아니다. 왜냐하면 일반주택에 대해서 비과세를 받기 위해서는 「소득세법 시행령」 제155조 제20항 주택임대사업자의 거주주택에 해당되어야 하는데 이때에는 장기임대주택을 제외한 일반주택이 1세대 1주택(일시적 2주택 포함)에 해당해야 하기 때문이다. 따라서 위의 물음에 대한 답은 아래와 같이 정리될 수 있다.

- 총 중과대상 주택 수에서 중과배제되는 주택을 제외한 일반주택이 1채만 있는 경우에는 그 일반주택의 양도 시에는 중과세를 적용하지 않는다. 이때 일반주택이 다른 규정에 의해 1세대 1주택 비과세요건을 충족하면 비과세가 가능하다.
- 총 중과대상 주택 수에서 중과배제되는 주택을 제외한 일반주택이 1채만 있는 경우에는 그 일반주택의 양도 시에는 중과세를 적용하지 않는다. 이때 일반주택이 다른 규정에 의해 1세대 1주택 비과세요건을 충족하지 못하면 비과세는 가능하지 않다.

② 핵심 포인트

「소득세법 시행령」 제167조의 3 제1항 제10호에서는 아래에 해당하는 "1개의 일반주택"에 대해서는 중과세를 적용하지 않는다고 하고 있다.

> 10. 1세대가 제1호부터 제8호까지 및 제8호의 2에 해당하는 주택을 제외하고 1개의 주택만을 소유하고 있는 경우에 해당 주택(이하 이 조에서 "일반주택"이라 한다) (2018.2.13. 개정)

여기서 제1호는 아래를 말한다.

①모든 주택이 주택 수에 포함되는 지역	②기준시가 3억 원 초과하는 주택만 주택 수에 포함되는 지역
• 서울특별시 • 광역시(군지역 제외) • 경기도·세종시(읍·면지역 제외)	• 모든 광역시의 군지역 • 경기도·세종시 읍·면지역 • 기타 모든 도지역

그리고 2호부터 제8호의 2에는 중과배제되는 주택들인 장기임대주택, 감면주택, 상속주택 등이 포함된다.

따라서 "위 외 1주택"은 비록 중과대상 주택 수에 포함되지만, 실질이 1채에 해당하기 때문에 이에 대해서는 중과세를 적용하지 않도록 하고 있다(2주택 중과세도 같다).

③ 실전 사례1

아래와 같이 주택을 보유하고 있다. 상황에 맞게 답을 하면?

> 자료
>
> • 서울시 1채(2015년 취득) – 상속주택(상속받은 날로부터 5년 경과함)
> • 고양시 1채(2010년 취득) – 거주용 주택(고가주택)

> • 상황1 : 상속주택을 먼저 양도하면 중과세가 적용되는가?
> • 상황2 : 고양시 소재 주택을 먼저 양도하면 비과세를 받을 수 있는가?
> • 상황3 : 고양시 소재 주택은 비과세요건을 갖추지 못했다고 하자. 이 경우 고양시 주택

을 먼저 양도하면 「소득세법 시행령」 제167조의 3 제1항 제10호에 해당하는 "1개의 일반주택"에 해당하는가?

위 상황에 맞게 답을 찾아보면 다음과 같다.

(상황1) 상속주택을 먼저 양도하면 중과세가 적용되는가?

상속받은 지 5년이 경과한 상속주택은 중과배제되는 주택에서 제외된다. 따라서 이 경우 중과세의 가능성이 있다.

(상황2) 고양시 소재 주택을 먼저 양도하면 비과세를 받을 수 있는가?

서울시 소재 주택이 「소득세법 시행령」 제155조 제2항에서 규정하고 있는 상속주택에 해당하므로 고양시 소재 주택은 비과세를 받을 수 있다.

(상황3) 고양시 소재 주택은 비과세요건을 갖추지 못했다고 하자. 이 경우 고양시 주택을 먼저 양도하면 「소득세법 시행령」 제167조의 10 제1항 제10호에 해당하는 "1개의 일반주택"에 해당하는가?

이에 해당하기 위해서는 상속주택이 위 규정에 의해 중과배제주택에 해당되어야 한다. 그런데 해당 상속주택이 상속받은 지 5년이 경과하였으므로 이 경우에는 중과세가 적용되는 주택이 총 2채가 되므로 이 상태에서 고양시 주택을 양도하면 중과세가 적용될 수 있다. 중과배제되는 주택 외에 일반주택이 1채만 있어야 하는데 2채가 되기 때문이다.

☞ 이때에는 「소령」 제167조의 10 제1항 제8호에 따른 일시적 2주택을 검토해야 한다.

③ 실전 사례2

강원도 춘천시 소재 기준시가 1억 원짜리 3채와 서울시 소재 일시적 2주택을 보유하고 있다고 하자. 이때 서울의 종전주택을 신규주택 취득일로부터 3년 내에 양도하면 중과세가 적용될까?

그렇지 않다.

「소득세법 시행령」 제167조의 10 제1항 제8호에서 정하는 일시적 2주택에 해당하기 때문이다. 원래 이 규정의 "일시적 2주택"에서 2주택은 모두 중과대상 주택을 의미한다. 따라서 이 사례에서 춘천시 소재 주택들은 기준시가가 3억 원에 미달하여 중과대상 주택이 아니므로 중과대상 주택 수는 총 2채가 된다. 그리고 이 2채가 일시적 2주택에 해당하고, 3년 내에 종전주택을 양도하면 중과세를 적용하지 않게 된다. 하지만 과세관청은 사례처럼 3주택 이상인 상태에서는 일시적 2주택 중과배제 규정을 적용하지 않으므로 중과세를 적용한다고 한다(양도, 조심-2021-중-1803, 2021.6.9.). 그러나 중과세제도는 중과세 대상 주택 수가 2주택 이상인 상황에서 적용되는 제도이므로 사례의 경우처럼 주택 수는 많더라도 중과세 대상 주택 수가 2채이면 이를 가지고 중과배제 판단을 하는 것이 타당하다고 본다(만약 그게 아니라면 법조문을 명확히 하는 것이 좋을 것으로 보인다).

● 중과배제되는 일시적 2주택

「소득세법 시행령」제167조의 10 제1항 제8호에서는 일시적 2주택에 대해서는 중과세를 적용하지 않는다. 다만, 여기서 말한 일시적 2주택은 중과대상 주택 수가 2채인 상태에서 종전주택을 3년 내에 양도하는 경우를 말한다. 아래는 해당 규정이다.

> 8. 1주택을 소유한 1세대가 그 주택을 양도하기 전에 다른 주택을 취득(자기가 건설하여 취득한 경우를 포함한다)함으로써 일시적으로 2주택을 소유하게 되는 경우의 종전의 주택[다른 주택을 취득한 날부터 3년이 지나지 아니한 경우(3년이 지난 경우로서 제155조 제18항 각 호의 어느 하나에 해당하는 경우를 포함한다)에 한정한다] (2018.2.13. 신설)

그런데 위에서 말한 일시적 2주택 개념은 「소득세법 시행령」제155조 제1항의 비과세 적용을 위한 일시적 2주택 개념과는 다소 차이가 난다. 아래 표를 통해 비교해보기 바란다.

구 분	중과세에서 제외되는 일시적 2주택	비과세를 적용받은 일시적 2주택
근거	「소득세법 시행령」제167조의 10 제1항 제8호	「소득세법 시행령」제155조 제1항, 제5항
기본요건	1세대가 중과대상 주택 수*를 2주택 보유할 것	1세대가 2주택을 보유할 것
세부요건	종전주택을 신규주택 취득일로부터 3년 내에 양도할 것	• 종전주택과 신규주택의 간극이 1년 이상일 것 • 종전주택은 신규주택 취득일로부터 1~3년 내에 처분할 것 • 종전주택은 2년 이상 보유 및 2년 거주할 것 등
적용 효과	종전주택은 2주택 중과세에서 제외	종전주택은 비과세 적용

* 중과대상 주택 수 : 서울 등 규제지역은 모든 주택, 군·읍·면 지역 등 비규제지역은 기준시가 등 3억 원 이상의 주택 수의 합계액을 말한다(단, 총 주택 수가 3채 이상이면 이 규정을 적용하지 않는다는 게 과세관청의 입장이다). 한편 비과세가 적용되는 일시적 2주택 비과세는 이러한 구분과 무관하게 주택 수를 계산한다(단, 감면주택 등은 비과세 주택 수에서 제외됨).

장기임대주택이나 감면주택, 상속주택, 문화재주택, 농어촌주택 등을 보유한 상태에서 일반주택을 양도하면 비과세를 적용해준다. 이러한 주택들은 소유자의 주택 수에서 제외해주는 특례가 주어지기 때문이다. 그런데 이때 일반주택이 일시적 2주택이고 양도하는 주택이 고가주택인 경우 12억 원 이하분의 양도차익은 비과세가 적용되나, 12억 원 초과분의 양도차익에 대해서는 한동안 중과세가 적용되었다. 중과세를 판단할 때에는 장기임대주택 등도 주택 수에 포함하는 식으로 해석을 해왔기 때문이다. 하지만 2021년 2월 17일 정부는 시행령 개정을 통해 이에 대해서는 중과세를 적용하지 않기로 했다. 이하에서 이에 대해 알아보자.

1 기본 사례

A씨는 아래와 같이 주택을 보유하고 있다. 상황에 맞게 답을 하면?

자료

- 서울시 2채 – 장기임대등록
- 고양시 – 거주용 주택(일시적 2주택)

- 상황1 : A씨는 등록주택 외 일시적 2주택을 양도하고자 한다. 이때 양도하고자 하는 주택이 고가주택이라면 과세방식은(시행령 개정 전 기준)?
- 상황2 : 위의 A씨가 해당 고가주택을 개정 시행령이 통과된 이후에 양도하였다고 하자. 이 경우 고가주택에 대해서는 중과세가 적용되는가?
- 상황3 : 고가주택에 대한 개정 시행령이 통과되기 전에 이미 중과세를 적용받은 경우에는 어떻게 해야 할까?

위 상황에 맞게 답을 찾아보면 다음과 같다.

(상황1) A씨는 등록주택 외 일시적 2주택을 양도하고자 한다. 이때 양도하고자 하는 주택이 고가주택이라면 과세방식은(시행령 개정 전 기준)?

시행령이 개정(2021년 2월 17일)되기 전까지는 3주택 이상을 보유한 경우에는 비과세와 과세방식에 주의해야 한다.

먼저 고가주택에 대한 비과세를 판단할 때 등록주택이 주택 수에서 제외되면 일시적 2주택으로 비과세가 성립한다.

다음으로 고가주택에 대한 과세방식을 판단할 때 등록주택이 주택 수에 포함되면 일시적 2주택으로 과세되는 부분은 3주택자에 해당되어 중과세가 적용될 수 있다. 이처럼 주택 수가 많은 경우에는 일시적 2주택으로 비과세 처분기한 내에 양도하더라도 개정 전에는 중과세의 가능성이 있음에 유의해야 한다.

(상황2) 위의 A씨가 해당 고가주택을 개정 시행령이 통과된 이후에 양도하였다고 하자. 이 경우 고가주택에 대해서는 중과세가 적용되는가?

개정안이 통과된 경우라면 중과세가 적용되지 않는다. 따라서 이 경우 일반과세와 장기보유특별공제를 적용받을 수 있다. 이에 대한 자세한 내용은 아래 "핵심 포인트"를 참조하기 바란다.

(상황3) 고가주택에 대한 개정 시행령이 통과되기 전에 이미 중과세를 적용받은 경우에는 어떻게 해야 할까?

이 경우에는 경정청구와 조세불복 등의 절차를 밟아 구제받도록 한다.

② 핵심 포인트

정부는 2021년 1월 6일 「소득세법 시행령」 개정안을 통해 일시적 3주택자 중 고가주택에 대해서는 중과세를 적용하지 않기로 했다. 이 안은 2021년 2월 17일 확정되었다. 한편 정부는 2021년 1월 27일 추가 개정안 발의를 통해 장기임대주택이나 상속주택을 포함해 2주택이 된 경우에도 비과세가 적용되는 고가주택에 대해서는 더 이상 중과세를 적용하지 않기로 했다. 비과세되는 고가주택이 1주택이든 일시적 2주택이든 이를 따지지 않고 12억 원 초과분에 대한 양도차익에 대해서는 중과세를 적용하지 않는 것이 타당하기 때문이다.

☞ 이처럼 일시적 2주택으로 양도되는 고가주택에 대해 중과세를 적용한 이면에는 1세대 1주택과 일시적 2주택을 달리 보는 것에 기인한 것임을 제3장에서 분석한 바 있다.

현 행	개정 안
□ 3주택 이상 보유한 1세대가 조정지역 내 주택 양도시 양도소득세 중과에서 제외되는 주택	□ 중과 제외 주택 추가
○ 수도권 외의 지역에 소재하는 기준시가 3억 원 이하 주택	
○ 장기임대주택 등	
○ 10년 이상 무상제공한 사택	
○ 「조특법」상 양도소득세 감면 주택	
○ 문화재주택·상속주택·가정어린이집으로 사용한 주택·저당권 실행으로 취득한 주택 등	○ (좌 동)
○ 상기 주택 외에 1개의 주택만 소유하는 경우 해당 주택	
○ 조정지역 공고 전 해당 지역의 주택을 양도하기 위하여 매매계약을 체결하고 계약금을 지급받은 주택	
〈 추 가 〉	○ 1세대 1주택 비과세 특례 대상 주택*이 대체주택 취득으로 일시적으로 3주택 이상이 된 경우 해당 특례 주택 * 등록임대사업자의 거주주택 등

〈개정이유〉 양도소득세 중과세율이 적용되는 주택 범위 합리화

〈적용시기〉 이 영 시행일 이후 양도분부터 적용

Tip ○

□ 일시적 3주택에 대한 중과세 적용 배제

1세대 1주택(일시적 2주택 포함) 고가주택 과세방식을 먼저 살펴보고 이번 개정 규정의 의미를 정리해보자.

1. 양도차익 비과세와 과세분 안분

  1세대 1주택이나 일시적 2주택 상태에서 종전주택을 양도하면 비과세를 받을 수 있다.

다만, 이때 종전주택이 고가주택인 경우에는 아래와 같이 과세방식이 결정된다.

- 비과세 적용

  총 양도차익×(12억 원/양도가액)
- 과세 적용

  총 양도차익×(양도가액 − 12억 원/양도가액)

예를 들어 5억 원에 산 주택이 15억 원이 되어 이를 양도해서 비과세가 적용되면 아래와 같이 과세방식이 결정된다.

구분	비과세	과 세
금액	8억 원	2억 원
근거	전체 양도차익 10억 원×(12억 원/15억 원)	전체 양도차익 10억 원×(15억 원 − 12억 원)/15억 원
과세방식	비과세	아래에서 검토

2. 과세분에 대한 과세방식 결정

(1) 종전 규정

2021년 개정 시행령이 시행(앞 페이지 참조, 2021년 2월 17일 시행)되기 전까지는 고가주택이 일시적 2주택 등에 의해 비과세가 되는 경우라도 과세되는 부분에 대해서는 중과세가 적용되었다. 예를 들어 비과세 판단 시 주택 수에 제외되는 감면주택과 일시적 2주택 상태에서 일시적 2주택으로 양도한 주택이 15억 원이고 과세되는 양도차익이 1억 원이라면 이에 대해서는 중과세가 적용되었다는 것이다. 감면주택은 비과세를 적용할 때 주택 수에서는 제외되나 중과세를 판단할 때에는 주택 수에 포함되어 총 3채가 된 상태에서 과세가 되었기 때문이다. 이러한 원리는 상속주택, 장기임대주택 등에도 그대로 적용된다.

- 일시적 3주택 이상 : 중과세율(6~45%+20~30%p, 2021년 6월 이후) 적용, 장기보유특별공제 적용배제

(2) 개정 규정

2021년 개정 시행령이 공포된 이후에는 비과세가 적용되는 고가주택에 대해서는 중과세가 더 이상 적용되지 않는다.

- 일반세율(6~45%) 적용, 장기보유특별공제 적용(최대 80% 공제 가능)

❏ **양도소득세가 감면되는 주택 중과세율 적용제외 주택 추가**(소득령 §167의 3, §167의 4, §167의 10, §167의 11)

이번 「소득세법 시행령」 개정안에서는 공익사업용으로 수용되는 양도소득세가 감면되는 주택에 대해서도 중과세를 적용하지 않는다.

현 행	개 정 안
☐ 다주택자가 조정지역 내 주택 양도시 양도소득세 중과에서 제외되는 주택	☐ 중과 제외 주택 추가
○ 수도권 외의 지역에 소재하는 기준시가 3억 원 이하 주택	
○ 장기임대주택 등	
○ 10년 이상 무상제공한 사택	
○ 「조특법」상 양도소득세 감면 주택	○ (좌 동)
○ 문화재주택·상속주택·가정어린이집으로 사용한 주택·저당권 실행으로 취득한 주택 등	
○ 상기 주택 외에 1개의 주택만 소유하는 경우 해당 주택	
○ 조정지역 공고 전 해당 지역의 주택을 양도하기 위하여 매매계약을 체결하고 계약금을 지급받은 주택 등	
〈 추 가 〉	○ 양도소득세가 감면되는 공익사업용 주택 (「조특법」§77)
	− 토지보상법·도시정비법 등에 따라 수용·양도되는 주택

〈개정이유〉 양도소득세 중과 제외 주택 범위 합리화
〈적용시기〉 이 영 시행일 이후 양도분부터 적용

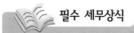
사례 1

다음의 자료를 보고 중과대상 주택 수를 판정하고 아래의 부산시 해운대구 소재 주택을 양도하는 경우 적용세율은 어떻게 될지 알아보자.

> 예) 서울시 2채 – 기준시가 각각 5억 원(이중 한 채는 양도소득세 감면주택)
>   부산시 해운대구 1채 – 기준시가 2억 원
>   강원도 원주시 1채 – 기준시가 1억 원
>   ※ 서울과 부산시 해운대구는 조정지역에 해당함.

위 자료에 맞춰 중과세 적용여부를 판단해보자.

구분	서울시	경기도·세종시		광역시		이외 지역	계
		시	읍·면	시	군		
STEP1 중과대상 주택 수 판정							
소유 주택 수	2			1		1	4
기준시가 (3억 원) 룰 적용 여부	×	×	○ (억 원)	×	○ (억 원)	○ (1억 원)	
중과대상 주택 수	2			1		(3억 원에 미달하므로 제외)	3(3주택 중과세 적용)
STEP2 중과배제주택 판정(중과배제주택은 중과세를 적용하지 않음)							
중과배제 주택	감면주택	장기 임대주택	상속주택	문화재 주택	사원용 주택	소형주택	1일반 주택
당해 주택	–	–	–	–	–	(3주택은 폐지)	–
STEP3 중과세 적용여부 판정							
최종 중과세 판정	양도주택이 조정지역 내에 소재하는 지의 여부 ○		조정지역 내에 있는 부산시 해운대구 주택은 위의 2단계 중과배제주택인 감면주택 등에 해당하지 않으므로 양도 시 3주택 중과세율(+30%p)의 세율로 과세된다.				

사례1에서 만일 부산에 소재한 주택이 조정지역이 아닌 지역에 소재하는 경우 중과세가 적용될까?

만일 개정세법이 조정지역 내의 주택에 대해서만 중과세를 적용하겠다고 정해진다면, 부산시의 조정지역이 아닌 곳에 소재한 주택들은 중과배제주택에 해당한다. 따라서 아래와 같은 결론이 도출된다.

구분	서울시	경기도·세종시		광역시		이외 지역	계
		시	읍·면	시	군		

STEP1 중과대상 주택 수 판정

구분	서울시	시	읍·면	시	군	이외 지역	계
소유 주택 수	2			1		1	4
기준시가 (3억 원) 룰 적용 여부	×	×	○ (억 원)	×	○ (억 원)	○ (1억 원)	
중과대상 주택 수	2			1		(3억 원에 미달하므로 제외)	3(3주택 중과세 적용)

STEP2 중과배제주택 판정(중과배제주택은 중과세를 적용하지 않음)

중과배제 주택	감면주택	장기 임대주택	상속주택	문화재 주택	사원용 주택	소형주택	1일반 주택
당해 주택	–	–	–	–	–	(3주택은 폐지)	–

STEP3 중과세 적용여부 판정

중과세 판정	양도주택이 조정지역 내에 소재하는 지의 여부	부산시에 소재하지만 조정지역이 아닌 곳에 소재하므로 이는 일반세율이 적용된다.
	×	

☞ 2022년 1월 현재 전국적으로 조정지역이 많이 지정되어 있어 중과세 대상 주택 수 판정과 중과배제 주택 등의 판단 시 주의가 필요하다. 예를 들어 지방 소도시가 조정지역으로 지정되었다고 하더라도 기준시가 3억 원에 미달하면 중과세 대상 주택 수에서 제외되므로 이러한 주택은 조정지역 지정과 무관하게 중과세가 적용되지 않는다.

다음의 자료를 보고 중과대상 주택 수를 판정하고 원주시 주택을 양도하는 경우 적용세율은 어떻게 될지 알아보자. 단, 이 주택은 2018년 4월 1일 이후에 양도한다고 하자.

예) 서울시 1채 - 기준시가 5억 원
　　강원도 원주시 1채 - 기준시가 1억 원

2주택자에 대한 중과세 판정은 3주택자 보다는 쉽게 끝날 수 있다. 위 자료에 맞춰 중과세 적용여부를 판단해보자.

구분	서울시	경기도·세종시		광역시		이외 지역	계
		시	읍·면	시	군		
STEP1 중과대상 주택 수 판정							
소유 주택 수	1					1	2
기준시가 (3억 원) 룰 적용 여부	×	×	○ (　억 원)	×	○ (　억 원)	○ (1억 원)	
중과대상 주택 수	1					(3억 원에 미달하므로 제외)	1(중과세 제도와 무관)
STEP2 중과배제주택 판정(중과배제주택은 중과세를 적용하지 않음)							
중과배제 주택	감면주택	장기 임대주택	상속주택	문화재 주택	사원용 주택	소형주택	1일반 주택
당해 주택	-	-	-	-	-	○	
STEP3 중과세 적용여부 판정							
최종 중과세 판정	양도주택이 조정지역 내에 소재하는 지의 여부 ×	중과대상 주택 수가 1채에 불과하므로 중과세제도를 적용받지 않는다. 따라서 원주시 주택은 일반세율로 과세된다.					

〈추가분석〉

만일 위의 원주시 소재 주택이 원주가 아닌 서울에 있다고 가정하면 이때의 중과세율은 어떤 식으로 적용될까?

구분	서울시	경기도·세종시		광역시		이외 지역	계
		시	읍·면	시	군		
STEP1 중과대상 주택 수 판정							
소유 주택 수	2						2
기준시가 (3억 원) 룰 적용 여부	×	×	○ (억 원)	×	○ (억 원)	○ (억 원)	
중과대상 주택 수	2						2(2주택 중과세 적용)
STEP2 중과배제주택 판정(중과배제주택은 중과세를 적용하지 않음)							
중과배제 주택	감면주택	장기 임대주택	상속주택	문화재 주택	사원용 주택	소형주택 (1억 원 이하)	1일반 주택
당해 주택	–	–	–	–	–	○	–
STEP3 중과세 적용여부 판정							
최종 중과세 판정	양도주택이 조정 지역 내에 소재하 는 지의 여부 ○	중과대상 주택 수가 2채에 해당하나 서울 시 소재 소형주택은 일반과세를 적용받게 된다. 2주택자의 소형주택은 중과세를 적용하지 않기 때문이다. 3주택자는 소형주택에 대해 중과세 한다(2주택자와 차이점).					

☞ 3주택 중과세에 비해 2주택 중과세에서 중과배제주택의 범위가 훨씬 더 넓다. 부득이하게 2주택을 보유한 경우가 많은 현실을 고려한 이유에서 그렇다. 이에는 대표적으로 아래와 같은 것들이 있다 (제4장 참조).

- 부득이한 사유(취학, 근무상의 형편, 질병의 요양 등)로 다른 시·군으로 주거를 이전하면서 취득한 주택(사유가 해소된 날로부터 3년 내 양도)

  * 참고로 이러한 사유로 수도권 밖의 주택을 취득한 경우 이 사유가 해소된 날로부터 3년 내에 일반주택을 양도 시 비과세를 적용한다(「소득세법 시행령」 제155조 제8항).

- 소형주택(기준시가 1억 원 이하)
- 일시적 2주택(3년 내 종전주택 처분) 등

다음의 자료를 보고 중과대상 주택 수를 판정하고 서울시 주택을 양도하는 경우 적용세율은 어떻게 될지 알아보자. 단, 이 주택은 2018년 4월 1일 이후에 양도한다고 하자.

예) 서울시 1채 – 기준시가 5억 원
　　성남시 분양권 1개 – 2021년 이후 취득분
　　익산시 분양권 1개 – 2021년 이후 취득분(공급가격 2억 원)

위 자료에 맞춰 중과세 적용여부를 판단해보자.

구분	서울시	경기도·세종시		광역시		이외 지역	계
		시	읍·면	시	군		
STEP1 **중과대상 주택 수 판정**							
소유 주택 수	1	1				1	3
기준시가 (3억 원) 룰 적용 여부	×	×	○ (억 원)	×	○ (억 원)	○ (2억 원)	
중과대상 주택 수	1	1				(3억 원에 미달하므로 제외)	2
STEP2 **중과배제주택 판정(중과배제주택은 중과세를 적용하지 않음)**							
중과배제 주택	감면주택	장기 임대주택	상속주택	문화재 주택	사원용 주택	소형주택	1일반 주택
당해 주택	–	–	–	–	–	–	–
STEP3 **중과세 적용여부 판정**							
최종 중과세 판정	양도주택이 조정지역 내에 소재하는 지의 여부 ○		2021년 1월 1일 이후 취득한 분양권도 주택 수에 포함된다. 따라서 중과대상 주택 수가 2채이므로 서울시 주택은 2주택 중과세율이 적용된다.				

☞ 2021년 1월 1일 이후에 취득한 분양권도 비과세와 중과세 판단 시 주택 수에 산입됨에 다시 한번 유의하기 바란다.

필수 세무상식

비과세와 중과세 적용법 비교

비과세는 국가가 과세권을 포기한 것을 말하며 세금이 완전 면제되는 경우를 말한다. 이에 반해 중과세는 말 그대로 세금을 무겁게 과세하는 제도를 말한다. 주택 중과세제도에는 3주택 중과세와 2주택 중과세가 있는데 2018년 4월 1일부터 적용되고 있다. 비과세는 종전부터 계속 이어지고 있다. 이하에서 이 제도를 비교해보자.

1. 과세단위

주택에 대한 중과세와 비과세는 모두 1세대를 중심으로 판단한다. 즉 이들이 보유한 주택 수에 따라 비과세 또는 중과세가 결정된다. 따라서 보유한 주택 수가 2주택 이상이면 중과세가 적용될 수 있으나, 주택 수를 1주택으로 낮추면 비과세도 가능해진다. 세대의 중요성을 다시 한 번 알 수 있다.

2. 주택 수 산입 여부

비과세나 중과세를 판단할 때 보유한 주택을 제외해주는 경우가 있다. 따라서 주택 수가 많더라도 비과세 또는 중과세 판단 시에 이를 제외해주면 상황을 유리하게 만들 수 있다. 아래의 표는 비과세와 중과세 판단 시에 필요한 주택 수에 산입되는지의 여부를 담고 있다. 같은 감면주택이라도 비과세를 판단할 때에는 이 주택이 보통 주택 수에서 제외되나, 중과세를 판단할 때에는 주택 수에 산입되어 다른 주택의 과세방식에 영향을 미치게 된다.

구 분		비과세 판단 시	중과세 판단 시
개인소유	공동명의주택	• 원칙 : 각각 1주택 • 예외 : 동일세대는 1주택	좌동
	상속소수지분주택	주택 수에서 제외	좌동
	다가구주택	1주택에 해당	좌동
	상가겸용주택 중 주택부분	1주택에 해당(원칙)	좌동
	감면주택	주택 수에서 제외	주택 수에 산입
	입주권	1주택에 해당	좌동
	분양권	1주택에 해당(2021년 1월 1일)	좌동
등록임대주택		주택 수에서 제외	주택 수에 산입

구 분	비과세 판단 시	중과세 판단 시
매매업용 재고주택	주택 수에서 제외	주택 수에 산입
법인소유주택	관계없음.	좌동

* 부동산매매업사업자가 보유하고 있는 주택은 비과세 판단 시에는 주택 수에서 제외되지만 중과세를 판단할 때에는 포함됨에 유의해야 한다. 후자의 경우 부동산매매업의 경우 종합소득세와 양도소득세 중 많은 세액을 산출세액으로 하는 비교과세가 적용되기 때문에 주택 수에 포함한다.

3. 적용지역

비과세요건 중 거주요건과 다주택자에게 적용되는 중과세제도는 조정지역 내에 있는 주택을 타겟으로 한다. 하지만 주택임대사업자의 거주주택 비과세 적용 시 거주요건은 전국을 대상으로 한다. 이처럼 제도에 따라 적용지역이 달라진다.

4. 적용시점

비과세와 양도소득세 중과세 판단은 통상 '양도일 현재'를 기준으로 판단한다. 하지만 최근 세법이 복잡해지면서 적용시점 판단이 애매모호하게 된 경우가 많다. 특히 세법이 개정되면서 그렇다. 비과세와 중과세를 구분해서 세부적으로 알아보자.

(1) 비과세 판단

- 주택 수 : 양도일 현재기준
- 2년 보유 : 양도일 현재기준(단, 최종 1주택만 보유한 날로부터 2년)
- 2년 거주 : 취득일 기준(단, 2017년 8월 3일 이후 취득분부터 적용. 2021년부터는 1주택만 보유한 날 중에서 거주해야 함)

(2) 중과세 판단

- 2주택·3주택 중과세 판단 : 양도일 현재 기준(취득일과 무관)

 **필수 세무상식**

일시적 2주택관련 세무리스크 관리법

주택 세제 중 세무리스크 대부분은 일시적 2주택이나 주택임대사업자에서 발생하고 있다. 전자는 실수요자의 관점에서 후자는 투자수요자의 관점에서 그렇다. 이중 일시적 2주택에 대한 세무리스크 관리법을 알아보자. 주택임대사업자에 대해서는 제6장과 제7장에서 별도로 살펴보자.

1. 일시적 2주택의 개념

"일시적 2주택"이란 주로 1주택자가 거주지를 옮기는 과정에서 잠시 동안 2주택이 되는 상황을 말한다. 세법은 종전주택을 처분하는 조건으로 1주택자처럼 세제지원을 해준다.

2. 일시적 2주택과 취득세

2020년 8월 12일 이후부터 다주택자에 대한 취득세 중과세가 도입되었다. 그렇다면 일시적 2주택자는 중과세율을 적용하지 않아야 하는데 이때 상황별로 처분기한 등이 달라진다.

① 조정지역 1주택자가 조정지역 내에서 주택을 취득한 경우

　둘 모두 규제지역이다. 따라서 종전주택을 신규주택 취득일로부터 1년 내에 처분하는 조건으로 중과세를 적용하지 않는다(취득세에서는 전입의무 등은 두고 있지 않다).

② 비조정지역 1주택자가 조정지역 내에서 주택을 취득한 경우

　신규주택이 조정지역에 속한다. 이 경우 종전주택은 3년 내에 처분해야 중과세를 적용하지 않는다.

③ 이외의 상황은 「지방세법」상 일시적 2주택이 아니므로 취득세는 일반세율이 적용되는 한편 처분기한도 없다.

　예) 조정지역 1주택자가 비조정지역 1주택 취득 시

　　이 경우에는 종전주택의 처분 없이도 일반세율을 적용한다.

참고로 분양권과 입주권이 포함된 경우에는 종전주택의 개념 등이 일반주택과 일부 차이가 난다. 자세한 내용은 「지방세법 시행령」 제28조의 5 규정을 참조하기 바란다. 한편 취득세 중과세율 8% 등 적용 시 시가표준액 1억 원 이하의 주택 등은 주택 수에서 제외한다.

3. 일시적 2주택과 종합부동산세

「종합부동산세법」에서는 일시적 2주택에 대한 특칙을 두고 있지 않다. 따라서 매년 6월 1일에 소유권을 가지고 있으면 이에 대해서는 무조건 종합부동산세를 부과한다.

4. 일시적 2주택과 양도소득세 비과세

「소득세법 시행령」 제155조 제1항과 제5항 등에서는 일시적 2주택 양도소득세 비과세에 대해 다양한 방법으로 규정하고 있다.

(1) 종전주택의 처분기한

① 조정지역 1주택자가 조정지역 내에서 주택을 취득한 경우

둘 모두 규제지역에 속해 있다. 이 경우 비과세 처분기한은 신규주택의 취득시기 별로 1~3년 내이다. 그리고 신규주택 취득시기가 2019년 12월 17일 이후인 경우에는 신규주택으로 1년 내에 전입해야 하는 의무가 추가로 주어진다.

② 위 외의 경우

이 경우에는 신규주택 취득일로부터 3년 내에 종전주택 처분 시 비과세를 적용한다 (위의 취득세와는 다름).

☞ 부득이한 사유로 수도권 밖에 소재하는 주택을 취득하여 2주택이 된 경우에는 부득이한 사유가 해소된 날로부터 3년 내에 종전주택을 양도하면 비과세를 적용해준다. 자세한 내용은 「소득세법 시행령」 제155조 제8항을 참조하기 바란다.

(2) 최종 1주택 보유 및 거주기간 계산법

① 종전주택 취득당시부터 일시적 2주택인 경우

이 경우에는 종전주택의 취득일로부터 2년 보유기간을 계산한다.

② 다주택자가 처분 후 신규주택 취득으로 일시적 2주택이 된 경우

이 경우에는 종전주택 1채만 있는 날로부터 2년 보유기간을 계산한다.

③ 다주택자가 처분 후 일시적 2주택이 된 경우

이 경우에는 종전주택의 취득일로부터 2년 보유기간을 계산한다. 단, 최근 해석이 바뀌어 2021년 11월 2일 이후부터는 종전주택 1채만 있는 날로부터 2년 보유기간을 계산한다.

5. 일시적 2주택과 양도소득세 중과세

「소득세법 시행령」 제167조의 10 제1항 제8호에서 정하고 있는 "일시적 2주택"은 종전주택을 신규주택의 취득일로부터 3년 내에 처분하면 중과세를 적용하지 않도록 하고 있다. 이때 주택은 모두 중과대상 주택을 말한다. 이러한 내용을 토대로 상황별로 양도소득세 중과세 문제를 판단해보자.

① 일시적 2주택 양도소득세 비과세 적용이 가능한 경우

종전주택 보유 중에 신규주택을 취득한 경우에는 종전주택을 1~3년 내에 양도하면 비과세가 가능하다. 이 경우에는 중과세는 적용되지 않는다. 참고로 위 종전주택이 고가주택인 경우에 12억 원 초과분에 대한 양도차익에 대해서도 중과세율이 적용되지 않는다.

② 일시적 2주택 양도소득세 비과세가 가능하지 않는 경우

비과세 요건 등을 충족하지 못한 경우에는 종전주택을 신규주택을 취득한 날로부터 3년 내에 처분하면 2주택 중과세를 적용하지 않는다. 2주택 중과배제 주택에 해당하기 때문이다.

③ 중과대상 주택 수가 3채 이상인 경우

이 경우에는 중과배제되는 일시적 2주택이 아니므로 이 경우에는 중과세를 적용하는 것이 원칙이다.

☞ 중과배제되는 일시적 2주택 규정은 3주택 이상 상태에서는 적용되지 않는다고 해석하고 있음에 유의해야 한다.

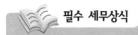

부동산 교환전략

부동산의 교환을 통해서 세금문제를 해결하려는 시도들이 있다. 그렇다면 과연 뜻대로 이를 해결할 수 있을까?

이하에서 부동산의 교환과 관련된 세금문제를 살펴보자.

1. 교환도 양도에 해당하는가?

원래 세법상 양도는 자산에 대한 등기 또는 등록에 관계없이 매도·교환·현물출자 등에 의해 그 자산이 유상으로 사실상 이전되는 것을 말한다. 따라서 교환의 경우에도 엄연한 양도에 해당하므로 다음과 같은 제도들이 적용된다.

- 교환으로 양도한 자산 → 양도소득세 규정이 적용된다. 만일 해당 자산이 1세대 1주택이면 비과세를 받을 수 있다.
- 교환으로 취득한 자산 → 취득세 등이 과세된다.

2. 일시적 2주택 비과세를 받을 수 있을까?

일반적으로 새로운 주택을 산 날로부터 종전 주택을 비과세 처분기한 내에 양도하면 비과세를 받을 수 있다. 그렇다면 교환으로 취득한 주택의 취득일로부터 비과세 처분기한 내에 종전 주택을 양도하면 비과세를 받을 수 있을까?

교환으로 인한 취득도 유상취득의 하나이므로 당연히 일시적 2주택 비과세 특례를 받을 수 있다고 할 수 있다.

예를 들어 보자.

서울에서 거주하고 있는 김달수씨는 다음과 같이 2주택을 보유하고 있다. 그는 교환을 통해서 B주택을 양도하고 C주택을 구입했다. 이러한 상황에서 A주택을 C주택 구입일로부터 비과세 처분기한 내에 양도하면 비과세를 받을 수 있을까?

- A주택 : 양도예상가액 5억 원, 취득가액 3억 원
- B주택 : 양도예상가액 3억 원, 취득가액 3억 원

일단 교환에 의한 양도한 B주택은 양도차익이 없으므로 양도소득세는 없다. 그리고 교환으로 인해 취득한 C주택을 구입한 날로부터 비과세 처분기한 내에 A주택을 양도하면 비과

세를 받을 수 있다.

3. 양도소득세의 계산은?

만일 다음과 같은 A와 B주택을 교환한다고 하자. 그리고 이 거래가 양도소득세 과세대상이라면 양도차익은 어떻게 구할까?

- A주택 : 양도예상가액 5억 원, 취득가액 2억 원
- B주택 : 양도예상가액 5억 원, 취득가액 3억 원

A주택 소유자는 해당 주택이 양도대상이 되므로 양도차익은 3억 원(=5억 원-2억 원)이 되며, B주택 소유자는 2억 원이 된다.

☞ 참고로 자산을 교환하는 경우 양도가액 및 취득가액은 교환계약서에 표시된 실지거래가액에 의하는 것이나 교환계약서에 표시된 가액이 없거나 또는 「소득세법 시행령」 제176조의 2 제1항의 규정에 해당하는 경우로서 실지거래가액을 인정 또는 확인할 수 없는 경우에는 「소득세법」 제114조 제7항의 규정에 의하여 매매사례가액, 감정가액, 환산가액, 기준시가를 순차로 적용한다(실무상 쟁점이 될 수 있으므로 반드시 세무전문가를 통해 확인할 것).

4. 교환전략 사례

K씨의 아버지는 현재 9억 원짜리 1주택을 10년 넘게 보유하고 있다. K씨는 자신이 보유하고 있는 시세 5억 원짜리와 교환하고자 한다.

첫째, 이 경우 매매가액을 얼마로 정하면 문제가 없을까?

K씨의 아버지 것은 9억 원, 자녀의 것은 5억 원으로 하면 문제가 없다.

둘째, K씨는 자금을 부담없이 아버지 집을 교환하고 싶다. 그러기 위해 아버지 집을 7억 원으로 하고, 자신의 집도 7억 원으로 하려고 한다. 문제는 없을까?

① 아버지의 경우

저가양도에 해당되고 5% 룰을 벗어나므로 부당행위계산부인제도를 적용받을 수 있다. 하지만 이 제도를 적용받는다고 해도 아버지는 1세대 1주택이고 비과세를 받을 수 있기 때문에 큰 문제는 없다. 한편 자녀인 K씨는 저가양수에 해당하지만 이때 30% 룰은 벗어나지 않으므로 증여세 문제는 없다.

② K씨의 경우

고가양도의 경우에는 양도자에게 증여세가 부과될 수 있지만 30% 룰을 벗어나지 않으므로 증여세가 없다. 한편 고가 양수자는 당장의 세무문제는 없지만 향후 이를 양도 시 취득가액이 고가양수금액이 아닌 시가로 정정해 과세가 될 수 있다.

이렇게 보면 자녀는 별도의 자금을 투입하는 것이 없이 5억 원 대신 9억 원의 집을 취득할 수 있게 된다(자금출처조사 등에서도 유리).

셋째, 만일 아버지가 2주택자로서 중과세를 적용받으면 위의 두 번째 결과는 어떻게 될 것인가?

① 아버지의 경우

저가양도에 해당되고 5% 룰을 벗어나므로 부당행위계산부인제도를 적용받을 수 있다. 아버지의 경우 2주택자에 해당하므로 시가와 저가양도 차이에 대해 양도소득세가 추가로 과세될 수 있다. 한편 자녀인 K씨는 저가양수에 해당하지만 이때 30% 룰은 벗어나지 않으므로 증여세 문제는 없다.

② K씨의 경우

앞에서 살펴본 바와 같다.

☞ 다주택자가 주택을 법인에 양도 또는 증여하는 경우에는 법인에 대한 세제와 주주에 대한 증여세 과세문제를 검토해야 한다. 이에 대한 자세한 내용은 저자의 「법인부동산 세무리스크 관리노하우」를 참조하기 바란다.

●● 저자 주 ─────────

다주택자가 보유세와 양도소득세 중과세 등을 피하기 위해 자녀 등에게 증여 등을 하는 경우에도 12%의 취득세율이 적용될 수 있다. 또한 증여 후 남은 주택을 비과세 받을 때 "최종 1주택"에 대한 보유기간 계산법이 적용될 수 있다. 이에 유의하기 바란다.

제**5**장

주택 양도소득세 감면관련 세무리스크 관리법

　제5장에서는 주택에 대한 양도소득세 감면과 관련된 내용들을 정리한다. 양도소득세 감면은 조세정책적인 목적으로 「조세특례제한법」에서 수시로 정해진다. 따라서 감면을 정확하게 적용하기 위해서는 반드시 해당 규정을 정교하게 검토해야 한다.

　이장의 핵심 내용들은 다음과 같다.
- 양도소득세 감면제도관련 세무리스크 관리법
- 감면주택 처분순서관련 세무리스크 관리법
- 감면세액 계산관련 세무리스크 관리법
- 감면주택과 관련하여 유의해야 할 사항들
- 주택 양도소득세 감면규정 체크리스트

양도소득세 감면제도관련 세무리스크 관리법

감면은 세법에서 정하고 있는 감면요건을 충족한 납세의무자들에게 세금의 일부나 전부를 경감시켜주는 것을 말한다. 세제지원을 통해 일정한 정책적인 효과를 달성하기 위해 국회에서 법률을 정해 시행하고 있다. 이하에서는 부동산 거래 시 알아야 할 감면제도에 대해 알아보자.

① 기본 사례

다음과 같은 물건을 거래 중에 있다. 상황에 맞게 답하면?

자료

> • A부동산 : 주택
> • B부동산 : 상가

> • 상황1 : 세법에서는 취득세나 양도소득세를 감면하는 경우가 있는데 이는 왜 하는가?
> • 상황2 : 감면을 받으려면 신고를 별도로 해야 하는가?
> • 상황3 : 이 사례에서 어떤 부동산이 양도소득세 감면대상이 될 수 있을까?
> • 상황4 : 이 주택은 「조특법」 제97조의 5에 따라 등록한 아파트에 해당한다. 이 경우 감면은 어떻게 적용되는가?

위의 상황에 대해 순차적으로 답을 찾아보자.

(상황1) 세법에서는 취득세나 양도소득세를 감면하는 경우가 있는데 이는 왜 하는가?

감면은 산출세액의 일부나 전부를 경감하는 것을 말한다. 감면은 주로 조세정책적인 목적을 위해 세법에서 이에 대해 별도의 규정을 두고 있다.

• 임대주택 취득세 감면 → 주택임대업을 장려하기 위해서이다.
• 주택 양도소득세 감면 → 미분양주택의 해소를 통해 경제발전을 도모하기 위해서이다.
• 농지 양도소득세 감면 → 농업인들을 보호하기 위해서이다.

(상황2) 감면을 받으려면 신고를 별도로 해야 하는가?

감면은 관할 지자체나 관할 세무서의 확인을 요한다. 따라서 신고를 전제로 한다.

(상황3) 이 사례에서 어떤 부동산이 양도소득세 감면대상이 될 수 있을까?

주택의 경우가 양도소득세 감면대상이 될 수 있다. 다만, 실제 감면이 적용되는지의 여부는 「조특법」 등에서 관련 규정을 참조해야 한다.

(상황4) 이 주택은 「조특법」 제97조의 5에 따라 등록한 아파트에 해당한다. 이 경우 감면은 어떻게 적용되는가?

이 규정은 비교적 최근에 등장한 감면제도로 임대주택을 장기로 등록하는 것을 유도하기 위해 등록 후 10년 이상 임대하면 임대기간 중의 발생한 소득에 대해 100% 감면을 적용한다. 그런데 최근 「민간임대주택법」의 개정에 따라 8년 장기임대주택 중 아파트는 이 기간이 경과하면 등록이 자동말소되어 이 감면을 받지 못하게 되었다. 이처럼 감면이 적용되는 경우라도 세제가 변동하면 이의 내용이 달라질 수 있음에 늘 유의해야 한다.

② 핵심 포인트

부동산에 대한 감면은 다음과 같은 절차로 이루어진다.

감면요건	• 양도소득세 감면주택은 「조특법」에 규정되어 있다. • 감면요건에는 계약시점, 주택규모, 호수 등이 혼재되어 있다.

감면신청	• 감면주택을 양도한 경우에는 양도소득세 신고에 맞춰 감면신청을 해야 한다.

사후관리	• 양도소득세 감면의 경우에는 특별한 사후관리가 없다. 보통 양도시점을 기준으로 감면을 허용하기 때문이다.

☞ 주택에 대한 양도소득세 감면을 받으면 이에 부가적으로 농특세가 추가될 수 있다. 농지감면의 경우에는 이에 대한 세금이 비과세되는 것이 일반적이다.

③ 실전 사례

A주택을 거래하려고 한다. 매도의뢰자의 주택보유현황을 보고 대안을 마련한다면?

> **자료**
>
> • A주택 : 2001년도 취득한 주택(분양받음)
> • B주택 : 2010년에 취득한 주택

위의 상황에 대한 답변을 순차적으로 찾아보자.

STEP1 쟁점은?

현재 상황에서 A주택을 양도하면 비과세가 성립되는지 검토하고 만일 비과세가 성립되지 않으면 A주택이 감면을 받을 수 있는 주택에 해당하는지 검토한다.

☞ 감면주택은 감면과 비과세 중 유리한 것으로 세제를 적용받을 수 있다.

STEP2 세법규정은?

사례의 A주택은 비과세를 받을 수 없다고 하자. 이때에는 「조특법」에 규정된 감면주택에 해당하는지를 검토한다. 동법 제99조와 제99조의 3에 해당하는 신축주택은 우리 주위에서 흔하게 볼 수 있다. 따라서 이 둘을 비교해보는 것도 나름대로 의미가 있을 것이다.

구분	제99조		제99조의 3	
취득기간	1998.5.22.~ 1999.6.30.	1998.5.22.~ 1999.12.31.	2001.5.23.~ 2002.12.31.	2001.5.23.~ 2003.6.30.
주택소재지	전국		서울·과천·5대신 도시	전국
주택규모	국민주택 규모 이하	고급주택 아닌 주택	고급주택(고가주택) 아닌 주택	
감면대상자	일반분양자 조합원(승계조합원 포함)		일반분양자 조합원(2002년 이후 승계조합원은 제외)	

STEP3 결론은?

사례를 검토한 결과 「조특법」 제99조의 3 규정을 적용받을 가능성이 높다. 실무에서는 구체적인 조문을 근거로 최종 감면여부를 판단내리는 것이 좋다.

> **Tip**
>
> ### ❑ 감면주택 거래 시 알아두어야 할 사항들
>
> 감면주택을 거래할 때에는 다음과 같은 내용들을 점검해야 한다.
>
> - 감면규정을 꼼꼼히 파악해야 한다.
> - 신축주택은 취득일로부터 5년 내에 양도하지 않아도 된다. 이 기간을 지나 양도해도 5년간 발생된 소득에 대해 감면 적용되기 때문이다. 한편 여기서 취득일의 의미도 챙겨야 한다. 일반적으로 조합원의 물건은 완공일, 분양자의 물건은 잔금지급일이 취득일이 된다.
> - 감면주택이 1채 있는 경우 비과세를 받으면 된다. 물론 이 주택이 고가주택에 해당하는 경우에는 먼저 비과세를 적용받고 과세되는 부분은 감면을 받으면 절세효과가 커지게 된다.
> - 감면주택과 일반주택이 있는 경우 상황에 따라 세금의 내용이 달라지므로 매우 유의해야 한다.

양도소득세를 비과세 받지 못한 경우에는 감면주택에 해당하는지를 점검해야 한다. 감면주택에 해당하면 양도소득세를 100% 감면받는 대신 농특세만 감면세액의 20%로 내는 경우가 대부분이기 때문이다. 한편 감면주택은 거주자의 주택 수에 포함되지 않는 등의 혜택도 부여되고 있다. 이하에서는 감면주택을 보유한 경우에 어떤 식으로 세무리스크를 관리해야 하는지 알아보자.

 기본 사례

경기도 일산에서 살고 있는 N씨는 2주택을 보유하고 있다. 그 중 한 채는 최근에 구입한 양도소득세가 감면되는 주택(A)이고 다른 한 채는 일반주택(B)이다. N씨는 이 중 한 채를 정리하고자 한다. 어떤 식으로 양도해야 세금측면에서 이익이 될까?

감면주택에 대한 세금은 다음과 같은 절차에 따라 검토해야 한다.

감면조건 및 감면내용 확인	• 감면은 「조특법」에서 여러 조항에 걸쳐 규정되어 있다. • 감면조건을 충족한 경우 감면소득에 대해 100% 등을 감면한다. ※ 단 이때 감면세액의 20%만큼 농특세가 과세되는 것이 일반적이다.
감면주택 외 주택에 대한 비과세 판단	• 감면주택은 감면규정에 따라 거주자의 다른 주택 비과세 판단에 달리 영향을 미친다. - 2000년 초반의 감면규정 : 거주자의 소유주택에 포함되어 다른 주택의 비과세에 영향을 미친다(단, 5호 이상의 임대주택은 예외). - 최근의 감면규정 : 거주자의 소유주택에서 제외하여 다른 주택의 비과세에 영향을 주지 않는다.
처분 의사결정	• 이상과 같이 감면조건 및 다른 주택에 대한 비과세 판단 등이 확인되었다면 처분의사결정을 자유롭게 내릴 수 있다.

그렇다면 사례는 어떻게 해결해야 할까?

STEP1 감면주택을 먼저 처분하는 경우

일단 감면주택을 먼저 처분하는 경우에는 감면규정이 적용된다. 따라서 정상적으로 양도소득세를 계산한 후 감면세액을 계산하고 농특세액을 계산한다.

STEP2 감면주택 외의 주택을 처분하는 경우

감면주택 외의 주택을 처분하는 경우에는 다음과 같이 두 가지 형태의 과세방식이 발생한다.

구 분	내 용	관련규정
① 비과세를 받을 수 있는 경우	감면주택이 거주자의 소유주택에 해당하지 않는 경우	「조특법」 제99조의 2(최근의 감면규정)
② 비과세를 받을 수 없는 경우	감면주택이 거주자의 소유주택에 해당하는 경우	「조특법」 제99조(IMF기간의 신축주택에 대한 감면)

즉 감면규정에 따라 감면주택이 거주자의 주택 수에 포함되지 않으면 비과세 가능, 포함되지 않으면 비과세가 불가능해진다.

STEP3 결론

N씨가 감면주택 외의 주택을 먼저 처분하는 경우에는 법규정에 따라 비과세를 받을 수 있는지부터 살펴보고 처분에 나서야 한다. 사례의 경우 N씨가 보유한 감면주택은 최근에 구입한 것이므로 감면 외 주택은 비과세를 받을 수 있다. 이처럼 감면주택이 거주자의 주택 수에서 차감되면 1세대 1주택 비과세를 받을 수 있는 길이 넓어진다.

② 핵심 포인트

원래 감면이 적용되는 주택은 해당 거주자의 소유주택으로 보지 않는 것이 원칙이다. 따라서 감면주택 외의 주택이 1세대 1주택 비과세요건을 갖춘 경우라면 비과세를 적용하는 것이 원칙이다. 하지만 이렇게 되면 다주택자들이 비과세와 감면을 동시에 받게 되어 과도한 조세지출이 된다. 이에 정부는 감면주택(장기임대주택은 제외)도 거주자의 소유주택으로 보아 2007년부터 감면주택 외의 주택에 대한 비과세를 제한하여 왔다. 하지만 최근에는 적체된 미분양주택을 해소해주기 위해 이 규정을 완화하여 감면주택에 대해 양도소득세 100% 감면과 거주자의 소유주택에서 제외하는 식으로 이중의 혜택을 부여하고 있다. 아래 규정으로 이 내용을 확인해보자.

● 관련규정 : 「조특법」 제99조의 2 【신축주택 등 취득자에 대한 양도소득세의 과세특례】

① 거주자 또는 비거주자가 대통령령으로 정하는 신축주택, 미분양주택 또는 1세대 1주택자의 주택으로 취득가액이 6억 원 이하이거나 주택의 연면적(공동주택의 경우에는 전용면적)이 85제곱미터 이하인 주택을 2013년 4월 1일부터 2013년 12월 31일까지 「주택법」 제38조에 따라 주택을 공급하는 사업주체 등 대통령령으로 정하는 자와 최초로 매매계약을 체결하여 그 계약에 따라 취득(2013년 12월 31일까지 매매계약을 체결하고 계약금을 지급한 경우를 포함한다)한 경우에 해당 주택을 취득일부터 5년 이내에 양도함으로써 발생하는 양도소득에 대해 양도소득세의 100분의 100에 상당하는 세액을 감면하고, 취득일부터 5년이 지난 후에 양도하는 경우에는 해당 주택의 취득일부터 5년간 발생한 양도소득금액을 해당 주택의 양도소득세 과세대상소득금액에서 공제한다. 이 경우 공제하는 금액이 과세대상소득금액을 초과하는 경우 그 초과금액은 없는 것으로 한다. (2013. 5. 10. 신설)

② 「소득세법」상 1세대 1주택 비과세 규정 등을 적용할 때에는 제1항을 적용받는 주택은 해당 거주자의 소유주택으로 보지 아니한다. (2013. 5. 10. 신설)

이러한 유형의 감면은 연도 중에 수시로 발표되는데 예를 들어 2015년에는 취득당시 취득가액이 6억 원 이하이고 주택의 연면적이 135㎡ 이하인 '준공 후 미분양주택'을 건설사와 매매계약을 체결하고 5년 이상 임대한 후 이를 양도하면 5년간 발생하는 양도소득금액의 100분의 50에 상당하는 금액을 양도소득금액에서 공제한다(「조특법」 제98조의 8).

※ IMF 때의 양도소득세 감면규정(자세한 내용은 이 장의 "필수 세무상식"코너를 참조할 것)

구 분	내 용	감 면
장기임대주택 (「조특법」 제97조)	• 1986~2000년 12월 31일 사이에 신축한 주택(5호 이상) 등을 5년 이상 임대할 것	50% 감면+소유주택에서 제외
	• 5년 이상 임대한 건설주택(5호 이상), 10년 이상 임대한 매입 임대주택(5호 이상) 등을 임대할 것	100% 감면+소유주택에서 제외
신축임대주택 (제97조의 2)	• 1호 이상의 신축임대주택을 포함하여 2호 이상을 5년 이상 임대할 것 • 1999년 8월 20일~2001년 12월 31일까지 신축되거나 매입한 임대주택일 것	100% 감면(소유주택에 포함)
신축주택 (제99조, 제99조의 3)	• 1998년 5월 22일~1999년 6월 30일 또는 2001년 5월 23일~2003년 6월 30일 사이에 신축주택을 계약 시	100% 감면(단, 거주자의 소유주택에 포함)

※ 주의 : IMF때 태어난 감면주택 중 신축임대주택(「조특법」 제97조의 2 등)은 거주자의 소유주택으로 보아 다른 주택의 비과세에 영향을 미친다.

③ 실전 사례

K씨는 양도소득세가 감면되는 주택을 보유하고 있다. 상황에 맞게 답하면?

- 현재 1세대 2주택 상태임.
- A주택 : 10년 전에 취득함.
- B주택 : 5년 전에 취득한 양도소득세 감면되는 주택에 해당함(이 주택은 거주자의 양도소득세 비과세 판단 시 주택 수에 포함되지 않음).

- 상황1 : A주택을 양도하면 비과세를 받을 수 있는가?
- 상황2 : B주택을 취득 후 10년 후에 양도해도 감면을 받을 수 있는가?
- 상황3 : B주택을 먼저 처분한 후에 A주택을 양도할 때 최종 1주택 보유기간 계산법이 적용되는가?
- 상황4 : A주택 처분 후 남아 있는 B주택을 양도하면 비과세를 받을 수 있는가?
- 상황5 : A주택 처분 후 B주택 상태에서 C주택을 취득한 후 B주택을 처분하면 비과세를 받을 수 있는가?
- 상황6 : B주택을 양도하면 중과세는 적용되지 않는가?

위의 상황에 대해 답을 찾아보면 다음과 같다.

(상황1) A주택을 양도하면 비과세를 받을 수 있는가?

양도소득세 감면주택은 두 가지의 혜택이 있다. 하나는 언제든지 양도해도 감면을 받을 수 있다는 것이고 다른 하나는 다른 주택의 비과세 판단 시에 주택 수에서 제외된다는 것이다. 따라서 사례의 경우 A주택을 양도하면 이에 대해서는 비과세를 받을 수 있게 된다.

(상황2) B주택을 취득 후 10년 후에 양도해도 감면을 받을 수 있는가?

양도소득세 감면규정은 일반적으로 5년간 발생소득에 대해 100% 감면, 그 이후의 기간에 대해 과세하는 식으로 감면을 적용하고 있다. 따라서 전체 양도차익 중 5년 이후에 발생한 것은 과세가 되는 것이 원칙이다.

(상황3) B주택을 먼저 처분한 후에 A주택을 양도할 때 최종 1주택 보유기간 계산법이 적용되는가?

감면주택은 다른 주택의 비과세 판단에 영향을 주지 않는다. 따라서 B감면주택을 먼저 양도하고 A주택을 양도하면 B주택의 양도와는 무관하게 A주택에 대한 비과세 판단을 내리면 된다. 이런 관점에서 보면 A주택에 대한 2년 보유기간은 A주택의 당초 취득일로부터 계산하게 된다.

(상황4) A주택 처분 후 남아 있는 B주택을 양도하면 비과세를 받을 수 있는가?

양도소득세 비과세 적용은 양도일 현재 현황에 따른다. 따라서 이 경우 1세대 1주택자에 해당하므로 이에 대해서는 비과세를 받을 수 있다. 다만, 이때 유의해야 할 것은 감면주택을 비과세주택으로 양도하기 위해서는 감면주택이 일반주택으로 된 날로부터 2년 이상 보유해야 한다는 것이다.

☞ 양도소득세가 감면되는 주택이 비과세규정에도 부합한 경우에는 비과세를 받는 것이 유리하다. 감면은 감면세액의 20% 상당인 농특세가 부과될 수 있기 때문이다.

(상황5) A주택 처분 후 B주택 상태에서 C주택을 취득한 후 B주택을 처분하면 비과세를 받을 수 있는가?

A주택 양도한 이후 B주택을 C취득한 날로부터 비과세 처분기한 내에 양도하는 경우 일시적 2주택 비과세 적용이 가능하다. 다만, 감면주택을 일반주택으로 양도해서 비과세를 받을 때에는 일반주택(사례의 A주택)을 양도한 날로부터 2년을 더 보유한 상태에서 양도가 되어야 한다. 일반주택과 「조세특례제한법」에 따른 감면주택을 보유한 1세대가 일반주택 양도 시 비과세를 적용받고, 감면주택을 2년 이상 보유한 후 양도하는 경우 비과세가 적용 가능하도록 유권해석이 나와 있기 때문이다(서면-2017-법령해석재산-0141[법령해석과-2724], 2017.9.27.).

(상황6) B주택을 양도하면 중과세는 적용되지 않는가?

양도소득세가 감면되는 주택은 감면효과를 극대화해주기 위해 중과세를 적용하지 않는 것이 원칙이다.

양도소득세 감면대상은 주택과 토지 등 다양하다. 그렇다면 구체적으로 감면세액은 어떻게 계산할까? 그리고 세액계산과 관련해서 어떤 점에 유의해야 할까? 지금부터는 주로 주택감면제도에 맞춰 세액계산과 관련된 내용들을 알아보자.

① 기본 사례

K씨는 아래와 같은 주택을 보유하고 있다. 상황에 맞게 답을 하면?

> **자료**

- A주택 : 「조특법」에 따라 취득일로부터 5년간 발생한 양도소득금액에 대해 100% 감면이 적용됨.

- 상황1 : 5년간 발생한 양도소득금액에 대해서만 100% 감면이 적용된다는 의미는 무엇인가?
- 상황2 : 만일 취득일로부터 10년 후에 양도하는 경우에 5년간 발생한 양소득금액은 어떻게 계산하는가?
- 상황3 : 감면소득금액은 어떤 식으로 계산하는가?
- 상황4 : 감면세액에 대한 농특세는 어떤 식으로 계산하는가?

위 상황에 맞게 답을 찾아보면 다음과 같다.

(상황1) 5년간 발생한 양도소득금액에 대해서만 100% 감면이 적용된다는 의미는 무엇인가?

해당 주택을 취득일[40]부터 5년 내에 양도하면 전체 소득을 양도소득세 과세대상소득에서 공제하지만, 취득일부터 5년이 지난 후에 양도하는 경우에는 해당 주택의 취득일부터

---

40) 취득일은 통산 잔금청산일(사용승인일) 등을 말한다. 참고로 취득일 이전에 발생한 양도소득금액에 대해서도 감면이 적용된다.

5년간 발생한 양도소득금액에 대해서만 해당 주택의 양도소득세 과세대상 소득금액에서 공제하는 것을 말한다.

(상황2) 만일 취득일로부터 10년 후에 양도하는 경우에 5년간 발생한 양소득금액은 어떻게 계산하는가?

이 경우에는 아래처럼 안분계산을 할 수밖에 없다.

$$\text{공제되는 양도소득금액} = \text{전체 양도소득금액} \times \frac{\text{5년시점 기준시가} - \text{취득시점 기준시가}}{\text{양도시점 기준시가} - \text{취득시점 기준시가}}$$

(상황3) 감면소득금액은 어떤 식으로 계산하는가?

위 상황2의 답변에서 본 금액을 아래의 양도소득세 계산구조에 맞춰 알아보면 다음과 같다.

구 분	비 고
양도가액	
− 취득가액 등	
− 필요경비	
= 양도차익	
− 장기보유특별공제	
= 양도소득금액	
− 감면소득금액	이곳에서 차감됨.
= 감면후 양도소득금액	
− 기본공제	
= 과세표준	
× 세율	
− 누진공제	
= 산출세액	
− 감면세액	
= 결정세액	

(상황4) 감면세액에 대한 농특세는 어떤 식으로 계산하는가?

감면세액의 20%로 부과되는 농특세는 "감면하지 않는 경우의 산출세액에서 감면 후의 산출세액을 차감한 금액"에 대해 적용된다.

핵심 포인트

감면주택에 대한 세액계산과 관련해 아래 사항을 정리해두자.

감면소득금액의 파악	• 감면은 전체 양도소득에 대해 해주는 것은 아니다. • 통상 취득일~5년간 발생한 양도소득금액을 공제해준다. • 이때 취득일 전에 발생한 양도소득에 대해서도 공제를 적용해준다.

감면세액 계산과 농특세 계산	• 감면세액이 발생하면 이의 20%는 농특세로 부과된다. • 감면세액은 감면 전의 산출세액에서 감면 후의 산출세액을 차감해 계산한다.

합산과세에 유의	• 한해에 2회 이상 양도를 하여 합산과세가 되는 경우 감면세액이 늘어나 결과적 으로 농특세가 증가할 수 있음에 유의해야 한다.

감면신청 시 제출할 서류들

감면신청 시 제출할 서류는 다음과 같다.
• 주택건설회사로부터 취득한 주택 : 주택조합 등이 조합원 외의 자와 신축주택취득기간 내에 잔여주택에 대한 매매계약을 직접 체결하여 계약금을 납부 받은 사실을 입증할 수 있는 증빙서류, 위의 서류 등
• 자기가 건설한 주택 : 사용승인일 또는 사용검사일(임시사용승인일을 포함한다)을 입증할 수 있는 증빙서류, 건축물관리대장 등
• 기타의 주택 : 취득 시의 주택매매계약서, 계약금 납부사실을 입증할 수 있는 증빙서류 등

 실전 사례

대전광역시에 거주하고 있는 용기문씨는 2013년 12월에 계약을 하고 2016년 1월에 완공된 양도소득세 감면주택을 취득하였다. 상황에 맞게 답하면?

• 상황1 : 용씨가 이 주택을 2021년 후반기에 처분하면 5년이 경과되어 100% 감면을 받을 수 없는가?

- 상황2 : 용씨가 이 주택을 2022년 1월에 양도하는 경우 공제될 소득금액은 얼마나 되는가? 단, 총 양도소득금액은 1억 원이 발생했으며, 기준시가는 다음과 같다.

구 분	취득시점	5년시점	양도시점
기준시가	3억 원	3.5억 원	4억 원

- 상황3 : 양도소득세는 얼마인가?
- 상황4 : 농특세는 얼마인가?

위의 상황에 대해 순차적으로 답을 찾아보면 다음과 같다.

(상황1) 용씨가 이 주택을 2021년 후반기에 처분하면 5년이 경과되어 100% 감면을 받을 수 없는가?

아니다. 100% 감면을 받을 수 있다. 계약일이 아닌 잔금청산일로부터 5년간 100%를 적용하기 때문이다. 참고로 취득 후 5년이 경과하면 5년간 발생된 양도소득금액을 전체 양도소득금액에서 차감한다.

(상황2) 용씨가 이 주택을 2022년 1월에 양도하는 경우 공제될 소득금액은 얼마나 되는가?

용씨가 해당 주택을 2022년 1월에 양도하면 취득 후의 보유기간은 6년이 된다고 하자. 따라서 전체 양도소득금액에서 공제될 감면소득의 안분은 기준시가의 비율을 사용한다.

STEP1 양도소득금액 계산

위에서 양도소득금액은 1억 원이라고 주어졌다. 만일 이 금액이 없다면 양도가액에서 취득가액 등과 장기보유특별공제액을 반영해 양도소득금액을 계산해야 한다.

STEP2 감면되는 양도소득금액 안분

전체 양도소득금액을 기준시가 비율로 안분한다.

$$\text{감면되는 양도소득금액} = \text{전체 양도소득금액} \times \frac{\text{5년시점 기준시가} - \text{취득시점 기준시가}}{\text{양도시점 기준시가} - \text{취득시점 기준시가}}$$

$$= 1\text{억 원} \times \frac{3.5\text{억 원} - 3\text{억 원}}{4\text{억 원} - 3\text{억 원}} = 5\text{천만 원}$$

(상황3) 양도소득세는 얼마인가?

구 분	금 액	비 고
양도소득금액	1억 원	
감면소득금액	5천만 원	상황2에서 계산되었음.
－ 기본공제	250만 원	
＝과세표준	4,750만 원	
×세율	24%	
－ 누진공제	522만 원	
＝산출세액	618만 원	

(상황4) 농특세는 얼마인가?

구 분	감면전 산출세액	감면후 산출세액	차 이
양도소득금액	1억 원	1억 원	
감면소득금액	0원	5천만 원	
－ 기본공제	250만 원	250만 원	
＝과세표준	9,750만 원	4,750만 원	
×세율	35%	24%	
－ 누진공제	1,490만 원	522만 원	
＝산출세액	1,922만 원	618만 원	1,304만 원

따라서 농특세는 감면세액인 1,304만 원의 20%인 260만 원이 된다.

감면주택과 관련하여 유의해야 할 사항들

감면주택과 관련하여 유의해야 할 내용들을 정리하면 다음과 같다.

1. 개인으로부터 분양권 전매(증여 포함)를 통해 취득한 경우

감면규정은 건설사가 보유한 미분양주택에 대해 적용되는 경우가 많다. 따라서 사업주체와 직접 매매계약에 의하여 취득하는 경우에 이 규정이 적용되는 것이 원칙이다. 따라서 매매계약일 현재 다른 자가 입주한 사실이 있거나, 감면적용기간 이전에 취득한 사람이 계약을 해제하고 다시 분양받거나 배우자 등이 분양받은 주택을 승계한 경우에는 원칙적으로 감면을 배제한다. 아래의 예규를 참조하기 바란다.

> 💮 재산 - 686, 2009.11.9.
>
> **[질의]**
> 남편 명의로 분양받은 주택을 부부 또는 가족 공동명의로 전환하는 경우 미분양주택 과세특례(「조특법」 제98조의 3) 적용 범위
>
> **[회신]**
> 타인(배우자 또는 가족 포함)으로부터 분양권을 매매·증여 등으로 승계받아 취득하는 주택(승계한 지분)은 「조특법」 제98조의 3 제1항에 따른 과세특례가 적용되지 아니함.

잠깐퀴즈 💡

분양권을 상속받아 주택을 취득한 경우 감면을 받을 수 있는가?
그렇지 않다. 건설주체와 최초로 계약을 해야 하는 경우에만 감면을 적용한다. 따라서 피상속인으로부터 분양권을 상속받아 취득한 신축주택은 분양계약자와 보존등기자가 상이한 경우이므로 「조특법」 제99조 등의 규정을 적용받을 수 없다.

---

2. 감면주택이 비과세 대상이 되는 경우

감면주택을 양도하는 경우로써 이 주택이 1세대 1주택에 해당하거나 일시적 2주택에 해당하는 경우에는 비과세를 우선적으로 적용받을 수 있다. 이때 감면주택이 12억 원이 넘는 고가주택에 해당하는 경우에는 우선적으로 비과세를 받고 고가주택의 양도차익에 대해서는 감면을 받을 수 있다.

● **소득세 집행기준 89 - 156 - 6 [신축주택과 고가주택 규정의 중복적용 여부]**

감면대상 신축주택이 1세대 1주택 비과세요건을 갖춘 고가주택인 경우「소득세법 시행령」제160조의 고가주택의 양도차익 계산방법에 따라 양도차익을 산정하고 그 양도차익에 대하여는 신축주택 감면규정을 적용한다(2017 법령해석과-3266, 2015.12.7.).

3. 감면주택이 비과세 대상이 아닌 경우로서 고가주택에 해당하는 경우

양도당시 실거래가가 12억 원을 초과하는 고가주택인 경우에는 원칙적으로 감면을 받을 수 없으나, 계약금 납부시기에 따라 감면이 일부 허용되고 있다. 예를 들어 앞의「조특법」제99조의 2를 보면 취득당시 6억 원 이하인 주택이 향후 12억 원이 되더라도 이에 대해서는 감면을 적용받을 수 있다. 결국 고가주택에 대해서는 취득시기별로 면적 등을 확인해서 최종 감면여부를 판정해야 한다.

> ◐ 고급주택과 고가주택 규정의 변천
>
> 2002년 12월 31일 이전에는 면적, 금액 등의 기준을 두어 이 기준을 넘는 주택을 '고급주택', 2003년 1월 1일부터는 가액기준만을 두어 이 기준을 넘는 주택을 '고가주택'이라 하였다. 취득시기별로 고급주택과 고가주택에 대한 판정기준이 달라짐에 유의하기 바란다.

구분	고급주택			고가주택		
	1999.9.18. 개정 전	2002.10.1. 개정 전	2002.10.1. 개정 후	2003.1.1. ~	2008.10.7. ~ 2021.12.7.	2021.12.8. ~
단독주택	시가표준액 2천만 원 이상 ① 주택 연면적이 264㎡ 이상+양도기준시가 5억 원 초과하는 것 ② 부수토지 495㎡ 이상+양도기준시가 5억 원 초과하는 것	기준시가 4천만 원 이상 ① 주택 연면적이 264㎡ 이상+양도기준시가 6억 원 초과하는 것 ② 부수토지 495㎡ 이상+양도실지거래가액 6억 원 초과하는 것	좌동	양도실지거래가액 6억 원 초과	양도실지거래가액 9억 원 초과	양도실지거래가액 12억 원 초과

구분	고급주택			고가주택		
	1999.9.18. 개정 전	2002.10.1. 개정 전	2002.10.1. 개정 후	2003.1.1.~	2008.10.7.~ 2021.12.7.	2021.12.8.~
공동주택	전용면적이 165㎡ 이상+양도기준시가 5억 원 초과하는 것	전용면적이 165㎡ 이상+양도실지거래가액 6억 원 초과하는 것	전용면적이 149㎡ 이상+양도실지거래가액 6억 원 초과하는 것	상동	상동	상동
기타주택	엘리베이터, 에스컬레이터, 67㎡ 이상의 수영장 중 1개 이상 시설이 설치된 주택	좌동	좌동	상동	상동	상동

※ 자료 : 이택스코리아

4. 감면주택 외 일반주택을 양도하는 경우

일반주택이 비과세요건을 충족한 경우에는 대부분 비과세를 받을 수 있다. 감면주택은 비과세 판단 시 거주자의 주택 수에서 제외되기 때문이다. 이러한 원리는 "감면주택+장기임대주택+일반주택"을 보유한 경우에도 성립한다. 다만, 2000년대 초반에 취득한 감면주택은 거주자의 주택 수에 포함되어 다른 주택의 비과세 판단에 영향을 줄 수 있음에 유의해야 한다.

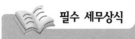

주택 양도소득세 감면규정 체크리스트

주택에 대한 양도소득세 감면여부를 한방에 판단하는 것은 어렵다. 따라서 실무에서는 사전에 반드시 법규정(법제처 사이트 검색가능)을 가지고 이에 대해 판단하는 것이 좋다. 아래는 국세청에서 발표한 자료들이다. 참고용으로 살펴보기 바란다. 참고로 최근에 신설된 8년 장기임대주택에 대한 장기보유특별공제 50%, 70% 적용과 양도소득세 100% 감면을 담고 있는 「조특법」 제97조의 3과 제97조의 5는 제7장에서 별도로 살펴보자.

구 분	장기임대주택(「조특법」 제97조)	신축임대주택(「조특법」 제97조의 2)
감 면 대 상 자	거주자	
감면요건	2000년 12월 31일 이전에 신축국민주택을 5호 이상 임대를 개시하여 5년 이상 임대한 후 양도	1호 이상 신축국민주택을 포함하여 2호 이상 임대주택을 5년 이상 임대한 후 양도
감면내용	1. 일반임대주택 　－5년 이상 임대 후 양도 ⇒ 50% 감면 　－10년 이상 임대 후 양도 ⇒100% 감면 2. 임대 「주택법」상 건설임대주택으로 5년 이상 임대 후 양도 ⇒100% 감면 3. 임대 「주택법」상 매입임대주택 1995년 1월 1일 이후 취득(미입주)·임대개시하여 5년 이상 임대 후 양도 ⇒ 100% 감면	5년 이상 임대 후 양도 ⇒ 양도소득세 면제 　(신축임대주택은 면제이나 기존주택은 면제대상 아님)
대상주택	다음 중 하나에 해당하는 신축국민주택 －1986년 1월 1일~2000년 12월 31일 기간 중 신축주택 －1985년 12월 31일 이전 신축주택으로써 1986년 1월 1일 현재 미입주한 공동주택	다음 중 하나에 해당하는 신축국민주택 ① 임대 「주택법」상 건설임대주택 　－1999년 8월 20일~2001년 12월 31일 기간 중 신축주택 　－1999년 8월 19일 이전 신축주택으로 1999년 8월 20일 현재 미입주한 공동주택 ② 아래에 해당하는 임대 「주택법」상 매입임대주택으로써 1999년 8월 20일~2001년 12월 31일 기간 중 계약

구 분	장기임대주택(「조특법」 제97조)	신축임대주택(「조특법」 제97조의 2)
		금 지급하고 취득 및 임대개시주택 - 1999년 8월 20일 이후 신축주택으로 취득 시 미입주주택 - 1999년 8월 19일 이전 신축공동주택으로 1999년 8월 20일 현재 미입주주택
비 고	• 감면주택에는 건물 연면적 2배 이내의 부속토지를 포함함. • 감면세액의 20% 농특세 과세 • 다른 주택의 1세대 1주택 비과세 판정시 주택의 수에서 제외	

구 분	1995.11.1.~1997.12.31. 취득 (「조특법」 제98조 제1항)	1998.3.1.~1998.12.31. 취득 (「조특법」 제98조 제2항)
특례대상자	거주자	
특례요건	미분양국민주택을 특례적용 기간 내에 매매계약하여 취득한 후 5년 이상 보유 임대 후 양도	
특례내용	양도소득세율을 20% 적용 또는 종합소득세로 계산·납부하는 방법 중 선택	
대상주택 (모두충족)	① 서울특별시 외의 지역에 소재하는 미분양 국민주택일 것 ② 1995년 10월 31일 현재(1998년 2월 28일 현재) 시장, 군수, 구청장으로부터 확인받은 미분양주택이고, 주택건설업자로부터 최초로 분양받은 주택으로 미입주 주택 ③ 특례적용기간 내에 취득하거나 매매계약 후 계약금 납부하고 5년 이상 보유 임대 후 양도할 것	
특례적용 기 간	1995년 11월 1일~1997년 12월 31일	1998년 3월 1일~1998년 12월 31일
적용시기	1996년 1월 1일 이후 양도분부터 적용	1998년 4월 10일 이후 양도분부터 적용
비 고	• 농특세가 과세되지 않음. • 다른 주택의 1세대 1주택 비과세 판정시 당해 거주자의 주택으로 보지 않음.	

구 분	장기임대주택(「조특법」 제97조의 3)	장기임대주택(「조특법」 제97조의 4)
감 면 대 상 자	거주자	거주자 또는 비거주자
특례요건	임대 「주택법」상 장기임대주택으로써 아래의 요건을 모두 충족하는 주택 - 10년 이상 계속하여 장기임대주택으로 등록하고, 그 기간 동안 임대한	임대 「주택법」상 매입임대주택으로써 6년 이상 임대한 주택

구 분	장기임대주택(「조특법」 제97조의 3)	장기임대주택(「조특법」 제97조의 4)
	기간이 통산하여 10년 이상인 경우 계속 임대한 것으로 간주 - 임대료 인상률을 연 5%로 제한(신규·갱신시 포함) - 최초 임대료가 시세 이하 - 전용면적 85㎡ 이하	
특례내용	요건을 충족하는 장기임대주택 양도시 장기보유특별공제율 60% 적용	요건을 충족하는 장기임대주택 양도시「소득세법」제95조 제2항에 따른 보유기간별 장기보유특별공제율에 해당주택의 임대기간에 따라 아래의 표에 따른 추가공제율을 더한 공제율 적용 표: 임대기간 / 추가공제율 6년 이상 7년 미만 / 2% 7년 이상 8년 미만 / 4% 8년 이상 9년 미만 / 6% 9년 이상 10년 미만 / 8% 10년 이상 / 10%
적용례	2014년 1월 1일 이후 최초로 양도하는 분부터 적용	
임대기간 계산방법	• 「소득세법」에 따른 사업자등록과 「임대주택법」에 따른 임대사업자등록을 한 후 임대를 개시한 날부터 기산(상속시 피상속인의 임대기간 합산) • 기존 임차인의 퇴거일부터 다음 임차인의 입주일까지의 기간으로써 3개월 이내의 기간은 임대기간에 산입	
비 고	• 농특세 해당 없음.	

구 분	지방미분양주택(§98의 2)	미분양주택(§98의 3)	지방미분양주택(§98의 5)
대 상 자	거주자만 적용	거주자, 국내사업장이 없는 비거주자	거주자, 국내사업장이 없는 비거주자
취득기간	2008년 11월 3일~ 2010년 12월 31일	• 거주자 : 2009년 2월 12일~2010년 2월 11일 • 비거주자 : 2009년 3월 16일~2010년 2월 11일	2010년 5월 14일~ 2011년 4월 30일
제외지역	수도권(서울, 인천, 경기)	서울시, 지정지역 (소법 §104의 2)	수도권(서울, 인천, 경기)

구 분		지방미분양주택(§98의 2)	미분양주택(§98의 3)	지방미분양주택(§98의 5)
주택유형	분양취득분	조특령 §98의 2 ① 참고 • 2008년 11월 3일 현재 미분양주택 • 2008년 11월 2일까지 사업계획승인을 얻었거나 사업계획승인을 신청한 사업주체가 공급하는 주택	조특령 §98의 3 ① 참고 • 2009년 2월 12일 현재 미분양주택 • 2009년 2월 12일 이후 신규분양주택 등	조특령 §98의 5 ① 참고 • 2010년 2월 11일 현재 선착순공급분 • 대물변제 미분양주택 • 환매조건부 매입 주택 • 미분양 리츠·펀드 주택 • 신탁업자 공급미분양주택
	자가건설	적용 배제	포함(아래 주택은 제외) ① 「도시 및 주거환경정비법」에 따른 재개발·재건축 주택 ② 소실·도괴·노후 등으로 멸실되어 재건축한 주택	적용배제
감면소득금액		감면 없음.	취득일부터 5년간 발생한 소득금액	취득일부터 5년간 발생한 소득금액
감면율		감면 없음.	• 수도권과밀억제권역 밖 : 100% • 수도권과밀억제권역 안 : 60% * 수도권과밀억제권역 해당 여부는 매매계약일 현재 기준으로 판단	• 가격 인하 10% 이하 : 60% • 가격 인하 10% 초과 20% 이하 : 80% • 가격 인하 20% 초과 : 80%
장기보유특별공제		소법 §95 ② 표2 적용	소법 §95 ② 표1 또는 표2	
세 율		보유기간, 주택수에 관계없이 누진세율		
주택 수 포함여부		1세대 1주택 비과세, 다주택 중과 판정시 소유주택으로 보지 않음.		
주택 규모		제한 없음.	• 과밀억제권역 밖 : 제한 없음. • 과밀억제권역 안 : 대지면적 660㎡(200평), 주택의 연면적(공동주택은 전용면적) 149㎡(45평) 이내	제한 없음.

구 분	지방미분양주택(§98의 2)	미분양주택(§98의 3)	지방미분양주택(§98의 5)
주택 가액	양도가액, 기준시가 등에 관계없이 모두 적용		
적용 주택 수	취득하는 주택 수에 관계없이 모두 적용(2주택 이상 취득해도 가능)		
농특세	해당 없음	농특세 비과세	
선택 적용	§98의 2, §98의 3 모두 해당하는 경우 그 중 하나만 선택 적용		

구 분			「조특법」 제99조의 2
감면대상자			거주자 또는 비거주자
감면요건			• 기간 내에 계약금을 납부하고 취득한 주택으로써 시·군 ·구청장으로부터 감면대상 주택임을 확인받아 관할 세무서장에게 제출한 경우에만 적용
감 면 율			• 5년 이내 양도 ⇒ 100% 감면 • 5년 경과 양도 ⇒ 5년간 발생한 양도소득금액을 감면
대 상 주 택	신축 주택 · 미분양 주택	과세특례 취득기간	2013년 4월 1일~2013년 12월 31일 최초 매매계약 체결 및 계약금 지급
		대 상	• 「주택법」에 따라 공급하는 계약일이 지난 주택으로써 2013년 4월 1일 이후 선착순 공급 주택 • 「주택법」에 따라 공급하는 2013년 4월 1일 이후 계약일 도래 주택 • 30호 미만을 공급하는 주택건설사업자가 공급하는 주택 • 대한주택보증주식회사가 매입하여 공급하는 주택 • 주택 시공자가 공사대금으로 받아 공급하는 주택 • 기업구조조정부동산투자회사등이 공급하는 주택 • 「자본시장법」에 따른 신탁업자가 「법인세법 시행령」에 따라 취득하여 공급하는 주택 • 과세특례 취득기간 중 사용승인된 자기건설 주택(조합원 및 멸실재건축 주택 제외) • 「주택법 시행령」에 따른 오피스텔 중 「건축법」에 따른 건축허가를 받아 건축물분양법에 따라 공급하거나 「건축법」에 따른 사용승인을 받아 공급하는 오피스텔
		제 외	• 실지거래가액이 6억 원을 초과하고 연면적(전용면적)이 85㎡ 초과하는 주택 • 2013년 3월 31일 이전에 체결된 매매계약이 과세특례 취득기간 중에 해제된 주택 • 2013년 3월 31일 이전에 체결된 매매계약을 과세특례 취득기간 중에 해제한 자가 계약을 체결한 주택 및 그 배우자 등이 계약을 체결한 주택 • 오피스텔을 취득한 자가 다음 모두에 해당하지 않게 된 경우 오피스텔 – 취득일부터 60일이 지난 날부터 양도일까지 해당 오피스텔에 주민등록이 되어 있지 않은 경우

구 분			「조특법」 제99조의 2
대상주택			– 취득일부터 60일 이내에 임대용 주택으로 등록한 경우
	1세대 1주택자의 주택	대상	• 2013년 4월 1일 현재 주민등록법상 1세대가 매매계약일 현재 취득등기일부터 2년 이상 보유한 1주택(오피스텔 포함, 도시지역 안 5배, 밖 10배 이내의 부속토지 포함) • 1주택을 보유한 1세대가 종전주택 취득등기일부터 1년 이상 지난 후 다른 주택을 취득하고 다른 주택 취득등기일부터 3년 이내에 양도하는 2년 이상 보유 주택
		제외	• 실지거래가액이 6억 원을 초과하고 연면적(전용면적)이 85㎡ 초과하는 주택 • 과세특례 취득기간 중 매매계약을 해제한 자 및 그 배우자 등이 계약체결한 원래 매매계약 주택 • 오피스텔 취득자가 신축주택 등의 오피스텔 요건을 모두 충족하지 않은 오피스텔
	감면제외		• 지정지역 소재 주택 등 • 타인으로부터 분양권을 매입하여 취득하는 신축주택 • 건설업자로부터 최초 매매계약 후 분양권상태로 양도
	적용시기		• 2013년 5월 10일 양도분부터 적용
비 고			• 당해 거주자의 보유주택수와 관계없이 감면가능 • 감면세액의 20% 농특세 과세 • 1세대 1주택 비과세 판정시 주택의 수에서 제외

구분	준공 후 미분양주택(§98의 6)	미분양주택(§98의 7)
대 상 자	거주자, 국내사업장이 없는 비거주자	내국인
취득기간	–	2012년 9월 24일~2012년 12월 31일
제외지역	없음.	없음.
주택 유형	• 준공 후 미분양주택이란 : 「주택법」 제38조에 따라 공급하는 주택으로써 사용검사 또는 사용승인을 받은 후 2011년 3월 29일 현재 분양계약이 체결되지 아니하여 선착순의 방법으로 공급하는 주택 1. 사업주체등이 준공 후 미분양주택을 2011년 12월 31일까지 임대계약을 체결하여 2년 이상 임대한 주택으로써 사업주체 등과 최초로 매매계약을 체	• 2012년 9월 24일 현재 「주택법」 제38조에 따라 주택을 공급하는 사업주체가 같은 조에 따라 공급하는 주택으로써 해당 사업주체가 입주자모집공고에 따른 입주자의 계약일이 지난 주택단지에서 2012년 9월 23일까지 분양계약이 체결되지 아니하여 선착순의 방법으로 공급하는 미분양주택

구분	준공 후 미분양주택(§98의 6)	미분양주택(§98의 7)
주택 유형	결하고 취득한 주택 2. 준공 후 미분양주택을 사업주체등과 최초로 매매계약을 체결하여 취득하고 5년 이상 임대(「소득세법」 및 「임대주택법」에 따른 임대사업자등록을 하고 2011년 12월 31일 이전에 임대계약을 체결한 경우에 한함)한 주택 ★ 다음의 주택은 제외 - 기준시가 6억 원 초과 또는 연면적 149㎡ 초과 - 준공 후 입주한 사실이 있는 주택 - 2011년 3월 29일~2011년 12월 31일 기간 중 체결한 계약을 해제하고 매매계약자 또는 그 배우자 등이 당초 계약 체결한 주택을 다시 매매계약 취득 - 2011년 3월 29일~2011년 12월 31일 기간 중 계약 체결한 주택을 대체하여 다른 주택을 매매계약 취득	★ 다음의 주택은 제외 - 실거래가 9억 원 초과 주택 - 매매계약일 현재 입주 사실이 있는 주택 - 2012년 9월 23일 이전에 체결한 매매계약이 2012년 9월 24일~2012년 12월 31일 기간 중 해제된 주택 - 매매계약 해제한 매매계약자가 취득기간 중에 계약을 체결하여 취득한 주택 및 매매계약자 또는 그 배우자등이 취득기간 중 원래의 사업주체등과 계약을 체결하여 취득한 주택
감면 소득금액	• 취득일부터 5년 이내 양도 시 양도소득세 50% 감면(법 §98의 6 ① 1의 요건을 갖춘 주택에 한함)	• 취득일부터 5년 이내 양도 시 양도소득세 100% 감면
감면율	• 취득일부터 5년이 지난 후 양도 시 취득일부터 5년간 발생한 양도소득금액의 50%를 양도소득세 과세대상소득금액에서 공제	• 취득일부터 5년이 지난 후 양도 시 취득일부터 5년간 발생한 양도소득금액을 양도소득세 과세대상소득금액에서 공제
장기보유 특별공제	소법 §95 ② 표1 또는 표2	소법 §95 ② 표1 또는 표2
세 율	보유기간, 주택 수에 관계없이 누진세율	「소득세법」 제104조에 따른 세율 적용
주택 수 포함여부	1세대 1주택 비과세, 다주택 중과 판정 시 소유주택으로 보지 않음.	1세대 1주택 비과세, 다주택 중과 판정 시 소유주택으로 보지 않음.

구분	준공 후 미분양주택(§98의 6)	미분양주택(§98의 7)
주택 규모	취득 당시(법 §98의 6 ① 1의 주택은 최초 임대 개시 시) 기준시가 6억 원 초과 또는 주택의 연면적(공동주택은 전용면적) 149㎡(45평) 초과 주택 제외	실거래가 9억 원 이하인 주택(취득세 및 그 밖의 부대비용을 제외한 금액을 기준으로 함)
주택 가액		
적용 주택 수	취득하는 주택 수에 관계없이 모두 적용(2주택 이상 취득해도 가능)	취득하는 주택 수에 관계없이 모두 적용(2주택 이상 취득해도 가능)
농특세	감면세액의 20%	감면세액의 20%
선택 적용	해당 없음.	해당 없음.

∷ 저자 주

주택에 대한 감면제도는 「조특법」 제97조부터 제99조의 4에 이르기까지 17개 이상의 조문이 존재하고 있다. 상당히 방대하다. 그런데 이 책에서는 2000년대 초반에 신설된 제도들을 위주로 다루다 보니 근래에 신설된 것 중 일부가 누락되어 있다. 따라서 이에 대한 정보가 필요하다면 법제처 홈페이지를 통해 관련 조문을 확인하는 것이 좋을 것으로 보인다.

내 용	비고
• 제97조 장기임대주택에 대한 양도소득세의 감면(2001.12.29. 제목개정)	위 표
• 제97조의 2 신축임대주택에 대한 양도소득세의 감면 특례(2001.12.29. 제목개정)	상동
• 제97조의 3 장기일반민간임대주택등에 대한 양도소득세의 과세특례(2018.1.16. 제목개정)	제7장
• 제97조의 4 장기임대주택에 대한 양도소득세의 과세특례(2014.1.1. 신설)	제7장
• 제97조의 5 장기일반민간임대주택등에 대한 양도소득세 감면(2018.1.16. 제목개정)	제7장
• 제98조 미분양주택에 대한 과세특례	위 표
• 제98조의 2 지방 미분양주택 취득에 대한 양도소득세 등 과세특례(2008.12.26. 신설)	상동
• 제98조의 3 미분양주택의 취득자에 대한 양도소득세의 과세특례(2009.3.25. 신설)	상동
• 제98조의 4 비거주자의 주택취득에 대한 양도소득세의 과세특례(2009.5.21. 신설)	-
• 제98조의 5 수도권 밖의 지역에 있는 미분양주택의 취득자에 대한 양도소득세의 과세특례(2010.5.14. 신설)	위 표
• 제98조의 6 준공 후 미분양주택의 취득자에 대한 양도소득세의 과세특례	상동

내 용	비고
• 제98조의 7 미분양주택의 취득자에 대한 양도소득세의 과세특례(2012.10.2. 신설)	상동
• 제98조의 8 준공 후 미분양주택의 취득자에 대한 양도소득세 과세특례(2014.12.23. 신설)	–
• 제99조 신축주택의 취득자에 대한 양도소득세의 감면	–
• 제99조의 2 신축주택 등 취득자에 대한 양도소득세의 과세특례(2013.5.10. 신설)	위 표
• 제99조의 3 신축주택의 취득자에 대한 양도소득세의 과세특례(2001.8.14. 제목개정)	–
• 제99조의 4 농어촌주택등 취득자에 대한 양도소득세 과세특례(2008.12.26. 제목수정)	–

제**3**편

주택임대사업과 양도소득세
세무리스크 관리법

제3편은 주택임대사업과 관련된 양도소득세 세무리스크를 다룬다. 최근의 양도소득세 세제는 주택임대사업에 대한 세제개편과 궤를 같이 하고 있다. 이에 대한 세제개편이 뒤따를수록 세제가 더욱 복잡해지고 있기 때문이다. 저자의 입장에서는 하루빨리 이러한 세제가 정상화 되기를 바라고 있다.

제6장

거주주택 양도소득세 비과세관련
세무리스크 관리법

제6장에서는 주택임대사업자들의 양도소득세 문제를 살펴본다. 먼저 이 장에서는 거주주택 비과세를, 다음 장에서는 임대주택에 대한 내용을 다룬다. 거주주택 비과세제도는 정부의 세제정책의 변화에 따라 내용이 상당하게 변하였으므로 이 점에 유의하여 공부해야 한다.

이장의 핵심 내용들은 다음과 같다.
- 주택임대업관련 세무리스크 관리법
- 거주주택 양도소득세 비과세관련 세무리스크 관리법
- 평생 1회 비과세 적용관련 세무리스크 관리법
- 주택임대사업자의 일시적 2주택관련 세무리스크 관리법
- 자동말소관련 거주주택 비과세 세무리스크 관리법
- 자진말소관련 거주주택 비과세 세무리스크 관리법
- 2020년 8월 18일 이후 등록에 따른 거주주택 비과세관련 세무리스크 관리법
- 임대주택을 거주주택으로 전환한 경우의 세무리스크 관리법
- 임대료 증액제한 준수의무관련 세무리스크 관리법

최근 부동산 세제가 상당히 복잡해진 이유 중 하나는 바로 주택임대업에 대한 세제의 변경과 관련이 높다. 정부에서 주택임대업에 대한 세제를 확대했다가 축소하면서 세법 규정이 변화를 거듭했기 때문이다. 따라서 앞으로 양도소득세 등 모든 부동산 세제에 통달하기 위해서는 반드시 이 부분을 섭렵해야 한다. 이러한 관점에서 이에 대한 내용을 살펴본다.

1 기본 사례

아래와 같은 물건을 거래하고자 한다. 상황에 맞게 답하면?

> **자료**
>
> • A주택 : 관할 구청 및 세무서에 임대등록한 주택으로 4년 단기임대주택에 해당함.
> • B주택 : 10년 전에 유상으로 취득한 주택에 해당함(현재 거주하고 있음).

> • 상황1 : B주택을 양도하면 비과세를 받을 수 있는가?
> • 상황2 : 만일 A주택을 2018년 9월 14일 이후에 조정지역에서 취득해 임대등록한 상태에서 B주택을 양도하더라도 비과세를 받을 수 있는가?
> • 상황3 : A주택을 4년 임대한 후에 양도하고 B주택을 양도하면 어떤 문제점이 있는가?

위의 상황에 대해 답을 찾아보면 다음과 같다.

(상황1) B주택을 양도하면 비과세를 받을 수 있는가?

등록한 임대주택은 거주주택 양도 시에는 주택 수에서 제외되는 특례가 주어진다. 따라서 원칙적으로 B주택에서 2년 이상 거주했다면 비과세를 받을 수 있다. 물론 생애 1회만 받을 수 있다. 참고로 주택임대업관련 양도소득세 혜택은 거주주택과 임대주택에 대해 각각 적용되고 있다.

(상황2) 만일 A주택을 2018년 9월 14일 이후에 조정지역에서 취득해 임대등록한 상태에서 B주택을 양도하더라도 비과세를 받을 수 있는가?

2018년 9월 14일 이후에 조정지역 내에서 주택을 취득해 임대등록한 주택이라도 등록 시 기준시가가 6억 원(지방은 3억 원) 이하가 되면 본인이 거주하고 있는 주택에 대해서는 「소득세법 시행령」 제155조 제20항에 따라 생애 1회 비과세가 적용된다.

(상황3) A주택을 4년 임대한 후에 양도하고 B주택을 양도하면 어떤 문제점이 있는가?

4년 임대한 후에 이를 양도하면 더 이상 임대사업자가 아니다. 따라서 이렇게 되면 B주택에 대해서는 일반규정에 따라 비과세를 받아야 할 것으로 보인다.

② 핵심 포인트

주택임대업의 세제적용과 관련해서는 취득세부터 양도소득세(법인세)까지 모든 세목에 영향을 준다. 부동산 거래단계로 살펴보면 다음과 같다.

취득 시	• 신규로 분양되는 공동주택과 주거용 오피스텔 중 전용면적 60㎡ 이하의 주택을 임대등록하면 취득세 감면이 적용된다.

보유 시	• 보유세 감면도 제한적으로 적용된다. 재산세의 경우 원칙적으로 2호 이상 임대주택등록을 하면 면적에 따라 재산세를 감면받을 수 있다. 한편 국세인 종합부동산세도 기준시가 등의 요건을 충족한 경우 합산배제의 혜택을 부여하고 있다. • 임대소득세 감면도 제한적으로 적용된다. 임대주택사업자의 경우 30%(장기임대사업자는 75% 등)가 감면된다.

양도 시	• 주택임대사업자의 거주주택에 대해서는 생애 1회만 비과세가 적용된다. • 자동말소 또는 요건을 갖춰 자진말소한 임대주택을 양도하면 중과세를 적용하지 않는다. • 「조특법」에서 정한 요건을 충족한 경우 장기보유특별공제가 최대 70% 적용되거나 양도소득세 100% 감면을 받을 수 있다.

주택임대업 세제 중 "거주주택 양도소득세 비과세 적용법"에서 가장 많은 리스크가 발생하고 있다.

앞의 사례의 연장선상에서 아래의 물음에 답해보자.

> **자료**
>
> • A주택 : 관할 구청 및 세무서에 임대등록한 주택으로 4년 단기임대주택에 해당함.
> • B주택 : 10년 전에 유상으로 취득한 주택에 해당함(현재 거주하고 있음).

> • 상황1 : A주택이 최근에 등록이 말소되었다. 이 주택을 양도하면 과세방식은?
> • 상황2 : 자동말소된 A주택을 보유 중에 B주택을 양도하면 비과세를 받을 수 있을까?
> • 상황3 : 자동말소된 A주택을 먼저 처분한 후에 B주택을 양도하면 비과세를 받을 수 있을까?

위의 상황에 대해 답을 찾아보면 다음과 같다.

(상황1) A주택이 최근에 등록이 말소되었다. 이 주택을 양도하면 과세방식은?

4년 단기임대로 등록된 주택들은 4년 의무임대기간이 종료되면 2020년 8월 18일부터 등록이 자동적으로 말소된다. 따라서 본인의 의사와 관계없이 등록이 말소되므로 「소득세법」에서는 중과세를 적용하지 않는 배려를 해주고 있다. 이러한 이유에서 사례의 A주택은 일반과세(기본세율, 장기보유특별공제 적용)를 적용받을 수 있게 된다.

(상황2) 자동말소된 A주택을 보유 중에 B주택을 양도하면 비과세를 받을 수 있을까?

B주택을 주택임대사업자의 "거주주택"이라고 하는데, 이 주택에 대해서 비과세를 받으려면 원칙적으로 임대주택을 임대 중에 양도해야 한다. 따라서 사례의 경우 A주택이 자동말소가 되더라도 임대 중에 있으므로 B주택에 대해서는 거주주택으로 비과세가 성립하는 것으로 판단된다. 다만, 거주주택 비과세는 "생애 1회"만 적용되므로 이 부분에 대해서는 별도로 판단을 내려야 한다.

(상황3) 자동말소된 A주택을 먼저 처분한 후에 B주택을 양도하면 비과세를 받을 수 있을까?

A주택을 먼저 처분하면 이제 B주택 1채만을 보유하고 있다. 이러한 상황에서 B주택을 처분하면 B주택은 더 이상 주택임대사업자의 거주주택이 아니므로 「소득세법 시행령」 제

154조 제1항 및 제5항에 따른 1세대 1주택 비과세를 받을 수 있게 된다. 하지만 여기서 문제가 되는 것은 2년 이상 보유 및 2년 거주요건을 어떤 식으로 적용하는지의 여부가 중요하다. 2021년 이후에 양도하는 주택들은 "최종 1주택"부터 이 기간을 계산하기 때문이다. 사례에도 이 규정이 적용된다면 A주택을 양도한 날로부터 2년 이상 보유한 후에 양도해야 비과세가 성립할 것으로 보인다. 2년 이상 거주요건은 2017년 8월 3일 이후에 조정지역 내에서 취득한 것에 대해서만 적용되므로 이 부분도 별도로 확인해야 한다. 다만, 거주주택 비과세는 「소득세법 시행령」 제155조 제20항에 따라 적용되는 것인 만큼 이에 대해 "최종 1주택" 보유기간을 적용하는 것이 합당하는지에 대한 반론이 있다. 따라서 이 부분에 대해서는 유권해석을 받아야 하지 않을까 싶다(참고로 최근 국세청이 발간한 "주택과 세금" 책 222페이지를 보면 임대주택을 모두* 처분한 후에 거주주택을 양도하면 1주택만 보유한 날로부터 2년 이상 보유 및 거주하라는 식으로 의견을 제시하고 있다. 물론 이 견해가 타당하는지의 여부는 명확하지 않다).

* 일부 임대주택이 남아 있다면 먼저 처분한 임대주택은 거주주택의 비과세에 영향을 미치지 않으므로 이 경우 보유기간과 거주기간을 다시 갖출 필요는 없다(저자 의견).

Tip

❏ **주택임대업과 관련된 판단오류들**

- 거주주택의 비과세와 관련해 요건을 잘못 적용하는 경우들이 많다. 예를 들어 "생애 1회" 적용요건이 대표적이다. 이외에 임대주택의 의무임대기간 등의 적용요건을 두고 해석을 달리하는 경우도 많다.
- 최근 도입된 말소제도에 따른 세제의 변화를 잘못 이해하는 경우가 많다. 특히 자진말소의 경우 의무임대기간의 1/2 이상을 넘긴 상태에서 말소가 되어야 세제지원을 받을 수 있다는 것을 놓치는 경우가 많다. 한편 재건축 등에 의해 말소가 된 경우 말소 이후에는 세제지원이 더 이상 되지 않는다는 것도 잘 모르는 경우가 많다.
- 임대료 증액 제한과 관련해 이를 잘못 판단하는 경우도 많다. 이 요건은 매우 중요하다.

임대주택사업자들은 1주택에서 거주하면서 다른 주택들은 임대업으로 영위하는 경우가 일반적이다. 따라서 이들은 기본적으로 다주택자에 해당한다. 하지만 이들은 일반다주택자와 차이가 있으므로 본인이 거주하고 있는 주택에 대해서는 양도소득세 비과세가 필요하다. 물론 이 비과세 혜택이 무분별하게 적용되어서는 곤란할 것이다. 이하에서 이들이 거주주택 비과세를 받는 방법에 대해 자세히 알아보자.

① 기본 사례

K씨는 현재 1세대 3주택자에 해당한다. 그는 자신이 거주하고 있는 주택을 처분하고 새로운 주택으로 이사를 가려고 한다. 상황에 맞게 답하면?

자료

구 분	취득시기	비 고
A주택	2000년	거주
B주택	2013년(다세대주택)	임대
C주택	2020년(아파트)	임대

- 상황1 : 이 상태에서 A주택을 양도하면 비과세가 적용되는가?
- 상황2 : 이 상태에서 B주택을 먼저 처분하면 A주택에 대해 비과세를 적용받을 수 있는가?
- 상황3 : 1세대 3주택 상태에서 A주택에 대해 비과세를 받을 수 있는 방법은?
- 상황4 : 이 상태에서 B주택과 C주택을 임대등록하면 A주택에 대해 비과세를 받을 수 있는가?
- 상황5 : C주택을 먼저 양도하고 B주택을 임대등록한 후에 A주택을 양도하면 비과세를 적용받을 수 있을까?

위의 상황에 대해 순차적으로 답을 찾아보면 다음과 같다.

(상황1) 이 상태에서 A주택을 양도하면 비과세가 적용되는가?

1세대 3주택자에 해당하므로 원칙적으로 양도소득세가 과세된다.

(상황2) 이 상태에서 B주택을 먼저 처분하면 A주택에 대해 비과세를 적용받을 수 있는가?

B주택을 처분하면 1세대 2주택자가 된다. 이러한 상황에서 A주택과 C주택은 일시적 2주택에 해당하므로 A주택에 대해서는 비과세가 성립할 수 있다. 참고로 과세관청은 3주택자가 처분을 통해 일시적 2주택이 되면 당초 취득일로부터 보유기간을 계산한다고 하고 있다 단, 최근 이에 대한 입장이 최종 1주택만 보유한 날로부터 기산하는 것으로 바뀌었다. 따라서 이 경우 비과세 받기가 사실상 힘들 것으로 보인다(제3장 참조).

(상황3) 1세대 3주택 상태에서 A주택에 대해 비과세를 받을 수 있는 방법은?

1세대 3주택 상태에서도 비과세를 받을 수 있는 길들이 있다.

- B주택 등이 상속주택 등에 해당되어 일시적 3주택에 해당하면 비과세를 받을 수 있다.
- B주택과 C주택을 임대주택으로 등록하는 방법이 있다. 단, 아파트의 경우 2020년 8월 18일부터는 등록이 불가하고 기타의 주택들은 등록이 가능하나 10년 이상 장기로면 등록을 해야 한다.

(상황4) 이 상태에서 B주택과 C주택을 임대등록하면 A주택에 대해 비과세를 받을 수 있는가?

2020년 8월 18일부터는 아파트는 단기임대든 장기임대든 무조건 등록이 불가하다. 따라서 이 상황에서는 A주택에 대해 비과세를 받을 수 없다.

(상황5) : C주택을 먼저 양도하고 B주택을 임대등록한 후에 A주택을 양도하면 비과세를 적용받을 수 있을까?

이 경우에는 최종 1주택 보유기간 계산법을 적용하게 된다. 따라서 C주택을 양도한 날로부터 2년 이상 보유 등을 해야 비과세가 성립할 것으로 보인다.

② 핵심 포인트

임대주택사업자의 거주주택에 대한 비과세는 다음과 같은 요건을 하고 있다.

| 주택요건 | • 임대주택 → 등록 후의 임대개시일 현재 기준시가가 6억 원(수도권 밖은 3억 원) 이하에 해당될 것
• 거주주택 → 전세대원이 2년 이상 거주할 것 |

| 등록요건 | • 관할 지자체 → 「민간임대주택법」에 따라 임대주택을 등록할 것
• 관할 세무서 → 주택임대업에 대한 사업자등록을 할 것
※ 단, 아파트에 대해서는 관할 지자체 등록을 할 수 없음(2020년 7·10대책). |

| 사후관리요건 | • 임대주택은 5년간 의무적으로 임대할 것(위반 시 비과세를 박탈함)
※ 단, 자동말소나 자진말소 시 의무임대기간 요건을 충족한 것으로 봄(7·10대책). |

☞ 등록주택 외에 1주택만 있고 이 주택에서 전 세대원들이 2년 이상 거주한 경우에는 양도소득세 비과세를 받을 수 있다. 이러한 규정을 "거주주택에 대한 비과세"라고 한다. 2011년에 도입된 것이다.

거주주택에 대한 양도소득세 비과세요건을 다시 확인해보면 다음과 같다.

구 분	내 용	비 고
임대주택	• 관할 지자체에 민간임대주택으로 등록할 것 • 관할 세무서에 사업자등록을 할 것 • 주택의 기준시가가 해당 주택의 임대개시일 당시 6억 원(수도권 밖은 3억 원)을 초과하지 아니할 것 • 등록 후 5년* 이상 임대할 것	2020년 8월 18일부터는 아파트를 제외한 주택에 대해 10년 장기로만 등록이 가능함.
거주주택	• 1세대 1주택(일시적 2주택 포함)일 것 • 2년 이상 보유할 것 • 2년 이상 거주할 것	• 등록 전에 거주한 것도 인정
적용 효과	생애 1회만 비과세 허용	2019년 2월 12일 이후 취득분부터 적용(단, 경과규정에 따른 주택 제외하고 그 이전에 비과세받았다면 이날 이후에 취득한 것이라도 비과세를 적용하지 않음)

* 임대기간의 계산 시 사업자등록을 하고 임대주택으로 등록하여 임대하는 날부터 임대를 개시한 것으로 본다. 자동말소나 의무임대기간의 1/2 이상 임대 후 자진말소하는 경우에는 의무임대기간 요건이 충족된 것으로 본다(기타 요건은 별도로 확인해야 한다).

③ 실전 사례

K씨는 다음과 같이 주택을 보유하고 있는 상태에서 A주택을 처분하고자 한다. 상황에 맞게 답하면?

자료

- A주택 : 15년 보유(양도차익 3억 원, 비조정지역에 소재함)
- B주택 : 5년 전 매입(양도차익 5천만 원, 기준시가 2억 원)
- C주택 : 1년 전 매입

- 상황1 : 어떻게 하는 것이 거래를 성사시킬 수 있는 확률을 높일 것인가?
- 상황2 : 각 대안의 한계점은?

위의 상황에 대해 순차적으로 답을 찾아보면 다음과 같다.

(상황1) 어떻게 하는 것이 거래를 성사시킬 수 있는 확률을 높일 것인가?

STEP1 쟁점은?

K씨는 현재 1세대 3주택에 해당하므로 A주택을 양도하면 원칙적으로 양도소득세가 과세된다.

STEP2 산출세액은?

사례의 경우 대략적인 양도소득세를 계산하면 다음과 같다.

구 분	금 액	비 고
양도차익	3억 원	
- 장기보유특별공제(30%)	9천만 원	
= 양도소득금액	2억 1천만 원	
- 기본공제	250만 원	
= 과세표준	2억 750만 원	
× 세율	38%	

구 분	금 액	비 고
− 누진공제	1,940만 원	
= 산출세액	5,945만 원	지방소득세 10% 별도

STEP3 대안은?

위에서 계산된 세금을 내는 것을 감수하고 거래를 할 것인가 아니면 다른 대안이 있는지를 검토한다. 이러한 대안에는 다음과 같은 것들이 있을 수 있다.

① 대안1 : B주택을 먼저 처분한 후 A주택을 처분하는 전략
② 대안2 : B주택을 세대분리가 된 자녀 등에게 증여한 후 A주택을 처분하는 전략
③ 대안3 : B주택과 C주택을 임대사업자등록을 한 후에 A주택을 처분하는 전략

이 중 대안1을 기준으로 하면 다음과 같은 효과가 발생한다.

구 분	대안 없이 A주택을 처분하는 경우	B주택 먼저 처분한 후 A주택을 비과세로 처분한 경우	차 이
양도차익	3억 원	5천만 원	
− 장기보유특별공제	9천만 원	750만 원	
= 양도소득금액	2억 1천만 원	4,250만 원	
− 기본공제	250만 원	250만 원	
= 과세표준	2억 750만 원	4천만 원	
× 세율	38%	15%	
− 누진공제	1,940만 원	108만 원	
= 산출세액	5,945만 원	492만 원	5,453만 원

대안2의 경우에는 자녀에게 증여하는 경우 증여세와 취득세가 발생한다. 따라서 아래와 같은 세금을 부담해야 하므로 증여의 효과가 대안1보다 축소될 수 있다.

구 분	금 액	비 고
증여세	2천만 원	(2억 원−5천만 원)×20%−1천만 원(누진공제)=2천만 원
취득세	800만 원	2억 원×4%(취득세)
계	2,800만 원	

한편 대안 3의 경우 비과세를 받을 수 있으므로 5,945만 원 전액을 내지 않아도 되는 효과가 발생한다. 다만, 이러한 효과는 등록시기 등에 따라 그 내용이 달라진다.

(상황2) 각 대안의 한계점은?

앞에서 살펴본 각 대안들은 아래와 같다.

① 대안1 : B주택을 먼저 처분한 후 A주택을 처분하는 전략
② 대안2 : B주택을 세대분리가 된 자녀 등에게 증여한 후 A주택을 처분하는 전략
③ 대안3 : B주택과 C주택을 임대사업자등록을 한 후에 A주택을 처분하는 전략

먼저 대안1과 2 같은 유형은 2021년부터 적용되는 최종 1주택 보유기간 계산법에 유의해야 한다. 사례의 B주택을 양도나 증여 등을 통해 처분한 후에 A주택을 양도하는 경우에는 1주택만 보유한 날로부터 2년 이상 더 보유한 후에 양도해야 하기 때문이다. 대안2 같은 유형은 취득세 중과세 문제가 있다. 사례는 이와 무관하지만 2주택 이상 보유한 세대가 자녀 등에게 조정지역 내의 기준시가 3억 원 이상의 주택을 증여함에 따라 이를 취득하면 취득세율이 12%까지 나올 수 있기 때문이다. 한편 대안3 같은 유형은 2020년 8월 18일부터는 아파트는 절대 등록을 할 수 없다는 한계점이 있다. 또한 등록이 가능하더라도 10년 장기로만 등록을 할 수 있다는 것도 한계점에 해당한다.

Tip

❑ **거주주택 비과세제도의 변화가 주는 시사점**

「소득세법 시행령」 제155조 제20항에 규정되어 있는 거주주택 비과세제도는 주택임대사업자에게 매우 중요한 제도에 해당한다. 다주택 상태에서 비과세를 받을 수 있기 때문이다. 그런데 2019년 2월 12일 이후 취득한 주택부터 비과세 회수가 생애 1회로 제한되다 보니 주택임대업에 대한 매력이 크게 반감되었다. 이에 따라 향후 비과세를 더 받고자 하는 경우에는 임대주택을 모두 처분해야 할 것으로 보인다. 그래야 일반규정에 따라 비과세를 받을 수 있기 때문이다.

주택임대사업자의 거주주택에 대한 비과세는 다주택자에 대한 특례조치에 해당한다. 그런데 문제는 이 거주주택에 대한 비과세는 생애 한 차례만 주어진다는 것이다. 최근 정부에서 이에 대해 법을 개정했기 때문이다. 이러한 내용은 주택임대사업자에게 큰 영향을 준다.

① 기본 사례

아래 자료를 보고 상황에 맞게 답하면?

> **자료**
>
> • A씨는 2012년 주택임대사업자등록을 내었음.
> • A씨는 2014년과 2017년에 거주주택 비과세를 받았음.
> • 현재 A씨는 본인의 주택에서 거주하고 있음(이 주택은 2017년에 취득한 주택임).

> • 상황1 : A씨가 현재 거주하고 있는 주택은 비과세가 가능한가?
> • 상황2 : A씨가 현재 거주하고 있는 주택을 양도하고 신규주택을 사서 거주하면 이에 대해서도 비과세를 받을 수 있는가?
> • 상황3 : 만일 신규주택이 2019년 2월 12일 전에 매매계약을 체결한 주택이라면 이 경우에도 비과세가 가능할까?
> • 상황4 : 2019년 2월 12일 전에 분양권, 조합원입주권을 계약한 경우라면 개정 규정을 적용받지 않는가?

위 상황에 맞게 답을 찾아보면 다음과 같다.

(상황1) A씨가 현재 거주하고 있는 주택은 비과세가 가능한가?

그렇다. 2019년 2월 12일 현재 거주하고 있는 주택에 대해서는 예외적으로 비과세를 적용해주기 때문이다. 따라서 이 주택에 대해서 비과세를 받았다면 생애(살아있는 동안) 3회의 비과세가 가능하게 된다.

(상황2) A씨가 현재 거주하고 있는 주택을 양도하고 신규주택을 사서 거주하면 이에 대해서도 비과세를 받을 수 있는가?

신규주택은 2019년 2월 12일 이후에 취득한 주택에 해당한다. 따라서 이날 이후에 취득한 주택에 대해 비과세 제한규정을 적용하면 이 주택까지 비과세적용이 가능하다. 하지만 과세관청은 생애 한 차례만 비과세를 허용하기 때문에 2019년 2월 12일 이전에 1회 이상 비과세를 받았다면 더 이상 비과세를 받을 수 없다고 해석하고 있다.

(상황3) 만일 신규주택이 2019년 2월 12일 전에 매매계약을 체결한 주택이라면 이 경우에도 비과세가 가능할까?

앞에서 본 경과규정에 의해 비과세가 가능하다. 이렇게 되면, 총 4회의 비과세도 가능하다.[41]

(상황4) 2019년 2월 12일 전에 분양권, 조합원입주권을 계약한 경우라면 개정 규정을 적용받지 않는가?

앞에서 본 부칙에 의거 이 영 시행 전에 거주주택을 취득하기 위해 매매계약을 체결하고 계약금을 지급한 사실이 증빙서류에 의해 확인되는 주택은 개정 규정을 적용하지 않는다고 하고 있다. 적용범위 등 자세한 것은 유권해석을 받아 실무처리를 하기 바란다.

② 핵심 포인트

주택임대사업자의 거주주택에 대해서는 "생애 1회"만 비과세가 적용된다. 이에 대한 규정을 분석해보자.

(1) 비과세 회수 제한

거주주택에 대한 비과세를 규정하고 있는 「소득세법 시행령」 제155조 제20항의 본문을 보자.

> 제167조의 3 제1항 제2호에 따른 주택(생략)과 그 밖의 1주택을 국내에 소유하고 있는 1세대가 각각 제1호와 제2호 또는 제1호와 제3호의 요건을 충족하고 해당 1주택(이하 이

---

41) 이러한 결과로 보건대 생애 1회 적용범위를 2019년 2월 12일 이후의 취득분부터 적용하는 것이 아닌 소급하여 적용하는 것은 해석상 오류가 있는 것으로 보인다.

조에서 "거주주택"이라 한다)을 양도하는 경우(장기임대주택을 보유하고 있는 경우에는 생애 한 차례만 거주주택을 최초로 양도하는 경우에 한정한다)에는 국내에 1개의 주택을 소유하고 있는 것으로 보아 제154조 제1항을 적용한다.

이 규정은 요건을 갖춘 상태에서 거주주택을 양도하면 비과세를 적용하겠다는 것을 의미하는데, 이때 괄호 안에 아래와 같은 규정이 있다.

(장기임대주택을 보유하고 있는 경우에는 생애 한 차례만 거주주택을 최초로 양도하는 경우에 한정한다)

(2) 비과세 제한 규정

1) 적용 시기

이 규정은 종전에 없던 규정으로 2019년 2월 12일에 개정되었다. 이에 따라 아래 「소득세법 시행령」 부칙(대통령령 제29523호) 제7조에서는 이 영 시행(2019년 2월 12일) 이후 취득하는 주택부터 개정 규정을 적용하도록 하고 있다.

제7조 【주택임대사업자 거주주택 양도소득세 비과세요건에 관한 적용례 등】
① 제154조 제10항 제2호 및 제155조 제20항(제2호는 제외한다)의 개정 규정은 이 영 시행 이후 취득하는 주택부터 적용한다.
② 다음 각 호의 어느 하나에 해당하는 주택에 대해서는 제154조 제10항 제2호, 제155조 제20항(제2호는 제외한다)의 개정 규정 및 이 조 제1항에도 불구하고 종전의 규정에 따른다.
1. 이 영 시행 당시 거주하고 있는 주택
2. 이 영 시행 전에 거주주택을 취득하기 위해 매매계약을 체결하고 계약금을 지급한 사실이 증빙서류에 의해 확인되는 주택[42]

2) 생애 한 차례의 의미

이는 살아 있는 동안 단 1회만 비과세를 적용한다는 것을 의미한다. 다만, 앞의 부칙에 따르면 이 영 시행일 당시에 거주하고 있는 주택과 거주주택을 취득하기 위해 매매계약한 주택은 이 개정 규정을 적용하지 않도록 하고 있다. 참고로 장기임대주택 외 거주주택에

---

42) 분양권, 조합원입주권 등도 해당된다고 해석된다. 저자의 카페로 문의하기 바란다.

대한 생애 한 차례의 비과세 적용은 아래처럼 실무처리를 하고 있다.

① 2019년 2월 12일 전에 취득(2019년 2월 12일 전에 계약금을 지급하고 2019년 2월 12일 이후 취득한 주택 포함)한 주택은 거주주택에 대한 생애 한 차례 비과세 적용규정에도 불구하고 장기임대주택 외 거주주택으로 사용하는 경우 다시 비과세를 적용받을 수 있다.

② 2019년 2월 12일 이후 취득한 주택은 기존에 보유하던 주택으로 거주주택 비과세를 적용받은 사실이 있는 경우에는 다시 거주주택 비과세를 적용받을 수 없으며, 기존에 거주주택 비과세를 적용받은 사실이 없는 경우에 한하여 생애 한 차례 거주주택 비과세를 적용받을 수 있다.

따라서 다른 주택에 대하여 비과세를 적용받은 사실이 없는 경우에는 새로운 주택을 취득하여 상기 요건을 충족하는 경우 생애 한 차례 거주주택 비과세가 적용된다.

3) 거주주택을 최초 양도한 경우

거주주택에 대해서는 생애 1회만 적용되는데 이때 어떤 주택에 대해 이를 적용할 것인지의 여부도 관건이다. 생애 중에 거주한 주택이 여러 채가 있을 수 있기 때문이다. 이에 대해서는 본인이 선택을 해서 신고하는 것이 합리적이지 않을까 싶다. 유권해석을 받아 처리하기 바란다.

③ 실전 사례

임대기간 8년이 넘은 임대사업자가 2016년에 거주주택 매각 시 1가구 1주택 적용을 받았고, 2016년에 새로 구입한 주택을 2022년 7월에 매각하려고 하는데, 양도소득세 계산 시 거주주택에 대한 비과세가 가능하는가?

2019년 2월 12일 「소득세법 시행령」 제155조 제20항 개정으로 장기임대주택 보유자의 거주주택에 대한 비과세는 생애 한 차례만 가능하다. 다만, 사례의 주택은 2019년 2월 12일 전에 거주주택을 취득한 경우에 해당하므로 「소득세법 시행령」 부칙 〈제29523호, 2019.2.12.〉 제7조에 따라 종전의 거주주택 특례 규정 등이 적용되어 2년 이상 거주요건을 충족하는 경우 거주주택에 대한 비과세 특례를 적용받을 수 있는 것으로 판단된다.

Tip

❏ 비과세 적용 회수 제한

거주주택 비과세는 2019년 2월 12일 이후 취득분부터 생애 1회만 적용한다. 따라서 그 이전에 거주주택 비과세를 받았다면 이에 대해서는 이를 적용받을 수 없다. 다만, 2019년 2월 12일에 거주하고 있거나 계약한 것들은 추가로 비과세를 받을 수 있다. 이를 요약하면 다음과 같다.

구 분	비과세 적용여부	생애 1회 적용여부
1. 2019년 2월 12일 전 취득한 주택	가능	해당사항 없음.
2. 2019년 2월 12일 현재 거주하고 있는 주택	가능	해당사항 없음.
3. 2019년 2월 12일 전에 거주하기 위해 계약한 주택	가능	해당사항 없음.
4. 2019년 2월 12일 이후 취득한 주택	가능 또는 불가능	해당함. 따라서 좌 1번에서 비과세 받은 경우에는 4번에 대해서는 비과세 불가함. 생애 1회에 해당하지 않기 때문임(과세관청의 입장).*

* 이 개정 규정은 2019년 2월 12일 이후 취득한 분부터 적용되므로 이전에 적용된 거주주택 비과세와는 무관하게 생애 1주택을 적용하는 것이 타당한 것으로 보인다(각주 참조).[43]

---

43) 거주주택 평생 1회 관련 부칙 : 「소득세법 시행령」 부칙 〈제29523호, 2019.2.12.〉
제7조【주택임대사업자 거주주택 양도소득세 비과세요건에 관한 적용례 등】
① 제154조 제10항 제2호 및 제155조 제20항(제2호는 제외한다)의 개정 규정은 이 영 시행 이후 취득하는 주택부터 적용한다.
② 다음 각 호의 어느 하나에 해당하는 주택에 대해서는 제154조 제10항 제2호, 제155조 제20항(제2호는 제외한다)의 개정 규정 및 이 조 제1항에도 불구하고 종전의 규정에 따른다.
1. 이 영 시행* 당시 거주하고 있는 주택
2. 이 영 시행 전에 거주주택을 취득하기 위해 매매계약을 체결하고 계약금을 지급한 사실이 증빙서류에 의해 확인되는 주택
* 2019년 2월 12일을 말함.
☞ 이 영 시행 당시 거주하고 있는 주택은 종전의 거주주택 특례 규정 등이 적용된다. 따라서 이 경우 그 이전의 거주주택 비과세와 관계없이 비과세가 적용된다. 이후 2019년 2월 12일 이후 새로운 거주주택을 취득한 경우에는 더 이상 거주주택에 대한 비과세를 받을 수 없다. 개정 규정 즉 2019년 2월 12일 이후에 취득한 것은 "생애 1회"만 비과세가 적용되는데 이미 그 이전에 비과세를 받았기 때문이다(다만, 이 규정은 2019년 2월 12일 이후에 취득한 것을 대상으로 하는 것으로 범위를 한정하면 비과세 혜택을 1회 더 받을 수 있다고 본다).

거주주택에 대한 비과세는 평생 1회만 적용되지만 2019년 2월 12일 현재 거주한 주택의 경우에는 예외적으로 비과세가 가능한 것인 만큼 통상 2회 정도의 비과세 혜택도 가능하다. 그렇다면 이러한 상황에서 일시적 2주택에 의한 거주주택 비과세는 어떻게 받을까?

① 기본 사례

K씨는 아래와 같이 주택을 보유하고 있다. 상황에 맞게 답하면?

> **자료**
>
> - 장기임대주택 임대 중
> - A주택 : 2년 이상 거주 중
> - B주택 : 취득할 예정임.
> - 조정지역에 해당함.

> - 상황1 : 주택임대사업자도 거주주택에 대해 일시적 2주택으로 비과세를 받을 수 있는가?
> - 상황2 : 이 경우 거주주택에 대한 비과세를 받기 위한 요건은? 이는 생애 첫 비과세 주택에 해당한다.
> - 상황3 : 만일 2019년 2월 12일 이전에 거주주택에 대해 비과세를 받았다면 금번 A주택에 대해서도 비과세를 받을 수 있는가?
> - 상황4 : 만일 A주택에 대해 비과세를 받았다면 B주택은 비과세를 받을 수 없는가?

위 상황에 맞게 답을 찾아보면 다음과 같다.

(상황1) 주택임대사업자도 거주주택에 대해 일시적 2주택으로 비과세를 받을 수 있는가?

그렇다. 요건을 갖춘 경우 장기임대주택 외 거주주택이 일시적 2주택에 해당하면 비과세를 받을 수 있다. 장기임대주택 외 1주택에 대해 비과세가 적용되지만, 1주택자가 대체주택을 취득한 경우에는 일시적 2주택으로 비과세가 적용된다(중복 적용).

(상황2) 이 경우 거주주택에 대한 비과세를 받기 위한 요건은? 이는 생애 첫 비과세 주택에 해당한다.

장기임대주택의 요건과 아래와 같은 일시적 2주택 비과세에 대한 요건을 별도로 충족해야 한다.

- B주택을 취득한 날로부터 A주택을 비과세 처분기한 내에 양도해야 한다.
- B주택을 취득한 날로부터 1년 이내에 B주택에 전입해야 한다.
- A주택은 양도일 현재 2년 보유 등에 해당되어야 한다. 물론 이때 최종 1주택 보유한 날로부터 이 기간을 산정한다. 거주요건도 리셋이 될 수 있다.

(상황3) 만일 2019년 2월 12일 이전에 거주주택에 대해 비과세를 받았다면 금번 A주택에 대해서도 비과세를 받을 수 있는가?

2019년 2월 12일 현재 거주하고 있거나 이날 전에 매매계약을 한 주택이라면 생애 한 차례에 대한 예외규정이 적용된다. 따라서 이러한 상황에서도 비과세가 가능하다.

(상황4) 만일 A주택에 대해 비과세를 받았다면 B주택은 비과세를 받을 수 없는가?

A주택에 대해서 거주주택 비과세를 받았기 때문에 더 이상 B주택에 대해서는 「소득세법 시행령」 제155조 제20항에 따른 거주주택 비과세를 받을 수 없다. 물론 장기임대주택을 모두 처분 한 후에는 더 이상 주택임대사업자가 아니므로 남은 주택이 1세대 1주택에 해당하는 경우에는 비과세가 가능할 것으로 보인다.[44]

❷ 핵심 포인트

주택임대사업자들의 거주주택이 일시적 2주택인 경우에도 비과세가 성립한다. 다만, 아래의 것들에 대해서는 유의해야 한다.

(1) 일시적 2주택 비과세요건 충족

주택임대사업자들은 임대주택에 대한 임대요건 외에 일시적 2주택 비과세요건(비과세 처분기한 내에 처분 등)을 동시에 충족해야 한다.

---

44) 임대주택을 거주주택으로 전환해 1세대 1주택으로 양도하는 경우에는 직전 거주주택의 양도일 이후의 양도차익에 대해서만 비과세가 성립한다.

(2) 생애 1회 비과세 적용 회수에 유의

일시적 2주택으로 양도하는 주택이 2019년 2월 12일 이후 취득한 주택에 해당하는 경우에는 "생애 1회" 비과세를 적용받았으므로 신규주택에 대해서는 더 이상 비과세를 적용하지 않는다. 만일 신규주택에 대해 비과세를 받고 싶다면 「소득세법 시행령」 제155조 제1항 등 일반규정에 따라 비과세를 받아야 할 것으로 보인다.

(3) 최종 1주택 보유기간 계산법에 유의

3주택 이상 보유한 상태에서 처분이나 취득 등을 통해 일시적 2주택이 된 경우에는 "최종 1주택"에 대한 보유기간 및 거주기간 계산법이 적용될 수 있으므로 자칫 비과세요건을 충족하지 못하는 것으로 인정될 수 있음에 유의해야 한다.

(4) 일시적 2주택이 고가주택인 경우

장기임대주택 외 일시적 2주택이 고가주택인 경우 양도차익 중 12억 원 이하분은 비과세가 성립하고, 그 초과분은 과세가 된다. 이때 과세분에 대해서는 2021년 2월 17일 이후부터 중과세가 적용되지 않는다.

③ 실전 사례

주택임대사업자가 보유한 임대주택 외에 거주주택이 일시적 2주택이 된 경우에도 종전주택에 대해 비과세를 받을 수 있다. 아래 사례를 통해 이에 대한 내용을 좀 더 확인해보자.

A씨는 2018년 12월에 등록한 임대주택 2채와 본인이 거주하고 있는 주택 1채를 보유하고 있다. 이러한 상황에서 새로운 주택(B주택)을 사서 이사를 가려고 한다. 아래 자료를 통해 상황에 맞게 답하면?

> 자료
>
> • 장기임대주택 : 2채(세법상 요건을 갖춤)
> • A주택 : 거주주택(3년 전 취득, 2년 거주하였음)

- 상황1 : 이 상황에서 A주택을 양도하면 비과세가 가능한가?
- 상황2 : 이 상황에서 B주택을 취득한 후 바로 매도하고 A주택을 양도하면 비과세가 가능한가?

위 상황에 맞게 답을 찾아보면 다음과 같다.

(상황1) 이 상황에서 A주택을 양도하면 비과세가 가능한가?

그렇다. 장기임대주택 외 거주주택에서는 2년 이상 거주하면 비과세를 적용하기 때문이다.

(상황2) 이 상황에서 B주택을 취득한 후 바로 매도하고 A주택을 양도하면 비과세가 가능한가?

아니다. 이 경우에는 "최종 1주택"에 대한 보유기간 및 거주기간이 다시 시작되면 A주택을 바로 양도하면 비과세를 받을 수 없다.

Tip

☐ **거주주택이 일시적 2주택 규정과 주택임대사업자의 비과세 특례 규정이 중첩된 경우**

1세대가 2년 이상 보유 및 거주한 거주주택과 장기임대주택, 대체주택을 보유하던 중 거주주택 취득일로부터 1년 이상이 지난 후에 대체주택을 취득하고 대체주택 취득일로부터 비과세 처분기한 내에 거주주택을 양도하는 경우에는 1세대 1주택 비과세 적용이 가능하다(사전법령해석재산2019 – 694, 2019.12.18.). 이는 임대등록한 경우라도 일반규정인 일시적 2주택에 해당하면 이에 대한 규정으로도 비과세가 가능함을 말한다. 참고로 등록한 임대주택(선 취득)과 거주주택(후 취득)이 2채이고 이 둘의 관계가 일시적 2주택이라면 「소득세법 시행령」 제155조 제1항과 제20항이 동시에 적용될 수 있다. 따라서 이 상태에서 임대주택을 말소한 후 처분하면 비과세가 가능하다.

제5절 자동말소관련 거주주택 비과세 세무리스크 관리법

말소제도에 따라 가장 많이 변동하는 세목 중의 하나가 바로 양도소득세이다. 이때 임대주택 외의 거주주택에 대한 양도소득세 비과세와 임대주택에 대한 양도소득세 과세문제가 쟁점이 된다. 이중 자동말소와 관련해 거주주택 비과세에 대한 내용부터 정리해보자.

① 기본 사례

K씨는 아래와 같이 주택임대사업자로 활동하고 있다. 상황에 맞게 답을 하면?

자료

- 4년 단기임대주택 : 2채
- 8년 장기임대주택 : 1채
- 거주주택 : 1채(지금까지 거주주택에 대한 비과세를 받은 적이 없음)

- 상황1 : 4년 단기임대주택 중 1채가 자동말소가 되었다. 이 상태에서 거주주택을 양도하면 비과세를 받을 수 있는가?
- 상황2 : 4년 단기임대주택 중 나머지 1채도 자동말소가 되었다. 이 상태에서 거주주택을 양도하면 비과세를 받을 수 있는가?
- 상황3 : 말소된 단기임대주택을 먼저 모두 양도한 후에 거주주택을 양도하면 비과세를 받을 수 있는가?

위 상황에 맞게 답을 찾아보면 다음과 같다.

(상황1) 4년 단기임대주택 중 1채가 자동말소가 되었다. 이 상태에서 거주주택을 양도하면 비과세를 받을 수 있는가?

말소일로부터 5년 내에 거주주택을 양도하면 비과세를 받을 수 있다.

(상황2) 4년 단기임대주택 중 나머지 1채도 자동말소가 되었다. 이 상태에서 거주주택을 양도하면 비과세를 받을 수 있는가?

자동말소되는 주택이 2 이상이면 최초 말소된 주택의 말소일로부터 5년 내에 거주주택을 양도하면 비과세를 받을 수 있다.

(상황3) 말소된 단기임대주택을 먼저 모두 양도한 후에 거주주택을 양도하면 비과세를 받을 수 있는가?

논란이 있다.

「소득세법 시행령」 제155조 제20항 제2호에서는 거주주택의 양도일 현재에도 「소득세법」 제168조에 따라 사업자등록 등을 요구하고 있기 때문이다. 원래 거주주택 비과세는 임대 중에 특례를 부여하는 제도라 이렇게 규정이 되어 있다.

> 2. 장기임대주택 : <u>양도일 현재</u> 법 제168조에 따라 사업자등록을 하고, 장기임대주택을 「민간임대주택에 관한 특별법」 제5조에 따라 민간임대주택으로 등록하여 임대하고 있으며, 임대보증금 또는 임대료(이하 이 호에서 "임대료등"이라 한다)의 증가율이 100분의 5를 초과하지 않을 것. 이 경우 임대료등의 증액 청구는 임대차계약의 체결 또는 약정한 임대료등의 증액이 있은 후 1년 이내에는 하지 못하고, 임대사업자가 임대료등의 증액을 청구하면서 임대보증금과 월임대료를 상호 간에 전환하는 경우에는 「민간임대주택에 관한 특별법」 제44조 제4항의 전환 규정을 준용한다. (2020.2.11. 개정)

하지만 「민간임대주택법」의 개정에 따라 등록이 자동말소가 되었으므로 더 이상 임대사업자가 아니고 해당 주택은 의무임대를 다한 주택에 해당한다. 따라서 말소된 임대주택을 미리 양도한 후에 거주주택을 양도한 경우라도 「소득세법 시행령」 제155조 제20항에 따른 거주주택 비과세제도를 적용해주는 것이 타당해 보인다. 하지만 과세관청은 「소득세법 시행령」 제154조 제1항과 제5항 등을 적용하는 것으로 의견을 제시하고 있다(사전-2021-법령해석재산-0673, 2021.11.19.). 따라서 안전하게 비과세를 받으려면 임대 중에 거주주택을 양도하는 것이 좋을 것으로 보인다.

② 핵심 포인트

임대주택 외 거주주택에 대해서는 생애 1회 정도 비과세를 받을 수 있다. 그런데 이러한 비과세를 받기 위해서는 임대주택과 거주주택에 대한 요건을 각각 충족해야 한다. 이때 임대주택의 경우 의무임대기간이 최소 5년이 필요한데 자동말소의 경우에는 이 의무임대기간을 충족한 것으로 본다. 다만, 거주주택 비과세를 받으려면 말소일로부터 5년 내에 이를 양도해야 한다.

㉓ 제167조의 3 제1항 제2호 가목 및 다목부터 마목까지의 규정에 해당하는 장기임대주택 (법률 제17482호 「민간임대주택에 관한 특별법」 일부개정법률 부칙 제5조 제1항이 적용되는 주택으로 한정한다)이 다음 각 호의 어느 하나에 해당하여 등록이 말소된 경우에는 해당 등록이 말소된 이후(장기임대주택을 2호 이상 임대하는 경우에는 최초로 등록이 말소되는 장기임대주택의 등록 말소 이후를 말한다) 5년 이내에 거주주택을 양도하는 경우에 한정하여 임대기간요건을 갖춘 것으로 보아 제20항을 적용한다. (2020.10.7. 신설)

1. 「민간임대주택에 관한 특별법」 제6조 제1항 제11호에 따라 임대사업자의 의무임대기간 내 등록 말소 신청으로 등록이 말소된 경우(같은 법 제43조에 따른 의무임대기간의 2분의 1 이상을 임대한 경우에 한정한다) (2020.10.7. 신설)
2. 「민간임대주택에 관한 특별법」 제6조 제5항에 따라 의무임대기간이 종료한 날 등록이 말소된 경우 (2020.10.7. 신설)

아래 사례들을 통해 위에서 제기된 내용들을 이해해보자.

Q. 거주주택을 말소일로부터 5년 내에 양도하지 않으면 비과세를 받을 수 없는가?

말소된 임대주택이 있는 상황에서는 그렇다.

Q. 거주주택 외 말소된 주택이 여러 채 있다. 이 경우 어떤 날을 기준으로 5년을 정하는가?

최초 말소된 임대주택의 말소일을 기준으로 한다.

Q. 말소된 주택에는 재개발로 등록이 불가한 아파트가 있다. 이 경우에도 말소된 주택에 포함해 거주주택 비과세를 적용하는가?

이 경우에는 일반주택에 해당하므로 비과세가 적용되지 않음에 주의해야 한다.[45]

Q. 말소된 주택을 모두 양도하면 5년 내에 처분하지 않아도 되는가?

그렇다. 이 경우에는 1세대 1주택에 해당되어 일반규정에 따른 비과세를 받을 수 있기 때문이다.

Q. 말소된 주택이 5채가 있고 이러한 상황에서 고가주택인 거주주택을 양도했다. 이 경우 과세방식은?

고가주택이 양도차익 중 일부는 비과세, 일부에 대해서는 중과세의 가능성이 있다. 중과세를 판단할 때에는 임대주택은 주택 수에 포함되기 때문이다. 다만, 2021년 2월 17일부터는 중과세가 적용되지 않는다. 시행령이 개정되었기 때문이다.

---

45) 최근 나온 유권해석(서면법령해석재산 2020−3660, 2021.5.13.)을 참조하기 바란다.

아래 자료를 보고 상황에 맞게 답하면?

> **자료**
>
> • A주택 : 4년 단기임대주택으로 현재 자동말소됨.
> • B주택 : 4년 단기임대주택으로 현재 자동말소됨.
> • C주택 : 거주용 주택(등록 전에만 2년 거주했으며 지금까지 거주주택 비과세는 받지 않았음)

> • 상황1 : 이 상태에서 C주택을 양도하면 비과세를 받을 수 있는가?
> • 상황2 : 만일 A주택을 양도한 후에 C주택을 양도하면 비과세를 받을 수 있는가?
> • 상황3 : 만일 A와 B주택을 모두 양도한 후에 C주택을 양도하면 비과세를 받을 수 있는가?

위 상황에 맞게 답을 찾아보면 다음과 같다.

(상황1) 이 상태에서 C주택을 양도하면 비과세를 받을 수 있는가?

그렇다. 이 사례처럼 거주주택 비과세에 필요한 의무임대기간 5년을 채우지 못하였더라도 자동말소가 된 경우에는 이 기간을 충족한 것으로 봐주기 때문이다. 다만, 자동말소된 주택이 있는 경우에는 최초 말소일을 기준으로 5년 내에 거주주택을 양도해야 비과세를 적용한다. 한편 사례와 같이 등록 전에 2년 거주한 경우에도 거주요건을 충족한 것으로 봐준다. 그리고 이때 말소 후에 임대 중에 있는 주택들은 관할 세무서에서의 사업자등록은 유지하지 않아도 되고, 임대료 5% 증액제한 준수의무도 지키지 않아도 될 것으로 보인다(276페이지 등 참조).

(상황2) 만일 A주택을 양도한 후에 C주택을 양도하면 비과세를 받을 수 있는가?

자동말소된 A주택을 양도한 경우에는 일반과세로 양도소득세가 부과되는 것이 일반적이다. 그렇다면 다른 임대주택 B가 있는 상태에서 C주택을 양도하면 비과세가 가능할까? 일단 이 상황에서는 여전히 임대주택이 남아 있으므로 주택임대사업자에게 주어지는 거주주택 비과세 특례를 받을 수 있을 것으로 판단된다(단, 최초 말소일로부터 5년 내 거주주택 양도해야 함).

(상황3) 만일 A와 B주택을 모두 양도한 후에 C주택을 양도하면 비과세를 받을 수 있는가?

A와 B주택를 모두 양도했다면 이제 더 이상 주택임대사업자가 아니다. 따라서 이러한 상황에서 C주택을 양도하면 1세대 1주택 상태에서 양도가 되는 셈이 된다. 그 결과 이 경우 비과세를 판단할 때 어느 법을 적용할 지의 여부가 중요하다. 주택임대사업자에 대한 거주주택 비과세는 「소득세법 시행령」 제155조 제20항, 그 외 일반인들에 대한 1세대 1주택 비과세는 「소득세법 시행령」 제154조, 제155조 제1항을 적용하기 때문이다. 만일 후자에 의해 비과세만 가능하다고 한다면 A주택과 B주택을 모두 양도한 날로부터 2년 이후에 양도해야 비과세가 가능할 것으로 판단된다(과세관청의 입장). 2021년 1월 1일 이후부터 "최종 1주택"에 대한 보유기간 및 거주기간이 다시 계산되기 때문이다. 하지만 거주주택 비과세는 「소득세법 시행령」 제155조 제20항에 따라 적용되는 것인 만큼 말소된 주택을 먼저 양도한 경우라도 최종 1주택에 대한 보유기간 계산법을 적용하지 않는 것이 타당해 보인다.

④ 실전 사례2

임대사업자가 자동말소나 자진말소된 주택을 보유하고 있는 상황에서 이를 먼저 양도하는 경우가 있다. 그렇게 되면 더 이상 주택임대사업자가 아니므로 이때에는 일반규정에 따른 비과세를 적용받아야 하는 것으로 의견들이 압축되고 있어 상당히 주의해야 할 것으로 보인다(물론 이러한 해석은 불합리하다고 판단된다). 이하에서 이에 대한 사례를 검토해보자.

(상황1) K씨는 아래와 같이 주택을 보유 및 처분하였다. K씨가 A주택을 양도하면 일시적 2주택을 비과세로 받을 수 있을까?

> **자료**
>
> • A주택 : 거주용 주택
> • B・C주택 : 임대주택(정부시책에 따라 모두 4년 단기임대주택으로 등록한 후 자동말소 및 자진말소를 한 후 두 주택 모두 2020년 12월 31일 이전에 매각을 완료하고 양도소득세를 일반과세로 신고하였음)
> • D주택 : 대체주택
> ※ 2020년 12월 말 현재 A와 B주택만 보유 중임.

위 내용은 2020년 12월 31일 이전에 4주택자가 2주택을 처분한 후에 남은 주택이 일시적

2주택이 된 경우 A주택에 대해 비과세를 받을 수 있는지 이에 대한 내용을 담고 있다.

2021년 1월 1일 이후 양도분부터는 "최종 1주택"을 보유한 날로부터 2년 이상 보유 및 거주해야 비과세가 적용되기 때문이다. 그렇다면 이에 대한 답은 뭘까? 이 경우 당연히 비과세가 적용된다. 제3장에서 보았듯이 2020년 12월 31일(해석상 2021년 11월 1일)까지 처분 등을 통해 일시적 2주택을 만들었다고 하더라도 이 규정을 적용하지 않기 때문이다.

(상황2) 만일 위의 임대주택을 2022년 1월에 모두 양도한 후에 A주택을 일시적 2주택으로 양도하면 "최종 1주택"을 보유한 날로부터 2년 이상 보유 등을 해야 할까?

지금까지의 내용들을 종합하면 그렇게 해야될 것으로 보인다. 따라서 안전하게 일처리를 하려면 거주주택은 임대주택이 있는 상황에서 처분하는 것이 좋을 것으로 보인다.

(상황3) 만일 위의 임대주택 중 1채만 양도한 경우에는 거주주택 비과세를 받을 수 있을까?

그렇다. 이 경우 남아 있는 임대주택이 말소일로부터 5년 내에 양도해야 비과세가 적용될 것으로 보인다.

(상황4) 자동말소된 주택을 보유 중에는 임대료 증액 제한규정은 적용되지 않는가?

거주주택의 양도일 현재 관할 지자체에서의 등록은 말소되었지만, 기타 요건은 "거주주택 양도일"을 기준으로 갖추고 있어야 하므로 임대료 5% 이내 증액요건도 지키는 것이 안전할 것으로 보인다. 다만, 최근 기재부에서 예규(기재부 재산세제과-151, 2022.1.24., 국세법령정보시스템에서 조회 가능)를 발표해 자진·자동말소 이후에 사업자등록을 유지하지 않거나 임대료 5% 증액제한 규정을 준수하지 않더라도 거주주택 비과세 특례를 받을 수 있도록 했다. 이는 저자의 의견과 일치하는 것으로 양도세 중과배제에도 동일한 논리가 적용되어야 할 것으로 보인다(단, 자진말소는 제외).

☞ 참고로 「조특법」상 장기보유특별공제 특례를 적용받기 위해서는 8년 이상 임대료 5% 증액제한 규정 등을 지켜야 하므로 거주주택 비과세와는 별도로 이 요건을 갖추는 것이 좋을 것으로 보인다.

(상황5) 자동말소가 되기 전에 공실이 5개월 정도 있었다. 문제는 없는가?

문제가 없다. 「민간임대주택법」에 따라 말소가 된 경우에는 공실은 의미없다.

4년 단기임대나 8년 장기임대 중 아파트임대는 의무임대기간이 경과하면 자동말소가 되지만 이 기간이 경과하기 전이라도 자진하여 말소를 할 수 있다. 물론 자진말소를 하면 의무임대기간 불충족에 따른 과태료는 부과하지 않는다. 하지만 「소득세법」 등에서 정하고 있는 혜택을 보기 위해서는 일정한 조건을 충족해야 한다. 이하에서는 주로 자진말소 시 거주주택 비과세에 대해 살펴보자.

① 기본 사례

K씨는 아래와 같이 주택임대사업자로 활동하고 있다. 상황에 맞게 답을 하면?

자료

- 4년 단기임대주택 : 2채
- 8년 장기임대주택 : 1채
- 거주주택 : 1채(지금까지 거주주택에 대한 비과세를 받은 적이 없음)

- 상황1 : 4년 단기임대주택 중 1채를 자진말소하였다. 이 경우 「민간임대주택법」상 과태료는 없는가?
- 상황2 : 자진말소한 후에 거주주택을 양도하면 무조건 비과세를 받을 수 있는가?
- 상황3 : 자진말소한 주택을 먼저 양도하고 거주주택을 양도하면 비과세를 받을 수 있는가?

위 상황에 맞게 답을 찾아보면 다음과 같다.

(상황1) 4년 단기임대주택 중 1채를 자진말소하였다. 이 경우 「민간임대주택법」상 과태료는 없는가?

「민간임대주택법」상 과태료의 종류는 상당히 많다. 예를 들어 5% 이상 임대료를 증액하거나 의무임대기간(4년 등) 내에 매각하는 경우에 과태료가 부과된다. 그런데 자진말소를 하는 경우에는 기간에 관계없이 의무임대기간 불충족에 따른 과태료를 면제해준다. 기타 의무불이행에 따른 과태료는 면제되지 않는다.

(상황2) 자진말소한 후에 거주주택을 양도하면 무조건 비과세를 받을 수 있는가?

그렇지 않다. 자진말소의 경우에는 아래와 같은 요건을 갖추어야 하기 때문이다.

- 의무임대기간의 1/2 이상 임대할 것
- 임차인의 동의를 얻을 것

(상황3) 자진말소한 주택을 먼저 양도하고 거주주택을 양도하면 비과세를 받을 수 있는 가?

자진말소한 주택 외에 다른 임대주택이 남아 있다면 거주주택 비과세를 받을 수 있을 것으로 보이나, 모든 임대주택을 양도한 후에 거주주택을 양도하면 「소득세법 시행령」 제155조 제20항에 따른 비과세가 적용되지 않는다(사전 – 2021 – 법령해석재산 – 0673, 2021.11.19.).

② 핵심 포인트

임대주택 외 거주주택에 대해서는 생애 1회 정도 비과세를 받을 수 있다. 이러한 비과세를 받기 위해서는 임대주택과 거주주택에 대한 요건을 각각 충족해야 한다. 이때 임대주택의 경우 의무임대기간이 최소 5년이 필요한데 자진말소의 경우에는 의무임대기간의 1/2 이상 임대한 상태에서 임차인의 동의를 얻어 말소하면 이 의무임대기간을 충족한 것으로 본다. 다만, 거주주택 비과세를 받으려면 말소일로부터 5년 내에 이를 양도해야 한다.

㉓ 제167조의 3 제1항 제2호 가목 및 다목부터 마목까지의 규정에 해당하는 장기임대주택 (법률 제17482호 「민간임대주택에 관한 특별법」 일부개정법률 부칙 제5조 제1항이 적용되는 주택으로 한정한다)이 다음 각 호의 어느 하나에 해당하여 등록이 말소된 경우에는 해당 등록이 말소된 이후(장기임대주택을 2호 이상 임대하는 경우에는 최초로 등록이 말소되는 장기임대주택의 등록 말소 이후를 말한다) 5년 이내에 거주주택을 양도하는 경우에 한정하여 임대기간요건을 갖춘 것으로 보아 제20항을 적용한다. (2020.10.7. 신설)

1. 「민간임대주택에 관한 특별법」 제6조 제1항 제11호에 따라 임대사업자의 의무임대기간 내 등록 말소 신청으로 등록이 말소된 경우(같은 법 제43조에 따른 의무임대기간의 2분의 1 이상을 임대한 경우에 한정한다) (2020.10.7. 신설)

2. 「민간임대주택에 관한 특별법」 제6조 제5항에 따라 의무임대기간이 종료한 날 등록이

말소된 경우 (2020.10.7. 신설)

Q. 거주주택에 대해 비과세를 받았다고 하자. 이때 의무임대기간이 1/2에 미달한 상태에서 말소하면 세제혜택이 추징되는가?

그렇다. 자진말소의 경우 양도소득세에서 혜택을 보기 위해서는 의무임대기간을 잘 지켜야 한다.

Q. 자진말소를 하는 경우 언제까지 팔아야 비과세를 적용받을 수 있는가?

5년이다.

③ 실전 사례

아래 자료를 보고 상황에 맞게 답하면?

> **자료**
>
> • A주택 : 4년 단기임대주택으로 현재 3년째 임대 중
> • B주택 : 4년 단기임대주택으로 현재 자동말소됨.
> • C주택 : 거주용 주택(등록 전에만 2년 거주했으며 지금까지 거주주택 비과세는 받지 않았음)

> • 상황1 : 이 상태에서 C주택을 양도하면 비과세를 받을 수 있는가?
> • 상황2 : 만일 A주택을 자진말소하고 양도한 후에 C주택을 양도하면 비과세를 받을 수 있는가?
> • 상황3 : 만일 A와 B주택을 모두 양도한 후에 C주택을 양도하면 비과세를 받을 수 있는가?
> • 상황4 : 위에서 거주주택을 5년 내에 양도하지 못하면 과세방식은 어떻게 적용될까?

위 상황에 맞게 답을 찾아보면 다음과 같다.

(상황1) 이 상태에서 C주택을 양도하면 비과세를 받을 수 있는가?

그렇다. 이 사례처럼 거주주택 비과세에 필요한 의무임대기간 5년을 채우지 못하더라도

자동말소가 된 경우에는 이 기간을 충족한 것으로 봐주기 때문이다. 다만, 말소된 주택이 2채 이상이 있는 경우에는 최초 말소일을 기준으로 5년 내에 거주주택을 양도해야 비과세를 적용한다. 한편 사례와 같이 등록 전에 2년 거주한 경우에도 거주요건을 충족한 것으로 봐준다. 그리고 말소 후 임대 중에 있는 주택들은 관할 세무서에서의 사업자등록을 유지하지 않거나, 임대료 5% 증액제한 의무는 지키지 않아도 거주주택 비과세는 가능하겠지만(근거 : 기재부재산세제과-151. 2022.1.24.), 자진말소 주택의 양도세 중과배제를 위해서는 이러한 의무는 지켜야 한다. 따라서 이래저래 이 요건을 준수하는 것이 좋을 것으로 보인다.

(상황2) 만일 A주택을 자진말소하고 양도한 후에 C주택을 양도하면 비과세를 받을 수 있는가?

4년 의무임대기간의 1/2 이상이 지난 상태에서 임차인의 동의를 얻어 자진말소한 후에 A주택을 양도한 경우에는 일반과세로 양도소득세가 부과되는 것이 일반적이다. 그렇다면 다른 임대주택 B가 있는 상태에서 C주택을 양도하면 비과세가 가능할까? 일단 이 상황에서는 여전히 임대주택이 남아 있으므로 주택임대사업자에게 주어지는 거주주택 비과세 특례를 받을 수 있을 것으로 판단된다(단, 최초 말소일로부터 5년 내 거주주택 양도해야 함).

(상황3) 만일 A와 B주택을 모두 양도한 후에 C주택을 양도하면 비과세를 받을 수 있는가?

A와 B주택 모두를 먼저 양도했다면 이제 더 이상 주택임대사업자가 아니다. 그리고 이러한 상태에서 C주택을 양도하면 1세대 1주택이 된다. 따라서 이에 대해 「소득세법 시행령」 제154조, 제155조 제1항을 적용한다면 A주택과 B주택을 모두 양도한 날로부터 2년 이후에 양도해야 비과세가 가능하다. 2021년 1월 1일 이후부터 "최종 1주택"에 대한 보유기간 및 거주기간이 다시 계산되기 때문이다.

(상황4) 위에서 거주주택을 5년 내에 양도하지 못하면 과세방식은 어떻게 적용될까?

임대주택이 있는 한 거주주택 비과세는 적용받을 수 없다. 따라서 이때에는 임대주택을 모두 정리한 후에 1세대 1주택으로 양도하면 비과세를 받을 수 있을 것으로 보인다(단, 최종 1주택 보유기간 계산에 유의할 것). 한편 거주주택을 과세로 양도하고 임대주택을 거주주택으로 전환해 2년 이상 거주한 후에 1세대 1주택으로 양도할 수도 있다. 그런데 이때 전체 양도차익에 대해 비과세가 적용되는지의 여부가 불분명하다. 유권해석이 필요해 보인다.

2020년 8월 18일부터 4년 단기임대 및 8년 장기임대 중 아파트는 임대등록을 할 수 없다. 다만, 아파트를 제외한 다세대주택이나 다가구주택 그리고 단독주택, 오피스텔은 10년 장기임대로만 등록이 가능하다. 그렇다면 이에 대해서는 거주주택 비과세를 받을 수 있을까?

① 기본 사례

아래 자료를 보고 상황에 맞게 답을 하면?

> **자료**
>
> • K씨는 현재 3채의 다세대주택과 거주용 주택을 보유하고 있음.
> • 거주용 주택은 현재 시세가 10억 원 상당임.
> ※ 위 주택들은 모두 조정지역에 소재함.

> • 상황1 : 이 상황에서 거주용 주택을 양도하면 중과세가 적용되는가?
> • 상황2 : 이 상황에서 다세대주택을 임대등록하면 거주용 주택은 비과세를 받을 수 있는가?
> • 상황3 : 거주용 주택은 2018년 9월 14일 이후에 취득한 것이라도 비과세를 받을 수 있는가?
> • 상황4 : 거주용 주택은 2019년 2월 12일 전에 취득한 것이라면 생애 1회 비과세 적용과 무관한가?

위 상황에 맞게 답을 찾아보면 다음과 같다.

(상황1) 이 상황에서 거주용 주택을 양도하면 중과세가 적용되는가?

중과대상 주택 수가 총 4채가 되므로 이 상황에서 거주용 주택을 양도하면 3주택 중과세가 적용될 것으로 보인다.

(상황2) 이 상황에서 다세대주택을 임대등록하면 거주용 주택은 비과세를 받을 수 있는가?

2020년 8월 18일 이후에 다세대주택을 10년 장기임대로 등록하면 거주주택 비과세를 받을 수 있다.

(상황3) 거주용 주택은 2018년 9월 14일 이후에 취득한 것이라도 비과세를 받을 수 있는가?

거주용 주택에 대한 비과세 적용 시 임대주택은 중과세 여부와 관계없이 「소득세법 시행령」 제155조 제20항에서 규정하고 있는 요건에 부합하면 비과세를 적용받을 수 있다.

(상황4) 거주용 주택은 2019년 2월 12일 전에 취득한 것이라면 생애 1회 비과세 적용과 무관한가?

생애 1회 비과세는 2019년 2월 12일 이후에 취득한 주택에 대해 적용된다. 따라서 이전에 취득한 것들은 이에 대한 규정이 적용되지 않는다.

❷ 핵심 포인트

주택임대사업자의 거주주택 비과세를 규정하고 있는 「소득세법 시행령」 제155조 제20항의 본문 괄호안이 2020년 10월 7일과 2021년 2월 17일 2회에 걸쳐 아래와 같이 개정되었다.

(1) 2020년 10월 7일 개정

개정 전	개정 후
⑳ 제167조의 3 제1항 제2호에 따른 주택[같은 호 가목 및 다목에 해당하는 주택의 경우에는 해당 목의 단서에서 정하는 기한의 제한은 적용하지 않는다. 이하 이 조에서 "장기임대주택"이라 한다]과 그 밖의 1주택을 국내에 소유하고 있는 1세대가 각각 제1호와 제2호 또는 제1호와 제3호의 요건을 충족하고 해당 1주택(이하 이 조에서 "거주주택"이라 한다)을 양도하는 경우(장기임대주택을 보유하고 있는 경우에는 생애 한 차례만 거주주택을 최초로 양도하는 경우에 한정한다)에는 국내에 1개의 주택을 소유하고 있는 것으로 보아 제154조 제1항을 적용한다.	⑳ 제167조의 3 제1항 제2호에 따른 주택[같은 호 가목 및 다목에 해당하는 주택의 경우에는 해당 목의 단서에서 정하는 기한의 제한은 적용하지 않되, 2020년 7월 10일 이전에 「민간임대주택에 관한 특별법」 제5조에 따른 임대사업자등록 신청(임대할 주택을 추가하기 위해 등록사항의 변경 신고를 한 경우를 포함한다)을 한 주택으로 한정한다. 이하 이 조에서 "장기임대주택"이라 한다]과 그 밖의 1주택을 국내에 소유하고 있는 1세대가 각각 제1호와 제2호 또는 제1호와 제3호의 요건을 충족하고 해당 1주택(이하 이 조에서 "거주주택"이라 한다)을 양도하는 경우(장기임대주택을 보유하고 있는 경우에는 생애 한 차례만 거주주택을 최초로 양도하는 경우에 한정한다)에는 국내에 1개의 주택을 소유하고 있는 것으로 보아 제154조 제1항을 적용한다.

밑줄 친 내용을 보면 「소득세법 시행령」 제167조의 3 제1항 제2호 가목 및 다목에 대해서는 2020년 7월 10일 이전에 등록신청한 주택들만 장기임대주택으로 본다고 되어 있다. 이는 2020년 8월 18일 이후부터 10년 장기등록만 가능하므로 이에 대한 보완책으로 2020년 7월 11일~8월 18일 사이에 4년 단기임대로 등록하거나 단기에서 장기로 변경하더라도 거주주택 비과세를 적용하지 않는다는 것을 의미한 것으로 보인다(선언적 의미).

(2) 2021년 2월 17일 개정

개정 전	개정 후
⑳ 제167조의 3 제1항 제2호에 따른 주택[같은 호 가목 및 다목에 해당하는 주택의 경우에는 해당 목의 단서에서 정하는 기한의 제한은 적용하지 않되, 2020년 7월 10일 이전에 「민간임대주택에 관한 특별법」 제5조에 따른 임대사업자등록 신청(임대할 주택을 추가하기 위해 등록사항의 변경 신고를 한 경우를 포함한다)을 한 주택으로 한정한다. 이하 이 조에서 "장기임대주택"이라 한다]과 그 밖의 1주택을 국내에 소유하고 있는 1세대가 각각 제1호와 제2호 또는 제1호와 제3호의 요건을 충족하고 해당 1주택(이하 이 조에서 "거주주택"이라 한다)을 양도하는 경우(장기임대주택을 보유하고 있는 경우에는 생애 한 차례만 거주주택을 최초로 양도하는 경우에 한정한다)에는 국내에 1개의 주택을 소유하고 있는 것으로 보아 제154조 제1항을 적용한다.	⑳ 제167조의 3 제1항 제2호에 따른 주택{같은 호 가목 및 다목에 해당하는 주택의 경우에는 해당 목의 단서에서 정하는 기한의 제한은 적용하지 않되, 2020년 7월 10일 이전에 「민간임대주택에 관한 특별법」 제5조에 따른 임대사업자등록 신청(임대할 주택을 추가하기 위해 등록사항의 변경 신고를 한 경우를 포함한다)을 한 주택으로 한정하며, <u>같은 호 마목에 해당하는 주택의 경우에는 같은 목 1)에 따른 주택[같은 목 2) 및 3)에 해당하지 않는 경우로 한정한다]</u>을 포함한다. 이하 이 조에서 "장기임대주택"이라 한다}과 그 밖의 1주택을 국내에 소유하고 있는 1세대가 각각 제1호와 제2호 또는 제1호와 제3호의 요건을 충족하고 해당 1주택(이하 이 조에서 "거주주택"이라 한다)을 양도하는 경우(장기임대주택을 보유하고 있는 경우에는 생애 한 차례만 거주주택을 최초로 양도하는 경우에 한정한다)에는 국내에 1개의 주택을 소유하고 있는 것으로 보아 제154조 제1항을 적용한다.

2021년 2월 17일에 개정된 내용을 보면 앞에서 본 것처럼 2020년 8월 18일부터는 아파트를 제외한 주택들은 장기등록만 가능하므로 2020년 7월 11일 이후에 단기임대등록이나 단기에서 장기로의 변경, 그리고 아파트등록 분에 대해서는 거주주택 비과세를 위한 장기임대주택에서 제외하겠다는 것을 알 수 있다. 따라서 이들 주택들에 대해서는 거주주택 비과세가 더 이상 적용되지 않는다(선언적 의미).

☞ 2020년 7월 11일 이후에 단기임대등록, 단기에서 장기로의 변경, 아파트 등록분에 대해서는 세제지원이 되지 않는다(2020년 7·10대책).

(3) 소령 제167조의 3 제1항 제2호(중과세 적용배제 임대주택)와 소령 제155조 제20항(거주주택 비과세)의 비교

1) 위 두 조항 비교

구분	소령 제167조의 3 ①2	소령 제155조 ⑳
취지	3주택 중과세 제외되는 임대주택 유형 규정	거주주택 비과세를 위한 장기임대주택 규정
주요 내용	위 규정의 가목~사목에 해당하는 임대주택들은 원칙적으로 양도소득세 중과세를 적용하지 않음. 단, 중과세 적용배제에서 제외하는 주택들이 있음.	소령 제167조의 3 제1항 제2호에 따른 주택 외에 소령 제155조 제20항 등에서 정하고 있는 아래 요건을 갖춘 거주주택에 대해서는 양도소득세 비과세를 적용함. - 거주주택 : 2년 거주 - 장기임대주택 : 5% 임대료 상한 등

전자는 3주택 중과세에서 적용배제되는 임대주택을 규정한 것이고, 후자는 거주주택 비과세를 규정한 것이다. 이처럼 두 조항은 별개의 규정에 해당한다. 다만,「소득세법 시행령」제155조 제20항의 거주주택 비과세를 적용할 때「소득세법 시행령」제167조의 3 제1항 제2호의 임대주택을 비과세 적용요건 중의 하나로 삼고 있다.

2) 소령 제167조의 3 ① 2와 소령 제155조 ⑳의 관계

소령 제167조의 3 제1항 제2호의 내용을 소령 제155조 제20항에 연결해 보면 아래와 같이 임대주택의 유형에 따른 거주주택 비과세 적용여부를 알 수 있다.

항목	소령 제167조의 3 제1항 제2호 내용	주요 요건	소령 제155조 제20항 적용 여부
가목	2018년 3월 31일까지 등록한 매입임대주택	1호, 5년, 6억 원(3억 원), 장단기임대 불문 ※ 2020년 7월 11일 이후 변경·등록분	비과세 가능 비과세 불가능
나목	2003년 10월 29일 이전에 등록한 사업자	2호, 85㎡, 5년 이상, 3억 원	비과세 가능
다목	2018년 3월 31일까지 등록한 건설임대주택	2호, 149㎡, 5년, 6억 원, 장단기임대 불문 ※ 2020년 7월 11일 이후 변경·등록분	비과세 가능 비과세 불가능
라목	수도권 밖 미분양주택 매입임대주택	2008년 6월 11일~2009년 6월 30일 사이 분양계약 체결 등	비과세 가능

소령 제167조의 3 제1항 제2호			소령 제155조 제20항 적용 여부
항목	내 용	주요 요건	
마목	장기일반매입임대주택	1호, 10년, 6억 원(3억 원), 장기임대 단, 아래는 제외(중과세 적용) 1) 2018년 9월 14일 이후 1세대 1주택 이상 보유 & 조정지역 취득 후 등록주택(종전 규정 이관) 2) 2020년 7월 11일 이후 등록신청한 매입아파트(신설) 3) 2020년 7월 11일 이후 장기임대로 변경신고한 주택(신설)	• 비과세 가능 • 비과세 가능 • 비과세 불가능 • 비과세 불가능
바목	장기건설임대주택	2호, 149㎡, 10년, 6억 원 단, 2020년 7월 11일 이후 장기건설임대로 변경신고한 주택은 제외	• 비과세 가능 • 비과세 불가능
사목	(신설)	가목 및 다목부터 마목까지의 규정에 따른 장기임대주택(폐지되는 임대주택을 말함)을 1/2 이상 임대 후 등록말소하고 1년 이내에 처분하는 주택(다른 요건 충족요)	비과세 가능(단, 거주주택은 5년 내 처분)

☞ 이상과 같이 2020년 8월 18일 이후에는 10년(2020.7.11.~8.17.은 8년) 이상 장기로 임대등록이 가능한 주택들에 대해서만 생애 1회 거주주택 비과세를 적용함을 알 수 있다. 이에는 아래와 같은 주택들이 있다.

- 다세대주택
- 단독주택(다가구주택 포함)
- 주거용 오피스텔

임대주택을 거주주택으로 전환하는 경우에 과세방식이 어떤 식으로 결정되는지도 알아 두는 것이 좋다. 이하에서 이에 대해 알아보자.

① 기본 사례

2주택자가 한 채를 임대주택으로 등록하고 거주한 주택을 생애 처음으로 양도소득세 비과세 혜택을 받고 팔았다. 이후 임대주택으로 등록했던 집도 5년 의무임대기간이 지난 후 등록을 해제해 1세대 1주택 상태에서 팔 경우 양도소득세 비과세 혜택을 받을 수 있는가?

그렇다. 1세대 1주택으로서 2년 이상 보유(거주)한 경우에는 양도소득세 비과세 혜택을 받을 수 있다. 이 경우에는 최종 주택 수는 1채가 되므로 일반적인 비과세 규정인 2년 보유(거주)만 하면 비과세요건을 충족하는 것이 된다. 그런데 이때 비과세는 직전 거주용 주택 양도일 이후에 발생한 양도차익분에 대해서만 적용한다. 이는 2채 이상의 주택이 양도소득세 비과세 혜택을 중복하여 받는 것을 방지하기 위해서이다. 예를 들어 거주용 주택을 양도하여 비과세를 받고, 임대주택을 나중에 양도하였다고 하자. 이때 양도차익이 3억 원이고 이 중 거주용 주택을 양도한 이후의 양도차익이 1억 원이라면 다음과 같이 과세방식이 결정된다(구체적인 계산은 저자의 카페에 탑재된 자동계산기를 이용할 것).

임대주택 → 2억 원 과세	1억 원 비과세

양도일

직전 거주용 자가주택(비과세)

양도일

위의 거주주택으로 전환한 임대주택에 대한 과세대상 소득금액 계산방법은 아래의 산식을 사용한다(「소득세법 시행령」 제161조).

> 양도소득금액 × (직전 거주주택(A)의 양도 당시 직전 거주주택보유주택(B)등의 기준시가 − 직전 거주주택보유주택(B)등의 취득 당시의 기준시가) ÷ (직전 거주주택보유주택(B)등의 양도 당시의 기준시가 − 직전 거주주택보유주택(B)등의 취득 당시의 기준시가)
>
> * 임대주택을 B, 거주주택을 A로 가정한 계산식임.

※ 참고 사항
1. 양도소득금액 계산 시 장기보유특별공제 적용법
   - 직전거주주택 양도 이전 : Max[표1(30%), 「조특법」상의 공제율]
   - 직전거주주택 양도 이후 : 표2(직전거주주택 양도일 이후의 보유 및 거주기간 적용)
2. 비과세되는 고가주택 비과세 적용법
   - 직전거주주택 양도 이후 양도소득금액×(12억 원/양도가액)

② 핵심 포인트

임대주택을 거주주택으로 전환한 경우에는 비과세 적용여부 등을 정리해야 한다.

(1) 임대주택을 2019년 2월 12일 이전에 취득한 경우

이날 이전에 취득한 임대주택들은 생회 1회 규정을 받지 않는다. 따라서 이들 주택을 임대한 후에 거주주택으로 전환해서 양도하는 경우에는 직전거주주택 양도일 이후의 양도차익에 대해서는 1회 회수에 관계없이 비과세를 받을 수 있다.

(2) 임대주택을 2019년 2월 12일 이후에 취득한 경우

이날 이후에 취득한 임대주택들은 생회 1회 규정을 적용받는다. 따라서 이들 주택을 임대한 후에 거주주택으로 전환해서 양도하는 경우에는 1회 거주주택에 대한 비과세를 받았다면 임대주택을 거주주택으로 전환했다고 해서 더 이상 비과세를 받을 수 없다. 다만, 최종 1주택은 예외적으로 직전 거주주택 양도일 이후의 양도차익에 대해서는 비과세를 적용한다.

③ 실전 사례

1. K씨는 2019년 2월 12일 이후에 3주택을 취득해 임대를 한 후에 해당 주택을 거주주택으로 전환해 양도하고자 한다. 이 경우 비과세 혜택을 받을 수 있는가?

   2019년 2월 12일 이후에 취득한 주택들은 "생회 1회" 비과세 규정을 적용받게 된다. 따라서 이미 1회를 적용받은 경우에는 임대주택을 거주주택으로 전환했더라도 비과세를 허용하지 않는다(단, 최종 1주택만 직전 거주주택 양도일 이후의 차익에 대해서는 1세대 1주택으로 비과세를 받을 수 있다).

2. H씨는 임대주택을 최종적인 거주주택으로 전환해 1세대 1주택으로 양도하고자 한다. 이때

비과세를 받기 위해서는 거주요건이 필요한가?

해당 주택이 2017년 8월 3일 이후 조정지역에서 취득된 것이라면 2년 거주요건이 필요할 것으로 보인다.

3. J씨는 거주주택 비과세를 받지 않은 상태에서 임대주택을 거주주택으로 전환해 1세대 1주택으로 양도하고자 한다. 이 경우 전체 양도차익에 대해 비과세가 적용될까?

J씨는 「소령」 제155조 제20항에 따라 거주주택 비과세를 받지 않았기 때문에 임대주택의 전체 양도차익에 대해 비과세가 적용될 것으로 보인다(자세한 내용은 저자의 카페를 참조할 것).

Tip

❑ **거주주택 비과세 신고방법**

거주주택에 대한 비과세는 「소득세법 시행령」 제155조 제23항에서 규정하고 있다. 이 규정을 보면 거주주택 비과세를 받기 위해서는 서식을 제출해야 한다(임의선택 가능한 지의 여부는 별도로 확인요망. 단, 저자는 선택할 수 있어야 한다고 봄).

㉓ 제20항을 적용받으려는 자[46]는 거주주택을 양도하는 날이 속하는 과세기간의 과세표준신고서와 기획재정부령으로 정하는 신고서에 다음 각 호의 서류를 첨부하여 납세지 관할 세무서장에게 제출해야 한다.
1. 「민간임대주택에 관한 특별법 시행령」 제4조 제4항에 따른 임대사업자 등록증 또는 「영유아보육법」 제13조에 따른 어린이집 인가증
2. 장기임대주택의 임대차계약서 사본
3. 임차인의 주민등록표 등본 또는 그 사본. 이 경우 「주민등록법」 제29조 제1항에 따라 열람한 주민등록 전입세대의 열람내역 제출로 갈음할 수 있다.
4. 그 밖에 기획재정부령으로 정하는 서류

:: 저자 주

거주주택(A)과 자동말소된 장기임대주택(B)을 보유 중에 B주택을 거주주택으로 전환한 후에 A주택을 양도하면 비과세를 받을 수 있는지 이에 대한 해석이 분분했는데 2022년 1월 24일 유권해석(기재부재산세제과-151)이 나왔다. 이에 따라 말소된 주택에서 본인이 거주한 경우 B주택의 등록말소일로부터 5년 내에 A주택을 양도하면 비과세를 받을 수 있을 것으로 보인다. 이 예규는 상당히 중요하므로 '국세법령정보시스템'을 통해 검색해보기 바란다.

---

46) 이 문구로 볼 때 거주주택 비과세를 받을 때에는 법정 신고서식을 제출해야 하는 것으로 해석된다.

 **필수 세무상식**

임대료 증액제한 준수의무관련 세무리스크 관리법

주택임대사업자들이 파격적인 세제혜택을 받을 수 있는 이유는 임대주택이 서민들의 주거안정에 기여하는 기능이 있기 때문이다. 이에 정부는 임대등록을 활성화하고자 세제혜택을 주는 한편 법에서 제시하고 있는 월세 인상률 5% 상한규정을 반드시 준수하도록 요구하고 있다. 만약 주택임대사업자가 이를 지키지 않으면 「민간임대주택법」상 과태료가 부과되는 한편 세법상의 각종 세제혜택이 박탈된다.

1. 임대료 인상 상한규정

1) 「민간임대주택법」상의 임대료 상한규정

「민간임대주택법」제44조(임대료)에서는 아래와 같이 임대료 인상에 대한 상한규정을 두고 있다.

---

① 임대사업자가 민간임대주택을 임대하는 경우에 최초 임대료(임대보증금과 월임대료를 포함한다)는 다음 각 호의 임대료와 같다. (2019.4.23., 2020.8.18. 개정)

2. 장기일반민간임대주택의 경우 : 임대사업자가 정하는 임대료. 다만, 제5조에 따른 민간임대주택 등록 당시 존속 중인 임대차계약(이하 "종전임대차계약"이라 한다)이 있는 경우에는 그 종전임대차계약에 따른 임대료

② 임대사업자는 임대기간 동안 임대료의 증액을 청구하는 경우에는 임대료의 5퍼센트의 범위에서 주거비 물가지수, 인근 지역의 임대료 변동률, 임대주택 세대 수 등을 고려하여 대통령령으로 정하는 증액 비율을 초과하여 청구해서는 아니 된다. (2018.1.16., 2018.8.14., 2019.4.23. 개정)

③ 제2항에 따른 임대료 증액 청구는 임대차계약 또는 약정한 임대료의 증액이 있은 후 1년 이내에는 하지 못한다. (2018.8.14. 신설)

④ 임대사업자가 제2항에 따라 임대료의 증액을 청구하면서 임대보증금과 월임대료를 상호 간에 전환하는 경우의 적용기준은 국토교통부령으로 정한다. (2018.1.16., 2018.8.14. 신설)

☞ 이 법에서는 임대차 계약기간에 대한 언급이 없으므로 「주택임대차보호법」을 적용해야 한다.

2) 위반 시 과태료

임대료 상한규정을 위반하는 경우 「민간임대주택법」제67조 제1항 제3호와 제4호에서는 과태료를 최고 3천만 원까지 부과할 수 있도록 하고 있다.

① 다음 각 호의 어느 하나에 해당하는 자에게는 3천만 원 이하의 과태료를 부과한다. (2019.4.23., 2020.6.9., 2020.8.18. 신설)

1. 제43조 제1항을 위반하여 의무임대기간 중에 민간임대주택을 임대하지 아니한 자
2. 제43조 제4항을 위반하여 시장·군수·구청장의 허가를 받지 아니하고 의무임대기간 중에 임대사업자가 아닌 자에게 민간임대주택을 양도한 자
4. 제44조 제2항에 따른 임대료의 증액 비율을 초과하여 임대료의 증액을 청구한 자

2. 세법상의 임대료 상한규정

임대료 상한규정은 「민간임대주택법」에서 규율하는 것이 원칙이나, 세제혜택 조건의 하나로 이에 대한 요건을 추가하였다.

1) 「조특법」상의 규정

「조특법」에서는 등록 후 표준임대차계약서를 제출할 때 기재된 임차료를 최초 임대료로 하고 있다. 따라서 이를 기준으로 5%룰을 준수해야 할 것으로 보인다.

2) 위 외의 규정

「조특법」 외의 세법에서는 이에 대한 준수의무가 2019년 2월 12일에 최초로 도입되었다. 앞에서 본 「민간임대주택법」과는 별도로 이에 대한 요건이 적용되고 있다.

구 분	5% 상한율 요건
취득세 감면	없음.
재산세 감면	없음.
종합부동산세 합산과세, 양도소득세 중과세 제외	2019년 2월 12일 이후 도입
거주주택 양도소득세 비과세	2019년 2월 12일 이후 도입
「조특법」상 장기보유특별공제 특례	8년 장기임대등록부터 도입
「조특법」상 양도소득세 100% 감면	8년 장기임대등록부터 도입

「조특법」을 포함한 세법에서 다양한 세제혜택을 받기 위해 임대료 5% 증액제한 의무를 준수해야 한다. 그런데 이때 5%룰 적용 여부기준은 2019년 2월 12일 이후에 계약한 것을 최초 임대료로 한다. 예를 들어 이날 이후에 월 임대료를 100만 원으로 책정했다면 이를 기준으로 5% 상한율을 적용해야 한다는 것이다. 한편 임대료 증액은 원칙적으로 1년 지나서 할 수 있는데 임대차계약이 2년인 경우에는 아래의 예규를 참조하기 바란다.

● **재산세제과-680, 2019.10.10.**

[제목]

합산배제 임대주택 임대료 상한 적용기준

[요지]

합산배제 임대주택의 임대료 상한 적용 시 임대기간이 2년인 경우 1년 전 임대료를 기준으로 5퍼센트 범위에서 증액할 수 있는 것이며, 2019년 2월 12일 이후 체결 또는 갱신하는 표준임대차계약을 기준으로 적용하는 것임.

[회신]

1. 「종합부동산세법 시행령」(2019.2.12. 대통령령 제29524호로 일부개정된 것) 제3조 제1항 제1호·제2호·제7호·제8호의 "임대보증금 또는 임대료의 연 증가율이 100분의 5를 초과하지 않을 것"이라는 규정(이하 "쟁점 규정"이라 한다)을 적용함에 있어서, 임대주택의 임대의무기간 동안에는 1년 단위로 임대료를 증액하고 그 증액의 범위를 임대료의 5퍼센트로 한정하는 것이므로 임대기간을 2년으로 정하고 임대료를 증액하는 청구가 없었던 계약이 만료되어 임대차계약을 갱신하거나 새로 체결하는 경우에는 1년 전 임대료를 기준으로 5퍼센트의 범위에서 증액할 수 있는 것임.

2. "쟁점 규정"은 관련 부칙 제3조에 따라 그 시행일(2019년 2월 12일) 이후 주택임대차계약(표준임대차계약분)을 갱신하거나 새로 체결하는 분부터 적용하되, 동 시행일 이후 최초로 표준임대차계약(갱신 포함)을 체결하는 경우에는 해당 표준임대차계약을 기준으로 하여 적용하는 것이며, 다른 임대사업자가 이미 임대주택으로 등록한 주택을 취득하는 경우 임대사업자인 양수인은 양도인에게 적용되는 「종합부동산세법」상 세제 혜택과 과세요건 등을 승계하지 않는 것임.

3. "쟁점 규정"을 적용함에 있어서 민간임대주택의 경우 임대보증금과 월 임대료간 전환은 「민간임대주택에 관한 특별법」 제44조 제4항을 준용하는 것임.

3. 임대료 증액 제한규정 분석

1) 임대료 증액 제한규정

임대주택에 대한 세제지원이 필요한 국세인 세목에서는 아래와 같은 식으로 임대료 증액 제한규정을 정하고 있다(아래는 「소득세법 시행령」 제155조 제20항 제2호에 포함된 내용이다).

> • 개정 전
>
> 임대보증금 또는 임대료의 연 증가율이 100분의 5를 초과하지 않을 것 (2019.2.12. 개정)

> **• 개정 후**
>
> 임대보증금 또는 임대료의 증가율이 100분의 5를 초과하지 않을 것. 이 경우 임대료등의 증액 청구는 임대차계약의 체결 또는 약정한 임대료등의 증액이 있은 후 1년 이내에는 하지 못할 것 (2020.2.11. 개정)

위 규정이 무엇을 의미하는지 정리해보자.

첫째, 증액 제한규정이 개정된 이유는 무엇일까?

당초 세법에서는 "연 증가율이 100분의 5를 초과하지 않을 것"이란 요건을 두었지만 2021년 2월 11일에 "연"이 삭제되고 "증액 청구는 증액이 있은 후 1년 이내에 할 수 없도록" 하는 내용이 추가되었다.

그렇다면 이렇게 개정한 이유는 무엇일까?

정부에서 발표한 세제개편안에 의하면 "개정된 「민간임대주택법」과의 통일성을 제고"하기 위해서라고 하고 있다. 이는 「민간임대주택법」의 내용을 세법이 차용한 것을 의미한다. 따라서 「민간임대주택법」의 내용을 잘 이해하는 것이 중요할 것으로 보인다. 이 법의 제44조에서 임대료에 관한 내용을 정하고 있는데 이를 살펴보면 아래와 같다.

> **제44조 【임대료】**
>
> ① 임대사업자가 민간임대주택을 임대하는 경우에 최초 임대료(임대보증금과 월임대료를 포함한다. 이하 같다)는 다음 각 호의 임대료와 같다. (2019.4.23., 2020.8.18. 개정)
>
> 1. 공공지원민간임대주택의 경우 : 주거지원대상자 등의 주거안정을 위하여 국토교통부령으로 정하는 기준에 따라 임대사업자가 정하는 임대료
>
> 2. 장기일반민간임대주택의 경우 : 임대사업자가 정하는 임대료. 다만, 제5조에 따른 민간임대주택 등록 당시 존속 중인 임대차계약(이하 "종전임대차계약"이라 한다)이 있는 경우에는 그 종전임대차계약에 따른 임대료
>
> ② 임대사업자는 임대기간 동안 임대료의 증액을 청구하는 경우에는 임대료의 5퍼센트의 범위에서 주거비 물가지수, 인근 지역의 임대료 변동률, 임대주택 세대 수 등을 고려하여 대통령령으로 정하는 증액 비율을 초과하여 청구해서는 아니 된다. (2018.1.16., 2018.8.14., 2019.4.23. 개정)
>
> ③ 제2항에 따른 임대료 증액 청구는 임대차계약 또는 약정한 임대료의 증액이 있은 후 1년 이내에는 하지 못한다. (2018.8.14. 신설)

위 「민간임대주택법」 제44조 제2항과 제3항은 앞의 세법에서 본 임대료 증액 제한요건과 같다.

둘째, 세법상의 임대료 증액제한 규정은 「민간임대주택법」 제44조와 같다. 따라서 앞으로 세법상의 임대료 증액제한에 대한 해석은 「민간임대주택법」에 따라 진행되어야 할 것으로 보인다.

셋째, 「민간임대주택법」은 이에 대해 어떤 식으로 해석하고 있을까?

우선 「민간임대주택법」은 임대료 증액은 5% 이내에서 하고, 임대료 증액 청구는 임대차계약 또는 약정한 임대료의 증액이 있은 후 1년 이내에는 할 수 없도록 하고 있다. 그렇다면 이 규정만 보고 "1년"마다 5% 이내에서 올릴 수 있다고 할 수 있을까? 아니다. 구체적으로 임대기간이 적시되어 있어야 하기 때문이다. 그런데 「민간임대주택법」에서는 이에 대해 정해진 바가 없다. 그래서 「주택임대차보호법」을 따라갈 수밖에 없다. 이 법에 없는 내용들은 「주택법」, 「건축법」, 「공동주택관리법」 및 「주택임대차보호법」을 적용하도록 하고 있기 때문이다. 그렇다면 「주택임대차보호법」은 어떻게 임대기간을 정하고 있을까? 이 법의 제4조를 보자.

제4조【임대차기간 등】

① 기간을 정하지 아니하거나 2년 미만으로 정한 임대차는 그 기간을 2년으로 본다. 다만, 임차인은 2년 미만으로 정한 기간이 유효함을 주장할 수 있다.

이 내용을 보면 이 법에서의 기본적인 임대기간은 기본적으로 "2년 단위"다. 이에 따라 「민간임대주택법」상 "5% 증액"은 이 기간 동안에 적용되는 것으로 해석한다(국토부). 다만, 임차인이 그 이전에 퇴거하는 경우가 있을 수 있는데 이때에는 전임차인의 증액일을 기준으로 1년 이후에 증액할 수 있으며 그 이전에는 증액할 수 없다고 한다.

2) 적용 사례

사례를 통해 위의 내용을 확인해보자.

Q. 2년 계약을 했는데 2년 후 재계약 시 5% 이내 인상이 가능할까?

당연하다. 원칙적으로 2년 단위로 인상이 가능하기 때문이다. 이렇게 본다면 4년간 10% 증액이 가능하다.

Q. 1년 계약을 했는데 1년 뒤에 재계약 시 5% 이내 인상이 가능할까?

그렇지 않다. 「주택임대차보호법」에 의하면 1년 단위 계약이라도 2년 단위 계약이 유효하기 때문이다. 즉 2년간 5% 이내의 증액이 가능하다.

Q. 1년 계약을 했는데 1년 뒤에 다른 사람과 계약 시 5% 이내 인상이 가능할까?

그렇다. 새로운 임차인과 계약하는 경우 "1년 이후의 증액"에 해당하기 때문에 5% 이내 인상이 가능하다. 이렇게 되면 2년간 10% 증액이 가능하다.

Q. 6개월 계약을 했는데 6개월 뒤에 다른 사람과 계약 시 5% 이내 임대료 인상이 가능할까?

아니다. 증액한 지 1년이 지나지 않았기 때문이다.

3) 증액 제한규정 위반 시의 불이익

이를 위반한 경우에는 과태료 부과 또는 등록말소 그리고 세제지원이 박탈될 수 있다. 특히 세제지원을 받을 때 과세관청의 점검이 뒤따르므로 이를 위배하면 상당히 곤란한 상황을 맞이할 가능성이 높다. 따라서 이 부분은 미리 잘 지킬 필요가 있다. 그런데 실무현장에서는 임대료를 1년 단위로 올려도 된다는 식으로 해석해 실제 그렇게 하는 경우가 많은 것으로 알려지고 있다. 그렇게 해도 문제가 없는지 사전에 반드시 과세관청의 유권해석을 확인하는 것이 좋을 것으로 보인다.

Tip

□ **말소주택에 대한 임대료 5%룰 유지 여부**

최근 기재부는 「소득령」 제155조 제23항과 같이 장기임대주택이 자진·자동말소된 이후 특례요건(사업자등록 유지, 임대료 5% 이내 증액제한 등)을 준수하지 않더라도 5년 이내 거주주택을 양도하는 경우, 「소득령」 제155조 제20항에 따른 비과세 특례가 가능하다는 예규(양도, 기재부 재산세제과 – 151, 2022.1.24.)를 발표했다. 이러한 원리는 양도세 중과배제에도 동일하게 적용될 것으로 보이나, 자진말소된 주택의 경우 의무임대기간 외 다른 요건은 갖춰야 중과배제됨에 유의해야 한다.

제**7**장

임대주택의 양도소득세관련
세무리스크 관리법

제7장에서는 주택임대사업자의 임대주택 양도소득세관련 세무리스크 관리법을 공부한다. 의무임대를 다한 임대주택을 양도하면 중과세가 제외되는지, 장기보유특별공제를 많이 받을 수 있는지를 점검해야 한다.

이장의 핵심 내용들은 다음과 같다.
- 주택임대사업자에 대한 양도소득세 혜택
- 장기임대주택 양도소득세 중과세관련 세무리스크 관리법
- 장기임대주택의 장기보유특별공제관련 세무리스크 관리법
- 장기임대주택 양도소득세 100% 감면관련 세무리스크 관리법
- 재건축으로 말소된 임대주택관련 세무리스크 관리법

주택임대사업자들은 기본적으로 다주택자에 해당한다. 따라서 임대용 주택이든 거주용 주택이든 양도소득세를 과세하는 것이 원칙이다. 그런데 주택임대업은 주로 서민들의 주거 안정과 관련이 있으므로 이들에 대해서는 세제지원이 필요하다. 그래서 지금까지 다양한 세목에서 파격적인 지원이 있었다. 이 중 양도소득세 측면에서 세제지원을 살펴보자.

① 기본 사례

아래 자료를 보고 상황에 맞게 답을 하면?

> **자료**
>
> • A주택 : 2018년 4월 1일 조정지역에서 장기로 등록한 임대주택
> • B주택 : 2018년 9월 14일 조정지역에서 취득해 임대등록한 주택
> • C주택 : 거주주택

> • 상황1 : A주택을 자동말소 또는 자진말소 후 양도하면 과세방식은?
> • 상황2 : B주택을 자동말소 또는 자진말소 후 양도하면 과세방식은?
> • 상황3 : C주택을 양도하면 비과세가 가능한가?

위 상황에 맞게 답을 찾아보면 다음과 같다.

(상황1) A주택을 자동말소 또는 자진말소 후 양도하면 과세방식은?

2018년 4월 1일 이후에는 8년 장기로 임대하면 중과세를 제외하는 것이 원칙이다. 물론 이외에 등록 당시 기준시가가 6억 원(지방은 3억 원) 이하 등의 요건을 충족해야 한다. 한편 이러한 상태에서 8년이 경과하면 아파트의 경우 자동말소가 되고 이 기간의 1/2 이상이 된 상태에서는 자진말소를 할 수 있다. 이때 아래와 같은 요건을 충족하면 이에 대해서도 중과세를 적용하지 않는다.

- 자동말소 : 언제든지 처분해도 중과세를 적용하지 않는다.
- 자진말소 : 말소일로부터 1년 내에 처분해야 중과세를 적용하지 않는다.

(상황2) B주택을 자동말소 또는 자진말소 후 양도하면 과세방식은?

2018년 9월 14일 이후 1세대가 1주택 이상을 보유한 상태에서 조정지역에서 주택을 취득해 임대한 경우에는 장기로 임대등록하더라도 중과세를 적용한다. 즉 이러한 주택들에 대해서는 「소득세법 시행령」 제167조의 3 등의 규정에 따라 중과세 적용배제되는 임대주택에 해당하지 않는다. 따라서 이러한 임대주택들이 자동말소 또는 자진말소가 되었다고 하더라도 중과세를 적용받게 된다. 주의하기 바란다.

(상황3) C주택을 양도하면 비과세가 가능한가?

거주주택 비과세는 양도소득세 중과세 규정이 아닌 별도의 규정에 따라 적용되므로 A와 B주택이 양도소득세 중과세 대상이 되더라도 이와 무관하게 C주택에 대한 거주주택 비과세가 가능하다.

② 핵심 포인트

주택임대사업자들에게 적용되는 양도소득세제도를 요약하면 다음과 같다.

(1) 거주주택에 대한 세제지원

주택임대사업자가 임대사업 중에 거주하고 있는 주택이 있다. 따라서 이들이 임대사업을 안정적으로 영위할 수 있도록 거주주택에 대한 세제지원이 필요하다. 이에 세법은 이들이 거주주택에서 2년 이상 보유 및 2년 이상 거주한 후 이 주택을 양도하면 비과세를 적용한다. 물론 임대주택은 아래와 같은 요건을 갖추어야 한다.

- 관할 지자체와 세무서에 등록[47]할 것
- 등록 시 기준시가가 6억 원(비수도권은 3억 원) 이하일 것
- 임대 중에 거주주택을 양도할 것
- 임대료 상한율 5%를 준수할 것

---

47) 2020년 8월 18일 이후는 아파트 제외한 다세대주택 등만 10년 장기로만 등록할 수 있다.

원래 거주주택 양도소득세 비과세는 임대사업을 영위하는 동안 계속 지원을 해주는 것이 필요하다. 그런데 최근 주택임대사업이 서민들의 주거안정을 위한 것보다는 재산증식의 수단으로 변질되자 거주주택에 대한 비과세 회수를 생애 1회로 축소하였다.

(2) 임대주택에 대한 세제지원

임대주택은 관할 지자체와 관할 세무서에 등록한 주택들을 말한다. 이렇게 등록한 주택들은 법에서 정한 임대기간을 의무적으로 지켜야 하고, 임대료를 1년 이후에 5% 이내에서 올려야 하는 등의 의무를 이행해야 한다. 세법은 이러한 요건을 갖춘 후 이를 양도하면 다양한 혜택을 부여한다. 이 중 양도소득세 측면만 살펴보면 다음과 같다.

1) 중과세 적용 제외

일정한 조건을 충족한 임대주택에 대해서는 중과세를 적용하지 않는다.

- 2018년 4월 1일 전에 등록한 경우 : 기준시가 6억 원(비수도권 3억 원) 이하일 것 + 5년[48] 이상 임대할 것 + 임대료 상한율 5%를 준수할 것
- 2018년 4월 1일 이후에 등록한 경우 : 기준시가 6억 원(비수도권 3억 원) 이하일 것 + 8년[49] 이상 임대할 것 + 임대료 상한율 5%를 준수할 것

다만, 2018년 9월 14일 이후 조정지역 내의 주택을 취득 후 임대등록 시에는 무조건 양도소득세 중과세를 적용함에 주의해야 한다.

2) 장기보유특별공제 특례 적용

원래 장기보유특별공제는 양도차익의 6~30%를 적용하나, 임대주택에 대해서는 50%(8년 임대), 70%(10년 임대)을 적용한다. 이 제도는 건설임대주택에 한해 2022년 12월 31일까지 임대등록한 것까지만 적용한다(매입임대주택은 2020년 말로 종료됨). 다만, 이러한 혜택을 받기 위해서는 아래와 같은 요건을 갖춰야 한다.

- 2018년 9월 13일 이전에 취득한 경우 : 85㎡ 이하일 것
- 2018년 9월 14일 이후에 취득한 경우 : 85㎡ 이하일 것 + 기준시가 6억 원(비수도권 3억 원) 이하일 것
- 임대료 상한율 5%를 준수할 것

---

48) 자동말소가 되거나 요건을 갖춰 자진말소한 경우에는 5년을 임대한 것으로 본다.
49) 자동말소가 되거나 요건을 갖춰 자진말소한 경우에는 8년을 임대한 것으로 본다.

3) 양도소득세 100% 감면

위 2)와 같은 조건(전용면적 85㎡ 이하, 10년 이상 임대)을 충족한 임대주택에 대해서는 임대기간 중 발생한 소득에 대한 세액의 100%를 면제한다. 다만, 이 혜택은 2018년 12월 31일까지 취득하고 3개월 내에 등록한 주택들에 대해서만 적용된다(만료됨).

(3) 이 혜택들 간의 관계

거주주택 비과세와 중과세 제외, 장기보유특별공제 특례 등은 서로 독립적인 관계에 해당한다. 다만, 위 2)와 3)은 각각 적용되는 것이 아니라 둘 중 하나만 선택해야 한다.

Tip

❏ 「지방세법」과 국세법상 주택임대사업자에 대한 세제혜택

구 분		「민간임대주택법」	세 법	
			「지방세법」	국세법
혜택		–	• 취득세 감면 • 재산세 감면	• 종합부동산세 합산배제(비과세) • 종합소득세(건강보험료 포함) 감면 • 거주요건 적용배제 • 거주주택 양도소득세 비과세 • 중과세 적용배제 • 장기보유특별공제 추가(단기) • 장기보유특별공제 특례(장기) • 양도소득세 100% 감면(장기)
의무	의무	• 의무임대기간 준수 • 임대료 5% 증액제한 준수 등	임대기간 준수	• 의무임대기간 준수 • 임대료 상한률 5% 준수
	위반 시 불이익	과태료 부과	세금추징	세금추징

☞ 2022년 1월 현재 건설임대주택을 10년 이상 장기로 임대등록하면 종합부동산세 합산배제, 양도소득세 중과배제, 거주주택 비과세, 장기보유특별공제 70%를 받을 수 있다. 이에 대한 자세한 내용은 저자의 「법인부동산 세무리스크 관리노하우」를 참조하기 바란다.

여기서 장기임대주택은 「소득세법」상 주택임대사업자들이 5년(2018년 4월 1일 이후 등록은 8년) 이상 임대한 주택을 말하는데, 의무임대기간을 채운 후 이 주택을 처분하면 중과세를 적용하지 않는다. 임대요건을 충족했으므로 중과세를 적용하지 않는 혜택을 부여하는 것이다. 이하에서는 장기임대주택의 중과세 적용배제에 대해 간략하게 정리해보자.

① 기본 사례

아래와 같은 자료를 보고 상황에 맞게 답을 하면?

자료

- A주택 : 서울에 소재한 주택으로 8년 장기임대 중(2019년 1월 취득)
- B주택 : 부산에 소재한 주택으로 4년 단기임대 중(2018년 취득)
- C주택 : 서울에 소재한 주택(다세대주택)으로 임대등록 없이 임대 중(2017년 취득)
※ 위 지역 모두는 조정지역에 해당함.

- 상황1 : A주택에 대한 의무임대기간이 종료된 후에 이를 양도하면 중과세가 적용되는가?
- 상황2 : B주택을 자진말소한 후에 양도하면 언제까지 양도해야 중과세가 적용되지 않는가?
- 상황3 : C주택을 2022년 중에 임대등록하면 중과세를 적용받지 않는가?

위 상황에 맞게 답을 찾아보면 다음과 같다.

(상황1) A주택에 대한 의무임대기간이 종료된 후에 이를 양도하면 중과세가 적용되는가?

2018년 9월 14일 이후에 유주택자가 조정지역 내에서 취득한 주택들은 임대등록 여부에도 불구하고 중과세를 적용한다. 사례의 A주택도 이에 해당할 수 있다.

(상황2) B주택을 자진말소한 후에 양도하면 언제까지 양도해야 중과세가 적용되지 않는 가?

요건을 갖춰 자진말소를 한 경우에는 1년 정도의 시간을 준다.

(상황3) C주택을 2022년 중에 임대등록하면 중과세를 적용받지 않는가?

2020년 7월 11일 이후는 다세대주택이나 다가구주택 그리고 오피스텔 정도를 임대등록 하면 중과세 제외를 받을 수 있다. 다만, 이때에는 10년(2020.7.11.~8.17.은 8년) 장기로만 임대등록해야 하며 등록 시 기준시가가 6억 원(지방은 3억 원) 이하가 되어야 하고 5% 임 대료 증액제한 의무를 지켜야 한다. C주택은 2018년 9월 13일 이전 취득분에 해당하고 아 파트가 아니므로 등록하면 중과세를 적용받지 않을 것으로 보인다.

② 핵심 포인트

주택임대사업자가 임대하고 있는 주택을 처분할 때 중과세를 적용받지 않으려면 법에서 정한 요건들을 준수해야 한다.

(1) 매입임대주택

매입임대주택은 2018년 9·13조치를 적용받는다. 따라서 취득시기 별로 중과세에서 제 외되는 혜택이 달라진다는 점에 유의해야 한다.

구 분	임대유형	임대호수	전용면적	기준시가	의무임대기간
2018년 3월 31일 이전 등록	단기 or 장기	–	–	6·3억 원	5년
2018년 4월 1일 이후 등록	장기	–	–	상동	8년
2018년 9월 14일 이후 조정지역 취득 후 등록*	중과세 적용함.				

* 이 부분에서 실수가 많이 발생하고 있다. 주의하기 바란다.

(2) 건설임대주택

건설임대주택은 9·13조치를 적용받지 않는다. 이들은 규제의 대상이 아니라 장려의 대상이기 때문이다. 따라서 아래의 요건을 충족하면 중과세를 적용하지 않는다.

구분	임대유형	임대호수	전용면적	기준시가	의무임대기간
2018년 3월 31일 이전 등록	단기 or 장기	2호	149㎡	6억 원	5년
2018년 4월 1일 이후 등록	장기	2호	149㎡	6억 원	8년
2018년 9월 14일 이후 조정지역 취득 후 등록	장기	2호	149㎡	6억 원	8년(2020년 8월 18일 이후는 10년)

③ 실전 사례

아래의 자료를 보고 상황에 맞게 답을 하면?

> 자료
>
> • A주택 : 최근 건설한 다가구주택에 해당함.

> • 상황1 : 건설한 다가구주택에 대해서는 임대등록이 가능한가?
> • 상황2 : 이 경우 거주주택 비과세를 받을 수 있는가?
> • 상황3 : 이 경우 양도소득세 장기보유특별공제를 70% 받을 수 있는가?

위 상황에 맞게 답을 찾아보면 다음과 같다.

(상황1) 건설한 다가구주택에 대해서는 임대등록이 가능한가?

2020년 8월 18일 이후부터는 건설임대주택도 10년 장기로만 임대등록을 해야 한다.

(상황2) 이 경우 거주주택 비과세를 받을 수 있는가?

아파트를 제외한 다가구주택 등을 임대등록하면 거주주택에 대한 비과세 혜택을 누릴 수 있다. 물론 생애 1회만 적용된다.

(상황3) 이 경우 양도소득세 장기보유특별공제를 70% 받을 수 있는가?

건설임대주택에 대해서는 이 혜택이 적용된다. 다만, 2022년 말까지 등록한 경우에 한한다(매년 연장될 가능성이 높다). 한편 매입임대주택의 경우에는 2020년 12월 31일까지 등록한 것만 인정된다. 참고로 장기로 등록한 건설임대주택은 취득시기와 관계없이 중과세를 적용하지 않는다(2018년 9·13대책과 무관).

Tip

❑ **자동말소와 자진말소에 따른 세제적용상의 비교**

구 분	내 용	세제혜택	
		자동말소	자진말소
취득세	○ 감면 – 전용면적 60~85m² 이하 : 50% – 전용면적 60m² 이하 : 100%	추징없음.	좌동

재산세	○ 감면(전용면적 85m² 이하)
	– (단기) 60~85m² 이하 25%,
	  60m² 이하 50%
	– (장기) 60~85m² 이하 50%, 40~
	  60m² 75%, 40m² 이하 100%
		추징없음.	좌동

종합부동산세	○ 종합부동산세 합산배제 – 종합부동산세 과세표준 주택 합산 대상에서 제외	추징없음.	좌동
임대소득세	○ 경감 : (단기) 30%, (장기) 75%	추징없음.	좌동
양도소득세	○ 장기보유특별공제율 특례적용 – (8년 이상) 50% 등	가능	불가능
	○ 양도소득세율 중과배제 – 조정지역 내 주택 양도 시 적용되 는 중과세율 대상에서 제외	가능	가능하나, 말소 일로부터 1년 내 처분

	○ 사업자 본인 거주주택 양도소득세
	  비과세
		• 추징없음.
		• 거주주택 비과세
		  는 5년 내 처분
			좌동

- 거주주택 양도소득세 비과세 → 의무임대기간 중 1/2 이상을 임대한 상태에서 임차인의 동의를 얻어 자진말소를 하고, 그 말소일로부터 5년 내에 이를 양도하면 거주주택에 대한 비과세를 적용한다.
- 양도소득세 중과세 제외 → 의무임대기간 중 1/2 이상을 임대한 상태에서 임차인의 동의를 얻어 자진말소를 하고, 그 말소일로부터 1년 내에 이를 양도하면 중과세를 적용하지 않는다.

　주택임대사업자들은 기본적으로 다주택자에 해당하기 때문에 대출 및 세제 등의 규제를 많이 받는 것이 현실이다. 그런데 세제 중 양도소득세는 수익률과 직결되는데 중과세를 적용받으면 임대업의 실익이 급격히 줄어든다. 중과세가 적용되면 세율도 높아지지만 무엇보다도 장기보유특별공제가 적용되지 않기 때문이다. 하지만 중과세 세율이 적용되는 경우라도 「조특법」 제97조의 3 등에 따라 장기보유특별공제를 적용받으면 중과세효과를 상쇄시킬 수 있다. 이하에서 이에 대해 알아보자.

① 기본 사례

아래 자료를 보고 상황에 맞게 답하면?

> **자료**
>
> • A주택 : 2018년 8월에 취득해 8년 장기임대로 등록(전용면적 85㎡ 이하, 기준시가 7억 원)
> • B주택 : 2019년 1월 15일에 취득해 8년 장기임대로 등록(전용면적 85㎡ 이하, 기준시가 7억 원)

> • 상황1 : A주택은 「조특법」 제97조의 3 규정에 따라 장기보유특별공제 50% 등을 받을 수 있는가?
> • 상황2 : B주택은 「조특법」 제97조의 3 규정에 따라 장기보유특별공제 50% 등을 받을 수 있는가?
> • 상황3 : 위 공제율은 양도차익 ~~에 대해 적용하는가?~~

위 상황에 맞게 답을 찾아보면 다음과 같다.

(상황1) A주택은 「조특법」 제97조의 3 규정에 따라 장기보유특별공제 50% 등을 받을 수 있는가?

이 규정에 의해 ~~공제~~를 받기 위해서는 국민주택규모 이하의 주택을 8년 장기임대로 등록해야 한다. 따라서 A주택은 이러한 요건을 충족한 것으로 볼 수 있다.

(상황2) B주택은 「조특법」 제97조의 3 규정에 따라 장기보유특별공제 50% 등을 받을 수 있는가?

받을 수 없다. 2018년 9월 14일 이후에 취득한 주택들은 '국민주택규모 이하+기준시가 요건(수도권 6억 원, 비수도권 3억 원 이하)'을 갖추어야 하는데 B주택은 기준시가 요건을 위배하였기 때문이다.

(상황3) 위 공제율은 양도차익 전체에 대해 적용하는가?

임대한 기간 동안에 발생한 양도차익에 대해 적용하는 것으로 개정되었다. 따라서 등록 전에 보유한 기간 동안 발생한 양도차익에 대해서는 특례 공제율이 적용되지 않는 것이 원칙이다. 따라서 임대개시일~임대기간 종료일(8년, 10년)에 대해 50 · 70%를 적용하고, 나머지의 기간은 6~30%를 적용해 합산한다(사전법령해석재산 2021-1392, 2021.10.18.).

② 핵심 포인트

「조특법」 제97조의 3과 관련된 8년 장기임대주택에 대한 장기보유특별공제율은 아래와 같이 적용된다.

(1) 장기임대주택 장기보유특별공제 특례 요건

구 분	내 용
규모 기준	국민주택 규모 이하
기준시가	2018년 9월 14일 이후 6억 원 · 3억 원 이하
등록 요건	기한 제한 없이 언제든지 「민간임대주택법」에 따라 등록
의무임대기간	8년 이상 계속하여 장기임대주택으로 등록하고, 그 기간 동안 임대한 기간을 통산하여 8년 이상인 경우 계속하여 임대한 것으로 간주[50]
임대료 증액 제한	5%
특례 내용	장기보유특별공제율 50~70% 적용
감면 시한	2020년 12월 31일(건설임대주택은 2022년 12월 31일) 등록분까지만 적용
감면분 농특세	없음(양도소득세 100% 감면은 있음).

---

50) 「조특법」상 장기보유특별공제 특례를 적용받기 위해 단기임대에서 장기임대로 변경해도 문제가 없다. 다

(2) 자동말소 등과 장기보유특별공제

8년 장기임대주택 중 아파트는 8년이 경과하면 등록이 자동말소된다. 따라서 이 경우에는 의무임대기간이 8년만 충족하는 것으로 되어 10년 이상 임대 시 적용되는 70%의 공제율은 적용되지 않는 것으로 보인다.

③ 실전 사례

아래 자료를 보고 상황에 맞게 답하면?

> **자료**
>
> • A주택 : 2021년 1월에 기존주택을 취득해 10년 장기임대로 등록(전용면적 85㎡ 이하, 기준시가 6억 원)
> • B주택 : 2021년 1월 15일에 자가신축해 10년 장기임대로 등록(전용면적 85㎡ 이하, 기준시가 6억 원)

> • 상황1 : A주택은 「조특법」 제97조의 3 규정에 따라 장기보유특별공제 50% 등을 받을 수 있는가?
> • 상황2 : B주택은 「조특법」 제97조의 3 규정에 따라 장기보유특별공제 50% 등을 받을 수 있는가?

위 상황에 맞게 답을 찾아보면 다음과 같다.

(상황1) A주택은 「조특법」 제97조의 3 규정에 따라 장기보유특별공제 50% 등을 받을 수 있는가?

매입임대주택의 경우 2020년 12월 31일까지 등록을 해야 이 공제를 받을 수 있다. 따라서 A주택은 해당 공제를 받을 수 없다.

(상황2) B주택은 「조특법」 제97조의 3 규정에 따라 장기보유특별공제 50% 등을 받을 수 있는가?

만, 승계되는 단기임대기간은 최대 4~5년 정도가 된다.

건설임대주택의 경우 2022년 12월 31일까지 등록하면 이 공제를 받을 수 있다. 따라서 B주택은 해당 공제를 받을 수 있다.

Tip

□ 「소득세법」과 「조특법」상 장기보유특별공제율의 비교

1. 「소득세법」상 공제율

「소득세법」에서는 아래와 같이 기본공제율과 1주택자 특례공제율 그리고 중과대상 주택에 대한 공제율을 정하고 있다.

(1) 기본공제율

기본공제율은 3년 보유하면 6%, 4년부터는 2%씩 공제하여 15년 이상 보유하면 최대 30%를 적용하는 것을 말한다.

(2) 1주택자 공제율

고가주택을 1주택 상태에서 양도하면 전체 양도차익 중 일부는 비과세, 일부는 과세가 된다. 이때 과세되는 양도차익에서 아래와 같이 공제율을 적용한다.

구 분	보유기간	거주기간	합 계
2019년	10년(연 8%)	–	80%
2020년	10년(연 8%)	2년	80%(2년 미거주 시 6~30%)
2021년 이후	10년(연 4%)	2년 이상(연 4%)*	80%(2년 미거주 시 6~30%)

* 거주기간이 2년 이상인 경우 거주기간에 4%를 곱한다(최대 40%).

(3) 중과세 주택 공제율

주택에 대해 중과세 세율이 적용되는 경우에는 「소득세법」에서는 장기보유특별공제를 적용하지 않는다.

2. 「조특법」상 공제율

「조특법」은 소득세 등 개별세법보다 우선 적용되는 세목에 해당한다. 따라서 위의 「소득세법」과 달리 공제율을 적용할 수 있는데, 이하에서 살펴보자.

(1) 단기임대주택

관할 지자체에 단기(4년)로 그리고 세무서에도 등록한 임대주택을 6년 이상 임대 시 6년부터 기본공제율에 연간 2~10%씩을 추가한다(「조특법」 제97조의 4).

---

51) 「조특법」 제97조의 4에서는 5% 임대료 증액제한 규정을 적용하지 않는다.

구 분	3년	5년	6년	7년	10년	15년
기본공제율	6%	10%	12%	14%	20%	30%
추가공제율	0%	0%	2%	4%	10%	10%
계	6%	10%	14%	18%	30%	40%

이 추가공제 규정은 2018년 3월 31일 이전 등록주택에 대해서만 적용한다. 그 당시 장기등록을 유도하기 위한 조치에 의해 연장을 불허한 탓이 크다.[51]

(2) 장기임대주택

이는 관할 지자체에 장기(8년)로 그리고 세무서에도 등록한 임대주택을 말한다. 이러한 장기임대주택에 대한 장기보유특별공제 특례제도는 매우 중요하므로 규정을 통해 분석해보자(「조특법」 제97조의 3).

우선 해당 규정을 살펴보면 다음과 같다.

① 대통령령으로 정하는 거주자가 2020년 12월 31일(「민간임대주택에 관한 특별법」 제2조 제2호에 따른 민간건설임대주택의 경우에는 2022년 12월 31일)까지 「민간임대주택에 관한 특별법」 제2조 제4호에 따른 공공지원민간임대주택 또는 같은 법 제2조 제5호에 따른 장기일반민간임대주택을 등록[2020년 7월 11일 이후 장기일반민간임대주택으로 등록 신청한 경우로서 아파트를 임대하는 민간매입임대주택이나 「민간임대주택에 관한 특별법」(법률 제17482호로 개정되기 전의 것을 말한다) 제2조 제6호에 따른 단기민간임대주택을 2020년 7월 11일 이후 같은 법 제5조 제3항에 따라 공공지원민간임대주택 또는 장기일반민간임대주택으로 변경 신고한 주택은 제외한다]하여 다음 각 호의 요건을 모두 갖춘 경우 그 주택(이하 이 조에서 "장기일반민간임대주택 등"이라 한다)을 양도하는 경우에 대통령령으로 정하는 바에 따라 임대기간 중 발생하는 소득에 대해서는 「소득세법」 제95조 제1항에 따른 장기보유특별공제액을 계산할 때 같은 조 제2항에도 불구하고 100분의 50의 공제율을 적용한다. 다만, 장기일반민간임대주택등을 10년 이상 계속하여 임대한 후 양도하는 경우에는 100분의 70의 공제율을 적용한다. (2020.12.29. 개정)
1. 8년 이상 계속하여 임대한 후 양도하는 경우 (2014.12.23. 개정)
2. 대통령령으로 정하는 임대보증금 또는 임대료 증액 제한 요건 등을 준수하는 경우 (2014.1.1. 신설)
② 제1항에 따른 과세특례는 제97조의 4에 따른 장기임대주택에 대한 양도소득세의 과세특례와 중복하여 적용하지 아니한다. (2018.12.24. 신설)

첫째, 이 규정은 거주자에게만 적용된다.
둘째, 건설임대주택에 한해 2022년 12월 31일까지 등록한 주택에 대해서만 인정한다(매입임대주택은 2020년 말로 종료됨).
셋째, 등록은 장기(8년, 2020년 8월 18일 이후는 10년)임대로 해야 한다.
넷째, 이외 아래의 요건을 충족해야 한다.

- 8년 이상(또는 10년 이상) 계속하여 임대한 후 양도할 것
- 대통령령으로 정하는 임대보증금 또는 임대료 증액제한 요건 등을 준수할 것

위에서 대통령령에서 정하고 있는 요건은 다음과 같다.
- 임대보증금 또는 임대료의 증가율이 100분의 5를 초과하지 아니할 것
- 「주택법」 제2조 제6호에 따른 국민주택규모 이하의 주택(해당 주택이 다가구주택일 경우에는 가구당 전용면적을 기준으로 한다)일 것
- 장기임대주택의 임대개시일부터 8년 이상 임대할 것
- 장기임대주택의 기준시가가 해당 주택의 임대개시일 당시 6억 원(수도권 밖의 지역인 경우에는 3억 원)을 초과하지 아니할 것(2018년 9월 14일 이후 취득분에 한함)

이상의 요건을 갖춘 경우에는 아래와 같이 장기보유특별공제를 적용한다.

구 분	8~10년 미만	10년 이상
공제율	50%	70%
적용시한	• 매입임대 : 2020년 등록분 • 건설임대 : 2022년 등록분	좌동

참고로 이 규정에 의한 주택임대기간의 계산은 다음에 의한다.
- 주택임대기간의 기산일은 주택의 임대를 개시한 날로 할 것
- 상속인이 상속으로 인하여 피상속인의 임대주택을 취득하여 임대하는 경우에는 피상속인의 주택임대기간을 상속인의 주택임대기간에 합산할 것
- 위의 규정을 적용함에 있어서 기획재정부령이 정하는 기간(기존 임차인의 퇴거일부터 다음 임차인의 입주일까지의 기간으로서 3월 이내의 기간을 말한다)은 이를 주택임대기간에 산입한다.
- 「민간임대주택에 관한 특별법」 제5조 제3항에 따라 같은 법 제2조 제6호의 단기민간임대주택을 장기일반민간임대주택등으로 변경 신고한 경우에는 같은 법 시행령 제34조 제1항 제3호에 따른 시점부터 임대를 개시한 것으로 본다.*
  * 임대등록의 변경에 따른 세제지원은 아래 Tip을 참조하기 바란다.

(3) 거주주택으로 전환한 장기임대주택

장기임대주택을 거주주택으로 전환한 경우는 아래와 같이 장기보유특별공제를 적용한다. 구체적인 계산 사례는 카페의 자동계산기를 통해 확인하기 바란다.

- 임대주택 보유기간 : 「조특법」상 40~70%, 6~30% 등
- 거주주택 전환 후 보유기간 : 6~30%, 80% 특례 등

□ **단기에서 장기로 임대등록 유형의 변경에 따른 세제지원의 변화**

단기에서 장기로 임대등록 유형을 변경하는 경우가 있다. 물론 2020년 8월 18일(세제지원은 2020년 7월 11일부터 중단) 이후부터는 「민간임대주택법」이 개정되어 변경이 힘들지만 그 이전에는 가능했다. 그렇다면 단기에서 장기로 임대유형을 변경한 경우의 세제지원 내용은 어떻게 변하는지 이를 요약해보자.

구 분	근거조항	내 용
공통	–	• 「민간임대주택법」상 2020년 8월 18일 이후부터는 장기변경은 금지 • 세제지원 중단은 2020년 7월 11일 • 단기임대 시의 기간 승계(아래 참조)
종부세 합산배제	「종부령」 제3조 제1항 제8호 나목 (2018.2.13. 신설)	• 허용 • 단, 2018년 9월 14일 이후 조정지역 내 취득분은 의미없음(무조건 과세).
임대소득세 감면	–	• 허용(단기임대와 장기임대 감면율 차등적용의 실익)
거주주택 비과세	「소령」 제155조 제20항	• 의미없음(장단기 불문하고 5년 이상 장기임대 시 비과세 가능).
양도소득세 중과배제	「소령」 제167조의 3, 제167조의 10	(명시적인 규정은 없음) ☞ 중과배제 규정은 종부세 합산배제와 궤를 같이 하므로 단기에서 장기로 변경허용이 되는 것으로 보임(단, 2018년 9·13조치 대상 주택은 제외).
장기보유특별공제 특례	「조특법」 제97조의 3	• 허용(통산)
양도소득세 100% 감면	「조특법」 제97조의 5	• 불허

● **단기임대 시 임대한 기간의 승계방법**

1. 「종합부동산세법」, 「소득세법」상의 임대기간 승계방법

   이들 법에서는 「민간임대주택법 시행령」 제34조 제1항 제3호에서 정하고 있는 내용을 준용하는 것이 원칙이다. 이는 아래처럼 계산하는 것을 말한다.

- 단기임대주택의 임대의무기간(4년) 종료 전에 변경 신고한 경우 : 단기임대사업자 등록일(실제 임대개시일)을 승계함.
- 단기임대주택의 임대의무기간(4년)이 종료된 이후 변경 신고한 경우 : 변경 신고의 수리일부터 해당 단기민간임대주택의 임대의무기간(4년)을 역산한 날까지를 승계함(즉 4년만 승계함).

2. 「조특법」제97조의 3(장기보유특별공제 특례)

이 규정에서는 2019년 2월 12일 전에는 「조특령」제97조의 3 제4항에서 임대기간 승계 방법에 대해 별도의 규정을 두었고, 이날 이후에는 앞에서 본 「민간임대주택법 시행령」 제34조 제1항 제3호와 일치시켰다. 개정 전의 내용만 확인하면 아래와 같다.

☞ 개정 전 「조특령」제97조의 3 제4항에서는 5년의 범위 내에서 단기임대주택으로 임대한 기간의 50%에 해당하는 기간을 장기일반임대주택의 임대기간에 포함하도록 하였다. 따라서 단기임대의 임대기간이 5년이라면 이의 50%인 2년 6개월이 승계되므로 장기일반임대주택으로 전환 후에 나머지 임대기간을 채워야 세제혜택을 누릴 수 있다. 만일 단기임대기간이 10년을 넘어가는 경우에는 최대 5년만을 인정하므로 장기일반임대주택으로 전환한 이후 5년을 추가로 임대해야 한다.

:: 저자 주 ─────────────────────────────────

위와 같이 단기에서 장기로 임대유형이 변경되면 임대기간 중 4~5년 정도가 장기임대기간에 합산된다. 그렇다면 상속이 발생하면 이 임대기간은 어떻게 될까? 이에 대해 세법은 상속은 불가피성이 있으므로 상속인이 임대업을 승계한 경우 피상속인의 임대기간을 상속인의 임대기간에 합산할 수 있도록 하고 있다. 따라서 의무임대기간에서 피상속인이 임대한 기간을 빼고 잔여기간만 임대하면 대부분의 세제혜택은 그대로 누릴 수 있다. 하지만 이외에 임대사업자의 지위를 포괄적으로 양수한 경우에는 주의해야 한다. 「민간임대주택법」상 임대기간을 승계받을 수 있다고 하더라도 2018년 9월 14일 이후 양수한 경우에는 종합부동산세 합산배제나 양도소득세 중과배제 등을 받을 수 없기 때문이다. 이러한 원리는 증여에서도 마찬가지다. 앞의 상속은 피상속인의 세법상 권리와 「민간임대주택법」상 의무가 그대로 이전되나, 포괄양수나 증여는 전자의 권리는 단절되고 후자의 의무만 이전되는 것이라고 할 수 있다.

───

　　박근혜 정부에서 선보인 장기임대주택에 대한 양도소득세 100% 감면제도는 주로 강남권에서 크게 성행을 했다. 기준시가가 6억 원을 넘더라도 10년 이상만 임대하면 양도소득세를 전액 감면받을 수 있었기 때문이다. 하지만 현재는 이 제도가 더 이상 적용되지 않는다. 2018년 12월 31일까지 취득(계약기준)한 것만 인정하기 때문이다. 이하에서 이 제도를 분석해보자.

❶ 양도소득세 100% 감면규정

「조특법」 제97조의 5에서 아래와 같이 100% 감면을 규정하고 있다.

---

① 거주자가 다음 각 호의 요건을 모두 갖춘 「민간임대주택법」 제2조 제5호에 따른 장기일반민간임대주택을 양도하는 경우에는 대통령령으로 정하는 바에 따라 임대기간 중 발생한 양도소득에 대한 양도소득세의 100분의 100에 상당하는 세액을 감면한다. (2018.1.16. 개정)

1. 2018년 12월 31일까지 「민간임대주택법」 제2조 제3호의 민간매입임대주택을 취득(2018년 12월 31일까지 매매계약을 체결하고 계약금을 납부한 경우를 포함한다)하고, 취득일로부터 3개월 이내에 「민간임대주택법」에 따라 장기임대주택으로 등록할 것 (2018.1.16. 개정)
2. 장기임대주택으로 등록 후 10년 이상 계속하여 장기임대주택으로 임대한 후 양도할 것 (2018.1.16. 개정)
3. 임대기간 중 제97조의 3 제1항 제2호의 요건을 준수할 것 (2014.12.23. 신설)

위의 규정을 분석해보자.

첫째, 거주자에게만 적용한다.

둘째, 장기임대로 등록해야 한다.

셋째, 임대기간 중 발생한 양도소득세에 대해서만 감면한다.[52)]

---

52) 법 제97조의 5 제1항을 적용할 때 임대기간 중 발생한 양도소득은 다음 계산식에 따라 계산한 금액으로 한다. 이 경우 새로운 기준시가가 고시되기 전에 취득 또는 양도하거나 제1항에 따른 임대기간의 마지막 날이 도래하는 경우에는 직전의 기준시가를 적용하여 계산한다. (2015.2.3. 신설)

넷째, 2018년 12월 31일까지 취득해야 하는 한편 취득일로부터 3개월 내에 등록해야 한다. 이때 2018년 12월 31일까지 매매계약을 체결하고 계약금을 납부한 경우를 포함한다.

다섯째, 등록 후 10년 이상 계속하여 장기임대주택으로 임대한 후에 양도해야 한다.

여섯째, 제97조의 3 제1항 제2호의 요건을 준수해야 한다.

위에서 제97조의 3 제1항 제2호의 요건은 다음과 같다.

• 임대보증금 또는 임대료의 연 증가율이 100분의 5를 초과하지 아니할 것
• 국민주택규모 이하의 주택(해당 주택이 다가구주택일 경우에는 가구당 전용면적을 기준으로 한다)일 것
• 장기임대주택의 임대개시일부터 8년 이상 임대할 것
• 장기임대주택의 기준시가가 해당 주택의 임대개시일 당시 6억 원(수도권 밖의 지역인 경우에는 3억 원)을 초과하지 아니할 것(2018년 9월 14일 이후 취득분에 한함)

② 임대주택에 대한 임대기간의 계산 등

위 규정을 적용할 때 임대주택에 대한 임대기간의 계산과 그 밖에 필요한 사항은 대통령령(「조특법 시행령」 제97조의 5)에서 정하고 있다. 이를 정리해보자.

① 장기일반민간임대주택으로 임대한 경우는 장기임대주택으로 10년 이상 계속하여 등록하고, 그 등록한 기간 동안 계속하여 10년 이상 임대한 경우로 한다.
② 이 경우 다음 각 호의 경우에는 해당 기간 동안 계속하여 임대한 것으로 본다.
• 기존 임차인의 퇴거일부터 다음 임차인의 주민등록을 이전하는 날까지의 기간으로서 6개월 이내의 기간
• 협의매수 또는 수용되어 임대할 수 없는 경우의 해당 기간
• 「도시 및 주거환경정비법」에 따른 재건축사업, 재개발사업 또는 「빈집 및 소규모주택 정비에 관한 특례법」에 따른 소규모주택정비사업의 사유로 임대할 수 없는 경우에는 해당 주택의 관리처분계획(소규모주택정비사업의 경우에는 사업시행계획을 말한다) 인가일 전 6개월부터 준공일 후 6개월까지의 기간

$$\text{「소득세법」 제95조 제1항에 따른 양도소득금액} \times \frac{\text{제1항에 따른 임대기간의 마지막 날의 기준시가} - \text{취득 당시 기준시가}}{\text{양도 당시 기준시가} - \text{취득 당시 기준시가}}$$

❸ 자동말소에 따른 양도소득세 100% 감면

2020년 8월 18일 이후에 장기로 임대등록한 아파트는 의무임대기간 8년이 지나면 등록이 자동말소되므로 위의 규정에 따른 양도소득세 감면은 받기가 힘들 것으로 보인다. 따라서 이 규정은 2018년 12월 31일까지 등록한 다세대주택 등 정도만 적용받을 수 있을 것으로 보인다.

> **Tip**
>
> ❑ **장기임대주택 양도소득세 100% 감면요건**
>
> | 구 분 | 내 용 |
> |---|---|
> | 규모 기준 | 전용면적 85㎡ 이하(단, 다가구주택인 경우 가구당 전용면적 기준) |
> | 가액 기준 | 6억 원·3억 원 이하일 것(단, 2018년 9월 14일 이후) |
> | 등록 요건 | 2018년 12월 31일까지 「민간임대주택법」 제2조 제3호의 민간매입임대주택 및 「공공주택 특별법」 제2조 제1호의 3에 따른 공공매입임대주택의 매입임대주택을 취득하고, 취득일로부터 3개월 이내에 「민간임대주택법」에 따라 장기임대주택으로 등록할 것 |
> | 의무임대기간 | 10년 이상 계속하여 장기임대주택으로 임대한 후 양도할 것[53) |
> | 임대료 인상률 | 연 5% 임대료 인상률 제한(신규·갱신 시 포함) |
> | 특례 내용 | 양도소득세의 100분의 100에 상당하는 세액을 감면 |
> | 감면시한 | 2018년 12월 31일 이전 취득분에 한함. |
> | 감면분 농특세 | 감면세액의 20% |
>
> ☞ 위 양도소득세 감면은 의무임대기간(취득일~10년) 동안에 발생한 소득에 대해 적용된다. 따라서 10년이 지난 후의 양도소득에 대해서는 감면을 받을 수 없다. 한편 앞에서 본 「조특법」 제97조의 3 장기보유특별공제도 위와 같은 원리가 적용될 것으로 보인다. 따라서 의무임대기간이 종료(8년 또는 10년)되면 그 이후의 기간에 대해서는 이 공제가 적용되지 않는다고 판단된다. 다만, 예규(사전법령해석재산 2021-1392, 2021.10.28.)에서는 임대기간을 제외한 나머지 기간에 대해서는 보유기간에 따른 공제율(6~30%)을 적용해 이 둘을 합산하도록 하고 있다.

---

53) 이 규정에 의한 감면을 받으려면 장기임대로만 임대해야 한다.

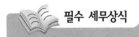
재건축 등에 의해 임대주택이 멸실된 경우에는 「민간임대주택법」상 등록이 자동으로 말소가 된다. 또한 재건축 후에는 아파트에 대해서는 등록이 불가하다. 그렇다면 이 경우 세제의 적용은 어떻게 될까? 다음에서는 주요 관심사인 거주주택에 대한 비과세와 양도소득세 제외에 대해 분석해보자.

1. 거주주택에 대한 비과세

1) 이미 거주주택 비과세를 받은 경우

이미 거주주택 비과세를 받은 경우라도, 재건축 등에 들어간 임대주택은 실제 임대기간이 5년 이상이어야 하나, 더 이상 등록이 불가하므로 이 경우 5년 기간을 맞추지 못한다. 이에 따라 「소득세법 시행령」 제155조 제22항에서는 마호를 신설하여 마호에 해당하는 사유로 말소된 경우에는 임대기간요건을 충족하지 못했더라도 비과세 혜택을 추징하지 않는다.

㉒ 1세대가 제21항을 적용받은 후에 임대기간요건 또는 운영기간요건을 충족하지 못하게 된(장기임대주택의 임대의무호수를 임대하지 않은 기간이 6개월을 지난 경우를 포함한다) 때에는 그 사유가 발생한 날이 속하는 달의 말일부터 2개월 이내에 제1호의 계산식에 따라 계산한 금액을 양도소득세로 신고·납부해야 한다. 이 경우 제2호의 임대기간요건 및 운영기간요건 산정특례에 해당하는 경우에는 해당 규정에 따른다. (2020.2.11. 개정)
2. 임대기간요건 및 운영기간요건 산정특례 (2018.2.13. 개정)
　마. 재개발사업, 재건축사업 또는 소규모재건축사업[54]으로 임대 중이던 당초의 장기임대주택이 멸실되어 새로 취득하거나 「주택법」 제2조에 따른 리모델링으로 새로 취득한 주택이 다음의 어느 하나의 경우에 해당하여 해당 임대기간요건을 갖추지 못하게 된 때에는 당초 주택(재건축 등으로 새로 취득하기 전의 주택을 말하며, 이하 이 목에서 같다)에 대한 <u>등록이 말소된 날 해당 임대기간요건을 갖춘 것으로 본다</u>. 다만, 임대의무호수를 임대하지 않은 기간(이 항 각 호 외의 부분에 따라 계산한 기간을 말한다)이 6개월을 지난 경우는 임대기간요건을 갖춘 것으로 보지 않는다. (2020.10.7. 신설)
　　1) 새로 취득한 주택에 대해 2020년 7월 11일 이후 종전의 「민간임대주택에 관한 특별법」 제2조 제5호에 따른 장기일반민간임대주택 중 아파트를 임대하는 민간매입임대주택이나 같은 조 제6호에 따른 단기민간임대주택으로 종전의 「민간

임대주택에 관한 특별법」 제5조에 따른 임대사업자등록 신청(임대할 주택을 추가하기 위해 등록사항의 변경 신고를 한 경우를 포함한다. 이하 이 목에서 같다)을 한 경우

2) 새로 취득한 주택이 아파트(당초 주택이 단기민간임대주택으로 등록되어 있었던 경우에는 모든 주택을 말한다)인 경우로서 「민간임대주택에 관한 특별법」 제5조에 따른 임대사업자등록 신청을 하지 않은 경우

2) 거주주택에 대한 비과세를 받지 못한 경우

말소 후의 거주주택에 대한 비과세는 동법 시행령 제23항에서 규정하고 있다. 그런데 여기에서는 의무임대기간의 1/2 이상인 상태에서 자진말소하는 경우와 의무임대기간 경과에 따른 자동말소에 대해서만 규정하고 있다. 즉 재건축 등에 의해 말소된 경우는 열거가 되어 있지 않은 상황이다. 이러한 내용으로 보건대 재건축 등에 의한 말소된 주택을 보유한 경우에는 더 이상 주택임대사업자의 거주주택에 대한 비과세는 적용되지 않는다고 할 수 있다. (기획재정부재산-928, 2021.10.27.). 한편 거주주택이 입주권이 된 경우에도 이 조항에 따라 비과세를 적용하지 않는다(양도, 서면-2017-법령해석재산-1581[법령해석과]-1038, 2018.4.8., 서울행정법원-2019-구단-72031, 2020.8.25.).

2. 말소된 임대주택에 대한 중과세 제외

중과세가 적용되는 1세대 3주택의 범위를 규정하고 있는 「소득세법 시행령」 제167조의3에서는 등록한 임대주택이 의무임대기간 5년(2018년 4월 1일 전 등록), 8년이 지나기 전에 이를 양도하면 중과세를 적용하도록 하고 있다. 다만, 2020년 8월 18일 이후에 임대기간 경과로 자동말소되거나 의무임대기간의 1/2 이상 임대한 임대주택을 자진말소를 한 경우에는 의무임대기간 요건을 충족한 것으로 본다. 따라서 이러한 주택들은 중과세를 적용하지 않는다. 물론 자동말소된 주택들은 처분기한 없이, 자진말소한 주택들은 말소일로부터 1년 내에 처분해야 한다.

그렇다면 재건축 등에 의해 등록이 말소된 주택들도 중과세에서 제외할지의 여부가 궁금할 수 있다. 그런데 안타깝게도 재건축 등에 의해 말소된 경우에는 중과세에서 제외하라고 열거가 되어 있지 않다. 따라서 이러한 흐름으로 보건대 재건축 등에 의해 말소된 임대주택을 양도하면 중과세가 적용될 가능성이 높아 보인다. 유권해석 등을 확인하기 바란다.

---

54) 리모델링의 경우에는 열거가 되지 않았음을 확인하기 바란다.

임대주택 외 일반주택이 있는 경우의 중과세 적용법

임대주택과 일반주택이 있는 상태에서 일반주택에 대한 과세방식을 정리하면 아래와 같다.

1. 거주주택 비과세를 1회 사용하지 않은 경우

이때에는 거주주택에 대해 1세대 1주택 또는 일시적 2주택으로 비과세를 받을 수 있다. 이때 비과세 적용되는 고가주택에 대해서는 중과세가 적용되지 않는다.

2. 거주주택 비과세를 1회 사용한 경우

거주주택에 대한 비과세를 1회 받은 경우라면 임대주택을 유지하는 한 더 이상 거주주택 비과세를 받을 수 없다. 이 경우 일반주택에 대해 중과세 적용여부를 정리하면 아래와 같다.

(1) 임대주택 외 일반주택이 1채 있는 경우

임대주택이 적법하게 등록(기준시가 요건 등 충족)된 상태에서 일반주택 1채는 중과배제주택에 해당한다. 따라서 이 경우에는 일반과세를 적용받을 수 있다. 만일 임대주택이 요건을 위배한 경우라면 일반주택이 여러 채가 될 수 있어 일반주택 1채가 일반과세가 아닌 중과세로 돌변할 수 있음에 유의해야 한다.

(2) 임대주택 외 일반주택이 2채 이상이 있는 경우

이때에는 모든 주택을 대상으로 중과대상 주택 수를 산정하고 그 결과 일반주택이 중과대상 주택이 2채 이상이 되면 이에 대해서는 중과세를 적용하는 것이 원칙이다. 일반주택이 1채인 경우에는 중과세를 배제하지만 2주택 이상은 중과세를 적용하는 것이 원칙이다. 주의하기 바란다.

3. 임대주택을 거주주택으로 전환한 경우

(1) 2019년 2월 12일 전에 취득한 경우

이날 전에 취득한 주택들 중 임대주택을 거주주택으로 전환한 경우에는 평생 1회와 관계없이 직전 거주주택 양도일 이후에서 발생한 양도차익에 대해서는 비과세가 가능하다.

(2) 2019년 2월 12일 이후에 취득한 경우

이날 이후에 취득한 주택 중 직전 거주주택 비과세를 받을 당시 보유한 임대주택을 거주주택으로 전환한 경우로서 1회 비과세를 받은 경우라면 더 이상 비과세를 받을 수 없다. 다만, 거주주택으로 전환한 임대주택이 1세대 1주택에 해당하는 경우 직전 거주주택 양도일 이후에서 발생한 양도차익에 대해서는 비과세가 가능하다.

Tip

❑ **주택임대사업자의 양도소득세관련 해결해야 할 쟁점들**

1. 거주주택 양도관련
   - 거주주택 비과세 1회 선택할 수 있는지의 여부(저자는 선택할 수 있어야 한다고 봄)
   - 자동 또는 자진말소된 주택 등을 모두(또는 일부) 처분하고 거주주택을 양도하면 「소득세법 시행령」 제155조 제20항에 따라 거주주택 비과세를 받을 수 있는지의 여부(임대주택이 한 채라도 있어야 이를 적용받는 것으로 해석)
   - 자동 또는 자진말소된 주택을 선 양도 후 거주주택 양도 시 최종 1주택 보유기간 계산법이 적용되는지의 여부(임대주택이 없는 경우 이를 적용하는 것으로 해석)
   - 아파트 재건축 등에 따라 말소된 경우 거주주택 비과세가 적용되는지의 여부(임대주택이나 거주주택이 입주권인 경우 이 조항에 따른 비과세 불허)
   - 말소 후에도 임대료 증액 제한을 지켜야 하는지의 여부(294페이지 Tip 참조)

2. 임대주택 양도관련
   - 아파트 자동말소에 따른 장기보유특별공제 70%나 양도소득세 100% 감면이 적용되는지의 여부(아파트는 자동말소로 힘들 것으로 보임)
   - 아파트 재건축 등에 따라 말소된 경우 해당 임대주택을 양도하면 중과세가 적용되는지의 여부(입주권으로 완성된 주택은 일반주택이 되어 중과세 가능성이 있음)
   - 자동말소 후에 임대료 증액 제한 규정을 준수해야 중과배제되는지의 여부(저자는 중과배제의 경우에는 의무임대기간만 준수하면 되는 것으로 판단하고 있음)
   - 장기임대주택을 상속받은 경우 피상속인의 임대기간을 승계받는지의 여부(승계받는 것이 원칙임)

3. 임대주택의 거주주택 전환관련
   - 직전거주주택에 대한 비과세를 받지 않은 경우에도 양도차익의 일부에 대해서만 비과세를 적용하는지의 여부 등
   - ☞ 임대주택의 거주주택과 관련되어서는 다양한 쟁점들이 파생할 것으로 예상됨.

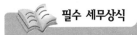

자동말소 후의 공실발생과 세무상 쟁점

주택임대사업자가 주택을 임대 중이나 자동말소가 된 이후에 공실이 발생한 경우가 있다. 공실은 의무임대기간이 중단되는 것이므로 「민간임대주택법」과 세법이 이를 규제할 가능성이 있다. 이하에서 이에 대해 분석해보자.

1. 「민간임대주택법」상의 공실에 대한 규정

「민간임대주택법」에서는 공실에 대해 별도로 규정한 것은 없다. 다만, 「민간임대주택법」 제67조 제1항 제1호에서 아래의 규정을 위반하면 3천만 원의 과태료를 부과한다는 내용만 있다.

> 1. 제43조 제1항을 위반하여 임대의무기간 중에 민간임대주택을 임대하지 아니한 자

2. 세법상의 공실에 대한 규정

세법 중 국세법은 아래와 같이 의무임대기간의 중단(즉 공실)에 대한 규정을 두고 있다. 그 기간을 채워야 하는 것을 말한다.

구 분	규 정	위반 시 불이익
종부세 합산배제	2년 내 공실은 계속임대로 봄.	2년 초과 시는 실제 임대기간만 인정
거주주택 비과세	없음.	
양도세 중과배제	3개월 내 공실은 계속임대로 봄.	3개월 초과 시는 실제 임대기간만 인정
조특법 장특공제 특례	3개월 내 공실은 계속임대로 봄.	3개월 초과 시는 실제 임대기간만 인정
조특법 양도세 감면	6개월 내 공실은 계속임대로 봄.	6개월 초과 시는 실제 임대기간만 인정

☞ 여기서 유의할 것은 위의 공실기간을 위배해 임대하더라도 세제지원을 박탈하는 것이 아니라, 공실기간을 뺀 실제 임대기간을 따져 의무임대기간을 적용한다는 것이다.

3. 말소 전과 후의 공실이 발생한 경우

1) 말소 전

임대주택이 자동말소나 자진말소되면 그 이전에 공실기간이 얼마나 되는지는 중요하지

않다. 「민간임대주택법」에 따라 자동말소나 자진말소가 되면 세법상 임대기간 요건을 충족한 것으로 봐주기 때문이다.

2) 말소 후

말소 후에는 더더욱 공실기간이 중요하지 않다. 의무임대기간 내에서만 의무를 충실히 이행하면 되기 때문이다(의무가 없음에도 불구하고 의무가 있는 것으로 해석하는 것은 있을 수 없는 일이다). 이에 대해 과세관청도 아래와 같은 예규를 생산해 저자의 입장과 비슷한 입장을 보이고 있다. 참고하기 바란다.

기획재정부재산 – 213(2021.3.15.)

[질의]

(사실관계)

거주주택 양도 당시 및 양도 이후 장기임대주택 임대현황

○ (거주주택 양도 당시) 장기임대주택으로 등록한 23채 중 4채 공실

○ (거주주택 양도 이후) 장기임대주택으로 등록한 23채 중 6개월 이상 공실 9채

(질의) 「소득세법 시행령」 제155조 제20항에 따른 거주주택 비과세 특례 적용 시

　(쟁점1) 거주주택 양도일 현재 장기임대주택 중 일부가 공실인 경우, 「소득세법 시행령」 제155조 제20항에 따른 거주주택 비과세 특례 요건 충족 여부

　〈제1안〉 등록된 장기임대주택 전부 임대 시 특례 요건 충족

　〈제2안〉 등록된 장기임대주택 1호 이상 임대 시 특례 요건 충족

　(쟁점2) 거주주택 특례 적용 이후 장기임대주택 중 일부가 「소득세법 시행령」 제155조 제22항 제2호 각 목에 해당하지 않는 사유로 6개월 이상 공실인 경우, 사후관리규정 위반에 해당하는지 여부

　〈제1안〉 사후관리규정 위반에 해당

　〈제2안〉 사후관리규정 위반에 해당하지 않음.

[회신]

1. 거주주택 양도일 현재 장기임대주택 중 일부 공실이 발생한 경우에도 <u>그 공실이 자가거주 등 임대 이외의 목적으로 사용되는 것이 아닌 한</u> 임대사업을 계속하고 있는 것으로 보아 「소득세법 시행령」 제155조 제20항에 따른 거주주택 비과세 특례가 적용되는 것임. 다만, 관련 장기임대주택이 임대사업목적으로 사용하는지 여부는 사실판단할 사항임.

2. 귀 질의 중 쟁점 2의 경우 제2안이 타당함.

❑ **장기임대주택의 상속과 의무임대기간의 통산**

장기임대주택을 상속받으면 피상속인의 임대기간을 승계받아 세제지원을 받을 수 있으나,「소득세법 시행령」제155조 제20항에서 이에 대한 언급이 없다. 이에 대해서는 유권해석을 통해 실무처리를 하기 바란다.

구 분	근거조항	의무임대기간 통산 내용
종부세 합산배제	「종부령」제3조	※「종부령」제3조 제7항 2호 2. 상속으로 인하여 피상속인의 합산배제 임대주택을 취득하여 계속 임대하는 경우에는 당해 피상속인의 임대기간을 상속인의 임대기간에 합산한다. ☞ 상속인이 피상속인의 임대사업자의 지위를 승계받아 계속 임대 시, 피상속인의 임대개시일 기준으로 종부령 제3조 제8호 가목의 요건을 적용함(서면법령해석재산2019-1054, 2020.5.28.).
임대소득세 감면	「조특령」제96조 제3항	※「조특령」제3조 제3항 제4호 피상속인등의 임대기간은 상속인등의 임대기간으로 본다. ☞ 장기임대주택을 상속받아 임대하는 경우로서 2회 이상 상속이 이루어진 경우의 임대기간 계산은 직전 피상속인의 임대기간만을 합산한다.
거주주택 비과세	「소령」제155조 제20항	피상속인의 임대기간을 상속인의 임대기간에 통산한다는 조항이 없는 것으로 보아 피상속인의 임대기간을 승계받을 수 있는지의 여부가 불분명하다(유권해석을 확인하기 바란다).
양도세 중과배제	「소령」제167조의 3, 제167조의 10	※「조특령」제97조 제5항 제3호 준용 3. 상속인이 상속으로 인하여 피상속인의 임대주택을 취득하여 임대하는 경우에는 피상속인의 주택임대기간을 상속인의 주택임대기간에 합산할 것 (1998.12.31. 개정)
장특공 특례	「조특법」제97조의 3	
양도소득세 100% 감면	「조특법」제97조의 5	

☞ 임대업을 포괄양수한 경우「민간임대주택법」상 임대기간은 승계가 되나, 세제지원을 받을 때에는 세법상의 요건을 충족해야 한다. 만일 2018년 9월 14일 이후에 조정대상지역 내에서 포괄양수나 증여를 통해 주택을 취득하게 되면 해당 임대주택은 양도소득세 중과세를 벗어날 수 없다(단, 상속은 예외). 주의하기 바란다.

필수 세무상식

자동말소 후의 임대료 증액과 세무상 쟁점

임대주택의 의무임대기간이 경과하면 등록이 자동말소된다. 그렇다면 말소된 이후의 임대기간 동안 임대료를 5% 초과해서 임대해도 될까? 이하에서 앞에서 본 내용을 종합한다는 관점에서 「민간임대주택법」과 각 세목별로 이에 대한 판단을 내려보자.

1. 「민간임대주택법」상 말소 후 5% 준수의무

없다. 「민간임대주택법」은 의무임대기간 내에서만 이를 준수하면 되기 때문이다.

2. 세목별 임대료 상한규정

1) 종합부동산세 합산배제

종합부동산세의 경우 임대등록이 말소되면 더 이상 사업자가 아니므로 말소 후에는 무조건 종합부동산세를 과세하고 있다. 따라서 이 경우 임대료 5% 상한은 별 의미가 없다.

2) 거주주택 양도소득세 비과세

거주주택 양도소득세 비과세를 받기 위해서는 거주주택 양도일 현재 사업자등록 유지, 임대료 증액 제한규정을 지켜야 이를 적용한다고 해석하고 있다. 따라서 임대료 증액 제한규정은 거주주택 양도 시까지 지키는 것이 안전할 것으로 보인다(단, 저자는 이와 무관하게 비과세를 적용하는 것이 타당하다고 본다). 단, 2022년 1월 24일에 발표된 기재부의 예규(재산세제과-151)에 따르면 자동말소나 자진말소 후에는 이러한 요건을 갖추지 않아도 비과세를 받을 수 있도록 하고 있다. 의무임대기간이 경과하면 더 이상 사업자가 아니므로 임대료 5% 이내 등의 요건을 준수하라는 것은 법리상 문제가 있기 때문에 이러한 예규가 나온 것으로 보인다.

3) 양도소득세 중과배제

자동말소의 경우 이의 말소 후에 이 규정을 지켜야 하는 지에 대해서는 정해진 바가 없다(자동말소의 경우 앞의 거주주택 비과세와 같이 말소 이후에는 이러한 요건을 적용하지 않는 것이 타당해 보인다). 하지만 자진말소의 경우 임대기간요건 외의 요건은 갖추도록 하고 있다. 따라서 자진말소의 경우 중과배제를 위해 말소일로부터 1년 사이에서 임대차계약을 맺는 경우에는 임대료 증액 제한규정을 준수해야 할 것으로 보인다.

4) 「조특법」상 장기보유특별공제 특례와 감면

이 규정에 따르면 8년 또는 10년 이상의 임대기간 중에 이 요건을 지키면 50% 등의 특례와 감면을 받을 수 있다. 따라서 이 기간이 종료된 이후에 5% 초과해 임대료를 증액시켰다고 해서 감면을 박탈할 수는 없다.

Tip

□ **말소 후의 임대료 증액제한 요건 준수의무**

구 분	자동말소	자진말소
종합부동산세 합산배제	없음.	좌동
양도소득세 중과배제	규정 없음.*	규정 있음.
거주주택 비과세	명시적 규정은 없으나 거주주택 양도일까지 준수하는 것이 안전(단, 최근 기재부 예규에 의하면 이 요건은 의무임대기간 내 충족하면 되는 것으로 해석함. 기재부 재산세제과-151, 2022.1.24.).	좌동
「조특법」상 장기보유특별공제 특례	×	(해당사항 없음)

* 종부세 합산배제와 같은 원리가 적용되어야 한다고 판단됨(저자 의견).

저자 주

「조특법」상의 조세특례를 적용할 때에는 주어진 의무임대기간 내에서만 요건을 충실히 이행하면 된다. 따라서 원칙적으로 이 기간 내에서만 임대료 5% 증액 제한요건을 갖추면 된다. 최근 기재부의 예규에 따르면 이러한 요건은 의무임대기간 내에서만 지키면 되는 것으로 해석하고 있다. 다만, 자진말소를 통해 양도하는 경우에도 이 요건을 준수하는 것이 좋을 것으로 보인다. 자진말소 시에는 의무임대기간 외의 요건을 충족하도록 요구하고 있기 때문이다(자동말소를 통한 중과배제는 종합부동산세와 같이 임대료 증액 제한규정을 적용하지 않는 것이 타당해 보이나 유권해석을 통해 확인하는 것이 좋을 것으로 보인다).

제**4**편

조합원입주권, 분양권
양도소득세 세무리스크 관리법

　제4편에서는 재건축과 재개발 등에서 발생한 조합원입주권과 분양권을 보유하고 있는 경우의 양도소득세관련 세무리스크 관리법을 알아본다. 특히 2021년 1월 1일 이후에 취득한 분양권은 다른 주택의 비과세와 중과세 판단 시에 주택 수에 포함된다는 사실을 기억하기 바란다.

제**8**장

재건축 · 재개발주택관련 양도소득세 세무리스크 관리법

제8장에서는 재건축 및 재개발 등과 관련해 발생할 수 있는 다양한 세무상 쟁점들을 살펴본다. 특히 재건축 등의 사업과 관련해서는 다양한 비과세 특례제도가 존재하므로 이에 대해 특별한 관심을 두도록 한다. 한편 재건축 등에 의해 완공된 주택이나 입주권 상태에서 이를 양도하는 경우 양도소득세를 어떤 식으로 계산하는지도 아울러 점검하기 바란다.

이장의 핵심 내용들은 다음과 같다.
- 재건축 · 재개발주택관련 종합 세무리스크 관리법
- 조합원입주권 세금체계관련 세무리스크 관리법
- 조합원입주권 양도소득세 비과세관련 리스크 관리법
- 사업시행 중에 대체주택을 구입한 경우의 비과세 특례관련 리스크 관리법
- 조합원입주권 양도소득세 계산관련 리스크 관리법
- 청산금과 양도소득세
- 완공 후의 아파트 양도소득세 계산법

보유한 주택이 재건축이나 재개발되는 경우 양도소득세 관계가 복잡하다. 사업절차에 따라 부동산이 입주권으로 바뀌는 등 변화가 무쌍해 관련 세법규정도 복잡하게 변하기 때문이다. 이하에서 핵심적인 내용들을 위주로 대안들을 찾아보자.

① 기본 사례

K씨는 현재 1주택과 재개발 중에 있는 입주권 1개를 가지고 있다. 이 중 주택을 양도하는 경우와 입주권을 양도하는 경우 세금관계는 어떻게 될까? 이 물권들은 모두 서울지역에 소재한다고 하자.

K씨는 어떻게 해야 하는지 위의 상황에 맞춰 답을 찾아보자.

STEP1 입주권은 뭔가?

입주권(入住權)은 말 그대로 주택이 완공되면 그 주택에 입주할 수 있는 권리를 말한다. 세법에서는 재건축 또는 재개발사업 절차상 '관리처분계획인가일~완공일 전'까지를 입주권으로 부른다(유상으로 분양받은 경우에는 분양권으로 부름).

STEP2 세법규정은 어떻게 되어 있는가?

세법은 입주권의 경우 보통 주택건물이 있는 것으로 보고 세법을 적용하고 있다. 이렇게 되면 다음과 같은 세법 적용이 가능해진다.

① 입주권이 달랑 하나만 있는 경우 : 실질은 1세대 1주택이므로 비과세 적용이 가능해진다.
② 입주권도 있고 다른 주택도 있는 경우 : 2주택자가 되는 셈이 된다. 따라서 일시적 2주택 등 비과세요건을 충족하지 않으면 먼저 처분하는 것이 주택이든 입주권이든 양도소득세가 과세되는 것이 원칙이다.

STEP3 K씨는 어떻게 해야 하는가?

앞의 내용으로 보면 위의 K씨는 현재 2주택자에 해당한다. 따라서 우선 비과세가 가능한

지 따져보고 비과세를 받을 수 없다면 양도소득세가 얼마나 나오는지를 점검해야 한다. 비과세가 가능하려면 다음과 같은 것 중의 하나에 해당되어야 한다.

- 새로운 주택을 취득한 날로부터 입주권을 3년[55] 내에 양도한다.
- 또는 이와 반대로 입주권 취득한 날로부터 3년 내에 기존주택을 양도한다.

재건축·재개발 양도소득세 절세법

- 관리처분계획인가일 전은 부동산에 관한 세법규정이 그대로 적용된다.
- 관리처분계획인가일 이후에 입주권이나 주택을 처분한 경우에는 비과세를 받을 수 있다.
- 다주택자가 입주권을 양도하더라도 중과세를 적용하지 않는다.
- 준공 후에 처분하는 경우에는 중과세의 가능성이 있으므로 반드시 전문가의 세무상담을 받도록 한다.
- 등록한 임대주택이 입주권이 되면 거주주택 비과세가 적용되지 않는다.

---

② 핵심 포인트

주택 재건축 또는 재개발사업과 관련된 양도소득세 문제를 풀어내기가 생각보다 쉽지 않다. 이러한 상황에서는 다음과 같은 절차에 따라 문제들을 해결해보자.

관리처분 전 양도	• 주택, 토지, 상가건물이 존속하므로 이 단계에서는 이들에 대해 적용되는 세법을 그대로 적용하면 된다.

공사 중 양도	• 1입주권만 있는 상태에서 양도 시 1세대 1주택 비과세요건(2년 보유)을 충족하면 비과세가 가능하다. • 1입주권과 1주택 이상을 가지고 있는 경우에는 비과세구조가 복잡하다. 반드시 이 분야 세무전문가로부터 확인을 받아 처리하도록 한다.

준공 후 양도	• 관리처분 전의 1주택자는 준공 후에 언제든지 양도해도 비과세를 받는다. • 관리처분 후에 입주권을 승계취득한 경우에는 준공일로부터 2년 후에 양도해야 비과세를 받는다.

---

55) 입주권(또는 분양권)이 포함된 상태에서 일시적 2주택 처분기한은 3년이며 전입의무 등은 없다.

- 관리처분 전의 조합원을 원조합원, 그 후에 원조합원의 권리의무를 승계한 조합원을 승계조합원이라고 한다.
- 원조합원은 양도소득세 비과세를 받는데 상당히 유리하다(보유기간을 당초 주택 취득기간부터 따지기 때문이다).
- 원조합원은 재개발사업에 의해 취득한 주택이 전용면적 85㎡ 이하에 해당하면 취득세를 비과세받을 수 있다(재건축은 과세됨).
- 승계조합원은 완공일부터 2년 이상 보유를 해야 비과세를 받을 수 있다(원조합원에 비해 다소 불리). 단, 관리처분계획인가일 이후에 주택을 취득하여 실제 거주한 경우에는 완공일로부터 비과세기간이 기산되는지에 대해서는 별도로 검토해야 한다(실질과세의 원칙적용).
- 승계조합원은 완공된 건물분에 대해 취득세를 무조건 내야 한다(승계한 토지에 대한 취득세는 취득 당시에 납부를 해야 한다. 토지취득세율은 원칙적으로 4.6%가 된다).

③ 실전 사례

김봉팔씨가 살고 있는 지역이 최근 재개발에 들어갔다. 그는 현재 1주택을 보유하고 있는데 다음과 같은 상황이 궁금하다.

- 상황1 : 청산금도 양도소득세가 과세되는가?
- 상황2 : 청산금 대신 주택을 2채 받은 후 이를 양도하면 양도소득세는 어떻게 과세되는가?
- 상황3 : 재개발로 들어간 후에 주택을 취득하면 취득세와 양도소득세는 어떻게 과세되는가?

위의 상황에 대해 순차적으로 답을 찾아보자.

(상황1) 청산금도 양도소득세가 과세되는가?

주택재개발사업에 따라 청산금을 지급받은 경우에는 주택의 양도로 보게 되므로 청산금에 대해서는 원칙적으로 과세되는 것이 원칙이다. 다만, 관리처분인가일 현재 재개발로 들어가는 주택이 1세대 1주택 비과세요건(2년 이상 보유 등)을 충족한 경우에는 당해 청산금에 대하여도 1세대 1주택으로 비과세를 받을 수 있다.

(상황2) 청산금 대신 주택을 2채 받은 후 이를 양도하면 양도소득세는 어떻게 과세되는가?

현금청산을 신청하지 않고 종전의 1주택에 대하여 2개의 조합원입주권을 신청하여 완공 후에 양도하는 경우, 먼저 양도하는 1주택은 양도소득세가 과세되며 그 이후에 양도하는 1주택이 비과세요건을 갖춘 경우 그 주택은 양도소득세를 비과세 받을 수 있다.

(상황3) 재개발로 들어간 후에 주택을 취득하면 취득세와 양도소득세는 어떻게 과세되는가?

1주택 보유자가 해당 주택이 재개발이나 재건축 등에 들어간 경우 사업시행 중에 대체주택을 취득할 수 있다. 이때 취득세의 경우 일시적 2주택에 해당하나 이주한 날에 종전 주택 등을 처분한 것으로 보아 1~3%를 적용한다. 한편 양도소득세의 경우 해당 주택에서 1년 이상 거주, 완공된 주택으로 2년 내 이사 및 1년 이상 거주 그리고 대체주택을 완공일로부터 2년 내에 양도하면 비과세를 적용한다.

Tip

□ **재건축 또는 재개발사업과 양도소득세**

재건축 또는 재개발사업 중에 주택이나 입주권을 처분하는 경우 예기치 않은 양도소득세 문제가 종종 발생하는 경우가 많다. 이에 관련된 양도소득세 문제를 풀어내기가 만만치 않기 때문이다. 실제 실무현장에서 보면 입주권을 주택이 아닌 것으로 보아 다른 주택에 대한 양도소득세 신고를 누락하여 과세를 당하는 경우를 종종 보게 된다. 따라서 이와 관련하여 손해를 보지 않기 위해서는 계약 전에 반드시 세금문제를 알아보는 것이 좋다.

입주권(入住權)은 재개발이나 재건축사업과정에서 조합원들이 가지고 있는 신축한 주택에 입주할 수 있는 권리를 말한다. 세법은 입주권에 대한 과세를 강화하기 위해 이를 주택으로 취급하고 있다. 이하에서 입주권과 관련된 세무상 쟁점들에 대해 알아보자.

① 기본 사례

서울 강남구 역삼동에서 거주하고 있는 K씨는 아래와 같은 재건축 중에 있는 입주권을 구입하려고 하고 있다. 상황에 맞게 답하면?

> 자료
>
> • 취득대상 ：입주권
> • 매수예상가액 ：10억 원

> • 상황1 ：입주권을 취득하는 경우 무엇을 취득하는 것인가?
> • 상황2 ：이 입주권을 취득하는 경우 취득세는 얼마인가?
> • 상황3 ：K씨는 이 주택 취득 전에 1주택을 보유하고 있다. 만일 관리처분계획인가에 들어간 후 주택이 멸실된 경우 주택 수는 1세대 1주택을 유지하는가?

위의 상황에 대해 답을 찾아보면 다음과 같다.

(상황1) 입주권을 취득하는 경우 무엇을 취득하는 것인가?

재건축 또는 재개발사업*과정에서 주택이 멸실된 경우 이를 입주권 즉 신축주택에 들어갈 수 있는 권리가 된다. 그런데 국세와 지방세에서는 이에 대해 다르게 세법을 적용하고 있다. 구체적으로 국세인 「소득세법」에서는 이를 주택으로 보아 과세하나, 「지방세법」에서는 취득세를 부과할 때 대지를 취득한 것으로 본다.

* 이외에 소규모재건축사업(2022년 이후부터 자율주택정비사업, 가로주택정비사업 및 소규모재개발사업)을 포함한다(이하 동일).

(상황2) 이 입주권을 취득하는 경우 취득세는 얼마인가?

K씨는 대지를 취득하는 것인 만큼 위 취득가액의 4%(농특세 등 0.6% 별도) 상당액인 4천만 원을 취득세로 내야 한다. 만일 주택으로 취급되는 경우에는 주택에 대한 세율이 적용될 것이다.

(상황3) K씨는 이 주택 취득 전에 1주택을 보유하고 있다. 만일 관리처분계획인가에 들어간 후 주택이 멸실된 경우 주택 수는 1세대 1주택을 유지하는가?

그렇지 않다. 「도시 및 주거환경정비법」(도정법)상의 재건축이나 재개발과정 등에서 발생한 입주권은 주택으로 보기 때문에 K씨는 여전히 1세대 2주택자가 된다.

② 핵심 포인트

입주권을 거래할 때 점검하여야 할 세무상 쟁점들을 정리하면 다음과 같다.

	매수인	매도인
취득 시	• 취득세(주택은 주택 취득세, 입주권은 토지 취득세)가 발생함.	–
⇩		
보유 시	• 보유세는 발생하지 않음(조합측이 부담함).	–
⇩		
임대 시	• 없음.	–
⇩		
양도 시	–	• 비과세(1세대 1주택, 일시적 2주택 등에 대한 비과세 가능) • 입주권에 대해 과세되는 경우에는 과세방식에 유의해야 함.

참고로 2020년 8월 12일 이후에 취득한 조합원입주권도 「지방세법」상 주택 수에 포함되어 다른 주택의 중과세율 결정에 관여를 하게 된다. 물론 입주권이 주택으로 완성된 경우에는 원시취득에 해당하므로 취득세 중과세는 적용하지 않는다.

한편 입주권이 있는 상황에서 양도소득세 과세방식이 다양하게 전개된다. 예를 들어 원조합원이 보유하고 있는 입주권에 대해서는 1세대 1주택으로 보아 양도소득세 비과세가 적용될 수 있다. 하지만 승계조합원은 주택으로 보유한 기간이 없어 비과세가 적용되지 않는다. 더 나아가 입주권에 대해 양도소득세가 과세되는 경우에는 부동산과 권리에서 발생하는 차익을 구분해야 한다. 장기보유특별공제의 적용법이 달라지기 때문이다. 한편 다주택자가 주택을 양도하면 중과세가 적용되지만 입주권은 중과세를 적용하지 않는다. 실제 주택이 아니기 때문이라고 한다. 논리가 어설퍼 보인다.

입주권에 대한 양도소득세 과세방식 요약

구 분	부동산	입주권
양도차익 계산	실거래가 원칙	실거래가 원칙
장기보유특별공제	적용함.	제외함.
1세대 1주택 비과세	일반주택과 동일하게 처리	입주권 비과세 특례가 적용됨. ※ 비과세요건 : 관리처분계획인가일과 철거일 중 빠른 날 현재 2년 보유 등을 해야 함.
공사기간 통산여부	해당사항 없음.	공사기간은 보유기간에 통산
비과세 판정 시 주택 수에 포함 여부	당연히 포함됨.	2006년부터 포함됨.
중과세 적용여부	적용	적용배제

양도소득세 집행기준 89-154-35 [재건축한 주택의 보유 및 거주기간 계산]

구 분	보유 및 거주기간 포함 여부		
	종전주택	공사기간	재건축주택
소실·노후 등으로 재건축한 경우	포함	포함하지 않음.	포함
「도시 및 주거환경정비법」에 따라 재건축한 경우	포함	• 보유 : 포함 • 거주 : 포함하지 않음.	포함

한편 재건축사업계획에 따라 청산금을 납부한 경우로서 재건축주택의 딸린 토지 면적이 증가한 경우의 보유기간은 재건축주택의 사용승인일부터 계산한다. 이와 반대로 감소한 경우에는 당초 취득일이 될 것이다.

③ 실전 사례

서울에서 거주하고 있는 L씨는 아래와 같은 물건을 보유하고 있다. 상황에 맞게 답하면?

> **자료**
>
> - 2008년 주택 취득
> - 2016년 8월 1일 사업시행인가
> - 2016년 8월 30일 관리처분계획인가
> - L씨는 현재 전세거주자로서 향후 이 주택이 완공되면 이곳으로 입주할 계획임.

> - 상황1 : L씨가 보유한 위 주택은 현재 철거를 앞두고 있다. 이는 부동산인 주택인가?
> - 상황2 : 세법상 입주권은 구체적으로 어떻게 구분하는가?
> - 상황3 : 만일 L씨가 이 입주권을 양도하면 양도소득세가 과세되는가?
> - 상황4 : 입주권을 양도하면 전체에 대해 장기보유특별공제가 적용되지 않는다고 한다. 그 이유는 무엇인가?
> - 상황5 : 주택임대사업자가 2년 이상 거주한 거주주택이 재건축에 들어갔다. 이때 이 거주주택을 양도하면 비과세가 가능할까?

위의 상황에 대해 답을 찾아보면 다음과 같다.

(상황1) L씨가 보유한 위 주택은 현재 철거를 앞두고 있다. 이는 부동산인 주택인가?

이는 부동산이 아닌 세법상 부동산을 취득할 수 있는 권리에 해당한다. 「소득세법」은 원칙적으로 관리처분계획인가일 전까지만 주택으로 본다.

● 양도소득세 집행기준 89－156의 2－1 [관리처분계획인가일의 의미]

관리처분계획인가일은 「도시 및 주거환경정비법」 제48조에 따른 조합원입주권의 권리가 확정된 날로서 지방자치단체의 공보에 고시한 날을 말한다.

(상황2) 세법상 입주권은 구체적으로 어떻게 구분하는가?

입주권으로 보는 시기는 재건축·재개발 사업일정상 관리처분계획인가일부터 완공일 전일까지이다. 참고로 입주권을 보는 시기는 재개발사업과 재건축사업의 진행시기에 따라 다음과 같이 달라진다. 현재는 관리처분계획인가일을 가지고 판단한다.

구 분	재개발정비사업	재건축정비사업
2003년 6월 30일 이전	관리처분계획인가일	사업계획승인일
2003년 6월 30일~2005년 5월 30일	관리처분계획인가일	사업시행인가일
2005년 5월 31일 이후	관리처분계획인가일	관리처분계획인가일

(상황3) 만일 L씨가 이 입주권을 양도하면 양도소득세가 과세되는가?

이 입주권은 부동산이 아닌 권리에 해당하나 실질이 부동산에 해당하므로 1세대 1주택에 대한 양도소득세 비과세를 적용받을 수 있다. 다만, 이 입주권은 관리처분계획의 인가일(인가일 전에 기존주택이 철거되는 때에는 기존주택의 철거일) 현재 보유(거주)기간이 2년 이상이 되어야 한다. 관리처분계획인가일 전에 실질적으로 주택을 2년 이상 보유한 경우에만 비과세를 적용하겠다는 의미를 담고 있다.

(상황4) 입주권을 양도하면 전체에 대해 장기보유특별공제가 적용되지 않는다고 한다. 그 이유는 무엇인가?

장기보유특별공제는 부동산에 대해 적용되는 제도이기 때문이다.

(상황5) 주택임대사업자가 2년 이상 거주한 거주주택이 재건축에 들어갔다. 이때 이 거주주택을 양도하면 비과세가 가능할까?

「소득세법 시행령」제155조 제20항은 장기임대주택 외 거주주택에 대한 비과세 내용을 담고 있다. 그런데 이 규정은 장기임대주택과 거주주택 모두 실제 주택인 경우에 거주주택에 대해 비과세를 적용하는 것으로 해석하고 있다. 따라서 위 물음의 경우 이 규정에 따른 비과세는 적용받기 힘들 것으로 보인다(재건축 완공 후에도 마찬가지임).

잠깐퀴즈

만일 입주권을 포함하여 2주택자가 되는 경우에도 비과세가 가능한가?
그렇다. 양도일 현재 1조합원입주권 외에 1주택을 소유한 경우로서 해당 1주택을 취득한 날부터 3년 이내에 해당 조합원입주권을 양도하는 등에 해당하면 비과세가 가능하다. 단, 이때 입주권은 주택으로서 보유기간이 2년 이상이 되어야 함에 주의해야 한다(이러한 이유로 승계조합원은 입주권에 대해 비과세를 받을 수 없다). 세법은 이외에도 다양한 방법으로 비과세를 적용해주고 있다.

Tip

❑ 입주권 거래 시 알아두어야 할 것들

- 입주권도 주택으로 보아 세법을 적용해야 한다.
- 입주권에 대해서도 양도소득세 비과세를 받을 수 있다.
- 입주권의 비과세요건 중 보유기간은 주택으로서 관리처분계획인가일 전 2년 이상 보유해야 한다.

준공은 되었으나 등기가 안된 아파트 양도 시 주의할 점

주택으로 보는 재건축 또는 재개발 조합원입주권이 주택이 완성된 시점은 통상 사용승인일이다. 따라서 이날이 주택의 취득시기가 된다. 그런데 재건축 등에 의해 완공된 주택을 등기하지 아니하고 양도 시에는 미등기 양도자산(「건축법」 위반으로 등기를 할 수 없는 경우에는 제외)으로 보아 비과세는커녕 중과세(70%)가 적용될 수 있다. 주의하기 바란다.

● 양도소득세 집행기준 91 – 168 – 4 [준공된 재건축아파트를 이전고시 전에 양도하는 경우]

준공된 재건축아파트를 이전고시 전*에 양도하는 경우에는 법률의 규정 또는 법원의 결정에 의하여 양도 당시 그 자산의 취득에 관한 등기가 불가능한 자산에 해당하므로 미등기 양도자산으로 보지 아니한다(부동산거래관리과－10, 2010.1.5.).

* 고시 후에는 미등기자산으로 볼 수도 있다.

　　재건축(또는 재개발, 소규모재건축)사업과 관련된 양도소득세 비과세는 일반주택에 비해 다소 차이가 나는 부분이 있다. 권리인 조합원입주권을 주택으로 보아 과세하다 보니 특례제도가 많이 존재하고 있기 때문이다. 지금부터 재건축 등과 관련된 조합원입주권의 양도소득세 비과세제도에 대해 상세히 살펴보자. 조합원입주권은 통상 관리처분계획인가일부터 주택이 완공이 될 때까지의 권리를 말한다.

❶ 조합원입주권에 대한 양도소득세 비과세 규정

　　재건축 등과 관련해 발생한 조합원입주권에 대한 양도소득세 비과세는 「소득세법」 제89조에서 아래와 같이 규정하고 있다.

---

① 다음 각 호의 소득에 대해서는 양도소득에 대한 소득세를 과세하지 아니한다.
3. 다음 각 목의 어느 하나에 해당하는 주택(주택 및 이에 딸린 토지의 양도 당시 실지거래가액의 합계액이 12억 원을 초과하는 고가주택은 제외한다)의 양도로 발생하는 소득
　가. 1세대가 1주택을 보유하는 경우로서 대통령령으로 정하는 요건을 충족하는 주택
　나. 1세대가 1주택을 양도하기 전에 다른 주택을 대체취득하거나 상속, 동거봉양, 혼인 등으로 인하여 2주택 이상을 보유하는 경우로서 대통령령으로 정하는 주택
4. 조합원입주권을 1개 보유한 1세대[「도시 및 주거환경정비법」 제74조에 따른 관리처분계획의 인가일 및 「빈집 및 소규모주택 정비에 관한 특례법」 제29조에 따른 사업시행계획인가일(인가일 전에 기존주택이 철거되는 때에는 기존주택의 철거일) 현재 제3호 가목에 해당하는 기존주택을 소유하는 세대]가 다음 각 목의 어느 하나의 요건을 충족하여 양도하는 경우 해당 조합원입주권을 양도하여 발생하는 소득. 다만, 해당 조합원입주권의 양도 당시 실지거래가액이 12억 원을 초과하는 경우에는 양도소득세를 과세한다.
　가. 양도일 현재 다른 주택 또는 분양권을 보유하지 아니할 것
　나. 양도일 현재 1조합원입주권 외에 1주택을 보유한 경우(분양권을 보유하지 아니하는 경우로 한정한다)로서 해당 1주택을 취득한 날부터 3년 이내에 해당 조합원입주권을 양도할 것(3년 이내에 양도하지 못하는 경우로서 대통령령으로 정하는 사유[56]에 해당하는 경우를 포함한다)
② 1세대가 주택과 조합원입주권 또는 분양권을 보유하다가 그 주택을 양도하는 경우에는 제1항에도 불구하고 같은 항 제3호를 적용하지 아니한다. 다만, 「도시 및 주거환경정비

법」에 따른 재건축사업 또는 재개발사업, 「빈집 및 소규모주택 정비에 관한 특례법」에 따른 자율주택정비사업, 가로주택정비사업, 소규모재건축사업 또는 소규모재개발사업의 시행기간 중 거주를 위하여 주택을 취득하는 경우나 그 밖의 부득이한 사유로서 대통령령으로 정하는 경우[57]에는 그러하지 아니하다.

위에서 조합원입주권과 관련된 규정은 제1항 제4호와 제2항이다. 이에 대해 좀 더 자세히 보자.

1) 제1항 제4호 분석

첫째, 조합원입주권을 1개 보유한 1세대도 비과세를 받을 수 있다.

이러한 특례가 적용되는 조합원입주권은 「도시 및 주거환경정비법」 또는 「빈집 및 소규모주택 정비에 관한 특례법」상의 것만 해당된다. 임의로 재건축 등을 하는 것은 이와 무관하다.

둘째, 단, 아래의 날 현재 2년 이상 보유 등을 해야 한다.
- 「도시 및 주거환경정비법」 제74조에 따른 관리처분계획의 인가일
- 「빈집 및 소규모주택 정비에 관한 특례법」 제29조에 따른 사업시행계획인가일
- 위 인가일 전에 기존주택이 철거되는 때에는 기존주택의 철거일

셋째, 양도일 현재 다른 주택이 없거나 1조합원입주권 외에 1주택을 소유한 경우에는 아래와 같은 요건을 갖춰야 한다.
- 해당 1주택을 취득한 날부터 3년 이내에 해당 조합원입주권을 양도할 것(3년 이내에 양도하지 못하는 경우로서 대통령령으로 정하는 사유[58]에 해당하는 경우를 포함한다)

---

56) 법원에 경매를 신청한 경우 등을 말한다.
57) 「소득세법 시행령」 제156조의 2를 말한다(주택과 분양권을 소유한 경우 1세대 1주택의 특례는 「소득세법 시행령」 제156조의 3에서 규정하고 있다).
58) 법 제89조 제1항 제4호 나목에서 "대통령령으로 정하는 사유"란 다른 주택을 취득한 날부터 3년이 되는 날 현재 다음 각 호의 어느 하나에 해당하는 경우로서 해당 각 호의 매각 등의 방법으로 양도하는 경우를 말한다.
  1. 「금융회사부실자산 등의 효율적 처리 및 한국자산관리공사의 설립에 관한 법률」에 따라 설립된 한국자산관리공사에 매각을 의뢰한 경우
  2. 법원에 경매를 신청한 경우
  3. 「국세징수법」에 따른 공매가 진행 중인 경우
  4. 현금으로 청산을 받아야 하는 토지등 소유자가 사업시행자를 상대로 제기한 현금청산금 지급을 구하는 소송절차가 진행 중인 경우 또는 소송절차는 종료되었으나 해당 청산금을 지급받지 못한 경우

넷째, 해당 조합원입주권의 가액이 대통령령으로 정하는 기준(12억 원)을 초과하는 경우에는 일부 양도차익에 대해서는 양도소득세를 과세한다.

② 제2항 분석

제2항은 주택과 조합원입주권이 있는 상태에서 비과세 특례를 적용하는 것을 말한다. 그런데 조합원입주권이 있는 경우에는 주택에 대한 비과세 특례(「소득세법 시행령」 제155조)을 적용하지 않고 별도로 마련된 비과세 특례규정을 적용한다(「소득세법 시행령」 제156조의 2). 이에 대해서는 아래에서 별도로 살펴보자.

③ 1주택과 1조합원입주권을 소유한 경우의 비과세 특례

1주택과 1조합원입주권을 보유하는 경우가 있다. 이 경우에는 세법상 2주택이 될 수 있다. 따라서 요건을 갖춘 경우에는 비과세를 해줄 필요가 있다. 이에 「소득세법 시행령」 제156조의 2 제3항과 제4항에서 두 가지의 형태로 비과세를 적용하고 있다.

(1) 3년 내에 종전주택을 양도하는 경우

1주택을 소유 중에 조합원입주권을 취득(승계)해 일시적으로 1주택과 1조합원입주권을 보유할 수 있다. 이 경우에는 종전주택을 조합원입주권 취득일로부터 3년 내에 양도하면 비과세를 받을 수 있다. 다만, 이를 위해서는 주택과 조합원입주권의 취득기간이 1년 이상이 되어야 한다.

> ③ 국내에 1주택을 소유한 1세대가 그 주택(이하 이 항에서 "종전주택"이라 한다)을 양도하기 전에 조합원입주권을 취득함으로써 일시적으로 1주택과 1조합원입주권을 소유하게 된 경우 종전주택을 취득한 날부터 <u>1년 이상이 지난 후</u>에 조합원입주권을 취득하고 그 조합원입주권을 취득한 날부터 3년 이내에 종전주택을 양도하는 경우(3년 이내에 양도하지 못하는 경우로서 기획재정부령으로 정하는 사유에 해당하는 경우를 포함한다)에는 이를 1세대 1주택으로 보아 제154조 제1항을 적용한다.[59]

---

5. 재개발사업 등의 사업시행자가 토지등 소유자를 상대로 제기한 매도청구소송 절차가 진행 중인 경우 또는 소송절차는 종료되었으나 토지등 소유자가 해당 매도대금을 지급받지 못한 경우
59) 이 경우 제154조 제1항 제1호, 제2호 가목 및 제3호에 해당하는 경우에는 종전주택을 취득한 날부터 1년

이는 일시적 2주택 비과세 특례에 대한 내용에 해당한다. 다만, 조합원입주권은 실제 주택이 아니므로 비과세를 위한 처분기한 단축 규정을 적용받지 않는다.

☞ 위의 규정은 주택이 있는 상태에서 입주권을 승계취득한 경우에 적용된다. 그렇다면 역으로 승계입주권을 가지고 있는 상태에서 주택을 취득하면 이에 대해서도 위의 규정이 적용될까? 이에 대해 과세관청은 유권해석(기획재정부재산-37, 2020.1.14.)을 통해 이에 대해서는 일시적 2주택 비과세규정을 적용하지 않는다고 하고 있다(선분양권 취득 후 일반주택 취득에도 같은 원리가 적용됨).

(2) 3년이 지나 종전주택을 양도하는 경우

1주택을 보유 중에 1조합원입주권을 취득한 경우 원래 3년 내에 종전주택을 양도해야 비과세를 받을 수 있다. 다만, 3년이 지나서 종전주택을 양도해도 비과세를 적용하는데 이때에는 주택이 완성된 후 2년 이내에 그 주택으로 세대전원이 이사해야 하는 등의 요건을 충족하면 제4항에 따라 비과세가 적용된다.

> ④ 국내에 1주택을 소유한 1세대가 그 주택을 양도하기 전에 조합원입주권을 취득함으로써 일시적으로 1주택과 1조합원입주권을 소유하게 된 경우 조합원입주권을 취득한 날부터 3년이 지나 종전주택을 양도하는 경우로서 다음 각 호의 요건을 모두 갖춘 때에는 이를 1세대 1주택으로 보아 제154조 제1항을 적용한다.
> 1. 재개발사업, 재건축사업 또는 소규모재건축사업의 관리처분계획등에 따라 취득하는 주택이 완성된 후 2년 이내에 그 주택으로 세대전원이 이사(기획재정부령이 정하는 취학, 근무상의 형편, 질병의 요양 그 밖의 부득이한 사유로 세대의 구성원 중 일부가 이사하지 못하는 경우를 포함한다)하여 1년 이상 계속하여 거주할 것
> 2. 재개발사업, 재건축사업 또는 소규모재건축사업의 관리처분계획등에 따라 취득하는 주택이 완성되기 전 또는 완성된 후 2년 이내에 종전주택을 양도할 것

이처럼 일시적 2주택 처분기한인 3년을 넘긴 경우라도 재건축사업 등의 특성을 고려해 일정한 조건을 붙여 비과세 특례를 부여하고 있다. 참고로 앞의 제3항은 종전주택을 취득한 날부터 1년 이상이 지난 후에 조합원입주권을 취득해야 하는 조건이 있지만, 제4항은 이러한 조건을 적용하지 않는다(단, 2022년 영 시행일 이후에 취득한 입주권·분양권부터 이러한 요건이 추가될 예정이다. 정부 시행령 개정안).

이상이 지난 후 조합원입주권을 취득하는 요건을 적용하지 아니한다.

❏ 2주택 보유 중 한 채가 재건축 등에 들어간 경우

2주택 보유 중에 한 채가 재건축 등에 들어가면 조합원입주권으로 변하게 된다. 이 경우 주택이 완공되면 일시적 2주택 비과세를 받을 수 있을까? 그렇지 않다. 이는 종전주택의 연장으로 보기 때문이다. 세법은 앞에서 본 비과세 규정을 제외하고는 별도의 특례를 마련하고 있지 않다.

⬢ 양도소득세 집행기준 89 – 155 – 3 [일시적 1세대 2주택 비과세 특례규정 적용시 기존주택을 멸실하고 재건축한 경우]

일시적 2주택에 대한 양도세 비과세특례를 적용할 때, 기존주택을 멸실하고 재건축한 주택은 기존주택의 연장으로 본다.

A주택 취득	A주택 멸실	B주택 취득	A주택 준공	B주택 양도
▲	▲	▲	▲	▲
2002.5.1.	2007.1.6.	2007.3.1.	2009.1.5	2010.3.10.

☞ 기존주택을 멸실하고 재건축한 주택은 기존주택의 연장으로 보는 것이므로 B주택 양도시 비과세 특례규정을 적용받을 수 없음.

⣿ 저자 주

입주권 등을 보유하면서 주택이나 입주권에 대해 비과세를 받을 때에는 아래의 내용에 주의해야 한다.
① 최종 1주택 비과세 보유기간 재계산
  다주택(입주권 포함) 상태에서 처분 등을 통해 인위적으로 1세대 1주택이나 일시적 2주택 비과세요건을 만든 경우 2년 보유기간 및 거주기간을 재계산해야 한다(제3장 참조).
② 등록한 임대주택에 대한 재건축 등
  주택임대사업자가 등록한 임대주택이 재건축 등에 들어가면 등록이 직권말소되므로 이후에는 세제지원이 중단된다. 특히 거주주택 비과세를 받을 수 없다는 점에 주목해야 한다(이에 대한 자세한 내용은 제7장 '필수 세무상식' 참조).

※ 재건축 등에 따른 주택임대업 세제변화 요약

1. 거주주택 비과세 적용여부(「소득세법 시행령」 제155조 제20항)

구 분	주택 상태	입주권 상태	완공 상태
장기임대주택	비과세요건 충족	비과세요건 미충족 (등록말소)	비과세요건 미충족
거주주택 비과세 여부	비과세 가능 ⇒	비과세 불가 ⇒	비과세 불가
비고 : 거주주택이 재건축이 된 경우	비과세 가능	비과세 불가	비과세 가능

2. 임대주택 양도소득세 중과세 적용여부(「소득세법 시행령」 제167조의 3 제1항)

구 분	주택 상태	입주권 상태	완공 상태
장기임대주택	중과배제요건 충족 ⇒	(등록말소) ⇒	중과배제요건 미충족
장기임대주택 중과배제여부	중과배제	(입주권은 중과세 적용대상 아님)	중과세 대상

재건축이나 재개발 또는 소규모재건축사업의 시행기간 동안 거주용으로 주택을 매수하는 경우가 있다. 이에 세법은 비과세 특례를 준다. 이하에서 이와 관련된 다양한 세무리스크 관리법을 알아보자.

① 기본 사례

K씨는 아래와 같이 주택을 보유하고 있다. 상황에 맞게 답을 하면?

> **자료**
>
> • A주택 : 재건축 대상주택
> ※ 이 주택은 조만간 사업시행에 들어갈 예정임.

> • 상황1 : 「소득세법 시행령」 제156조의 2 제5항에 따른 대체주택에 대해 비과세를 받으려면 대체주택은 언제 구입해야 하는가?
> • 상황2 : 만일 A주택 외에 B주택이 일시적 2주택 관계에 있다면 대체주택에 대한 비과세 혜택은 받을 수 없는가?
> • 상황3 : 만일 A주택 외에 감면주택이 있는 상태에서 대체주택을 구입한 경우 이에 대한 비과세 혜택은 받을 수 없는가?

위 상황에 맞게 답을 찾아보면 다음과 같다.

(상황1) 「소득세법 시행령」 제156조의 2 제5항에 따른 대체주택에 대해 비과세를 받으려면 대체주택은 언제 구입해야 하는가?

사업시행일 이후에 구입해야 한다.

(상황2) 만일 A주택 외에 B주택이 일시적 2주택 관계에 있다면 대체주택에 대한 비과세 혜택은 받을 수 없는가?

「소득세법 시행령」 제156조의 2 제5항에 따른 비과세 특례는 재건축대상 주택 사업시행인가일(사업시행인가일 이후 취득한 경우 그 취득일) 현재 2주택 이상인 경우에는 적용되지 않는 것이나, 사업시행인가일 현재 일시적 2주택에 해당하는 경우로서 대체주택 취득 전(재건축대상 주택 취득한 날부터 2년 이내)에 종전주택을 양도한 경우에는 해당 규정을 적용받을 수 있다(부동산거래관리-762, 2010.6.3.).

(상황3) 만일 A주택 외에 감면주택이 있는 상태에서 대체주택을 구입한 경우 이에 대한 비과세 혜택은 받을 수 없는가?

사업시행인가일 이후 관리처분계획인가일 전에 재건축 대상 주택을 취득한 경우, 「조세특례제한법」 제99조의 2 제1항을 적용받는 주택은 재건축 대상 주택 취득일 현재 해당 거주자의 소유주택으로 보지 아니한다. 따라서 감면주택을 제외하고 1주택을 보유 중에 사업시행에 들어가면 대체주택에 대해서는 비과세가 가능할 것으로 보인다(양도, 서면-2019-법령해석재산-2449 [법령해석과-4355], 2020.12.30.).

② 핵심 포인트

재건축 등의 사업시행에 따른 대체주택 비과세는 「소득세법 시행령」 제156조의 2 제5항에서 규정하고 있다. 이에 대한 규정을 정리해보자.

---

⑤ 국내에 1주택을 소유한 1세대가 그 주택에 대한 재개발사업, 재건축사업 또는 소규모재건축사업의 시행기간 동안 거주하기 위하여 다른 주택(이하 이 항에서 "대체주택"이라 한다)을 취득한 경우로서 다음 각 호의 요건을 모두 갖추어 대체주택을 양도하는 때에는 이를 1세대 1주택으로 보아 제154조 제1항을 적용한다. 이 경우 제154조 제1항의 보유기간 및 거주기간의 제한을 받지 아니한다.[*]

[*] 따라서 이 규정은 「소득세법 시행령」 제154조 제5항의 최종 1주택 보유기간 계산법이 적용되지 않는 것으로 판단된다.

1. 재개발사업, 재건축사업 또는 소규모재건축사업의 사업시행인가일 이후 대체주택을 취득하여 1년 이상 거주할 것
2. 재개발사업, 재건축사업 또는 소규모재건축사업의 관리처분계획등에 따라 취득하는 주택이 완성된 후 2년 이내에 그 주택으로 세대전원이 이사(기획재정부령으로 정하는 취학, 근무상의 형편, 질병의 요양, 그 밖에 부득이한 사유로 세대원 중 일부가 이사하지 못하는 경우를 포함한다)하여 1년 이상 계속하여 거주할 것. 다만, 주택이 완성된 후 2년 이내에 취학 또는 근무상의 형편으로 1년 이상 계속하여 국외에 거주할 필요가 있어 세대전원이 출국하는 경우에는 출국사유가 해소(출국한 후 3년 이내에 해소되는 경

우만 해당한다)되어 입국한 후 1년 이상 계속하여 거주하여야 한다.

3. 재개발사업, 재건축사업 또는 소규모재건축사업의 관리처분계획등에 따라 취득하는 주택이 완성되기 전 또는 완성된 후 2년 이내에 대체주택을 양도할 것

위는 재개발사업 등의 과정에서 대체주택을 취득한 경우 이에 대한 양도소득세 비과세 특례를 규정하고 있다. 이를 좀 더 세부적으로 살펴보자.

첫째, 국내에 1주택을 소유한 1세대가 그 주택에 대한 재개발사업 등의 시행기간 동안에 거주하기 위하여 다른 주택(대체주택)을 취득한 경우에 해당되어야 한다.

2주택을 소유한 경우에는 원칙적으로 해당 규정을 적용받을 수 없다.[60]

둘째, 사업시행인가일 이후 대체주택을 취득하고 그곳에서 1년 이상 거주해야 한다.

사업시행인가일 전에 취득한 경우에도 이 규정을 적용받을 수 없다.

셋째, 주택이 완성된 후 2년 이내에 그 주택으로 세대전원이 이사하여 그 곳에서 1년 이상 계속하여 거주해야 한다.

넷째, 대체주택은 재개발사업 등으로 주택이 완성되기 전 또는 완성된 후 2년 이내에 양도해야 한다.

❸ 실전 사례

위의 사례를 좀 더 확대해보자. 만일 위의 상황에 대체주택을 2개 이상 구입하면 대체주택에 대한 비과세를 받을 수 있을까?

이에 대해서는 아래의 예규를 참조하자.

🌐 **기획재정부 재산세제과 – 874, 2011.10.17.**

[제목] 재건축사업 관련 대체주택에 대한 1세대 1주택 특례 적용 여부

[요지]

대체주택에 대한 1세대 1주택 특례를 적용함에 있어 「도시 및 주거환경정비법」의 사업시행인

---

60) 단, 일시적 2주택이나 감면주택 등이 있는 경우에는 주택 수에서 제외될 수 있다.

가일 이후 취득한 주택이 2개인 경우 해당 주택 중 먼저 양도하는 주택은 「소득세법 시행령」 제156조의 2 제5항 각 호의 요건을 갖춘 '대체주택'에 해당하지 않는 것임.

[회신]

「소득세법 시행령」 제156조의 2 제5항에 따른 대체주택에 대한 1세대 1주택 특례를 적용함에 있어 「도시 및 주거환경정비법」에 따른 주택재개발사업 또는 주택재건축사업의 사업시행인가일 이후 취득한 주택이 2개인 경우 해당 주택 중 먼저 양도하는 주택은 「소득세법 시행령」 제156조의 2 제5항 각 호의 요건을 갖춘 '대체주택'에 해당하지 않는 것임.

☞ 이런 예규로 보건대 「소득세법 시행령」 제156조의 2 제5항의 대체주택 비과세는 그에 대한 요건만 충족하면 되는 것이지 이외의 주택을 취득해 양도하는 것과는 무관하게 비과세가 적용되는 것으로 판단된다. 실제 최근의 예규에 의하면 재건축사업 시행기간 동안 재건축 대상 주택 외 여러 주택을 취득한 후 대체주택 양도일에 대체주택만 소유하고 있는 경우에는 「소득세법 시행령」 제156조의 2 제5항을 적용할 수 있다고 하고 있다(사전-2021-법령해석재산-1782 [법령해석과-4720], 2021.12.28.).

Tip

❑ **기타 상속 등에 의해 조합원입주권이 있는 경우의 비과세 특례**

① 상속

상속받은 조합원입주권과 그 밖의 주택을 국내에 각각 1개씩 소유하고 있는 1세대가 일반주택을 양도하는 경우에는 국내에 1개의 주택을 소유하고 있는 것으로 보아 제154조 제1항을 적용한다.

② 동거봉양

동거봉양하기 위하여 세대를 합침으로써 1세대가 1주택과 1조합원입주권, 1주택과 2조합원입주권, 2주택과 1조합원입주권 또는 2주택과 2조합원입주권을 소유하게 되는 경우 합친 날부터 10년 이내에 먼저 양도하는 주택(이하 "최초 양도주택"이라 한다)을 1세대 1주택으로 보아 제154조 제1항을 적용한다.

이외에 혼인이나 농어촌주택 등이 있는 사유에 의해 조합원입주권이 있는 경우에도 특례가 적용된다.

조합원입주권에 대해 비과세가 아닌 과세가 되는 경우에는 과세방식에도 유의해야 한다. 매매가 자유로운 상황에서는 조합원입주권에 대한 양도소득세를 계산해야 하는 일들이 많이 발생할 수 있기 때문이다. 조합원입주권 양도소득세 계산방법을 알아보자.

① 기본 사례

K씨는 입주권을 양도하고자 한다. 이 입주권은 비과세 대상이 아니므로 양도소득세를 계산해야 한다. 상황에 맞게 답하면?

- 상황1 : 입주권의 양도차익은 기존건물과 권리에서 발생한 것으로 구분해야 하는 이유는?
- 상황2 : 장기보유특별공제는 어떻게 적용되는가?
- 상황3 : 세율은 어떻게 적용되는가?

위 상황에 맞게 답을 찾아보면 다음과 같다.

(상황1) 입주권의 양도차익은 기존건물과 권리에서 발생한 것으로 구분해야 하는 이유는?

조합원입주권에 대한 양도소득세를 계산하기 위해서는 조합원입주권의 양도차익을 기존건물과 권리에서 발생한 것으로 구분해야 한다. 이렇게 하는 이유는 장기보유특별공제가 기존건물에 대해서만 적용되기 때문이다.

(상황2) 장기보유특별공제는 어떻게 적용되는가?

장기보유특별공제액은 기존부동산의 취득일부터 관리처분계획인가일까지의 기간에 대해서만 적용한다. 권리는 부동산이 아니므로 이에 대해서는 이 공제율이 적용되지 않는다.

(상황3) 세율은 어떻게 적용되는가?

기존부동산의 취득일로부터 조합원입주권 양도일까지의 보유기간에 해당하는 것을 적용한다. 이때 조합원입주권에 대해서는 중과세율은 적용하지 않는다.

조합원입주권의 양도차익은 기존건물과 권리에서 발생한 것으로 구분해야 하는데 이때 아래와 같은 식을 사용한다.

	기존건물	권리
양도가액	권리가액	조합원입주권 양도가액
취득가액	구건물 취득가액	권리가액+청산금

만일 구건물의 취득가액을 알지 못하는 경우에는 환산 등의 방법을 통해 이를 산정해야 한다.

| 입주권의 양도와 장기보유특별공제의 적용범위 |

구 분	기존건물 발생분	권리 발생분	계
양도가액			
- 취득가액			
= 양도차익			
- 장기보유특별공제	공제됨.	공제되지 않음.	
= 양도소득금액			

③ 실전 사례

아래 사례를 통해 위의 내용을 확인해보자.

> **자료**
>
> 김영철씨는 2002년 5월 31일에 주택을 1억 원에 취득했다. 이 주택이 재개발에 들어가 2018년 10월 1일에 관리처분인가가 났다. 이 과정에서 이 주택의 권리가액은 5억 원으로 평가되었다. 그가 배정받은 아파트의 조합원 분양가는 6억 원이다. 따라서 그가 추가 부담해야 하는 금액은 1억 원이다. 그는 조합원입주권을 2022년 중에 양도하고자 한다. 조합원입주권의 양도가액이 8억 원으로 예상되는 경우 그가 부담해야 할 양도소득세는? 단, 과세가 되는 경우에는 장기보유특별공제 30%를 받을 수 있다.

이러한 상황에서는 먼저 이 조합원입주권에 대해 비과세를 받을 수 있는지를 점검할 필요가 있다. 김씨가 이 조합원입주권을 한개만 가지고 있다면 비과세가 가능하기 때문이다. 하지만 비과세가 가능하지 않다면 세금이 나오게 된다. 비과세가 적용되지 않는 상황이라고 가정한 후 세금계산을 해보자.

양도소득세 과세표준 신고서			
구 분	기존 주택	부동산 권리	계
양도가액	5억 원 (관리처분 계획 인가일 현재 평가액)	8억 원	
취득가액	1억 원 (기존 주택 취득가액)	6억 원 (납부한 청산금 포함)	
기타 필요경비	0	0	
양도차익	4억 원	2억 원	6억 원
장기보유특별공제 (30%, 가정)	1.2억 원	해당사항 없음.[61]	1.2억 원
양도소득금액	2.8억 원	2억 원	4.8억 원
양도소득 기본공제	1인당 연 250만 원 공제는 없는 것으로 가정		0
양도소득 과세표준			4.8억 원
세율	6~45%		40% (2,540만 원)
산출세액	4.8억 원×40%−2,540만 원(누진공제)		1억 6,660만 원

위에서 조합원입주권 양도차익을 기존주택에서 발생하는 부분과 관리처분계획인가일 이후의 부분으로 나눈 이유는 장기보유특별공제제도 때문이다. 현행 세법에서 이 공제는 부동산에 대해서만 적용하도록 하고 있기 때문이다.

---

61) 권리부분에서 프리미엄이 많이 발생한 경우에는 장기보유특별공제의 미적용으로 인해 양도소득세가 많이 나올 수 있다. 주의하기 바란다.

❏ **1+1 재건축과 양도소득세**

「소득세법 시행령」 제154조 제1항에 따른 1세대 1주택으로 보는 조합원입주권은 같은 법 시행령(2017년 2월 3일 대통령령 제27829호로 개정되기 전의 것) 제155조 제17항에서 규정한 요건에 해당하는 경우를 말하는 것으로, 조합원입주권을 2개 이상 소유한 상태에서 양도하는 1개의 조합원입주권은 1세대 1주택으로 볼 수 없다(서면부동산 2017-2005, 2017. 12.28.). 즉 1개에 대해서는 비과세를 적용한다. 참고로 2개의 입주권을 받은 경우 이에 대한 취득가액은 권리가액 등으로 안분계산해야 할 것으로 보인다. 자세한 내용은 저자의 카페로 문의하기 바란다.

청산금과 양도소득세

재건축이나 재개발 과정을 보면 일단 자신이 보유한 부동산이 있어야 조합원 자격을 얻는다. 그런데 보유한 부동산에 대한 평가액과 배정받은 주택의 분양가액에서 차이가 나는 것이 일반적이다. 이때 평가액이 분양가액보다 더 크면 일부를 돌려받게 되고 부족하면 부족분을 추가로 내야 한다. 이렇게 평가액과 분양가액과의 차액을 납부하거나 수령하게 되는데 이때의 금액을 "청산금"이라고 한다.

1. 청산금과 관련된 세금문제

청산금과 관련되어 다양한 세금문제가 파생된다. 어떤 것들이 있는지 이를 요약하면 다음과 같다.

- 조합원입주권 수령 없이 현금청산을 받으면 양도소득세는 어떻게 과세될까?
- 조합원입주권 및 현금청산금을 동시에 받으면 현금청산금에도 세금이 부과될까?
- 조합원입주권을 양도하여 과세가 되는 경우 청산금은 어떤 역할을 할까?
- 완공 후 양도소득세 비과세요건을 따질 때 청산금 납부분은 어떤 영향을 미칠까?

아래에서 이와 관련된 내용들을 분석해보자.

2. 조합원입주권 수령 없이 현금청산을 받으면 양도소득세는 어떻게 과세될까?

부동산을 보유하고 있지만 여러 가지 이유로 인해 조합원입주권을 받을 수 없는 경우에는 현금청산이 된다. 그렇다면 현금청산분에 대해서는 세금이 어떻게 나올까?

이에 대해 국세청은 청산금은 종전의 부동산에 대한 유상대가이므로 이에 대해 양도소득세가 과세된다고 한다. 따라서 부동산이 주택이면 주택에 관한 세법제도가 적용되며, 토지이면 토지에 관한 세법제도가 적용된다. 따라서 청산대상이 주택에 해당하며 1세대 1주택으로서의 비과세요건을 충족한 경우라면 비과세도 가능하다. 만일 비과세요건을 충족하지 못한 경우에는 과세될 수밖에 없을 것이다.

3. 조합원입주권 및 청산금을 동시에 받으면 청산금에도 세금이 부과될까?

현금으로 일부가 청산된 경우에도 당해 주택이 1세대 1주택 비과세 대상인 경우에는 양도소득세가 과세되지 않는다. 그런데 관리처분액이 12억 원을 초과한 고가주택에 해당하는 경우로서 일부를 현금청산 받은 경우에는 12억 원 초과 부분에 대하여는 양도소득세가 과세된다.

4. 조합원입주권을 양도하여 과세가 되는 경우 청산금은 어떤 역할을 할까?

조합원입주권에 대한 양도소득세가 과세되는 경우 양도차익은 기존건물에서 발생하는 부분과 관리처분계획인가일 이후에 발생하는 부분으로 나누어야 한다. 이에 대한 계산 사례는 앞에서 살펴보았다.

5. 완공 후 양도소득세 비과세요건을 따질 때 청산금은 어떤 영향을 미칠까?

주택을 완공한 후에 이를 양도하는 경우 기존주택의 취득일로부터 양도일까지를 기준으로 보유기간을 따지게 된다. 그런데 청산금 납부분에 대해서는 보유기간 기산점이 달라질 수 있다. 현행 세법은 청산금을 납부하는 경우로서 당초보다 부수토지 면적이 늘어난 경우 그 증가된 부수토지는 완공일로부터 보유기간을 따지도록 하고 있다. 건물면적이 늘어나는 것은 문제가 없다(재산-1913, 2008.7.25.).

완공 후의 아파트 양도소득세 계산법[62]

이제 아파트를 재건축 등으로 완공했다고 하자. 그리고 이 아파트를 양도하고자 하는데 비과세를 받을 수 없다고 하자. 이러한 상황에서는 양도소득세를 계산해야 하는데 재건축이나 재개발을 거친 아파트의 양도소득세 계산방법이 일반적인 주택과 다르다. 왜냐하면 기존주택에서 멸실되고 다시 새로운 주택이 건축되면서 재산관계가 변했기 때문이다.

아래에서는 청산금을 지급한 경우에 완공 주택의 양도소득세 계산법을 알아보자.

1. 기본 사례

재개발을 통해 취득한 주택을 양도하고자 한다. 자료가 다음과 같을 때 세금은 얼마가 나올까?

- 취득일 : 20×2.1.5.
- 취득가액 : 1억 5천만 원
- 관리처분계획인가일 : 20×5.3.1.
- 완공일 : 20×8.8.1.
- 양도일 : 202×.6.30.
- 양도가액 : 4억 원
- 권리가액 : 2억 5천만 원
- 추가부담금(청산금) : 5천만 원
- 장기보유특별공제는 편의상 보유기간의 2%를 적용함.

재건축 완공 후의 아파트에 대한 양도소득세 계산의 핵심은 양도차익을 기존건물과 청산금에서 발생한 것으로 안분하는 것이다. 알다시피 장기보유특별공제를 달리 적용하기 위해서이다. 그 결과 기존건물에서 발생한 양도차익이 크게 나오면 보유기간 등이 길어지므로 공제금액이 크게 나오는 것이 일반적이다. 이러한 점에 유의해 아래의 내용을 살펴보자.

---

62) 저자의 카페에서는 이와 관련된 자동계산기를 무료로 제공하고 있다.

구 분	금 액			계	비 고
	기존건물	관리처분계획인가일 이후			
		기존건물	청산금		
양도가액	250,000,000	400,000,000			
(−) 필요경비	150,000,000	300,000,000			
취득가액	150,000,000	300,000,000			
기타필요경비	0	0			
(＝) 양도차익	100,000,000	100,000,000			
(＝) 수정후 양도차익	100,000,000	83,333,333	16,666,667		1억 원×2억 5천만 원/3억 원 =83,333,333원
(−) 장기보유특별공제	16,000,000	13,333,333	1,333,333		• 기존건물 : 8년 보유(16%, 취득일～양도일) • 청산금부분 : 4년 보유(8%, 관리처분계획인가일～양도일)
(＝) 양도소득금액	84,000,000	70,000,000	15,333,334	169,333,334	
(−) 기본공제				2,500,000	연간 1회 적용
(＝) 과세표준				166,833,334	
(×) 세율				38%	
(＝) 산출세액				43,996,666	과세표준×38% −1,940만 원

재건축이나 재개발 아파트의 양도소득세 계산 시에는 양도차익을 기존건물분과 청산금 부분으로 나눠 계산해야 한다. 이렇게 하는 이유는 장기보유특별공제의 적용법이 다르기 때문이다. 즉 장기보유특별공제는 다음과 같이 적용한다.

① 기존건물분에 대한 양도차익 : 당초 취득일～양도일까지의 기간이 3년을 넘으면 공제한다.

② 청산금부분에 대한 양도차익 : 관리처분계획인가일～양도일까지의 기간이 3년이 넘으면 공제한다.[63] 참고로 고가주택에 대한 장기보유특별공제율은 보유기간과 거주기

63) 재건축사업을 시행하는 정비사업조합의 조합원이 해당 조합에 기존주택과 그 부수토지를 제공 및 청산금을 납부하고 관리처분계획등에 따라 취득한 1세대 1주택에 해당하는 신축주택 및 그 부수토지를 양도하

간으로 나눠 적용되는데, 완공주택에서 거주하지 않으면 이 공제율이 축소될 수 있다. 각주에 있는 예규를 참조하기 바란다.

> **Tip**
>
> ☐ **완공 후 아파트가 과세되는 경우의 세금예측**
>
> 재개발 또는 재건축 아파트를 양도할 때에는 중과세가 적용되는지부터 살펴볼 필요가 있다.
> - 만일 중과세가 적용되면 → 장기보유특별공제가 적용되지 않으므로 양도차익에서 기본공제를 적용한 금액에 세율을 곱하면 세금을 바로 예측할 수 있다.
> - 만일 일반과세가 적용되면 → 장기보유특별공제를 공제받을 수 있는데 이를 받기 위해서는 양도차익을 청산금과 기존건물에서 발생한 것으로 나누어야 한다.

는 경우로서 기존주택에서는 2년 이상 거주했으나 신축주택에서는 2년 이상 거주하지 않은 경우에는 청산금납부분 양도차익에 대해 「소득세법」 제95조 제2항 표 2.에 따른 보유기간별 공제율을 적용하지 아니한다(사전 – 2020 – 법령해석재산 – 0386 [법령해석과 – 3824]).

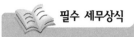
보유한 주택이 「빈집 및 소규모주택 정비에 관한 특별법」에 따른 소규모재건축사업에 들어가는 경우 세제의 변화에 대해 알아보자.

1. 「빈집 및 소규모주택 정비에 관한 특별법」 상 주택 정비사업의 내용

이법에 따르면 주택 정비사업은 크게 빈집정비사업과 소규모주택정비사업으로 구분된다. 이 중 소규모주택 정비사업은 크게 ① 자율주택정비사업, ② 가로주택정비사업, ③ 소규모재건축사업으로 구분된다.

2. 「소득세법」상 조합원입주권 해당 여부

(1) 「소득세법」상 조합원입주권에 해당되는 경우

위 소규모사업정비사업 중 ③ 소규모재건축사업을 시행하는 정비사업조합의 조합원으로서 취득한 입주자로 선정된 지위는 「도시 및 주거환경정비법」에 따른 재건축사업 또는 재개발사업의 관리처분계획인가로 취득한 입주자로 선정된 지위와 같이 「소득세법」상 조합원입주권으로 본다.

(2) 「소득세법」상 조합원입주권에 해당되지 않는 경우

이외 ① 자율주택정비사업이나 ② 가로주택정비사업의 사업시행인가로 취득한 입주자로 선정된 지위는 「소득세법」상 조합원입주권에 해당하지 않는다. 따라서 멸실 후에 보유하고 있는 부동산 권리는 「소득세법」상 입주권이 아닌 분양권에 해당한다.

● **서면법령해석재산2019 - 898(2019.9.3.)**

[제목] 가로주택정비사업으로 취득한 조합원 지위가 「소득세법」상 조합원입주권에 해당하는지 여부

[요약] 「빈집 및 소규모주택 정비에 관한 특례법」에 따른 가로주택정비사업의 사업시행계획인가에 의해 취득한 입주권은 「소득세법」 제89조 제2항에 따른 조합원입주권에 해당하지 않음.

[질의]
(사실관계)
○ 2016년 5월 9일 경기도 여주 소재 A주택 취득

○ 2017년 11월 27일 서울 영등포 소재 B주택을 어머니(신청인과는 별도세대)와 1/2지분씩 공유취득

* B주택은 가로주택정비사업 구역에 편입된 주택으로 2016년 2월 15일 조합설립인가, 2019년 5월 31일 사업시행계획인가 및 관리처분계획인가 접수됨.

** B주택에는 신청인의 세대만 2017년 11월 28일부터 거주 중이며, 신축주택 2채를 조합원 분양신청하였으며, 2022년 10월경 입주예정임.

○ 2018년 10월 A주택 양도

○ 2019년 9월 C주택 분양권 취득 예정

(질의내용)

「빈집 및 소규모주택 정비에 관한 특례법」상 가로주택정비사업으로 종전주택 소유자가 취득한 입주자로 선정된 지위가 「소득세법」 제89조 제2항에 따른 조합원입주권에 해당하는지 여부

[회신]

귀 서면질의의 경우, 「빈집 및 소규모주택 정비에 관한 특례법」 제2조 제1항 제3호 나목에 따른 가로주택정비사업을 시행하는 정비사업조합의 조합원이 같은 법 제29조에 따른 사업시행계획인가로 취득한 입주자로 선정된 지위는 「소득세법」 제89조 제2항에서 규정하는 "조합원입주권"에 해당하지 아니하는 것입니다.

3. 세법의 적용

(1) 소규모재건축사업관련 입주권

이에 대해서는 「도시 및 주거정비환경법」상 조합원입주권과 동일하게 비과세 특례제도를 적용받을 수 있다.

(2) 자율주택정비사업이나 가로주택정비사업상의 부동산 취득권리

이 경우에는 「소득세법」상 조합원입주권이 아니며 부동산 취득권리(분양권)에 해당하는 것으로 본다. 따라서 해당 주택이 준공되기 전까지 주택 수에 포함되지 않는다. 물론 주택이 준공되기 전에 해당 권리를 양도하는 경우에는 다주택자 중과세율이 아닌 분양권에 대한 세율이 적용된다.

4. 적용 사례

K씨는 2016년에 성남시에서 1주택(A)을 취득 후 임대 중에 있으며 2020년 8월 28일에 서울에 있는 다세대주택 1채(B)를 취득하였다. B주택은 6개월 후 가로주택정비사업에 의해 관리처분 및 멸실될 예정이다. 완공은 2023년 8월 예정이다. 아래 물음에 답하면?

Q. K씨는 일시적 2주택 처분조건(1년)으로 취득세 1~3%를 받았는데 이 경우 언제까지 A주택을 처분해야 취득세 중과세를 적용받지 않을까?

2020년 8월 12일 이후에는 조정대상지역 내에서 일시적 2주택자가 되면 1년 내에 처분해야 취득세 중과세를 피할 수 있다. 따라서 이 경우에는 2021년 8월 27일이 처분기한이 된다. 다만, B주택이 중도에 멸실된 경우 사업시행자처럼 3년 내에 멸실되면 중과세에서 제외하거나, 분양권 주택이 완공된 날로부터 1년 내로 처분기한을 연장을 해주는 것이 타당할 것으로 보인다. 하지만 과세관청은 이에 대해 주택을 취득했으므로 처분기한 내에 처분하지 않으면 8%를 적용한다고 한다.

Q. K씨가 A주택에 대해 양도소득세 비과세를 받으려면 언제까지 처분해야 하는가?

B주택이 있는 상태에서는 원칙적으로 1년 내에 처분 및 전입의무가 있다(부득이한 경우 2년까지 연장). 따라서 1년 내에 양도하면 양도소득세 비과세를 받을 수 있다. 그렇다면 1년을 넘긴 경우에는 어떻게 될까?

- 만일 멸실이 안된 경우라면 : 과세를 피할 수 없을 것으로 보인다. 이때 과세형태는 일시적 2주택으로 3년 내 양도하는 중과세가 아닌 일반과세가 적용된다.
- 만일 멸실되고 준공 전이라면 : 가로주택정비사업에 의해 주택이 멸실되면 분양권 상태가 되고 따라서 이때에는 A주택이 1채만 남는다. 따라서 이 경우에는 A주택에 대해 1세대 1주택에 의한 비과세가 성립한다. 만약 이 분양권이 2021년 1월 1일 후에 계약한 것이라면 비과세 판단 시 주택 수에 포함되므로 일시적 2주택 등에 대한 비과세 여부를 판단해야 한다.
- 멸실 후 준공 후라면 : 가로주택정비사업에 의해 주택이 멸실되어 완공되면 2주택이 된다. 그렇다면 이 경우 준공일로부터 1년 내에 A주택을 양도하면 비과세가 성립할까? 아니다. 일시적 2주택에 대한 비과세요건을 따질 때에는 멸실로 완공된 주택은 기존주택의 연장으로 보기 때문이다(아래 예규 참조). 따라서 이 경우에는 비과세를 받을 수 없다.

☞ 사례의 경우 A주택에 대한 비과세 처분기한은 B주택이 멸실이 안된 경우라면 1년, 멸실된 경우라면 B주택의 완공일 전까지다. 다만, 가로주택정비사업에 의한 분양권을 주택 수에 포함하는 경우에는 처분기한이 달라질 수 있음에 유의해야 한다.

● 소득세 집행기준 89 - 155 - 3 [일시적 1세대 2주택 비과세 특례규정 적용 시 기존주택을 멸실하고 재건축한 경우]

일시적 2주택에 대한 양도세 비과세 특례를 적용할 때, 기존주택을 멸실하고 재건축한 주택은 기존주택의 연장으로 본다.

A주택 취득	A주택 멸실	B주택 취득	A주택 준공	B주택 양도
▲	▲	▲	▲	▲
2002.5.1.	2007.1.6.	2007.3.1.	2009.1.5.	2010.3.10.

☞ 기존주택을 멸실하고 재건축한 주택은 기존주택의 연장으로 보는 것이므로 B주택 양도 시 비과세 특례규정을 적용받을 수 없음.

저자 주

앞에서 살펴본 가로주택정비사업 등에서 발생한 입주자로 선정된 지위는 「소득세법」상 조합원입주권이 아니라는 해석이 있었다. 하지만 이 사업에 의해 진행되는 절차 등은 「도시 및 주거환경정비법」상의 재건축 · 재개발과 같은 방식으로 진행되기 때문에 조합원입주권으로 보는 것이 타당해 보인다. 이 부분에 대한 입법적인 개선이 필요해 보인다.

☞ 이에 대해 정부는 조합원입주권 적용대상 정비사업의 범위에 자율주택정비사업, 가로주택정비사업 및 소규모재개발사업을 추가할 예정이다. 2022년 1월 1일 이후 취득하는 조합원입주권부터 적용될 것으로 보인다.

제**9**장

분양권 양도소득세 세무리스크 관리법

제9장에서는 분양권과 관련된 양도소득세 세무리스크 관리법을 알아본다. 알다시피 2021년 이후에 취득한 분양권도 다른 주택의 비과세와 중과세 판단 시에 주택 수에 포함된다. 한편 분양권을 취득해 매매하면 다른 주택의 2년 보유기간 계산에도 영향을 주게 된다. 2021년부터 최종 1주택을 보유한 날로부터 2년 보유기간을 계산하기 때문이다. 이처럼 분양권이 주택 수에 포함되면서 다양한 리스크가 발생할 수 있으므로 사전에 유의하기 바란다.

이장의 핵심 내용들은 다음과 같다.
- 최근 개정된 분양권관련 세제의 내용
- 분양권 주택 수 산입이 양도소득세 비과세에 미치는 영향
- 분양권 주택 수 산입이 양도소득세 중과세에 미치는 영향
- 분양권 세무리스크 관리법

2021년 1월 6일 정부에서 「소득세법 시행령」 등에 대한 개정안을 발표하였다. 이 개정안은 입법예고를 거친 후 2021년 2월 17일에 공포되어 시행되고 있다. 이러한 내용들 중 분양권과 관련된 내용도 다수 포함되었는데 이하에서 자세히 살펴보자.

① 주택 수에 포함되는 분양권의 범위

2020년 7·10대책에서 밝혔듯이 2021년 1월 1일 이후에 취득(계약기준)한 분양권은 양도소득세 비과세나 과세판단 시 주택 수에 산입된다. 따라서 분양권을 주택으로 취급하면 다른 주택의 양도소득세 비과세와 중과세 등에 막대한 영향을 미치게 된다. 그런데 이때 주택 수에 포함되는 분양권은 구체적으로 아래의 법률에 따라 취득한 것을 말한다. 따라서 이러한 법률에 의하지 않은 분양권은 주택 수에 산입되지 않는다(「소득세법」 제88조 제10호, 「소득세법 시행령」 제152조의 4).

1. 「건축물의 분양에 관한 법률」(2021.2.17. 신설)
2. 「공공주택 특별법」(2021.2.17. 신설)
3. 「도시개발법」(2021.2.17. 신설)
4. 「도시 및 주거환경정비법」(2021.2.17. 신설)
5. 「빈집 및 소규모주택 정비에 관한 특례법」(2021.2.17. 신설)
6. 「산업입지 및 개발에 관한 법률」(2021.2.17. 신설)
7. 「주택법」(2021.2.17. 신설)
8. 「택지개발촉진법」(2021.2.17. 신설)

▶ 시행시기 : 2021년 1월 1일 이후 취득한 분양권부터 적용

참고로 취득세에서도 분양권이 주택 수에 포함되는데 2020년 8월 12일 이후에 취득한 것에 한한다. 참고로 여기서 취득은 당첨일(전매는 잔금청산일)을 말한다(양도, 기재부 재산세제과-85, 2022.1.14.).

| 분양권을 주택 수에 포함하는 시기 |

취득세	양도소득세
2020년 8월 12일 이후 취득분	2021년 1월 1일 이후 취득분

② 주택과 분양권을 소유한 경우의 1세대 1주택 비과세 특례

1주택 보유자가 분양권을 취득한 경우 주택에 대한 양도소득세 비과세는 조합원입주권과 같은 방식으로 이를 적용한다.

① 분양권을 1년 이후에 취득하고 3년 내에 종전주택을 양도 시 비과세 적용

분양권도 주택 수에 포함되므로 1주택 보유상태에서 분양권을 취득하게 되면 2주택이 된다. 따라서 이러한 경우에는 분양권을 1년 이후에 취득하고 3년 내에 종전주택을 양도하면 비과세를 적용한다.

② 종전주택을 분양권 취득일로부터 3년 내에 양도하지 못한 경우의 비과세 특례

원래 1주택+분양권을 보유하면 일시적 2주택으로 분양권 취득일로부터 3년 내에 종전주택을 양도하면 된다. 하지만 분양권이 주택으로 완공될 때까지 거주할 공간이 필요하므로 세법은 비과세 특례제도를 도입해 아래와 같은 조건을 충족하는 경우에도 종전주택에 대한 비과세를 허용한다.

• 분양권 완공주택으로 2년 내에 전입 후 1년 이상 계속 거주하고, 완공 후 2년 이내 종전주택 양도

| 1주택+분양권 보유 시 종전주택에 대한 비과세 특례 요약 |

구 분	내 용	비 고
일시적 2주택 비과세	가능	분양권 취득일로부터 3년 내에 종전주택 처분
일시적 2주택 비과세 특례*	가능	분양권 주택완공일로부터 2년 내에 종전주택을 처분(단, 완공주택으로 2년 내 이주 등의 요건 추가됨)
공사 중 대체주택 비과세 특례	불가능	사업시행 중에 대체주택에 대한 비과세는 적용되지 않음 (조합원입주권은 가능함).

* 2022년 영 시행일 이후부터는 종전주택 취득 후 1년 이상이 지난 후에 분양권을 취득해야 비과세 특례를 적용한다.

▶ 시행시기 : 2021년 1월 1일 이후 취득하는 분양권부터 적용

③ 주택과 분양권을 소유한 경우의 양도소득세 중과

분양권도 주택 수에 포함되므로 이 경우 다른 주택의 양도 시 중과세 판단에 영향을 주게된다. 이때 입주권과 같은 방식으로 중과대상 주택 수를 산정하며, 중과대상 주택 수가 2주택 이상인 상태에서 조정지역 내의 주택을 양도하면 원칙적으로 중과세율을 적용한다.

| 양도소득세 중과세 적용 시 주택 수 포함 여부 |

구 분	현 행	개 정
주택 수 포함 여부	서울, 수도권·세종·광역시의 시내는 무조건 주택 수에 포함. 그 외 도 및 읍·면지역은 3억 원[64] 초과 시 주택 수에 포함	분양권도 이에 포함하여 주택 수에 포함(2021년 1월 1일 이후 취득분)

▶ 시행시기 : 2021년 1월 1일 이후 취득하는 분양권부터 적용

저자 주

분양권이 주택 수에 포함되면 다른 주택의 비과세와 중과세에 영향을 주게 된다. 따라서 분양권을 취득하기 전에 이러한 문제를 충분히 살펴볼 필요가 있다. 그런데 다른 주택의 비과세 판단 시에는 더 주의할 것이 있다. 1주택과 분양권을 보유한 상태에서 분양권을 먼저 양도하면 다른 주택이 최종 1주택에 해당하고 그 결과 2년 보유 및 거주를 다시 해야 한다.

---

64) 주택은 기준시가, 입주권은 권리가액, 분양권은 공급가격(옵션 제외)을 기준으로 한다.

분양권 주택 수 산입이 양도소득세 비과세에 미치는 영향

2021년 1월 1일 이후에 취득한 분양권도 주택 수에 포함되게 되었다. 따라서 이렇게 주택 수에 포함되면 당연히 다른 주택의 양도소득세 비과세와 중과세방식에 영향을 줄 수밖에 없다. 이하에서는 이 중 양도소득세 비과세에 대한 내용부터 살펴보자.

① 「소득세법 시행령」 개정

정부는 주택 수에 포함되는 분양권에 대해 「소득세법 시행령」 제156조의 3을 아래와 같이 개정하여 다른 주택에 대한 양도소득세 비과세를 적용한다. 이러한 비과세제도는 재건축 등에서 발생한 조합원입주권과 유사하게 적용된다. 먼저 정부에서 확정한 개정 내용을 살펴보자.

종 전	개 정
□ 1주택자가 입주권을 취득한 경우 1세대 1주택 비과세 특례 (①, ②, ③ 중 어느 하나에 해당) ① 1주택자가 입주권 취득 후 3년 이내 종전주택 양도하는 경우 – 종전주택 취득 후 1년 이상 지난 후 입주권을 취득하였을 것 ② 1주택자가 입주권 취득 후 3년 이내 종전주택 양도하지 못한 경우로서 다음 요건(㉠+㉡) 모두 충족하는 경우 ㉠ 신규주택 완성 후 2년 내 그 주택으로 세대전원이 이사하여 1년 이상 계속하여 거주 ㉡ 신규주택 완공 전 또는 완공 후 2년 이내 종전주택 양도 ③ 1주택자가 그 주택에 대한 재개발사업 등의 시행 중 거주를 위한 주택을 취득한 경우로서 다음 요건* 모두 충족하는 경우 * ㉠ 재개발사업 등의 사업시행인가일 이후 대체주택을 취득, 1년 이상 거주할 것 ㉡ 주택이 완성 후 2년 이내 그 주택으로 세대전원이 이사하여 1년 이상 거주, 대체주택 양도	□ 1주택자의 분양권 취득 ○ ①, ②의 경우에 한해 분양권 취득을 입주권 취득과 동일하게 특례 적용 * ③은 입주권만 해당

☞ 이 안은 2021년 2월 17일 이후부터 시행되고 있다.

2022년 1월 현재 1주택을 보유 중에 입주권을 승계취득한 경우에는 위와 같이 3가지의 형태로 비과세를 적용해주고 있다.

①의 경우에는 일반적인 비과세 규정, ②와 ③은 조합원입주권이 있는 경우에 주어지는 비과세 특례제도에 해당한다. 그런데 이번 개정안에서는 분양권은 ①과 ②에 대해서만 비과세를 적용하고, ③에 대해서는 비과세를 적용하지 않는다. 입주권에 대한 특례제도와는 약간 차이가 나고 있다.

② 적용 사례

아래 사례를 통해 위의 내용들을 확인해보자.

Q. K씨는 현재 1주택 보유자로 2020년 5월에 분양권을 취득하여 보유 중이다. 이 경우 종전주택에 대해서는 어떤 식으로 양도해야 비과세를 받을 수 있을까?

2020년 12월 31일 이전에 취득한 분양권은 양도소득세 비과세를 따질 때 주택 수와 무관하다. 따라서 이 경우에는 분양권 주택이 완공(잔금)된 날로부터 종전주택을 원칙적으로 3년(조정지역은 1년 등) 내에 처분하면 비과세를 받을 수 있다.

Q. K씨는 현재 1주택 보유자로 2022년 7월에 분양권을 취득할 예정이다. 이 경우 종전주택에 대해서는 어떤 식으로 양도해야 비과세를 받을 수 있을까?

이 경우에는 앞에서 본 2가지 방식에 의해 비과세를 받을 수 있다. 첫 번째는 분양권 취득일로부터 3년 내에 종전주택을 양도하는 것이다. 이때 주의할 것은 주택과 분양권 취득일 사이의 간극이 1년 이상 벌어져야 한다는 것이다. 두 번째는 분양권이 완공주택이 된 경우를 상정해서 비과세를 받을 수 있는 경우이다. 이때에는 아래와 같은 요건을 충족해야 한다(2022년 영 시행일부터 종전주택 취득 후 1년 후에 분양권을 취득해야 함).

• 신규주택 완성 후 2년 내 그 주택으로 세대전원이 이사하여 1년 이상 계속하여 거주
• 신규주택 완공 전 또는 완공 후 2년 이내 종전주택 양도

참고로 앞의 첫 번째 유형으로 비과세를 받을 때에는 종전주택을 분양권 취득일로부터 3년 내에 양도하면 문제가 없다. 분양권은 실제 주택이 아니므로 종전주택을 3년 내에 처분하면 비과세를 적용해준다. 입주권도 마찬가지다.

Q. K씨는 분양권을 취득해 일시적 2주택이 되었다고 하자. 그런데 주택과 분양권을 보유 중에 다른 주택을 사고팔았다. 이 경우 종전주택에 대한 비과세 보유기간 계산법이 달라지는가?

그럴 수 있다. 2021년 1월 1일부터 3주택 이상 보유자가 주택을 처분 등을 하여 일시적

2주택이 된 경우 최종 1주택만 보유한 날로부터 2년 이상 보유해야 비과세를 적용받을 수 있기 때문이다. 하지만 과세관청은 3주택 이상 보유자가 처분(양도, 증여, 용도변경 등)을 통해 일시적 2주택이 되었다면 당초 취득일로부터 보유기간을 계산한다고 한다. 즉 사례처럼 일시적 2주택 상태에서 주택이나 분양권 등을 사고팔아도 보유기간 기산일이 변경되지 않는다고 한다. 하지만 2021년 11월 2일부터 해석이 바뀌었는데 이러한 과세관청의 해석에 대해서는 제3장에서 자세히 살펴보았으므로 해당 부분을 참조하기 바란다.

Q. 만일 종전주택을 비과세요건을 갖추지 못한 상태에서 양도하면 어떻게 되는가?

이 경우에는 2주택자에 해당되어 이 주택에 대해서는 양도소득세가 과세된다. 이때 과세방식은 중과세와 일반과세가 적용될 수 있음에 유의해야 한다.

Q. 1분양권만 보유한 상태에서 대체주택을 취득하면 이에 대해서는 비과세를 받을 수 없는가?

분양권 보유 상태에서 거주용으로 취득한 대체주택에 대해서는 별도의 비과세 특례규정이 없다. 이 부분이 입주권과 차이가 난다.

Q. 만일 종전주택이 아닌 분양권을 먼저 양도하면 어떻게 될까?

분양권은 실질이 주택이 아니므로 이를 먼저 양도하는 경우에는 비과세를 받을 수 없다. 또한 주택에 대해 적용되는 양도소득세 중과세율을 적용받지 아니한다. 따라서 분양권에 대해서는 아래와 같은 양도소득세율이 적용된다.

2021년 6월 1일 전	2021년 6월 1일 이후
• 조정지역 내의 분양권 : 50% • 위 외 : 1년 미만 50%, 1~2년 미만 40%, 2년 이상 6~45%	• 1년 미만 : 70% • 1년 이상 : 60%

Q. 분양권이 주택 수에 포함되는 구체적인 시점은?

분양권이 주택 수에 포함되는 시점은 2021년 1월 1일 이후 취득분이다. 그런데 여기서 "취득"은 구체적으로 어떤 날을 의미할까?

이에 대해서는 명확한 지침은 없지만, 당첨받은 경우에는 계약일 정도, 전매를 통해 취득한 경우에는 잔금지급일이 되지 않을까 싶다. 향후 유권해석 등을 통해 이를 확인하기 바란다.

저자 주

2018년 9월 13일 이전에 2개의 분양권을 보유한 경우 잔금을 청산한 주택(종전 주택)을 기준으로 일시적 2주택 비과세판단을 한다. 반드시 예규(양도, 기획재정부 재산세제과-512, 2021.5.25.)를 통해 관련 내용을 확인하기 바란다(저자의 카페 참조).

❏ 상속 · 혼인 · 동거봉양 합가 등으로 1주택 1분양권 등을 보유한 1세대에 대한 양도소득세 비과세 특례(「소득세법 시행령」 제156조의 3 제4항 등)

상속 등에 의해 1주택 1분양권 등을 보유한 경우에도 입주권 취득과 동일하게 비과세 특례가 적용된다. 자주 보기 힘든 사례들이지만 실력을 키운다는 관점에서 한번 봐두기 바란다.

종 전	개 정
☐ 상속으로 1주택 1입주권 등을 소유한 1세대에 대한 비과세 특례 ❶ 일반주택+상속(입주권) ❷ 「일반주택+입주권」+상속(주택 또는 입주권) 　→ 일반주택에 대해 1세대 1주택 비과세 　* ❷의 일반주택은 일시적 「1주택+1입주권」에 따라 비과세 적용을 받는 경우에 한정 ☐ 혼인 · 동거봉양 합가로 1주택 1입주권 등을 소유한 1세대에 대한 비과세 특례 ○ (대상) 다음 중 하나를 소유한 자간 혼인 또는 세대간 동거봉양을 위해 합가 　– ㉠ 1주택, ㉡ 1입주권, ㉢ 1주택 1입주권 　→ 혼인일부터 5년 또는 합가일부터 10년 이내 먼저 양도하는 주택* 　* ㉢의 주택은 동거봉양 합가 · 혼인 전 입주권을 취득하기 전부터 소유하던 경우에 한정 ☐ 문화재주택 또는 이농주택과 「일반주택+입주권」 각 1개를 소유한 1세대가 일반주택* 양도시 비과세 특례 　* 일시적 「1주택+1입주권」에 따라 비과세 적용을 받는 경우에 한정	☐ 상속 · 혼인 · 동거봉양 합가 등으로 인한 분양권 취득을 입주권 취득과 동일하게 특례 적용

〈개정이유〉 주택, 조합원입주권, 분양권간 과세형평 제고

〈적용시기〉 2021년 1월 1일 이후 취득하는 분양권부터 적용

앞에서 보았듯이 2021년 1월 1일 이후에 취득한 분양권도 양도소득세 과세판단 시 주택 수에 포함된다. 그 결과 분양권이 다른 주택의 양도소득세 비과세와 과세방식에 영향을 줄 수밖에 없다. 이하에서는 분양권과 양도소득세 과세(중과세 등)방식과의 관계에 대해 살펴보자.

1 기본 사례

K씨는 아래와 같은 주택 등을 보유하고 있다. 상황에 맞게 답을 하면?

자료

- 서울 : 2주택
- 성남 : 1분양권(2021년 5월 1일 취득)

- 상황1 : 현재 중과 대상 주택 수는 몇 채인가?
- 상황2 : 만일 이 상태에서 주택을 양도하면 중과세가 적용되는가?
- 상황3 : 중과세를 적용받지 않으려면 어떻게 해야 하는가?

위 상황에 맞게 답을 찾아보면 다음과 같다.

(상황1) 현재 중과 대상 주택 수는 몇 채인가?

분양권도 중과 대상 주택 수에 포함되므로 총 3채가 된다. 분양권이 포함된 경우 중과 대상 주택 수 판정은 조합원입주권과 같은 방식으로 진행된다.

(상황2) 만일 이 상태에서 주택을 양도하면 중과세가 적용되는가?

별다른 정보가 없으므로 3주택 중과세가 적용될 수 있다.

(상황3) 중과세를 적용받지 않으려면 어떻게 해야 하는가?

처분 등을 통해 주택 수를 조절해야 한다. 참고로 분양권을 양도하는 경우에는 주택에 대한 중과세율이 아닌 분양권에 대한 중과세율(70% 등)이 적용된다.

② 「소득세법 시행령」 개정

주택과 분양권을 소유한 경우 조정지역 다주택자에 대한 양도소득세 중과 관련 규정은 「소득세법 시행령」 제167조의 4, 제167조의 11 등과 관련이 있다. 정부의 시행령 개정에서는 이와 관련해 아래와 같은 2가지의 유형이 발표되었다(2021.2.17. 시행).

(1) 일시적 1주택 1분양권에 대한 2주택자 중과 제외

종 전	개 정
□ **주택·입주권**을 보유한 1세대가 **조정지역** 내 주택 양도시 **양도소득세 중과**에서 **제외** 되는 **주택**	□ 분양권 보유하는 경우 추가
○ 1주택 1입주권에 대한 1세대 1주택 특례 적용 주택	○ **1주택 1분양권**의 경우도 동일하게 적용
○ 취학·근무상 형편 등의 사유로 다른 시·군 또는 수도권 밖의 주택을 취득하여 **1주택 1입주권**이 된 경우 해당 주택	
○ 혼인 합가, 부모봉양 합가로 인해 **1주택 1입주권**을 소유하게 된 경우 해당 주택	
○ 수도권 외의 지역에 소재하는 기준시가 3억 원 이하 주택	○ (좌 동)
○ 장기임대주택 등 3주택 이상자의 중과제외 대상 주택	
○ 소송 진행 중이거나 소송결과로 취득한 주택	
○ 양도 당시 기준시가 1억 원 이하 주택(정비구역 제외)	
○ 위 주택 외에 1주택만 보유하고 있는 경우 해당 주택 등	

위의 내용은 분양권 취득으로 1주택과 1분양권이 된 경우 종전주택에 대해 양도소득세 중과세가 제외되는 경우를 담고 있다. 예를 들어 1주택자가 분양권을 취득해 2주택자가 된 상

태에서 주택을 양도했는데 비과세를 못받은 경우에는 중과세 적용여부를 판단해야 한다. 그런데 이때 주택이 조정지역 내에 소재하면 중과세의 가능성이 있다. 분양권도 주택 수에 포함되어 2주택자가 되기 때문이다. 하지만 이 경우라도 무조건 중과세를 적용하는 것이 아니라 위의 표에서 열거된 기준시가 1억 원 이하 등에 해당하면 중과세를 적용하지 않는다.

☞ 양도소득세 중과세에 대한 판단은 정교하게 살펴봐야 그 원리를 파악할 수 있다. 제4장을 참조하기 바란다.

(2) 혼인으로 인한 1세대 3주택(입주권 · 분양권 포함) 이상자에 대한 중과 예외

종 전	개 정
□ 주택 · 입주권 수의 합이 3 이상인 1세대가 조정지역 내 주택 양도시 양도소득세 중과 제도의 예외	□ 분양권을 보유하는 경우 추가
○ (중과세율 적용 제외) – 수도권 외의 지역에 소재하는 기준시가 3억 원 이하 주택 – 장기임대주택 등 3주택 이상자의 중과제외대상 주택 – 상기 주택 외 1주택만 있는 경우 해당 주택 등	○ (좌 동)
○ (주택수 차감하여 계산) – 혼인으로 주택 · 입주권의 수의 합이 3 이상이 된 경우 혼인일부터 5년 내 해당 주택 양도시 배우자의 주택 · 입주권의 수를 차감하여 주택 수를 계산	– 혼인으로 주택 · 입주권 또는 분양권의 수의 합이 3 이상이 된 경우도 동일하게 적용

위 규정은 혼인으로 인해 3주택 이상이 된 경우에 중과세를 적용하지 않는 경우를 말한다. 예를 들어 혼인으로 주택 · 입주권의 수의 합이 3 이상이 된 경우 혼인일부터 5년 내 해당 주택 양도 시 배우자의 주택 · 입주권의 수를 차감하여 주택 수를 계산한다. 분양권도 마찬가지다. 이러한 특례는 혼인 등으로 주택 수가 많아진 경우 불이익을 최소화하기 위한 제도에 해당한다.

③ 적용 사례

위의 내용을 사례를 통해 확인해보면 다음과 같다.

Q. 중과대상 주택 수에 포함되는 분양권은 무조건 주택 수에 포함되는가?

중과세를 적용하기 위해서는 기본적으로 중과세 적용을 위한 주택 수가 2주택 이상이 되어야 한다. 이때 아래와 같은 기준을 사용해 해당 주택 수를 선별한다.

① 모든 주택이 주택 수에 포함되는 지역	② 기준시가 3억 원 초과하는 주택만 주택 수에 포함되는 지역
• 서울특별시 • 광역시(군지역 제외) • 경기도 · 세종시(읍 · 면지역 제외)	• 모든 광역시의 군지역 • 경기도 · 세종시 읍 · 면지역 • 기타 모든 도지역

위의 표를 보면 ①지역에 소재한 주택은 가격을 불문하고 모두 중과세 판정을 위한 주택 수에 포함되며, ②지역에 소재한 주택은 기준시가(입주권은 권리가액, 분양권은 공급가격을 말한다)가 3억 원을 초과해야 이에 포함된다. 이러한 주택에는 아파트와 같은 형태는 물론이고 입주권과 2021년 1월 1일 이후에 취득한 분양권도 주택 수에 포함되어 중과세제도를 적용함에 유의하기 바란다.

Q. 경기도 성남시에서 계약한 분양권이 있다. 이 분양권도 주택 수에 포함되는가?

성남시는 위 표 ①지역에 속해 있으므로 2021년 1월 1일 이후에 계약한 분양권이라면 무조건 주택 수에 포함된다. 이때에는 분양가격 불문하고 주택 수에 포함된다.

Q. 천안시에서 2021년 5월에 계약한 분양권이 있다. 이 분양권도 주택 수에 포함되는가?

천안시는 위 표 ②지역에 속해 있으므로 2021년 1월 1일 이후에 계약한 분양권은 원칙적으로 주택 수에 포함된다. 다만, 이때에는 공급가격이 3억 원 초과해야 주택 수에 포함된다.

Q. K씨가 서울에서 2주택을 보유 중에 2021년 이후에 서울에서 분양권을 취득했다고 하자. 이 중 한 채(A주택)를 양도할 때 중과세가 적용되는가? 이 주택은 중과배제주택에 해당하지 않는다고 하자.

K씨가 보유한 중과대상 주택 수가 분양권을 포함해 총 3채가 된다. 그리고 이 중 양도할 A주택이 조정지역에 소재하므로 이 경우에는 3주택 중과세율이 적용될 수 있다. 이의 내용을 그림으로 살펴보면 다음과 같다.

STEP1		STEP2		STEP3
중과대상 주택 수 판정		중과배제주택 여부 확인		최종 중과세율 적용 여부
3채에 해당	⇨	A주택은 중과배제주택에 해당하지 않음.	⇨	서울은 조정지역에 해당하므로 검토대상인 A주택은 3주택 중과세율이 적용됨.

실무에서는 주택 수를 정확히 판정한 후, 실제 양도했을 때 중과세에서 배제해주는 주택의 유형에는 어떤 것들이 있는지를 정확히 알아야 최종적으로 양도소득세 중과세 판단을 할 수 있음에 유의해야 한다.

분양권 세무리스크 관리법

분양권이 주택 수에 산입되면서 취득세와 양도소득세에 미치는 영향이 매우 커지고 있다. 앞으로 분양권에 대한 세무관리는 어떻게 해야 하는지 이에 대해 정리를 해보자.

1. 취득세

2020년 8월 12일 이후에 취득(계약)한 분양권은 주택 수에 포함된다. 그렇다면 어떤 식으로 취득세에 관여하는지 알아보자.

(1) 분양권을 취득한 경우

분양권을 계약하면 주택 수에 포함된다. 그리고 분양권이 주택으로 완성된 경우에는 취득세를 내야 하는데, 이때에는 통상 분양계약일 등을 기준으로 주택 수를 산정한다. 따라서 계약 당시에 주택 수가 많다면 취득세 중과세를 적용받을 수도 있다.

> 「지방세법 시행령」 제28조의 4 [주택 수의 산정방법] (2020.8.12. 신설)
>
> ① 법 제13조의 2 제1항 제2호 및 제3호를 적용할 때 세율 적용의 기준이 되는 1세대의 주택 수는 주택 취득일 현재 취득하는 주택을 포함하여 1세대가 국내에 소유하는 주택, 법 제13조의 3 제2호에 따른 조합원입주권(이하 "조합원입주권"이라 한다), 같은 조 제3호에 따른 주택분양권(이하 "주택분양권"이라 한다) 및 같은 조 제4호에 따른 오피스텔의 수를 말한다. 이 경우 조합원입주권 또는 주택분양권에 의하여 취득하는 주택의 경우에는 <u>조합원입주권 또는 주택분양권의 취득일(분양사업자로부터 주택분양권을 취득하는 경우에는 분양계약일)</u>을 기준으로 해당 주택 취득 시의 세대별 주택 수를 산정한다. (2020.8.12. 신설)

(2) 다른 주택을 취득한 경우

2020년 8월 12일 이후 계약한 분양권은 다른 주택의 취득세율 결정 시 주택 수에 산입된다. 이 경우 분양가격을 불문하고 무조건 주택 수에 산입된다. 따라서 분양권을 포함해 주택 수를 산정한 후 다른 주택에 대한 취득세율을 결정해야 한다.[65]

---

65) 이에 대한 자세한 내용들은 저자의 「2022 확 바뀐 부동산 세금」을 참조하기 바란다.

2. 양도소득세

(1) 분양권을 양도하는 경우

분양권을 양도하면 양도소득세가 발생하는 한편, 다른 주택의 비과세요건 중 보유기간 등의 계산에 영향을 주게 된다.

① 분양권 양도소득세율

분양권을 2021년 6월 1일 이후 양도하는 경우, 조정대상지역 또는 비조정대상지역 여부에 상관없이 2년 이상 보유하더라도 60% 세율을 적용한다.

- 1년 미만 보유 시 : 70%
- 1년 이상 보유 시 : 60%

② 분양권 매도 후 비과세 보유기간 계산법의 변경

2021년 1월 1일 이후에 계약한 분양권도 주택 수에 포함된다. 따라서 분양권을 취득해 양도를 하면 다른 주택의 비과세 보유기간 등의 계산에 영향을 준다. 최종 1주택을 보유한 날로부터 보유기간 등을 계산해야 하기 때문이다.

예를 들어 아래 사례에서 A주택은 2021년 5월부터 2년 더 보유를 한 후에 양도해야 비과세를 받을 수 있게 된다.

(2) 분양권 외 다른 주택을 양도하는 경우

1) 비과세관련

분양권 외 다른 주택을 양도하면 두 가지의 형태로 비과세가 가능하다.

① 일시적 2주택 비과세

1주택 보유상태에서 분양권을 취득한 경우 3년 내에 종전주택을 양도하면 비과세를 적용하는 것을 말한다.

② 일시적 2주택 비과세 특례

위 ①상황에서 3년 내에 종전주택을 양도하지 못하는 경우에는 아래와 같은 요건을 충족하면 비과세 특례를 받을 수 있다.

- 분양주택 취득(잔금)일로부터 2년 내에 종전주택을 양도할 것
- 분양주택으로 2년 내에 전입할 것
- 분양주택에서 1년 이상 거주할 것(기타 2022년 영 시행일부터는 1년 이후 분양권을 취득할 것) 등

2) 중과세관련

2021년 1월 1일 이후 취득한 분양권도 다른 주택의 중과세 적용여부를 판단할 때 주택 수에 포함된다. 이때 규제지역(서울 등)은 가격과 상관없이, 비규제지역(군지역, 읍·면지역 등)은 옵션을 제외한 공급가격 3억 원 초과 시에만 주택 수에 포함된다. 자세한 내용은 제4장에서 별도로 정리하자.

3. 증여세

분양권을 보유 중에 배우자 등에게 증여를 할 수 있다. 이때 부채를 포함해 증여하는 경우와 그렇지 않는 경우에 대두되는 세무리스크를 정리하면 아래와 같다.

1) 분양권에 대한 증여재산가액의 계산
분양권의 경우 불입한 금액과 프리미엄을 합한 금액이 증여재산가액이 된다.

2) 부채를 포함해 증여한 경우

부채를 포함해 증여를 하면 부담부 증여에 해당되어 양도소득세와 증여세가 동시에 나올 수 있다. 따라서 프리미엄이 많이 발생한 분양권의 경우 양도소득세가 많이 나올 수 있음에 유의해야 한다.

3) 부채를 포함하지 않고 증여한 경우

부채를 포함하지 않고 증여하는 경우에는 순수한 증여에 해당되어 증여세만 부과된다. 다만, 배우자 간에는 10년간 6억 원까지 증여공제가 적용되므로 이 금액 이하로는 증여세가 발생하지 않는다.

◦◦ 저자 주 ────────────

2021년 1월 1일 이후에 분양권을 취득한 후 주택을 취득하면 일시적 2주택 비과세가 성립되지 않을 수 있다. 이러한 원리는 입주권을 승계취득한 후 주택을 취득하는 경우에도 마찬가지이다. 이에 대해서는 유권해석을 확인하거나 받아 실무처리를 하는 것이 좋을 것으로 보인다.

제 5 편

다가구주택 · 겸용주택 · 사택 · 상가 · 빌딩 · 오피스텔 · 토지 양도소득세 세무리스크 관리법

제5편은 다가구주택이나 상가겸용주택 등 특수한 주택과 상가 등 수익형 부동산과 관련된 양도소득세에 대한 리스크 관리방법을 다룬다. 이러한 부동산들은 앞의 주택 등에 비해서는 리스크가 다소 약한 편이나 다가구주택이나 겸용주택, 오피스텔은 그렇지가 않다. 이들도 주택에 해당하기 때문이다. 이러한 점에 유의해 이 편을 공부하기 바란다.

제 **10**장

다가구주택과 겸용주택, 사택관련 양도소득세 세무리스크 관리법

제10장에서는 다가구주택과 상가겸용주택 그리고 사택의 양도소득세에 대한 세무리스크 관리법을 알아본다. 다가구주택은 단독주택에 해당하나, 세제혜택을 부여할 때에는 각 호를 1주택으로 보는 특례가 주어지고 있으며, 겸용주택은 주택면적이 상가면적보다 더 크면 1주택으로 보고 비과세를 허용한다. 하지만 2022년 1월 1일 이후 실거래가 12억 원 초과하는 겸용주택의 양도분부터는 주택부분만 주택으로 본다. 한편 사택은 개인 및 법인회사가 보유하고 있는 주택을 말한다.

이장의 핵심 내용들은 다음과 같다.
- 다가구주택관련 세무리스크 관리법
- 다가구주택 임대사업자의 거주주택 비과세관련 세무리스크 관리법
- 상가겸용주택관련 세무리스크 관리법
- 상가겸용주택관련 세무상 쟁점들
- 사택관련 세무리스크 관리법

다가구주택은 각 호별로 구분하여 등기되지 않고 지분으로 등기된 주택을 말한다. 보통 모습은 단독주택처럼 되어 있다. 그런데 최근 다가구주택과 관련해 다양한 세무리스크가 발생하고 있다. 이하에서 이에 대해 알아보자.

① 기본 사례

대구광역시에서 살고 있는 K씨는 현재 1개 필지에 8세대가 살 수 있는 1동의 건물(각 호별로 등기됨)을 신축해 임대하고 있다. 상황에 맞게 답하면?

- 상황1 : 다가구주택과 다세대주택의 차이점은?
- 상황2 : 만일 4층으로 신축되었으나 1층이 주차장인 경우에도 다가구주택에 해당하는가?
- 상황3 : 위의 주택을 양도하면 양도소득세는 어떻게 될까?

위 상황에 맞게 답을 찾아보면 다음과 같다.

(상황1) 다가구주택과 다세대주택의 차이점은?

이를 표로 정리하면 아래와 같다.

구 분	다가구주택	다세대주택
구분기준	건축면적이 660㎡, 3층, 19가구 이하 주택	동당 건축면적이 660㎡, 4층, 19가구 이하 주택
세법상 취급	세법상 공동주택으로 간주되나, 이를 하나의 매매단위로 양도 시 1주택으로 보아 비과세 적용함.	각각 1채로 간주

「소득세법」 제155조 제15항에서는 다가구주택에 대해 아래와 같은 입장을 취하고 있다. 여기서 주의할 것은 다가구주택을 하나의 매매단위로 하여 양도하지 않고, 일부 지분만 양도하거나 부담부 증여하면 이는 다가구주택의 양도가 아닌 공동주택의 양도로 보아 중과세 등이 적용된다는 것이다(사전법령해석재산 2017-89, 2017.3.30. 등 참조).

⑮ 제154조 제1항을 적용할 때 「건축법 시행령」 별표1 제1호 다목에 해당하는 다가구주택은 한 가구가 독립하여 거주할 수 있도록 구획된 부분을 각각 하나의 주택으로 본다. 다만, 해당 다가구주택을 구획된 부분*별로 양도하지 아니하고 하나의 매매단위로 하여 양도하는 경우에는 그 전체를 하나의 주택으로 본다. (2015.2.3. 개정)
* 지분으로 양도하거나 부담부 증여하는 것도 구획된 부분을 양도하는 것으로 봄에 주의할 것

(상황2) 만일 4층으로 신축되었으나 1층이 주차장인 경우에도 다가구주택에 해당하는가?

다가구주택이 「소득세법」에 따른 1세대 1주택 비과세를 적용받기 위해서는 아래의 「건축법 시행령」 별표1 제1호 다목의 요건을 충족해야 한다.

다. 다가구주택: 다음의 요건을 모두 갖춘 주택으로서 공동주택에 해당하지 아니하는 것을 말한다.
  1) 주택으로 쓰는 층수(지하층은 제외한다)가 3개 층 이하일 것. 다만, 1층의 전부 또는 일부를 필로티 구조로 하여 주차장으로 사용하고 나머지 부분을 주택 외의 용도로 쓰는 경우에는 해당 층을 주택의 층수에서 제외한다.
  2) 1개 동의 주택으로 쓰이는 바닥면적(부설 주차장 면적은 제외한다. 이하 같다)의 합계가 660제곱미터 이하일 것
  3) 19세대(대지 내 동별 세대수를 합한 세대를 말한다) 이하가 거주할 수 있을 것

위의 내용을 보면 주차장으로 사용하는 1층은 층수에서 제외하므로 사례의 경우에는 다가구주택으로 인정받을 수 있다. 만일 이러한 요건을 위배하면 더 이상 다가구주택이 아닌 것으로 취급되므로 유의해야 한다. 특히 불법 증축된 옥탑방에 유의해야 한다.

(상황3) 위의 주택을 양도하면 양도소득세는 어떻게 될까?

세법은 한 동의 주택을 각 호별로 등기한 경우에는 이를 다세대주택으로 보고 각각을 1채로 보아 양도소득세에 관한 규정을 적용한다. 그러므로 K씨의 경우에는 구분등기된 1호가 각각의 1주택이 되는 것에 해당한다. 따라서 8세대로 구분등기된 1동의 다세대주택을 전체 양도하는 경우에는 8주택을 양도한 것이 되어 양도소득세 과세대상이 된다.

☞ 이렇게 주택 수가 많아지면 당연히 중과세의 가능성이 높아진다. 따라서 사전에 이에 대한 대책을 꾸릴 필요가 있다. 이때 다가구주택으로 용도변경하는 경우 용도변경일로부터 2년 이상 보유(거주)하면 비과세가 가능하다(서면법령해석재산 2019-2448, 2021.3.9.).

② 핵심 포인트

다가구주택에 대한 세무상 쟁점을 부동산 거래단계별로 따져보면 다음과 같다.

취득 시	• 다가구주택은 취득 시 1주택으로 보게 된다. • 취득세율은 일반적인 주택과 차이가 없다. 　☞ 신축 시에는 별도로 세금문제를 검토해야 한다.

↓

보유/임대 시	• 다가구주택을 보유하면 주택에 대한 재산세 등이 부과된다. • 다가구주택을 관할 세무서에 등록하면 종합부동산세를 비과세한다(다가구주택도 재산세 감면을 받을 수 있다). • 다가구주택을 임대하면 1주택자는 기준시가 9억 원 초과 시, 2주택자는 주로 월세소득에 대해 임대소득세가 부과되는 것이 원칙이다.

↓

처분 시	• 다가구주택만 보유한 1주택자는 2년 이상 보유 시 비과세를 받을 수 있다(고가주택은 비과세가 일부 제한됨). • 다가구주택을 포함한 2주택자는 처분순서에 따라 과세형태가 달라진다. 　− 다가구임대주택을 먼저 처분하는 경우 : 과세 　− 주임사의 거주주택을 먼저 처분하는 경우 : 비과세 가능(뒤에서 살펴봄)

> 🔍 **다가구주택에 대한 세법(요약)**
>
> • **취득세** : 주택가격에 따라 1~12%로 부과된다. 다가구주택은 청구인이 임대를 목적으로 쟁점주택을 취득하였다고 하더라도 쟁점주택은 공동주택이 아닌 다가구주택에 해당하는 사실이 확인되는 이상 감면대상 주택으로는 보기 어렵다(조세심판원 2012지0331, 2012.6.28.).
> • **재산세** : 재산세는 과세되는 것이 원칙이나, 전용면적 40㎡ 이하이고 기준시가 2억 원 이하인 호에 대해서는 감면을 받을 수 있다.
> • **종합부동산세** : 주택가격이 6억 원(1세대 1주택 단독명의는 11억 원) 초과 시 과세된다. 단, 임대등록에 의한 합산배제 신청이 가능하다.
> • **임대소득세** : 1주택은 기준시가 9억 원 초과 시, 2주택 이상은 과세되는 것이 원칙이다.
> • **양도소득세** : 1세대 1주택인 경우에는 비과세가 가능하다. 1세대 2주택 이상인 경우에는 주택임대사업자등록을 하면 거주주택에 대해 비과세를 받을 수 있다. 다가구주택을 임대등록하는 경우에는 각 호의 기준시가가 6억 원(지방은 3억 원) 이하여야 한다.

③ 실전 사례

K씨는 아래와 같은 주택을 보유하고 있다. 상황에 맞게 답하면?

자료

> • A주택 : 다가구주택(3층)으로 10개의 원룸으로 사용 중
>   −위 주택 중 1호에서 K씨가 2년 이상 거주하고 있음.

> • 상황1 : 위 주택을 양도하면 1세대 1주택에 해당하는가?
> • 상황2 : 만일 위 주택이 원룸이 아니라 고시원 형태로 운영하면 비과세가 가능한가?
> • 상황3 : 만일 위 주택을 주택임대사업자등록을 했다면 어떤 혜택이 있는가?
> • 상황4 : 만일 위 주택 4층에 불법으로 건축된 옥탑방이 있다면 어떤 문제가 있는가?

위 상황에 맞게 답을 찾아보면 다음과 같다.

(상황1) 위 주택을 양도하면 1세대 1주택에 해당하는가?

해당 주택이 상시 주거용으로 사용된 주택에 해당하면 1세대 1주택 비과세를 받을 수 있다. 이때 K씨가 다가구주택에 거주한 경우에는 2년 비과세요건 및 장기보유특별공제를 위한 거주요건을 충족한 것에 해당한다.

(상황2) 만일 위 주택이 원룸이 아니라 고시원 형태로 운영하면 비과세가 가능한가?

비과세를 받기 위해서는 해당 건물이 "상시 주거용"으로 사용되었음을 입증해야 한다. 「소득세법」 제88조에서 "주택이란 허가 여부나 공부(公簿)상의 용도구분에 관계없이 사실상 주거용으로 사용하는 건물을 말한다. 이 경우 그 용도가 분명하지 아니하면 공부상의 용도에 따른다."라고 하고 있다. 따라서 이러한 상황에서는 해당 건물이 주택인지 아닌지에 따라 비과세 여부를 판단해야 할 것으로 보인다.

(상황3) 만일 위 주택을 주택임대사업자등록을 했다면 어떤 혜택이 있는가?

재산세와 종합부동산세, 양도소득세 중과세 제외 등의 혜택을 누릴 수 있다. 다만, 등록시기 등에 따라 혜택의 범위가 달라질 수 있음에 유의해야 한다.

(상황4) 만일 위 주택 4층에 불법으로 건축된 옥탑방이 있다면 어떤 문제가 있는가?

이렇게 되면 「건축법」상 다가구주택에서 제외되어 비과세가 적용되지 않고, 양도소득세가 과세(중과세 포함)될 수 있다.

🔵 **조심 – 2018 – 서 – 4380, 2019.6.27.**

쟁점부동산은 주택으로 사용된 층수가 4개층(3층부터 5층 및 쟁점옥탑)에 해당하여 1세대 1주택 비과세 대상인 다가구주택의 요건을 충족하지 못한다 할 것이므로 처분청이 청구인에게 이 건 양도소득세를 과세한 처분은 달리 잘못이 없다고 판단됨.

Tip 🔵

❑ 다가구주택에 대한 양도소득세 비과세 판단과 중과세 대상 주택 수 산입

다가구주택에 대한 양도소득세 비과세와 중과세 주택 수 산입은 어떻게 하는지 표로 정리해보면 아래와 같다. 다만, 아래의 내용은 저자의 의견을 반영한 것으로 실무 적용 시에는 유권해석 등을 확인하기 바란다. 참고로 종전에는 다가구주택을 하나의 매매단위로 하여 "1인에게 양도하거나 1인으로부터 취득하는 경우"에 이를 단독주택으로 보았으나 2007년 2월 28일에 이 내용이 삭제되었다. 따라서 "1인 양도나 1인 취득"과 무관하게 위의 규정을 적용한다.

소유형태	양도유형	양도 방법	비과세 적용여부	중과세 대상 주택 수 산입	비고
단독소유	양도	전체지분 3자에 양도	1주택 비과세 가능	1주택 산입	추천
		일부 호실 양도	1주택 비과세 불가(공동주택)	각 호별 주택 수 산입	비추천
		일부 지분 양도	1주택 비과세 불가(하나의 매매단위 아님)	1주택 산입 (비구획)	비추전
	부담부 증여	전체 또는 일부 양도	1주택 비과세 불가(하나의 매매단위 아님)	각 호별 주택 수 산입	비추천

소유형태		양도유형	양도 방법	비과세 적용여부	중과세 대상 주택 수 산입	비고
공동 소유	동일 세대	양도	전체지분 3자에 양도	1주택 비과세 가능 (동일세대원 1채)	1주택 산입	추천
			일부 호실 양도	1주택 비과세 불가 (공동주택)	각 호별 주택 수 산입	비추천
			일부 지분 양도	1주택 비과세 불가	1주택 산입	비추천
		부담부 증여	전체 또는 일부 양도	1주택 비과세 불가(하나의 매매단위 아님)	각 호별 주택 수 산입	비추천
	별도 세대	양도	보유호실 전체 양도	1호 비과세 가능 (2호 이상은 불가)	각 호별 주택 수 산입	1호는 추천 2호 이상은 비추천
			보유지분 전체 양도	1주택 비과세 가능	1주택 산입	추천
		부담부 증여	보유호실/지분 양도	공동주택	공동주택	비추천

● **양도, 재산세과 - 2870, 2008.9.19.**

[제목]

다가구주택을 공동으로 소유하다가 자기지분을 양도하는 경우 주택 수 계산 방법

[회신]

1. 1세대 2주택 이상 중과와 관련하여 「건축법 시행령」 별표1 제1호 다목에 해당하는 다가구주택의 경우 한 가구가 독립하여 거주할 수 있도록 구획된 부분을 각각 하나의 주택으로 봄.

2. 다만, 다가구주택을 가구별로 분양하지 아니하고 당해 다가구주택을 하나의 매매단위로 하여 양도하는 경우에는 이를 단독주택으로 보는 것(거주자가 선택하는 경우에 한함)이나, 다가구주택을 공동으로 소유하다가 자기지분만을 양도하는 경우 당해 양도지분에 대하여는 당해 규정이 적용되지 아니하는 것으로, 귀 질의의 경우 소유지분(15)이 6가구 중 1가구(301호)에 해당하는지, 6가구 각각의 15에 해당하는지는 사실판단할 사항임.

□ **다중주택과 다가구주택의 구분**

「건축법 시행령」 별표1 제1호 나목에서는 단독주택의 하나로 다중주택에 대한 정의를 아래와 같이 내리고 있다.

> 나. 다중주택: 다음의 요건을 모두 갖춘 주택을 말한다.
>   1) 학생 또는 직장인 등 여러 사람이 장기간 거주할 수 있는 구조로 되어 있는 것
>   2) 독립된 주거의 형태를 갖추지 아니한 것(각 실별로 욕실은 설치할 수 있으나, 취사시설은 설치하지 아니한 것을 말한다. 이하 같다)
>   3) 1개 동의 주택으로 쓰이는 바닥면적의 합계가 330제곱미터 이하이고 주택으로 쓰는 층수(지하층은 제외한다)가 3개 층 이하일 것

이러한 다중주택도 엄연히 단독주택에 해당하나 다가구주택과는 차이가 난다. 예를 들어 다중주택은 이를 건축할 때 전체 건축면적이 85㎡를 초과하면 부가가치세가 과세되나, 다가구주택은 각 호별로 면적을 따지므로 부가가치세가 면제된다. 다만, 다중주택을 상시 주거용으로 사용한 경우에는 1세대 1주택으로 보아 비과세를 해준다. 기타 주택임대업등록 시 세제혜택에서도 차이가 발생하고 있다. 구체적인 것은 저자가 운영하고 있는 카페(네이버 신방수세무아카데미)로 문의하기 바란다.

● **서면3팀 - 2078, 2006.9.8.**

부가가치세가 면제되는 국민주택이라 함은 「조세특례제한법 시행령」 제51조의 2 제3항에 규정된 규모 이하의 주택을 말하는 것으로 「건축법 시행령」 별표1에 규정된 다중주택의 경우 국민주택규모의 주택 해당여부는 1동 전체의 전용면적을 기준으로 판단하는 것임.

다가구(원룸)임대주택과 거주주택을 보유하고 있는 상태에서 거주주택을 팔면 양도소득세가 비과세되는지에 대해 좀 더 세부적으로 알아보자. 다가구임대주택은 일반임대주택과는 다른 특징을 가지고 있기 때문에 별도로 살펴볼 필요가 있다.

① 기본 사례

서울 성북구에 거주하고 있는 H씨는 다가구주택(원룸)과 거주주택 1채를 소유하고 있다. 현재 다가구주택은 모두 15호로 「민간임대주택법」에 의한 사업자등록과 관할 세무서에 사업자등록을 필했다. H씨는 다음과 같은 상황이 궁금하다.

> • 상황1 : 이번에 10년 이상 보유 및 거주한 거주주택을 양도하고자 하는 경우 양도소득세 비과세 대상이 되는가?
> • 상황2 : 다가구주택의 경우 기준시가는 각 호별로 적용하는지 아니면 전체를 기준으로 적용하는가?

위의 상황에 대해 순차적으로 답을 찾아보자.

(상황1) 이번에 10년 이상 보유 및 거주한 거주주택을 양도하고자 하는 경우 양도소득세 비과세 대상이 되는가?

장기임대주택에 대한 세법상의 요건(기준시가 등)과 거주주택의 비과세요건(2년 이상 보유 및 2년 이상 거주)을 충족한 경우에는 거주주택에 대해서는 비과세를 받을 수 있다.

(상황2) 다가구주택의 경우 기준시가는 각 호별로 적용하는지 아니면 전체를 기준으로 적용하는가?

일반적으로 다가구주택은 기준시가가 일반주택보다 높다. 이로 인해 장기임대주택 요건인 기준시가 6억 원을 초과하는 경우가 많다. 이렇게 되면 다가구임대사업자들이 일반임대사업자들에 비해 불이익을 받게 될 수 있으므로 다가구주택은 전체가 아닌 '각 호'별로 위의 기준을 정하고 있다. 따라서 각 호별로 기준시가가 6억 원 이하가 되면 장기임대주택의 가액 요건을 충족하게 된다.

핵심 포인트

다가구주택 소유자가 거주주택 비과세를 받기 위해서는 아래와 같은 요건들을 충족해야
한다.

임대주택	• 관할 지자체에 등록할 것(2020년 8월 18일 이후는 10년 장기로만 등록) • 관할 세무서에 등록할 것 • 각 호별로 임대료 5% 증액제한 의무를 준수할 것

거주주택	• 등록 전 후 통산하여 2년 이상 거주할 것

비과세신고	• 비과세서류를 첨부하여 비과세로 신고할 것(단, 무신고 시에도 이에 대한 비과 세가 적용되는지의 여부는 별도로 확인해야 함)

☞ 다가구주택은 각 호별로 임대요건을 준수해야 한다.

 실전 사례

A씨는 아래와 같이 주택을 보유하고 있다. 상황에 맞게 답하면?

자료

> • 다가구주택 보유 중(10호)
> • 거주주택 보유 중(2010년 취득)

> • 상황1 : 이 상태에서 거주주택을 양도하면 비과세를 받을 수 있는가?
> • 상황2 : 이 상태에서 다가구주택을 임대등록하면 거주주택 비과세를 받을 수 있는가?
> • 상황3 : 다가구주택 임대 중에 임대료를 5% 이상 받으면 어떤 문제가 있는가?

위 상황에 맞는 답을 찾아보면 다음과 같다.

(상황1) 이 상태에서 거주주택을 양도하면 비과세를 받을 수 있는가?

다가구주택을 포함해 2주택 상태가 되므로 이 경우에는 일시적 2주택 비과세 관계가 성립하지 않으면 과세되는 것이 원칙이다.

(상황2) 이 상태에서 다가구주택을 임대등록하면 거주주택 비과세를 받을 수 있는가?

그렇다. 요건을 갖춘 다가구주택을 임대등록하면 거주주택에 대해서는 비과세를 적용해주기 때문이다.

- 임대주택 요건 : 각 호별로 기준시가가 6억 원(지방은 3억 원) 이하에 해당할 것+10년 이상 장기로 임대할 것+임대료는 5% 이내에서 인상할 것 등
- 거주주택 요건 : 2년 이상 거주할 것

(상황3) 다가구주택 임대 중에 임대료를 5% 이상 받으면 어떤 문제가 있는가?

아니다. 이의 요건을 거주주택 비과세를 위해서 반드시 지켜야 할 의무에 해당한다.

Tip

❑ **다가구주택의 임대등록과 세무상 쟁점들**

다가구주택을 임대등록할 때 발생할 수 있는 세무상 쟁점들을 정리해보자.

- 2020년 8월 18일 이후에는 10년 장기로만 등록할 수 있다.
- 2019년 9월 14일 이후 조정지역 내에서 취득한 주택은 등록하더라도 종합부동산세가 과세되는 한편 양도소득세 중과세가 적용될 수 있다(2018년 9·13조치).
- 다가구주택 중 일부호실에서 본인이 거주한 경우라도 「조특법」 제97조의 3 장기보유특별공제 특례가 적용된다(조특, 서면-2020-부동산-0826 [부동산납세과-491], 2020.4.17.).
- 임대등록한 다가구주택 외 거주주택에 대해서는 비과세가 1회 가능하다. 그런데 이때 다가구주택에서 본인이 거주하고 있다면 일반주택이 2채가 되어 거주주택에 대해서는 비과세가 성립되지 않을 수 있음에 유의해야 한다(단, 일시적 2주택 비과세는 가능).
- 상가겸용인 다가구주택을 임대등록한 경우 상가와 주택부분의 양도소득을 구분(통상 기준시가)하여 세제를 적용해야 한다.

상가겸용주택(겸용주택)은 상가와 주택이 결합된 건축물을 말한다. 하나의 부동산에서 주거용과 비주거용 건물이 결합되어 관련 세금이 상당히 복잡해질 수 있다. 이러한 상가주택을 거래할 때 알아야 하는 세금문제를 정리해보자.

① 기본 사례

P씨는 아래의 상가주택을 거래하려고 한다. 상황에 맞게 답하면?

자료

- 매매예상가액 : 8억 원
- 주택의 연면적 〉 상가의 연면적
- 상가의 기준시가 : 3억 원(상가건물 5천만 원, 상가부속토지 2억 5천만 원)
- 주택의 기준시가 : 2억 원
- 매도인은 일반과세자에 해당함.

- 상황1 : 매수인 K씨는 취득세를 얼마나 부담해야 하는가? 단, 세율은 일반세율이 적용된다.
- 상황2 : 상가에 대해 부가가치세가 얼마나 발생하는가?
- 상황3 : 상가양도에 따른 양도소득세는 얼마인가?

위의 상황에 대해 답을 찾아보면 다음과 같다.

(상황1) 매수인 K씨는 취득세를 얼마나 부담해야 하는가? 단, 세율은 일반세율이 적용된다.

상가주택을 취득하는 경우에는 상가와 주택에 대한 가격을 안분해야 한다. 취득세율이 다르기 때문이다. 전체 취득가액이 8억 원이고 상가와 주택의 기준시가가 3억 원과 2억 원이므로 아래와 같이 상가와 주택의 양도가액을 계산할 수 있다.

- 상가의 취득가액＝8억 원×(3억 원/5억 원)＝4억 8천만 원
- 주택의 취득가액＝8억 원－4억 8천만 원＝3억 2천만 원

이를 기준으로 취득세를 계산하면 다음과 같다.

구 분	취득가액	취득세율	취득세
상가	4억 8천만 원	4%	1,920만 원
주택	3억 2천만 원	1%	320만 원
계	8억 원	－	2,240만 원

(상황2) 상가에 대해 부가가치세가 얼마나 발생하는가?

부가가치세를 계산하기 위해서는 위에서 계산된 상가의 양도가액을 상가건물분과 토지분으로 나누어야 한다. 상가건물분에 대해서만 부가가치세가 과세되기 때문이다. 상가건물의 기준시가는 5천만 원, 토지의 기준시가는 2억 5천만 원을 기준으로 상가건물분의 공급가액을 계산하면 다음과 같다.

> 상가건물 공급가액＝4억 8천만 원×(5천만 원/3억 원)＝8천만 원

사례의 경우 매도인은 일반과세자에 해당하므로 이 금액의 10%가 부가가치세가 된다. 매수인 K씨는 이 부가가치세를 환급받을 수 있다. 참고로 이러한 부가가치세 없이 거래하려면 포괄양수도계약을 맺어 진행하면 된다.

> 상가양도에 따른 부가가치세＝8천만 원×10%＝800만 원

(상황3) 상가양도에 따른 양도소득세는 얼마인가?

사례의 경우 매도인의 보유주택 수에 따라 과세방식이 달라진다.

① 1세대 1주택자에 해당하는 경우

'주택의 연면적 〉 상가의 연면적'이므로 전체가 주택에 해당한다. 따라서 이 경우에는 전체 양도차익에 대해 비과세가 가능하다(2022년부터는 원칙적으로 각각 구분하여 과세).

② 1세대 2주택 이상자에 해당하는 경우

이 경우 상가주택에 대해 비과세가 적용되는 경우에는 앞과 같은 연면적을 기준으로 과세

물건을 구분하므로 전액 비과세가 가능하다. 하지만 과세가 되는 경우에는 상가와 주택으로 구분한 후 상가와 주택에 맞는 세법을 적용한다(결국 둘을 합산하여 과세를 하게 된다).

② 핵심 포인트

상가주택을 거래 시 점검하여야 할 세무상 쟁점들을 정리하면 다음과 같다.

	매수인	매도인
취득 시	• 주택부분 : 1~12%의 취득세가 발생함. • 상가부분 : 4%의 취득세가 발생함.	–
보유 시	• 재산세가 발생함. • 종합부동산세가 발생함.	–
임대 시	• 주택임대소득 : 　－ 부가가치세 : 없음. 　－ 종합소득세 : 비과세, 분리과세, 종합과세 • 상가임대소득 　－ 부가가치세 : 발생함. 　－ 종합소득세 : 종합과세	–
양도 시	–	• 주택연면적* 〉 상가연면적 : 전체가 주택 • 주택연면적 ≤ 상가연면적 : 주택은 주택, 상가는 상가

* 연면적이란 각 층의 면적을 합한 것을 말한다.

③ 실전 사례

K씨는 1~2층은 점포, 3층은 주택으로 이루어진 상가주택(A)을 가지고 있다. 이 건물이 15억 원이라면 어떻게 하는 것이 세금을 줄이는 길이 될까? K씨는 다른 주택(B) 한 채도

가지고 있다.

이 경우 K씨는 1세대 2주택자가 된다. 따라서 두 주택 중 어떤 주택을 먼저 파는 것이 유리한지 세금계산을 해봐야 한다.

① 만약 B주택을 먼저 양도하는 것이 유리하다면 → 남아 있는 A주택은 비과세를 받을 수 있다. 그런데 A주택은 상가주택으로 주택부분만 비과세가 되므로 비과세 혜택을 늘리기 위해서는 건물 전체를 주택으로 인정받는 것이 좋다. 이를 위해서는 미리 2층을 주택으로 용도변경을 하거나 실제 주택으로 사용하여 주택으로 인정받도록 한다.
② 만일 A주택을 먼저 양도하는 것이 유리하다면 → 이러한 상황은 보통 B주택이 A주택의 비과세에 영향을 주지 않을 때 가능하다. 예를 들어 B주택에 대해 감면이 적용되거나 상속주택 등에 해당하는 경우가 이에 해당한다.

잠깐퀴즈

상가주택 지하의 보일러실, 계단 등은 어느 건물로 구분되는가?
겸용주택의 부설된 보일러실이나 계단 등 시설물은 사실상의 사용용도에 따라 구분한다. 다만, 용도가 불분명한 경우에는 주택의 면적과 주택 외의 면적비율로 안분 계산한다(**부동산 거래관리**-1502, 2010.12.21. 등).

Tip

❑ **상가주택 거래 시 알아두어야 할 것들**
• 상가에 대해서는 부가가치세가 과세되며, 주택에 대해서는 부가가치세가 과세되지 않는다.
• 상가와 주택의 연면적은 취득세, 부가가치세, 양도소득세 과세판단에 많은 영향을 미친다. 연면적 판단 시 지하실, 옥탑방, 부속건물, 계단, 공실, 실질용도 등과 관련하여 다양한 쟁점이 발생한다. 사전에 다각도로 검토해야 세무리스크를 예방할 수 있다.
• 상가임대 시에는 사업자등록을 의무적으로 해야 하나, 주택임대 시에는 선택적으로 하면 된다.
• 상가주택을 양도 시에는 비과세가 적용되는 경우에는 연면적의 크기로 과세물건을 구분하되, 과세가 되는 경우에는 상가와 주택을 각각 구분하여 과세한다. 단, 2022년 1월 1일 이후 12억 원 초과 겸용주택의 양도분부터는 상가와 주택을 각각 구분하여 과세한다.

상가겸용주택관련 세무상 쟁점들

상가겸용주택(겸용주택)과 관련해 발생할 수 있는 다양한 세무상 쟁점들을 정리해보자.

1. 1세대 1주택의 범위

「소득세법」 제154조에서는 1세대 1주택의 범위에 대해 아래와 같이 정하고 있다.

> ③ 법 제89조 제1항 제3호를 적용할 때 하나의 건물이 주택과 주택 외의 부분으로 복합되어 있는 경우와 주택에 딸린 토지에 주택 외의 건물이 있는 경우에는 그 전부를 주택으로 본다. 다만, 주택의 연면적이 주택 외의 부분의 연면적보다 적거나 같을 때에는 주택 외의 부분은 주택으로 보지 아니한다.
> ④ 제3항 단서의 경우에 주택에 딸린 토지는 전체 토지면적에 주택의 연면적이 건물의 연면적에서 차지하는 비율을 곱하여 계산한다.

즉 겸용주택에 대해서는 주택과 주택 외의 면적을 기준으로 아래와 같이 1세대 1주택 범위를 판단한다.

2021년 12월 31일 이전 양도	2022년 1월 1일 이후 양도
• 주택 연면적>주택 외 연면적 : 전체 1주택 • 주택 연면적≤주택 외 연면적 : 주택만 주택	주택만 주택, 그 외는 상가 등 (단, 12억 원 초과 겸용주택에 한함)

참고로 주택에 딸린 토지로 보는 사례 등에 대해서는 아래를 참조하기 바란다.

🌐 양도소득세 집행기준

89-154-25 [주택에 딸린 토지로 보는 해석 사례]

구 분	주택에 딸린 토지로 보는 경우
한 울타리 내 여러 필지	필지 수에 불구하고 사실상 주택과 경제적 일체를 이루는 경우
같은 세대원이 소유한 주택에 딸린 토지	주택과 그에 딸린 토지를 같은 세대원이 각각 소유한 경우
매매계약체결 후 주택을 멸실한 경우	매매계약 체결 후 양도일 전에 매매계약조건에 따라 주택을 멸실한 경우

구 분	주택에 딸린 토지로 보는 경우
환지청산금	1세대 1주택 비과세요건(고가주택 제외)을 갖춘 조합원이 조합으로부터 환지청산금을 지급받는 경우
전용 사도	해당 토지가 양도 주택에만 전용으로 사용되는 별도 필지의 도로

89-154-26 [주택에 딸린 토지로 보지 않는 해석 사례]

구 분	주택에 딸린 토지로 보는 경우
울타리 경계 밖에 있는 토지	담장 또는 울타리 경계 밖에 있는 토지
타인이 소유한 주택에 딸린 토지	같은 세대원이 아닌 자가 소유한 주택에 딸린 토지
주택 양도 후 주택에 딸린 토지가 수용되는 경우	주택을 제3자에게 먼저 양도한 후 나중에 수용되는 주택에 딸린 토지
공동으로 사용하는 사도	다른 세대도 공동으로 사용하는 사도

89-154-27 [겸용주택의 주택과 그에 딸린 토지면적 계산]

① 주택의 정착면적 = 건물전체 정착면적 $\times \dfrac{주택부분\ 연면적}{건물전체\ 연면적}$

② 주택에 딸린 토지면적 = 건물에 딸린 전체토지면적 $\times \dfrac{주택부분\ 연면적}{건물전체\ 연면적}$

사례

| 비과세요건을 충족한 겸용주택에 딸린 토지면적 계산 |

(건물정착면적 : 150㎡, 건물에 딸린 전체 토지면적 : 800㎡, 도시지역 내 녹지지역에 소재)

구 분	주택 > 기타건물	주택 ≤ 기타건물
건물 정착면적	80㎡ > 70㎡	70㎡ ≤ 80㎡
주택에 딸린 토지면적	800㎡ (800 = 800×150/150)	373㎡ (373 = 800×70/150)
비과세 되는 주택에 딸린 토지면적	750㎡ (750 = 150×5배)	350㎡ (350 = 70×5배)

저자 주

겸용주택과 관련해 다양한 세무상 쟁점들이 발생하고 있다. 따라서 정확한 실무처리를 위해서는 반드시 세무전문가와 미리 상의를 하는 것이 좋을 것으로 보인다.

2. 겸용주택의 근린생활시설을 불법으로 용도변경한 경우

이 경우에도 주택으로 사용한 것으로 보아 1세대 1주택 비과세를 판단한다. 아래의 예규를 참조하기 바란다.

🌐 양도, 부동산거래관리과 - 460, 2012.8.29.

[제목]

겸용주택의 근린생활시설을 불법으로 용도변경하여 주택으로 사용하는 경우 1세대 1주택 비과세 해당 여부 등

[요지]

확인된 사실상의 주택을 포함하여 1동의 건물이 「건축법 시행령」 별표1에 따른 공동주택 기준에 해당하는 경우에는 독립하여 거주할 수 있도록 구획된 부분을 각각 하나의 주택으로 보아 1세대 1주택 비과세 여부 등을 판단하는 것임.

3. 점포를 주택으로 용도변경한 경우의 비과세 보유기간 계산

점포를 주택으로 용도변경한 경우 주택으로 사용한 기간을 통산한다.

🌐 양도소득세 집행기준 89 - 154 - 33 [점포를 주택으로 용도변경한 경우 보유기간 계산]

주택을 점포로 용도변경하여 사업장으로 사용하다 이를 다시 주택으로 용도변경한 후 해당 주택을 양도하는 경우 거주기간 및 보유기간 계산은 해당 건물의 취득일부터 양도일까지의 기간 중 주택으로 사용한 기간을 통산한다.

4. 「건축법」 제19조에 따른 용도변경을 한 경우의 보유기간 계산법

「건축법」 제19조에 따라 주택을 근린생활시설 등으로 용도변경한 경우에는 「소득세법 시행령」 제154조 제5항의 최종 1주택 보유기간 계산규정을 적용받게 된다. 따라서 2주택 이상자가 비과세를 받기 위해 1주택 이상을 아래 규정에 따라 용도변경을 하면 비과세 대상 주택을 용도변경한 날부터 2년 이상 더 보유(거주)한 후에 양도해야 비과세를 받을 수 있다.

제19조 [용도변경]

① 건축물의 용도변경은 변경하려는 용도의 건축기준에 맞게 하여야 한다.

② 제22조에 따라 사용승인을 받은 건축물의 용도를 변경하려는 자는 다음 각 호의 구분

에 따라 국토교통부령으로 정하는 바에 따라 특별자치시장·특별자치도지사 또는 시장·군수·구청장의 허가를 받거나 신고를 하여야 한다. (2013.3.23., 2014.1.14. 개정)

1. 허가 대상 : 제4항 각 호의 어느 하나에 해당하는 시설군(施設群)에 속하는 건축물의 용도를 상위군(제4항 각 호의 번호가 용도변경하려는 건축물이 속하는 시설군보다 작은 시설군을 말한다)에 해당하는 용도로 변경하는 경우
2. 신고 대상 : 제4항 각 호의 어느 하나에 해당하는 시설군에 속하는 건축물의 용도를 하위군(제4항 각 호의 번호가 용도변경하려는 건축물이 속하는 시설군보다 큰 시설군을 말한다)에 해당하는 용도로 변경하는 경우

5. 멸실을 한 경우의 보유기간 계산법

1주택자가 신규주택을 취득한 후에 멸실하는 경우에 종전주택의 비과세 보유기간은 당초 취득일부터 계산한다. 아래 예규를 참조하기 바란다.

🔹 양도, 서면 – 2020 – 법령해석재산 – 2354 [법령해석과 – 487], 2021.2.8.

[제목]

신규주택을 멸실한 후 종전주택 양도 시 소득령 제154조 제5항에 따른 보유기간 계산방법

[요지]

1세대 2주택자가 신규주택을 멸실한 후 종전주택을 양도하는 경우 1세대 1주택 비과세 적용 시 소득령 제154조 제5항에 따른 보유기간은 종전주택 취득일부터 기산함.

[회신]

귀 질의의 사실관계와 같이 2주택 보유세대가 신규주택 멸실 후 종전주택 양도시 「소득세법 시행령」 제154조 제1항에 따른 1세대 1주택 비과세 여부를 판단할 때, 같은 법 시행령 제154조 제5항에 따른 보유기간의 기산일은 당해 주택의 취득일로 하는 것임.

Tip

☐ **용도변경에 따른 비과세 적용 여부와 장기보유특별공제**

상가를 주택으로 또는 그 반대로 용도변경한 경우 비과세와 장기보유특별공제는 어떻게 적용하는지 표로 정리하면 아래와 같다. 아래의 내용은 저자의 의견이 많이 반영된 것으로 실무 적용 시에는 반드시 유권해석을 참조하기 바란다.

구 분	비과세	장기보유특별공제
다세대주택 ⇒ 다가구주택으로 변경	• 비과세 가능 • 2년 보유 : 용도변경일*부터 기산 　* 이를 취득일로 간주	용도변경일부터 보유기간 기산 (집행 95 – 159의3 – 6)
상가 ⇒ 주택으로 변경	• 비과세 가능 • 2년 보유 : 용도변경일부터 기산	주택보유기간 통산(재산세과 – 2022)
주택 ⇒ 상가로 변경	비과세 불가	☞ 단, 용도변경 특약으로 거래 시 매매계약일을 기준으로 비과세를 판단하는 것이 타당해 보임 (양도, 서일 46014 – 10582, 2001.12.7.).
상가〉주택 ⇒ 주택으로 변경	• 비과세 가능 • 2년 보유 : 용도변경일부터 기산	Max[전체 보유기간 공제율 (30%), 1주택 공제율*] * 용도변경일 이후 주택 보유기간 등(8%)
상가〈주택 ⇒ 상가로 변경	비과세 불가	전체 보유기간 공제율(30%)
주택 · 건물(멸실) ⇒ 토지	–	토지취득일~양도일(30%)
토지 ⇒ 주택(신축)	• 비과세 가능 • 2년 보유 등 : 신축일로부터 2년 기산	Max[전체 보유기간별 공제율 (30%), 1주택 공제율*] * 신축일 이후 보유기간 등(8%)
건물 ⇒ 건물(증축)	–	• 기존건물 : 취득일~양도일 • 증축분 : 증축일~양도일
주거용오피스텔 ⇒ 업무용오피스텔	• 비과세 불가 • 다른 주택 비과세 시 보유기간 기산일에 영향을 줌.	취득일~양도일(30%)
업무용오피스텔 ⇒ 주거용오피스텔	• 비과세 가능 • 2년 보유 : 변경일로부터 기산	Max[전체 보유기간 공제율, 1주택 공제율]
2주택 ⇒ 처분 ⇒ 1주택	• 비과세 가능 • 보유기간 : 최종 1주택 보유기간 재계산	취득일~양도일(재산 – 0675, 2020.12.29.)
주택 ⇒ 입주권	• 비과세 가능 • 관처일과 철거일 중 빠른 날 현재 2년 보유 등	기존건물분만 공제

구 분	비과세	장기보유특별공제
주택⇒입주권⇒주택	• 비과세 가능 • 취득일~양도일 기준 2년 보유기간 산정 • 면적증가분 : 완공일 이후 2년 보유	• 기존건물 : 취득일~양도일 • 청산금 : 완공일~양도일
임대주택⇒거주주택	직전거주주택 양도일 이후 2년 보유 등	• 직전거주주택 양도일 이후 보유기간(「소령」 제161조 제4항)

● **양도, 재산세과 - 2022, 2008.7.31.**

[제목]

장기보유특별공제액 계산 시 보유기간 계산

[요지]

1세대 1주택에 대한 장기보유특별공제율 적용 시 주택의 보유기간 계산은 당해 건물의 취득일부터 양도일까지의 기간 중 주택으로 사용한 기간을 통산함.

[회신]

「소득세법」 제95조 제2항 단서의 장기보유특별공제액을 계산함에 있어 주택을 근린생활시설로 용도 시 주택으로 용도변경하여 주택으로 사용하는 중 동 주택을 양도하는 경우 당해 주택의 보유기간 계산은 당해 건물의 취득일부터 양도일까지의 기간 중 주택으로 사용한 기간을 통산하는 것임.

☞ 주택은 장기보유특별공제율이 최대 80%까지 가능하므로 주택으로 사용한 기간을 통산하는 것이 원칙이다. 하지만 이외 주택을 상가로 용도변경하는 경우에는 최대 30%가 주어지므로 당초 취득일부터 보유기간을 계산하는 것이 원칙이다.

개인이나 법인회사가 사택이나 기숙사 등을 취득하고 유지 또는 양도할 때 부동산 세금이 어떻게 작동되고 있는지 살펴보자. 물론 이러한 내용들은 앞으로 주택에 관련된 세무리스크를 예방하는 역할을 하게 될 것이다.

1. 최근 법인의 부동산관련 세제개편 내용

2020년 6·17대책과 2020년 7·10대책에 따라 법인이 주택을 취득하거나 보유 그리고 양도하면 아래와 같이 세율을 적용하는 식으로 입법이 완료되었다.

구 분	종 전	개 정	적용시기
취득세	1~3%	12%	2020년 8월 12일
보유세(종합부동산세)	0.5~2.7% 등	3%, 6%	2021년 6월 1일
법인세(추가과세)	10%	20%	2021년 1월 1일

이러한 강력한 조치들로 인해 법인이 주택을 취득하는 것이 힘들어지며, 주택을 보유하고 있는 경우라면 이를 계속 보유할 것인지 양도할 것인지 결정해야 하는 숙제를 안게 되었다. 그렇다면 투자목적이 아닌 기업경영활동을 위해 취득한 사택이나 기숙사들도 같은 길을 걸을까? 이에 대해서는 아래에서 검토해보자.

2. 사택과 기숙사에 대한 세법의 취급

사택과 기숙사에 대한 부동산 세금체계를 이해하려면 이들에 대해 세법이 어떤 식으로 취급하고 있는지부터 살펴볼 필요가 있다.

(1) 사택

사택은 회사가 소유 또는 임차한 주택으로서 임직원에게 무상 또는 저가로 제공하는 주택을 말한다(「소득세법 시행령」 제38조 참조). 일반적으로 「주택법」상의 주택이 이에 해당한다. 이러한 사택에 대해서는 주택에 관련된 세법이 적용되는 것이 원칙이다.

(2) 기숙사

「건축법 시행령」 별표1에 따르면 기숙사는 "학교 또는 공장 등의 학생 또는 종업원 등을 위하여 쓰는 것으로서 1개 동의 공동취사시설 이용 세대 수가 전체의 50% 이상인 것(학생복지주택을 포함한다)"을 말한다. 한편 「주택법」 제2조 등에서는 위의 기숙사를 주택이 아닌 준주택으로 구분하고 있다. 따라서 이러한 기숙사는 「주택법」상 주택이 아니므로 원칙적으로 주택에 관한 세법이 적용되지 않는다.

(3) 사택과 기숙사 구분의 실익

위에서 본 것과 같이 사택은 「주택법」상의 주택이며, 기숙사는 「주택법」상의 주택에 해당하지 않는다. 따라서 세법을 적용할 때에는 사택은 주택으로, 기숙사는 주택이 아닌 것으로 보아 관련 규정을 적용해야 할 것으로 보인다.

3. 사택과 기숙사에 대한 부동산 세제 규제

(1) 취득세 중과세

먼저 사택은 「주택법」상의 주택에 해당하므로 취득세 중과세 규정을 적용받는다. 다만, 「지방세법 시행령」 제28조의 2 제12호에서는 사원에 대한 임대용으로 직접 사용할 목적으로 취득하는 주택으로서 1구의 건축물의 연면적(전용면적을 말한다)이 60제곱미터 이하인 공동주택에 대해서는 중과세를 적용하지 않도록 하고 있다. 취득세에서는 면적과 주택형태를 가지고 중과세에서 제외하고 있음을 눈여겨두기 바란다. 참고로 법인이 과점주주에게 주택을 제공하거나 개인사업자가 「지방세법」에서 정하고 있는 특수관계자에게 이를 제공하면 취득세 중과세를 적용한다. 악용의 가능성이 있기 때문이다.

다음으로 기숙사의 경우에는 「지방세법」상 주택이 아니므로 원칙적으로 4%의 세율이 적용된다. 다만, 「지방세특례제한법」 등에서 기숙사에 대해 다양한 방법으로 감면을 실시하고 있으므로 이 부분을 확인할 필요가 있다.

(2) 종합부동산세 중과세

보유세는 크게 재산세와 종합부동산세를 말한다. 이중 재산세는 정부의 세제정책에 영향을 받지 않으므로 저율로 부과되는 경우가 일반적이다. 하지만 종합부동산세는 주택에 해당하면 상당히 높은 세율이 적용될 수 있음에 유의해야 한다.

먼저 사택의 경우에는 「주택법」에서 정하고 있는 주택에 해당하므로 법인이 보유한 주택에 대해서는 3%나 6% 같이 높은 종합부동산세율이 적용되는 것이 원칙이다. 다만, 「종합부동산세법 시행령」 제4조 제1항에서는 종업원에게 무상이나 저가로 제공하는 사용자 소유의 주택으로서 국민주택규모 이하이거나 과세기준일 현재 공시가격이 3억 원 이하인 주택에 대해서는 이를 부과하지 않는다. 다만, 다음 아래 중 하나에 해당하는 종업원에게 제공하는 주택을 제외한다.

- 사용자가 법인인 경우에는 「국세기본법」 제39조 제2호에 따른 과점주주
- 사용자가 개인인 경우에는 그 사용자와의 관계에 있어서 「국세기본법 시행령」 제1조의 2 제1항 제1호부터 제4호까지의 규정에 해당하는 자

다음으로 기숙사는 「건축법 시행령」 별표1 제2호 라목에서 규정한 기숙사에 해당하면 종합부동산세를 부과하지 않도록 하고 있다.

(3) 법인세 추가과세

먼저 사택은 「주택법」상 주택에 해당하므로 원칙적으로 법인세 추가과세제도를 적용받는다. 따라서 해당 주택을 법인이 양도하면 일반법인세 외에 추가법인세(20%)를 별도로 내야한다. 다만, 「법인세법 시행령」 제92조의 2 제2항 제2호에서는 주주 등이나 출연자가 아닌 임원 및 직원에게 제공하는 사택 및 그 밖에 무상으로 제공하는 법인 소유의 주택으로서 사택제공기간이 또는 무상제공기간이 10년 이상인 주택에 대해서는 법인세 추가과세를 적용하지 않도록 하고 있다.

다음으로 「건축법 시행령」에 규정된 기숙사가 공부상 기숙사로 등기되어 있고 실제 종업원을 위한 용도로 사용하고 있다면 법인세 추가과세를 적용하지 않는다(서면2팀 - 666, 2007.4.13.).

Tip

□ **사택과 기숙사에 대한 부동산 세금체계 요약**

구분	개 념	취득세	종합부동산세	법인세 추가과세
사택	「주택법」상 주택	• 중과세 적용 • 60㎡ 이하 공동주택은 제외	• 중과세 적용 • 85㎡ 이하 주택 또는 3억 원 이하 주택은 중과 제외(과점주주 등은 미해당)	• 추가과세 적용 • 10년 이상 제공한 주택은 제외
기숙사	「주택법」상 준주택	• 중과세 미적용 • 감면 등 적용	종부세 면제	추가과세 미적용

제 **11** 장

상가 · 빌딩 · 오피스텔 등 수익형 부동산관련 양도소득세 세무리스크 관리법

제11장에서는 상가나 빌딩 그리고 오피스텔 등 수익형 부동산과 관련된 양도소득세 세무리스크 관리법을 알아본다. 상가나 빌딩 등의 양도 시에는 부가가치세가 쟁점으로 발생하는 경우가 많다. 이때 포괄양수도계약이 유용성이 있을 수 있다. 한편 오피스텔은 주거용으로 사용되기도 하면서 다양한 세무리스크가 발생함에 유의해야 한다.

이장의 핵심 내용들은 다음과 같다.
- 상가빌딩관련 세무리스크 관리법
- 상가빌딩 양도소득세관련 세무리스크 관리법
- 신축한 빌딩의 양도소득세 계산관련 세무리스크 관리법
- 오피스텔관련 세무리스크 관리법
- 오피스텔 용도변경관련 세무리스크 관리법
- 포괄양수도로 부가가치세 없애는 방법

상가빌딩은 비교적 덩치가 큰 업무용 건물을 말한다. 이러한 상가빌딩을 거래하면 업무용 건물과 관련된 세금들이 발생한다. 이하에서는 개인이 이를 거래할 때 대두되는 세무상 쟁점들을 정리해보자. 참고로 법인이 상가빌딩을 거래할 수 있는데 이때 취득세 중과세 등 다양한 쟁점들이 발생한다. 이에 대한 정보가 필요하다면 저자의 「법인부동산 세무리스크 관리노하우」를 참조하기 바란다.

① 기본 사례

K씨는 일반과세자인 L씨로부터 상가빌딩을 매수하려고 한다. 상황에 맞게 답하면?

자료

- 취득목적 : 임대목적
- 매수예상가액 : 10억 원
- VAT는 포괄양수도계약으로 생략할 예정임.

- 상황1 : 매수인이 부담해야 할 취득세는 얼마인가?
- 상황2 : 매수인은 간이과세자로 등록이 가능한가?

위의 상황에 대해 답을 찾아보면 다음과 같다.

(상황1) 매수인이 부담해야 할 취득세는 얼마인가?

상가에 대한 취득세는 일반적으로 4%(4.6%)가 적용된다.

(상황2) 매수인은 간이과세자로 등록이 가능한가?

일단 매도인이 어떤 유형인지 살펴보아야 한다. 포괄양수도계약이 되려면 다음과 같은 포지션이 되어야 하기 때문이다.

매도인		매수인
• 일반과세자	⇨	• 일반과세자(매수인이 간이과세자인 경우 일반과세자로 자동전환된다)
• 간이과세자	⇗ ⇨	• 간이과세자

사례의 경우 매도인은 일반과세자다. 따라서 매수인인 K씨는 간이과세자가 될 수 없다 (간이과세자로 등록한 경우 일반과세자로 자동 전환됨).

② 핵심 포인트

상가빌딩을 거래 시 점검하여야 할 세무상 쟁점들을 정리하면 다음과 같다.

	매수인	매도인
취득 시	• 부가가치세가 발생함(토지와 건물가액 안분*). • 취득세가 발생함.	–
보유 시	• 보유세가 발생함.	–
임대 시	• 상가임대소득에 대해 다음과 같은 세금이 발생함. –부가가치세 –종합소득세 : 무조건 종합과세 • 무신고 시 : 세무조사의 가능성이 높음.	–
양도 시	–	• 부가가치세가 발생함. • 양도소득세가 발생함.

* 토지와 건물가액을 구분해야 하는 이유는 건물에 대해서만 부가가치세가 발생하기 때문이다. 안분기준 은 기준시가로 하는 경우가 일반적이다.

③ 실전 사례

일반과세자인 K씨는 다음과 같은 상가를 양도하려고 한다. 상황에 맞게 답하면?

> **자료**
>
> - 2006년 1월 5일 토지취득(취득가액 1억 원)
> - 2011년 8월 30일 건물신축(신축가액 1억 원)
> - 2022년 8월 30일 양도[토지가액 4억 7천만 원, 건물가액 1천만 원(VAT별도)]

> - 상황1 : 이 사례의 양도소득세 계산방법은?
> - 상황2 : 이 경우 양도소득세는 얼마인가?
> - 상황3 : 만일 기준시가로 계산한 결과 토지가액은 4억 원, 건물가액은 8천만 원이라면 양도소득세는 얼마나 나올까?

위의 상황에 대해 순차적으로 답을 찾아보자.

(상황1) 이 사례의 양도소득세 계산방법은?

사례의 경우 토지와 건물의 취득시기가 다르다. 따라서 취득시기가 다르면 장기보유특별 공제 등의 적용측면에서 차이가 발생하므로 이를 구분하여 양도차익을 계산해야 한다.

(상황2) 이 경우 양도소득세는 얼마인가?

위의 자료를 통해 양도소득세를 계산하면 다음과 같다.

구 분	토 지	건 물	계
양도가액	4억 7천만 원	1천만 원	4억 8천만 원
− 취득가액	1억 원	1억 원	2억 원
= 양도차익	3억 7천만 원	△9천만 원	2억 8천만 원
− 장기보유특별공제	1억 1,100만 원	0원	1억 1,100만 원
= 양도소득금액	2억 5,900만 원	△9천만 원	1억 6,900만 원
− 기본공제			250만 원
= 과세표준			1억 6,650만 원

구 분	토 지	건 물	계
× 세율			38%
− 누진공제			1,940만 원
= 산출세액			4,387만 원

한편 토지는 양도차익이, 건물은 양도차손이 발생한 경우 장기보유특별공제는 원래 물건별로 양도차익에서 일정률을 곱하여 산정한다. 따라서 토지 양도차익 3억 7천만 원에서 장기보유특별공제를 적용한 금액이 토지 양도소득금액이 되는 것이며, 건물 양도차손의 경우 장기보유특별공제 적용 없이 그 금액이 건물 양도소득금액이 된다. 이렇게 계산된 양도소득금액을 통산하여 양도소득세를 계산한다.

(상황3) 만일 기준시가로 계산한 결과 토지가액은 4억 원, 건물가액은 8천만 원이라면 양도소득세는 얼마나 나올까?

이 경우에는 상황2와는 다르게 양도소득세가 많이 나온다. 상황1보다 토지가액이 낮게 산정되었고 그 결과 장기보유특별공제액도 줄어들어 전체적으로 과세표준이 상승했기 때문이다.

구 분	토 지	건 물	계
양도가액	4억 원	8천만 원	4억 8천만 원
− 취득가액	1억 원	1억 원	2억 원
= 양도차익	3억 원	△2천만 원	2억 8천만 원
− 장기보유특별공제	9천만 원	0원	9천만 원
= 양도소득금액	2억 1천만 원	△2천만 원	1억 9천만 원
− 기본공제			250만 원
= 과세표준			1억 8,750만 원
× 세율			38%
− 누진공제			1,940만 원
= 산출세액			5,185만 원

☞ 토지가액과 건물가액의 크기는 부가가치세 및 양도소득세 모두에 영향을 준다.

Tip

❏ **상가빌딩 거래 시 알아두어야 할 사항들**

• 토지와 건물의 공급가액에 따라 부가가치세와 양도소득세가 달라질 수 있다.
• 토지와 건물의 공급가액은 기준시가에 따라 안분계산하는 것이 원칙이다.
• 부가가치세 환급액이 2천만 원 초과 시 계좌개설신고서를 제출해야 한다.

저자 주

1. 상가·빌딩 취득 전 명의정하기

최근 주택과 토지에 대한 세법 규제가 심해지자 시중의 큰 자금들이 빌딩으로 모여들고 있는 상황들이 연출되고 있다. 그런데 취득에 앞서 취득자의 명의를 개인(공동포함)으로 할 것인지 법인으로 할 것인지에 대한 의사결정이 쉽지 않은 것이 일반적이다. 개인이 처한 상황에 따라 의사결정의 방향이 달라지기 때문이다. 다만, 개인 부동산임대사업자들이 임대소득에 대한 높은 소득세율과 상속이나 증여 등을 위해 법인전환을 선호했던 그간의 흐름을 보면 가급적 법인 쪽에 초점을 두고 명의선택을 하면 어떨까 싶다. 특히 2020년 8월 12일 이후부터 부동산임대업의 법인전환에 대한 취득세 감면이 되지 않으므로 법인으로의 운영이 중요할 것이다. 다만, 수도권 과밀억제권역 내의 법인설립을 통한 부동산 취득 시에는 취득세 중과세 문제가 있고 또 주주를 어떤 식으로 구성하느냐 하는 것도 중요하다.

2. 보유한 상가·빌딩 상속 대 증여(부담부 증여) 대 매매 선택하기

보유한 상가나 빌딩 등을 자녀 등에게 상속이나 증여 등을 할 때에는 감정가액을 기준으로 재산을 평가해서 자신에 알맞은 방법을 찾아야 한다.

위 두 가지 사안에 대한 구체적인 것은 저자의 카페와 상의하기 바란다.

상가빌딩 양도소득세관련 세무리스크 관리법

상가 등 수익형 건물을 처분한 경우 먼저 부가가치세 문제를 해결하였다면 다음으로는 양도소득세 문제를 해결해야 한다. 양도소득세는 가처분 소득과 관계가 있으므로 절세법을 잘 연구해야 한다.

① 기본 사례

서울 강남구 청담동에서 살고 있는 김부자씨는 보유한 상가를 팔아서 일부는 증여를 하고 기타는 다른 자산에 투자를 하려고 한다. 상가에 대한 자료가 다음과 같다고 할 때 양도소득세를 계산해 보면?

> **자료**
>
> • 1990년 : 30억 원에 취득
> • 2022년 : 100억 원에 양도
> • 그동안 장부에 감가상각비로 계상한 금액 : 10억 원
> • 위 외의 사항은 무시함.

위의 자료에 맞춰 김씨가 내야 할 양도소득세를 계산해보면 다음과 같다.

(단위 : 원)

구 분	금 액	비 고
양도가액	10,000,000,000	양도예상가액
(-) 필요경비 　　취득가액 　　기타필요경비	2,000,000,000 2,000,000,000	실제 취득가액 - 감가상각비
(=) 양도차익	8,000,000,000	
(-) 장기보유특별공제	2,400,000,000	30%
(=) 양도소득금액	5,600,000,000	
(-) 기본공제	2,500,000	
(=) 과세표준	5,597,500,000	

구 분	금 액	비 고
(×) 세율	45%	
(−) 누진공제	65,400,000	
(=) 산출세액	2,453,475,000	
총 납부세액	2,698,822,500	지방소득세 포함

총 100억 원 중 약 27억 원이 세금인 셈이다. 참고로 원래 취득가액은 30억 원이었으나 감가상각비 10억 원을 취득가액에서 차감한 이유는 임대소득세 계산할 때 경비처리가 되었기 때문이다. 따라서 이를 차감하지 않으면 이중공제가 되므로 이를 차감한다(주의!).

◦ 상가빌딩의 감가상각비 처리여부

감가상각비를 처리하면 지금 당장 임대소득세는 줄일 수 있으나, 향후 양도소득세가 증가될 수 있다. 따라서 양도차익이 많이 예상되는 경우에는 높은 세율 45%까지도 적용될 수 있으므로 임대소득에 대한 세율이 24% 등으로 낮게 과세되면 차라리 감가상각을 하지 않는 것이 더 나을 수 있다. 물론 임대소득이 많아 최고세율 45%를 적용받는다면 감가상각을 실시하는 것이 현금흐름 측면에서 더 좋다.

② 핵심 포인트

상가 등 수익형 부동산을 양도 시 양도소득세 계산과 관련하여 알아두면 좋을 내용들을 살펴보면 다음과 같다.

- 계약서를 분실하거나 취득시기가 오래되어 취득가액이 불분명한 경우에 취득가액을 환산할 수 있다. 예를 들어 양도가액이 10억 원이나 취득가액을 모른다고 하자. 이러한 상황에서 취득 시의 기준시가가 1억 원이고 양도 당시의 기준시가가 5억 원이라면 10억 원의 1/5인 2억 원이 취득가액이 된다는 뜻이다.
- 감가상각비는 취득가액에서 차감된다.
- 빌딩 취득 후 대출이자비용은 양도소득세 계산 시 필요경비에 해당하지 않는다. 대출이자비용은 임대소득세 계산 시 필요경비에 해당한다.
- 인테리어 비용은 필요경비로 인정된다.
- 경상적인 수리비용은 필요경비에서 제외된다. 이 수리비용은 임대소득세 계산 시 사용

할 수 있다.

- 장기보유특별공제는 6~30%가 적용된다.
- 세율은 2년 이상 보유 시 6~45%가 적용된다.

환산가액 적용 시 주의할 점

세법은 납세의무자가 신고한 환산취득가액은 관할 세무서장이 인정하는 경우에만 사용할 수 있다. 따라서 관할 세무서에 신고된 금액이 있거나 조사에 의해 실제 거래금액이 밝혀지면 실제 취득가액으로 경정되어 세금이 추징될 수 있다. 이때 신고불성실가산세와 납부지연가산세를 피할 수가 없게 된다.

저자 주

개인 임대사업자가 부동산을 법인으로 전환하면 양도소득세 이월과세와 취득세 감면을 받을 수 있었다. 하지만 2020년 8월 12일부터는 임대업용 부동산에 대해서는 취득세 감면을 하지 않으므로 법인전환의 실익이 거의 없어졌음에 유의해야 한다.

3 실전 사례

K씨는 자신의 건물에서 사업(노래방)을 하다가 사업과 함께 해당 건물을 통째로 넘겼다. 자료가 다음과 같을 때 양도소득세는 얼마로 계산되는가?

자료

- 양도가액 : 10억 원
- 취득가액 : 9억 원
- 인테리어설치비 잔존가액 : 1억 원
- 장기보유특별공제율 : 30%
- 위 외의 사항은 무시함.

위 자료에 맞게 양도소득세를 계산하면 다음과 같다. 여기서 주의할 것은 인테리어설치비 잔존가액은 양도소득세 취득가액과 무관하다는 것이다. 인테리어설치비는 노래방사업과 관련된 비용에 해당하기 때문이다.

구 분	금 액	비 고
양도가액	10억 원	
(-) 필요경비	9억 원	
취득가액	9억 원	
기타필요경비		취득세 등
(=) 양도차익	1억 원	
(-) 장기보유특별공제	3천만 원	30% 공제(가정)
(=) 양도소득금액	7천만 원	
(-) 기본공제	250만 원	연간 1회 적용
(=) 과세표준	6,750만 원	
(×) 세율	24%	
(-) 누진공제	522만 원	
(=) 산출세액	1,098만 원	

사업용 부동산을 넘기는 경우의 세금처리법

• 건물이 아닌 노래방의 인테리어설치비는 양도소득세 필요경비가 아닌 사업의 필요경비와 관련성이 있다.
• 사업용 부동산과 관련하여 발생한 권리금은 양도소득으로 처리된다(사업용 부동산과 관련 없는 권리금은 기타소득으로 처리된다).
• 자가창설 영업권의 필요경비는 전액 인정되지 않는다(재일 46014-699, 1997.3.24.).

신축한 빌딩을 양도할 때에는 취득가액의 입증문제 같은 세무상 쟁점들이 발생한다. 특히 철거비용 등이 취득가액에 포함되는지의 여부에 관심을 둘 필요가 있다. 이하에서 이에 대해 알아보자.

① 기본 사례

어떤 사람이 15년 전에 다음과 같이 빌딩을 신축했다고 하자.

- 구건물의 장부가액 : 5천만 원
- 구건물의 철거비용 : 1천만 원
- 취득 당시 토지 장부가액 : 50억 원
- 공사비 : 30억 원
- 취득세 등 부대비용 : 3억 원
- 이자비용 : 3억 원(완공 전의 금액은 1억 5천만 원)
- 감가상각은 없음.

만일 이 건물을 양도하는 경우 양도소득세는 얼마가 될까?

이를 계산하기 위해서는 필요경비가 얼마가 되는지 이를 계산하는 것이 급선무이다.

- 토지 필요경비＝취득가액＋기타필요경비
- 건물 필요경비＝취득가액＋기타필요경비

구 분	토 지	건 물	계
구건물의 장부가액	–	(필요경비 제외)[66]	
구건물의 철거비용	–	(필요경비 제외)	
토지취득가액	50억 원		
공사비		30억 원	
취득세 등		3억 원	

구 분	토 지	건 물	계
건설이자비용		(필요경비 제외[67])	
계	50억 원	33억 원	83억 원

다음으로, 위의 내용에 맞춰 양도소득세를 계산한다. 토지의 보유기간과 건물의 보유기간은 15년 이상이라고 하자. 따라서 장기보유특별공제가 30%로 동일하므로 토지와 건물의 공급가액을 구분할 필요가 없다. 만일 이러한 상황이 아니라면 토지와 건물을 구분하여 양도소득세를 계산해야 한다. 양도가액이 100억 원이라면 양도소득세는 다음과 같다.

(단위 : 원)

구 분	금 액	비 고
양도가액	10,000,000,000	
(-) 필요경비 　　취득가액 　　기타필요경비	8,300,000,000	실제 취득가액
(=) 양도차익	1,700,000,000	
(-) 장기보유특별공제	510,000,000	30%
(=) 양도소득금액	1,190,000,000	
(-) 기본공제	2,500,000	
(=) 과세표준	1,187,500,000	
(×) 세율	45%	
(-) 누진공제	65,400,000	
(=) 산출세액	468,975,000	

❷ 핵심 포인트

신축한 빌딩을 양도할 때 다음과 같은 점에 주의하여 양도소득세를 계산해야 한다.

첫째, 건물취득가액 입증문제에 주의해야 한다.

---

66) 구건물의 장부가액과 철거비용은 양가액에 직접적으로 대응되는 원가가 아니므로 필요경비로 볼 수 없다. 다만, 이 중 철거비용은 2020년 2월 11일부터 필요경비로 인정된다.

67) 사업용 고정자산의 건설에 직접 소요된 특정차입금에 대한 지급이자를 원본에 가산하고 해당 사업용 고정자산을 양도하여 양도차익을 계산하는 경우 해당 지급이자는 「소득세법 시행령」 제163조 【양도자산의 필요경비】에 해당하지 않는다.

세법에서는 자기가 행한 건설 등에 의하여 취득한 자산은 원재료비·노무비·운임·하역비·보험료·수수료·공과금(취득세 포함)·설치비 기타 부대비용의 합계액을 취득가액으로 한다. 이때의 금액은 장부나 기타 증빙서류(계약서 등)로 입증해야 한다.

둘째, 구건물 잔존가액과 철거비용처리에 주의해야 한다.

건축물과 부수토지를 함께 취득 후 사용하다가 신축한 후 이를 양도하는 경우로써, 멸실된 건축물의 취득가액 및 철거비용은 양도자산의 양도가액과 직접 대응되는 비용으로 볼 수 없으므로 필요경비에 산입되지 않는다(재산 46014-541, 2000.5.6.). 다만, 이 중 철거비용은 2020년 2월 11일부터 필요경비로 인정된다.

셋째, 이자비용처리법에 유의해야 한다.

사업을 위한 차입금의 지급이자에 해당하더라도 준공된 날까지의 지급이자는 건물가액에 가산하며, 준공된 날 이후의 지급이자는 해당 과세기간의 필요경비에 산입한다(재소득-149, 2011.4.22.). 하지만 최근에 해석을 변경해 건설자금이자는 취득가액으로 인정하지 않는다(양도, 서면-2018-부동산-1729 [부동산납세과-599], 2019.6.10.).

Tip ●

❑ 건물 멸실비용의 필요경비 인정여부

건물을 멸실하면서 발생한 구건물의 잔존가액과 철거비용이 양도소득세 또는 종합소득세 계산 시 필요경비로 인정되는지의 여부를 알아보자. 참고로 이에 대한 실무는 세무전문가와 함께 하는 것이 좋다.

1. 건물멸실 후 건물을 신축하여 양도하는 경우(양도소득세)

본인 소유의 건물을 멸실한 후 건물을 신축하여 향후 일시적으로 양도하는 경우에는 양도소득세가 부과된다. 이때 구건물의 잔존가액과 철거비용이 양도가액에서 차감되는 필요경비에 해당하는지가 관건이다. 이에 대해 과세관청은 구건물의 잔존가액과 철거비용은 필요경비에서 제외된다는 입장을 가지고 있다(재산 46014-541, 2000.5.6.). 이러한 잔존가액은 양도소득이 아닌 임대소득과 관련이 있다는 취지에서 이러한 규정을 두고 있는 것으로 보인다. 단, 2020년 2월 11일 이후 양도분부터는 노후건물의 철거비용은 양도자산의 필요경비로 인정한다.

2. 토지만을 이용할 목적으로 바로 건물을 멸실한 경우(양도소득세)

토지만을 이용(예 : 주차장, 야적장)하기 위하여 토지와 건물을 함께 취득한 후 해당 건물을 철거하고 토지만을 양도하는 경우 철거된 건물의 취득가액과 철거비용의 합계액에서 철거 후 남아있는 시설물의 처분가액을 차감한 잔액을 양도자산의 필요경비로 산입한다(「소득세법」 기본통칙 97-0…8). 단, 이때 주의할 점은 건물을 즉시 철거하고 토지만을 이용할 목적이었음이 명백한 경우에 한해 필요경비로 인정된다는 것이다. 이때 철거비용 등에 대한 부가가치세는 토지관련 매입세액이므로 공제를 받을 수 없다.

3. 건물멸실 후 건물을 신축하여 분양하는 경우(종합소득세)

보유한 건물을 멸실한 후 건물을 신축하여 사업적으로 분양하는 경우에는 종합소득세가 부과된다. 이때 구건물의 잔존가액과 철거비용이 수익적 지출(당기비용) 또는 자본적 지출(취득원가)에 해당하는지 여부가 관건이다. 이에 대한 세법의 태도는 다음과 같다.

구 분	구건물의 잔존가액	철거비용
① 개인사업자가 본인소유 건물을 상당기간 사용 후 철거 → 신축	새로운 건축물에 대한 자본적 지출액(소득세 집행기준 27-55-8)	좌동
② 개인사업자가 일괄구입 후 즉시 철거 → 신축	토지에 대한 자본적 지출(서면1팀-483, 2006.4.18.)	좌동

즉 ①의 경우 구건물의 잔존가액과 철거비용은 건축물의 자본적 지출에 해당하며, ②의 경우처럼 타인의 부동산을 매입해 신축한 경우에는 구건물의 잔존가액과 철거비용을 토지의 자본적 지출로 본다(처분 시 필요경비에 산입함). 이러한 구분은 매입부가가치세의 공제, 감가상각 등에 영향을 준다.

☞ 시사점

취득 후 바로 공사에 들어가면 취득 이후 발생한 지출이 모두 토지의 취득원가에 포함되나, 오래 보유한 건물과 관련된 비용은 신축 시의 건물의 취득원가에서 포함된다. 이러한 기준에 의해 필요경비 해당여부를 판정하는 것이 좋다. 다만, 건물매입 후 바로 멸실 하든지 사용 후 멸실 하든지 간에 속성은 같으므로 모두 새로운 건축물에 대한 자본적 지출로 처리하는 것이 타당해 보인다. 참고로 잔존가액과 철거비용에 대한 자본적 지출 또는 수익적 지출판단이 각 세목(양도소득세, 종합소득세, 법인세, 부가가치세, 지방세)별로 다르다. 이에 대한 자세한 내용은 저자의 「법인부동산 세무리스크 관리노하우」를 참조하기 바란다.

오피스텔은 「건축법」상 준주택으로 업무용 건물에 해당한다. 하지만 이를 주거용으로도 사용할 수 있는데 이때 세법은 이를 주택으로 취급하여 법을 적용하고 있다. 이에 따라 오피스텔과 관련된 다양한 세무상 쟁점들이 발생한다. 이하에서 이에 대해 정리해보자.

1 기본 사례

서울에서 거주하고 있는 K씨는 오피스텔을 취득하려고 한다. 상황에 맞게 답하면?

> **자료**
>
> • 매도인의 용도 : 업무용
> • 매도인의 사업자등록형태 : 간이과세자
> • 예상취득가액 : 2억 원

> • 상황1 : K씨가 매수하고자 하는 오피스텔은 부가가치세가 발생하는가?
> • 상황2 : K씨가 위 오피스텔을 취득 후 일반인한테 임대 시 어떤 문제점이 발생할까?
> • 상황3 : K씨가 향후 이를 양도 시 어떤 세목이 발생하는가?

위의 상황에 대해 답을 찾아보면 다음과 같다.

(상황1) K씨가 매수하고자 하는 오피스텔은 부가가치세가 발생하는가?

오피스텔은 원래 업무용 시설에 해당한다. 따라서 부가가치세가 발생하는 것이 원칙이다. 다만, 사례처럼 매도인이 간이과세자인 경우에는 통상적으로 공급가액 안에 부가가치세가 포함되어 있으므로 매수인이 이를 부담하는 경우는 드문 것이 현실이다.

(상황2) K씨가 위 오피스텔을 취득 후 일반인한테 임대 시 어떤 문제점이 발생할까?

업무용 오피스텔을 주거용으로 임대하면 이는 주택에 해당한다. 참고로 이때 주의할 것은 당초 환급받은 부가가치세가 있다면 이를 다시 반환해야 한다는 것이다. 하지만 사례처럼 당초 환급받은 부가가치세가 없다면 이러한 문제가 발생하지 않으므로 주거용으로 임대해도 부가가치세 측면에서는 문제점이 거의 없다.

☞ 업무용을 주거용으로 전환 시 일반과세자로서 부가가치세를 환급받은 경우에 부가가치세 추징이 발생하는 것이 원칙이다.

(상황3) K씨가 향후 이를 양도 시 어떤 세목이 발생하는가?

업무용 오피스텔과 주거용 오피스텔로 나눠서 살펴보면 다음과 같다.

구 분	업무용 오피스텔	주거용 오피스텔
부가가치세	○(포괄양수도계약 시 생략)	×
양도소득세	과세	비과세, 과세

② 핵심 포인트

오피스텔을 주거용 오피스텔과 업무용 오피스텔로 나누어 세무상 쟁점들을 정리하면 다음과 같다.

	업무용 오피스텔	주거용 오피스텔
취득 시	• 취득세율 : 4%(4.6%) • 부가가치세 환급가능	• 취득세율 : 좌동 • 부가가치세 환급없음.
보유 시	• 재산세 • 종합부동산세	• 좌동
임대 시	• 무조건 종합과세	• 비과세, 분리과세, 종합과세
양도 시	• 일반 건물로 보아 무조건 과세	• 주택으로 보아 비과세, 과세

참고로 2022년 1월 현재 주거용 오피스텔도 임대등록을 할 수 있다. 하지만 10년 장기로 등록해야 하므로 그 실익이 크지 않을 수 있다. 한편 기존에 등록한 오피스텔은 의무임대기간(4년)이 말소가 되는데 이에 대한 세무처리는 제6장과 제7장을 참조하기 바란다.

L씨는 아래와 같은 오피스텔을 양도하고자 한다. 상황에 맞게 답하면?

자료

- 10년 전에 신축됨.
- 전용면적 : 84.9㎡
- 취득가액 : 2억 원(토지가액 1억 원, 건물가액 1억 원)
- 양도가액 : 2억 2천만 원(기준시가로 안분한 토지가액 1억 5천만 원, 건물가액 7천만 원)
- 부가가치세가 있는 경우에는 부가가치세 별도

- 상황1 : 이 오피스텔이 주거용 오피스텔이라면 부가가치세는 얼마인가?
- 상황2 : 이 오피스텔이 업무용 오피스텔이라면 부가가치세는 얼마인가?
- 상황3 : 이 오피스텔을 양도하면 양도소득세는 얼마인가? 단, 보유기간은 5년이다.

위의 상황에 대해 순차적으로 답을 찾아보면 다음과 같다.

(상황1) 이 오피스텔이 주거용 오피스텔이라면 부가가치세는 얼마인가?

주거용 오피스텔은 부가가치세가 면제되므로 이를 거래하더라도 이에 대한 부가가치세가 발생하지 않는다.

(상황2) 이 오피스텔이 업무용 오피스텔이라면 부가가치세는 얼마인가?

업무용 오피스텔에 대해서는 부가가치세가 발생한다. 다만, 이때 토지공급에 대해서는 부가가치세가 면세되므로 건물공급분에 대해서만 부가가치세를 계산해야 한다.

구 분	금 액	부가가치세율	부가가치세
토지가액	1억 5천만 원	(면세)	-
건물가액	7천만 원	10%	700만 원
계	2억 2천만 원		700만 원

따라서 총 거래가액은 2억 2,700만 원이 된다.

(상황3) 이 오피스텔을 양도하면 양도소득세는 얼마인가? 단, 보유기간은 5년이다.

양도소득세는 아래와 같이 계산한다.

구 분	금 액	비 고
양도가액	2억 2천만 원	부가가치세는 제외함.
− 취득가액	2억 원	
= 양도차익	2천만 원	
− 장기보유특별공제	200만 원	10%(5년 보유 가정)
= 양도소득금액	1,800만 원	
− 기본공제	250만 원	
= 과세표준	1,550만 원	
× 세율	15%	
− 누진공제	108만 원	
= 산출세액	124만 5,000원	지방세소득세 10% 별도

참고로 양도소득세는 국세이며 양도소득세 산출세액의 10% 만큼 지방소득세가 부과된다. 따라서 정확한 분석을 위해서는 지방소득세를 포함하는 것이 좋다(이하 동일).

Tip

❏ 오피스텔거래와 관련하여 알아두어야 할 사항들

• 오피스텔의 태생은 준주택, 즉 업무용 건물이다.
• 세법은 이를 상시 주거용으로 사용하면 주택으로 보아 이를 적용한다(실질과세의 원칙).
• 업무용 오피스텔을 임대나 양도하면 부가가치세가 발생한다.
• 업무용 오피스텔을 10년 내에 주거용으로 전환하거나 면세사업용으로 사용하면 당초 환급받은 부가가치세 중 일부를 반환해야 한다.
• 주거용 오피스텔은 주택에 해당하므로 주택으로 보아 주택에 대한 세제를 적용해야 한다.
• 주거용 오피스텔은 주택으로 취급되므로 당연히 주택임대사업자로 등록이 가능하다. 다만, 2020년 8월 18일부터는 10년 장기임대로만 등록이 가능하다. 참고로 기존등록자들은 4년 단기임대는 무조건 자동말소되며, 자진말소도 가능하다. 하지만 8년 장기임대는 자동말소가 되지 않으며 자진말소 또한 할 수 없다.[68]

---

68) 주거용 오피스텔에 대한 임대등록에 따른 각종 세제혜택 등은 제3편을 참조하기 바란다.

 **필수 세무상식**

오피스텔 용도변경관련 세무리스크 관리법

오피스텔을 업무용에서 주거용으로 또는 그 반대로 용도변경을 하는 경우 다양한 세무리스크가 발생한다. 이하에서 이에 대해 정리해보자.

1. 업무용 오피스텔을 주거용 오피스텔로 용도변경한 경우

(1) 1세대 1주택 비과세 여부

업무용 오피스텔을 상시 거주용인 주택으로 사용하는 경우에는 주택으로 사용한 때로부터 주택을 취득한 것으로 보아 2년 이상 보유한 경우에 1세대 1주택 비과세를 적용받을 수 있다.

** 주택에 해당하는지 여부는 오피스텔의 내부구조, 형태 및 사실상 사용하는 용도 등을 종합하여 관할 세무서에서 사실판단할 사항으로서, 비과세 적용을 받고자 하는 경우에는 임대차계약서·세입자의 주민등록등초본·관리사무소 거주사실확인서·내부구조를 확인할 수 있는 사진 등의 서류를 제출하여 입증할 수 있음.

(2) 일시적 2주택 비과세 여부

1주택자가 업무용 오피스텔을 주거용 오피스텔로 용도변경한 경우에는 그 날에 주택을 취득한 것으로 보아 일시적 2주택 비과세를 적용한다.

> 💧 **서면4팀 - 3244, 2007.11.9.**
>
> 1세대 1주택이던 자가 소유하던 상가(오피스텔)를 용도변경하여 주택으로 사용하는 때에는 주택으로 용도변경한 때에 다른 주택을 취득한 것으로 보아 일시적인 1세대 2주택 비과세 특례를 적용함.

(3) 업무용, 주거용, 업무용 등으로 반복하여 사용한 경우의 비과세 보유기간 통산여부

1세대 1주택 비과세 판단은 양도일 현재의 상황에 의하여 판단하는 것으로서 오피스텔을 주거용으로 사용하던 중 그 사용용도를 변경하여 업무용으로 사용하다 재차 다시 주거용으로 변경하여 사용하는 경우로서, 양도일 현재 주거용에 해당하는 경우에는 주택으로 사용한 기간을 통산하여 2년 이상인 경우 1세대 1주택 비과세 대상에 해당한다.

서면5팀 – 406, 2008.2.29.

「소득세법 시행령」 제155조 제1항의 규정에 따른 1세대 1주택의 특례 규정을 적용함에 있어서 국내에 1주택(이하 "A주택"이라 함)을 소유하는 1세대가 업무용시설인 오피스텔 1채를 취득하여 업무용 시설 또는 주거용 시설로 반복·변경하여 사용하는 경우로서, 오피스텔의 사용현황이 아래와 같은 경우 2007년 1월 당해 오피스텔을 상시 주거용으로 사용하는 날부터 1년 이내에 A주택을 양도하는 경우 동 규정을 적용할 수 있는 것임.

자료

- 2001년 1월 : A주택(3년 보유 및 2년 거주)을 보유한 상태에서 오피스텔 1채 취득하여 업무용으로 사용
- 2002년 1월~2004년 12월 : 오피스텔을 주거용으로 사용
- 2005년 1월~2006년 12월 : 오피스텔을 업무용으로 사용
- 2007년 1월~ : 오피스텔을 주거용으로 사용
- 2007년 3월 : A주택 양도

---

2. 주거용 오피스텔을 업무용 오피스텔로 용도변경한 경우

(1) 업무용 오피스텔로 용도변경해 바로 이를 양도하는 경우의 과세방식

사무실 구조 등이 변경되지 않았다면 주택으로 볼 가능성이 높다.

(2) 업무용 오피스텔로 용도변경해 임대 중에 이를 양도하는 경우의 과세방식

주거용으로 사용하던 오피스텔을 사무실 구조로 용도변경하여 법인 등이 사용하고 양도시점에 업무용인 경우에는 양도일 현재 주택에 해당되지 않는다. 따라서 이 경우에는 주택에 대한 양도소득세가 아닌 일반건물에 대한 양도소득세가 부과될 것으로 보인다(장기보유특별공제 및 세율 적용면에서 유리할 수 있음).

(3) 업무용 오피스텔로 용도변경한 후에 다른 일반주택을 양도할 때 비과세 적용방식

2021년 1월 1일부터 적용되는 최종 1주택에 대한 보유기간 계산법이 적용된다. 따라서 용도변경 후 2년 이상 보유 등을 한 후에 다른 주택을 양도해야 비과세를 받을 수 있게 된다. 예를 들어 주택과 주거용 오피스텔 보유 시 2주택자가 되는데 이때 주거용 오피스텔을 업무용 오피스텔로 변경하면 그날로부터 2년 이후에 주택을 양도해야 비과세를 받을 수 있다(최종 1주택 보유기간 재계산 적용). 주의가 필요하다.

3. 오피스텔을 공실로 둔 경우

(1) 주거용으로 사용 후 공실이 된 상태

주택으로 볼 가능성 높다.

(2) 업무용으로 사용 후 공실이 된 상태

업무용으로 볼 가능성 높다. 이에 대해서는 아래 예규를 참조하자.

> ● 서면인터넷방문상담4팀 - 285, 2005.2.23.
>
> **[제목]**
> 오피스텔을 공실로 보유하는 경우 주택수 포함 여부
>
> **[요지]**
> 공실로 보유하는 오피스텔의 경우 내부시설 및 구조 등을 주거용으로 사용할 수 있도록 변경하지 아니하고 당초 「건축법」상의 업무용으로 사용승인된 형태를 유지하고 있는 경우에는 주택으로 볼 수 없음.
>
> **[회신]**
> 오피스텔을 취득하여 임대사업자등록을 하고 임대하는 경우 다른 주택의 양도일 현재 임차인이 당해 오피스텔을 상시 주거용으로 사용하는 사실이 확인되는 경우에는 이를 주택의 임대로 보고 관계법령을 적용하는 것임.
>
> 공실로 보유하는 오피스텔의 경우 내부시설 및 구조 등을 주거용으로 사용할 수 있도록 변경하지 않고 당초 「건축법」상의 업무용으로 사용승인된 형태를 유지하고 있는 경우에는 주택으로 볼 수 없는 것이며 이에 대하여는 관련 사실을 종합하여 판단할 사항임.

⸪ 저자 주 ─────────────────────────────

오피스텔과 관련해 최소한 아래 두 가지는 기억할 필요가 있다.
- 주거용 오피스텔은 세법상 주택에 해당하여 다른 주택의 취득세와 양도소득세의 세율에 결정적인 영향을 준다.
- 주거용 오피스텔을 업무용 오피스텔로 용도변경하면 다른 주택의 2년 보유기간은 용도변경한 날로부터 계산해야 한다.

주로 수익형 부동산에서 약방의 감초처럼 자주 등장하는 포괄양수도계약에 대해 알아보자. 포괄양수도계약은 사업장별로 사업용 자산을 비롯한 인적 시설 및 권리·의무 등을 포괄적으로 승계하여 양도하는 것을 말한다.

1. 기본 사례

K씨는 오피스텔을 다음과 같이 거래하려고 한다. 상황에 맞게 답하면?

> **자료**
>
> • 매도인 : 일반과세자
> • 예상양도가액 : 2억 원(VAT 1천만 원 별도)
> • 취득가액 : 1억 8천만 원

> • 상황1 : 매도인이 매수인으로부터 받아야 할 총 금액은 얼마인가?
> • 상황2 : 매수인은 부가가치세 1천만 원을 환급받을 수 있는가?
> • 상황3 : 부가가치세 1천만 원을 제외하고 거래할 수 있는가?

위의 상황에 대해 순차적으로 답을 찾아보면 다음과 같다.

(상황1) 매도인이 매수인으로부터 받아야 할 총 금액은 얼마인가?

부가가치세 1천만 원을 포함한 총 2억 1천만 원이 이에 해당한다.

(상황2) 매수인은 부가가치세 1천만 원을 환급받을 수 있는가?

그렇다. 다만, 매수인도 일반과세자로 등록해야 하고 적법하게 세금계산서를 교부받아야 한다. 세금계산서는 건물에 대해서만 교부가 되며, 토지에 대해서는 계산서를 받거나 받지 않아도 문제가 없다.

(상황3) 부가가치세 1천만 원을 제외하고 거래할 수 있는가?

국가 입장에서는 부가가치세를 받았다가 이를 환급해주므로 실익이 없다. 그래서 매도인의 사업자체를 매수인에게 그대로 포괄적으로 승계*하면 이의 없이도 거래할 수 있도록 하고 있다.

* 사업의 권리와 의무가 그대로 양도되는 것을 말한다.

2. 핵심 포인트

포괄양수도계약이 성립되려면 다음과 같은 요건들이 동시에 충족되어야 한다.

사업양수도의 내용이 확인될 것	• 사업양도 · 양수계약서 등에 의거 사업의 포괄적 양도 사실이 확인되어야 한다.
매도인과 매수인이 과세사업자일 것	• 사업양수 후 매수인이 면세사업으로 전용하는 경우에는 사업양수도가 인정되지 않는다.
사업양도신고서를 제출할 것	• 사업양도 후 「사업양도신고서」를 제출하여야 한다.

 매도인은 부가가치세 확정신고를 할 때 「사업양도 신고서」를 제출하여야 하고, 매수인은 사업자등록을 할 때 일반과세자로 사업자등록을 하여야 하며, 이때 양도양수계약서 사본을 제출하여야 한다.

3. 실전 사례

K씨는 다음과 같이 상가를 거래하려고 한다. 상황에 맞게 답하면?

자료

• 예상양도가액 : 6억 원(VAT별도)
• 취득가액 : 4억 원

- 상황1 : 양도인이 매수인으로부터 징수해야 하는 부가가치세는 얼마인가? 단, 토지의
  기준시가는 2억 원이고, 건물의 기준시가는 1억 원이다.
- 상황2 : 매수인은 위의 부가가치세를 환급받을 수 있는가? 매수인은 간이사업자이다.
- 상황3 : 위의 부가가치세를 생략한 채 거래하기 위한 조건은?
- 상황4 : 이 건물 중 건물만 양도하더라도 포괄양수도계약이 가능한가?

위의 상황에 대해 순차적으로 답을 찾아보자.

(상황1) 양도인이 매수인으로부터 징수해야 하는 부가가치세는 얼마인가? 단, 토지의 기준시가는 2억 원이고, 건물의 기준시가는 1억 원이다.

상가건물과 토지를 일괄공급하는 경우 부가가치세는 '감정평가액 → 기준시가'의 비율 순으로 안분계산한다. 사례의 경우에는 감정평가액이 없으므로 기준시가 비율로 안분하여 토지와 건물의 공급가액을 계산한다.

따라서 부가가치세는 건물 공급가액에 대해서만 부과되므로 2억 원의 10%인 2천만 원이 된다.

☞ 부동산의 일괄공급 시 토지와 건물의 공급가액 구분은 계약당사자가 임의로 할 수 있지만, 그 가액이 기준시가 비율로 안분한 것과 비교해 30% 이상 차이가 나면 '기준시가 비율'로 안분해야 한다. 한편 토지사용(주차장 등)을 위해 건물매입 후 바로 철거하는 경우에는 사업자가 구분한 가액을 인정받을 수 있다(2022년).

(상황2) 매수인은 위의 부가가치세를 환급받을 수 있는가? 매수인은 간이사업자이다.

매도인은 매수인으로부터 2천만 원의 부가가치세를 징수해서 이를 국가에 납부해야 한다. 그 다음 매수인은 이를 환급받을 수 있는데, 이때 매수인은 간이과세자가 아닌 일반과세자에 해당되어야 한다. 따라서 사례의 경우에는 매수인이 간이사업자이므로 이 부가가치

세를 환급받을 수 없다.

매입 시 부담한 부가가치세를 환급받을 수 없는 경우

- 매수인이 간이과세자인 경우
- 매수인이 비영리법인으로서 목적사업용으로 사용하는 경우(예 : 교회의 예배당으로 사용)
- 매수인이 비사업자인 경우 등

(상황3) 위의 부가가치세를 생략한 채 거래하기 위한 조건은?

포괄양수도계약을 맺으면 부가가치세 없이 처리할 수 있다. 포괄양수도계약이란 사업자 자체를 매수인에게 그대로 이전하는 계약을 말한다.

(상황4) 이 건물 중 건물만 양도하더라도 포괄양수도계약이 가능한가?

포괄양수도는 해당 사업장이 통째로 넘어가는 것을 말한다. 따라서 사례처럼 임대업용 건물 중 일부(건물)만 넘어가는 것은 이에 해당하지 않는다. 특히 실무에서 자녀 등에게 건물만 양도(또는 부담부 증여, 증여*)하는 경우가 있는데 이때에는 반드시 세금계산서를 주고받아야 한다는 점에 주의해야 한다.

* 상가를 부담부 증여하거나 증여하더라도 부가가치세가 발생한다(저자의 「확바뀐 상가·빌딩 절세가이드 북」 참조).

제 12장

토지관련 양도소득세 세무리스크 관리법

제12장에서는 토지관련 양도소득세 세무리스크 관리법에 대해 알아보자. 토지는 주택처럼 비과세부터 중과세, 감면까지 다양한 방법으로 과세방식이 정해지고 있다. 이중 비사업용 토지에 대한 중과세 판단, 8년 자경농지 등에 대한 감면 판단 등이 중요하다. 이 점에 유의해 이 장을 공부하도록 하자.

이장의 핵심 내용들은 다음과 같다.
• 토지 양도소득세관련 세무리스크 관리법
• 8년 자경농지 감면관련 세무리스크 관리법
• 상속농지관련 세무리스크 관리법
• 주거지역에 편입된 농지관련 세무리스크 관리법
• 토지수용관련 세무리스크 관리법
• 토지 중과세관련 세무리스크 관리법
• 비사업용 토지 판정요령

토지는 주택과 같이 중과세제도가 존재하기 때문에 이에 대한 판단이 매우 중요하다. 한편 농지나 토지 수용의 경우에는 감면제도가 발달되어 있다. 이하에서는 토지를 거래할 때 알아야 할 세무상 쟁점들을 정리해보자.

① 기본 사례

K씨는 토지를 매수하려고 한다. 상황에 맞게 답하면?

자료

- 지목 : 농지
- 예상취득가액 : 1억 원

- 상황1 : 농지를 취득하기 위해서는 농지취득자경증명이 필요한가?
- 상황2 : 이 경우 취득세는 얼마인가?
- 상황3 : 이 농지를 향후 양도할 때 과세방식은 어떻게 되는가?

위의 상황에 대해 답을 찾아보면 다음과 같다.

(상황1) 농지를 취득하기 위해서는 농지취득자경증명이 필요한가?

그렇다. 농지를 취득하려는 자는 원칙적으로 관할 시·군·읍·면장으로부터 농지취득자격증명을 발급받아야 한다. 단, 다음의 경우에는 농지취득자격증명이 필요 없다. 참고로 증여의 경우에는 취득자격증명이 필요할 수 있다. 자세한 것은 「농지법」을 참조하기 바란다.

- 국가, 지방자치단체
- 상속(유증 포함), 공유물 분할, 농업법인 합병, 취득시효완성
- 수용 및 협의취득, 도시지역 내 농지(녹지지역 안)
- 농지전용 협의, 토지거래허가구역 내 농지
- 저당권자 담보농지, 지목상 농지이나 현황상 비경작 및 재배지 등

(상황2) 이 경우 취득세는 얼마인가?

농지의 경우 취득형태에 따라 취득세율이 결정된다. 아래 표를 보면 농지를 유상으로 취득하면 전체 취득관련 세율은 3.4%가 된다. 만일 2년 이상 자경한 농업인이 취득한 경우에는 50% 감면을 받아 1.6%의 세율로 취득세 등을 낸다.

취득 종류	구 분	취득세	농특세	지방교육세	합 계
일반토지의 유상취득	-	4.0%	0.2%	0.4%	4.6%
농지의 유상취득	신규	3.0%	0.2%	0.2%	3.4%
	2년 이상 자경한 농업인	1.5%	비과세	0.1%	1.6%
상속취득	농지	2.3%	0.2%	0.06%	2.56%
	농지 외	2.8%	0.2%	0.16%	3.16%
증여취득	-	3.5%	0.2%	0.3%	4.0%

(상황3) 이 농지를 향후 양도할 때 과세방식은 어떻게 되는가?

농지의 경우 중과세, 감면, 일반과세 등이 적용될 수 있다.

• 중과세 → 비사업용 토지에 해당하면 16~55%(투기지역은 26~65%)의 세율이 적용될 수 있다. 농지의 경우 재촌·자경을 세법에서 정한 기간만큼 하지 않으면 이에 해당한다(소득이 3,700만 원 초과하면 무조건 비사업용 토지에 해당함).
• 감면 → 8년 이상 재촌·자경하면 양도소득세를 100% 감면받을 수 있다(한도 1년간 1억 원, 5년간 2억 원).
• 일반과세 → 사업용 토지에 한해 일반과세가 적용된다.

결국 농지는 다양한 형태로 과세방식이 정해질 수 있다. 따라서 최우선적으로 감면을 받도록 하며, 감면이 되지 않는다면 중과세를 적용받지 않도록 한다. 한편 어차피 과세가 되는 상황이라면 감정을 받아 배우자에게 증여한 후 5년 뒤에 양도하면 양도차익을 축소시킬 수 있다. 증여당시 감정가액을 취득가액으로 할 수 있기 때문이다.

토지를 거래할 때 점검하여야 할 세무상 쟁점들을 정리하면 다음과 같다.

	매수인	매도인
취득 시	• 취득세(농지의 경우 감면)가 발생함.	–
⇩		
보유 시	• 재산세가 발생함. • 종합부동산세가 발생함.	–
⇩		
임대 시	• 농지 등은 대부분 임대소득세가 비과세됨.	–
⇩		
양도 시	–	• 비과세(교환, 분합 등) • 중과세(비사업용 토지) • 감면(8년 자경농지 등)

☞ 토지의 양도단계에서는 양도소득세 중과세 그리고 감면제도를 정확히 판단할 필요가 있다. 이 중 비사업용 토지에 대한 중과세제도는 매우 중요하다.

구 분	내 용
비과세	농지를 교환하거나 분합하는 경우에는 양도소득세 비과세가 가능하다.
중과세	비사업용 토지에 해당하는 경우에는 장기보유특별공제는 적용되나, 16~55% 등의 세율로 중과세를 적용한다.
감면	• 대토농지 : 4년 자경농지를 대토하는 경우 양도소득세를 감면받을 수 있다. • 8년 이상 자경농지 : 8년 이상 자경농지에 대해서도 감면이 적용된다. • 수용토지 : 공공사업용으로 수용되는 경우 현금보상은 산출세액의 10%, 채권보상을 받으면 10~40%를 감면한다.

참고로 토지에 대한 양도소득세 세율체계가 변경될 가능성이 있다. 이에 유의하기 바란다.

L씨는 아래와 같은 토지를 매도하려고 한다. 상황에 맞게 답하면?

자료

- 지목 : 나대지
- 매도예상가액 : 5억 원
- 취득가액 : 1억 원
- 보유기간 : 20년

- 상황1 : 나대지에 대한 양도소득세 과세방식은?
- 상황2 : 이 경우 장기보유특별공제가 적용되는가?
- 상황3 : 양도소득세는 얼마인가?

위의 상황에 대해 답을 찾아보면 다음과 같다.

(상황1) 나대지에 대한 양도소득세 과세방식은?

나대지는 건축을 할 수 있는 공지의 형태로 세법상 비사업용 토지로 분류된다. 이렇게 되면 다음과 같이 과세방식이 적용된다. 사업용 토지와 비교하면 다음과 같다.

구 분	장기보유특별공제	세 율
사업용 토지	적용	• 1년 미만 : 50% • 1~2년 미만 : 40% • 2년 이상 : 6~45%
비사업용 토지	적용	• 1년 미만 : Max[50%, 16~55% 등] • 1~2년 미만 : Max[40%, 16~55% 등] • 2년 이상 : 16~55% 등

(상황2) 이 경우 장기보유특별공제가 적용되는가?

장기보유특별공제는 3년 이상 보유한 부동산에 대해 원칙적으로 6~30%의 공제율을 적용하는 제도를 말한다. 이 공제는 비사업용 토지에 대해서도 적용이 가능하다.

(상황3) 양도소득세는 얼마인가?

양도소득세는 다음과 같이 계산한다.

구 분	금 액	비 고
양도가액	5억 원	
− 취득가액	1억 원	
= 양도차익	4억 원	
− 장기보유특별공제	1억 2천만 원	30%
= 양도소득금액	2억 8천만 원	
− 기본공제	250만 원	
= 과세표준	2억 7,750만 원	
× 세율	48%	38%+10%
− 누진공제	1,940만 원	
= 산출세액	1억 1,380만 원	

Tip ●

□ **토지거래 시 알아두어야 할 것들**

• 토지는 중과세와 감면제도 등이 복합적으로 적용된다.

• 비사업용 토지에 대한 개념을 확실히 이해해둘 필요가 있다.

• 농지감면의 경우 감면요건에 주의해야 한다.

농지를 8년 이상 재촌·자경하면 양도소득세를 5년간 최대 2억 원(1년간 1억 원)까지 감면받는다는 사실을 알고 있는 경우가 많다. 하지만 직접 감면을 받으려고 하면 쉽지가 않은 것이 현실이다. 왜 그런가? 지금부터는 8년 자경농지에 대한 감면을 잘 받는 방법을 찾아보자.

① 기본 사례

다음의 농지원부신청서와 관련하여 다음의 상황에 맞게 답하면?

> • 상황1 : 농지원부는 농지 양도소득세 감면을 위해 꼭 필요한 서류인가?
> • 상황2 : 농지 소유자와 경작인이 다른 경우에는 감면이 적용되는가?
> • 상황3 : 농지이용현황이 휴경인 경우에는 감면이 적용되는가?

농 지 원 부 (신규, 발급) 신 청 서											처 리 기 간	
											관내3일(관외10일)	
①신청인	성 명				주민등록번호							
	주 소							전화번호				
②신청농지	농지 소재지				③지목	④소유/임차	⑤면적(㎡)		⑥논농업이용기간	⑦농지이용면적(㎡)		비고
	시·군	읍·면	리·동	지번			농업진흥지역 안	농업진흥지역 밖		벼재배	타작물재배	휴경

「농지법」 제51조 및 동법 시행령 제71조, 동법 시행규칙 제50조 내지 제53조의 규정에 따라 농지원부 작성대상자 등록(변경)을 신청합니다.

년　월　일

신청인　　　　　　　　　　　(인)

경영양도인(변경신고의 경우)　　　(인)

동 장 귀 하

※ 구비서류	수수료
1. 등기부등본	없 음
2. 기타	

위의 상황에 대해 순차적으로 답을 찾아보자.

(상황1) 농지원부는 농지 양도소득세 감면을 위해 꼭 필요한 서류인가?

농지원부는 농지 양도소득세 감면을 위해 꼭 필요한 서류에는 해당하지 않는다. 법에서는 구체적으로 농지원부 제출을 의무화하고 있지 않기 때문이다. 다만, 8년 자경입증을 위해서 제출을 하는 것이 유리할 수 있다.

(상황2) 농지 소유자와 경작인이 다른 경우에는 감면이 적용되는가?

농지 소유자와 경작인이 다른 경우에는 감면이 적용되지 않는다. 예를 들어 남편이 소유자로 되어 있는 경우에는 남편이 경작을 해야 한다는 것이다(본인의 책임 하에 자기계산으로 경작해야 함을 의미).

(상황3) 농지이용현황이 휴경인 경우에는 감면이 적용되는가?

농지이용현황이 휴경인 경우에는 감면이 적용되지 않는다. 농지의 감면은 농지의 기능을 하고 있어야 한다. 따라서 지목을 농지에서 대지로 바꾸는 경우도 감면을 해주지 않는다(단, 매수자가 계약 후 지목을 변경하는 경우에는 감면을 적용함).

❷ 핵심 포인트

8년 자경농지에 감면에 대한 세법규정을 정리해보고 이에 대한 입증방법을 정리해보자.

STEP1 감면규정(다음의 ①~④ 동시 충족해야 함)

① 소유자가 취득일부터 양도일 사이에 8년간 농지가 소재하는 시·군·구(자치구인 구를 말함)와 그와 연접한 시·군·구, 또는 해당 농지로부터 직선거리 30킬로미터 이내의 지역에 거주하면서 그 소유농지에서 농작물의 경작 또는 다년생 식물의 재배에 상시 종사하거나 농작업의 2분의 1 이상을 자기의 노동력에 의하여 경작 또는 재배한 사실이 있을 것

② 양도일 현재 농지일 것

③ 양도일 현재 특별시, 광역시(광역시에 있는 군지역을 제외함) 또는 시(도·농 복합형태의 시의 읍·면지역을 제외함)에 있는 농지로서 「국토의 계획 및 이용에 관한 법률」에 의한 주거지역·상업지역 및 공업지역 내의 농지로 이 지역에 편입된 후 3년이 경과되지 않을 것

④ 농지가 「도시개발법」 그 밖의 법률에 의하여 환지처분 전에 농지 외의 토지로 환지예
정지 지정을 받은 경우에는 그 환지예정지 지정일부터 3년이 경과되지 않은 농지의
양도일 것

STEP2 **감면입증 요령**

8년 자경사실을 입증할 수 있는 서류에는 일반적으로 등기부등본, 토지대장, 토지이용계
획확인서, 주민등록등본, 농지원부 등이 있다. 농지원부가 없는 경우에 대체할 서류로는 8
년 이상 재촌, 자경한 사실을 입증할 수 있는 서류이면 무엇이든지 가능하다. 단, 이러한
서류를 제출한다고 해서 무조건 자경사실을 인정하는 것은 아님에 유의해야 한다.

- 농산물 판매 및 묘종 또는 묘목 구입비용 영수증
- 농기계구입비 및 농약구입비용 영수증 등
- 기타 자경한 사실의 여부 : 농협 등의 조합원인 경우 조합원증명원, 농지소재지 농지
  위원장이 있는 경우 농지위원장이 확인한 자경농지사실확인서, 인우보증서 등

| 8년 자경농지감면 솔루션 |

절 차	내 용
8년 보유기간	• 토지대장과 등기부 등본을 통해 확인
8년 거주요건	• 농지보유기간 중 거주기간(전입일~전출일) 산정 ※ 주민등록초본을 제출
자경요건	• 가장 까다로운 부분임. ※ 농지원부, 인우보증서(자경확인), 비료 및 종자구입영수증, 판매영 　수증 등 제출
양도일 현재 농지여부 등 판단	• 일반적으로 입증하는데 문제가 없음. ※ 단, 휴경이나 작물재배 등이 문제가 되는 경우 항공사진 등에 의해 　해당 사실이 밝혀질 수 있음에 유의
감면에서 제외되는 농지여부 판단	• 토지이용계획확인원을 통해 농지가 주거지역, 공업지역, 상업지역 　내에 소재하는지를 점검해야 함(광역시에 있는 군지역 및 도·농 　복합형태의 시의 읍·면지역은 제외). ※ 이들 지역으로 편입된 농지는 사실상 농지가 아니므로 감면을 제한 　하는 것이 타당함(단, 이들 지역으로 편입된 후 비과세 처분기한 　내에 양도 시는 감면을 허용함).
양도소득세(감면) 신고	• 양도일이 속하는 달의 말일부터 2개월 내에 신고 • 감면신청서를 별도로 제출해야 함.

③ 실전 사례1

K씨는 전업농업인으로 자신의 명의로 된 농지를 가지고 7년 정도 농사를 짓다가 농업으로 생계를 잇기가 어려워 회사에 취직을 하였다. 그리고 직장을 다니면서 어머니와 함께 계속하여 농사를 짓고 있다. 이러한 상황에서 8년 자경농지 감면을 받을 수 있을까?

K씨의 궁금증을 풀어보자.

STEP1 K씨는 감면조건을 충족하고 있는가?

K씨는 농지소유기간 중에서 이미 7년을 전업농업인으로 살았는데 이 농지에 대해 감면을 받기 위해서는 추가로 1년간의 자경사실을 입증해야 한다.

STEP2 K씨는 1년간의 자경사실을 인정받을 수 있는가?

앞에서 본 자료들을 제출하여 본인이 직접 농사를 지은 경우라면 감면을 적용받을 수 있다. 물론 자경사실은 관할 세무서장의 결정에 따라 인정될 수도 있고 안 될 수도 있다.

STEP3 결론은?

관할 세무서장의 결정에 따라 감면이 될 수도 있고 안 될 수도 있다. 따라서 만일 감면이 안되는 것이 부당하다고 판단되는 경우에는 이의신청 등을 통해 구제를 받도록 한다.

④ 실전 사례2

2016년부터 양도하는 8년 자경농지와 대토농지 등에 대한 감면한도가 1년간 2억 원에서 1억 원으로 축소되었다. 아래의 사례를 통해 이에 대해 알아보자.

> **자료**
>
> N씨가 보유하고 있는 농지는 8년 자경한 토지로 이를 매도하고자 한다. 매매예상가액은 5억 원이다. 15년 전에 취득한 가격은 2억 원이다. 상황에 맞게 답하면?

> • 상황1 : 이 경우 예상되는 양도소득세 산출세액은?
> • 상황2 : 이 중 얼마를 감면받을 수 있는가?

위의 상황에 대해 순차적으로 답을 찾아보자.

(상황1) 이 경우 예상되는 양도소득세 산출세액은?

양도소득세 산출세액은 양도차익(3억 원)에서 장기보유특별공제(30%)와 기본공제 250만 원을 차감한 과세표준에 대해 6~45%의 세율로 도출된다. 이를 자세히 살펴보면 다음과 같다.

구 분	금 액	비 고
양도차익	3억 원	
− 장기보유특별공제	9,000만 원	15년 보유 시 30% 적용
− 기본공제	250만 원	
= 과세표준	2억 750만 원	
× 세율	38%	과세표준 1.5억 원 초과
− 누진공제	1,940만 원	
= 산출세액	5,945만 원	

(상황2) 이 중 얼마를 감면받을 수 있는가?

8년 자경농지나 대토농지 등에 대한 1년간 감면한도가 2016년부터 2억 원에서 1억 원(단, 공익사업 시행자가 취득한 농지는 2017년까지 2억 원 적용)으로 축소되었다. 따라서 사례의 경우에는 이와 무관하게 산출세액이 1억 원 이하에 해당하므로 전액 감면을 받는다. 농지의 경우에는 감면세액의 20%로 내는 농특세가 비과세되므로 전액 감면을 받을 수 있다. 참고로 농지의 규모가 크거나 가격이 높은 경우에는 산출세액이 1억 원을 초과할 수 있다. 따라서 이러한 상황에서 5년간 감면한도를 이용한다. 5년간 감면한도는 2억 원이므로 연간 1억 원 이하의 산출세액이 발생하도록 양도하면 최대한 절세할 수 있다.

☞ 「농특세법」 제4조 제1항에서는 8년 자경농지와 대토농지 등에 대한 감면이 적용되면 농특세를 비과세하도록 하고 있다.

Tip

❑ **8년 자경농지 감면관련 Q&A**

구 분	내 용
양도일 현재 부재지주에 해당하는 경우도 감면이 적용되는가?	그렇다. 양도일 전에 8년 이상 자경한 사실이 확인되는 경우에는 양도 당시에 농지소재지에 거주하지 아니한 경우에도 감면규정을 적용한다.
농사는 농지소유자가 직접 지어야 하는가?	그렇다. 8년 자경농지에 대한 감면은 그 소유자가 그 소유 농지에서 농작물의 경작 또는 다년생 식물의 재배에 상시 종사하거나 농작업의 2분의 1 이상을 자기노동력에 의하여 경작 또는 재배하는 것을 말한다(서면5팀 – 443, 2007.2.5.).
계속하여 8년을 경작하여야 하는가?	그렇지 않다. 토지 소유일로부터 양도일까지 8년 이상 자경하면 된다. 참고로 상속을 받은 경우 피상속인의 경작기간을 포함한다(상속개시일로부터 3년이 경과한 후에는 1년 이상의 경작을 해야 한다). 한편 증여를 받은 경우 수증일 이후 기간부터 8년 자경기간을 따지게 된다.
양도일 현재 휴경농지이거나 농지가 아닌 경우도 감면이 되는가?	그렇지 않다. 다만, 양도일 전에 매매계약조건에 따라 매수자가 형질변경, 건축착공 등을 하는 경우에는 매매계약일 현재의 농지를 기준으로 한다.

상속받은 농지는 매매나 증여로 받은 농지보다 처분 시 양도소득세 감면이 폭넓게 적용되고 있다. 피상속인이 자경한 기간을 상속인이 승계를 받을 수 있기 때문이다. 따라서 농지만큼은 증여가 아닌 상속을 선택하는 것이 좋다. 증여를 받으면 자경기간을 승계받을 수 없기 때문이다. 이하에서는 상속농지와 관련된 다양한 세무상 쟁점들을 분석해보자.

① 기본 사례

아래와 같은 농지를 양도하려고 한다. 양도소득세 감면을 받을 수 있을까?

〈추가 자료〉
- 피상속인 김용필씨는 10년간 농사를 지어왔음.
- 자녀들은 현재 대학생임.

위의 상황은 상속농지에 대한 양도소득세 규정을 정확히 알고 있느냐를 테스트하기 위한 것이다. 상속농지는 일반농지에 비해 세금혜택이 있기 때문이다.

STEP1 **자경기간의 계산**

① 상속받은 농지를 상속개시일로부터 3년 내에 양도하면 피상속인(사망자)의 재촌·자경기간을 합산한다.

② 상속받은 농지를 상속개시일부터 3년이 지난 뒤에 양도하는 경우에는 상속인이 상속개시일 이후 1년 이상 계속하여 경작한 사실(재촌·자경)이 있는 경우에만 피상속인의 경작기간을 합산한다.

STEP2 **문제해결**

상속받은 지 3년이 경과하였으므로 '1년' 이상 재촌·자경한 사실이 있어야 한다. 따라서 어머니 소유분의 농지는 감면이 되나 자녀들이 받은 농지는 감면을 받을 수 없다.

상속농지의 절세법

- 상속개시일로부터 3년 내에 처분하면 피상속인의 자경기간을 승계 받을 수 있다.
- 상속개시일로부터 3년이 경과한 후에 처분하면 상속인이 1년 이상 자경을 해야 피상속인의 자경기간을 승계 받을 수 있다.
- 상속을 받을 때에는 가급적 전업농민이 상속을 받는 것이 유리할 수 있다.

② 핵심 포인트

농지를 상속받은 경우에는 증여로 받는 경우에 비해 세금혜택이 많다. 이를 요약하여 정리하면 다음과 같다.

| 상속 전 | • 농지를 상속으로 받을 것인가 증여로 받을 것인가 결정해야 한다.
• 소유권 분쟁이 예상되는 경우에는 가급적 유언장 작성 등을 통해 상속으로 받도록 한다(유증도 상속의 한 방법에 해당). |

| 상속개시일로부터 3년 내 | • 상속개시일로부터 3년 내에 농지를 처분하면 피상속인의 자경기간을 승계받을 수 있다('피상속인의 자경기간+상속인의 자경기간'이 8년 이상이면 감면을 적용한다*. |

| 상속개시일로부터 3년 후 | • 상속개시일로부터 3년이 경과한 후에 농지를 처분하면 상속인이 '1년' 이상 자경을 해야 피상속인의 자경기간을 승계받을 수 있다. |

* 증여는 이러한 혜택이 없으므로 일반적으로 세금측면에서는 상속이 더 유리할 수 있다.

③ 실전 사례

K씨는 2022년 2월에 부친이 20년 이상 지은 농지를 상속받았다. 그는 현재 도시에서 직장생활을 하는 관계로 자경이 불가하여 친척에 위탁하여 관리 중에 있다. 이 농지를 상속개시일로부터 3년 내에 처분하는 경우와 3년 후에 처분할 경우의 세금관계는 어떻게 되는가? 매매예상가액은 3억 원이며 상속당시의 시세는 2억 원(공시지가는 5천만 원)이다. 단, 상속

세는 신고하지 않았다.

위의 자료에 맞춰 양도소득세를 계산해보자(기본공제는 미적용).

구 분	3년 내에 처분하는 경우	3년 후에 처분하는 경우	비 고
양도가액	3억 원	3억 원	
− 취득가액	5천만 원	5천만 원	시가가 없으면 기준시가가 취득가액임.
= 양도차익	2억 5천만 원	2억 5천만 원	
− 장기보유특별공제	0원	1,500만 원	3년 후 처분하는 경우 6% 적용(가정)
= 과세표준	2억 5천만 원	2억 3,500만 원	
× 세율	38%	38%	세율은 피상속인의 취득일부터 2년이 넘으면 누진세율이 적용됨.
− 누진공제	1,940만 원	1,940만 원	
= 산출세액	7,560만 원	6,990만 원	
− 감면세액	7,560만 원	0원	3년 내에 처분하면 피상속인의 자경기간을 승계받음.
= 납부세액	0원	6,990만 원	

Tip

□ **증여농지와 세무상 문제점**

증여로 취득한 농지를 양도하는 경우에는 증여받은 날 이후 수증자가 자경한 기간으로 자경감면 또는 대토감면요건을 판단하는 것이므로 증여자의 자경기간과 합산하여 자경감면기간을 산정하지 아니한다(주의!).

한편 배우자나 직계존비속으로부터 토지를 증여받아 이를 5년 내에 양도하는 경우에는 이월과세제도[69]가 적용됨에 유의해야 한다. 따라서 토지를 증여받은 경우에는 증여받은 후 5년 뒤에 양도하는 것이 이익이 된다.

---

69) 배우자 등으로부터 받은 부동산을 5년 내에 처분한 경우 취득가액을 당초 증여자가 취득한 가액으로 하는 제도를 말한다.

농지가 주거지역에 편입된 경우에 감면이 제한되는 경우가 많다. 주거지역에 소재한 농지는 그 성격이 나대지에 가깝기 때문이다. 따라서 주거지역 내의 농지에서 농사를 짓고 있더라도 감면이 잘 안되는 경우가 많다. 이하에서 이에 대해 정리를 해보자.

① 기본 사례

아래는 부동산매매계약서 내용의 일부이다. 상황에 맞게 답하면?

소 재 지					동	호 (		평형)
토　　지	지목				면적		㎡	평
건　　물	구조		용도		면적		㎡	평

- 상황1 : 매매계약서상의 소재지는 주택에 대한 것이다. 이 경우 세금과 어떤 관계가 있는가?
- 상황2 : 매매계약서상의 소재지는 토지에 대한 것이다. 이 경우 세금과 어떤 관계가 있는가?
- 상황3 : 주택과 토지거래에 대해 자금조달계획서를 제출해야 되는 경우는?

위의 상황에 대해 순차적으로 답을 찾아보면 다음과 같다.

(상황1) 매매계약서상의 소재지는 주택에 대한 것이다. 이 경우 세금과 어떤 관계가 있는가?

주택의 경우 소재지의 중요성이 토지에 비해 떨어지나 몇 가지 주의할 것들이 있다. 우선 단독주택의 주택부속토지를 구분할 때 도시지역을 기준으로 배수를 달리 정하고 있다. 도시지역은 바닥정착면적의 3~5배, 도시지역 외는 10배까지 주택부속토지로 인정한다. 한편 농어촌에 있는 주택이 있는 경우에는 다른 주택을 양도할 때 세법에서 이를 주택 수에서 제외하나, 이를 먼저 양도하는 경우에는 과세하는 것이 원칙이다. 이외에도 조정지역에 해당하면 다양한 규제를 적용받는다.

(상황2) 매매계약서상의 소재지는 토지에 대한 것이다. 이 경우 세금과 어떤 관계가 있는가?

토지 중 농지는 소재지가 매우 중요한 역할을 한다. 농지에 대한 비사업용 토지 판단과 8년 농지감면 판단 시 도시지역(녹지지역은 제외) 내의 농지는 원칙적으로 재촌·자경을 하더라도 비사업용 토지로 보는 한편 감면을 배제하기 때문이다. 다만, 도시지역 외에서 이 지역으로 편입된 경우에는 편입일로부터 3년까지는 사업용 토지로 봐준다. 감면의 경우에는 편입된 지 3년이 지나면 감면을 적용하지 않지만, 군, 읍·면지역에 소재한 농지는 3년이 지난 경우라도 감면을 적용한다. 군지역 등의 농지는 보호를 해주겠다는 취지가 있다.

> **「국토의 계획 및 이용에 관한 법률」상의 도시지역**
>
> 이 지역은 주로 인구와 산업이 밀집되어 이를 체계적으로 관리하기 위해 구분하고 있다. 도시지역은 크게 다음과 같이 구분된다.
>
> | 구 분 | 목 적 | 세분류 |
> |---|---|---|
> | ① 주거지역 | 거주의 보호 등 | 전용주거지역(1종, 2종)/일반주거지역(1종, 2종, 3종)/준주거지역 |
> | ② 상업지역 | 상업 편익증진 | 중심상업지역/일반상업지역/근린상업지역/유통상업지역 |
> | ③ 공업지역 | 공업 편익증진 | 전용공업지역/일반공업지역/준공업지역 |
> | ④ 녹지지역* | 자연환경 등 보호 | 보전녹지지역/생산녹지지역/자연녹지지역 |
>
> * 녹지지역은 주·상·공지역과는 다르게 세법을 적용한다.

(상황3) 주택과 토지거래에 대해 자금조달계획서를 제출해야 되는 경우는?

주택의 경우 조정대상지역과 투기과열지구에서 거래를 하면 무조건 자금조달계획서를 제출해야 한다. 이를 벗어난 비규제지역은 거래금액이 6억 원 이상인 경우에 한해 이를 제출해야 한다. 한편 토지거래허가구역(대상지역이 넓어질 수 있음) 내 토지를 거래한다면 이 경우에는 토지취득자금조달계획서를 제출해야 한다. 이렇게 제출된 계획서를 바탕으로 거래신고의 적정성 확인, 자금출처조사 등이 진행된다.

핵심 포인트

부동산소재지와 세금의 관계를 정리하면 다음과 같다.

| 도시지역 | • 주택 → 주택부속토지의 범위, 농어촌주택에 대한 비과세 특례 등과 관련이 있다.
• 농지 → 비사업용 토지, 8년 자경농지 감면 등과 관련이 있다. |

⬇

| 수도권지역 | • 수도권 과밀억제권역의 경우 법인의 취득세 중과세와 관련이 있다.
• 이외 양도소득세 비과세나 감면규정을 정할 때 이 지역을 요건으로 정하는 경우도 있다. |

⬇

| 조정대상지역 | • 조정대상지역에 해당하면 주택에 대한 다양한 세제가 강화된다. |

☞ 이외 투기과열지구(분양권 전매제한), 토지거래허가지역 등도 세금과 관련이 있다.

 실전 사례

대전광역시에서 거주하고 있는 K씨는 8년 이상 자경한 농지를 양도하고자 한다. 그런데 '토지이용계획확인서'를 확인해보니 다음과 같은 내용들이 기재되어 있었다. 이 경우 농지에 대해 감면이 적용될까? 감면을 위한 재촌·자경요건은 충족하나 농지가 소재한 지역만 문제가 된다고 하자.

지역· 지구등의 지정 여부	「국토의 계획 및 이용에 관한 법률」에 따른 지역·지구 등	도시지역, 자연녹지지역
	다른 법령 등에 따른 지역·지구 등	

위의 상황에 대한 답을 순차적으로 찾아보자.

STEP1 쟁점은?

현재 이 농지가 국토법에 따른 도시지역 중 자연녹지지역에 소재하고 있다. 따라서 이러한 지역에 소재한 농지에 대한 양도소득세 감면을 받을 수 있는지의 여부가 쟁점이 된다.

STEP2 결론은?

자연녹지지역은 자연환경 보호 등을 위해 지역설정을 해둔 곳으로써 세법은 이 지역은 도시지역의 다른 지역과는 달리 개발이 제한되므로 이를 예외적으로 취급한다. 따라서 이 지역 내의 농지에 대해서는 감면이 적용된다. 참고로 도시지역에 편입된 농지는 사실상 대지에 가깝다. 따라서 이러한 농지에서 자경한 경우라도 아래처럼 감면이 제한될 수 있다.

● **조세특례제한 집행기준 69-66-24 [2002.1.1. 이후에 주거지역 편입 등으로 감면대상 농지에서 배제되는 농지 범위]**

지역구분		편입(지정)된 날부터	
		3년 이내 양도	3년 경과 양도
주거지역 등에 편입된 농지	특별시·광역시·시지역	취득일로부터 주거지역 등의 편입일(환지예정지정일)까지 발생한 양도소득금액에 대해 감면(2001.12.31. 이전 편입된 경우에는 취득일~양도일까지 발생한 소득에 대해 감면)	감면배제
	광역시군의 군지역 도농복합시의 읍·면지역		좌동
	대규모 개발사업의 단계적 시행 및 보상지역		좌동
	위 외의 기타지역		좌동
환지예정지로 지정받은 토지			감면배제

Tip ●

□ **비사업용 토지인 농지도 감면이 가능할까?**

농지를 보유하는 기간 중 자경기간이 8년이 넘더라도 「소득세법」 제104조의 3에 따라 비사업용 토지가 되는 경우가 있다. 예를 들어 보유기간이 20년인데 5년 이전에 자경기간이 8년인 농지가 있다고 하자. 이 경우 사업용 토지 여부를 판단할 때 "60%, 5년 중 3년, 3년 중 2년"의 요건을 적용하는데 사례의 이 농지는 비사업용 토지에 해당한다. 그렇다면 이 농지에 대해서는 감면이 적용되지 않을까? 아니다. 농지에 대한 감면은 「조특법」 제69조에 따라 적용되는 것이므로 비사업용 토지여부와는 별개로 감면이 적용된다. 비사업용 토지로 보아 산출세액을 계산하고 이에 100%를 감면하는 식으로 세법이 작동된다. 물론 감면한도는 1년간 1억 원이므로 이 금액까지는 감면이 적용된다.

수용도 양도에 해당한다. 따라서 토지를 수용당하는 경우에는 양도소득세의 문제가 발생하므로 미리 이에 대한 내용을 파악해 둘 필요가 있다. 그렇다면 토지를 수용당하기 전에 무엇을 어떻게 검토해야 할까?

❶ 기본 사례

서울에서 거주하고 있는 김영미씨는 자신이 보유하고 있는 임야가 공익사업용으로 수용될 것 같다는 소식을 들었다. 이 임야는 2005년에 취득한 것으로 사업인정고시는 2018년에 발표되었다. 만약 이 토지가 2022년에 5억 원에 수용된다면 그가 부담해야 할 세금은 얼마인가? 취득가액은 2억 원이며, 김씨는 일반채권으로 보상을 받게 된다.

위의 문제를 해결하기 위해서는 토지에 대한 양도소득세 계산과 수용에 따른 감면규정을 이해하고 있어야 한다.

먼저, 양도소득세 산출세액을 계산해보자.
토지의 성격이 사업용인지 비사업용인지에 따라 세금계산방법이 다르다.

구 분	사업용 토지에 해당하는 경우	비사업용 토지에 해당하는 경우
양도가액	5억 원	5억 원
− 취득가액	2억 원	2억 원
= 양도차익	3억 원	3억 원
− 장기보유특별공제	9천만 원	9천만 원
= 과세표준	2억 1천만 원	2억 1천만 원
× 세율	38%	48%
− 누진공제	1,940만 원	1,940만 원
= 산출세액	6,040만 원	8,140만 원

☞ **수용토지와 비사업용 토지 판단**

사업인정고시일이 2006년 12월 31일 이전인 토지와 취득일(상속받은 토지는 피상속인이 해당 토지를 취득한 날을 말하고, 이월과세제도가 적용되는 경우에는 증여한 배우자 또는 직계존비속이 해당 자산을 취득한 날을 말함)이 사업인정고시일부터 2년(2021년 5월 4일 이후는 5년) 이전인 토지는 사업용 토지로 본다. 따라서 사례의 경우는 사업용 토지에 해당한다.

다음으로, 감면세액을 계산해보자.

세법은 현금으로 보상받으면 10%, 채권은 이보다 높은 수준으로 감면하고 있다(일반채권 15%, 3년 만기 30%, 5년 만기 40% 감면). 전액을 일반채권으로 보상받은 경우에는 15%의 감면율이 적용된다. 산출세액의 15%로 감면세액을 계산하면 다음과 같다.

구 분	사업용 토지에 해당하는 경우	비 고
산출세액	6,040만 원	
감면세액	906만 원	산출세액×15%

참고로 사업인정고시일로부터 2년 전에 취득한 비사업용 토지도 감면규정이 적용된다.

② 핵심 포인트

토지 수용과 관련하여 알아두어야 할 세무상 쟁점들을 정리하면 다음과 같다.

수용 전	• 양도소득세는 얼마나 나오는가?

수용 시	• 8년 자경농지감면과 수용감면이 동시에 적용되는 경우에는 유리한 것을 적용한다. • 주거지역 등으로 편입된 경우에는 전문가와 상의하자. • 추가보상 시에는 양도소득세 수정신고를 정확히 해야 한다.

수용 후	• 수용 후 1년 내에 대체부동산을 취득하는 경우에는 취득세가 비과세 된다. • 토지보상금을 자녀 등에게 증여하면 증여세가 부과되므로 유의해야 한다.

토지가 수용되면 10~40%의 양도소득세 감면을 받을 수 있다. 이에 대한 내용은 「조세특례제한법」에 마련되어 있다. 제77조와 제77조의 3을 중심으로 살펴보면 좋다.

공공사업 목적으로 토지가 수용된 경우로써 토지보상가액이 법원의 합의조정조서에 의하여 증액 확정되는 경우, 보상가액이 증액 확정되는 날(소송으로 보상금이 공탁된 경우 소송판결 확정일)이 속하는 달의 말일부터 2개월 이내에 「국세기본법」 제45조의 규정에 따라 당초 신고한 양도소득세를 수정신고 납부하여 차액 증액부분에 대한 납세의무를 이행해야 한다. 납세자가 증액된 보상금의 수령일이 속하는 달의 말일부터 2개월 이내에 과세표준수정신고서를 제출하고 동시에 추가자진납부하는 경우 「국세기본법」 제48조 제1항에 따라 신고불성실·납부지연가산세가 적용되지 아니한다.

③ 실전 사례

K씨는 현재 보유하고 있던 토지가 수용을 당했다. 이 토지는 그린벨트 내에 소재하고 지목은 묘지로 되어 있다. 그런데 이 토지가 위치한 곳이 상당히 좋아 추가 보상을 요구하고자 한다. 다음 자료를 통해 양도소득세를 계산하면?

> **자료**
>
> • 보상(현금)금액 수령일 : 20×4년 5월 6일
> • 소유권 이전등기일 : 20×4년 6월 5일
> • 보상금액 : 5억 원
> • 취득가액 : 1억 원
> • 사업용 토지에 해당하며 장기보유특별공제는 30%, 세율은 6~45%가 적용됨.
> • 감면율은 10%를 적용하기로 함.
> • K씨는 위와 같이 보상을 받은 후에 3천만 원을 추가로 받았음.

위의 자료를 바탕으로 양도소득세를 계산해보자.

이러한 상황에서는 먼저 양도시기를 파악해야 한다. 사례의 경우 보상금액 수령일과 소유권 이전등기일 중 빠른 날인 20×4년 5월 6일이 취득시기가 된다(일반적인 수용의 양도시기는 '대금청산일, 수용 개시일, 소유권이전 등기접수일' 중 빠른 날임). 따라서 이 날을 기준으로 예정신고를 한다. 참고로 「조특법」 제77조의 3에서는 개발제한구역 내의 토지에 대해 최대 40%의 감면을 적용하고 있으므로 이 부분도 참고하자.

구 분		금 액	비 고
양도소득세	양도가액	500,000,000	
	(−) 필요경비 취득가액 기타필요경비	100,000,000	
	(=) 양도차익	400,000,000	
	(−) 장기보유특별공제	120,000,000	30%
	(=) 양도소득금액	280,000,000	
	(−) 기본공제	2,500,000	
	(=) 과세표준	277,500,000	
	(×) 세율	38%	
	(−) 누진공제	19,400,000	
	(=) 산출세액	86,050,000	
	(−) 감면세액	8,605,000	산출세액 × $\dfrac{\text{감면소득금액} - \text{기본공제}}{\text{과세표준}}$ × 10%
	(=) 결정세액	77,445,000	
	(+) 가산세 등		
	(=) 자진납부할 세액	77,445,000	
지방소득세		7,744,500	
농특세		1,121,000	
계		86,310,500	

이와 같이 신고한 다음 추가로 받은 보상금은 수정신고를 하여 정산해야 한다. 따라서 이 경우 다음과 같은 방식으로 세금을 계산하게 된다. 즉 양도가액이 5억 3천만 원이 된다.

(단위 : 원)

구 분	금 액	비 고
양도가액	530,000,000	3천만 원 추가
(−) 필요경비 취득가액 기타필요경비	100,000,000	
(=) 양도차익	430,000,000	

비사업용 토지는 투자목적으로 가지고 있는 토지를 말한다. 세법은 이러한 토지에 대해 양도소득세 중과세로 대응하고 있다. 이하에서 비사업용 토지에 대한 양도소득세 중과세제도에 대해 알아보자.

① 기본 사례

K씨가 보유한 토지는 다음과 같다. 상황에 맞게 답하면?

자료

- 지목 : 농지
- 취득 원인 : 유상취득
- 재촌·자경한 기간 : 없음.
- 양도차익 : 3억 원
- 보유기간 : 15년(장기보유특별공제율 30%)

- 상황1 : 이 토지는 사업용 토지인가 비사업용 토지인가?
- 상황2 : 비사업용 토지인 경우 과세방식은?
- 상황3 : 이 토지에 대한 세금은 얼마나 되는가?

위의 상황에 대해 순차적으로 답을 찾아보자.

(상황1) 이 토지는 사업용 토지인가 비사업용 토지인가?

사례의 경우 비사업용 토지에 해당될 가능성이 높다. 농지의 경우 재촌·자경을 법에서 정한 기간동안 해야 하는데 사례의 농지는 해당사항이 없기 때문이다.

(상황2) 비사업용 토지인 경우 과세방식은?

비사업용 토지에 대한 과세방식을 사업용 토지와 비교하면 다음과 같다.

구 분	사업용 토지	비사업용 토지
장기보유특별공제	• 취득일로부터 기산 • 6~30%	좌동
세율	50%, 40%, 6~45%	Max[50%, 16~55%], Max[40%, 16~55%], 16~55%

(상황3) 이 토지에 대한 세금은 얼마나 되는가?

위의 비사업용 토지에 대한 양도소득세 산출세액을 계산하면 다음과 같다.

구 분		비사업용 토지	비 고 (사업용 토지인 경우)
양도소득세	양도차익	3억 원	3억 원
	(−) 장기보유특별공제 (30%)	9천만 원	9천만 원
	(=) 양도소득금액	2억 1천만 원	2억 1천만 원
	(−) 기본공제	250만 원	250만 원
	(=) 과세표준	2억 750만 원	2억 750만 원
	(×) 세율	48%	38%
	(−) 누진공제	1,940만 원	1,940만 원
	(=) 산출세액	8,020만 원	5,945만 원
지방소득세(10%)		802만 원	594만 원
계		8,822만 원	6,539만 원

② 핵심 포인트

세법에서는 토지에 대해 어떤 방법으로 비사업용 토지여부를 판단하는지 정리해보자.

구 분	사업용 토지 요건	비 고
① 농지	• 재촌 • 자경 • 도시지역 밖 소재 • 사업용 기간 충족	• 재촌·자경을 하지 않아도 되는 경우 : 상속 농지 등 • 무조건 사업용 토지로 보는 경우 : 상속농지 (직계존속이 8년 이상 재촌·자경), 수용농 지 등

구 분	사업용 토지 요건	비 고
② 임야	• 재촌 • 사업용 기간 충족	• 재촌하지 않아도 되는 경우 : 상속임야 등 • 무조건 사업용 토지로 보는 경우 : 상속임야 (직계존속이 8년 이상 재촌), 수용임야 등
③ 목장용지	• 축산업 영위 • 도시지역 밖 • 가축별 기준면적 내 • 사업용 기간 충족	• 축산업 영위를 하지 않아도 되는 경우 : 상속 목장용지 등 • 무조건 사업용 토지로 보는 경우 : 상속목장 용지(직계존속이 8년 이상 목축업 영위), 수 용임야 등
④ 주택부속 토지	• 기준면적(3~5배, 10배) 내 • 사업용 기간 충족	• 기준면적은 「소득세법 시행령」 제154조 제7 항을 참조(도시지역 내 : 수도권 주·상·공 지역 3배, 녹지지역·수도권 밖 5배, 도시지 역 밖 : 10배)
⑤ 별장부속 토지	(무조건 비사업용 토지에 해당함)	–
⑥ 위 외의 토지	• 재산세 비과세 대상토지, 분리 과세 대상토지, 별도합산 대상 토지 • 재산세 종합합과세 대상토지 중 거주·사업에 직접 관련된 토지 • 사업용 기간 충족	–

위에서 사업용 기간조건이란 토지 소유기간 중에 세법에서 정한 기간 이상을 사업용으로 사용해야 한다는 것을 의미한다. 예를 들어 농사를 하루만 지어도 일단 사업용 농지가 될 수 있는데 이를 세법상 비사업용 토지에서 무조건 제외해주면 편법이 등장할 가능성이 높다. 그래서 세법은 아래와 같은 기간기준을 두어 사업용으로 사용한 기간이 이에 미달하는 경우에는 최종적으로 비사업용 토지로 판정한다. 이는 사업용으로 위장하는 것을 방지하기 위한 요건에 해당한다고 볼 수 있다.

토지 소유기간	사업용으로 사용한 기간
① 3년 미만	다음 중 하나 이상의 기간기준을 충족해야 최종적으로 사업용 토지가 된다. • 토지 소유기간 중 2년 이상 사업에 사용(토지 소유기간이 2년 미만 이면 이 기준은 사용하지 않고 아래 60% 기준을 사용한다) • 토지 전체 소유기간 중 60% 이상 사업에 사용

토지 소유기간	사업용으로 사용한 기간
② 3년 이상 5년 미만	다음 중 하나 이상의 기간기준을 충족해야 최종적으로 사업용 토지가 된다. • 토지 소유기간 중 3년 이상 사업에 사용 • 양도일 직전 3년 중 2년 이상 사업에 사용 • 토지 전체 소유기간 중 60% 이상 사업에 사용
③ 5년 이상	다음 중 하나 이상의 기간기준을 충족해야 최종적으로 사업용 토지가 된다. • 양도일 직전 5년 중 3년 이상 사업에 사용 • 양도일 직전 3년 중 2년 이상 사업에 사용 • 토지 전체 소유기간 중 60% 이상 사업에 사용

③ 실전 사례

K씨는 이번에 다음과 같은 토지에 대해 매매계약을 체결하려고 한다. 상황에 맞게 답하면?

자료

- 매매대상 지목 : 공부 상 임야, 실질용도는 대지
- 예상양도가액 : 5억 원
- 취득연도 : 1990년
- 취득가액 : 1억 원
- 취득자는 임야소재지에서 거주함.

- 상황1 : 이 토지가 사업용 토지인 경우와 비사업용 토지인 경우의 산출세액은?
- 상황2 : 이 토지는 사업용 토지인가 비사업용 토지인가?
- 상황3 : 비사업용 토지인 경우 사업용 토지로 전환시킬 수 있는 방법은?

위의 상황에 대해 순차적으로 답을 찾아보면 다음과 같다.

(상황1) 이 토지가 사업용 토지인 경우와 비사업용 토지인 경우의 산출세액은?

사업용 토지인 경우와 비사업용 토지인 경우로 나누어서 양도소득세를 계산해보자. 참고로 거래하는 입장에서는 이에 대한 양도소득세를 정확히 계산할 수 있어야 한다.

구 분	사업용 토지에 해당하는 경우	비사업용 토지에 해당하는 경우
양도가액	5억 원	5억 원
− 취득가액	1억 원	1억 원
= 양도차익	4억 원	4억 원
− 장기보유특별공제	1억 2천만 원	1억 2천만 원*
= 양도소득금액	2억 8천만 원	2억 8천만 원
− 기본공제	250만 원	250만 원
= 과세표준	2억 7,750만 원	2억 7,750만 원
× 세율	38%	48%
− 누진공제	1,940만 원	1,940만 원
= 산출세액	8,605만 원	1억 1,380만 원
+ 지방소득세	860만 5,000원	1,138만 원
= 총납부할 세액	9,465만 5,000원	1억 2,518만 원

* 2017년부터는 장기보유특별공제가 당초 취득일부터 적용되고 있다.

사례의 토지가 사업용 토지에 해당하는 경우에는 9,500만 원, 비사업용 토지에 해당하는 경우에는 1억 2,500만 원 정도의 양도소득세가 발생한다.

(상황2) 이 토지는 사업용 토지인가 비사업용 토지인가?

임야를 기준으로 볼 때에는 매도인이 거주하고 있으므로 사업용 토지에 가깝다. 하지만 세법은 실질과세 원칙을 기준으로 세법을 적용하므로 토지의 실질용도인 대지를 가지고 이를 판단해야 한다. 따라서 대지를 어떤 용도로 사용하고 있는지가 중요하다. 만일 공터로 방치되어 있다면 여전히 비사업용 토지에 해당될 수 있다.

(상황3) 비사업용 토지인 경우 사업용 토지로 전환시킬 수 있는 방법은?

사례의 토지가 대지로써 비사업용 토지에 해당한다면 다음과 같은 방법으로 사업용 토지로 전환시킨다.

• 대지 위에 주택을 지어 사업적으로 분양하면 언제든지 사업용 토지로 바뀐다(단, 개인이 비사업적으로 양도하면 비사업용 토지에 대한 판단을 별도로 해야 한다).

• 대지 위에 주택 외의 건물을 지어 분양하는 경우에는 착공 후부터 2년 후에 양도해야 사업용 토지로 인정된다.

비사업용 토지 판정요령

비사업용 토지 중 농지와 임야, 그리고 농지와 임야, 목장용지 외의 기타토지에 대한 비과세 판정요령을 그림을 통해 대략적으로 정리하면 다음과 같다. 참고로 아래의 그림은 국세청에서 발간한 책자에서 인용하였다. 비사업용 토지에 대한 구체적인 판단요령은 「소득세법」 제104조의 3을 참조하기 바란다.

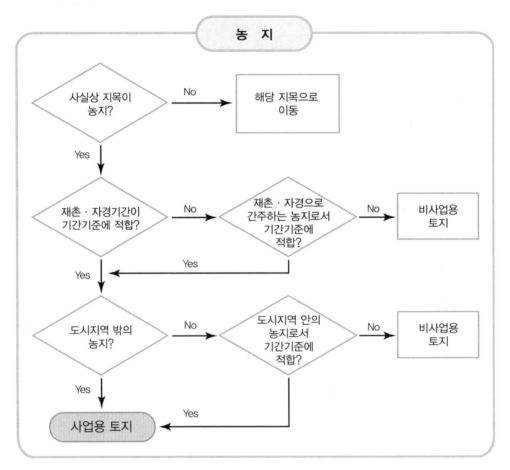

※ ① 재촌·자경기간기준 : 3년 중 2년, 5년 중 3년, 60% 조건을 말함. 이러한 기간기준을 충족하지 못하면 비사업용 토지에 해당될 가능성이 높음.
② 재촌·자경으로 간주하는 농지 : 주말농장(2022 삭제), 상속농지 등을 말함. 이러한 농지들은 재촌·자경을 하지 않아도 위 기간기준만 충족하면 사업용 토지가 됨(단, 주말농장은 2022년부터 재촌·자경 등의 요건을 갖춰야 비사업용 토지에서 제외됨).
③ 도시지역 안의 농지 : 상속개시일로부터 5년 내에 처분한 농지 등을 말함. 상속농지는 상속개시일로부터 5년 내에 처분하면 도시지역 등과 무관하게 사업용 토지에 해당함.

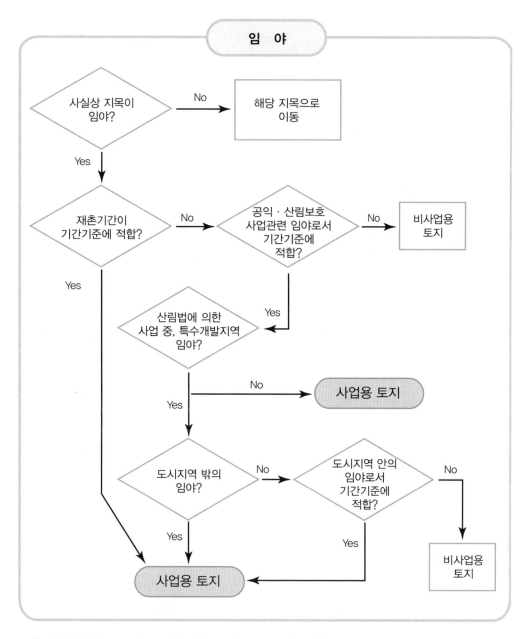

임 야

사실상 지목이 임야? —No→ 해당 지목으로 이동

Yes↓

재촌기간이 기간기준에 적합? —No→ 공익·산림보호 사업관련 임야로서 기간기준에 적합? —No→ 비사업용 토지

Yes↓

산림법에 의한 사업 중, 특수개발지역 임야? ←Yes

Yes↓   No→ 사업용 토지

도시지역 밖의 임야? —No→ 도시지역 안의 임야로서 기간기준에 적합? —No→ 비사업용 토지

Yes↓   Yes→ 사업용 토지

사업용 토지

※ ① 재촌기간기준 : 3년 중 2년, 5년 중 3년, 60% 조건을 말함. 임야는 농지와는 달리 자경요건 같은 개념은 없음.
② 공익·산림보호용 임야 : 이에 대해서는 재촌요건을 적용하지 않음. 공익용 등의 임야에 대한 일종의 세법상의 혜택임.
③ 도시지역 안의 임야지 : 상속개시일로부터 5년 내에 처분한 임야 등을 말함. 상속받은 임야를 상속개시일로부터 5년 내에 처분하면 도시지역 등과 무관하게 사업용 토지로 봄. 앞의 상속농지와 같은 논리임.

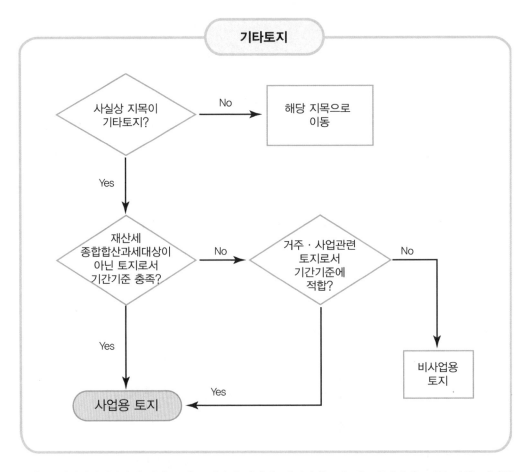

※ ① 종합합산과세대상이 아닌 토지 : 재산세 비과세, 분리과세토지, 별도합산과세토지를 말함. 이러한
　토지는 사업용 토지에 해당함. 물론 3년 중 2년 등의 기간기준을 충족해야 함.
② 거주·사업관련 토지 : 재산세 종합합산과세대상이 되는 토지라도 해당 토지가 거주나 사업에 필수
　적인 경우에는 사업용 토지로 봄. 야적장, 주차장 등이 이에 포함됨. 이에 대한 비사업용 토지 판단은
　법조문 등으로 일일이 확인해야 함.

∴∴ 저자 주

무허가건물(상가)이 있는 토지의 재산세 과세방식이 종합합산으로 과세되면 비사업용 토지에 해당될 수
있다. 하지만 재산세가 별도합산 또는 분리과세되는 토지는 사업에 사용하는 토지로 본다(서면5팀-
628, 2007.2.1.).

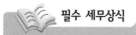

나대지 · 임야 절세법(신축판매업의 수익모델)

나대지(노는 땅)는 보통 비사업용 토지로 분류된다(임야는 양도 전 2년간 재촌해야 사업용 토지에 해당함). 따라서 이를 피하기 위해서 주택 등을 신축해 판매하는 경우가 많은데 이때 고려할 수 있는 수익모델을 알아보자.

1. 지주가 단독사업을 하는 형태

이는 지주가 사업에 대한 모든 책임을 지는 형태를 말한다. 비교적 단순하게 일처리를 할 수 있으나 토지취득시기가 오래 전이라면 낮은 취득원가로 인해 이익이 많이 발생한다는 것이 단점이다.

2. 지주가 배우자(또는 자녀)에게 증여를 하여 사업을 하는 형태

지주가 배우자(또는 자녀)에게 증여하면 토지가액을 올릴 수 있다는 장점이 있다. 다만, 증여와 관련하여서는 여러 가지 규제를 두고 있으므로 세무전문가를 통해 이에 대한 문제점을 사전에 확인하는 것이 좋다.

3. 지주와 시공자가 공동사업을 하는 형태

공동사업을 하는 경우에는 세금이 분산되는 장점이 있다. 또한 토지취득가액을 감정평가를 받아 처리할 수 있어 이를 올릴 수 있는 장점도 있다. 다만, 현물출자는 토지의 유상양도가 되므로 지주에게 양도소득세가 부과되고 이자비용도 제대로 필요경비로 처리할 수 없다는 단점이 있다.

4. 제3자가 토지를 인수하여 개발하는 형태

법인 등 제3자가 토지를 인수하여 개발할 수도 있지만 이 경우 지주는 양도소득세를 내야 한다. 참고로 토지 인수는 개인이 하는 것이 좋은지 법인이 하는 것이 좋은지에 대해서는 별도로 검토해야 한다. 특히 법인이 취득하는 경우에는 취득세 중과세 문제에 주의해야 한다. 세법은 수도권 과밀억제권역 내에서 설립된 지 5년이 안된 법인이 이 지역 내의 부동산을 취득하면 원칙적으로 취득세를 2배로 중과세하기 때문이다(저자 문의).

❑ **2021년 3월 29일 정부발표 부동산 투기근절관련 세제분야**

구 분	현 행	개정예정	시행시기
1. 토지단기세율 강화	•1년 미만 : 50% •1~2년 미만 : 40%	•70% •60%	보류
2. 토지중과세율 강화	•6~45%+10%p •장기보유특별공제 적용	•+20%p •적용배제	보류
3. 주말농장 비사업용 토지로 전환	사업용 토지	비사업용 토지	2022.1.1. 시행
4. 공익사업용 비사업용 토지 중과배제 및 감면 축소	사업인정고시일 2년 전 취득한 토지는 중과배제	5년으로 연장	2021.5.4. 이후 고시된 분부터 적용(그 이전은 2년)
5. 법 시행일 이후 신규취득 토지 중과 적용 및 감면배제		양도시점 비사업용 토지에 해당하는 경우에 적용	보류
6. 토지취득 자금조달 계획서 제출	토지거래허가구역 제출	일정규모(1,000㎡ 초과 또는 5억 원 이상) 거래 시에도 제출	보류

제6편

양도소득세 계산 및 신고 · 납부 세무리스크 관리법

제6편은 양도소득세의 계산 및 신고납부와 관련된 세무리스크 관리법을 알아보자. 양도소득세가 비과세되면 세액계산을 할 이유는 없지만, 고가주택은 비과세와 과세가 결합되어 있으므로 세액계산을 해야 한다. 물론 이러한 세액계산은 다소 복잡한 절차를 거치게 된다. 한편 이렇게 계산된 세액은 법에서 정한 기한 내에 신고 및 납부를 해야 한다. 이편에서는 이러한 내용들과 아울러 양도소득세 실무에서 발생할 수 있는 다양한 이슈를 별도로 정리하고 있다.

제 13장

양도소득세 계산관련 세무리스크
관리법

제13장에서는 양도소득세 계산과 관련해 발생할 수 있는 다양한 세무리스크 관리법에 대해 알아본다. 앞에서 살펴본 내용들은 주로 과세요건에 대한 판단을 다룬 것이라면 이 장은 구체적인 세액계산에 관한 것이다. 최근 세율 등에서 많은 변화가 있었으므로 이러한 부분에 유의해서 공부를 하도록 한다.

이장의 핵심 내용들은 다음과 같다.
- 양도소득세 계산구조
- 양도가액
- 취득가액
- 양도소득의 필요경비계산 특례(이월과세)
- 기타필요경비
- 장기보유특별공제
- 양도차손익의 통산
- 세율적용법
- 양도소득세 감면세액 계산법
- 양도시기와 취득시기

양도소득세는 양도가액에서 취득가액 등과 각종 공제를 차감한 과세표준에 세율을 적용해 산출세액을 계산한다. 하지만 정확한 세금을 계산하기 위해서는 각각의 요소들에 대한 깊은 이해가 있어야 한다. 일단 아래에서는 대략적인 구조를 보고 자세한 내용은 순차적으로 살펴보자.

① 양도소득세 계산구조

구분	구 분	핵심 포인트
1단계	양도가액	실지거래가액, 저가양도 시 부당행위계산
	− 취득가액 등	환산취득가액, 필요경비 범위 등
	= 양도차익	비과세되는 고가주택 양도차익의 계산, 양도차손익 통산
2단계	− 장기보유특별공제	적용 범위
	= 양도소득금액	「조특법」상 감면소득금액
3단계	− 기본공제	적용회수
	= 과세표준	
4단계	× 세율	기본세율, 중과세율, 2회 이상 거래 시 세율 적용법
	= 산출세액	
5단계	− 감면세액	「조특법」상 감면
	+ 가산세	신고불성실가산세, 납부지연가산세
	= 결정세액	
	− 기납부세액	
	= 납부할 세액	예정신고 · 납부 및 확정신고 · 납부

② 양도소득세 계산

양도소득세를 정확히 계산하기 위해서는 위의 모든 계산요소에 주의해야 한다. 특히 아래의 것들은 조금 더 신경을 써야 한다.

(1) 취득가액의 입증

계약서 분실 등의 이유로 취득가액이 없거나 또는 오래 전에 취득한 경우 취득가액이 무의미한 경우도 많다. 또한 부담부 증여의 방식으로 부동산을 이전하거나 토지와 건물을 구분할 때 취득가액을 안분해야 할 경우도 있다. 실무적으로 취득가액의 입증은 이래서 중요하다.

참고로 위의 부담부 증여의 경우 채무에 대한 인정여부에 따라 과세방법이 달라진다.

구 분		증여세를 계산할 때	양도소득세를 계산할 때
일반적인 부담부 증여		인수채무액을 공제	채무인수액에 상당하는 부분은 유상양도로 간주
배우자·직계존비속 간 부담부 증여	원칙	인수채무액을 공제하지 않음.	채무인수액에 상당하는 부분은 유상양도로 보지 않음.
	예외	채무의 인수사실이 객관적으로 입증되는 경우에는 인수채무액을 공제	채무인수액에 상당하는 부분은 유상양도로 간주

(2) 양도차익의 구분계산

양도가액에서 취득가액 등을 차감한 금액을 말한다. 이때 비과세되는 고가주택은 양도차익 중 일부에 대해서는 과세가 되는데 이에 대한 계산방법을 이해해야 한다. 한편 1년 내에 2회 이상 거래 시 양도차손익을 통산하는데 이에 대해서도 관심을 둘 필요가 있다.

(3) 장기보유특별공제의 적용

장기보유특별공제는 양도차익 중 물가상승에 의해 발생한 부분을 상쇄하기 위해 적용되는 제도에 해당한다. 다만, 부동산을 3년 이상 보유해야 하는 조건이 있다. 최근에는 이 공제제도를 부동산정책에 도입하면서 중과세가 적용되는 주택에 대해서는 0%를, 8년 이상 장기임대한 주택의 경우에는 50% 등을 공제하고 있다.

(4) 세율의 적용

세율은 양도소득세의 크기를 결정하는 가장 중요한 요소가 된다. 세율은 단일세율, 누진세율, 중과세 등으로 구분된다.

- 단일세율 → 70%(미등기), 50~70%(단기양도)
- 누진세율 → 6~45%(기본세율)
- 중과세율 → 기본세율+10~30%p

세율에 있어서는 모든 부분을 정확히 이해하는 것이 중요하다. 특히 중과세세율은 매우 중요하다. 한편 두 가지 세율이 적용되는 경우에는 둘 중 높은 세율이 적용된다. 이외에 2회 이상의 양도가 있는 경우의 세율 적용법도 중요하다.

Tip

□ **양도소득세 절세법 요약**
- 계약을 하기 전에 세금이 얼마나 나오는지 절세방법은 없는지 등을 미리 확인하자.
- 세금이 나오는 경우에는 스스로 세금을 계산할 수 있어야 한다.
- 양도가액과 취득가액은 실거래가가 적용된다.
- 매매거래 시 다운계약서는 금물이다.
- 취득가액을 입증하기 힘든 경우에는 매매사례가액이나 환산가액으로 입증하자.
- 필요경비의 범위에 대해 확인하자.
- 장기보유특별공제를 최대한 받도록 하자.
- 보유기간을 조절하여 세율을 유리하게 적용받자.
- 한해에 2회 이상 양도 시에는 원칙적으로 합산하여 세금을 정산하게 되므로 세금이 증가될 수 있다.
- 양도차손은 양도차익과 통산이 가능하므로 이를 활용하는 방안을 만들어 시행한다.

양도가액은 양도로 발생한 실지거래가액을 말한다. 이러한 가액은 시장에서 결정되므로 여기에서 결정된 가액에 대해서는 세법에서 별다른 제재를 하지 않는다. 다만, 특수관계인 간의 비정상적인 거래에 대해서는 다양한 규제제도를 두고 있다.

1 「소득세법」상의 양도가액

「소득세법」제96조에서는 양도가액을 아래와 같이 정하고 있다.

> ① 제94조 제1항 각 호에 따른 자산의 양도가액은 그 자산의 양도당시의 양도자와 양수자 간의 실지거래가액에 따른다.
> ② 삭제 (2016.12.20.)
> ③ 생략

2 고가로 양도하는 경우

부동산을 시가보다 고가로 양도하는 경우가 있다. 주로 가족 등 특수관계인 간에 이러한 거래행위를 많이 볼 수 있다. 그렇다면 세법은 이에 어떤 식으로 관여하고 있을까?

(1) 고가 양도자

고가 양도자는 고가 양수자로부터 부를 이전받으므로 이에 대해서는 증여세가 나올 수 있다. 아래의 규정을 참조하자.

● **상속세 및 증여세법 제35조 [저가양수 또는 고가 양도에 따른 이익의 증여]**

　　① 특수관계인 간에 재산을 시가보다 낮은 가액으로 양수하거나 시가보다 높은 가액으로 양도한 경우로서 그 대가와 시가의 차액이 대통령령으로 정하는 기준금액[70] 이상인 경우에는

---

70) 다음 각 호의 금액 중 적은 금액을 말한다.
　　1. 시가(법 제60조부터 제66조까지의 규정에 따라 평가한 가액을 말한다)의 100분의 30에 상당하는 가액
　　2. 3억 원

해당 재산의 양수일 또는 양도일을 증여일로 하여 그 대가와 시가의 차액에서 기준금액을 뺀 금액을 그 이익을 얻은 자의 증여재산가액으로 한다.

(2) 고가 양수자

해당 부동산을 고가로 취득해 양도하는 경우 그 취득가액은 시가로 한다.

③ 저가로 양도하는 경우

저가양도자는 양도소득세를 줄이게 되므로 이에 대해서는 「소득세법」상의 부당행위계산 부인제도를, 저가양수자는 저가양도자로부터 부를 이전받으므로 이에 대해서는 증여세가 나올 수 있다.

(1) 저가양도자

특수관계인 간에 저가양도로 양도소득세를 낮추는 경우에는 부당행위계산부인제도를 적용한다. 아래 Tip을 참조하기 바란다.

(2) 저가양수자

저가양수자에게는 앞에서 본 증여세의 과세문제가 있다.

Tip

□ 양도소득의 부당행위계산(「소득세법」 제101조)

① 납세지 관할 세무서장 또는 지방국세청장은 양도소득이 있는 거주자의 행위 또는 계산이 그 거주자의 특수관계인과의 거래로 인하여 그 소득에 대한 조세 부담을 부당하게 감소시킨 것으로 인정되는 경우에는 그 거주자의 행위 또는 계산과 관계없이 해당 과세기간의 소득금액을 계산할 수 있다.

② 거주자가 제1항에서 규정하는 특수관계인(제97조의 2 제1항을 적용받는 배우자 및 직계존비속의 경우는 제외한다[71])에게 자산을 증여한 후 그 자산을 증여받은 자가 그 증여일부터 5년 이내에 다시 타인에게 양도한 경우로서 제1호에 따른 세액이 제2호에 따른 세액보다 적은 경우에는 증여자가 그 자산을 직접 양도한 것으로 본다. 다만, 양도소득이 해당 수증자에게 실질적으로 귀속된 경우에는 그러하지 아니하다.[72]

> 1. 증여받은 자의 증여세(「상속세 및 증여세법」에 따른 산출세액에서 공제·감면세액을 뺀 세액을 말한다)와 양도소득세(이 법에 따른 산출세액에서 공제·감면세액을 뺀 결정세액을 말한다)를 합한 세액
> 2. 증여자가 직접 양도하는 경우로 보아 계산한 양도소득세
> ③ 제2항에 따라 증여자에게 양도소득세가 과세되는 경우에는 당초 증여받은 자산에 대해서는 「상속세 및 증여세법」의 규정에도 불구하고 증여세를 부과하지 아니한다.

| 증여 대 부담부 증여 대 매매의 비교 |

구 분	증 여	부담부 증여	매 매
1. 개념	재산을 무상으로 이전하는 방법	재산을 유상과 무상으로 동시에 이전하는 방법	재산을 유상으로 이전하는 방법
2. 대가 수반 여부	없음.	일부 있음(대출금이나 전세보증금이 승계).	있음(대출금이나 전세보증금 승계 포함).
		※ 대출금 승계여부는 금융기관에서 미리 확인해야 함.	
3. 거래가액 측정	시가 → 매매사례가액·감정가액 → 기준시가 순 ※ 「상증법」상 평가기준 적용		계약금액 ※ 부당행위적용 시 「상증법」상 평가(±3개월)기준에 따름.
4. 증여추정	해당 사항 없음. ※ 증여추정은 직계간 매매를 증여로 추정하는 제도임.		직계간 매매는 증여로 추정(대가관계 입증해야 함)
5. 저가양도로 인한 부당행위계산부인/증여세 과세	해당 사항 없음.		• 저가양도자 : 부당행위 (5%, 3억 원 기준) • 저가양수자 : 증여의제 (30%, 3억 원 기준) ※ 시가 확정 후 위 규정을 적용함(주의!).
6. 취득가액 이월 과세 적용	증여 후 5년 내 양도 시 적용(취득가액을 당초 증여자의 것으로 함. 비과세주택은 제외)		해당사항 없음.

가족 간에 거래 시에는 시가를 어떻게 잡을 것인지가 상당히 중요하다. 저자의 카페(신방수세무아카데미)와 상의하기 바란다.

---

71) 취득가액 이월과세가 적용되면 부당행위계산부인규정은 적용되지 아니한다.
72) 수증자가 양도한 금액이 수증자에게 직접 귀속되면 부당행위계산부인규정이 적용되지 아니한다.

양도소득세 필요경비는 해당 부동산을 취득 및 양도할 때 필수적으로 발생하는 경비를 말한다. 이러한 경비는 모두 양도가액에서 차감이 된다. 그렇다면 필요경비의 일부인 취득가액과 관련해 어떤 세무상 쟁점들이 발생할까?

① 양도소득세의 필요경비계산

「소득세법」제97조에서는 양도소득 계산 시 필요경비계산에 대해 아래와 같이 정하고 있다.

---

① 거주자의 양도차익을 계산할 때 양도가액에서 공제할 필요경비는 다음 각 호에 규정하는 것으로 한다.
1. 취득가액. 다만, 가목의 실지거래가액을 확인할 수 없는 경우에 한하여 나목의 금액을 적용한다.
   가. 제94조 제1항 각 호의 자산의 취득에 든 실지거래가액
   나. 대통령령으로 정하는 매매사례가액, 감정가액 또는 환산취득가액을 순차적으로 적용한 금액
2. 자본적 지출액 등으로서 대통령령으로 정하는 것
3. 양도비 등으로서 대통령령으로 정하는 것
② 제1항에 따른 양도소득의 필요경비는 다음 각 호에 따라 계산한다.
1. 취득가액을 실지거래가액에 의하는 경우의 필요경비는 다음 각 목의 금액에 제1항 제2호 및 제3호의 금액을 더한 금액으로 한다.
   가. 제1항 제1호 가목에 따르는 경우에는 해당 실지거래가액
   나. 제1항 제1호 나목 및 제114조 제7항에 따라 환산취득가액에 의하여 취득 당시의 실지거래가액을 계산하는 경우로서 법률 제4803호 「소득세법」 개정법률 부칙 제8조에 따라 취득한 것으로 보는 날(이하 이 목에서 "의제취득일"이라 한다) 전에 취득한 자산(상속 또는 증여받은 자산을 포함한다)의 취득가액을 취득 당시의 실지거래가액과 그 가액에 취득일부터 의제취득일의 전날까지의 보유기간의 생산자물가상승률을 곱하여 계산한 금액을 합산한 가액에 의하는 경우에는 그 합산한 가액[73]
2. 그 밖의 경우의 필요경비는 제1항 제1호 나목(제1호 나목이 적용되는 경우에는 제외한다), 제7항(제1호 다목이 적용되는 경우에는 제외한다) 또는 제114조 제7항(제1호 나목이 적용되는 경우에는 제외한다)의 금액에 자산별로 대통령령으로 정하는 금액을 더

한 금액. 다만, 제1항 제1호 나목에 따라 취득가액을 환산취득가액으로 하는 경우로서 가목의 금액이 나목의 금액보다 적은 경우에는 나목의 금액을 필요경비로 할 수 있다.

가. 제1항 제1호 나목에 따른 환산취득가액과 본문 중 대통령령으로 정하는 금액의 합계액

나. 제1항 제2호 및 제3호에 따른 금액의 합계액

③ 제2항에 따라 필요경비를 계산할 때 양도자산 보유기간에 그 자산에 대한 감가상각비로서 각 과세기간의 사업소득금액을 계산하는 경우 필요경비에 산입하였거나 산입할 금액이 있을 때에는 이를 제1항의 금액에서 공제한 금액을 그 취득가액으로 한다.

위의 내용을 좀 더 자세히 살펴보자.

첫째, 필요경비는 아래와 같이 세 가지 항목으로 구성된다.

취득가액 + 자본적 지출액 등 + 양도비 등

둘째, 취득가액은 실지거래가액을 말한다. 하지만 이를 확인할 수 없는 경우에는 대통령령으로 정하는 매매사례가액, 감정가액 또는 환산취득가액을 순차적으로 적용한 금액을 말한다. 여기서 대통령령은 「소득세법 시행령」 제176조의 2(추계결정 및 경정)을 말한다. 이를 요약하면 다음과 같다.

① **매매사례가액** : 양도일 또는 취득일 전후 각 3개월 이내에 해당 자산과 동일성 또는 유사성이 있는 자산의 매매사례가 있는 경우 그 가액을 말한다.

② **감정가액** : 양도일 또는 취득일 전후 각 3개월 이내에 해당 자산에 대하여 둘 이상의 감정평가업자가 평가한 것으로서 신빙성이 있는 것으로 인정되는 감정가액(감정평가 기준일이 양도일 또는 취득일 전후 각 3개월 이내인 것에 한정한다)이 있는 경우에는 그 감정가액의 평균액. 다만, 기준시가가 10억 원 이하인 자산(주식등은 제외한다)의 경우에는 양도일 또는 취득일 전후 각 3개월 이내에 하나의 감정평가업자가 평가한 것으로서 신빙성이 있는 것으로 인정되는 경우 그 감정가액(감정평가기준일이 양도일 또는 취득일 전후 각 3개월 이내인 것에 한정한다)으로 한다.

③ **환산취득가액** : 아래처럼 계산한 금액을 말한다.

---

73) 이는 1985년 1월 1일 전에 취득할 때 적용되는 규정에 해당한다.

$$\text{양도당시의 실지거래가액,} \atop {\text{제3항 제1호의 매매사례가액} \atop \text{또는 동항 제2호의 감정가액}} \times \frac{\text{취득당시의 기준시가}}{\text{양도당시의 기준시가}}$$

셋째, 취득가액을 실지거래가액이 아닌 경우로 하는 경우 그 밖의 필요경비는 아래처럼 적용한다.

① 필요경비 3% 공제

취득가액을 매매사례가액이 감정가액, 환산취득가액, 기준시가로 하는 경우에는 취득당시의 기준시가 × 3/100를 곱해 계산한다.

② 취득가액을 환산한 경우의 특칙

이 경우 필요경비는 아래 중 큰 금액으로 할 수 있다.

- 환산취득가액+기준시가의 3/100
- 실제 자본적 지출액+양도비 등

② 부담부 증여 시의 취득가액 계산

부채를 포함해 증여한 경우 부채는 양도가액이 된다. 이때 취득가액은 아래와 같이 계산한다(증여재산가액을 "임대료등환산가액"으로 하는 경우 취득가액은 기준시가로 한다).

$$\text{당초 취득가액} \times \frac{\text{부채가액}}{\text{전체 증여재산평가액}}$$

> **사례**

서울 마포구 신수동에 거주하고 있는 김영철씨는 오래된 주택을 보유하고 있었다. 그런데 문제는 이 주택이 과세되어 세금계산을 하고자 하나 취득가액을 알 수가 없다. 어떻게 하면 될까?

· 양도물건 : 단독주택	· 취득일자 : 1986년 12월 31일
· 양도일자 : 2022년 5월 31일	· 양도가액 : 6억 원
· 취득가액 : 불명(취득가액은 환산하기로 함)	· 양도 시 기준시가 : 4억 원

(단위 : 원)

구 분	금 액	비 고
양도가액	600,000,000	
(-) 필요경비	76,500,000	
취득가액	75,000,000	취득가액 환산(6억 원×5천만 원/4억 원)
기타필요경비	1,500,000	개산공제액(5천만 원×3%)
(=) 양도차익	523,500,000	
(-) 장기보유특별공제	157,050,000	30% 공제(가정)
(=) 양도소득금액	366,450,000	
(-) 기본공제	2,500,000	연간 1회 적용
(=) 과세표준	363,950,000	
(×) 세율	40%	
(-) 누진공제	25,400,000	
(=) 산출세액	120,180,000	

사례의 경우 취득연도는 1986년이다. 따라서 취득가액이 상당히 낮을 수 있다. 그 결과 양도차익이 상당히 많아져 양도소득세가 많아질 가능성이 높다. 따라서 이렇게 오래된 부동산은 취득가액을 입증하기가 힘들어 부득이 이를 환산하는 경우가 많다. 그런데 취득가액을 환산하는 경우 필요한 기준시가 중 취득시점의 기준시가를 파악하는 것이 쉽지 않다. 이 사례에서는 취득 시 기준시가를 5천만 원으로 하고 있지만 실무에서는 단독주택의 경우 다음과 같이 파악해야 한다(「소득세법 시행령」 제164조 제7항 등). 참고로 단독주택에 대한 기준시가는 국세청 홈택스(www.hometax.go.kr)에서 비교적 쉽게 계산할 수 있다. 이를 위해서는 건축물 대장과 공시지가 등에 관한 정보를 미리 준비해야 한다.

○ 취득당시의 기준시가 =

$$\text{최초로 공시한 주택가격} \times \frac{\text{취득당시 토지 · 건물기준시가 합계액}}{\text{최초로 고시한 당시의 토지 · 건물기준시가의 합계액}}$$

제 4 절   양도소득의 필요경비계산 특례(이월과세)

양도소득의 필요경비는 취득가액을 포함하는 개념으로 양도차익을 결정하는데 중요한 요소에 해당한다. 그런데 취득가액이 양도자의 것이 아닌 그 이전 증여자의 것으로 바뀌는 경우가 있다. 이 부분을 살펴보자.

① 양도소득의 필요경비계산 특례

배우자나 직계존비속으로부터 증여를 받은 후에 해당 부동산 등을 5년 내에 양도하는 경우 취득가액은 당초 증여자의 것으로 한다. 이러한 제도를 '취득가액 이월과세'제도라고 하는데 현행 「소득세법」 제97조의 2에서 규정하고 있다.

① 거주자가 양도일부터 소급하여 5년 이내에 그 배우자(양도 당시 혼인관계가 소멸된 경우를 포함하되, 사망으로 혼인관계가 소멸된 경우는 제외한다) 또는 직계존비속으로부터 증여받은 제94조 제1항 제1호에 따른 자산이나 그 밖에 대통령령으로 정하는 자산[74]의 양도차익을 계산할 때 양도가액에서 공제할 필요경비는 제97조 제2항에 따르되, 취득가액은 그 배우자 또는 직계존비속의 취득 당시 제97조 제1항 제1호에 따른 금액으로 한다. 이 경우 거주자가 증여받은 자산에 대하여 납부하였거나 납부할 증여세 상당액이 있는 경우에는 제97조 제2항에도 불구하고 필요경비에 산입한다.
② 다음 각 호의 어느 하나에 해당하는 경우에는 제1항을 적용하지 아니한다.
1. 사업인정고시일부터 소급하여 2년 이전에 증여받은 경우로서 「공익사업을 위한 토지 등의 취득 및 보상에 관한 법률」이나 그 밖의 법률에 따라 협의매수 또는 수용된 경우
2. 제1항을 적용할 경우 제89조 제1항 제3호 각 목의 주택[같은 호에 따라 양도소득의 비과세대상에서 제외되는 고가주택을 포함한다]의 양도에 해당하게 되는 경우
3. 제1항을 적용하여 계산한 양도소득 결정세액이 제1항을 적용하지 아니하고 계산한 양도소득 결정세액보다 적은 경우
③ 이하 생략

위 규정을 좀 더 세부적으로 살펴보자. 이월과세제도와 부당행위계산부인제도의 관계에 대해선 제15장에서 살펴보자.

---

74) 토지와 건물, 이용권, 분양권, 입주권을 말한다.

첫째, 배우자나 직계존비속으로부터 증여받은 부동산 등을 5년 이내에 양도하면 취득가액 이월과세를 적용받을 수 있다.

이 제도는 양도가액에서 차감되는 취득가액을 증여자가 취득한 가액으로 이월해 적용하는 것을 말한다(비과세되는 경우에는 이 규정을 적용하지 않는다).

둘째, 이제는 토지와 건물, 이용권, 부동산 취득권리(입주권과 분양권)에 대해 적용된다(주식은 제외).

셋째, 증여 시에 수증자가 부담한 증여세는 환급되지 않고 양도가액에서 필요경비로 차감된다.

넷째, 아래의 사유에 해당하면 이 규정을 적용하지 않는다.
- 사업인정고시일부터 소급하여 2년 이전에 증여받은 경우로서 협의매수 또는 수용된 경우
- 제89조 제1항 제3호 각 목의 1세대 1주택 및 일시적 2주택 등[같은 호에 따라 양도소득의 비과세대상에서 제외되는 고가주택을 포함한다[75)]의 양도에 해당하게 되는 경우
- 이월과세를 적용한 경우의 양도소득 결정세액이 이를 적용하지 아니하고 계산한 양도소득 결정세액보다 적은 경우

② 적용 사례

사례를 통해 위 내용을 확인해보자.

> **자료**
>
> - A씨는 자신의 주택을 자녀에게 증여하고자 함.

Q. 만일 A씨의 자녀가 증여받은 후 2년 후 양도하면 이월과세 제도가 적용되는가?

해당 주택이 1세대 1주택에 해당하면 비과세가 적용되므로 이 경우에는 이월과세가 적용되지 않는다. 이 경우 고가주택도 이월과세를 적용하지 않는다(제2항 제2호에 해당).

---

75) 비과세되는 고가주택의 경우 일부 양도차익에 대해서는 과세가 되는데 이때 이월과세를 적용하지 않는다는 것을 의미한다(저자 문의).

Q. 만일 A씨의 자녀가 증여받은 후 2년 후 양도했는데 이 경우 과세가 된다. 이 경우 이월과세제도가 적용되는가?

그렇다. 이처럼 이월과세제도는 양도소득세가 나오는 상황에서 작동된다.

Q. A씨가 이월과세를 적용해 계산한 양도소득세가 1억 원이 예상된다. 그런데 이월과세를 적용하지 않고 계산한 양도소득세는 2억 원이다. 이 경우에도 이월과세가 적용되는가?

아니다. 이 경우에는 이월과세를 적용하지 않는다(제2항 제3호).

Tip

❑ **상속·증여부동산과 양도소득세 계산원리**

상속이나 증여받은 자산을 양도할 때에는 양도소득세가 부과된다. 그런데 상속 등을 통해 취득한 자산의 양도소득세 계산방식은 일반취득의 그것과 다르다. 어떤 점이 다른지 먼저 이를 요약해 보고자 한다.

구 분		일반취득 자산	상속·증여 자산
과세	양도가액	실거래가액	좌동
	취득가액	실거래가액(환산가액가능)	신고당시의 평가액(시가 → 기준시가, 1985년 1월 1일 이전분은 환산 가능)
	기타필요경비	실제 경비	실제 경비
	장기보유특별공제	취득일~양도일	상속·증여일~양도일
	세율 적용	취득일~양도일	• 상속 : 피상속인취득일~양도일 • 증여 : 증여일~양도일
	이월과세	–	증여 : 5년 내 양도 시 적용
비과세		취득일부터 2년 보유 등	• 상속 : 다양하게 적용 • 증여 : 일부 적용
감면		8년 자경농지 등	• 상속 : 피상속인 자경기간 합산 • 증여 : 증여자 자경기간 합산하지 않음.

이하에서 주요 차이점을 비교해보자.

첫째, 과세되는 경우는 이렇다.

양도소득세는 양도 및 취득가액을 실거래가액으로 과세한다. 즉 유상으로 사고 판 가격을 기준으로 과세한다는 것이다. 그런데 상속이나 증여의 경우 양도가액은 문제가 없으나 취득가액을 계산하는 것이 문제다. 왜냐하면 이들 자산들은 대개 기준시가로 평가되기가 일

쑤이기 때문이다. 이렇게 되면 양도가액은 실거래가, 취득가액은 기준시가로 되어 있어 많은 양도차익이 나올 수 있다.

이외 장기보유특별공제는 일반취득처럼 취득일부터 양도일까지의 기간에 따라 이를 적용한다. 여기서 취득일이란 유상매매의 경우에는 일반적으로 잔금청산일을 말하며 상속은 상속개시일 증여는 증여일을 말한다.

한편 세율을 적용할 때에는 상속의 경우에는 피상속인의 취득일로부터 기산하고 증여는 증여일로부터 기산한다. 따라서 상속의 경우가 세율을 적용할 때 훨씬 유리하다. 예를 들어 2000년에 피상속인이 취득한 부동산을 2008년에 상속받아 2022년 이후에 양도하는 경우 세율을 적용할 때 적용되는 보유기간은 2000년부터 시작한다는 것이다. 따라서 당해 부동산이 일반세율을 적용받는다면 6~45%를 받을 수 있게 된다.

둘째, 이월과세 문제를 살펴보자.

이월과세는 증여받은 자산을 5년이 안돼서 처분하는 경우 취득가액을 당초 증여자가 취득한 가액으로 양도소득세를 계산하도록 하는 제도를 말한다. 이런 제도를 두는 이유는 증여를 통해 취득가액을 올린 후 양도소득세를 줄이려는 행위를 방지하기 위해서이다. 그런데 이러한 제도는 상속에서는 없다. 상속은 인위적인 것이 아니라 부득이하게 발생하므로 조세회피와는 관계가 없기 때문이다.

셋째, 비과세를 받는 경우를 보자.

상속과 증여로 받은 자산 중 양도소득세 비과세되는 경우는 주로 주택에서 찾아 볼 수 있다. 하지만 상속의 경우에는 폭넓게 비과세가 적용되는 반면 증여는 특수한 상황에서만 이를 적용받을 수 있다. 이를 정리하면 다음과 같다.

구 분	비과세를 받을 수 있는 경우
상속	① 무주택자가 1주택을 상속받은 경우 ② 1세대 1주택자가 1주택을 상속받은 경우
증여	1주택 보유 중 동일 세대원에게 증여한 경우

상속의 경우 무주택자가 상속을 받은 경우로 피상속인과 상속인이 동일 세대원이라면 피상속인의 보유기간 등을 통산한다. 예를 들어 父(부)의 소유로 되어 있는 주택을 母(모)가 상속받은 경우에는 부가 취득한 날로부터 보유기간 등을 따져 비과세한다는 것이다. 만일 동일 세대원이 아닌 경우에는 상속을 받은 날로부터 2년을 보유해야 한다. 이외에 1세대 1주택자가 1주택을 상속을 받은 경우에는 상속주택이 아닌 주택을 먼저 양도하면 비과세를 적용한다.

그러나 증여의 경우에는 1주택을 보유 중에 동일 세대원에게 증여한 경우에는 증여 전과 증여 후의 기간을 통산하여 비과세요건을 따지게 된다.

기타필요경비는 부동산을 취득하거나 양도할 때 필수적으로 발생하는 비용을 말한다. 이하에서는 필요경비 처리법에 대해 알아보자.

① 기본 사례

서울에서 거주하고 있는 K씨는 아래와 같은 집수리비에 대한 견적서를 받았다. 상황에 맞게 답하면?

(단위 : 원)

항 목	수량	단가	금액	비 고
1. 도배공사			1,000,000	부가세 별도 (이하 동일)
2. 온돌마루공사	24	130,000	1,200,000	
3. 발코니 확장공사			3,000,000	
4. 필름시공(주방)			800,000	
5. 전기수선			200,000	
6. 화장실 벽타일, 욕조 및 세면대 교체			3,000,000	
7. 도장공사			1,000,000	
8. 싱크대 교체 및 인조대리석 공사			3,000,000	
9. 붙박이장			2,000,000	
10. 신발장			500,000	
소 계			15,700,000	

- 상황1 : 위의 항목 중 양도소득세 필요경비로 인정받을 수 있는 항목들은?
- 상황2 : 만일 양도소득세 계산 시 필요경비로 인정받지 못하면 임대소득세 계산 시에 필요경비로 인정받을 수 있는가?
- 상황3 : 발코니 확장공사 등 자본적 지출에 대해서는 반드시 세금계산서 등 법정증빙을 받아야 하는가?

위의 상황에 대해 순차적으로 답을 찾아보자.

(상황1) 위의 항목 중 양도소득세 필요경비로 인정받을 수 있는 항목들은?

위에서 자산의 가치를 증가시키는 지출을 자본적 지출이라고 하는데 이 지출만 양도소득세 계산 시 필요경비로 인정된다. 사례의 경우 2, 3 정도가 이에 해당된다고 보인다.

(상황2) 만일 양도소득세 계산 시 필요경비로 인정받지 못하면 임대소득세 계산 시에 필요경비로 인정받을 수 있는가?

양도소득세 계산 시 필요경비에서 제외된 항목들은 임대소득세 계산 시 수입에서 차감되는 비용으로 처리를 할 수 있다.

(상황3) 발코니 확장공사 등 자본적 지출에 대해서는 반드시 세금계산서 등 법정증빙을 받아야 하는가?

그렇지 않다. 최근 세법이 개정되어 금융거래 증빙 정도만 있으면 필요경비로 인정을 해준다.

② 핵심 포인트

부동산을 거래 또는 보유하면서 발생하는 경비들에 대한 처리는 매우 중요하다. 소득의 크기를 줄여주기 때문이다. 아래의 표는 부동산관련 필요경비의 종류와 처리방법에 해당한다.

구 분	양도소득세	종합소득세	
		임대소득	매매소득
취득가액	○	×	○
취득부대비용	○	×	○
자본적 지출	○	×	○
수익적 지출	×	○	○
대출이자	×	○	○*
일반관리	×	○	○*
양도비용	○	×	○

* 임대소득에서 처리된 부분은 매매소득에서 중복하여 처리되지 아니함에 유의해야 한다.

양도소득세의 경우 취득 당시에 발생한 취득가액 등과 자본적 지출, 그리고 양도 시에 발생한 비용들이 양도가액에서 차감된다. 여기서 자본적 지출은 자산의 가치를 증가시키는 지출로써 인테리어 공사비용이 대표적으로 있다. 임대소득에 대한 종합소득세에서는 보유 중에 수선비 성격의 수익적 지출과 대출이자, 일반관리비 등이 비용으로 처리되며, 매매소득에 대한 종합소득세의 경우에는 임대소득에서 처리되지 않은 것들이 해당된다.

☞ 필요경비 처리방법은 실무에 해당하므로 이에 대한 자세한 사항은 필자가 운영하는 카페 등을 통해 알아보기 바란다.

Tip

❑ 이자비용의 처리법

주택 구입과 관련하여 발생하는 이자는 다음과 같이 처리가 된다.
- 개인이 양도를 하는 경우 → 필요경비로 인정되지 않는다.
- 개인이 매매사업자로 사업을 하는 경우 → 사업과 관련된 경비이므로 종합소득에서 차감된다.
- 법인이 매매사업자로 사업을 하는 경우 → 법인의 경비에 해당하므로 법인소득에서 차감된다.

　☞ 공동사업자에 대한 이자비용처리법에 대해서는 논란이 있다. 저자 등과 상의하기 바란다.

자본적 지출로 인정되는 것과 인정되지 않는 것

양도소득세 계산 시 필요경비로 인정되는 자본적 지출과 인정되지 않는 자본적 지출들을 비교하면 다음과 같다.

자본적 지출로 인정되는 것	자본적 지출로 인정되지 않는 것
– 법무사, 개업공인중개사, 세무사 보수료	– 임차인 퇴거 보상비용
– 취득록세의 신고불이행 가산세	– 세입자에게 지출한 철거 비용
– 소유권 확보 소송 비용 및 각종 분쟁 화해 비용	– 금융기관 대출금 지급이자
– 대신 지급한 매수인의 등기 비용	– 은행 대출 시 감정비, 해지비
– 대신 지급한 전매도인의 양도소득세	– 재산세, 종합부동산세
– 매수인이 부담한 매도인의 연체료	– 담보 설정 관련 등기비
– 취득 시 부담한 부가가치세(비사업용)	– 수선 충당금
– 취득시 채권매각차손 금액	– 아파트 중도금 선납시 할인 비용
– 세무 신고 비용	– 주택청약예금의 이자상당액

자본적 지출로 인정되는 것	자본적 지출로 인정되지 않는 것
- 부동산 매각을 위한 광고료	- 세무사 신고 대리 비용
- 사해행위 소송 시 국가화해비용	- 취득세의 납부 지연 가산세, 연체료
- 장기할부 조건 연부이자	- 경매 취득 시 세입자의 명도 비용
- 이축권 취득 비용	- 경매 낙찰금 지연에 따른 이자
- 경매 취득 시 유치권 변제금액	- 경락대금에 불 포함 된 대항력 있는 전세
- 경락대금에 포함되지 않은 대항력 있는 임차	보증금
인의 보증금	- 매매계약 해약으로 인한 위약금
- 건축허가취소의 행정소송비용	- 경품 아파트 원천징수 소득세
- 불법건축물 철거 비용	- 벽지, 장판 교체 비용
- 아파트 베란다 샷시비	- 싱크대, 주방기구 교체 비용
- 홈오토 설치비	- 오피스텔 비품 구입비
- 건물의 난방시설을 교체한 공사비	- 외벽 도색 작업 비용
- 방 확장 등의 내부시설 개량 공사비	- 문짝이나 조명 교체 비용
- 보일러 및 배관 교체 공사비	- 보일러 수리 비용
- 상하수도 배관 공사비용	- 옥상 방수 공사비
- 자바라 및 방범창 설치비	- 상하수도관 누수 파이프 교체 비용
- 토지를 분할하기 위하여 지출한 지적 측량	- 오수정화조 설비 교체 비용
수수료	- 파손된 유리 또는 기와의 교체 비용
- 토지상에 설치한 경계 담장 설치 비용	- 재해를 입은 자산의 외장 복구, 도장, 유
- 토지 조성비	리 교체 비용
- 토지 개량을 위한 장애 철거 비용	- 화장실 및 마루 공사비
- 묘지 이장비	- 타일 및 변기 시공비
- 개발 부담금, 재건축 부담금	- 택지 초과 소유 부담금
- 기반시설 부담금	- 토지의 하자를 이유로 지급한 비용
	- 토지 취득 시 학교법인 기부금
	- 수목 재배 비용

양도소득세를 계산할 때 장기보유특별공제는 세금의 크기에 직접적인 영향을 미친다. 물론 이 공제를 많이 받으면 세금이 줄어든다. 하지만 이 공제를 적용하는 것도 만만치가 않다. 상황별로 내용이 달라지기 때문이다. 이하에서 이에 대한 내용을 분석해보자.

❶ 장기보유특별공제란

부동산을 3년 이상 보유하면 양도차익의 일정률을 공제하는 제도를 말한다. 일종의 물가상승에 의해 차익이 늘어나는 부분을 상쇄하기 위해 이 제도를 적용한다.

(1) 적용대상

일단 이 공제 적용대상은 부동산이어야 한다. 따라서 분양권이나 관리처분인가일 이후에 발생한 입주권의 양도차익은 그 대상이 아니다. 또한 3년 이상 보유해야 하므로 3년 미만 보유하는 경우에는 적용대상이 아니다. 한편 세법은 중과세를 적용받는 주택(비사업용 토지는 제외)과 미등기자산은 정책적으로 이에 대한 공제를 적용하지 않는다.

(2) 공제율 적용범위

이 공제를 적용받을 때에는 해당 부동산의 취득일부터 양도일까지 발생한 양도차익 전체를 기준으로 한다. 다만, 아래와 같이 예외적인 경우가 있다.

- 원조합원의 입주권 : 부동산의 취득시기부터 관리처분계획인가일까지에 발생한 양도차익에 대해서만 적용한다.
- 승계조합원의 입주권 : 당해 재건축아파트의 사용검사필증 교부일(사용검사 전에 사실상 사용하거나 사용승인을 얻은 경우에는 그 사실상의 사용일 또는 사용승인일)이 된다(서면4팀-1828, 2005.10.6.). 따라서 이날을 기준으로 3년 이상 보유 시 전체 양도차익에 대해 장기보유특별공제율을 적용한다.
- 주택 멸실 후 신축한 경우 : 구주택 보유기간과 신축주택 보유기간을 통산한다.
- 주택과 부수토지의 보유기간이 다른 경우 : 이 경우에는 아래와 같이 계산한다.

① 고가주택 토지분 장기보유특별공제액

   = 토지 장기보유특별공제액×[1－{12억 원×토지양도가액/(토지+건물양도가액)}/
   토지양도가액]

② 고가주택 건물분 장기보유특별공제액

   = 건물 장기보유특별공제액×[1－{12억 원×건물양도가액/(토지+건물양도가액)}/
   건물양도가액]

• 상속·증여자산 : 상속이나 증여를 받은 이후의 날부터 양도일까지의 기간에 대해 공
제를 적용한다.

양도소득세 집행기준

95-159의 3-1 [멸실 후 신축한 1세대 1주택의 장기보유특별공제액 계산]

1세대가 양도일 현재 국내에 1주택을 소유하고 있는 경우로서 그 주택이 기존주택을 멸실하
고 신축한 주택에 해당하는 경우 장기보유특별공제율 적용을 위한 보유기간은 신축한 주택의
사용승인서 교부일부터 계산한다.

95-159의 3-3 [주택의 용도를 변경한 경우 보유기간 계산]

주택을 주택 외의 용도로 변경하여 사용하다가 이를 다시 주택으로 용도변경하여 사용한 후
양도한 경우 해당 주택의 보유기간 계산은 해당 건물의 취득일부터 양도일까지의 기간 중 주
택으로 사용한 기간을 통산한다.

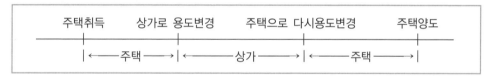

95-159의 3-5 [장기보유특별공제를 위한 보유기간 계산 기준일]

취득유형		기준일
상속받은 부동산		상속개시일
증여받은 부동산		증여등기일
재산분할 부동산		이혼 전 배우자의 취득한 날
이월과세대상 부동산		당초 증여자가 취득한 날
부당행위계산 대상 부동산		당초 증여자가 취득한 날
가업상속공제 적용 대상 자산		당초 피상속인이 취득한 날
「도시 및 주거환경정비법」에 따른 재개발·재건축	원조합원	종전 주택을 취득한 날
	승계조합원	신축완성주택의 취득시기(사용승인서 교부일 등)

❷ 장기보유특별공제율

장기보유특별공제율은 세 가지 유형으로 구분된다.

(1) 일반적인 경우

3년 보유 시 6%, 15년 이상 보유 시 최대 30%를 공제한다.

보유기간	3~4년	4~5년	5~6년	6~7년	7~8년	8~9년	9~10년	10~11년	11~12년	12~13년	13~14년	14~15년	15년 이상
공제율	6%	8%	10%	12%	14%	16%	18%	20%	22%	24%	26%	28%	30%

(2) 고가 1주택자(특례)

고가 1주택자에 대해서는 아래와 같은 특례가 주어진다.

① 2019년 이전

고가(실거래가 12억 원 초과) 1주택자는 거주기간 요건 없이 보유기간에 따라 최대 80%를 아래와 같이 적용한다.

보유기간	3~4년	4~5년	5~6년	6~7년	7~8년	8~9년	9~10년	10년 이상
공제율	24%	32%	40%	48%	56%	64%	72%	80%

② 2020년

2020년부터 2년 이상 거주 시에는 위와 같이 최대 80%를 적용하나, 이의 거주요건을 갖추지 못하면 일반적인 공제율(6~30%)을 적용한다(「소득세법 시행령」 제159조의 3).

③ 2021년 이후

2021년 이후부터 보유기간과 거주기간으로 나눠 특례공제율을 적용한다.

구 분	3~4년	4~5년	5~6년	6~7년	7~8년	8~9년	9~10년	10년 이상[76]
보유기간	12%	16%	20%	24%	28%	32%	36%	40%
거주기간	12%	16%	20%	24%	28%	32%	36%	40%

---

76) 80% 공제를 받기 위해서는 기본적으로 10년 거주가 필요하다. 참고로 비과세 요건 중 보유기간 등이 다시 계산되더라도 장기보유특별공제 보유기간은 변경되지 않는다.

다만, 2년 미만 거주를 하면 6~30%를 적용하며, 2년을 거주하면 8%, 3년을 거주하면 12%를 보유기간별 공제율에 더해 계산한다.

예를 들어 5년 보유 중 2년을 거주했다면 아래와 같이 공제율이 적용된다.

- 보유기간별 공제율 : 5년×4%＝20%
- 거주기간별 공제율 : 2년×4%＝8%
- 계 : 28%

(3) 「조세특례제한법」상 공제

「조세특례제한법」은 조세를 통해 특정한 정책목표를 달성하기 위해 만들어진 법이다. 이 법에서는 임대등록한 사업자(단기임대주택사업자 또는 장기임대주택사업자)를 위해 최대 40~70%를 적용하고 있다. 다만, 이러한 혜택을 받기 위해서는 법에서 제시하고 있는 요건들을 충족해야 한다.

1) 단기임대주택사업자

관할 시·군·구청에 의무임대기간 4년 짜리를 선택한 경우로써 6년 이상 임대 시 기본 공제율에 매년 2%씩 10%를 한도로 추가한다. 예를 들어 이 사업자가 6년을 임대한 후 이를 양도하면 12%에 2%를 더한 14%, 7년을 임대하면 14%에 4%를 더한 18%가 적용된다. 15년을 임대하면 30%에 10%를 더한 40%를 적용받을 수 있다(양도차익 전체에 대해 적용).

2) 장기임대주택(장기임대주택)사업자

관할 시·군·구청에 의무임대기간 8년 짜리를 선택한 경우로써 8~10년 미만 임대 시는 50%, 10년 이상 임대 시에는 70%를 적용한다. 이렇게 공제율이 결정되면 임대기간 중의 양도차익에 대해 50~70%의 공제율이 적용된다.[77]

3) 임대주택을 거주주택으로 전환한 경우

이 경우에는 임대주택과 거주주택의 양도차익을 구분하여 각각에 맞는 공제율을 적용한다. 이때 거주주택이 1세대 1주택이고 고가주택에 해당하면 최고 80%의 공제율이 적용된다(이때 보유기간 등은 전환일 이후의 기간으로 산정한다).

---

77) 「조특법」상의 장기보유특별공제는 임대기간 중에 발생한 양도차익(임대개시일~의무임대기간 종료일 기준, 「조특법」 제97조의 5 제2항 준용)에 대해서만 적용하도록 최근 법이 개정되었다.

장기임대주택으로 등록하면 상당히 높은 공제율을 적용받을 수 있다. 하지만 주택규모와 기준시가 등의 요건을 충족해야 한다.

구 분	장기임대주택(「조세특례제한법」 제97의 3) 과세특례 요건
규모 요건	전용면적 85㎡ 이하일 것
기준시가 요건	(단, 2018년 9월 14일 이후 취득한 주택은 임대개시일 현재 6억 원·3억 원 이하일 것)
지역 요건	별도로 없음(즉 전국적으로 적용).
의무임대 기간	장기임대주택으로 등록하고, 그 기간 동안 임대한 기간을 통산하여 8년 이상인 경우 계속하여 임대한 것으로 간주
임대료 인상률	임대료 상한율 5%를 초과하지 않을 것
특례 내용	장기보유특별공제율 50%(8년), 70%(10년) 적용

위에서 의무임대기간은 8년 이상인데, 이 기간은 임대기간 중에 통산해서 판단한다. 이때 상속이 발생한 경우에는 피상속인(사망자)의 임대기간을 합산하며, 기존 임차인의 퇴거일 부터 다음 임차인의 입주일까지의 기간으로서 3개월 이내의 기간도 합산을 한다. 그런데 만일 이 기간이 3개월을 초과한 상태에서 「민간임대주택법」에 따라 자동말소된 경우에는 어떻게 할까? 이에 대해 과세관청은 의무임대기간의 경과로 자동말소된 경우 8년을 등록 및 임대한 것으로 보기 때문에 별다른 쟁점이 발생하지 않는다.

● 중과세제도와 장기보유특별공제제도의 관계

중과세제도는 「소득세법」 제104조에서 규정된 것이고 장기보유특별공제는 「소득세법」 제95조에서 규정된 것이다. 따라서 이 둘의 제도는 별개의 것에 해당한다. 따라서 양도소득세 중과세가 적용되더라도 장기보유특별공제율은 0%도 가능하고 50% 또는 70% 적용도 가능하다. 마찬가지로 일반세율이 적용되더라도 장기보유특별공제율은 0%, 6~30%, 24~80%도 가능하고 50% 또는 70% 적용도 가능하다.

부동산세금은 모르면 손해를 보는 경우도 있지만 이를 알면 오히려 돈을 벌 수 있는 기회를 제공하기도 한다. 대표적으로 양도차손이 발생한 경우가 그렇다. 지금부터 부동산을 처분하여 양도차손이 발생하는 경우에 활용할 수 있는 방법을 알아보기로 한다.

① 기본 사례

부산광역시에 거주하고 있는 다주택씨는 5년 전에 3채를 구입하여 지금까지 보유하고 있으나, 대출금 갚기도 빠듯하여 보유하고 있는 주택 중 2주택을 처분하고자 한다. 그런데 이 중 한 채는 양도차익이 어느 정도 발생할 것으로 보이나 다른 한 채는 양도차손이 예상된다. 이 경우 어떤 식으로 세금 정산이 되는가?

사례의 경우 다음 단계처럼 처리를 할 수 있다.

STEP1 **2주택 처분 시 과세형태를 파악한다.**

다씨의 경우 1세대 3주택자에 해당한다. 따라서 먼저 처분하는 주택은 과세되는 것이 원칙이다.

STEP2 **양도소득세 통산규정을 살펴본다.**

세법에서는 매년 1월 1일부터 12월 31일까지 2회 이상 양도하여 양도소득이 발생하면 이를 합산하여 과세한다.

구　분		합산여부
양도차익만 발생한 경우	① 누진세율+단일세율(50% 등)	×*
	② 누진세율+누진세율	○
	③ 단일세율+단일세율	×*
양도차익과 양도차손이 발생한 경우	④ 양도차손+양도차익	통산함.
	⑤ 양도차익+비과세 양도차손	통산할 수 없음.

* 통산이 필요 없는 경우에 기본공제 250만 원은 한번만 받아야 한다.

STEP3 **위의 절차에 따라 최종 판단을 내린다.**

다씨는 위의 ④처럼 양도차익과 양도차손이 발생한 경우에 해당한다. 따라서 양도차손은 양도차익에서 차감할 수 있다. 이 경우 양도차손이 발생한 주택은 먼저 팔아도 되고 나중에 팔아도 된다.

② 핵심 포인트

양도소득세 합산규정 및 양도차손익 통산규정은 부동산 보유자가 기본적으로 알아둬야 하는 제도들에 해당한다. 이와 관련된 내용을 정리하면 다음과 같다.

첫째, 1년간 2회 이상 양도하여 양도차익이 발생한 경우로 누진세율이 2회 이상 적용되면 이를 합산하여 세금을 재정산해야 한다.[78] 합산하여 과세가 되면 일반적으로 세금이 증가한다. 예를 들어 2회에 걸쳐 양도한 경우로 과세표준이 각각 1억 원인 경우와 과세표준이 2억 원인 경우의 세금차이는 다음과 같다.

- 각각 과세되는 경우 : {1억 원×6~45%＝2,010만 원*}×2회＝4,020만 원
  * 1억 원×35%－1,490만 원(누진공제)＝2,010만 원
- 합산하여 과세되는 경우 : 2억 원×6~45%＝5,660만 원
  2억 원×38%－1,940만 원(누진공제)＝5,660만 원
- 차이 : 1,640만 원

둘째, 연간 2회 양도했으나 양도차손이 있는 경우에는 양도차익과 통산할 수 있다. 예를 들어 1회 양도에서는 양도차익 1억 원이 발생하고 2회 양도에서는 양도차손 1억 원이 발생했다면 이 둘을 통산할 수 있다는 것이다. 그렇게 되면 양도차손익이 0원이 되어 낼 세금이 없게 된다. 따라서 이 경우에는 1회 양도에서 발생한 양도소득세를 환급받을 수 있다.

셋째, 연간 2회 양도했으나 양도대상 부동산이 비과세가 적용되는 경우에는 양도차손익을 통산할 수 없다. 다음 상황별로 이해해보자.

구 분	비과세 주택	과세 부동산	비 고
• 상황1	1억 원	△1억 원	세금 없음.
• 상황2	△1억 원	1억 원	통산할 수 없음.

---

78) 세율이 다른 경우에는 과세표준을 합산해 누진세율로 적용한 세액과 각각의 세율로 계산한 세액 중 많은 세액을 납부해야 한다(비교과세).

상황1의 경우 비과세 주택은 비과세를 받을 수 있으며, 과세 부동산은 양도차손이 발생했으므로 낼 세금은 없다.

상황2의 경우 비과세 주택의 양도차손은 소멸하므로 과세 부동산 1억 원에 대해 과세가 된다. 아래 예규를 참조하자.

관련 예규

자산의 양도로 인하여 발생한 자산별 과세대상 소득금액과 과세대상 결손금은 서로 통산하나, 1세대 1주택 비과세 대상인 자산에서 발생한 양도차손익은 차가감하지 않는다(재산세과-1640, 2009.8.7.).

양도차손익 절세법 정리

- 양도차손은 같은 해에 발생한 부동산 등에서 발생한 양도차익에서 차감할 수 있다.
- 양도차손은 개인별로 통산할 수 있다(배우자의 양도차익에서 차감할 수 없음에 유의).
- 양도차익은 비과세되는 양도차손과 통산할 수 없다(주의!).
- 양도차손은 다음 해로 이월하여 공제받을 수 없다.

양도소득세 집행기준

102-167의 2-2 [환산취득가액이 양도가액을 초과하여 발생한 양도차손]

환산취득가액이 양도가액을 초과하여 발생한 양도차손은 해당 자산 외의 다른 자산에서 발생한 양도차익에서 공제된다.

102-167의 2-3 [양도차손의 통산 사례]

구분	양도차익 ①	결손금 ②	1차 통산 (①-②)	2차 통산 (세율별 배분)	소득금액
누진세율	100	-	100	△200×(100÷800)=△25	100-25=75
40% 세율	200	△400	△200	-	-
50% 세율	500	△100	400	△200×(400÷800)=△100	400-100=300
70% 세율	300	-	300	△200×(300÷800)=△75	300-75=225
합계	-	△500	△200	△200	-
	1,100	-	800	-	600

* 주식과 주식 이외의 자산은 서로 통산하지 않음.

③ 실전 사례

J씨는 2주택 그리고 그의 배우자는 1주택을 소유 중에 J씨 본인의 1주택을 처분하여 손실이 발생했다. 이 경우 J씨의 주택 또는 배우자 주택 중 1주택을 매도하고자 한다. 이처럼 연내 2주택을 양도하여 한 주택은 양도차익, 다른 주택은 양도차손이 발생하면 이 둘을 통산할 수 있을까?

양도소득세는 거주자별로 양도차익을 산정하여 신고·납부하는 세목이므로, 사례의 경우 본인소유주택의 양도차손과 배우자소유주택의 양도차익은 통산(상계)이 불가능하다. '1세대 1주택 비과세' 여부나 '1세대 2주택' 또는 '1세대 3주택' 여부는 '세대'별로 판단하나, 양도소득금액 통산은 개인별로 산정하기 때문이다. 실무상 주의해야 할 대목이다.

◑ 보유주택 수와 과세대상 판단

주택 수를 어떤 식으로 파악하느냐는 과세대상 판단에 많은 영향을 준다. 주요 세목별로 이에 대해 알아보자.

- 취득세 → 주택 수와 관계없이 취득자에게 과세된다.
- 재산세 → 주택 수와 관계없이 소유자에게 과세된다.
- 종합부동산세 → 주택 수와 관계없이 소유자에게 과세된다(1세대 1주택을 단독명의로 보유 시에는 11억 원, 공동명의 시는 개인별로 6억 원, 즉 12억 원까지 비과세한다).
- 임대소득세 → 주택 수는 부부단위로 판정한다. 1주택 보유 시는 기준시가 9억 원 초과 시, 2주택 이상 보유 시는 과세대상이 되는 것이 원칙이다.
- 양도소득세 → 주택 수는 세대단위로 판정한다. 1세대 1주택이면 비과세, 2주택 이상이면 과세되는 것이 원칙이다.

양도소득세 세율은 양도소득의 크기를 결정한다는 관점에서 매우 중요하다. 이러한 세율은 국회에서 결정한다. 아래에서는 세율의 종류 및 세율 적용법에 대해 정리해보자. 자세한 내용은 「소득세법」 제104조 등을 참조하기 바란다.

① 기본세율 및 중과세율 요약

2021년 6월 1일 이후에 아래와 같이 양도소득세 세율이 적용된다.

과세대상자산의 구분		세 율		
일반과세 (보유기간에 따른 세율)	1년 미만	50%(주택·입주권은 70%)		
	1~2년 미만	40%(주택·입주권은 60%)		
	2년 이상	6~45%(기본세율)		
		과세표준	세 율	누진공제
		1,200만 원 이하	6%	–
		4,600만 원 이하	15%	108만 원
		8,800만 원 이하	24%	522만 원
		1.5억 원 이하	35%	1,490만 원
		3억 원 이하	38%	1,940만 원
		5억 원 이하	40%	2,540만 원
		10억 원 이하	42%	3,540만 원
		10억 원 초과	45%	6,540만 원
중과세	1세대 2주택	위 세율(기본세율)+20%p		
	1세대 3주택	위 세율+30%p		
	비사업용 토지	위 세율+10%p(투기지역은 +20%p)		
	분양권	1년 미만 70%, 1년 이상 60%		
미등기 자산		70%		

참고로 이러한 세율은 국회에서 결정한다. 따라서 수시로 세율이 변경될 수 있음에 유의해야 한다.

미등기 양도자산에 해당하면 양도소득세 세율이 70%가 적용된다. 다만, 「소득세법 시행령」 제168조에는 아래와 같은 자산들은 미등기 양도자산에서 제외한다.

- 장기할부조건으로 취득한 자산으로서 그 계약조건에 의하여 양도당시 그 자산의 취득에 관한 등기가 불가능한 자산
- 법률의 규정 또는 법원의 결정에 의하여 양도 당시 그 자산의 취득에 관한 등기가 불가능한 자산
- 「건축법」에 따른 건축허가를 받지 아니하여 등기가 불가능한 주택
- 「도시개발법」에 따른 도시개발사업이 종료되지 아니하여 토지 취득등기를 하지 아니하고 양도하는 토지
- 건설사업자가 「도시개발법」에 따라 공사용역 대가로 취득한 체비지를 토지구획환지처분공고 전에 양도하는 토지 등

② 세율 적용법

(1) 하나의 자산에 둘 이상의 세율이 적용되는 경우

하나의 자산에 둘 이상의 양도소득세 세율이 적용될 때에는 해당 세율을 적용하여 계산한 양도소득 산출세액 중 큰 것을 그 세액으로 한다.

(2) 한 해에 2회 이상 양도한 경우

해당 과세기간에 자산을 둘 이상 양도하는 경우 양도소득 산출세액은 다음 각 호의 금액 중 큰 것(이 법 또는 다른 조세에 관한 법률에 따른 양도소득세 감면액이 있는 경우에는 해당 감면세액을 차감한 세액이 더 큰 경우의 산출세액을 말한다)으로 한다.

1. 해당 과세기간의 양도소득 과세표준 합계액에 대하여 제55조 제1항에 따른 세율(6~45%)을 적용하여 계산한 양도소득 산출세액
2. 제1항부터 제4항까지 및 제7항의 규정에 따라 계산한 자산별 양도소득 산출세액 합계액. 다만, 둘 이상의 자산에 대하여 제1항 각 호, 제4항 각 호 및 제7항 각 호에 따른 세율 중 동일한 호의 세율이 적용되고, 그 적용세율이 둘 이상인 경우 해당 자산에 대해서는 각 자산의 양도소득 과세표준을 합산한 것에 대하여 제1항·제4항 또는 제7항

의 각 해당 호별 세율을 적용하여 산출한 세액 중에서 큰 산출세액의 합계액으로 한다
(아래 사례에서 살펴본다).

사례를 들어 위의 내용을 확인해보자.

> **자료**
>
> - A와 B주택은 6~45%
> - C주택은 중과세율이 적용됨.

Q. 위 C주택을 단기매매하면 세율은 어떻게 적용하는가?

이 경우 단기매매에 따른 단일세율(70% 등)과 중과세율(6~45%+20~30%p)을 적용
하여 많이 나온 것으로 과세한다.

Q. A와 B주택을 한 해에 양도하면 세율은 어떻게 적용하는가?

과세표준을 합산해 6~45%로 과세한다.

Q. 위의 주택들을 한 해에 모두 양도하면 세율은 어떻게 적용하는가?

이 경우에는 아래 중 큰 세액으로 한다.
① 합산한 과세표준×6~45%
② A와 B주택 합산한 과세표준×6~45%+C주택 과세표준×중과세율

③ 실전 사례

아래와 같은 부동산을 거래하고자 한다. 상황에 맞게 답하면?

> **자료**
>
> - A부동산 : 주택 → 매도의뢰인은 다주택자에 해당함.
> - B부동산 : 토지 → 임야에 해당함.
> - C부동산 : 무허가건물(주택이 아님) → 당초 허가를 받지 못함.

- 상황1 : A부동산을 처분하면 중과세가 적용될까?
- 상황2 : B부동산을 처분하면 중과세가 적용될까?
- 상황3 : C부동산을 처분하면 중과세가 적용될까?

위의 상황에 대해 답을 찾아보면 다음과 같다.

(상황1) A부동산을 처분하면 중과세가 적용될까?

주택은 일반적으로 보유기간에 따른 세율을 적용받게 된다. 다만, 다주택자의 경우 중과세율을 적용받게 된다.

구 분	1년 미만	1~2년 미만	2년 이상
보유기간에 따른 세율	70%	60%	6~45%
중과세율	Max[70%, 중과세율]	Max[60%, 중과세율]	중과세율

(상황2) B부동산을 처분하면 중과세가 적용될까?

토지의 경우에도 중과세제도가 적용된다. 다만, 모든 토지에 대해 중과세를 적용하는 것이 아니라 비사업용 토지(투자목적으로 보유하는 토지. 지목별로 규정되어 있음)에 대해서만 중과세를 적용한다. 토지에 대한 세율을 정리하면 다음과 같다.

구 분	1년 미만	1~2년 미만	2년 이상
보유기간에 따른 세율	50%	40%	6~45%
중과세율	Max[50%, 중과세율]	Max[40%, 중과세율]	중과세율

(상황3) C부동산을 처분하면 중과세가 적용될까?

미등기자산에 해당하면 중과세율이 70%까지 적용될 수 있다. 다만, 당초 건축허가를 받았는지의 여부에 따라 세율이 달라진다.

구 분	당초 건축허가를 받지 못해 미등기가 된 경우	당초 건축허가를 받았으나 미등기가 된 경우
미등기자산 해당 여부	미등기자산에 해당되지 않음.	미등기자산에 해당함.
세율	일반세율*	중과세율(70%)

* 참고로 미등기 건물의 부수토지가 재산세 종합합산과세대상인 경우 비사업용 토지(중과세율 적용)에 해당할 수 있다(서면인터넷방문상담5팀-1489, 2007.5.9. 등, 저자 문의).

❑ 양도소득세 감면세액 계산법

「소득세법」 제90조에서 양도소득세 감면에 대해 아래와 같이 적용하고 있다.

① 제95조에 따른 양도소득금액에 이 법 또는 다른 조세에 관한 법률에 따른 감면대상 양도소득금액이 있을 때에는 다음 계산식에 따라 계산한 양도소득세 감면액을 양도소득 산출세액에서 감면한다.

$$양도소득세\ 감면액\ =\ A \times \frac{(B-C)}{D} \times E$$

A: 제104조에 따른 양도소득 산출세액
B: 감면대상 양도소득금액
C: 제103조 제2항에 따른 양도소득 기본공제
D: 제92조에 따른 양도소득 과세표준
E: 이 법 또는 다른 조세에 관한 법률에서 정한 감면율

② 제1항에도 불구하고 「조특법」에서 양도소득세의 감면을 양도소득금액에서 감면대상 양도소득금액을 차감하는 방식으로 규정하는 경우에는 제95조에 따른 양도소득금액에서 감면대상 양도소득금액을 차감한 후 양도소득 과세표준을 계산하는 방식으로 양도소득세를 감면한다.

● 양도소득세 집행기준 103-0-3 [감면소득이 있는 경우 양도소득 기본공제의 적용 순서]

과세소득과 감면소득이 있는 경우 양도소득 기본공제는 과세소득금액에서 먼저 공제하고, 미공제분은 감면소득금액에서 공제한다.

〈사례〉

○ 양도소득금액 : 10,000천 원(과세소득 2,000천 원, 감면소득금액 8,000천 원)

☞ 양도소득 과세표준 : 7,500천 원 (감면소득)
- 과세소득 0원 = 2,000천 원 - 2,000천 원(기본공제액)
- 감면소득 7,500천 원 = 8,000천 원 - 500천 원(기본공제액)

 **필수 세무상식**

양도시기와 취득시기

부동산 거래에 있어서 양도시기와 취득시기는 매우 중요하다. 이를 기준으로 양도소득세 비과세와 과세판단 등을 하기 때문이다. 양도소득세 집행기준 98-162-1에서 정리하고 있는 내용을 살펴보면 다음과 같다.

대금청산일이 분명한 경우	원 칙 : 자산의 대금을 청산한 날
	예 외 : 대금을 청산하기 전에 소유권이전등기를 한 경우에는 등기부·등록부 또는 명부 등에 기재된 등기·등록 접수일 또는 명의개서일

대금청산일이 불분명한 경우	등기부·등록부 또는 명부 등에 기재된 등기접수일 등

자기가 건설한 건축물[79]	원 칙 : 사용승인서(사용검사필증) 교부일
	예 외 : • 사용승인 전에 사실상 사용 : 사실상의 사용일 • 임시사용을 승인받은 경우 : 임시사용승인일 • 건축허가를 받지 아니하고 건축하는 건축물 : 사실상의 사용일

상속·증여로 취득	상속(유증 포함)이 개시된 날 또는 증여를 받은 날

점유 취득 (민법 §245)	해당 부동산의 점유를 개시한 날

공익사업에 수용되는 경우	대금을 청산한 날, 수용의 개시일 또는 소유권이전 등기접수일 중 빠른 날. 다만, 소유권에 관한 소송으로 보상금이 공탁된 경우에는 소유권 관련 소송 판결 확정일

---

79) 재건축이나 재개발 등에 의해 자기가 건설한 건축물에 있어서는 사용검사필증교부일을 취득시기로 한다. 다만, 사용검사 전에 사실상 사용하거나 사용승인을 얻은 경우에는 그 사실상의 사용일 또는 사용승인일로 하고 건축 허가를 받지 아니하고 건축하는 건축물에 있어서는 그 사실상의 사용일로 한다.

Q. 계약은 5월 1일, 잔금지급은 5월 30일, 등기는 6월 1일에 한 경우 양도시기 또는 취득시기는?

잔금지급일과 등기접수일 중 빠른 날인 5월 30일이다.

Q. 총 거래금액은 5억 원인데, 잔금으로 500만 원을 받았다. 이 경우에도 잔금청산일이 양도일 등이 될 수 있는가?

아닐 수도 있다. 잔금을 미리 받았다고 볼 수도 있기 때문이다. 아래의 내용을 참조하자.

"매매대금이 사회통념상 대부분 지급되었다고 볼만한 사정이 있는 경우로서 청구인이 양도소득세를 납부할 자금을 감안하여 양도시기를 조절하거나 양도소득세를 회피할 의도로 형식상 대금의 일부만을 남겨두었다고 보인다(적부2014-157(2014.11.18.).)."

Q. 2022년 1월 1일에 잔금을 지급했다. 보유기간이 1년이 되는 날은 언제인가?

2023년 1월 1일이 된다. 이러한 기간계산은 초일은 불산입하며 말일은 산입한다. 따라서 2022년 1월 1일은 빠지므로 1월 2일부터 기산하며 이를 기준으로 하면 2023년 1월 1일이 마지막 날이 되어야 한다. 이러한 기간계산을 잘못하면 세법적용에서 오류가 발생할 수 있다.

Q. 아래와 같은 상황에서 A주택은 어떻게 해야 비과세를 받을 수 있을까?

2018.11.	2019.11.	2020.2.	2022.2.
A주택	B분양권	C주택취득	B분양권 잔금

A주택과 C주택은 일시적 2주택으로 비과세를 받을 수 있다. 따라서 2022년 2월이 되기 전에 A주택을 비과세요건에 맞춰 양도하면 비과세를 받을 수 있다.

제 **14**장

양도소득세 신고 · 납부관련
세무리스크 관리법

제14장에서는 양도소득세 신고관련 세무리스크 관리법을 간략히 살펴본다. 양도소득세 신고는 크게 예정신고와 확정신고로 나뉘며 오류가 발생하면 수정신고 등을 통해 이를 바로 잡아야 한다. 한편 예정신고 등을 할 때 실무적으로 취득가액을 환산해서 신고한 경우 가산세 등에 주의해야 한다.

이장의 핵심 내용들은 다음과 같다.
- 양도소득세 예정신고 및 납부
- 양도소득세 대납
- 수정신고하는 방법
- 등기 · 세무신고 절차
- 양도소득세 세무조사 사례

양도소득세는 크게 예정신고와 확정신고로 구분된다. 그리고 신고 후 검증절차가 있는 데 신고내용에 문제가 있다고 판단되면 세무조사 등도 뒤따른다. 이하에서 이에 대해 알아보자.

1 양도소득세 예정신고 및 납부

양도소득세 예정신고 및 납부에 대해서는 「소득세법」 제105조에서 아래와 같이 정하고 있다.

---

① 제94조 제1항 각 호(같은 항 제3호 다목 및 같은 항 제5호는 제외한다)에서 규정하는 자산을 양도한 거주자는 제92조 제2항에 따라 계산한 양도소득 과세표준을 다음 각 호의 구분에 따른 기간에 대통령령으로 정하는 바에 따라 납세지 관할 세무서장에게 신고하여야 한다.

1. 제94조 제1항 제1호·제2호 및 제4호에 따른 자산을 양도한 경우에는 그 양도일이 속하는 달의 말일부터 2개월. 다만, 「부동산 거래신고 등에 관한 법률」 제10조 제1항에 따른 토지거래계약에 관한 허가구역에 있는 토지를 양도할 때 토지거래계약허가를 받기 전에 대금을 청산한 경우에는 그 허가일(토지거래계약허가를 받기 전에 허가구역의 지정이 해제된 경우에는 그 해제일을 말한다)이 속하는 달의 말일부터 2개월로 한다.
2. 제94조 제1항 제3호 가목 및 나목에 따른 자산을 양도한 경우에는 그 양도일이 속하는 반기(半期)의 말일부터 2개월
3. 제1호 및 제2호에도 불구하고 제88조 제1호 각 목 외의 부분 후단에 따른 부담부 증여의 채무액에 해당하는 부분으로서 양도로 보는 경우에는 그 양도일이 속하는 달의 말일부터 3개월

② 제1항에 따른 양도소득 과세표준의 신고를 예정신고라 한다.

③ 제1항은 양도차익이 없거나 양도차손이 발생한 경우에도 적용한다.

위 제1항 제1호에 따라 토지거래계약에 관한 허가구역에 있는 토지를 양도할 때 토지거래계약허가를 받기 전에 대금을 청산한 경우에는 그 허가일이 속하는 달의 말일부터 2개월로 한다. 한편 부담부 증여의 채무액에 해당하는 부분으로서 양도로 보는 경우에는 그 양도일이 속하는 달의 말일부터 3개월로 한다.

참고로 납부는 1천만 원 초과 시 분납이 가능하다. 분납 시 2천만 원 이하는 1천만 원은 납부기한까지 나머지는 2개월 내에, 2천만 원 초과 시에는 1/2 이내의 금액을 분납할 수 있다. 지방소득세는 분납이 가능하지 않다.

② 양도소득세 확정신고 및 납부

「소득세법」 제110조에서는 아래와 같이 확정신고를 하도록 하고 있다.

> ① 해당 과세기간의 양도소득금액이 있는 거주자는 그 양도소득 과세표준을 그 과세기간의 다음 연도 5월 1일부터 5월 31일까지[제105조 제1항 제1호 단서에 해당하는 경우에는 토지거래계약에 관한 허가일(토지거래계약허가를 받기 전에 허가구역의 지정이 해제된 경우에는 그 해제일을 말한다)이 속하는 과세기간의 다음 연도 5월 1일부터 5월 31일까지] 대통령령으로 정하는 바에 따라 납세지 관할 세무서장에게 신고하여야 한다.
> ② 제1항은 해당 과세기간의 과세표준이 없거나 결손금액이 있는 경우에도 적용한다.
> ③ 제1항에 따른 양도소득 과세표준의 신고를 확정신고라 한다.
> ④ 예정신고를 한 자는 제1항에도 불구하고 해당 소득에 대한 확정신고를 하지 아니할 수 있다. 다만, 해당 과세기간에 누진세율 적용대상 자산에 대한 예정신고를 2회 이상 하는 경우 등으로서 대통령령으로 정하는 경우에는 그러하지 아니하다.

참고로 예정신고를 한 경우에는 해당 소득에 대한 확정신고를 하지 아니할 수 있다.

③ 신고 후 검증절차

과세당국은 양도소득세 성실신고를 유도하기 위해 다음과 같은 검증절차를 두고 있다.

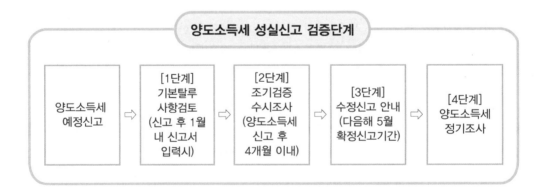

○ 1단계(신고 후 1월 내) : 양도소득세 신고서를 전산(TIS)에 입력할 때 단순 계산착오 사항 등 기본적인 서류검증을 통해 탈루사항 확인

○ 2단계(신고 후 4월 내) : 사실과 다른 허위계약서 등을 이용해 신고한 혐의자를 신속하게 수시조사 대상자로 선정, 성실신고여부 검증

○ 3단계(다음해 5월 확정신고 기간 중) : 전년도 예정신고자 중 사실과 다르게 신고한 혐의자에 대하여 수정신고 안내, 가산세 없이 자기시정 기회 부여

○ 4단계(다음해 9월 이후) : 양도소득세 신고내역(무신고 포함)을 전산분석 정기조사 대상자를 선정, 정기조사를 통한 성실신고 여부를 최종적으로 검증

● **양도소득세 집행기준 114 - 176 - 1 [결정 또는 경정 시 적용하는 양도가액 및 취득가액]**

실지거래가액에 의하여 양도소득 과세표준 예정신고 또는 확정신고를 한 경우로서 해당 신고가액이 사실과 달라 실지거래가액을 확인한 때에는 그 확인된 가액으로 양도소득세를 경정하며 실지거래가액을 인정 또는 확인할 수 없는 경우는 매매사례가액, 감정가액, 환산가액, 기준시가를 순차로 적용하는 것이다.

Tip ●

❏ **가산세**

양도소득세 신고와 관련해 주의해야 할 가산세는 다음과 같다.

① **신고불성실가산세**

무신고는 산출세액의 20%, 과소신고는 10%, 그 외 부당한 무신고 및 과소신고는 40%까지 부과될 수 있다.

② **납부지연가산세**

법정기한까지 납부하지 않으면 하루 2.2/10,000의 가산세를 부과한다.

③ **감정가액 또는 환산취득가액 적용에 따른 가산세**

거주자가 건물을 신축 또는 증축(증축의 경우 바닥면적 합계가 85제곱미터를 초과하는 경우에 한정한다)하고 그 건물의 취득일 또는 증축일부터 5년 이내에 해당 건물을 양도하는 경우로서 감정가액 또는 환산취득가액을 그 취득가액으로 하는 경우에는 해당 건물의 감정가액(증축의 경우 증축한 부분에 한정한다) 또는 환산취득가액(증축의 경우 증축한 부분에 한정한다)의 100분의 5에 해당하는 금액을 제93조 제2호에 따른 양도소득 결정세액에 더한다. 이 가산세는 양도소득 산출세액이 없는 경우에도 적용한다(「소득세법」 제114조의 2).

❑ 신고를 위해 준비해야 할 서류

신고 시에는 양도소득 과세표준 확정신고 및 자진납부계산서와 양도소득금액계산명세서에 다음의 서류를 첨부해야 한다.

일반적인 양도	입주권	재건축·재개발 아파트	신축감면주택
1. 취득·양도 시의 매매계약서 사본	1. 입주권 양도계약서 2. 종전부동산 취득계약서(무허가주택은 무주택확인원) 3. 관리처분계획인가서 4. 청산금납부내역서 5. 조합원분양계약서 6. 국공유지 매수계약서 7. 토지연부이자영수증	1. 양도계약서 2. 종전주택취득계약서(입주권 취득계약서) 3. 좌의 3~7 4. 준공인가증(임시사용승인서 등)	1. 양도계약서 2. 일반분양자 : 아파트 분양계약서(승계조합원 : 입주권취득계약서, 원 조합원 : 종전주택취득계약서) 3. 계약금 납부영수증(일반분양자) 4. 관리처분인가내역서 5. 준공인가증 6. 감면신청서

이외에도 취득세·공인중개사 수수료·법무사 수수료·컨설팅 비용·인테리어비용에 대한 영수증이 필요하다. 토지 및 건축물대장 및 등기부 등본·주민등록등본은 제출하지 않더라도 상관없다.

✦✦ 저자 주

취득가액을 환산해 신고하면 신고가 완료되는 것이 아니다. 국세청에서 실제 취득가액(분양가격 포함)을 발견한 경우 이 금액으로 취득가액이 수정될 수 있기 때문이다. 주의하기 바란다.

특약사항으로 매도인의 양도소득세나 체납 관리비 등을 매수인이 대신 부담하는 경우가 있다. 그리고 이러한 내용을 특약사항으로 정할 수 있는데 이때 세무상 어떤 문제점들이 발생하는지 알아보자.

1 기본 사례

K씨는 아래와 같은 물건을 거래하면서 특약사항으로 매도인의 양도소득세를 매수인이 부담한다는 내용을 계약서에 반영하였다. 상황에 맞게 답하면?

> **자료**
>
> • 비사업용 토지
> • 과세표준 5억 원
> • 보유기간 2년

> • 상황1 : 양도소득세를 매수인이 대납한 경우 이는 양도가액에 포함되는가?
> • 상황2 : 대납한 양도소득세를 반영하기 전의 산출세액은 얼마인가? 기본공제는 미반영한다.
> • 상황3 : 위 산출세액을 양도가액에 반영하면 양도소득세는 얼마인가? 단, 장기보유특별공제제도는 고려하지 않는다.
> • 상황4 : 위의 상황과 관련 없다. 만약 매수자의 요구로 주택을 멸실조건으로 대납을 해주기로 했다. 이 경우 매도자는 양도소득세 비과세처리에 문제는 없는가?

위의 상황에 대해 답을 찾아보면 다음과 같다.

(상황1) 양도소득세를 매수인이 대납한 경우 이는 양도가액에 포함되는가?

그렇다. 개인이 양도소득세 과세대상 부동산을 양도한 경우로서 양도차익을 실지거래가액으로 계산함에 있어서 양도소득세를 매수인이 부담하기로 약정하고 이를 실지로 지급하였을 경우 동 양도소득세 상당액을 포함한 가액을 양도가액으로 본다(재일 46014 − 1616, 1997.7.2.).

(상황2) 대납한 양도소득세를 반영하기 전의 산출세액은 얼마인가? 기본공제는 미반영한다.

과세표준이 5억 원이고 이에 대해 세율 16~55%를 적용하면 다음과 같다.

- 산출세액=5억 원×50%−2,540만 원=2억 2,460만 원

(상황3) 위 산출세액을 양도가액에 반영하면 양도소득세는 얼마인가? 단, 장기보유특별공제제도는 고려하지 않는다.

상황의 가정에 따라 양도소득세를 계산하면 다음과 같다.

구 분	당 초	대납세금 합산 후
과세표준	5억 원	7억 2,060만 원
× 세율	50%	52%
− 누진공제	2,540만 원	3,540만 원
= 산출세액	2억 2,460만 원	약 3억 3,931만 원

잠깐퀴즈

위 산출세액은 또 다시 양도가액에 합해지는가?
아니다. 세법에서는 1회만 합하면 되도록 되어 있다(재일 46014-3077, 1994.12.1. 등). 산출세액이 무한대로 늘어나기 때문이다.

(상황4) 위의 상황과 관련 없다. 만약 매수자의 요구로 주택을 멸실조건으로 대납을 해주기로 했다. 이 경우 매도자는 양도소득세 비과세처리에 문제는 없는가?

매매계약의 성립 후 매매특약에 따라 주택을 멸실한 경우 1세대 1주택에 해당되는지 여부는 매매계약일 현재를 기준으로 판단한다(재산−2976, 2008.9.29. 등). 한편 해당 주택을 매수한 자는 주택이 아닌 토지를 취득한 것으로 보아 취득세가 적용될 것으로 보인다.

☞ 매도자가 주택건물을 철거하는 조건으로 매매계약이 체결되는 경우가 많다. 이는 주로 매수자가 주택취득에 대한 취득세 부담을 줄이기 위해서다. 2020년 7·10대책에 따라 취득세 중과세율이 최고 12%까지 인상되었기 때문이다. 다만, 주택건설사업자의 경우에는 사업을 위해 필요한 것이므로 통상 3년 내에 멸실이 이루어지면 취득세 중과세를 적용하지 않는다. 한편 2022년 영 시행일 이후부터 3년 내에 멸실 예정인 주택에 대해서도 종합부동산세를 합산배제할 것으로 보인다.

핵심 포인트

양도소득세 대납과 관련된 세무상 쟁점들을 정리하면 다음과 같다.

매도인	• 대납받은 양도소득세는 양도가액에 합산된다. 이 경우 양도가액에 합산되는 양도소득세는 1회분에 한한다. • 매매약정과 관련이 없는 경우에는 양도소득세가 아닌 증여세가 부과될 수 있다.
⬇	
매수인	• 매수인이 대납한 양도소득세는 취득가액에 포함되는 것이 원칙이다. • 취득가액이 증가하므로 취득세도 증가하는 것이 일반적이다.
⬇	
중개인	• 매도인의 관점에서 발생할 수 있는 양도소득세(법인세) 등의 문제에 정통해야 한다. • 매수인의 관점에서 발생할 수 있는 취득세, 취득가액 인정범위 등을 알아둬야 한다. • 특히 매도인과 매수인이 개인이 아닌 법인인 경우, 특수관계에 있는 경우 등은 매우 주의해야 한다.

☞ 특수관계인 간에 거래 시에는 먼저 시가(감정가액 포함)를 확인하고 거래금액을 잘 정해야 세무상 쟁점이 발생하지 않는다.

 실전 사례

K씨는 토지에 대한 거래를 아래와 같이 체결하면 어떨까 하는 제안을 받았다. 상황에 맞게 답하면?

자료

• 토지매매약정서 체결(2019년) : A씨는 B씨에게 토지를 시가보다 저렴하게 하는 매각에 합의함.
• 토지매매계약서 체결(2022년) : B씨는 A씨가 부담할 양도소득세를 대납하는 조건으로 특약함.

> • 상황1 : 위 경우 저가양도에 따른 세무상 쟁점은? 단, 거래당사자가 특수관계에 해당하
> 는 경우와 해당되지 않은 경우로 살펴보면?
> • 상황2 : 세금을 대납한 B씨는 해당 금액을 취득가액으로 인정받을 수 있는가? 단, 거래
> 당사자가 특수관계에 해당하는 경우와 해당되지 않은 경우로 살펴보면?

위의 상황에 대해 순차적으로 답을 찾아보자.

(상황1) 위 경우 저가양도에 따른 세무상 쟁점은? 단, 거래당사자가 특수관계에 해당하는 경우와 해당되지 않은 경우로 살펴보면?

세법은 시가와 거래가의 차이가 5%(증여는 30% 기준) 이상 차이가 나거나 그 차이액이 3억 원 이상이 난 경우에는 「소득세법」상 부당행위계산의 부인제도와 「상증법」상 증여규정을 적용해 관련 세금을 추징하게 된다. 실무적으로 저가양수도 등에 대해서는 특수관계가 있는 경우와 없는 경우로 나눠 세부담 관계를 살펴보아야 한다.

구 분		특수관계가 없는 경우	특수관계가 있는 경우
저가양도	매도인	세무상 문제없음.	시가로 양도소득세 과세(부당행위계산의 부인에 해당)
	매수인	• 증여세 과세 • 증여재산가액 = (시가 – 양수대가) – 3억 원	• 증여세 과세 • 증여재산가액 = (시가 – 양수대가) – Min(시가×30%, 3억 원)
고가양도	매도인	• 증여세 과세 • 증여재산가액 = (양도대가 – 시가) – 3억 원	• 증여세 과세 • 증여재산가액 = (양도대가 – 시가) – Min(시가×30%, 3억 원)
	매수인	세무상 문제없음.	시가초과 분 취득가액 불인정

사례의 경우 저가양도에 해당하므로 매도인과 매수인이 특수관계에 없는 경우에는 매도인은 문제는 없지만 매수인에게는 증여세가 부과될 수 있다. 그런데 특수관계가 있는 경우에는 매도인에 대해서는 저렴하게 양도한 것을 빌미로 부당행위계산부인제도(시가로 과세하는 제도)가 적용되며, 매수인에 대해서는 저렴하게 매수한 것을 빌미로 증여세가 부과될 수 있다. 증여세는 특수관계 여부를 불문한다.

(상황2) 세금을 대납한 B씨는 해당 금액을 취득가액으로 인정받을 수 있는가? 단, 거래당사자가 특수관계에 해당하는 경우와 해당되지 않은 경우로 살펴보면?

사례의 경우 매수인이 대납한 양도소득세는 매도인의 양도가액에 포함되어 과세되는 한편, 매수인의 입장에서는 취득가액에 포함되는지의 여부가 중요하다. 먼저 특수관계가 없는 경우 양도소득세 대납금액도 토지의 취득가액에 포함한다. 다음으로, 특수관계가 있는 경우 해당 금액도 취득가액이 될 수 있지만, 만일 매수인이 부담할 비용이 아님에도 대납한 경우에는 부당행위계산부인 규정이 적용되어 취득가액이 부인될 수 있다. 따라서 이러한 상황이 발생하면 '감정가액 → 「상증법」상의 평가액(동법 제38조 내지 제39조의 2 및 동법 제61조 내지 제64조의 규정을 준용하여 평가한 가액)이 시가로 될 수 있다. 이러한 규정이 적용되는 「상증법」상의 기준시가로도 취득가액이 될 수 있다(실무에서는 이러한 일들이 자주 발생되는 것은 아니다).

● 이 사례의 교훈

세법은 세법상 특수관계에 있는 자끼리 시가와 동떨어지게 거래를 하는 경우에는 부당행위로 보아 양도소득세와 증여세 등을 부과한다. 다만, 특수관계가 없는 경우에는 그렇게 큰 문제는 없으나 시가와 너무 많이 차이가 나는 경우에는 증여세문제를 검토해야 한다. 한편 양도소득세 대납은 양도소득세 추가와 취득세 추가, 부외자산 등의 문제가 발생하므로 가급적 이러한 계약방식은 채택하지 않는 것이 좋다. 특히 대납한 주체가 법인인 경우에 이러한 내용을 장부에 반영하지 않으면 재무제표가 불투명해지고 향후 세무조사 시에 문제가 될 가능성이 높다는 점에 유의해야 한다.

세금신고를 했는데 세법에 맞지 않게 신고한 경우가 있다. 계산착오나 증빙관리의 미비 등으로 세금을 적게 신고하거나 많게 신고하는 경우가 이에 해당한다. 이런 경우에는 수정신고와 경정청구제도를 이용할 수 있다. 이하에서 이에 대해 자세히 알아보자.

① 기본 사례

K씨는 아래와 같이 거래를 하였다. 상황에 맞게 답하면?

> **자료**
>
> • A주택 : 싱크대 수리비용 100만 원을 필요경비로 신고하였다.
> • B오피스텔 : 취득세를 포함하지 않고 양도소득세를 신고하였다.
> • C농지 : 8년 자경농지라 별도로 감면신청을 하지 않았다.

> • 상황1 : A주택에 대해서는 어떤 식의 조치를 취해야 하는가?
> • 상황2 : B오피스텔에 대해서는 세금을 돌려받을 수 있는가?
> • 상황3 : C농지에 대해서는 감면을 받을 수 있는가?

위의 상황에 대해 답을 찾아보면 다음과 같다.

(상황1) A주택에 대해서는 어떤 식의 조치를 취해야 하는가?

수정신고란 세법 기준에 따른 것보다 세금을 적게 납부한 때 이를 바로잡는 제도이다. 세금을 적게 신고하면 향후 세무조사와 가산세 등에 대한 압박감이 있을 수 있다. 이런 경우 수정신고가 해결책이 된다. 다만, 수정신고는 법정신고기간 내 정상적으로 신고한 자만이 할 수 있도록 자격을 부여하고 있기 때문에 법정신고기한 내 신고하지 않는 사람은 제외됨에 유의하여야 한다. 수정신고의 절차는 다음과 같다(「국기법」 제45조).

구 분	내 용
신고 적격자	법정신고 기한 내에 신고를 한 자
신고 사유	신고한 세액 등이 세법에 의한 것에 미달할 때
신고 기한	세무서장이 고지하기 전까지
기타	법정신고 기한 후 6개월 내에 신고·납부하는 경우 신고불성실가산세를 90~10%*를 감면

* • 법정신고기한이 지난 후 1개월 이내에 수정신고한 경우 : 해당 가산세액의 100분의 90
  • 법정신고기한이 지난 후 1개월 초과 3개월 이내에 수정신고한 경우 : 해당 가산세액의 100분의 75
  • 법정신고기한이 지난 후 3개월 초과 6개월 이내에 수정신고한 경우 : 해당 가산세액의 100분의 50
  • 법정신고기한이 지난 후 6개월 초과 1년 이내에 수정신고한 경우 : 해당 가산세액의 100분의 30
  • 법정신고기한이 지난 후 1년 초과 1년 6개월 이내에 수정신고한 경우 : 해당 가산세액의 100분의 20
  • 법정신고기한이 지난 후 1년 6개월 초과 2년 이내에 수정신고한 경우 : 해당 가산세액의 100분의 10

(상황2) B오피스텔에 대해서는 세금을 돌려받을 수 있는가?

세금을 세법에 의한 금액보다 많게 신고하여 납부하였다면 이를 되돌려 받아야 한다. 이러한 상황이 발생한다면 '경정청구' 제도를 이용할 수 있는데, 그 내용은 다음과 같다(「국기법」 제45조의 2).

구 분	내 용
청구 적격자	• 통상적인 경정청구 : 법정신고 기한 내에 신고를 한 자 • 후발적 사유에 의한 경정청구 : 법원 판결 등으로 거래 등이 변동되는 등 일정한 사유가 발생한 때
신고 사유	'통상적인 경정청구'는 법정신고기한 후 5년 내에, '후발적 사유로 인한 경정청구'는 그 사유가 발생한 것을 안 날로부터 3개월 이내 청구할 수 있다.
신고 기한	세무서장이 고지하기 전까지

☞ 경정청구를 거부한 처분을 받은 경우 90일 내에 이의신청 등을 통해 구제를 받을 수 있다.

(상황3) C농지에 대해서는 감면을 받을 수 있는가?

감면을 받을 수 있다. 단, 이때 기한 후 신고제도를 이용한다. 원래 이 제도는 법정신고기한 내에 신고하지 않는 자(무신고자)는 과세표준과 세액을 결정하여 통지하기 전까지 신고할 수 있도록 한 제도를 말한다.

② 핵심 포인트

양도소득세 등을 신고한 후에 신고내용이 잘못되거나 신고를 누락한 경우에는 다음과 같은 조치를 취해야 한다.

수정신고	• 세금을 세법보다 적게 납부할 때 적용하는 방법이다. • 세무서장이 고지하기 전까지 할 수 있다. • 법정신고기한 후 1개월 내에 신고·납부하는 경우 신고불성실가산세를 90%(1개월~2년 내 75~10%) 등을 감면한다.

경정청구	• 세금을 세법보다 많게 납부할 때 적용되는 방법이다. • 법정신고기한으로부터 5년 이전의 것도 청구할 수 있다.

기한 후 신고	• 무신고한 경우에 적용되는 방법이다. • 법정신고기한 후 1개월 내에 신고하는 경우 신고불성실가산세를 50%(1~6개월 내 30%, 20%)을 감면한다.

③ 실전 사례

K씨는 1세대 1주택자로서 아래와 같은 주택을 처분하였다. 상황에 맞게 답하면?

자료

• 토지 : 5년 전에 3억 원에 구입
• 건물 : 2년 전에 5억 원에 신축
• 15억 원에 매도(양도가액 건물 7억 원, 토지 8억 원)

• 상황1 : 이 경우 예상되는 양도소득세 산출세액은?
• 상황2 : 만일 양도소득세 신고를 잘못한 경우에는 어떤 조치를 취해야 하는가?

위의 상황에 대해 순차적으로 답을 해보자.

(상황1) 이 경우 예상되는 양도소득세 산출세액은?

위 자료에 맞춰 양도소득세를 계산하려면 다음과 같은 과정을 밟아야 한다.

- 양도물건은 토지와 건물로 구분해야 한다. → 취득시기가 다르기 때문이다.
- 양도차익 중에서 과세되는 양도차익을 계산해야 한다. → 1세대 1주택으로써 고가주택에 해당하기 때문이다.
- 장기보유특별공제 → 토지와 건물에 대해 각각 적용한다. 이때 공제율은 1세대 1주택자에 대해 적용되는 20~80%를 적용한다.

이러한 내용을 감안하여 산출세액을 계산하면 다음과 같다.

구 분	건 물	토 지	계
보유기간	2년	5년	
양도가액	7억 원	8억 원	15억 원
− 취득가액	5억 원	3억 원	8억 원
= 양도차익	2억 원	5억 원	7억 원
= 과세되는 양도차익	8천만 원	1억 원*	1억 8천만 원
− 장기보유특별공제(0%, 10%)	0원	1천만 원	1천만 원
= 양도소득금액	8천만 원	9천만 원	1억 7천만 원
− 기본공제			250만 원
= 과세표준			1억 6,750만 원
× 세율			35%
− 누진공제			1,490만 원
= 산출세액			4,372만 원

* 양도차익×(양도가액−12억 원)/양도가액=5억 원×(15억 원−12억 원)/15억 원=1억 원

위에서 토지의 장기보유특별공제율이 10%(1,000만 원 공제)인 것은 아래와 같은 예규에 근거한 것이다. 사례의 경우 토지로서의 보유기간 5년에 따른 10%(=5년×2%)의 공제율과 주택부속토지로서 보유기간 2년에 따른 공제율 0%(3년 미달) 중 큰 공제율인 10%를 적용하였다.

[제목]

주택부속토지가 주택보다 보유기간이 오래된 경우

[요지]

장기보유특별공제는 그 토지의 전체보유기간에 따른 공제율과 주택 부속토지로서의 보유기간에 따른 공제율 중 큰 공제율을 적용하는 것임.

[질의]

「소득세법」 제95조 제2항을 적용할 때 1세대 1주택에 딸린 토지를 양도하는 경우로서 주택보다 보유기간이 오래된 주택 부속토지에 대한 장기보유특별공제는 그 토지의 전체보유기간에 따른 같은 항 표1의 공제율(6~30%)과 주택 부속토지로서의 보유기간에 따른 같은 항 표2의 공제율(24*~80%) 중 큰 공제율을 적용하는 것임.

* 2년 거주+3년 보유 시 : 20%가 적용됨(2022년 기준).

(상황2) 만일 양도소득세 신고를 잘못한 경우에는 어떤 조치를 취해야 하는가?

수정신고를 해야 한다. 참고로 수정신고를 1개월 내에 하는 경우에는 신고불성실가산세를 90% 감면한다.

> **Tip** ●
>
> ❑ **비과세 · 감면제한**
>
> 허위 계약서 등에 의해 양도소득세를 신고한 경우에는 비과세와 감면이 제한된다. 주의하기 바란다.
>
> 🔹 **비과세 · 감면 적용 배제**(「소법」 §91 ②, 「조특법」 §129 ①)
>
> 거짓계약서를 작성한 경우 다음에 정한 금액을 당초의 비과세 또는 감면세액에서 차감한다(2011년 7월 1일 이후 최초로 매매계약하는 분부터 적용).
>
> | 비 과 세 | Min | ① 비과세를 적용 안한 경우의 산출세액 |
> | --- | --- | --- |
> | | | ② 매매계약서의 거래가액과 실지거래가액과의 차액 |
> | 감면세액 | Min | ① 감면을 적용한 경우의 감면세액 |
> | | | ② 매매계약서의 거래가액과 실지거래가액과의 차액 |

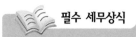
1. 부동산 거래절차

부동산 거래를 할 때 주의해야 할 세무상 쟁점을 알아보면 다음과 같다.

절 차	세무상 쟁점
계약 전	• 사전 세금컨설팅(매수자는 취득세, 매도자는 양도소득세와 부가가치세 등)
계약금 지급	• 부동산임대사업자등록 시점 • 양도소득세 감면주택 대상자 판단기준시점(실거래가 신고 : 계약일로부터 30일 내)
중도금 지급	(세무처리에 영향을 주지 않음)
잔금 지급	• 취득시기와 양도시기(원칙) • 양도소득세 비과세 기산점
등기접수	• 취득시기와 양도시기(잔금청산일보다 등기접수가 앞선 경우에 한함)
취득세 및 양도소득세 신고	• 취득세 : 취득일(잔금지급일)~60일 내 • 양도소득세 : 양도월 말~2개월 내

❖❖ 저자 주

부동산 세금은 매매계약을 체결하는 순간 과세방식이 대부분 결정되는 경우가 많다. 따라서 계약을 체결하기 전에 세무전문가와의 상담 등을 통해 쟁점 등을 확인하고 계약을 하는 것이 좋을 것으로 보인다. 특히 비과세나 중과세가 적용되는 부동산, 등록한 임대주택, 재건축 등과 관련된 부동산, 무허가 건물, 비사업용 토지 등은 세무리스크가 상당히 크므로 반드시 사전 상담이 필요할 것으로 보인다(최소 3인의 전문가를 통해 확인 요망).

2. 등기절차

부동산 등기절차에 대해 알아보자. 이러한 등기는 본인이 직접 할 수 있다.

절 차	내 용
등기원인 사유발생	• 매매, 신축, 상속, 증여, 임대차, 가등기 등 ☞ 세무상 중요한 의미를 가지고 있음.
신청서(첨부서류 포함) 작성	• 등기 시 필요서류는 아래 참조 • 등기신청서 양식은 대법원인터넷등기소에서 다운로드가능
등기신청서 제출	• 관할 등기소 서무계에 제출(신분증 지참) • 수입증지 첨부
등기완료 통지서 수령	• 관할 등기소에서 수령
등기사항증명서 발급	• 등기사항증명서 발급 및 확인

◉ 등기신청 시 필요서류

- 등기신청서
- 등기 원인을 증명하는 서류(매매계약서 등)
- 등기의무자의 권리에 관한 등기필증 또는 확인서
- 당사자(등기권리자인 매수인과 등기의무자인 매도인)들의 인감증명서
- 토지 또는 건축물대장등본
- 취득세 영수필 확인서 및 통지서
- 국민주택채권 매입증
- 위임장(대리인 신청 시)
- 주민등록등본 등

3. 양도소득세, 증여세, 상속세 신고절차

양도소득세, 증여세, 상속세 신고절차를 알아보자.

세 목	신고절차
양도소득세	• 신고 및 납부기한 : 양도일이 속하는 달의 말일부터 2개월(부담부 증여 시는 3개월) 이내 • 관할 세무서 : 주소지 소재 관할 세무서(국세청 홈페이지 검색) ※ 신고서류 • 양도소득세 신고서 • 취득 및 양도 시의 계약서(수용의 경우 수용확인원 등) • 필요경비 서류(취득세 영수증, 자본적 지출증빙 등)
상 속 세	• 신고 및 납부기한 : 상속개시일이 속하는 달의 말일부터 6개월 이내 • 관할 세무서 : 피상속인 주소지(주소지가 불분명한 경우에는 거소지) 소재 관할 세무서 • 세액결정 : 관할 세무서장은 과세표준신고기한으로부터 9개월 이내에 상속세의 과세표준과 세액을 결정하여 상속인에게 통지 • 고액상속인에 대한 사후관리 : 상속재산가액이 30억 원 이상인 경우로 상속개시일부터 5년 이내에 상속인이 보유한 재산가액이 상속개시 당시보다 현저히 증가한 경우 ※ 신고서류 • 상속세 신고서 • 채무/장례비 등 입증서류
증 여 세	• 신고기한 : 증여받은 날이 속하는 달의 말일부터 3개월 이내 • 관할 세무서 : 수증자 주소지 소재 관할 세무서 • 세액결정 : 관할 세무서장은 과세표준신고기한으로부터 6개월 이내에 증여세의 과세표준과 세액을 결정하여 수증인에게 통지 ※ 신고서류 • 증여세 신고서 등

양도소득세 세무조사의 내용은 생각보다 범위가 넓을 수 있다. 이런 저런 이유로 탈루가 발생하면 모두가 세무조사의 대상이 되기 때문이다. 지금부터는 실무적으로 주의해야 할 세무조사 사례들이다.

1. 계약관련

○ 매매계약서상의 금액을 가짜로 기재한 경우

상 황	과세관청의 대응
• 다운계약서 또는 업계약서 작성 • 취득계약서 재작성 등	• 고액거래를 중심으로 양도가액 및 취득가액을 동시 조사한다(계약서, 자금흐름. 거래상대방 등 조사). • 계약서 재작성 혐의 시 문서감정을 의뢰하여 조작 등을 밝혀낸다.

○ 계약자 명의를 차명으로 하는 경우(명의신탁)

상 황	과세관청의 대응
• 계약자 명의를 다른 사람의 명의로 하는 경우 ☞ 특히 아파트분양권과 관련된 사례들이 많음.	• 자금출처조사 등을 통하여 대응한다. 이로 인해 증여세 등이 부과될 수 있다. ☞ 명의신탁 혐의 시 관할 시·군·구청에 통보됨. 이곳에서 실명 등을 조사함.

부동산명의신탁이 허용되는 경우

채무의 변제를 담보하기 위해 가등기를 하거나 「신탁법」 등에 의해 신탁재산인 사실을 등기하는 경우, 종중 부동산의 명의신탁 또는 배우자 간의 명의신탁 등은 조세포탈이나 강제 집행 또는 법령상 제한을 피하기 위한 것이 아니라면 명의신탁에 해당하지 않는 것으로 한다.

○ 매매대금청산 후 소유권 가등기 등을 한 경우

상 황		과세관청의 대응
• 매매대금청산 후 소유권 가등기 또는 저당권설정 후 일정기간 경과 후 소유권 이전하는 경우	⇨	• 양도소득세 등 신고자료 검토 시 매매대금이 청산된 날이 양도 및 취득시기가 되므로 이를 기준으로 세법을 적용하여 세금을 추징한다.

○ 가족 등 특수관계인 간에 직거래를 한 경우

상 황		과세관청의 대응
• 가족 등 특수관계인 간에 매매거래를 하는 경우	⇨	• 증여추정을 하여 거래당사자가 양도임을 입증하지 못하면 증여세로 부과한다.

동일세대원에게 양도하는 경우에는 자금관계가 입증되면 양도로 인정된다. 이때 주택에 대한 양도소득세 비과세가 적용되는지는 별도로 확인해야 한다(저자 문의).

○ 매매계약 회수가 빈번한 경우

상 황		과세관청의 대응
• 매매회수가 잦은 경우	⇨	• 기획조사 등을 통하여 투기조사할 수 있다. • 부동산매매업으로 보아 과세할 수 있다. 매매업은 양도소득이 아닌 사업소득으로 구분된다.

○ 미등기 양도를 한 경우

상 황		과세관청의 대응
• 부동산을 미등기 상태로 양도하는 경우	⇨	• 해당 주택이 「건축법」에 의한 건축허가를 받지 아니하여 등기가 불가능한 자산인 경우에는 1세대 1주택 비과세를 받을 수 있다. • 등기가 가능함에도 등기하지 아니하고 양도한 경우에는 양도소득세가 과세된다.

등기가 가능함에도 불구하고 이를 하지 않고 양도하는 경우의 불이익은 다음과 같다.

- 1세대 1주택 비과세를 적용하지 않음.
- 장기보유특별공제 및 기본공제가 적용되지 않음.
- 양도소득세율은 70% 적용함.
- 가산세율은 40%가 적용됨.
- 국세부과 제척기간은 10년이 적용됨.

2. 비과세관련

○ 세대분리를 허위로 한 경우

상 황		과세관청의 대응
• 30세 이하 자에 대한 소득조건을 허위로 맞춘 경우 • 실제는 같이 거주하지만 가짜로 세대분리를 해둔 경우 • 위장이혼을 하여 비과세를 신청한 경우	⇨	• 국세청 전산망 등을 활용해 주소 등을 확인한다. • 탐문 등의 방법으로 조사를 진행할 수 있다.

○ 오피스텔을 주거용으로 사용한 2주택보유자가 1세대 1주택 비과세를 신청한 경우

상 황		과세관청의 대응
• 주거용 오피스텔을 업무용으로 위장한 경우 • 주거용 오피스텔을 공실로 위장한 경우	⇨	• 국세청 전산망 등을 통해 주거 전입사실을 확인한다. • 탐문조사 등을 통해 주거용임을 확인한다.

○ 1주택+1조합원입주권 보유세대가 1세대 1주택 비과세를 신청한 경우

상 황		과세관청의 대응
• 1주택과 1입주권을 보유한 상황에서 1주택을 매도한 경우	⇨	• 일시적 2주택 등 주택에 대한 비과세가 적용되는지 점검한다. • 세법에서 정하고 있는 비과세요건*을 충족하지 못하면 과세한다.

* 비과세요건 : 주택을 취득한 날로부터 1년 이후에 입주권을 취득 및 그 취득일로부터 비과세 처분기한 내에 주택을 양도하면 비과세가 적용된다.

○ 임대주택사업자가 주택 비과세를 허위로 신청한 경우

상 황		과세관청의 대응
• 임대주택사업자가 거주주택 양도소득세 비과세를 받기 위해서는 2년 이상 거주주택 요건을 충족해야 하는데, 이때 거주를 허위로 하여 비과세를 신청하는 경우	⇨	• 전세대원들이 실제 거주했는지 등을 조사한다.

3. 양도소득세 신고관련

○ 취득시기와 양도시기에 대한 판단 오류가 있는 경우

상 황		과세관청의 대응
• 취득시기와 양도시기에 대해 다양한 판단의 오류가 발생한 경우	⇨	• 각 사안별로 취득시기와 양도시기가 잘 산정되었는지 검토한다. • 일반적으로 취득시기와 양도시기는 원칙적으로 잔금청산일로 한다. • 조건부로 자산을 매매하는 경우 그 조건 성취일이 양도 또는 취득시기가 된다(「소득세법」 기본통칙 2-11-6…27).

☞ 취득시기와 양도시기는 다음과 같은 항목을 적용할 때 과세에 다양한 영향을 미친다.
  • 비과세대상 적용
  • 8년 자경농지 감면적용
  • 장기보유특별공제율 적용
  • 세율적용 등

○ 취득가액을 환산가액으로 신고한 경우

상 황		과세관청의 대응
• 취득가액이 있음에도 불구하고 환산가액으로 취득가액을 신고한 경우	⇨	• 국세청 전산망을 통해 신고된 가액이 있으면 이를 취득가액으로 경정한다. • 환산가액이 큰 경우에는 매도인 등을 조사대상자로 선정하거나 탐문조사 등을 통해 실제 거래가액을 찾는다.

○ 필요경비 등 적용오류가 있는 경우

상 황		과세관청의 대응
• 수익적 지출을 자본적 지출로 처리한 경우 • 소유권 이전비용과 관련 없는 비용을 적용한 경우 • 감가상각비를 취득가액에서 차감하지 않은 경우 등	⇨	• 신고서상에 기재된 필요경비의 항목과 영수증을 확인하여 시부인한다.

○ 양도차손 통산이 잘못된 경우

상 황		과세관청의 대응
• 비과세대상의 양도차손을 통산한 경우 • 배우자의 양도차손을 통산한 경우 • 형식인 NPL투자를 통해 양도차손을 통산한 경우	⇨	• 통산하여 신고한 신고서를 검토하여 적격여부를 가리게 된다.

○ 증액 수용보상금을 신고 누락한 경우

상 황		과세관청의 대응
• 증액된 보상금을 수령한 날의 다음다음달 말까지 수정신고·납부해야 하는데 이를 누락한 경우	⇨	• 증액 보상금에 대한 자료를 수집하여 미신고 시 신고하도록 안내문을 보낸다.

○ 8년 자경농지감면이 적용되지 않음에도 감면신청을 한 경우

상 황		과세관청의 대응
• 재촌요건을 충족하지 못한 경우 • 자경요건을 갖추지 못한 경우 • 양도일 현재 농지가 아닌 경우 • 근로소득(총급여)·사업소득(부동산임대소득 제외)이 3,700만 원 이상인 경우 등	⇨	• 주민등록초본 등으로 확인한 후 실제 거주했는지에 대해 탐문조사를 한다. • 제출한 자경입증서류를 검토한다. • 항공촬영사진 판독으로 양도일 현재의 농지 상태를 확인한다. • 소득관련 자료를 파악한다.

☞ 사업소득자료를 검토하다가 만일 소득이 탈루된 사실이 적발되는 경우에는 종합소득세 추징 및 양도소득세 감면배제 등의 불이익이 뒤따를 수 있다.

○ 도시지역(주거·상업·공업지역)에 편입된 경우

상 황		과세관청의 대응
• 도시지역(주거·상업·공업지역)으로 편입된 지 3년이 경과된 농지를 자경농지 감면 신청하는 경우 ☞ 도·농복합시의 읍·면지역 등은 도시지역으로 편입되더라도 일부 감면을 받을 수 있음.	⇨	• 양도소득세 감면신청이 들어오면 서면분석을 통해 요건을 확인한다.

저자 주

최근에는 아래와 같은 유형에 대해서 세무리스크가 급증하고 있다.

① 최종 1주택에 대한 비과세 보유 및 거주기간
다주택자가 1세대 1주택 비과세를 받기 위해서는 "최종 1주택"을 보유한 날로부터 2년 이후에 양도해야 한다. 참고로 다주택자가 주택을 양도나 증여 또는 용도변경 등을 통해 주택 수를 조절하는 경우에 이러한 규정이 적용된다.

② 주택임대사업자의 거주주택 비과세
등록이 말소된 주택을 먼저 처분하고 거주주택을 양도하면 비과세를 받기가 힘들어질 수 있다. 위에서 본 최종 1주택 보유기간 계산법이 적용될 수 있기 때문이다.

③ 분양권의 주택 수에 산입
2021년 1월 1일 이후에 취득한 분양권도 주택 수에 포함되어 양도소득세 비과세와 중과세의 판단에 영향을 미친다.

제 15장

양도소득세 실무관련 주요 이슈

제15장에서는 양도소득세 실무 시 발생할 수 있는 다양한 이슈들을 별도로 알아본다. 예를 들어 과세대상을 어떤 식으로 구분하는지, 면적 등과 관련되어 어떤 이슈가 발생하는지 등을 분석한다. 이러한 내용을 제대로 알아두면 실무능력이 한층 더 업그레이드가 될 것이다.

이장의 핵심 내용들은 다음과 같다.
- 과세대상의 구분
- 실질용도와 공부상 용도
- 면적
- 거래금액
- 잔금청산일
- 이월과세와 부당행위계산부인제도
- 부동산매매업 비교과세
- 특약이 세금에 미치는 영향

양도소득세 등의 실무를 할 때 양도소득세 과세대상을 제대로 구분하는 것이 중요하다. 이러한 구분과 관련해 다양한 세무상 쟁점들이 발생하기 때문이다. 이하에서 이에 대해 정리를 해보자.

1 기본 사례

아래는 부동산매매계약서 내용의 일부이다. 상황에 맞게 답하면?

소 재 지				동	호 (		평형)
토 지	지 목			면 적		㎡	평
건 물	구 조		용 도	면 적		㎡	평

• 상황1 : 매매계약서상의 토지와 건물은 세금과 어떤 관계가 있는가?
• 상황2 : 지상정착물은 어떤 식으로 표시해야 하는가?
• 상황3 : 계약상의 건물이 상가주택인 경우 양도소득세 과세방식은?

위의 상황에 대해 순차적으로 답을 찾아보면 다음과 같다.

(상황1) 매매계약서상의 토지와 건물은 세금과 어떤 관계가 있는가?

토지와 건물은 취득세, 부가가치세, 보유세 그리고 양도소득세 등 전반에 영향을 준다.
• 취득세 → 건물의 경우, 주택인지 아닌지 등에 따라 취득세 등이 달라진다.
• 부가가치세 → 수익형 건물인 경우에는 부가가치세 과세문제가 발생한다.
• 보유세 → 토지와 건물에 대해 따로따로 보유세가 발생한다.
• 양도소득세 → 주택인지, 비사업용 토지인지 등에 따라 양도소득세 과세방식이 다양하게 발생한다.

(상황2) 지상정착물은 어떤 식으로 표시해야 하는가?

토지와 건물 외에 지상정착물이 있는 경우에는 특약사항으로 표시하는 경우가 일반적이다.

(상황3) 계약상의 건물이 상가주택인 경우 양도소득세 과세방식은?

건물이 상가와 주택이 결합된 경우에는 다음과 같이 세금에 영향을 준다.

- 취득세, 재산세 → 상가와 주택부분을 구분하여 과세한다(원칙).

- 부가가치세 → 수익형 건물에 대해서만 과세한다.

- 양도소득세 → 상가주택이 1주택에 해당하는 경우 아래와 같이 주택과 상가의 연면적으로 양도소득세 비과세 과세대상을 정한다(2022년 이후는 고가 겸용주택에 한해 각각 구분하여 과세).

  - 주택의 면적 〉 상가의 면적 : 모두 주택으로 본다.
  - 주택의 면적 ≤ 상가의 면적 : 주택부분은 주택, 상가부분은 상가로 본다.

② 핵심 포인트

부동산매매계약 시 토지와 건물의 구분과 관련된 세무상 쟁점들을 정리해보자.

토지만 있는 경우	• 토지만 있는 경우로서 여러 필지가 있는 경우에는 이를 구분하여 계약서에 표시하는 것이 원칙이다. • 양도소득세는 각 필지별로 소득금액을 계산한 후 이를 합산하여 계산하는 것이 원칙이다.

토지와 건물이 있는 경우	• 토지와 건물을 구분하는 것이 원칙이다. • 양도소득세는 토지와 건물을 구분하여 소득금액을 계산한 후 이를 합하여 과세하는 것이 원칙이다.

건물 외 지상정착물이 있는 경우	• 건물 외 지상정착물(수목, 과수, 비닐하우스, 주유소, 집기비품 등)이 있는 경우에는 이에 대한 매매계약서를 별도로 만드는 것이 좋다. • 이에 대한 구분을 별도로 하지 않으면 이에 대한 공급가액이 양도가액에 포함되어 양도소득세를 신고해야 하는 불합리함이 있다.

☞ 토지와 건물 등의 구분은 임의로 할 수도 있지만 객관성의 결여로 문제소지가 있을 수 있다. 따라서 이때에는 기준시가의 비율로 안분할 수도 있지만 부득이한 경우에는 감정평가를 받아 진행하면 도움을 얻을 수 있다.

③ 실전 사례

1. 경기도의 한 군지역에서 과수원을 보유하고 있는 L씨는 그 과수원이 수용되면서 토지명목으로 1억 원을, 수목(과일나무) 등 지장물의 명목으로 1억 5천만 원을 각각 보상받았다. 이러한 상황에서 양도소득세 신고를 하려고 하는데 어떤 식으로 해야 하는가?

실무적으로 이러한 상황들이 자주 발생하는데 이하에서 이에 대해 명쾌하게 답을 찾아보자.

STEP1 쟁점은?

과수원을 양도하면서 발생한 과수가액은 토지의 양도가액에 포함되어 양도소득세가 과세되는지의 여부이다.

STEP2 세법은?

세법은 과수의 가액을 별도로 평가하여 구분한 경우에는 양도가액에서 제외하나, 평가하지 않고 양도한 경우 전체 양도가액을 토지의 양도가액으로 본다.

STEP3 결론은?

사례의 경우 과수목에 대하여 토지와 별도로 평가하여 계약서에 구분하여 작성하였으므로 토지의 양도가액에 포함되지 않을 것으로 판단된다. 과수목은 감정평가를 받아 진행하는 것이 좋다.

☞ 과수원을 양도하면서 과수의 가액을 별도로 평가하여 구분양도하지 아니한 경우에는 전체 양도가액을 토지의 양도가액으로 보아 양도소득세가 과세되는 것이나, 토지양도가액과 별도로 구분하여 유실수에 대한 양도가액을 산정하여 양도하는 경우로써 해당 수목의 가액이 인정되는 경우에는 수목은 양도소득세 과세대상 자산에 해당하지 않으므로 해당 수목의 가액은 양도가액에 포함되지 않는 것이 원칙이다(서면4팀-2973, 2006.8.28.). 참고로 수목가액이 양도가액에서 제외되는 경우에는 취득 시의 수목가액은 필요경비에서 제외되어야 한다.

잠깐퀴즈

구분기재된 과수목은 소득세가 부과될까?
그렇지 않다.
작물재배업 소득은 과세되지 않기 때문이다(단, 연간 10억 원 이하까지 한함).

2. L씨는 2014년 9월에 토지를 매입하여 상가건물을 신축(토목, 기초, 골조, 지붕공사 완료 상태) 중에 자금사정에 의해 토지건물(미완공)을 일괄양도하려고 한다. 이 경우 토지와 건물에 대한 양도소득세는 각각 어떻게 산정할까?

위의 사례는 주위에서 쉽게 찾아볼 수 있는 유형에 해당한다.

STEP1 쟁점은?

미완성된 건물을 양도하는 경우 양도가액을 어떤 식으로 정해야 할 것인지가 쟁점이 된다. 건물이 완공되기 전까지의 상태는 구축물로 판단하기 때문이다.

STEP2 세법규정은?

토지의 가액과 시공 중인 구축물의 가액이 구분되는 경우에는 구축물의 가액은 과세대상 자산이 아니므로 양도가액에서 제외하는 것이 원칙이다. 다만, 이의 가액이 구분되지 아니하는 경우에는 전체 양도가액을 토지의 양도가액으로 계산하며, 세금계산서 등 증빙에 의하여 신축비용이 확인되는 경우 토지의 자본적 지출액으로 계산하여 필요경비로 계산한다.

STEP3 결론은?

시공 중인 구축물의 가액이 토지의 가액과 구분되는 경우에는 양도소득세 신고대상이 아니나, 토지와 일괄 양도하여 구축물의 가액이 구분되지 아니하는 경우에는 양도소득세 신고대상에 해당한다.

☞ 토지 및 건물 등의 가액은 감정평가액이나 기준시가 등을 활용해 최대한 객관적으로 구분해야 세무상 문제점이 발생하지 않는다.

Tip

❑ 토지와 건물 등의 공급가액 안분기준

토지와 그 토지에 정착된 건물 등을 함께 양도하거나 2 이상의 지목이 결합된 토지를 동시에 양도하는 경우에는 안분계산의 문제가 발생한다. 이하에서 이에 대해 알아보자.

1. 세법상의 기준

(1) 계약서상에 구분 기재된 경우

원칙적으로 이를 인정한다. 다만, 그 구분 기재된 건물과 토지의 양도가액 등이 임의 기재되거나 정상적인 거래 등에 비추어 합당하다고 인정되지 않으면 그 가액의 구분이 불분명한 것으로 보아 「소득세법 시행령」 제166조 제6항의 규정에 따라 「부가가치세법 시행령」 제64조의 규정에 의하여 안분계산하여 양도가액을 산정한다.

사업자가 토지와 그 토지에 정착된 건물을 함께 양도하는 경우에 그 건물의 양도가액은 실지거래가액에 의하는 것이며, 이 경우 토지와 건물의 실지거래가액은 계약당사자의 합의에 의하여 정하는 것임. 사업자가 실지거래가액으로 신고한 토지의 가액과 건물의 가액의 구분이 건물의 규모와 형태, 제3자간에 일반적으로 거래된 가격 등 사회통념에 비추어 합당하다고 인정되지 아니하여 불분명한 경우에는 그 건물의 과세표준은 「부가가치세법 시행령」 제48조의 2 제4항(현재는 「부가가치세법 시행령」 제64조) 각 호의 규정에 따라 계산하는 것임.

「부가가치세법 시행령」 제64조

실지거래가액 중 토지의 가액과 건물 또는 구축물 등의 가액의 구분이 불분명한 경우에는 다음 각 호의 구분에 따라 계산한 금액을 공급가액으로 한다.

1. 토지와 건물 등에 대한 「소득세법」 제99조에 따른 기준시가가 모두 있는 경우 : 공급계약일 현재의 기준시가에 따라 계산한 가액에 비례하여 안분(按分)계산한 금액. 다만, 감정평가가액이 있는 경우에는 그 가액에 비례하여 안분계산한 금액으로 한다.
2. 토지와 건물 등 중 어느 하나 또는 모두의 기준시가가 없는 경우로써 감정평가가액이 있는 경우 : 그 가액에 비례하여 안분계산한 금액. 다만, 감정평가가액이 없는 경우에는 장부가액(장부가액이 없는 경우에는 취득가액)에 비례하여 안분계산한 후 기준시가가 있는 자산에 대해서는 그 합계액을 다시 기준시가에 의하여 안분계산한 금액으로 한다.

(2) 일괄양도한 경우

토지와 건물 등을 일괄양도하여 그 가액 구분이 불분명할 때에는 「부가가치세법 시행령」 제64조에 따라 안분계산한다. 즉 '감정가액 〉 기준시가 〉 장부가액'순으로 안분계산한다. 실무적으로 기준시가에 따라 계산한 가액으로 안분계산하되, 감정평가가액이 있는 경우에는 그 가액에 비례하여 안분계산하는 경우가 많다.

☞ 2022년 이후의 공급분부터 아래와 같은 사유에 대해서는 사업자가 구분한 가액을 인정한다(「부가가치세법 시행령」 제64조 제2항 신설).
- 건물이 있는 토지를 취득하여 건물을 철거하고 토지만 사용하는 경우(건물을 신축하기 위한 경우도 이에 해당하는지의 여부는 별도로 파악해야 함) 등

부동산매매계약서를 작성할 때 토지와 건물의 공부상 용도와 실질용도가 다른 경우가 있다. 이러한 상황이 발생한 경우에 다양한 세무상 쟁점들이 발생한다. 이하에서 이에 대해 살펴보자.

① 기본 사례

아래는 부동산매매계약서 내용의 일부이다. 상황에 맞게 답하면?

소 재 지					동	호 (		평형)
토　　지	지 목				면 적		㎡	평
건　　물	구 조		용 도		면 적		㎡	평

- 상황1 : 토지의 지목이 공부상 임야인데 사실상 대지로 사용되고 있다. 이 경우 세법은 어떤 것을 기준으로 과세하는가?
- 상황2 : 건물은 건축물대장에 근린생활시설로 표시되어 있는데 실질은 주거용으로 사용하고 있다. 이 경우 세법은 이를 어떤 식으로 취급할까?

위의 상황에 대해 답을 찾아보면 다음과 같다.

(상황1) 토지의 지목이 공부상 임야인데 사실상 대지로 사용되고 있다. 이 경우 세법은 어떤 것을 기준으로 과세하는가?

세법은 공부상의 현황과 실질용도가 다른 경우 실질용도를 우선하여 법을 적용한다. 따라서 사례의 경우 대지로 사용하고 있으므로 임야가 아닌 대지로 보고 세법을 적용하게 된다.

> **잠깐퀴즈** 💡
>
> 실질용도에 대해서는 누가 입증해야 하는가?
> 납세의무자가 입증해야 한다. 사진 등으로 입증하면 된다.

(상황2) 건물은 건축물대장에 근린생활시설로 표시되어 있는데 실질은 주거용으로 사용하고 있다. 이 경우 세법은 이를 어떤 식으로 취급할까?

이 경우는 주거용 건물로 보아 세법을 적용하게 된다. 참고로 「소득세법」에서는 주택을 「건축법」상의 허가 여부 또는 등기 여부와 관계없이 상시 주거용의 목적으로 사용되는 건축물로 파악하여 실질용도로 주택 여부를 파악하고 있다. 따라서 다음과 같이 주택으로 보기 힘든 것들이 실질용도가 주택이라면 주택으로 취급되고 있다.

- 상가를 개조하여 주택으로 사용하고 있는 경우
- 무허가 주택에서 거주하고 있는 경우
- 오피스텔에서 거주하고 있는 경우

② 핵심 포인트

공부상 용도와 실질용도의 관계에 따라 다양한 세무상 쟁점들이 발생한다. 이를 정리해 보자.

공부상 용도와 실질용도가 일치한 경우	• 공부상 용도와 실질용도가 일치하는 경우에는 세법상 문제가 없다.

공부상 용도와 실질용도가 불일치한 경우	• 공부상 용도와 실질용도가 불일치한 경우에는 실질용도를 우선하여 적용한다.

실질용도가 불명확한 경우	• 실질용도가 불분명한 경우에는 공부상의 용도를 우선하여 적용한다.

참고로 주거용 오피스텔을 업무용 오피스텔로 용도변경하거나 주택을 「건축법」 제19조에 따라 용도변경한 경우, 다른 주택의 양도소득세 비과세 판단 시 보유기간을 "최종 1주택"만 보유한 날로부터 해야 한다. 이 점에 유의하기 바란다.

　　K씨는 경기도 광주시에서 공장용 건축물을 소유하고 있다. 그런데 이와 인접한 필지가 4개가 있는데, 이 중 1필지는 공장부지에서 도로로 용도변경이 되었고, 그 외 3필지는 2개의 전과 1개의 임야로 구성되어 있다. 현재 이 필지들은 공부상의 용도인 전 또는 임야가 아닌 공장부속토지로 재고물품을 적재용으로 사용되고 있다. K씨는 공장용 건축물과 부속토지, 인접한 필지를 모두 일괄양도하려고 한다. 이 경우 3필지는 사업용 토지에 해당하는가?

　　위의 상황에 대해 순차적으로 답을 찾아보자.

STEP1 쟁점은?

　　공장 건물과 인접한 3필지가 사업용 토지에 해당하는지의 여부이다. 비사업용 토지에 해당하면 중과세율이 적용되기 때문이다.

STEP2 관련 규정은?

　　세법은 토지의 판정은 사실상의 현황에 의하나, 사실상의 현황이 분명하지 아니한 경우에는 공부상의 등재 현황에 의하여 지목을 판정하도록 하고 있다.

STEP3 결론은?

　　사례의 경우 3필지가 사업용으로 사용되고 있으므로 K씨가 사업용으로 사용되었음을 입증하도록 한다. 입증 시에는 최대한 객관적인 서류(임대차계약서, 사진 등)를 준비하도록 한다(저자 문의).

관련 예규 : 재산-1673, 2009.8.14.

[질의]

비사업용 토지 판정 시 농지·임야·목장용지 및 그밖의 토지의 판정은 사실상의 현황에 의하는 것이나 사실상의 현황이 분명하지 아니한 경우에는 공부상의 등재 현황에 의함.

[질의]

(사실관계)

－ 1979년 지목이 잡종지이며 재산세가 종합합산 과세되는 토지를 증여받음.

－ 당해 토지에 사설 묘지 설치허가를 받아 묘지 12기 정도 있으며, 소나무와 잡목이 무성한 상태임.

(질의내용)

- 위 토지를 임야로 보아 사업용 토지로 볼 수 있는지.

[회신]

「소득세법」 제104조의 3 규정을 적용함에 있어서 농지·임야·목장용지 및 그밖의 토지의 판정은 같은법 시행령에 특별한 규정이 있는 경우를 제외하고는 사실상의 현황에 의하는 것임. 다만, 사실상의 현황이 분명하지 아니한 경우에는 공부상의 등재 현황에 의하는 것임.

저자 주

부동산의 용도와 관련되어 예기치 못한 일을 당해 리스크가 점증하고 있다. 예를 들어 아래와 같은 것들이 있다.

- 별장으로 사용하고 있는 주택을 별장으로 인정받지 못하면 주택 수가 증가되어 비과세가 안될 수 있음.
- 무허가 겸용주택을 양도하는 경우 건물의 부수토지는 비사업용 토지로 보게됨.
- 다가구주택(3층 이하) 위에 옥탑이 있으면 다가구주택이 아닌 공동주택으로 보아 비과세와 중과세에 영향을 미침.
- 근린생활시설을 주택으로 사용하면 주택 수가 증가됨.
- 폐가나 공가를 주택으로 보게 되면 주택 수가 증가됨.
- 오피스텔을 주거용으로 사용하면 주택 수가 증가됨.

이외에도 다양한 사례들이 있을 수 있다.

부동산매매계약서를 작성할 때 면적과 관련하여서도 다양한 세무상 쟁점들이 발생한다. 이하에서 이에 대해 알아보자.

1 기본 사례

K씨가 보유한 주택현황은 다음과 같다. 상황에 맞게 답하면?

자료

- 수도권(비투기지역) 밖의 도시지역에 소재한 단독주택으로 보유기간은 20년임.
- 대지면적이 주택바닥정착면적*의 10배임.
  * 「건축법 시행령」 제119조에서 정하는 바에 따라 계산한 수평투영면적(해당 건물의 그림자)을 말한다.
- 이 주택과 대지의 매도예상가액은 16억 원임.
- 취득가액은 5억 원임.
- K씨는 1세대 1주택자에 해당함.

- 상황1 : 이 자료를 보고 K씨가 안게 될 세무상 쟁점들을 설명하면?
- 상황2 : 바닥정착면적을 초과하는 부분은 어떻게 과세되는가?

위의 상황에 대해 답을 찾아보면 다음과 같다.

(상황1) 이 자료를 보고 K씨가 안게 될 세무상 쟁점들을 설명하면?

K씨의 입장에서 대두되는 세무상 쟁점들을 정리하면 다음과 같다.

- 1세대 1주택자이나 고가주택에 해당하는 것으로 보이므로 양도소득세가 발생한다.
- 부속토지의 면적이 바닥정착면적의 5배(참고로 2022년부터 수도권 도시지역 내의 주·상·공지역은 5배에서 3배로 축소됨)를 초과하므로 그 초과분은 세법상 비사업용 토지로 보고 양도소득세를 계산해야 한다.

(상황2) 바닥정착면적을 초과하는 부분은 어떻게 과세되는가?

비사업용 토지에 해당하는 경우에는 다음과 같이 과세한다.

- 장기보유특별공제 : 3년 이상 보유한 경우 6~30%를 적용한다.
- 세율 : 16~55%를 적용한다(「소득세법」 제104조의 2에 따라 토지투기지역으로 지정된 경우에는 26~65%를 적용한다).

② 핵심 포인트

부동산매매계약 시 면적과 관련된 세무상 쟁점들을 정리해보자.

주택	• 전용면적 60㎡ 이하 : 취득세, 재산세 감면(단, 공동주택에 한함) • 전용면적 85㎡ 초과 : 분양 시 부가가치세의 발생

상가주택*	• 주택의 연면적 〉 상가의 연면적 : 전체를 주택으로 보아 양도소득세 과세 • 주택의 연면적 ≤ 상가의 연면적 : 상가는 상가, 주택은 주택으로 보아 양도소득세 과세(2022년 이후는 원칙적으로 고가의 겸용주택에 한함)

토지	• 비사업용 토지 판단 시 면적개념을 도입하고 있음. • 도시지역 3~5배, 밖은 10배까지 주택부수토지로 인정함.

* 위 기준은 상가주택이 1세대 1주택(일시적 2주택) 비과세를 받을 수 있는 경우에만 사용되며, 상가주택에 대해 과세가 되는 경우에는 상가와 주택을 구분하여 각각에 맞는 세제를 적용해야 한다. 한편 2022년부터는 고가 겸용주택에 대해서도 주택과 상가로 구분하여 과세가 된다. 따라서 2022년 이후부터는 이와 관련된 쟁점들이 발생하지 않을 것으로 보인다. 참고로 점포 등이 무허가건물로 이루어져 있는 경우에는 자칫 해당 토지가 비사업용 토지에 해당될 수가 있으므로 미리 점검하는 것이 좋을 것으로 보인다.

☞ 만일 공부상의 면적과 실제 면적이 상이한 경우에는 측량하여 실제 면적을 입증하면 된다.

③ 실전 사례

앞의 사례에서 K씨는 양도소득세가 얼마나 나오는지 알고 싶어 한다. 아래 자료를 참고해서 답을 찾아보면?

구 분	주택건물	토 지		계
		주택부속토지 (5배 내)	비사업용 토지 (5배 초과분)	
양도가액	2억 원	7억 원	7억 원	16억 원
취득가액	1억 원	2억 원	2억 원	5억 원

- 실무에서는 먼저 주택건물과 토지가액을 양도 및 취득 시의 기준시가로 안분계산하고, 주택부속 토지 중 세법상 인정되는 3~5배(10배)* 부분과 그 초과분은 면적으로 안분계산한다.

* 법 제89조 제1항 제3호 각 목 외의 부분에서 "지역별로 대통령령으로 정하는 배율"이란 다음의 배율을 말한다. (2014.2.21. 개정)
1. 「국토의 계획 및 이용에 관한 법률」 제6조 제1호에 따른 도시지역 내의 토지 : 다음 각 목에 따른 배율 (2020.2.11. 개정)
   가. 「수도권정비계획법」 제2조 제1호에 따른 수도권 내의 토지 중 주거지역·상업지역 및 공업지역 내의 토지 : 3배 (2020.2.11. 개정)
   나. 수도권 내의 토지 중 녹지지역 내의 토지 : 5배 (2020.2.11. 개정)
   다. 수도권 밖의 토지 : 5배 (2020.2.11. 개정)
2. 그 밖의 토지 : 10배 (2012.2.2. 개정)

상황에 따라 양도소득세를 계산해보자. 그런데 1세대 1주택이 고가주택이면서 비사업용 토지가 섞여 있는 경우 양도소득세를 계산하는 방법에 따라 세금차이가 날 수 있다. 두 가지 안을 비교해보자.

- 1안 : 주택(부속토지 포함)과 비사업용 토지를 각각 구분한 후, 주택가액이 12억 원 이하이면 비과세를 적용하고, 비사업용 토지에 대해서는 과세하는 방법
- 2안 : 주택(부속토지 포함)과 비사업용 토지를 각각 구분한 후, 주택가액 불문하고 무조건 고가주택으로 보아 과세하고, 비사업용 토지에 대해서는 별도로 과세하는 방법

먼저 1안에 의한 양도소득세를 계산하면 다음과 같다. 단, 비사업용 토지에 대해서는 장기보유특별공제 30%를 적용하기로 한다. 한편 세율은 기본세율+10%p를 적용한다.

구 분	주 택			비사업용 토지 (3~5배 초과분)	계
	건물	부속토지 (3~5배)	계		
	비과세/과세적용			비과세 적용불가	
양도가액	2억 원	7억 원	9억 원	7억 원	
− 취득가액	1억 원	2억 원	3억 원	2억 원	
= 양도차익	1억 원	5억 원	6억 원	5억 원	
= 과세양도차익	0원	0원	0원	5억 원	
− 장기보유특별공제				1억 5천만 원	
= 양도소득금액				3억 5천만 원	
− 기본공제				250만 원	
= 과세표준				3억 4,750만 원	
× 세율				50%	
− 누진공제				2,540만 원	
= 산출세액				1억 4,835만 원	1억 4,835만 원

다음으로 2안에 의한 양도소득세를 계산하면 다음과 같다. 단, 고가주택에 대한 장기보유특별공제율은 80%, 비사업용 토지에 대해서는 장기보유특별공제 30%를 적용하기로 한다. 기본공제는 비사업용 토지에서 공제하기로 한다.

구 분	주 택			비사업용 토지 (5배 초과분)	계
	건물	부속토지 (5배)	계		
	비과세/과세적용			비과세 적용불가	
양도가액	2억 원	7억 원	9억 원	7억 원	
− 취득가액	1억 원	2억 원	3억 원	2억 원	
= 양도차익	1억 원	5억 원	6억 원	5억 원	
= 과세양도차익			1억 5천만 원*	5억 원	
− 장기보유특별공제			1억 2천만 원	1억 5천만 원	
= 양도소득금액			3천만 원	3억 5천만 원	
− 기본공제			0원	250만 원	

구 분	주 택			비사업용 토지 (5배 초과분)	계
	건물	부속토지 (5배)	계		
	비과세/과세적용			비과세 적용불가	
= 과세표준			3천만 원	3억 4,750만 원	
× 세율			15%	50%	
− 누진공제			108만 원	2,540만 원	
= 산출세액			342만 원	1억 4,835만 원	1억 5,177만 원

$$* \ 6억 \ 원 \ \times \ \frac{16억 \ 원 - 12억 \ 원}{16억 \ 원} \ = \ 1억 \ 5천만 \ 원$$

☞ 실무에서는 제1안으로 신고하고 있다. 저자의 견해로도 제1안이 타당하다고 판단된다.

Tip ●

❏ **고가주택과 이에 부수되는 토지의 보유기간이 다른 경우의 양도차익 계산(「소득세법」 기본통칙 95−0…1)**

1세대 1주택 비과세요건을 갖춘 고가주택과 이에 부수되는 토지가 그 보유기간이 다르거나 어느 한쪽이 미등기 양도자산인 경우의 양도차익은 다음과 같이 계산한다. 이에 대한 내용이 다소 어려울 수 있으므로 건너뛰어도 상관없다.

• 건물부분 양도차익 = (건물부분 양도차익) −
$$\left[(건물부분 \ 양도차익) \times \frac{(12억 \ 원) \times \left(\dfrac{건물부분 \ 양도가액}{건물 \ 및 \ 대지의 \ 양도가액 \ 합계액} \right)}{건물양도가액} \right]$$

• 대지부분 양도차익 = (대지부분 양도차익) −
$$\left[(대지부분 \ 양도차익) \times \frac{(12억 \ 원) \times \left(\dfrac{대지부분 \ 양도가액}{건물 \ 및 \ 대지의 \ 양도가액 \ 합계액} \right)}{대지양도가액} \right]$$

부동산매매계약서상의 거래금액은 세무상 매우 중요한 위치를 차지하고 있다. 이를 바탕으로 취득세나 부가가치세, 양도소득세 등이 결정되기 때문이다. 그래서 이 거래금액을 둘러싸고 과세관청과 마찰이 종종 발생하기도 한다. 거래금액을 허위로 신고하는 경우가 종종 적발되기 때문이다. 이하에서 이러한 문제들을 검토해보자.

1 기본 사례

다음은 부동산매매계약서상의 매매대금을 표시한 것이다. 이를 보고 상황에 맞게 답하면?

매매대금	금	원정 (₩)
융 자 금	금	원정은 현 상태에서 승계함.
계 약 금	금	원정은 계약 시에 지불하고 영수함.
중 도 금	금	원정은 년 월 일에 지불하며,
잔 금	금	원정은 년 월 일에 지불한다.

- 상황1 : 매매대금에는 부가가치세가 포함되는가?
- 상황2 : 잔금이 총 거래대금의 5%에 해당한다. 이 경우 어떤 문제가 있는가?
- 상황3 : 이 매매대금을 토지와 건물로 나눠 기재한 경우 세무상 어떤 문제가 있는가?

위의 상황에 대해 답을 찾아보면 다음과 같다.

(상황1) 매매대금에는 부가가치세가 포함되는가?

포함시킬 수도 있고 제외시킬 수도 있다. 일반적으로 매매대금에는 부가가치세가 포함되지 않는 경우가 많다.

(상황2) 잔금이 총 거래대금의 5%에 해당한다. 이 경우 어떤 문제가 있는가?

잔금이 소액*인 경우 잔금은 미리 지급된 것으로 볼 수 있다. 다만, 과세의 실익이 없는 경우에는 큰 문제가 없을 것으로 보인다.

* 통상 총 거래금액의 10% 미만을 말한다.

(상황3) 이 매매대금을 토지와 건물로 나눠 기재한 경우 세무상 어떤 문제가 있는가?

매매계약서상에 토지와 건물의 가액을 별도로 작성한 경우라도 그 가액의 배분이 기준시가나 감정평가액이 아닌 임의가액으로 평가하였다면 이를 인정받지 못할 수 있다. 아래 관련 예규를 참조해보자.

관련 예규 : 서면4팀-1835, 2005.10.6. ▶

[질의]

토지투기지역 내에 소재한 토지 3필지(1998년에 증여받은 토지)를 일괄 양도하면서 전체 금액을 매매계약서에 양도가액으로 표시하였음. 매매계약서상에는 평당 단가가 표시되어 있으며 거래사실확인서에 각 필지 면적에 대한 평당 단가를 배분하였음.

- 3필지 중 2필지는 농지로서 8년 이상의 자경농지에 대한 감면에 해당하며 1필지는 대지로서 양도소득세 과세대상임.

세법에 의하면 매매가액의 구분이 불분명할 경우에는 기준시가로 안분하는 것으로 알고 있는데 이 경우에도 매매가액의 구분이 불분명한 경우에 해당되어 양도가액을 기준시가에 의하여 안분하여야 하는지.

이 건의 경우 기준시가로 안분하는 경우에는 과세되는 1필지의 기준시가가 감면되는 2필지의 농지의 기준시가보다 월등히 높아 과세되는 필지에 양도가액이 과다하게 배분되어 세금이 많이 나오게 되어 있음.

[회신]

토지투기지역 내에 소재한 3필지의 토지(사례의 경우 2필지는 감면대상 자경농지, 1필지는 과세대상 나대지)를 일괄하여 양도한 경우, 개별필지에 대한 양도가액은 각각 구분하여 기장하되 필지별 양도가액이 매매계약서상에 구분 기재되어 있지 않거나 구분 기재되었다 하더라도 그 구분 기재된 필지별 양도가액이 임의기재이거나 정상적인 거래 등에 비추어 사실상 합당하다고 인정되는 경우가 아닌 경우에는 그 가액의 구분이 불분명한 것으로 보아「소득세법 시행령」제166조 제4항의 규정에 따라「부가가치세법 시행령」제48조의 2 제4항 단서의 규정(감정평가가액이 없는 경우에는 기준시가에 의함)에 의하여 안분 계산하여 과세대상 토지의 양도가액을 산정하는 것이며, 이 경우 공통되는 취득가액과 양도비용은 당해 토지의 가액에 비례하여 안분계산하는 것임.

☞ 참고로 위에서 정상적인 거래란 토지와 건물의 구분기재된 양도가액이 기준시가로 안분했을 때 30% 이상 차이나지 않는 거래를 말한다. 이 비율을 넘지 않으면 구분기재된 금액을 세법상 인정받을 수 있다.

핵심 포인트

부동산 거래금액과 관련하여 발생하기 쉬운 세무상 쟁점들을 정리하면 다음과 같다.

| 정상거래인 경우 | • 세무상 문제점이 없다. |

↓

| 고가·저가거래인 경우 | • 특수관계가 없는 경우에는 일반적으로 세무상 문제점이 크지 않으나 증여세 등이 과세될 수 있다.
• 특수관계가 있는 경우에는 부당행위계산부인제도 등을 검토해야 한다. |

↓

| 허위거래인 경우 | • 가산세, 과태료 등이 추징될 수 있다. |

 실전 사례

K씨는 10억 원짜리 상가빌딩을 매수하여 임대하고자 한다. 상황에 맞게 답하면?

> **자료**
>
> • VAT별도
> • 토지기준시가(공시지가) : 4억 원
> • 건물기준시가(국세청자료) : 1억 원

• 상황1 : 매수인인 K씨는 이 상가빌딩을 토지와 건물로 나누어야 한다. 왜 그런가?
• 상황2 : K씨가 일반사업자등록을 낸 경우 환급받을 수 있는 부가가치세는 얼마일까?
• 상황3 : 만일 토지와 건물의 취득시기가 다르다면 양도소득세는 어떻게 계산할까?

위의 상황에 대해 답을 찾아보면 다음과 같다.

(상황1) 매수인인 K씨는 이 상가빌딩을 토지와 건물로 나누어야 한다. 왜 그런가?

건물에 대해서만 임대 시 감가상각비를 계상할 수 있기 때문이다. 한편 부가가치세는 건물공급가액에 대해서만 부과되며, 양도소득세의 경우 토지와 건물의 취득시기가 다르면 장기보유특별공제나 세율 등의 적용에서 차이가 발생하기 때문에도 이를 구분해야 한다.

(상황2) K씨가 일반사업자등록을 낸 경우 환급받을 수 있는 부가가치세는 얼마일까?

부동산을 일괄공급하는 경우로써 'VAT 별도'인 경우에는 부가가치세는 다음과 같은 식을 이용해 계산한다.

– 건물에 대한 과세표준

$$= \text{일괄공급가액} \times \frac{\text{건물기준시가}}{\text{토지기준시가} + \text{건물기준시가}}$$

따라서 이 산식에 숫자를 대입해 보면,

$$= 10억\ 원 \times \frac{1억\ 원}{4억\ 원 + 1억\ 원} = 2억\ 원$$

따라서 건물의 공급가액이 2억 원이므로 이에 10%인 2천만 원이 부가가치세가 된다. 참고로 토지의 공급가액은 10억 원에서 2억 원을 차감한 8억 원이 된다.

(상황3) 만일 토지와 건물의 취득시기가 다르다면 양도소득세는 어떻게 계산할까?

상황1에서도 살펴보았지만 취득시기가 다르면 이를 구분하여 계산하는 것이 원칙이다.

구 분	건 물	토 지
장기보유특별공제	취득일부터 보유기간 산정	좌동
세율	취득일로부터 보유기간 산정	좌동

Tip

❑ 거래금액과 세무상 쟁점

부동산을 거래하기 전이나 거래한 후에 조심해야할 문제가 바로 세법상 거래금액이 타당하느냐 하는 것이다. 만일 이 거래금액이 사실과 다르다고 인정되는 경우에는 과세당국은 세무조사 등을 통해 세금을 추징하기 때문이다.

이하에서 이런 문제들을 순차적으로 알아보도록 하자.

첫째, 기준시가 이하의 거래에 대해서는 인정될까?

이는 기준시가는 5억 원이나 계약서상의 금액을 4억 원으로 하는 것을 말한다. 이렇게 되면 계약자체가 허위로 될 가능성이 높아 보이므로 조사를 받을 가능성이 높다. 그 결과 실제 거래금액이 밝혀지면 관련세금을 추징당하게 될 것이고 만일 계약서상의 금액이 실제 거래금액이 아니라면 부당행위계산부인제도나 증여세 규정 등으로 과세될 가능성이 있다.

둘째, 검인계약서도 취득가액을 입증하는데 사용할 수 있을까?

이 계약서는 등기를 위해 존재하는 것이므로 양도소득세 신고와는 무관하다. 다만, 매매계약서나 기타 여러 가지 수단에 의해 거래금액을 입증하지 못한 경우에도 이를 인정하는 판례 등이 있으므로 이에 대해서는 세무전문가의 도움을 받도록 하자.

셋째, 환산가액으로 신고한 가액을 검인계약서상의 금액으로 바꿔 과세할 수 있는가?

실무적으로 오래된 부동산의 경우에는 취득가액을 알기가 힘들므로 취득가액을 환산하여 사용하는 경우가 있다. 그렇다면 납세의무자가 환산가액으로 신고한 것을 과세당국이 검인계약서로 바꿔 과세할 수 있을까?

이 문제를 해결하기 위해서는 현행 「소득세법」 제97조의 필요경비계산 내용을 확인할 필요가 있다. 이 규정을 보면 거주자의 양도차익의 계산에 있어서 양도가액에서 공제할 필요경비(취득가액과 기타필요경비를 말함) 중 취득가액은 실지거래가액을 기준으로 하나 이를 확인할 수 없을 경우에는 매매사례가액, 감정가액, 환산가액으로 한다고 되어 있다. 따라서 납세의무자가 환산한 가액을 무시하고 검인계약서의 금액으로 과세할 수 없다. 다만, 과세관청이 경정을 하는 경우에는 이러한 금액뿐만 아니라 기준시가로도 과세될 수 있음에 유의해야 한다. 「소득세법」 제114조 제4항 및 제7항을 보면 원칙적으로 실거래가액을 확인할 수 없을 때 과세당국은 매매사례가액이나 감정가액, 환산가액, 기준시가 순으로 결정이나 경정을 할 수 있도록 하고 있기 때문이다.

넷째, 실거래가 신고제도를 적용받은 취득가액이 허위인 경우 향후 실제 거래한 금액으로 양도소득세 신고를 하면 어떤 문제가 있을까?

「소득세법」 제114조 양도소득세 과세표준과 세액의 결정·통지의 규정에서는 다음과 같이 규정하고 있다.

"양도가액 및 취득가액을 실지거래가액에 의하여 양도소득 과세표준 예정신고 또는 확정신고를 한 경우로서 당해 신고가액이 사실과 달라 납세지 관할 세무서장 등이 실지거래가액을 확인한 때에는 그 확인된 가액을 양도가액 또는 취득가액으로 하여 양도소득세 과세표준과 세액을 경정한다."

따라서 다운계약서를 작성하고 향후 매수인이 이를 번복해 신고한 경우에는 실제대로 과세됨에 유의해야 한다.

다섯째, 신고를 하지 않았다면 등기부기재금액이 취득가액이 되는가?

만일 과세대상이었음에도 불구하고 신고를 하지 않으면 과세당국이 적극적으로 과세를 하려고 할 것이다. 과세당국은 이에 대해 원칙적으로 실거래가를 찾아 과세하나 여의치 않으면 예외적으로 등기부기재가액으로도 할 수 있다. 다음을 참조하자.

구 분	원 칙	예 외
내용	실거래가 기준. 단, 실거래가 확인 불가시 매매사례가액, 감정평가, 환산가액 또는 기준시가로 함.	등기부기재가액으로 계산한 양도소득세액이 300만 원 미만인 경우 : 등기부기재가액(단, 관할 세무서장 등이 실지거래가액과 차이가 남을 확인할 때에는 원칙을 적용함)
근거조항	「소득세법」 제114조 제4항 및 제7항	「소득세법」 제114조 제5항

저자 주

가족 간에 매매나 증여 등을 할 때에는 반드시 시가를 확인하고 시가가 있는 경우에는 감정평가를 통해 업무를 처리하는 것이 좋다.

매매계약서상의 잔금청산일은 취득시기와 양도시기를 결정하므로 부동산세금의 과세방식에 결정적인 영향을 미친다. 이하에서 이에 대해 알아보자.

① 기본 사례

K씨는 현재 2주택을 보유하고 있다. 그는 이번에 다른 C주택을 취득해 이 곳으로 이사를 하려고 한다. 상황에 맞게 답하면?

자료

- A주택 : 2010년에 취득
- B주택 : 2022년 4월 5일에 취득

- 상황1 : A주택을 처분하고자 하는 경우의 비과세요건은?
- 상황2 : C주택에 대한 중도금을 치른 경우에는 A주택은 비과세를 받을 수 있을까?
- 상황3 : 상황2에서 C주택의 취득가액은 3억 원인데 이 중 잔금으로 10만 원을 남겨둔 경우 A주택은 비과세를 받을 수 있을까?
- 상황4 : A주택에 대한 잔금을 받기 전에 등기를 넘겨주면 양도시기는 어떻게 되는가?

위의 상황에 대해 답을 찾아보면 다음과 같다.

(상황1) A주택을 처분하고자 하는 경우의 비과세요건은?

A주택은 B주택 취득일로부터 1~3년 내에 양도해야 한다. 그래야 일시적 2주택 비과세 특례를 받을 수 있다.

(상황2) C주택에 대한 중도금을 치른 경우에는 A주택은 비과세를 받을 수 있을까?

그렇다. 잔금을 치르기 전까지는 주택을 취득하는 것은 아니기 때문이다.

(상황3) 상황2에서 C주택의 취득가액은 3억 원인데 이 중 잔금으로 10만 원을 남겨둔 경우 A주택은 비과세를 받을 수 있을까?

소액으로 잔금을 남겨 둔 경우 이 금액도 세법상 잔금에 해당하는지의 여부를 묻고 있다. 이에 대해 세법은 소액잔금의 경우 이를 인정하지 않는다. 일반적으로 총 거래금액의 10% 이상을 남겨 두는 것이 안전하다.

(상황4) A주택에 대한 잔금을 받기 전에 등기를 넘겨주면 양도시기는 어떻게 되는가?

세법상 양도시기는 원칙적으로 '잔금청산일과 등기접수일' 중 빠른 날로 한다. 따라서 이 경우 양도시기는 '등기접수일'이 된다.

☞ 잔금으로 양도시기를 맞추기 힘들면 등기로 이를 맞출 수 있다.

② 핵심 포인트

세법에서는 원칙적으로 취득시기 또는 양도시기를 다음과 같이 판단한다. 유상취득이나 양도의 경우에는 원칙적으로 대금을 청산한 날을 기준으로 하지만 대금청산 전 소유권을 이전등기한 경우에는 등기접수일을 이 시기로 한다.

유 형		내 용
유상취득·양도	원칙	대금을 청산한 날(매매계약서상의 잔금약정일이 아닌 실제 잔금을 지급한 날임)
	예외	• 대금청산일이 분명하지 않는 경우 : 등기접수일 • 대금청산 전 소유권 이전등기 시 : 등기접수일 • 장기할부(1년 이상에 거쳐 2회 이상 분할) : 등기접수일·인도일·사용일 중 빠른 날
자가 건설한 건축물		사용검사필증교부일·사용일·사용승인일 중 빠른 날(재건축 조합원의 취득시기)
상속 또는 증여에 의한 취득		상속 : 상속이 개시된 날, 증여 : 증여받은 날
미완성 자산		대금청산 전까지 미완성의 경우는 완성된 날(분양아파트의 경우 보통은 잔금청산일이 취득시기이나 대금청산 전에 완성되지 못하면 완성된 날이 취득시기가 된다)
1984년 12월 31일 이전에 취득		토지·건물에 대해서는 1985년 1월 1일에 취득간주(따라서 취득시기가 오래된 부동산에 대해서는 취득시기에 주의해야 한다)

☞ 양도 시에는 우선 투자수익률의 관점에서 양도 시점을 잘 결정해야 한다. 투자수익률을 결정하는 요소로는 비과세, 시세차익, 양도소득세 등이 된다. 여기서 비과세나 시세차익 또는 양도소득세 등은 모두 양도시기와 관련이 있다. 특히 세금측면에서 볼 때 양도시기를 조절할 수 있다면 비과세를 받을 수 있게 되며, 양도소득세의 크기를 줄일 수가 있다.

이월과세제도는 배우자, 직계존비속으로부터 증여받은 후 5년 내 토지와 건물 등을 양도 시 취득가액을 당초 증여자의 것으로 하는 제도를 말하며, 부당행위계산부인제도는 특수관계인 간의 고가취득이나 저가양도로 인해 5%, 3억 원 이상 차액이 발생할 때 소득금액을 재계산하여 과세하는 제도를 말한다. 이 둘의 제도를 비교하면 다음과 같다.

구 분	이월과세제도	부당행위계산부인제도
개념	배우자, 직계존비속으로부터 증여받은 후 5년 내 토지와 건물 등을 양도 시 취득가액을 당초 증여자의 것으로 하는 제도	① 특수관계인*간의 고가취득이나 저가양도로 인해 5%, 3억 원 이상 차액이 발생하거나, ② 특수관계인으로부터 증여받은 후 5년 내 양도 시 증여받은 자의 증여세와 양도소득세를 합한 세액이 증여자가 직접 양도한 경우로 보아 계산한 양도소득세보다 적은 경우 소득금액을 재계산하여 과세하는 제도
특징	제한적	무제한적
적용대상자산	토지, 건물, 이용권, 입주권, 분양권	특별한 제한 없음.
증여자와 수증자의 관계	배우자, 직계존비속으로 한정	특수관계인(좌+사용인 등)으로 그 범위가 넓음.
적용사유	증여 후 5년 내 처분 시 적용(이월과세 적용으로 세부담 증가 시에 적용)	세부담의 감소가 발생한 경우에만 적용(조세회피방지규정에 해당함)
적용순위	이월과세제도 〉부당행위계산부인제도(이월과세제도가 적용되지 않으면 부당행위계산부인제도를 검토해야 함)	
보유기간 계산	증여한 배우자 등이 취득한 날로부터 기산(1세대 1주택 비과세 보유기간, 장기보유특별공제, 세율 등에 영향)	증여자가 취득한 날로부터 기산
수증자가 납부한 증여세 필요경비 산입 여부	양도차익 계산 시 필요경비로 산입	양도차익 계산 시 필요경비에 미해당하며 그 대신 수증자에게 환급함.
수증자가 5년 내 양도 시 1세대 1주택 판단 여부	이 경우에는 위의 이월과세제도를 적용하지 않음(「소법」 제97조의 2 ② 2호). 따라서 부당행위계산부인제도를 검토해야 함.	수증 후 5년 내 양도 시 부당행위계산제도가 적용되나, 양도소득금액이 수증자에게 직접 귀속 시는 이 제도를 적용하지 않으므로 수증 후 2년 보유 시 비과세 가능함(「소법」 제101조 ② 단서).
근거 규정	「소득세법」 제97조의 2	「소득세법」 제101조 ①, ②

* 특수관계인은 주로 다음을 말한다.
  1. 해당 거주자의 친족
  2. 해당 거주자의 종업원 또는 그 종업원과 생계를 같이하는 친족
  3. 해당 거주자의 종업원 외의 자로서 해당 거주자의 금전 기타 자산에 의하여 생계를 유지하는 자와 이들과 생계를 같이하는 친족 등을 말한다.

> Tip ●
>
> ### □ 양도소득세 취득가액 이월과세제도 대 해부
>
> 원래 양도소득세에서 "이월과세(移越課稅)"는 납세의무자 변경 등으로 과세시기가 이연되는 경우를 말한다. 대표적인 것이 법인전환에 따른 이월과세제도가 있다. 그런데 아래에서 살펴볼 「소득세법」 제97조의 2의 "양도소득의 필요경비 계산특례"는 양도차익 계산 시 취득가액을 수증자가 아닌 증여자의 것으로 하는 제도로, 앞의 이월과세제도와는 다소 차이가 있다. 다만, 실무에서는 당초 증여자의 취득가액이 이월되어 과세되는 것을 빗대어 이를 "취득가액 이월과세"라고 부르고 있다. 지금부터는 양도소득세 실무에서 반드시 알아야 하는 취득가액 이월과세제도에 대해 다양한 각도에서 분석해보고자 한다.

① 취득가액 이월과세(양도소득의 필요경비 계산특례)의 내용

양도차익을 계산할 때 양도가액에서 차감되는 필요경비는 취득가액과 기타필요경비를 말한다. 취득가액 이월과세는 「소득세법」 제97조의 2에서 이중 "취득가액"만을 당초 증여자의 것으로 하는 특례를 정하고 있다. 그렇게 되면 증여를 통한 취득가액이 인상되는 효과를 어느 정도 상쇄하게 된다.

(1) 관련 규정 분석

「소득세법」 제97조의 2에서 규정하고 있는 이월과세제도는 아래와 같은 모습을 하고 있다.

> ① 거주자가 양도일부터 소급하여 5년 이내에 그 배우자(양도 당시 혼인관계가 소멸된 경우를 포함하되, 사망으로 혼인관계가 소멸된 경우는 제외한다) 또는 직계존비속으로부터 증여받은 제94조 제1항 제1호에 따른 자산이나 그 밖에 대통령령으로 정하는 자산의 양도차익을 계산할 때 양도가액에서 공제할 필요경비는 제97조 제2항에 따르되, 취득가액은 그 배우자 또는 직계존비속의 취득 당시 제97조 제1항 제1호에 따른 금액으로 한다. 이 경우 거주자가 증여받은 자산에 대하여 납부하였거나 납부할 증여세 상당액이 있는

경우에는 제97조 제2항에도 불구하고 필요경비에 산입한다.

② 다음 각 호의 어느 하나에 해당하는 경우에는 제1항을 적용하지 아니한다.

1. 사업인정고시일부터 소급하여 2년 이전에 증여받은 경우로서 「공익사업을 위한 토지 등의 취득 및 보상에 관한 법률」이나 그 밖의 법률에 따라 협의매수 또는 수용된 경우

2. 제1항을 적용할 경우 제89조 제1항 제3호 각 목의 주택[같은 호에 따라 양도소득의 비과세대상에서 제외되는 고가주택을 포함한다]의 양도에 해당하게 되는 경우

3. 제1항을 적용하여 계산한 양도소득 결정세액이 제1항을 적용하지 아니하고 계산한 양도소득 결정세액보다 적은 경우

③ 이하 생략

위 규정을 좀 더 자세히 살펴보자.

첫째, 이 규정은 배우자나 직계존비속으로부터 증여받은 부동산 등을 5년 이내에 양도하는 경우에 적용된다.

특수관계인으로부터 증여를 받으면 소유권이 바뀌고 증여받은 자(수증자)가 이를 양도하는 경우 취득가액은 증여받은 재산가액이 된다. 그 결과 취득가액이 변동되면서 양도차익이 줄어들 가능성이 높다. 이에 세법은 수증자가 증여받은 후 5년 내에 이를 양도하면 당초 증여자가 취득한 가액을 이월하여 취득가액으로 한다. 이 제도는 양도 당시 혼인관계가 소멸된 경우에도 적용하며, 사망으로 혼인관계가 소멸된 경우에는 적용하지 않는다.

둘째, 양도차익을 계산할 때 이 제도를 적용한다.

양도차익은 양도소득세가 비과세가 아닌 과세가 될 때 발생한다. 따라서 양도소득세 비과세가 적용되는 경우에는 이 제도는 적용되지 않는다. 대표적인 경우가 수증자가 증여받은 재산을 양도해 1세대 1주택 비과세를 적용받을 때이다.

셋째, 이 규정은 아래와 같은 경우에는 적용되지 않는다.

① 사업인정고시일부터 소급하여 2년 이전에 증여받은 경우로서 협의매수 또는 수용된 경우

② 제89조 제1항 제3호 각 목의 1세대 1주택 및 일시적 2주택 등[같은 호에 따라 양도소득의 비과세대상에서 제외되는 고가주택을 포함한다]의 양도에 해당하게 되는 경우

③ 이월과세를 적용한 경우의 양도소득 결정세액이 이를 적용하지 아니하고 계산한 양도소득 결정세액보다 적은 경우

위의 내용들은 실무상 중요성이 있다. 특히 ②의 경우 비과세가 적용되는 고가주택의 경우 일부 양도차익에 대해서는 과세가 되는데 이때 이월과세를 적용하지 않는다는 것을 의미한다. 한편 ③의 경우에는 이월과세를 적용하지 않았을 때보다 적용할 때 세부담이 증가하는 경우에만 이 제도를 적용하겠다는 것을 의미한다. 이 제도의 적용으로 세부담이 오히려 줄어드는 경우에도 이를 적용하는 것은 해당 규정의 도입취지에 맞지 않기 때문이다.

(2) 적용 사례

이월과세는 특수관계인 간에 증여를 통해 양도소득세 계산 시 필요한 취득가액이 증가되는 것을 억제하기 위한 제도이다. 간단한 사례를 통해 위 내용을 좀 더 확인해보자.

> **자료**
>
> • 2주택자인 A씨는 자신의 주택을 증여하고자 함.

Q. A씨가 그의 배우자에게 시가로 증여한 후 5년 후에 양도하면 취득가액 이월과세가 적용되는가?

아니다. 현행 기준에 따르면 취득가액 이월과세는 "5년"을 기준으로 적용하기 때문이다. 따라서 그의 배우자는 양도가액에서 증여 당시의 가액을 기준으로 양도차익을 계산하게 된다.

Q. A씨의 자녀가 증여받은 후 2년 후 양도하면 이월과세 제도가 적용되는가?

해당 주택이 1세대 1주택에 해당하면 비과세가 적용되므로 이 경우에는 이월과세가 적용되지 않는다. 이 경우 고가주택도 이월과세를 적용하지 않는다(제2항 제2호에 해당).

Q. A씨의 자녀가 부담부 증여로 증여받은 후 2년 후 양도했는데 이 경우 과세가 된다. 이 경우 이월과세제도가 적용되는가?

그렇다. 다만, 전체 재산가액 중 양도에 해당하는 부분에 대해서는 이월과세제도가 적용되지 않는다.

Q. A씨가 이월과세를 적용해 계산한 양도소득세가 1억 원이 예상된다. 그런데 이월과세를 적용하지 않고 계산한 양도소득세는 2억 원이다. 이 경우에도 이월과세가 적용되는가?

아니다. 이 경우에는 이월과세를 적용하지 않는다(제2항 제3항).

② 부당행위계산부인제도와의 관계

취득가액 이월과세는 수증 후 "5년" 내에 양도하면 적용되지만, 5년을 벗어나면 취득가액을 올릴 수 있는 아주 유익한 수단이 된다. 물론 증여받은 재산에 대해 비과세가 적용되면 이 제도 자체가 적용되지 않으므로 주택을 1세대 1주택으로 양도하면 2년 보유 후에 양도해도 된다. 그렇다면 여기에서 모든 문제점이 사라질까?

아니다. 이때 검토해야 할 규정이 바로 「소득세법」 제101조에서 정하고 있는 부당행위계산부인제도이다.

이 제도는 특수관계인 간의 거래를 통해 조세부담을 부당하게 감소시킨 것으로 인정되면 소득금액을 재계산하는 것을 말한다. 앞의 사례에서 A씨가 직접 양도하면 세금이 나오나, 그의 자녀가 증여받아 이를 비과세로 양도하면 조세부담이 감소된다. 따라서 이러한 상황에서는 이 규정을 검토할 필요성이 생긴다. 그렇다면 해당 규정은 어떻게 되어 있을까? 「소득세법」 제101조 제2항을 보자.

---

② 거주자가 제1항에서 규정하는 특수관계인(제97조의 2 제1항을 적용받는 배우자 및 직계존비속의 경우는 제외한다)에게 자산을 증여한 후 그 자산을 증여받은 자가 그 증여일부터 5년 이내에 다시 타인에게 양도한 경우로서 제1호에 따른 세액이 제2호에 따른 세액보다 적은 경우에는 증여자가 그 자산을 직접 양도한 것으로 본다. 다만, 양도소득이 해당 수증자에게 실질적으로 귀속된 경우에는 그러하지 아니하다.
1. 증여받은 자의 증여세와 양도소득세를 합한 세액
2. 증여자가 직접 양도하는 경우로 보아 계산한 양도소득세

이 규정의 핵심 내용을 살펴보자.

첫째, 이 규정 또한 이월과세처럼 특수관계인으로부터 증여받은 후 5년 내에 양도할 때 적용된다.

둘째, 「소득세법」 제97조의 2 즉 취득가액 이월과세를 적용받은 경우에는 이 제도를 적용하지 않는다. 따라서 이월과세를 적용받지 않는 경우에 이 규정을 검토해야 한다.

셋째, 수증자가 부담한 세액(증여세+양도소득세)이 증여자가 직접 양도하는 경우로 보아 계산한 양도소득세보다 더 적은 경우에 적용된다. 즉 전체적으로 세부담이 감소되어야 이 규정을 적용한다는 것이다.

넷째, 양도소득이 해당 수증자에게 실질적으로 귀속된 경우에는 이 규정을 적용하지 않는다. 이는 본 규정이 적용되더라도 양도소득의 귀속이 수증자에게 귀속하면 부당행위계산부인규정을 적용하지 않는다는 것을 의미한다.

③ 이월과세와 부당행위계산부인제도와의 관계

취득가액 이월과세와 부당행위계산부인 두 제도 모두 특수관계인 간의 증여 후 양도 시에 적용되는 규정들이다. 전자는 취득가액과 관련되고, 후자는 소득금액과 관련이 있다. 이둘의 제도의 핵심적인 내용들만 다시 비교하여 요약하면 다음과 같다.

구 분		이월과세제도	부당행위계산부인제도
납세의무자		수증자	증여자
적용 사유		증여받은 후 5년 내 처분 시 적용	좌동
적용 배제		• 사업인정고시일 2년 전 수증 후 수용 • 1세대 1주택 비과세로 양도 • 이월과세 적용으로 세부담이 증가하지 않는 경우	• 세부담 감소가 발생하지 않는 경우 • 세부담 감소가 발생한 경우라도 양도소득이 수증자에게 귀속된 경우
수증자의 1세대 1주택		비과세 적용 시 적용하지 않음.	비과세 적용 시 소득의 귀속파악함.
과세방식	양도가액	수증자가 양도한 가액	좌동
	취득가액	증여자가 취득한 가액	좌동
	기타필요경비	수증자의 기타필요경비(수증자의 증여세 포함, 증여취득세는 불포함)	증여자의 기타필요경비(증여세는 환급, 증여취득세는 불포함)
	장특공제	증여자가 취득한 날	좌동
	세율	증여자가 취득한 날	좌동

④ 이월과세제도의 실무에서의 활용법

실무에서 보면 취득가액 이월과세제도의 활용은 주로 배우자 간의 증여에서 많이 찾아볼수 있다. 양도소득세가 과세되는 상황에서 취득가액이 낮으면 양도소득세가 많이 나올 수있다. 그래서 이러한 상황에서 배우자에게 감정평가 등을 통해 6억 원을 기준으로 증여한후 증여를 받은 배우자가 향후 5년이 지난 후 이를 양도하면 양도차익을 확 낮출 수가 있다.

따라서 5년이 경과한 후에 양도하면 일정부분 절세효과가 발생한다. 사례를 통해 이 부분을 확인해보자.

사례

1. L씨는 2017년 6월 1일에 부인으로부터 토지가액 5억 원(당초 취득가액 1억 원)을 증여받 았으나, 현금이 필요해 2022년 5월 1일에 당해 토지를 5억 원에 팔았다. 이 경우 L씨의 양도차익은?

- 양도차익=5억 원-1억 원(증여자의 당초 취득가액)=4억 원

L씨가 부인으로부터 증여받은 토지를 증여받은 날로부터 5년 내에 양도하였으므로 이월 과세가 적용된다. 따라서 양도소득세 계산 시 필요경비인 토지취득가액은 증여 시 신고가 액인 5억 원이 아니라 당초 부인이 취득한 가액인 1억 원이 된다.

2. 위에서 L씨가 5년이 경과된 후 그 자산을 양도했다면 5억 원에 팔았다. 이 경우 L씨의 양도차익은?

- 양도차익=5억 원-5억 원(증여재산가액)=0억 원

참고로 이러한 효과를 보려면 L씨가 양도하여 받은 소득은 L씨에게 귀속되어야 한다. 이 러한 조건 하에서는 「소득세법」 제101조의 부당행위계산부인규정이 적용되지 않기 때문 이다.

⑤ 이월과세제도에 대해 유의할 점

이월과세제도는 설계를 잘하면 종합부동산세와 양도소득세 중과세 등을 회피하면서 자 녀 등의 재산형성에 기여할 수 있는 제도에 해당한다. 하지만 최근 세제개편에 따라 유의해 야 할 것들이 많은데 이 부분을 정리해보면 다음과 같다.

첫째, 다주택자로부터 증여를 받으면 취득세가 최고 12%까지 발생한다.

2020년 8월 12일 이후에 배우자 등의 수증자가 1세대 2주택 이상 보유자로부터 조정대상 지역 내의 시가표준액 3억 원 이상의 주택을 증여받으면 취득세 중과세가 적용된다. 예를 들어 기준시가가 3억 원이라면 3,600만 원 이상의 취득세가 발생한다는 것이다. 이처럼 취 득세 부담이 많아지면 증여자체를 기피할 가능성이 높다. 다만, 부담부 증여형태로 재산을 이전하면 전체 증여재산가액 중 부채는 유상취득세로 부과되고 나머지 부분은 증여취득세 가 부과되므로 취득세가 줄어드는 효과가 발생한다.

둘째, 수증자는 증여받은 부동산 등이 과세되는 경우에는 증여일로부터 5년 이후에 양도를 해야 한다.

이렇게 되면 이월과세제도 및 부당행위계산부인제도 등 모든 규제에서 벗어날 수 있다. 참고로 이월과세 적용대상에는 토지와 건물, 이용권, 입주권, 분양권이 해당되는데 주식 등은 이에 해당하지 않는다. 따라서 주식 등을 배우자에게 증여한 후에 3개월 내에 양도하면 양도가액과 취득가액이 같아져 양도소득세 절세효과가 발생한다. 이러한 문제점을 예방하기 위해 증여일부터 1년 이내 양도 시 증여자의 취득가액으로 하는 이월과세제도가 2023년부터 도입될 예정이다.

셋째, 만일 증여받은 주택이 1세대 1주택으로 비과세 요건을 갖춘 경우라면 굳이 5년을 기다릴 필요는 없고 2년 이후에 양도해도 된다. 다만, 이 경우에는 부당행위계산부인제도가 적용되므로 이때 소득의 귀속에 대한 입증문제에 주의해야 한다.

넷째, 이월과세 또는 부당행위계산부인제도가 적용되는 경우에 양도소득세 과세방식에 유의해야 한다. 이월과세는 증여자의 취득가액만 이월하므로 기타필요경비는 수증자의 것을 공제한다. 이때 기타필요경비에는 수증자가 낸 증여세를 포함한다. 한편 부당행위계산부인제도는 증여자가 양도하는 것으로 보기 때문에 증여자의 취득가액과 기타필요경비를 필요경비로 한다. 이때 수증자가 낸 증여세는 양도차익의 계산과 관계가 없다.

다섯째, 증여자의 경우 증여 후 남은 주택을 비과세로 적용받기 위해서는 보유기간 계산법에 주의해야 한다.

2021년 1월 1일 이후부터 다주택자가 증여나 양도 등을 통해 1세대 1주택을 만든 경우라면 "최종 1주택"을 보유한 날로부터 2년 이상 보유 및 거주해야 비과세를 받을 수 있기 때문이다.

제 **7** 절　부동산매매업 비교과세

일반적으로 개인이 부동산을 경매 등을 통해 자주 사고팔면 부동산매매업을 영위하는 것으로 볼 수 있다. 이렇게 되면 양도소득세와는 다른 사업소득세로 세금을 정산해야 한다. 지금부터는 매매사업에 대한 세금문제를 해결해보자.

① 기본 사례

서울 마포구에서 거주하고 있는 왕성한씨는 앞으로 경매 등을 통해 본격적으로 부동산매매업을 해보려고 한다. 그는 다음과 같은 상황이 궁금하다. 상황에 대해 답변을 하면?

> • 상황1 : 기존에 구입한 주택이 있다. 이 주택을 사업자등록 이후 매도하면 사업소득세로 세금을 내면 되는가?
> • 상황2 : 경매를 통해 단기매매하면 무조건 6~45%로 과세되는가?
> • 상황3 : 매매사업용 주택 외의 거주주택을 매도하면 1세대 1주택으로 양도소득세 비과세를 받을 수 있는가?

위의 상황은 부동산매매업을 할 때 가장 많이 궁금해 하는 것들이다. 순차적으로 답을 찾아보자.

(상황1) 기존에 구입한 주택이 있다. 이 주택을 사업자등록 이후 매도하면 사업소득세로 세금을 내면 되는가?

사업 전에 구입한 재고자산을 사업자등록 이후에 판매하는 경우에는 사업소득으로 과세되는 것이 원칙이다. 다만, 거주하던 주택을 판매한 경우에는 이는 사업소득세가 아닌 양도소득세로 과세된다.

(상황2) 경매를 통해 단기매매하면 무조건 6~45%로 과세되는가?

그렇다. 다만, 중과주택과 비사업용 토지는 중과세제도가 적용되므로 이에 대해서는 양도소득세율이 적용될 수 있다. 중과세제도가 적용되지 않으면 6~45%를 적용받을 수 있다.

☞ 중과대상 주택과 비사업용 토지 그리고 분양권을 매매사업자가 양도하면 '종합소득세와 양도소득세 중 많은 세액'을 산출세액으로 한다(비교과세). 따라서 매매사업자는 양도소득세 중과세제도를 정확

히 이해하고 있어야 한다.

구 분	세 율	비 고
중과세가 적용되는 경우	다음 중 높은 세율* [① 양도소득세율, ② 6~45%]	양도소득세율(중과세율) • 주택 : 6~45%+20~30%p • 토지 : 6~45%+10~20%p
중과세가 적용되지 않는 경우	6~45%	

* 이에 대한 자세한 내용은 「소득세법」 제64조 부동산매매업자에 대한 세액계산의 특례(비교과세)제도를 참조하기 바란다.

(상황3) 매매사업용 주택 외의 거주주택을 매도하면 1세대 1주택으로 양도소득세 비과세를 받을 수 있는가?

비과세를 받을 수 있다. 하지만 부동산매매업용 재고주택이 제외되기 위해서는 매매사업을 영위하고 있음을 입증해야 할 것으로 보인다. 아래의 Tip을 참조하기 바란다.

② 핵심 포인트

부동산매매업과 관련된 세무상 쟁점사항들을 정리하면 다음과 같다.

사업자등록	• 부동산매매업자는 보통 일반과세자로 등록한다. 단, 85㎡ 이하의 주택만 매매하면 면세사업자가 된다.

매매 시	• 부가가치세가 과세되는 부동산은 건물가액의 10%를 징수하여 국가에 신고 및 납부해야 한다. • 매매일이 속하는 달의 말일로부터 2개월 내에 매매차익에 대한 예정신고 및 납부를 해야 한다(위반 시 가산세 제재가 있음).

소득세 정산	• 다음 해 5월(성실신고확인대상자는 6월)에 종합소득세* 신고를 해야 한다. • 신고 및 납부는 원칙적으로 장부로 해야 한다.

* 종합소득세는 양도소득세와 종합소득세 중 많은 세액으로 신고 및 납부해야 한다(비교과세). 참고로 비교과세의 대상은 중과주택, 분양권, 비사업용 토지, 미등기 자산에 한한다.

③ 실전 사례

K씨는 매매사업용으로 보유하고 있던 비사업용 토지를 매도하였다. 매매가액은 2억 원이고 취득가액은 1억 5천만 원이다. 이 비사업용 토지의 보유기간은 5개월이다. 비교과세가 적용되는 경우와 적용되지 않는 경우의 세금차이는 얼마인가? 다른 사항들은 무시한다.

구 분	비교과세가 적용되는 경우	비교과세가 적용되지 않은 경우
양도가액	2억 원	2억 원
− 필요경비	1억 5천만 원	1억 5천만 원
= 양도차익	5천만 원	5천만 원
× 세율	50%	24%
− 누진공제	−	522만 원
= 산출세액	2,500만 원	678만 원

대략 1,800만 원 차이가 나고 있다. 즉 비교과세가 적용되는 경우가 불리하다.

❑ 부동산매매업자가 거주주택을 비과세받기 위해서 알아야 할 지식들

1. 대법원 판례내용

양도인의 부동산 취득 및 보유 현황, 양도의 규모, 회수, 태양, 상대방 등에 비추어 그 양도가 수익을 목적으로 하고 있는지 여부와 사업활동으로 볼 수 있을 정도의 계속성과 반복성이 있는지 등을 고려하여 사회통념에 따라 판단하여야 하고, 그 판단을 함에 있어서는 단지 당해 양도 부동산에 대한 것뿐만 아니라 양도인이 보유하는 부동산 전반에 걸쳐 당해 양도가 행하여진 시기의 전후를 통한 모든 사정을 참작하여야 하는 것이다(대법 97누 17674, 1999.9.21.).

2. 과세관청의 입장

사업소득인 부동산매매업, 주택신축판매업을 양도소득과 구별하는 기준으로는 다음과 같은 요소들이 고려될 수 있는 바, 다음의 요소들을 종합적으로 검토한 후 사회통념에 따라 사업성 유무의 판단을 하도록 하고 있다.

첫째, 양도인이 특정자산의 양도이전부터 수회에 걸쳐 동종의 자산양도행위를 계속적으로 반복하여 왔거나 그 자산의 양도가액이 다액이며 자산매매의 상대방이 특정소수인이 아닌 불특정다수인이 고객인 경우

둘째, 자산의 소유목적 보유상황 및 처분이유 등이 자산자체에 대한 투자목적으로가 아니고 단기간 매매차익의 획득을 위한 것이며 자산보유기간이 단기간인 경우

셋째, 양도인이 자산의 양도를 위하여 업무수행 장소를 별도로 마련하거나 자산양도업무에 종사하는 직원 및 특별대리인이나 거래인을 고용하거나 위촉하고 자산양도를 위한 상업적 광고를 행한 경우

넷째, 양도자가 자산의 양도로부터 취득한 양도차익의 발생 원인이 우연한 외부 경제적 사정에 의한 것이 아니라 양도자산에 대한 개량·조성행위에 기인한 경우

☞ 시사점

결국 자산의 양도행위가 간헐적이거나 1회적이고 자산의 취득 및 처분이유가 투자목적이며 거래 상대방도 1인 또는 소수인 경우 또는 자산양도를 위한 광고를 행하지 아니하고 업무수행을 위한 별도의 장소를 설치하지 아니한 경우 등에는 그 자산양도로 인한 소득은 양도소득에 해당할 수 있다(주의).

● 「소득세법」 기본통칙 64 - 122…1 【부동산매매업 등의 업종구분】

부동산 사업의 일종인 부동산매매업의 범위는 다음과 같다.

1. 부동산의 매매(건물*을 신축하여 판매하는 경우를 포함한다) 또는 그 거래를 사업목적으로 나타내어 부동산(부동산을 취득할 수 있는 권리를 포함한다)을 매매하거나 사업상의 목적으로 「부가가치세법」상 1과세기간 내에 1회 이상 부동산을 취득하고 2회 이상 판매하는 경우

2. 자기의 토지 위에 상가 등을 신축하여 판매할 목적으로 건축 중인 「건축법」에 의한 건물과 토지를 제3자에게 양도한 경우

3. 토지를 개발하여 주택지·공업단지·상가·묘지 등으로 분할판매하는 경우

> * 주택을 신축하여 판매하는 사업은 세법상 '건설업'으로 보게 된다. 따라서 이러한 업종은 종합소득세로 소득세 신고를 하며 각종 조세감면을 받을 수 있다. 이외 오피스텔이나 상가 등을 신축해 분양하는 부동산매매업은 매매일이 속한 달의 말일로부터 2개월 내에 매매차익 예정신고를 해야 한다. 이를 이행하지 않으면 가산세가 부과된다.

　부동산특약은 표준적인 계약 내용이 아닌 거래 당사자 간의 특별한 내용을 별도로 약정한 것을 말한다. 현행 법률에 위배되지 않는 한 유효하다. 그런데 이러한 특약과 관련하여 다양한 세무문제가 발생할 수 있는데 이하에서 이에 대해 알아보자.

1. 기본 사례

　K씨는 현재 1세대 1주택자로서 3년 전에 매수한 오피스텔을 다음과 같이 재임대하려고 한다. 상황에 맞게 답하면?

> **자료**
>
> • 오피스텔 : 업무용
> • 사업자 형태 : 일반과세자
> • 월세 : 100만 원
> • 특약 : 이 오피스텔을 업무용으로 사용하기로 함.

> • 상황1 : 이 같은 계약상태에서 그가 보유한 주택을 처분하면 비과세를 받을 수 있는가?
> • 상황2 : 만일 임차인이 특약사항을 위배하여 업무용으로 사용하는 것이 아니라 주거용으로 사용한 경우라면 주택에 대한 비과세를 받을 수 있을까?
> • 상황3 : 만일 임대한 오피스텔에 임차인의 사업자등록이 되어 있고 임차인이 여기에 거주하는 경우 업무용인가 거주용인가?

　위의 상황에 대해 답을 찾아보면 다음과 같다.

(상황1) 이 같은 계약상태에서 그가 보유한 주택을 처분하면 비과세를 받을 수 있는가?

　업무용 오피스텔은 주택 수에서 제외되므로 K씨는 1세대 1주택자로서 비과세 혜택을 누릴 수 있다.

(상황2) 만일 임차인이 특약사항을 위배하여 업무용으로 사용하는 것이 아니라 주거용으로 사용한 경우라면 주택에 대한 비과세를 받을 수 있을까?

이 경우에는 오피스텔을 주거용으로 사용하는 것인 만큼 K씨는 1세대 2주택자가 되어 주택에 대한 비과세 혜택을 누릴 수 없을 것으로 보인다. 아래 예규를 참조하기 바란다.

● 서면5팀 - 2498, 2007.9.6.

[질의내용]

- 오피스텔(업무시설)은 사업자에게 임대되었다면 주택이 아니고 업무용 건물로 인정되지만 소유자가 직접 거주하거나 주거용으로 임대되었다면 주택으로 본다고 알고 있음.

- 현재 오피스텔을 임대하면서 주거용(주택)으로 사용하지 말고 오직 사업용으로만 사용하도록 하는 조건으로 임대하였으나 임차인이 동 조건을 위배하여 사업용으로 사용하면서 종업원의 주민등록 및 자신의 주민등록을 이 오피스텔로 옮겨 놓은 결과 사실상 업무용과 주거용으로 사용하는 결과가 되었다면 이 오피스텔은 주거용으로 간주되어 신청인이 다른 주택을 소유하고 있는 경우 1세대 2주택이 되는지 여부

[회신]

「소득세법」 제89조 제1항 제3호 및 같은법 시행령 제154조 제1항의 1세대 1주택 비과세규정을 적용함에 있어 "주택"이라 함은 공부상 용도 또는 사업자등록 여부와 관계없이 사실상 상시 주거용으로 사용하는 건물을 말하는 것으로, 귀 질의의 오피스텔이 이에 해당하는지 여부는 당해 오피스텔의 내부구조·형태 및 사실상 사용하는 용도 등을 종합하여 사실판단할 사항임.

(상황3) 만일 임대한 오피스텔에 임차인의 사업자등록이 되어 있고 임차인이 여기에 거주하는 경우 업무용인가 거주용인가?

사업자등록 여부와 관계없이 사실상 상시 주거용으로 사용하는 건물은 주택으로 보기 때문에 이에 대한 사실판단을 통해 결론을 내려야 한다.

☞ 만일 가족 등이 같이 거주한 경우에는 주택으로 볼 가능성이 높다.

2. 핵심 포인트

부동산매매계약에서 특약은 거래당사자가 마음대로 정할 수 있다. 이에는 다음과 같은 것들이 있을 수 있다. 세무상 쟁점과 아울러 이에 대해 알아보자.

- 양도소득세 대납 : 매수인이 대신 부담한 양도소득세는 처음 1회에 한하여 동 세액을 양도가액에 합산한다(재일 46014 - 3077, 1994.12.1., 국심 90서101, 1990.3.23.).

- 조건부계약 : 조건부로 자산을 매매하는 경우, 그 조건성취일이 양도 또는 취득시기가 된다(재산 01254 - 3839, 1986.12.27.).

- 매매예약가등기 : 가등기는 세법상 의미가 없다. 본등기가 진행되어야 양도 등이 확정

된다.

- 부가세별도 : 부가세별도 표시가 되어 있는 경우 이는 매수인이 부담함을 말한다.
- 포괄양수도계약 : 부가가치세가 없이 거래를 하고자 하는 경우에 이러한 표시를 한다.
- 용도제한 : "업무용으로 사용키로 한다."는 식의 제한을 말한다.
- 부담부 증여 : 증여대상 부동산에 담보된 부채와 함께 증여하는 방식을 말한다.
- 부채승계 : 부채승계로 거래대금을 갈음하는 것을 말한다. 세법상 문제는 없다.
- 명의이전비 : 매매계약에 따라 발생하는 명의이전관련 비용은 필요경비에 해당되지 않는 것이 원칙이다.
- 보상금 : 매매계약서에 보상금 지급관련 특약조항에 따라 지급한 금액은 양도가액에서 차감한다(재산 46014-370, 2000.3.25.).
- 지상정착물 : 지상정착물의 경우 별도로 계약서를 만드는 것이 세금을 아끼는 방법이 된다.
- 토지거래허가 : 토지거래허가를 받지 못한 경우에는 무효로 한다는 문구를 기재해야 한다. 허가를 득하지 못하면 거래가 무효가 된다.
- 양도담보 : 부채를 변제하지 못하여 소유권이 이전되면 양도가 되는 것이다.
- 현물출자 : 조합 등에 현물출자하는 것은 세법상 양도에 해당되어 양도소득세가 발생한다.
- 권리금 : 부동산양도에 따른 권리금은 양도소득에 해당한다. 주의해야 한다.
- 1세대 1주택의 멸실 : 잔금청산 전에 주택을 멸실한 경우에도 비과세를 받을 수 있다. 매매계약 후 양도일 이전에 매매특약에 의하여 1세대 1주택에 해당되는 주택을 멸실한 경우에는 매매계약일 현재를 기준으로 판단하기 때문이다.

> 🔵 **양도소득세 집행기준 89 - 154…12 [매매특약이 있는 주택의 1세대 1주택 비과세 판정]**
>
> 영 제154조 제1항의 규정에 따른 1세대 1주택 비과세의 판정은 양도일 현재를 기준으로 한다. 다만, 매매계약 후 양도일 이전에 매매특약에 의하여 1세대 1주택에 해당되는 주택을 멸실한 경우에는 매매계약일 현재를 기준으로 비과세 판단을 한다.

3. 실전 사례

K씨가 취득하고자 하는 임야의 소재지역이 토지거래허가지역으로 지정되었다. 이 임야를 거래하는 사무소에서는 특약으로 다음과 같은 문구를 넣어서 매매계약을 체결하려고 한다. 상황에 맞게 답하면?

특약
• "계약 후 토지거래허가를 받지 못한 경우에는 당 계약은 무효로 한다."

• 상황1 : 토지거래허가 전에 계약을 하였지만 사후에 토지거래허가를 득하지 못하였다. 이 경우 「지방세법」상 취득시기는 어떻게 되는가?
• 상황2 : 매도인은 토지거래허가 전에 잔금을 받았다. 이 경우 양도소득세 신고를 해야 하는가?

위의 상황에 대해 순차적으로 답을 찾아보자.

(상황1) 토지거래허가 전에 계약을 하였지만 사후에 토지거래허가를 득하지 못하였다. 이 경우 「지방세법」상 취득시기는 어떻게 되는가?

이 경우에는 법적인 효력이 없으므로 「지방세법」상 취득이 무효가 되어 취득세 납부의무가 없어진다(지방세운영-3888, 2011.8.17.).

(상황2) 매도인은 토지거래허가 전에 잔금을 받았다. 이 경우 양도소득세 신고를 해야 하는가?

토지거래허가제도를 적용받은 지역에서 거래를 한 후에 허가를 받으면 소급하여 취득시기가 결정된다. 하지만 이를 허가받지 못하는 경우에는 계약자체가 무효가 된다. 따라서 이러한 상황이 벌어지면 양도소득세 납부의무가 없어진다. 다만, 토지거래허가를 득하지 못한 경우라도 양도소득세가 과세되는 경우가 있으므로 주의해야 한다.

🔘 토지거래허가와 관련된 양도소득세 집행기준

① 88-151-3 [토지거래허가를 받지 아니하여 무효인 경우]
토지거래허가지역 내에서의 매매계약 등 거래계약은 관할 관청의 허가를 받아야만 효력이 발생하므로 매매대금이 먼저 지급되어 매도인이 이를 보관하고 있다 하더라도 자산의 양도에 해당되지 아니한다.

② 88-151-4 [토지거래허가를 받지 않고 소유권이 이전된 경우]
토지거래허가구역 내의 토지를 허가 없이 매도한 경우 그 매매계약이 무효라고 하더라도 소유권이전등기가 말소되지 아니한 채 남아 있고 매매대금도 매수인 또는 제3자에게 반환되지 아니한 채 그대로 보유하고 있는 때에는 예외적으로 매도인 등에게 양도소득세를 과세할 수 있다.

|저|자|소|개|

■ 신 방 수 세무사

- 연락처: 02) 554-6438
- 이메일: shintaxpia@hanmail.net
- 카 페: 신방수세무아카데미(네이버)

[학력 및 경력]
- 1991년 2월 한양대학교 경영학과 졸업
- 2015년 2월 연세대 법무대학원 조세법 전공
- 1991년 7월~1996년 8월 쌍용자동차(주) 회계부, 경영관리부
- 2001년 9월 제38회 세무사시험 합격
- 2002년 6월~2003년 6월 세무법인 진명 근무
- 2003년 11월~2004년 3월 법무법인 대유 근무
- 2004년 4월~2004년 11월 세무회계사무소 운영
- 2005년 3월 세무법인 정상 창립
- 2022년 1월 현재 세무법인 정상 근무

[주요 활동]
- 전) 세무법인 정상 대표이사
- 전) 한국세무사회 연수원 교수
- 현) 세무법인 정상(www.toptax.co.kr) 이사/세무사
- 현) 매일경제 전문세무상담위원
- 현) 현대카드 자문위원단
- 현) 건설기술교육원 세법 전담 교수

[강의]
- 오프라인 강의 처 : 한국생산성본부, 중앙일보 조인스랜드 부동산아카데미, 매일경제 부동산아카데미, 경기대 사회교육원, 중소기업 진흥원, MBC아카데미·현대백화점·삼성플라자·GS백화점·롯데백화점 문화센터, 건설기술교육원, 대한건설협회, 한국여신분석사회, 대한상공회의소, 중소기업연수원, LIG화재보험, 삼성생명, 대한생명, 신한오렌지라이프, 뮌헨재보험한국지점, 무역협회, 대한주택보증, 삼일인포마인 등
- 온라인 강의 처(동영상 강의) : 휴넷, 삼성SDS, 이패스코리아, 유비온, 신용보증기금, 이나우스에듀, 부동산써브, 매경인터넷 등

[방송]
- MBC, KBS, 부동산TV MC, MBN, OBS, SBS, YTN 등 출연

[세미나]
- 매일경제, 스피드뱅크, 닥터아파트, 중앙일보 조인스랜드, 동부증권, 타워팰리스·아이파크 입주 자세미나, 한국사립대학재정관리자협회, 부동산써브, 대한주택보증, 한국주택협회 등

[칼럼 기고]
- 월간조세, 한국경제신문 월간머니, 한경비즈니스, 중앙일보 조인스랜드, 매일경제, 한국경제, 매경 이코노미, 아시아 경제, 현대카드, 신한생명, 네이버, 백동, 주류저널 등

[저서]
- 합법적으로 세금 안 내는 110가지 방법(개인편/기업편/부동산편)
- 합법적으로 세금 안 내는 세금대백과
- 신방수의 합법적인 절세의 기술(개인편/핵심실무자편/핵심리더편)
- 부동산 절세법 무작정 따라하기
- 자산관리 절세법 무작정 따라하기
- 부동산 전문 세무사가 알려주는 부동산 세테크
- 한권으로 끝내는 회계와 재무제표
- 부자들만 알고 쉬쉬하는 부자공식
- 격파! 빨간 가계부
- 신입사원 왕초보, 재무제표의 달인이 되다
- IFRS를 알아야 회계가 보인다
- 중소기업세무 가이드북 – 실전편
- 상속·증여세무 가이드북 – 실전편
- 기업회계 가이드북 – 컨설팅편
- 부동산매매·임대사업자세무 가이드북 – 실전편
- 세무조사실무 가이드북 – 실전편
- 토지세무 가이드북 – 실전편
- 부동산계약중개세무 가이드북 – 실전편
- 병의원세무 가이드북 – 실전편
- 주택·아파트세무 가이드북 – 실전편
- 보험·금융자산세무 가이드북 – 실전편
- 부동산 거래 전에 자금출처부터 준비하라!
- 2022 확 바뀐 부동산 세금 완전분석
- 이제 부동산 세금을 알아야 주택 보유&처분할 수 있는 시대다
- 법인부동산 세무리스크 관리노하우
- 상속·증여 세무리스크 관리노하우
- 회사 세무리스크 관리노하우
- 양도소득세 세무리스크 관리노하우
- 1인 부동산법인 하려면 제대로 운영하라
- 상속분쟁 예방과 상속·증여 절세비법
- 확 바뀐 상가·빌딩 절세가이드북
- 직장생활에서 한걸음 앞서 나가는 리셋 회계공부
- 부동산 증여에 관한 모든 것
- 주택임대사업자 등록말소주택 절세 가이드북(근간)
- 토지 절세컨설팅 가이드북(근간)

개정증보판　**양도소득세 세무리스크 관리노하우**

2021년 4월 9일 초판 발행
2022년 2월 17일 2판 발행

저　　자　신　　방　　수
발 행 인　이　　희　　태
발 행 처　**삼일인포마인**

저자협의
인지생략

서울특별시 용산구 한강대로 273 용산빌딩 4층
등록번호 : 1995. 6. 26. 제3-633호
전　　화 : (02) 3489-3100
F A X : (02) 3489-3141
I S B N : 979-11-6784-032-5　93320

♣ 파본은 교환하여 드립니다.　　　　　　　　　정가 50,000원